DIREITO DE PREFERÊNCIA
DOS SÓCIOS EM AUMENTOS DE CAPITAL
NAS SOCIEDADES ANÓNIMAS E POR QUOTAS

PEDRO DE ALBUQUERQUE
PROFESSOR DA FACULDADE DE DIREITO DE LISBOA

DIREITO DE PREFERÊNCIA
DOS SÓCIOS EM AUMENTOS DE CAPITAL
NAS SOCIEDADES ANÓNIMAS E POR QUOTAS

(Reimpressão da 1.ª Edição de Março de 1993)

ALMEDINA

TÍTULO:	DIREITO DE PREFERÊNCIA DOS SÓCIOS EM AUMENTOS DE CAPITAL NAS SOCIEDADES ANÓNIMAS E POR QUOTAS
AUTOR:	PEDRO DE ALBUQUERQUE
EDITOR:	LIVRARIA ALMEDINA – COIMBRA www.almedina.net
LIVRARIAS:	LIVRARIA ALMEDINA ARCO DE ALMEDINA, 15 TELEF. 239 851900 FAX 239 851901 3004-509 COIMBRA – PORTUGAL livraria@almedina.net LIVRARIA ALMEDINA ARRÁBIDA SHOPPING, LOJA 158 PRACETA HENRIQUE MOREIRA AFURADA 4400-475 V. N. GAIA – PORTUGAL arrabida@almedina.net LIVRARIA ALMEDINA – PORTO R. DE CEUTA, 79 TELEF. 22 2059773 FAX 22 2039497 4050-191 PORTO – PORTUGAL porto@almedina.net EDIÇÕES GLOBO, LDA. R. S. FILIPE NERY, 37-A (AO RATO) TELEF. 21 3857619 FAX 21 3844661 1250-225 LISBOA – PORTUGAL globo@almedina.net LIVRARIA ALMEDINA ATRIUM SALDANHA LOJAS 71 A 74 PRAÇA DUQUE DE SALDANHA, 1 TELEF. 213712690 1050-094 LISBOA atrium@almedina.net LIVRARIA ALMEDINA – BRAGA CAMPUS DE GUALTAR, UNIVERSIDADE DO MINHO, 4700-320 BRAGA TELEF. 253678822 braga@almedina.net
EXECUÇÃO GRÁFICA:	G.C. – GRÁFICA DE COIMBRA, LDA. PALHEIRA – ASSAFARGE 3001-453 COIMBRA E-mail: producao@graficadecoimbra.pt MAIO, 2004
DEPÓSITO LEGAL:	65193/94

Toda a reprodução desta obra, por fotocópia ou outro qualquer processo, sem prévia autorização escrita do Editor, é ilícita e passível de procedimento judicial contra o infractor.

NOTA INTRODUTÓRIA

Quando pensei na publicação do Comentário ao Código das Sociedades Comerciais, tinha a intenção de nele reunir obras de vários juristas portugueses interessados nestes temas, cada um com o seu próprio estilo e as suas opiniões. Até agora, o Comentário é constituído apenas por livros da minha autoria e espero que em breve seja enriquecido por um volume prometido pelo Desembargador Dr. Pinto Furtado.

Ao ler a tese de mestrado do Dr. Pedro de Albuquerque, pareceu-me ter encontrado uma oportunidade de iniciar a diversificação do Comentário, com uma obra que, além do tema central de inegável interesse, foca uma ampla gama de importantes problemas de direito das sociedades, sobre as quais apresenta elucidativa investigação e para as quais propõe soluções que, se nem sempre têm a minha concordância, pelo menos merecem atenta reflexão.

Congratulo-me, pois, por o Dr. Pedro de Albuquerque ter acedido a incluir esta sua obra no Comentário que iniciei e que desejo venha a ser continuado por outros, mais jovens mas igualmente dedicados a esta ingrata tarefa de proporcionar à prática um orientador corpo de doutrina.

RAÚL VENTURA

PREFÁCIO

O texto agora publicado corresponde, salvo alterações de pormenor, à nossa Dissertação de Mestrado, de que foi orientador o Senhor Professor Oliveira Ascensão, apresentada, em Fevereiro de 1991, (o que, de um ponto de vista cronológico, delimita os elementos tomados em consideração) na Faculdade de Direito de Lisboa, e discutida, em provas públicas, em Novembro do mesmo ano.

Uma palavra de agradecimento é devida ao Senhor Professor Raúl Ventura assim como ao Senhor Professor Menezes Cordeiro. Sem a fundamental ajuda de um e outro, não teria sido nomeadamente possível a consulta de muitas páginas essenciais. Ao primeiro, se deve o generoso e dilatado empréstimo de várias obras, como as de Miccio, de Ott e de Nobili. Ao segundo, a obtenção, na Alemanha, de muitos trabalhos imprescindíveis. O mesmo agradecimento se presta à Senhora Dr.ª Maria da Glória Ferreira Pinto Garcia, a quem devemos, igualmente, o acesso a vária bibliografia alemã.

A todas estas gentilezas há que juntar a do Senhor Professor Gimenez de la Quadra que nos facilitou a consulta de vários autores Espanhóis fundamentais.

Com reconhecimento e agradecimento pelo frutuoso e paciente trabalho de revisão de provas e pelo esclarecimento de textos, várias vezes solicitado, se consigna o nome do Senhor Dr. Joaquim Tomás Miguel Pereira.

Ao Senhor Professor Raúl Ventura não pode o responsável destas páginas deixar, ainda, de agradecer, profundamente, pelo interesse manifestado na publicação deste trabalho, e a honra que nos dá ao permitir a sua inserção no Tratado que vem publicado sob o modesto título de Comentário ao Código das Sociedades Comerciais.

PLANO GERAL

Capítulo I — Introdução

I. Introdução

II. Razão de ser e finalidades do direito de preferência

III. Evolução histórica e de direito comparado
1. A origem histórica do direito de preferência dos sócios em aumentos de capital.
2. A disciplina jurídica do direito de subscrição preferêncial no direito comparado.
   - 2.1. O sistema de *Common law*
     - 2.1.1 O direito americano
     - 2.1.2. O direito inglês
   - 2.2. Os sistemas romano-germánicos
     - 2.2.1. O direito alemão
     - 2.2.2. O direito francês
     - 2.2.3. O direito italiano
     - 2.2.4. O direito brasileiro
     - 2.2.5. O direito espanhol
3. A segunda directiva do conselho da Comunidade económica Europeia sobre direito das sociedades.
4. Síntese da análise histórica e de direito comparado.

Capítulo II — A *fattispecie* constitutiva do direito de preferência. Sua Formação e desenvolvimento

I. Nascimento e formação de preferência
1. Introdução

2. A deliberação de aumento de capital

3. Natureza jurídica da *denuntiatio* ou comunicação para preferir

4. A revogação do aumento de capital e a sua repercussão sobre a «oferta» de preferência

II. A titularidade originária do direito de preferência

1. A aquisição da qualidade de sócio

2. A titularidade do direito de preferência e as diversas categorias de acções (as acções preferenciais sem voto e as acções amortizadas).

3. O direito de preferência da sociedade sobre as suas acções ou quotas próprias

4. As relações de participação entre sociedades e o direito de preferência

5. O direito de preferência e o usufruto de participações sociais

III. O exercício do direito de preferência

1. A declaração de vontade do sócio. Sua natureza e seus efeitos

2. A transmissão do direito de preferência

2.1. Análise das diferentes situações que importam a transferência do direito de preferência

2.2. Determinação do valor teórico do direito de preferência

3. O prazo de subscrição (natureza e consequêncvia da não fixação de um prazo de subscrição)

Capítulo III — Medida e extensão do direito de preferência

I. A medida do direito de preferência dos sócios

1. Princípio geral

1.1. A relação entre o montante ou número de quotas ou acções antigas e as correspondentes ao novo aumento de capital

II. O aumento de capital por emissão de acções ou quotas privilegiadas.

Plano Geral 11

Capítulo IV — Limitações ou supressão do direito de preferência

I. Os requisitos ou condições para a limitação ou supressão do direito de preferência.

II. O interesse social na supressão ou limitação do direito de preferência.

1. A noção de interesse social

2. A relação entre interesse social e a supressão ou limitação do direito de preferência.
   2.1. Continuação. O interesse social enquanto requisito positivo da supressão ou limitação do direito de preferência. Controlo judicial da sua verificação

III. Supressão e limitações ao direito de preferência

1. A vinculação do direito de preferência na subscrição de novas acções ou quotas

2. A Subscrição indirecta

3. Supressão e renúncia ao direito de preferência na subscrição de futuros aumentos de capital.

IV. A inobservância do direito de preferência

Capítulo V — Natureza e estrutura do direito de preferência dos sócios

I. A estrutura evolutiva do direito de preferência

1. Generalidades

2. Teorias que reconduzem os direitos ligados à qualidade de sócio a direitos «deformados»

3. O direito abstracto e o direito concreto de preferência

4. O direito de preferência como um direito único de formação instantânea

5. Posição adoptada. A participação social como um direito subjectivo e o direito de preferência como manifestação da energia jurídica nela contida

II. A natureza do direito de preferência na sua articulação com a participação social. Uma falsa questão.

I

INTRODUÇÃO

I - Introdução

I. Quando numa sociedade comercial é deliberado um aumento de capital por incorporação de reservas, a modificação verificada não importa uma entrada de novas riquezas na sociedade (¹). A este aumento de capital corresponderá, por conseguinte, um aumento gratuito da participação de cada sócio,na proporção do respectivo valor nominal (²).

Na hipótese de a sociedade ter necessidade de novos meios financeiros, e deliberar um aumento de capital por novas entradas em dinheiro, a lei atribui aos sócios das sociedades anónimas e sociedades por quotas um direito de participarem preferencialmente nesse aumento de capital (³) (⁴).

(¹) Para ilustrar esta particularidade do aumento de capital por incorporação de reservas, certos autores consideram que semelhante forma de alteração do capital social tem mera natureza contabilística. Neste sentido, pode ver-se,por exemplo, Nobili, *Contributo Allo Studio Del Diritto D'Opzione Nelle Società Per Azione,* Milão, 1958, p. 1. A afirmação parece, porém , exagerada . Além de envolver uma modificação de carácter contabilístico, o aumento de capital por incorporação de reservas implica também uma transformação jurídica, traduzida na sujeição de uma parte do activo da sociedade ao regime do capital social. V. Raúl Ventura, *Alterações do Contrato de Sociedade,* 2.ª ed., Lisboa, 1988, pp. 263 e 264.

(²) Cfr., no entanto, o disposto no artigo 92.° do Código das Sociedades Comerciais.

(³) V. artigos 266.° e 458.° do Código das Sociedades Comerciais. Por força do disposto no artigo 478.° do Código das Sociedades Comerciais, deverá igualmente reconhecer-se um direito de preferência nas sociedades em comandita por acções. Neste mesmo sentido, v. Raúl Ventura, *Alterações do Contrato...,* p. 123.

(⁴) O direito de preferência dos sócios das sociedades por quotas e das sociedades anónimas surge, assim, como uma prerrogativa legal constituindo,por

O legislador limita, assim,a liberdade da sociedade na colocação das novas quotas ou acções. A deliberação de aumento de capital poderá ocorrer sempre que conveniente ou necessário. Porém, as

isso,uma importante inovação do Código das Sociedades Comerciais. Antes da entrada em vigor deste diploma, o direito dos sócios de participarem preferencialmente num aumento de capital começou por encontrar consagração expressa no Decreto 1645.°, de 15 de Junho de 1915, portanto para uma hipótese bem delimitada: a da emissão de acções privilegiadas. Confrontada com o silêncio do legislador, quanto aos outros casos de aumento de capital, a doutrina discutia sobre se, no âmbito geral do direito das sociedades comerciais, não seria possível a construção de uma base, a partir da qual se tornaria admissível sustentar a existência de um direito de preferência dos accionistas na subscrição de acções ordinárias. Em sentido favorável ao reconhecimento de um direito geral de preferência dos accionistas, pronunciavam-se SANTOS LOURENÇO, *Das Sociedades Por Quotas (Comentário á lei de 11 de Abril de 1901)*, Lisboa, sem data, II, comentário ao artigo 41.°, p. 121; CAVALEIRO FERREIRA, *Parecer*, in *Peças do Processo Abel Figueiredo (Pai demente e filho menor vítimas de uma espoliação de milhares de contos)*,Famalicão, 1957, pp. 82 e ss.; AMÂNDIO DE AZEVEDO, *O Direito de Preferência dos Accionistas na Subscrição de Novas Acções Emitidas Pela Sociedade*, in *Revista de Direito e Estudos Sociais*, 1969, XV, *per tot.*; GUERRA DA MOTA, *A Tutela da Minoria e o Direito Unitário de Participação dos Sócios*, Porto, 1971, pp. 115 e ss.. O Professor PIRES DE LIMA não é totalmente claro a este respeito. Parece-nos, porém, e com alguma reserva, a favor da existência de um direito natural de preferência dos sócios nos aumentos de capital por entradas em dinheiro, mesmo quando não seja expressamente atribuído pelo legislador. Esta conclusão afigura--se em consonância com a posição tomada pelo ilustre Professor, segundo a qual a subscrição por terceiros de um aumento de capital implica a alienação dos bens do sócio, se o valor de emissão for inferior ao valor real da participação social. Cfr. PIRES DE LIMA, *Anotação ao Acórdão do S.T.J. de 6 de Janeiro de 1961*, in *Revista de Legislação e Jurisprudência*, 1962, Ano 94, p.279 ; ID., *Parecer*, in *Peças do Processo Abel Figueiredo...*, pp. 186 e ss.. A opinião destes autores parece não ter, no entanto, encontrado eco na restante doutrina que, acompanhada pela jurisprudência, sustentava a necessidade de o direito de preferência se encontrar previsto nos estatutos. Assim, e de acordo com a *communis opinio*, sem uma estipulação no pacto social, os sócios careceriam de qualquer direito de preferência, para além do previsto no Decreto 1645.°, de 1915. Neste sentido, podem ver-se, a título de exemplo: VISCONDE DE CARNAXIDE, *Sociedades Anonymas*, Coimbra, 1913, pp. 207 e ss.; CUNHA GONÇALVES, *Comentário ao Código Comercial Português*, Lisboa, 1914, I, comentário ao artigo 166.°, pp.398 e ss.; JOSÉ TAVARES, *Sociedades e Empresas Comerciais*, Coimbra, 1924, pp. 515 e ss. - todos implicitamente - ; J.GABRIEL PINTO COELHO, *A Representação do Sócio Menor no Exercício de Direitos Sociais*, in *Revista*

Introdução

acções ou quotas emitidas para executar o aumento de capital deverão ser oferecidas, para subscrição, aos antigos accionistas. Apenas no caso de estes não pretenderem participar no aumento

---

de Legislação e Jurisprudência, 1962, ano 95°, p. 67; FERNANDO OLAVO, Aumento do Capital Social (um feixe de questões), in O Direito , 1963, ano 95, p. 111; FERRER CORREIA, A Representação dos Menores Sujeitos ao Pátrio Poder na Assembleia Geral das Sociedades Comerciais, in Direito Civil e Comercial; Direito Criminal, Coimbra, 1969, pp. 53 e ss.; FERRER CORREIA e ANTÓNIO CAEIRO, Aumento de Capital,Preferência dos Accionistas e Sobrepreço das Acções, in Estudos de Direito Comercial, Coimbra, 1969, I, per tot.. Veja-se também o Acórdão do S.T.J. de 24 de Abril de 1963, in Boletim do Ministério da Justiça, 127, pp. 127 e ss.. Em 1971, o Decreto--Lei n.° 397/71 veio consagrar de forma expressa um direito de preferência dos accionistas quanto à emissão de obrigações convertíveis (não tem, por isso, razão de ser a afirmação de PAULO OLAVO CUNHA, Breve Nota sobre os direitos dos Sócios (das Sociedades de Responsabilidade Limitada no Âmbito do Código das Sociedades Comerciais), in Novas Perspectivas do Direito Comercial, Coimbra, 1988, p. 235, nota (10), segundo o qual: «O Direito legal de preferência na subscrição do aumento de capital por entradas em dinheiro (arts. 266.° e 458.°), era apenas previsto para as acções privilegiadas nos termos do Decreto n.° 1645, de 15 de Junho de 1915»). Devidamente analisado, este diploma mostrava-se susceptível de contribuir com importantes elementos para a resolução da questão de saber se o direito de preferência existiria, ou não, entre nós, com um âmbito genérico. Como a doutrina não voltou a ocupar-se do tema, depois da entrada em vigor do Decreto--Lei n.° 397/71, o problema permaneceu em aberto (Pode referir-se a excepção constituída por PINTO FURTADO, Curso de Direito das Sociedades, 2.ª ed., Coimbra, 1986, pp. 303 e 304. Este autor não toma, porém, partido na controvérsia acerca da existência de um direito de preferência dos sócios nos aumentos de capital, nem analisa o Decreto- Lei 397/71). Foi, apenas, o Código das Sociedades Comerciais a pôr termo às dúvidas existentes ao consagrar - em termos essencialmente decorrentes da 2.ª Directiva do Conselho da Comunidade Económica Europeia sobre direito das sociedades - de forma ampla e clara nos artigos 266.° e 458.°, um direito de preferência dos sócios na subscrição de aumentos de capital por novas entradas em dinheiro. O nosso legislador seguiu, pois, num aliás manifesto desejo de uniformização, o exemplo de inúmeras legislações estrangeiras que, por vezes de há longa data, já atribuíam aos sócios das sociedades anónimas semelhante direito. Parece, assim, confirmar-se a afirmação de AMÂNDIO DE AZEVEDO, O Direito de Preferência dos Accionistas na Subscrição de Novas Acções..., in Revista..., XV,p. 123, segundo o qual a atribuição de um direito de preferência aos antigos accionistas, para subscreverem, na proporção da sua participação no capital social, as acções de nova emissão, é uma constante em todas as leis sobre sociedades anónimas surgidas no século XX. Em praticamente todas elas este direito aparece como um

poderá a subscrição ser aberta a terceiros (ou aos sócios já existentes, mas sem necessidade de observância da proporção já detida na participacão social) ([5]) .

Novidade entre nós, este direito constitui uma figura de indiscutível relevo prático. No plano teórico surge associado a aspectos e conceitos importantes do direito das sociedades como sejam os de participação ou de interesse social. A doutrina estrangeira dedica, por isso, particular atenção a este direito de preferência dos sócios. Em especial os comercialistas italianos têm, ao longos dos anos,consagrado um número praticamente infindável de artigos e monografias ao referido instituto. Em Portugal a situação é, pode dizer-se, quase inversa. Publicados, existem dois estudos do Professor Raúl Ventura ([6]) e um do Professor Menezes Cordeiro ([6a]) nos quais se dedicam algumas páginas ao direito legal de preferência dos sócios, além de um ou outro trabalho, de autores diversos, onde lhe são feitas referências mais ou menos acidentais. A doutrina que, no âmbito da legislação anterior ao Código das Sociedades Comerciais, se ocupou do direito de preferência dos accionistas em aumentos de capital de sociedades anónimas ([7]) fê-lo sempre numa perspectiva

---

direito inerente à qualidade de sócio, porquanto não se admite a sua exclusão genérica por deliberação da assembleia geral, nem sequer através de cláusula estatutária estabelecida com essa finalidade (Cfr., no entanto, o disposto a este respeito no artigo 652.º do "Code des Obligations" Suíço).

([5]) Neste sentido, ver por todos RAFFAELE NOBILI, *Contributo Allo Studio del Diritto D'Opzione* ...,p. 2.

([6]) V. RAÚL VENTURA, *Adaptação do Direito Português à Segunda Directiva do Conselho da Comunidade Económica Europeia Sobre Direito das Sociedades Anónimas.* Separata do *Boletim do Ministério da Justiça*, n.º 3, Lisboa, 1980, pp. 76 e ss.; ID., *Alterações do contrato...*, pp. 180 e ss.. Para além destas duas obras do Professor Raúl Ventura, existem, ainda,vários pareceres de diversos autores, todos eles inéditos, expressamente dedicados ao estudo de aspectos, mais ou menos parcelares,do direito de preferência dos sócios na subscrição de aumentos de capital. É esta uma consequência do enorme relevo prático desse direito.

([6a]) *Da Preferência dos Accionistas na Subscrição de novas Acções: Exclusão e Violação*, in *Banca, Bolsa e Crédito*, Coimbra, 1990, pp. 134 e ss..

([7]) V. *Supra*, nota (4). Refira-se a circunstância de a maior parte destes trabalhos ter surgido, alguns na forma de pareceres, em torno de uma questão da vida real.

Introdução 19

que pouco pôde contribuir para a resolução dos problemas suscitados pela nova legislação (⁸).

Deparamos, assim, uma matéria de indiscutível relevo teórico--prático, insuficientemente estudada entre nós.

Importa, pois,tentar delimitar com precisão e rigor qual o verdadeiro significado e alcance deste direito de participar preferencialmente num aumento de capital, por entradas em dinheiro, reconhecido pelo Código das Sociedades Comerciais.

II. Nessa tentativa procuraremos, primeiro, determinar quais as finalidades e razão de ser do direito dos sócios de participarem preferencialmente num aumento de capital. Faremos de seguida uma referência à origem e evolução histórica desse direito, tratando, igualmente, de fixar as soluções consagradas a propósito da figura em análise pelos mais significativos ordenamentos jurídicos estrangeiros e no direito comunitário. Passaremos, depois, à abordagem do regime definido pelo legislador português nesta matéria. Ocupar--nos-emos,por isso, necessariamente de questões como as que têm a ver com a titularidade e exercício do direito de preferência, sua limitação ou supressão. Concluiremos com um ensaio de determinação do conceito, natureza e estrutura do referido direito.

(⁸) Para uma ilustração de quanto afirmamos, pode ver-se, por exemplo, AMÂNDIO DE AZEVEDO, *O Direito de Preferência dos Accionistas na Subscrição de Novas Acções...*, in *Revista...*, XV, *per tot.*, autor que apesar de sustentar , no âmbito da legislação anterior ao Código das Sociedades Comerciais, a existência de um direito legal de preferência, não analisava nenhuma das questões ou consequências que semelhante direito, a existir, forçosamente acarretaria; como sejam, por exemplo, os aspectos relacionados com a determinação dos titulares do direito de participação preferencial em aumentos de capital, com o prazo para o seu exercício, com os limites susceptíveis de serem impostos ao direito de preferência, com o problema da supressão ou exclusão do referido direito, etc..

II. Razão de ser e finalidades do direito de preferência

I. São várias as finalidades do direito de subscrição preferencial, reconhecido por lei aos sócios das sociedades anónimas e por quotas (°) . A doutrina tem visto nele, sobretudo, uma forma de protecção dos interesses dos sócios, contra os inconvenientes e prejuízos que poderiam para eles resultar de um aumento de capital.

(°) É inúmera a bibliografia sobre o tema, aliás abordado praticamente por todos os que sob os diversos ângulos têm estudado o direito de preferência dos sócios. Tomamos em consideração nomeadamente: ALFRED JAUFFRET, *Du Droit de Souscrire par Préférence à des Actions Nouvelles,* Paris, 1926, pp.13 e ss.; J. VANDAMME, *De la Prime Imposée aux Souscripteurs D'Actions,* Paris, 1928, p. 189 ; CARLO MAIORCA, *Delle Società,* Turim, 1945, pp. 168 e 169; FRANCESCO MESSINEO, *Collazione e Reunione Fittizia di Azione di Società,* in *Rivista Trimestrale di Diritto e Procedura Civile,* Milão, 1948, Ano II, pp. 1 e ss.; ID., *Variazioni del Capitale e Collazione di Azione Donate,* in *Studi di Diritto delle Società,* Milão, 1949, pp. 157 e ss.; ANTONIO BOUTHELIER, *El Derecho de Suscripción Preferente,* in *R.D.M.,* 1950, pp. 328 e ss.; ASCARELLI, *Due Questione Sul Diritto di Opzione,* in *Studi in Tema di Società,* Milão, 1952, p. 276; ID., *Diritto di Opzione e Usufruto di Azione,* in *Studi...,* p. 257; ID. *Diritto d'Opzione Nell'Aumento di Capitale e Emissione delle Nuove Azioni con Aggio,* in *Saggi di Diritto Commerciale,* Milão, 1955, pp. 429 e ss.; ID., *O Direito de Preferência e a Emissão das Acções Acima do Par (parecer),* in *Problemas das Sociedades Anónimas,* São Paulo, 1969, pp.498 e ss.; C.GRASSETTI, *Diritto di Voto in Pendenza di Aumento di Capitale,* in *Rivista di Diritto Commerciale e del Diritto Generale delle Obbligazioni,* Ano LI, pte. I, p. 51; JULIUS VON GIERKE, *Handelsrecht und Schiffahrtsrecht,* 7ª ed., Berlin, 1955, p.362; J. GABRIEL PINTO COELHO, *Usufruto de Acções,* in *Revista de Legislação e Jurisprudência,* Coimbra, ano 91, pp. 17 e 18; ALESSANDRO GRAZIANI, *Diritto delle Società,* Reimpressão da 3ª ed., Nápoles, 1957, p. 179; RENATO MICCIO, *Il Diritto di Opzione nell'Aumento di Capitale nelle Società per Azione,* Nápoles, 1954, pp. 1 e ss.; RAFFAELE NOBILI, *Contributo allo Studio del Diritto D'Opzione...,* pp. 1 e ss.; RUY CARNEIRO GUIMARÃES, *Sociedade por Acções,* Rio de Janeiro, 1960, II, pp. 68 e 369; OTT, *Das Bezugsrecht der Aktionäre,* Bern, 1962, pp. 15 e ss.; ALVAREZ ALVAREZ, *Ejercicio del Derecho de Suscripción Preferente,* in *Anuario de Derecho Civil,* 1964, pp. 265 e ss.; JOÃO EUNÁPIO BORGES, *Curso de Direito Comercial Terrestre,* 3ª ed., Rio de Janeiro, São Paulo, 1967, pp. 405 e 441; AMÂNDIO DE AZEVEDO, *O Direito de Preferência dos Accionistas na Subscrição de Novas Acções...,* in *Revista...,* XV, pp. 104 e ss.; ALEJANDRO BÉRGAMO, *Sociedades Anonimas,* II, *Las Acciones,* Madrid, 1970, pp. 539 e ss.; FERRI, *Le Società,* Turim, 1971, p. 647; LUTTER, *Kölner Kommentar zum Aktiengesetz,* Colónia, Berlin, Bona, Munique, 1971, II, comentário ao §186,

II. Um desses inconvenientes seria a potencial diminuição do valor económico da fracção detida por cada sócio no capital social. É que são vulgares os casos de acções ou quotas com um valor real superior ao seu valor nominal ([10]) . O primeiro, destes dois valores, é calculado em função do património ou activo líquido da sociedade. Diversamente, o segundo é o resultado da divisão do capital social pelo número de acções ou quotas existentes. Ora património e capital social são realidades bem diversas ([11]):

---

pp. 335 e ss.; J. HÉMARD, F. TERRÉE, P. MABILAT, *Sociétés Commerciales*, Paris, 1974, II, p. 363; NOBILI e VITALI, *La Riforma delle Società per Azione*, Milão, 1975, pp. 344 e ss. e 364 e ss.; GIOVANNI COCO e SILVIO CORRENTI, V.° *Opzione Nelle Società per Azione*, in *Enciclopedia del Diritto*, 1980, XXX, p. 574; ENRICO MANGO, V.° *Opzione* (*Diritto delle Società*), in *Novissimo Digesto Italiano Appendice,* Turim, 1980, vol.V, p. 524; HERBERT WIEDEMANN, *Gesellschaftsrecht*, I, *Grundlagen*, Munique, 1980, pp. 447 e ss.; RUDOLF REINHARDT e DIETRICH SCHULTZ, *Gesellschaftsrecht / Ein Lehrbuch* ,2.ª ed., Tubingen, 1981, p. 236; FRÉ, *Società per Azione*, in *Commentario del Codice Civile*, a cargo de Scialoja e Branca, 5.ª ed., Bolonha, Roma, 1982, artigos 2325 a 2461, pp. 789 e ss.; ALEJANDRO LARRIBA, *Acciones y Derechos de Suscripción,* Madrid, 1982, p. 476; GIUSEPPE AULETTA e NICOLÒ SALANITRO, *Diritto Commerciale*, 3.ª ed., Milão, 1984; PINTO FURTADO, *Curso de Direito...,* pp. 303 e 304; FRIEDERICH KUBLER, *Gesellschaftsrecht,* 7.ª ed., Heidelberg, 1985, p. 182; FERRARA JR. e FRANCESCO CORSI, *Gli Imprenditore e le Società,* 7.ª ed., 1987, Milão, p. 563; GESSLER, HEFERMEHL, ECKARDT e KROPFF, *Aktiengesetz, Kommentar,* Munique, 1988, 12 *Lieferung,* comentário ao §186, p. 241; RAÚL VENTURA, *Alterações do Contrato...,* pp. 182 e ss.; MARIA AUGUSTA FRANÇA, *A Estrutura das Sociedades Anónimas em Relação de Grupo,* Lisboa, 1990, pp. 153 e ss..

([10]) A distinção entre um valor nominal e um valor real da acção ou participação social é pacífica e não oferece dificuldades. Para além dela muitas outras têm sido feitas ou tentadas, todas procurando exprimir um particular aspecto ou perspectiva por que se pode encarar o valor da acção ou participação social. Sobre este tema v., por exemplo, ALFRED JAUFFRET**,** *Du Droit de Souscrire par Préférence à des Actions ...,* pp.9 e ss.; ASCARELLI, *Diritto di Opzione...,* in *Studi...,* p. 258, e nota 1; AMÂNDIO DE AZEVEDO, *O Direito de Preferência dos Accionistas na Subscrição de Novas Acções...,* in *Revista...,* XV, p.105, nota (2), ALEJANDRO LARRIBA, *Acciones...,* passim.

([11]) É este um outro ponto relativamente ao qual a doutrina se mostra unânime. V., a título de exemplo: ADRIANO FIORENTINO, *Le Variazione del Capitale nelle Società per Azioni,* Nápoles, 1948, pp. 5 e 6; FRANCESCO MESSINEO, *Collazione e Reunione Fitizzia...,* in *Rivista Trimestrale...,* Ano II, p.5; ASCARELLI, *Diritto di Opzione...,* in *Studi...,* pp. 257 e 258 ; RENATO MICCIO, *Il Diritto ...,* p. l; J.G. COELHO, *Estudo Sobre as Acções das Sociedades Anónimas,* in *Revista de Legislação e Jurisprudência,*

– Este tem natureza jurídica ([12]) e encontra-se representado nos estatutos. Por isso, a sua alteração, para mais ou para menos, implica uma modificação do pacto social.

– Aquele é um dado fundamentalmente económico ([13]), sujeito a contínuas variações, consoante o resultado, positivo ou negativo, das actividades levadas a cabo pela sociedade. O seu valor corresponde à diferença, em cada momento, entre os elementos activos e os elementos passivos da vida da sociedade.

Desta forma, quando, em virtude da adopção de uma política austera na distribuição de dividendos e de acumulação de reservas, o património da sociedade é superior ao capital social, o valor real da participação dos sócios é igualmente superior ao respectivo valor nominal. A emissão de novas acções ou a criação de novas quotas pode, no entanto, reduzir, ou mesmo suprimir, a diferença existente entre os dois valores. Tal poderá ser o caso se, por exemplo, as novas acções forem emitidas ao par ([14]). Em hipóteses como essa,

---

ano 89, Coimbra, 1956, pp. 195 e ss.; DOMENICO TAMAJO, MARIO SIMONE, ADRIANO FIORENTINO, GUSTAVO MINERVINI, GIANDOMENICO PISAPIA, *Il Nuovo Codice Civile, Commentario,* vol. V. *Del Lavoro,* Nápoles, 1956, comentário ao artigo 2241.°, p. 435; ALVAREZ ALVAREZ, *Ejercicio del Derecho de Suscripción...,* in *Anuario...,* p. 265 ; AMÂNDIO DE AZEVEDO, *O Direito de Preferência dos Accionistas na Subscrição de Novas Acções...,* in *Revista...,* XV, p. 106 ; ALEJANDRO BÉRGAMO, *Sociedades...,* II, p. 539.

([12]) ASCARELLI, *Diritto di Opzione...,* in *Studi...,* p. 258; CAVALEIRO DE FERREIRA, *Parecer , op. cit .,* p. 92 ; RENATO MICCIO, *Il Diritto...,* p. l; AMÂNDIO DE AZEVEDO, *O Direito de Preferência dos Accionistas na Subscrição de Novas Acções...,* in *Revista...,* XV, p. 104.

([13]) Cfr. autores citados na nota anterior.

([14]) Quanto afirmamos é facilmente comprovável através da seguinte hipótese: suponhamos uma sociedade comercial em que o capital social é, por exemplo, de 10 000 contos, dividido em 2 000 acções, cada uma com o valor nominal de 5 000 contos. Se considerarmos um património social de 20 000 contos, o valor real de cada acção será de 10 contos. Admitamos que a sociedade delibera aumentar o seu capital em mais 10 000 contos, fraccionados por 2 000 acções. O preço de subscrição é fixado em 5 contos, correspondente, portanto, ao valor nominal. Terminada a operação, verifica-se um aumento do capital social para o dobro do seu valor inicial, acompanhado de idêntica multiplicação do número de acções anteriormente existentes. Em contrapartida, o património social apenas terá aumentado em

Introdução

a operação de modificacão do capital social rompe o equilíbrio existente entre o montante do património da sociedade e o número de acções existentes, com a consequente diminuição do seu valor real . Se acompanhado da entrada de terceiros para a sociedade, este aumento de capital traduzir-se-á numa verdadeira diluição do património social ([15]), em prejuízo dos antigos sócios, que verão

---

metade.Ou seja, de 20 000 para 30 000 contos. Feitas as contas, verifica-se uma diminuição teórica do valor intrínseco das acções de 10 000$00 para 7 500$00. Os exemplos poderiam, aliás, multiplicar-se. Limitamo-nos, porém, a remeter para os seguintes autores: ALFRED JAUFFRET, *Du Droit...*, p.14; GRAZIANI, *Diritto...*, pp. 178 e 179; ANTONIO BOUTHELIER, *El Derecho de Suscripción Preferente...*, in *R.D.M.*, p. 332; PIRES DE LIMA, *Anotação ao Acórdão do S.T.J. de 6 de Janeiro de 1961*, in *Revista...*, ano 94, p. 300; AMÂNDIO DE AZEVEDO, *O Direito de Preferência dos Accionistas na Subscrição de Novas Acções...*, in *Revista...*, XV, pp. 105 e 106.

([15]) Em vez da expressão por nós utilizada de «diluição do património social», AMÂNDIO DE AZEVEDO, *O Direito de Preferência dos Accionistas na Subscrição de Novas Acções...*, in *Revista...*, XV, p. 106, prefere utilizar o termo diluição do capital social. A opção do autor não nos parece, todavia, correcta. O capital da sociedade não se dilui. Ele permanecerá proporcional ao aumento do número de fracções por que se divide. Diluído ficará, sim, o património da sociedade, ou melhor, o direito do sócio sobre o património da sociedade (A existência de um direito dos sócios sobre o património da sociedade havia já sido demonstrado, antes da entrada em vigor do Código das Sociedades Comerciais, pelo Professor CAVALEIRO FERREIRA, *Parecer*, in *Peças...*, pp. 82 e ss.. Com a entrada em vigor do actual Código das Sociedades Comerciais, e com a consagração expressa de um direito de preferência a favor dos membros das sociedades por quotas e anónimas, a existência de semelhante direito não pode ter saído senão reforçada. Nesta mesma direcção, considerando que a atribuição, aos sócios, de um direito de participação preferencial em aumentos de capital envolve o reconhecimento de um correspondente direito sobre o património social e não apenas sobre o capital, v. ASCARELLI, *Personalità Giuridica e Problemi delle Società*, in *Rivista delle Società*, Milão, 1957, pp. 1037 e ss.). Na doutrina italiana, certos autores usam a expressão *annacquamento* e reportam-na ao capital social, não ao património (V., por exemplo, RENATO MICCIO, *Il Diritto...*, p.2). A explicação para semelhante atitude encontra-se no significado da palavra *annacquamento* que, tal como o vocábulo alemão *Verwaesserung*, traduz a acção de misturar água no vinho, com a perda das suas qualidades. Em sentido equivalente ao nosso, cfr., no entanto, ENRICO MANGO, V.º *Opzione (Diritto di)...*, in *Novissimo... Appendice*, vol. V, p. 524, segundo o qual a emissão de acções ao par ou a um preço inferior ao seu valor real provoca: «*l'annacquamento del valore patrimoniale della vechia partecipazione*».

diminuir a respectiva quota nos lucros e activo de liquidação ([16]).

Paralelamente, o terceiro, que venha a subscrever um aumento de capital nestas condições beneficiará de uma vantagem para cuja formação em nada contribuiu ([17]).

III. Mas não é este o único perigo ou inconveniente, para os primitivos sócios, de uma deliberação de aumento do capital no qual não participem. Um outro, não menor, há a assinalar. É sabido como a medida dos direitos dos sócios assenta na percentagem por eles detida no capital de uma sociedade ([18]). Por isso, quando esta abre o seu capital à subscrição de terceiros, sem dar aos antigos sócios a possibilidade de a ela igualmente acorrerem, a influência destes na condução dos negócios da empresa diminui, podendo causar-lhes sérios prejuízos.

IV. Compreende-se, assim, que se venham procurando e forjando várias formas de defesa dos sócios contra os eventuais danos de um aumento de capital.

Uma dessas formas consiste em fazer a subscrição acima do par ([19]). Deste modo, o ágio ou sobrepreço, entrado no activo da

---

([16]) O significado dessa diluição é, por vezes, tal que não falta quem considere a subscrição por terceiros, de quotas ou acções, abaixo do respectivo valor real, verdadeiro acto de alienação de parte da participação social. Nesta direcção, v. PIRES DE LIMA, *Anotação ao Acórdão do S.T.J. de 6 de Janeiro de 1961*, in *Revista...*, ano 94, pp. 302 e ss.. Cfr., ainda, no mesmo local, p. 286, o citado Acórdão, onde se escreve: «*A deliberação ou resolução tomada (...) de aumentar o capital social (...) constitui uma alienação parcial da quota do autor porque o poder jurídico desta quando o capital social era de 3 000 000$00, não é, positivamente, o mesmo depois do capital ter sido aumentado para 4 000 000$00. (...) Com o aumento de capital diminuiu (...) a percentagem nos lucros que o pacto social e a lei lhe conferem*».

([17]) Vantagem ou enriquecimento que, conforme assinala a doutrina, corresponde absolutamente ao empobrecimento dos anteriores sócios.V., entre outros, RENATO MICCIO, *Il Diritto ...*, p. 2, e bibliografia aí citada .

([18]) V., por todos, RAÚL VENTURA, *Alterações do contrato...*, p. 174.

([19]) É este um processo muito difundido e amplamente divulgado. As suas implicações e vantagens têm merecido, de há muito, a atenção da doutrina. Para um

Introdução 25

sociedade, provoca um aumento do respectivo património, com a consequente atenuação da hipotética perda ([20]) sentida pelos antigos sócios no valor da sua participação social. Mas, se este procedimento consegue evitar a diminuição do valor patrimonial da quota do sócio, ele não obsta à redução dos seus poderes de natureza administrativa, pois permite a entrada de estranhos na sociedade ([21]), com a consequente alteração das relações de poder até então existentes.

---

estudo mais aprofundado desta matéria, podem ver-se, entre outros, ALFRED JAUFFRET, *Du Droit de Souscrire par Préférence...*, pp. 20 e ss.; J. VANDAMME, *De la Prime Imposée aux Souscripteurs...*, *per tot.*; RENATO MICCIO, *Il Diritto...*, pp. 3 e ss.; GERARDO SANTINI, *Il Premio di Emissione Sulle Azione di Società*, in *Rivista di Diritto Civile*, 1958, ano IV, parte I, p. 384 ; GRAZIANI, *Sopraprezzo delle Azioni e Diritto di Opzione*, in *Rivista delle Società*, ano VI, 1961, pp. 51 e ss.; FRANCESCO MESSINEO, *Sul Sovraprezzo nell' Emissione di Azioni di società Secondo il Diritto Italiano, ibi.*, pp. 198 e ss.; RENZO ZAFFARONI, *Sul Sovraprezzo Nell'Emissione di Azioni*, in *Rivista delle Società*, Milão , 1964, ano IX, p. 580; ASCARELLI, *O Direito de Preferência...*, in *Problemas...*, pp.495 e ss.; FERRER GORREIA e ANTÓNIO CAEIRO, *Aumento de Capital...*, in *Estudos...*, vol. I, pp. 86 e ss.; FRANCESCO GALGANO, *La Società per Azioni*, Padova, 1984, pp. 331 e ss.; RAÚL VENTURA, *Alterações do Contrato...*, pp. 102 e ss..

([20]) Hipotética, porquanto sentida, em princípio, apenas nas sociedades ricas, ou seja, nas sociedades dotadas de um património superior ao capital social. V., porém, RENATO MICCIO, *Il Diritto...*, pp. 7 e 8. Cfr. também *Supra*, p. 42, nota (40).

([21]) Abstraindo deste inconveniente, a exigência de um sobrepreço é, ainda, uma das melhores formas de assegurar a protecção dos sócios contra os perigos dos aumentos de capital . Muitas outras têm sido ensaiadas, sempre com piores resultados. Certa doutrina começa por indicar a possibilidade de se retardar ao máximo a data de entrega dos novos títulos. O objectivo deste procedimento seria o de reservar para os antigos sócios o direito a certos dividendos. A vantagem é, porém, de pouca importância por essencialmente limitada no tempo.

Poder-se-ia, então, pensar em atribuir aos primitivos sócios um certo número de partes de fundadores (No nosso direito, v. Art. 16.º do Código das Sociedades Comerciais, que estabelece poderem exarar-se no contrato de sociedade, com indicação dos respectivos beneficiários, vantagens especiais a sócios em conexão com a constituição da sociedade). Trata-se , contudo, de um mecanismo susceptível de criar dificuldades, embaraços e discussões. A tendência manifesta--se mais no sentido da supressão destas vantagens do que no da sua criação. Mais sedutora afigurar-se-ia, talvez, a criação a favor dos antigos accionistas do direito a uma parte acrescida nos lucros periódicos. Ela apresenta, contudo, alguns inconvenientes. Em primeiro lugar, por este meio, é extremamente difícil de contrabalançar de forma exacta a perda sofrida pelos antigos sócios . Em segundo

V. Mais adequada a assegurar a tutela dos interesses dos sócios contra a entrada de terceiros na sociedade, é, segundo a generalidade dos autores, a atribuição, a cada um deles, de um direito de preferência na subscrição dos aumentos de capital que vierem a ser deliberados.

Mediante o exercício desse direito, podem os sócios evitar os inconvenientes que para eles representam os aumentos de capital, conquanto o referido exercício seja feito em rigorosa proporção à participação por eles detida no capital social [22] .

VI. Antes de mais, o direito de subscrever as acções ou quotas provenientes de um aumento de capital faz desaparecer o perigo da

---

lugar, o privilégio pode prejudicar o sucesso da operação de aumento de capital. É que, por vezes, não é fácil encontrar quem esteja disposto a entrar para uma sociedade na qual ficará colocado numa situação de inferioridade. Vulgarmente é mesmo a situação inversa a verificar-se. Os direitos especiais são criados para atrair novos sócios e novos investimentos em sociedades pouco prósperas. Duas outras soluções poderiam, ainda, ser encaradas. A primeira consistiria em se proceder à distribuição de uma parte das reservas pelos antigos sócios. Porém, isso nem sempre é realizável. A distribuição das reservas pode vir a entravar a actividade económica da sociedade. Além disso, semelhante operação mostrar-se-ia ilógica, no contexto do processo de aumento de capital, normalmente ditado por necessidades financeiras da empresa que a ele procede. A segunda, nalguns aspectos mera variante da primeira, traduzir-se-ia na atribuição gratuita aos anteriores accionistas de acções, através da conversão das reservas em capital. Mas aqui também as dificuldades são grandes. A eventual existência de reservas ocultas levantaria sérios obstáculos ao sucesso da operação. A respeito das vantagens e inconvenientes de cada uma destas formas de procurar proteger os sócios contra os perigos de um aumento de capital no qual participem terceiros, v., entre outros, ALFRED JAUFFRET, *Du Droit de Souscrire par Préférence...,* pp.16 e ss.; ANTONIO BOUTHELIER, *El Derecho de Suscripción Preferente...,* in *R.D.M.,* pp. 332 e ss.; OTT, *Das Bezugsrecht...,* pp. 15 e ss.; ZAFFARONI, *Sul Sovraprezzo...,* in *Rivista...,* Ano IX, p. 583; BERMOND DE VAULX, *Les Droits Latents des Actionnaires Sur les Réserves dans les Sociétés Anonymes,* Paris 1965, p. 89; ALEJANDRO BÉRGAMO, *Sociedades...,* II, pp. 540 e ss.; SÁNCHEZ ANDRÉS, *El Derecho de Suscripción Preferente del Accionista,* Madrid, 1973, pp. 85 e ss..

[22] O que, uma vez fornecidos por lei os mecanismos necessários para o efeito, dependerá exclusivamente da vontade dos sócios.

Introdução

diminuição do valor da participação social ([23]). A baixa produzir-se-á em qualquer caso. Porém, ela será automaticamente compensada, pois, através do exercício do direito de subscrição preferencial, os sócios mantêm a sua proporção no activo líquido da sociedade ([24]). Voltemos ao exemplo de há pouco ([25]):

– Imaginemos uma sociedade com um capital social de 10 000 contos, dividido por 2 000 acções com um valor nominal de 5 contos. Se o património dessa sociedade for de 20 000 contos, o valor de mercado de cada acção será de 10 contos. Admitamos agora que era deliberado um aumento do capital social em mais 10 000 contos, mediante emissão de mais 2 000 acções. O preço de subscrição é fixado em 5 000$00. Executado este aumento de capital, verifica-se uma diminuição teórica do valor real das antigas acções de 10 000$00 para 7 500$00. Contudo, o antigo accionista subscreveu, graças ao seu direito, uma nova acção emitida a 5 contos. Significa isto que, se ele tinha uma acção com um valor de 10 000$00, gastou mais 5 000$00, num total de 15 contos. Fica, portanto, com duas acções de 7 500$00, igualmente, num total de 15 contos. O direito de subscrição permitiu ao sócio recuperar na nova acção, a ele reservada, exactamente a quantia perdida na velha acção ([26]).

Mais. Em última análise, o direito de preferência, ao garantir a manutenção da proporção de cada sócio no activo líquido da sociedade, assegura a conservação da medida da participação dos membros da empresa quer nas reservas acumuladas, quer nos lucros distribuíveis, quer, ainda, na quota de liquidação ([27]).

([23]) Os autores mostram-se absolutamente unânimes a este respeito, não se manifestando uma única voz em sentido contrário. Cfr. bibliografia citada *Supra*, p. 10, nota (9).

([24]) Neste sentido, v., nomeadamente, MONTESSORI, *Il Diritto D'Opzione Nella Emissione di Nuove Azioni*, in *Rivista del Diritto Commerciale e del Diritto Generale delle Obbligazioni*, Milão, 1921, vol. XIX, I parte, p.492; e RAÚL VENTURA, *Alterações do Contrato...*, p. 175.

([25]) V. *Supra*, p. 22 nota (14) .

([26]) Cfr. ALFRED JAUFFRET, *Du Droit de Souscrire par Préférence...*, p. 24.

([27]) Cfr. RAFFAELE NOBILI, *Contributo Allo Studio del diritto D'Opzione...*, pp. 2 a 5.

VII. Além de tutelar os sócios contra os inconvenientes de carácter patrimonial, resultantes de um aumento de capital, o direito de preferência fornece, ainda, defesa perante outro tipo de perigos. É sabido como as sociedades procuram, por vezes, reduzir a participação de certos sócios, através da deliberação e execução de sucessivos aumentos de capital, cuja subscrição é particularmente facilitada a determinados grupos de investidores ou sócios. A isto há a acrescentar a circunstância de, em inúmeros casos, as sociedades de capitais apresentarem significativos traços de personalismo. Os antigos sócios sentem-se, por isso, com frequência ameaçados pelo modo como as novas acções poderão vir a ser colocadas, em benefício de apenas alguns deles ou de terceiros. Em hipóteses como as descritas, o direito de preferência permite aos primitivos sócios não só conservarem-se ao abrigo das tentativas de tomada de poder, por um determinado grupo de entre eles, mas também de evitarem a entrada de estranhos na sociedade [28]. Deste modo, o

---

[28] A doutrina é praticamente unânime ao reconhecer ao direito de subscrição dos sócios, pelo menos, as duas finalidades que já assinalámos:
- A primeira consiste em proteger os primitivos sócios contra a diminuição do valor da sua participação social, assegurando a sua percentagem nas reservas acumuladas e na quota de liquidação que, de outra forma, acabariam nas mãos dos novos sócios.
- A segunda consiste em garantir aos sócios a conservação da sua influência na condução dos negócios da sociedade.

Atentas estas *rationes* do direito de subscrever preferencialmente um aumento de capital, determinados autores consideram, numa expressão sugestiva, que se trata de um direito com uma dupla veste ou face (Cfr., nomeadamente, GASTONE COTTINO, *Diritto...*, I, p. 736; veja-se, também, GRAZIANI, *Diritto...*, p. 179, para quem o direito de preferência é «*(...) suscettibili di presentare profili che a volta lo ravviciniano ai diritti di partecipazione all'amministrazione, o ai diritti di partecipazione patrimoniale, o contemporaneamente ad entrambi (...)*»). Existem, contudo, certos comercialistas que apenas parecem ver no direito de preferência uma forma de tutela dos sócios contra a possível diminuição do valor das suas quotas ou acções, em virtude da execução de um aumento de capital. É, nomeadamente, esse o caso de J. VANDAMME, *De la Prime Imposée aux Souscripteurs...*, p. 189, para quem «*Le droit préférentiel de souscription tend à maintenir, au profit des anciens actionnaires, à qui ils appartiennent actuellement, les avantages d'ordre pécuniaire qui vont s'attacher désormais à la propriété des actions nouvelles*»; e JOÃO EUNÁPIO BORGES, *Curso de Direito*

Introdução 29

direito de preferência em análise aparece como um modo de defesa do sócio contra os perigos dos aumentos de capital, não apenas no confronto com terceiros, mas igualmente no confronto com os demais sócios ([29]) .

VIII. Para o caso de o sócio não querer ou não poder exercer o seu direito de preferência, forjou a prática a possibilidade de cessão onerosa desse direito ([30]) ([31]). Deste modo, através da realização do valor patrimonial do direito de preferência ([32]), é possível ao sócio

---

Comercial..., pp. 440 e 441. Trata-se, porém, de uma visão redutora, que retiraria praticamente toda a utilidade e razão de ser ao direito de preferência. Se, de facto, o direito de subscrição apenas servisse para proteger os sócios contra os inconvenientes de carácter patrimonial dos aumentos de capital, então poderia ser substituído pela exigência, aos novos sócios, do pagamento de um sobrepreço. Por sua vez, STEVENS, *Handbook on the Law of Corporations*, 2ª ed., St. Paul, Minnesota, 1949, pp. 505 e 506, considera que a diminuição do peso de voto não envolve uma diminuição substancial dos direitos dos sócios, atendendo ao desinteresse da maior parte pela vida administrativa da sociedade . O argumento supõe, contudo, uma forma patológica de vida da sociedade - que apenas se verifica nas sociedades de maior dimensão - e não pode, por isso, ser tomado em consideração (Neste sentido, v. RAFFAELE NOBILI, *Contributo Allo Studio del Diritto D'Opzione...*, p.3, nota (4)). STEVENS não tem, assim, razão quando afirma: «*These factors lead to the consideration of the preemptive right as means of protecting the shareholder's interest in the profits and assets of the corporation*».

([29]) Nesta direcção, v., entre outros, ASCARELLI, *Due Questione...*, in *Studi...*, p. 275; RAFFAELE NOBILI, *Contributo Allo Studio del Diritto D'Opzione...*, p. 5.; RAÚL VENTURA, *Alterações do Contrato...*, pp. 93 e 94.

([30]) GESSLER, EFERMEHL, ECKARDT e KROPFF, *Aktiengesetz...*, § 186, p. 241; RAÚL VENTURA, *Alterações do Contrato...*, p. 175.

([31]) Possibilidade a que o nosso legislador se refere nos artigos 267.º e 458.º n.º 3 do Código das Sociedades Comerciais .

([32]) A doutrina tem geralmente entendido que o valor patrimonial do direito de preferência corresponde, *grosso modo,* à diferença entre o valor de mercado e o valor nominal das novas acções. Neste sentido, e para uma primeira aproximação a este tema, podem consultar-se, por exemplo, RENATO MICCIO, *Il Diritto...*, pp. 3, 27 e ss. e 66 e ss.; ALFRED JAUFFRET, *La Renonciation des Anciens Actionnaires à Leur Droit de Souscription*, in *La Società per Azioni Alla Metà del Secolo XX (Studi in Memoria di Angelo Sraffa)*, Padova, 1961, I, p. 375, nota (9); RAÚL VENTURA, *Alterações do Contrato...*, pp. 123 e ss.. Semelhante forma de calcular o valor do direito de preferência mostra-se, contudo, artificial. Ela ignora não só toda uma série de

30   *Pedro de Albuquerque*

evitar o dano resultante da diminuição do valor das suas acções, sem ter de suportar o sacrifício do desembolso do montante das novas entradas. Já não lhe será, porém, dado obstar à redução da sua influência na gestão da sociedade – e, por conseguinte, à alteração dos seus poderes – que se verificará na proporção da diminuição da respectiva quota [33] [34] [35]. Atendendo a essa circunstância não

---

factores dinâmicos que intervêm na ponderação feita, por cada sócio ou investidor, acerca do valor das acções e dos direitos de subscrição, mas, também, o próprio regime do direito de preferência e as finalidades em vista das quais esse regime foi definido . A este respeito, v. *Infra,* pp. 245 e ss..

[33] RENATO MICCIO, *Il Diritto...,* p. 3.

[34] A cessão do direito de preferência apresenta, assim, uma série de pontos de contacto com a exigência de pagamento de um sobrepreço ou ágio. Não falta, mesmo, quem considere ser o sobrepreço mera expressão de um direito de preferência imediatamente avaliado e cedido por uma determinada soma em dinheiro. Ou, ainda, quem sustente representar o ágio o preço da renúncia ao direito de subscrição. V., a este respeito, J. VANDAMME, *De la Prime Imposée aux Souscripteurs...,* pp.189 e ss.. E, de facto, quer a exigência, aos novos sócios, do pagamento de um sobrepreço, quer a alienação do direito de preferência protegem os antigos sócios contra a diminuição do valor absoluto da sua participação social. Do mesmo modo, os sócios não ficam, em nenhum dos dois casos ao abrigo da diminuição do valor ou peso relativo da sua quota dentro da sociedade (Cfr. RENATO MICCIO, *Il Diritto...,* p. 5.). Estas semelhanças não obstam, contudo, à existência de algumas diferenças no tocante ao modo como é efectuada a protecção patrimonial dos sócios em cada uma das duas situações: exigência do pagamento de um sobrepreço e alienação do direito de preferência. É que, na cessão do direito de preferência é o sócio quem realiza, de forma imediata, o valor desse direito, enquanto na subscrição de quotas ou acções acima do par a beneficiada, de modo directo, é a solidez e consistência económica da sociedade. O sócio, esse, só de forma indirecta verá repercutirem-se no seu património as consequências do enriquecimento da sociedade. Ora conforme escreve RAFFAELE NOBILI, *Contributo Allo Studio del Diritto D'Opzione...,* p. 179, é diversa a posição «*(...) di qui possa realizzare subito una somma in denaro, da quella di chi veda aumentare (o, meglio, veda mantenuto) il valore di beni già posseduti. In caso di emissione con sovrapezzo, il socio - per realizzare subito una somma in denaro - dovrebbe infatti vendere le azione, cioè che non avrebbe venduto se il diritto d'opzione fosse stato, di fatto, trasferibile».*

[35] Convém, ainda, esclarecer que, mesmo no plano estritamente económico, a cessão do direito de preferência raramente se mostrará como um bom negócio. Deve-se isso ao facto de o valor recebido pelo antigo sócio, como contrapartida da cessão, não ser suficiente para cobrir todos os danos de natureza patrimonial susceptíveis de lhe virem a ser causados pelo aumento de capital. E não os cobre

Introdução 31

falta, mesmo, quem considere a cessão do direito de preferência como uma forma de desnaturar e desvirtuar os fins básicos de semelhante direito.

IX. É, nomeadamente, essa a opinião de Renato Miccio [36]. Depois de tecer algumas considerações acerca dos objectivos e razão de ser do direito de preferência, este autor acaba por considerar que a finalidade política desse direito prevalece claramente sobre a sua finalidade patrimonial [37]. Na sequência desta posição, Miccio reduz a *ratio* do direito de preferência à manutenção da relação de quota de cada sócio dentro da sociedade [38]. Com a cessão do direito de subscrição preferencial, o sócio obtém uma compensação pela desvalorização da sua participação, mas renuncia à manutenção da sua relação de quota. Mais. No caso de o adquirente ser outro sócio, não só o direito de preferência não

---

porquanto a cessão do direito de preferência representa a liquidação de uma parte da quota do primitivo sócio. Desta forma, ao ceder o seu direito o sócio reduz a sua participação ou, utilizando uma expressão muito difundida, sai em parte da sociedade. Ele renuncia, assim, e por conseguinte, a parte das vantagens económicas futuras que a sociedade virá a gerar recebendo apenas uma quantia actual, na qual normalmente não são tidas em consideração as referidas vantagens. Nesta direcção, podem ver-se, entre outros, RENATO MICCIO, *Il Diritto...*, pp. 3 e 4; BUONOCORE, *Le Situazioni Soggetive dell'Azionista*, Pompeia, 1960, p. 181; ASCARELLI, *O Direito de Preferência...*, in *Problemas...*, p. 502; BERMOND DE VAULX, *Les Droits Latents des Actionnaires...*, pp. 59 e ss.; SÁNCHEZ ANDRÉS, *El Derecho de Suscripción Preferente...*, p. 91.

[36] V. RENATO MICCIO, *Il Diritto...*, p. 30, que escreve: a finalidade do direito de preferência *«(...) viene (...) frustrata dalla cessione, poiché in questo modo esso non difende più la quota del sócio cui spettava in origine, ma serve ad aumentare quella di un altro».* Apesar desta posição de Miccio, quanto à cessão do direito de preferência, o autor não se manifesta contra a cedibilidade do direito. Ao contrário, atendendo ao facto de a própria qualidade de sócio poder ser transferida, o autor afirma-se expressamente a favor da possibilidade de os sócios poderem ceder o seu direito de subscrição.

[37] RENATO MICCIO, *Il Diritto...*, p. 11 , para quem o direito de preferência *«(...) é um remédio de carácter geral para impedir que o aumento de capital comporte para os velhos sócios em primeiro lugar a perda da proporção da sua participação na sociedade e secundariamente também um dano meramente patrimonial».*

[38] RENATO MICCIO, *Il Diritto...*, p. 30.

defende o accionista ou quotista a quem inicialmente competia, como vai permitir ao cessionário melhorar a sua posição relativa dentro da sociedade. Ora, na opinião de Miccio, foi justamente para evitar situações deste tipo que o legislador criou o direito de preferência, a favor dos antigos sócios ([39]).

X. A tese de Miccio peca, porém, por falta de análise ([40]):

– Em primeiro lugar, a finalidade política do direito de preferência não prevalece sobre a sua finalidade de conservação patrimonial. Ao contrário, a dever definir-se uma hierarquia entre

---

([39]) *Idem*, pp. 10, 11 e 30.

([40]) Não é, aliás, esse o único vício no qual incorre Miccio. Ao considerar os objectivos políticos do direito de preferência como prevalecentes sobre as suas finalidades patrimoniais, o autor entra, ainda, em contradição com as posições por ele assumidas pouco antes. É que, para Miccio, o direito de subscrição preferencial seria, de forma clara, um meio de defesa dos membros de sociedades ricas. Na verdade, de acordo com este autor: «*(...) il diritto di opzione è um mezzo di difesa degli interessi di membri di società riche, in quanto alla radice dell'aumento di capitale stanno mezzi e fondi, dei quali la società dispone, e sui quali gli azionisti possono avere un diritto «pronto» o «potenziale», che vengono appunto destinati a questo aumento. L'aumento del capitale costituice quindi um mezzo di impiego delle riserve accumulate negli anni precedenti, dei super dividendi, ai quali i soci hanno renunciato per incrementare il patrimonio comune nonché il valore delle singolo azione*» (Na doutrina espanhola, pode ver-se, em sentido idêntico ao de Miccio, ANTONIO BOUTHELIER, *El Derecho de Suscripción Preferente...*, in *R.D.M.*, p. 331, autor para quem o direito de preferência também só parece ter sentido em sociedades ricas). De seguida, e para ilustrar esta sua opinião, Miccio acrescenta: «*Questo concetto è espresso pressochè invariato dal passo della Rel. Ministeriale che giustifica il riconoscimento legale del diritto di opzione da parte del legislatore italiano del 1942: «l'aumento del capitale deliberato da una società che in vari anni di oculata gestione abbia accumulato notevoli riserve, determina indubbiamente una situazione di favore per chi ne sottoscriva al valore nominale le nuove azione. Ora sarebbe ingiusto che di tale vanttagio non doveresso usufruire i soci, i quali, rinunciando ad una parte degli utili dell'impresa, hanno per l'appunto reso possibile la formazione di tale riserva. Si è, percio, ritenuto opportuno di affermare espressamente che le azioni di nuova emissione devono essere offerte in opzione agli azionisti in proporzione del numero delle azioni da essi possedute*». V. RENATO MICCIO, *Il Diritto...*, p. 6. Mas se, de facto, o direito de preferência é, como quer Miccio, uma figura apenas, ou, fundamentalmente, respeitante às sociedades ricas, então a finalidade primordial desse direito deveria ser a patrimonial, não a política. É que, se considerarmos

Introdução

estes dois fins do direito de preferência, seria o objectivo de defesa do valor da participação do sócio aquele que deveria ocupar lugar de maior destaque.

---

como mais importante o objectivo político do direito de subscrição preferencial, perde sentido a tentativa de aproximação desse direito às sociedades ricas. Mesmo nas sociedades «pobres» pode ter interesse para um sócio conservar o seu peso de voto e, por conseguinte, exercer o direito de preferência na subscrição de novas acções ou quotas. De resto, o próprio Miccio acaba por sustentar isso mesmo. Ele esforça-se, aliás, inclusivamente, por demonstrar como existe nos casos em que as novas acções ou quotas são forçosamente colocadas, para subscrição, ao par - por não se verificar uma superioridade do património relativamente ao capital social - um prejuízo, patrimonial e «político», para os sócios, via de regra, superior ao sentido pelos membros das sociedades ricas. Com a agravante, aliás realçada por Miccio, de nas sociedades com uma situação financeira pouco sólida não haver a possibilidade de se exigir aos subscritores o pagamento de um ágio como forma de compensar os antigos accionistas. De facto, segundo MICCIO *«(...) questa volta non vi sono riserve e superdividendi da difendere e poiché, di consequenza, non vi è neppure un plus valore delle azione, il remedio di emettere queste ultime ad un valore superiore a quello nominale è inattuabile e non resta che l'esercicio del diritto di opzione, ci appare non più sotto il profilo limitato di un mezzo di tutela dei diritti dei soci agli incrementi patrimoniale da essi accumulati, bensì sotto quello più generale di um mezzo per ovviare ai danni che ad essi conseguono in ogni caso dall'aumento di capitale. (...) questi danni sono, infatti, imprescindibili comunque ed anzi più gravi nel caso di cui ci si occupa, poichè mentre quando le azione sono quotate sopra la pari la perdita consequente all'aumento di capitale attiene al lucro cessante, se invece la quotazione è alla pari, è evidente che si tratta di danno emergente».* É, pois, o próprio Miccio a demonstrar, contra aquilo que começara por defender, a inexistência de uma qualquer relação entre a possibilidade de exercício do direito de preferência e a consistência económica da sociedade. Cfr. *op. cit.,* pp. 7 a 10 . Sobre este ponto, v. ainda SÁNCHEZ ANDRÉS, *El Derecho de Suscripción Preferente...,* pp. 73 e ss., que estabelece uma distinção entre os pressupostos económicos e os pressupostos jurídicos do direito de preferência. De um ponto de vista estritamente económico, o autor aceita a afirmação segundo a qual o direito de participação preferencial em aumentos de capital apenas faria sentido em sociedades ricas. Numa perspectiva jurídica, a aproximação do direito de preferência às sociedades financeiramente saudáveis carece, segundo Sánchez, de qualquer sentido. Para o comprovar, a doutrina italiana lembra a enorme importância do direito de subscrição preferencial nas hipóteses de redução de capital social a zero e posterior aumento do mesmo. Sobre este último assunto, v. GASTONE COTTINO, V.° *Società (Diritto Vigente): Società per Azione,* in *Novissimo Digesto Italiano,* Turim, 1970, XVII, p. 659. Entre nós, manifesta-se contra a possibilidade de redução do capital social a zero e posterior ampliação RAÚL VENTURA, *Alterações do Contrato...,* pp. 365 e ss..

– Em segundo lugar, o direito reconhecido aos sócios pelo artigo 458.º do Código das Sociedades Comerciais não se destina apenas a impedir que os sócios sofram, por um lado, um prejuízo com a desvalorização das suas acções ou quotas e, por outro, a diminuição do seu peso de voto. Existe um terceiro intuito para a atribuição do direito de preferência aos sócios. Trata-se de se lhes assegurar um privilégio, ou situação de vantagem, na participação em investimentos a fazer na sociedade da qual são membros [40a].

Vejamos cada um destes aspectos em separado, procurando, primeiramente, resolver a questão relativa à ordem de precedência a estabelecer entre o objectivo económico e o objectivo administrativo do direito de subscrição preferencial.

XI. De acordo com a *communis opinio,* a finalidade patrimonial do direito de preferência seria meramente eventual [41]. Ela apenas teria significado no caso de o preço de emissão das novas acções ou quotas ser inferior ao respectivo valor real ou de mercado. Quando o custo das antigas acções ou quotas é igual ao seu valor nominal, ou quando as novas acções são colocadas ao preço de mercado, nenhum interesse patrimonial dos primitivos sócios se veria afectado com a subscrição do aumento de capital por terceiros, ou por determinados sócios em detrimento de outros [41a].

[40a] À semelhança do que acontece com a finalidade do direito de preferência de preservar o valor da quota ou acção do antigo sócio, também a finalidade agora assinalada tem um conteúdo patrimonial. Por uma questão de comodidade reservaremos, porém, a expressão *finalidades patrimoniais* para designar o objectivo, do direito de subscrição preferencial, de evitar a diminuição do custo das antigas acções ou quotas, quando de um aumento de capital.

[41] Cfr., por todos, GRAZIANI, *Diritto...*, p. 179; RAFFAELE NOBILI, *Contributo Allo Studio del Diritto D'Opzione...*, p. 4.

[41a] É, nomeadamente, essa a opinião de J. GABRIEL PINTO COELHO, *Usufruto...,* in *Revista...*, Ano 91, p. 4, para quem «*(...) se a nova emissão é feita por quantia equivalente a esse valor efectivo, a fracção resultante da divisão do antigo património social acrescido do produto da subscrição das novas acções pelo número total das acções (antigas e novas) será igual à fracção que resultava da divisão do antigo património social pelo número das primitivas acções. Essa fracção é que representa a quota de participação do accionista no património social. Essa quota no caso figurado mantém-se a mesma. Por isso não interessa*

Introdução

Porém, o objectivo político do direito de preferência estaria, segundo a generalidade dos autores, sempre presente [41b]. É que, se, por hipótese, uma sociedade aumentasse de forma sucessiva e repetida o seu capital, suprimindo de cada vez o direito de subscrição preferencial dos sócios, estes veriam a sua participação e influência na gestão da sociedade drasticamente diminuídas [42]. No limite, alguns dos sócios acabariam por se sentir virtualmente excluídos dessa sociedade sem, para isso, terem recebido qualquer contrapartida [43]. Para evitar semelhante resultado o sócio ver-se-ia obrigado a – em concurso com terceiros – adquirir no mercado as novas acções ou quotas. Com o perigo, porém, de a parte do aumento de capital por ele subscrita não se revelar suficiente para manter a posição anteriormente detida dentro da sociedade e, portanto, o respectivo peso de voto. Perigo, aliás, agravado pela facilidade com que a maioria e a administração da sociedade podem assegurar para si, ou para terceiros do seu agrado, as novas participações sociais [44].

---

então de modo especial ao accionista a preferência na subscrição do novo capital. Quer dizer, ainda, que sejam terceiros que subscrevem as novas acções, a quota de participação do antigo accionista nada sofreu».

[41b] Nesta direcção, pode ver-se, entre nós, J. GABRIEL PINTO COELHO, Usufruto..., in Revista..., ano 91, pp. 17 e 18, que escreve: «(...) já se invocou como justificativo deste direito de opção do accionista quanto à subscrição do novo capital o direito deste à integridade da sua quota de participação no património social. (...). Mas afigura-se-nos inaceitável (...), pois a verdade é que nada autoriza a reconhecer e tutelar semelhante direito ao accionista. A quota de participação do accionista no património social tal como fica definida, sendo função do valor líquido, apresenta-se naturalmente como um valor mutável, oscilante, dependendo das naturais flutuações quer do valor do activo social, quer do volume das responsabilidades, do passivo da sociedade. (...). Mais razoável se nos afigura pois a tese daqueles que (...) filiam o direito de opção no interesse que podem ter os accionistas em evitar o afluxo de capitais estranhos e a correspondente influência, nos destinos e orientação desta, de sócios porventura inclinados a especulações, e que podem até ser concorrentes perigosos». Na doutrina estrangeira, esforça-se por demonstrar a actualidade dos fins políticos do direito de preferência, seja qual for a posição ocupada pelo sócio no seio da sociedade, por exemplo, OTT, Das Bezugsrecht..., pp. 16 e ss..

[42] Neste sentido, v., por todos, MICCIO, Il Diritto..., p. 10 .

[43] Idem, p.10.

[44] Idem, pp. 10 e 11.

Quando desacompanhado da atribuição aos membros da sociedade de um direito de preferência, o aumento de capital constitui, assim, um meio particularmente adequado à redução da participação social de um sócio, ou grupo de sócios, e por conseguinte à supressão da sua influência na gestão da sociedade ([45]). Por este

---

([45]) Neste contexto, não falta quem se interrogue sobre se o fundamento e origem do direito de preferência dos sócios não estará no princípio da igualdade. Em sentido afirmativo, pronuncia-se, por exemplo,C. GRASSETI, *Diritto di Voto in Pendenza...*, in *Rivista del Diritto Commerciale*, ano LI, pte. I, p. 51; FUNK *(Apud* OTT, *Das Bezugsrecht...*, p.46); VICENT CHULIA, *Compendio Critico de Derecho Mercantil*, 2ª ed., Barcelona, 1986, tomo I, p. 301. Contra, manifestam-se, nomeadamente, WIELAND, *Handelsrecht*, Munique, Leipzig, 1931, II, p. 169 : OTT, *Das Bezugsrecht...*, p. 46; e FERRER CORREIA , *Aumento de Capital...*, in *Estudos...*, vol. I, pp.76 e 77. Para estes autores não se afigura lícito deduzir o direito de preferência do princípio da igualdade, pois, segundo eles, os sócios também são tratados de modo igual quando não lhes é reconhecido qualquer direito de subscrição preferencial. Não deixam, contudo, de reconhecer alguma importância ao princípio da igualdade na construção da figura do direito de preferência. É que, uma vez concedido por lei o direito de os sócios participarem preferencialmente nos aumentos de capital deliberados pela sociedade, todos devem ter, por igual, a possibilidade de exercer esse direito. Se, por hipótese, o direito de preferência não for atribuído de modo proporcional à participação de cada sócio na sociedade, ou se, em caso de supressão desse direito (a propósito da exclusão do direito de preferência, sua admissibiliade e condições, v. *Infra*, pp. 299 e ss.), não forem igualmente abrangidos todos os sócios, a deliberação social será, de acordo com a opinião dos comercialistas acima referidos, impugnável por violação do princípio da igualdade (neste sentido, veja-se, também, e por exemplo, RAISER, *Recht der Kapitalgesellschaften: Aktiengesellschaft, Gesellschaft und. Co*, Munique, 1983, pp. 49 e 276; e RAÚL VENTURA, *Alterações do Contrato...*, p. 203). Deste modo, o direito de preferência, ao dificultar a colocação arbitrária das novas acções ou quotas, parece consistir num instituto que, sujeito ao princípio do tratamento igualitário, acaba, em última análise, por reforçar o cumprimento desse mesmo princípio (Cfr., por exemplo, ASCARELLI, *O Direito de Preferência...*, in *Problemas...*, p. 500, que escreve: «*(...) o direito de preferência visa a tutela dos accionistas perante terceiros e a garantia da igualdade entre os accionistas (...). »*). Não falta, porém, quem, ultrapassando a opinião de Wieland, Ott, Raiser, Ferrer Correia e Raúl Ventura, negue ou reduza de forma muito significativa a relevância do princípio do tratamento igualitário dos sócios, na construção ou resolução das questões suscitadas pelo direito de preferência procurando substituí-lo pela noção de

Introdução

motivo, e atento o carácter meramente eventual da finalidade patrimonial do direito de preferência, certa doutrina considera o direito de subscrição preferencial como um remédio destinado a preservar, em primeira linha , o peso de voto dos antigos sócios. A defesa contra os danos de natureza económica que o aumento de capital possa provocar a accionistas ou quotistas aparece como perfeitamente secundária ([46]).

XII. Não podemos, no entanto, subscrever semelhante entendimento. E por várias razões.

Não é, antes de mais, correcto considerar a finalidade patrimonial do direito de preferência como meramente eventual.

Desde logo, porque, mesmo nos casos de correspondência entre o valor real e o valor nominal das acções ou quotas, a execução de um aumento de capital pode provocar sérios prejuízos de natureza económica aos sócios que nele não participem. Notou-o, por exemplo, Renato Miccio ([47]). De acordo com este autor, os danos sentidos pelos sócios serão, inclusivamente, mais significativos nas hipóteses agora descritas ([48]). Conforme sublinha Miccio, o aumento de capital provoca frequentemente uma perda para os antigos só-cios ([49]). Trata-se, na opinião do comercialista italiano, de uma consequência da multiplicação do número de participantes no património social ([50]). Quando as quotas ou acções da sociedade estão cotadas acima do par, essa perda pode ser atenuada ([51]) pela

---

interesse social. Cfr., entre outros, RAFFAELE NOBILI, *Contributo Allo Studio del Diritto D'Opzione...*, pp. 244 e ss.; JOÃO SOARES DA SILVA, *Parecer*, inédito, 1988, p. 15, nota (7), e pp. 19 e ss..

([46]) V., entre outros, RENATO MICCIO, *Il Diritto...*, p. 11.

([47]) RENATO MICCIO,*Il Diritto...*, pp. 7 e 8.

([48]) V. *Supra,* p. 32, nota (40).

([49]) RENATO MICCIO, *Il Diritto...*, p.7.

([50]) *Idem,* p. 7.

([51]) O termo é intencional, pois o ágio só muito dificilmente pode ser calculado de forma a evitar a diminuição do valor da quota ou acção. A este respeito, v., por todos, RAFFAELE NOBILI, *Contributo Allo Studio del Diritto D'Opzione...*, pp. 175 e ss..

38   *Pedro de Albuquerque*

exigência, aos novos sócios, do pagamento de um ágio. O mesmo não acontece, porém, se o valor real de cada participação social corresponder ao seu valor nominal. A verificar-se semelhante situação, as novas acções ou quotas terão forçosamente de ser colocadas ao par, sem qualquer possibilidade de compensar, através da exigência de um sobrepreço, a diminuição sofrida pelos antigos sócios que não acorram à subscrição. Estes sofrerão, por isso, um dano emergente, apenas evitável com a atribuição a cada um deles de um direito de participar no aumento de capital na proporção da posição anteriormente detida por cada um ([52]).

XIII. A finalidade patrimonial do direito de preferência não deixa de estar também presente no caso de as novas acções ou quotas serem colocadas pela sociedade acima do par. Isto, porque a exigência do pagamento de um sobrepreço raramente cobre de forma completa a diminuição verificada no valor das antigas acções ou quotas. E por dois motivos:

– O primeiro prende-se com a própria dificuldade em determinar, de forma rigorosa, o montante do ágio necessário para contrabalançar a desvalorização das antigas participações sociais ([53]);

([52]) V. RENATO MICCIO, *Il Diritto...*, p.8. Cfr. também *Supra,* p. 32, nota (40).

([53]) Para uma ilustração de quanto afirmamos, pode ver-se, a título de exemplo, J. VANDAMME, *De la Prime Imposée aux Souscripteurs....,* pp. 10 e 11, que, depois de analisar várias das fórmulas propostas para calcular o montante do sobrepreço a ser exigido aos novos subscritores, com vista a compensar a desvalorização da participação social provocada pelo aumento de capital, escreve: *«Ces formules ne sont (...) qu'approximatives. Le problème est, en realité, bien plus complexe et plus délicat et n'admet pas de solution mathématique exacte»* (Cfr. ainda p. 204, nota (1)). Em sentido equivalente, manifesta-se também BIANCHI, *Gli Aumenti di Capitale nelle Imprese,* Milão, 1958, p. 64. Segundo este autor, *«Proprio per il fatto che normalmente i corsi di borsa non coincidono con il valore economico del capitale rappresentato dai titoli, si ha una nuova giustificazione del diritto di preferenza accordato ai soci in sede di aumento di capitale sociale. Senza necessità di sempre incerte valutazioni sull'entità del patrimonio sociale e sulle prospettive economiche dell'impresa, si renderebbe possibile al socio di acquisire automaticamente l'eventuale differenza fra il valore di emissione ed il valore effettivo delle azione una volta attuata l'operazione di aumento del capitale sociale».*

Introdução

– O segundo tem a ver com a necessidade de assegurar o êxito financeiro da operação de aumento de capital. É que, na generalidade dos casos, só será possível encontrar terceiros dispostos a subscreverem o aumento deliberado pela sociedade se as acções ou quotas forem colocadas a preços inferiores aos de mercado.

XIV. Mas, se tudo isto não bastasse, um outro factor da maior importância leva, ainda, a considerar a finalidade patrimonial do direito de preferência como verdadeiramente actual. Trata-se da estreita ligação existente entre o direito aos lucros periodicamente distribuídos pela sociedade, o direito de subscrição preferencial e o direito à quota de liquidação [54]. Dessa conexão resulta ser o direito de preferência uma forma de tutela antecipada e sempre presente da quota de liquidação [55]. Deste modo, ao direito de preferência caberá em qualquer caso uma finalidade de defesa dos interesses patrimoniais dos sócios. Tais interesses serão protegidos, inclusivamente quando não existam reservas actuais, por referência às prováveis reservas futuras da sociedade [56].

Parece-nos, pois, incontrovertível, e já em sede introdutória, a inexistência de quaisquer motivos que levem a qualificar a finalidade patrimonial do direito de preferência como meramente eventual. Não é, por conseguinte, lícito estabelecer, em função dessa pretensa característica, qualquer tipo de hierarquia entre os objectivos de carácter económico e os objectivos políticos ou administrativos do direito de subscrição preferencial [57].

---

[54] V. *Supra*, p. 27.

[55] RAFFAELE NOBILI, *Contributo allo Studio del Diritto D'Opzione...*, p. 5. Certa doutrina chega inclusivamente a considerar o direito de subscrição preferencial como um direito latente sobre as reservas. V. BERMOND DE VAULX, *Les Droits Latents des Actionnaires...*, p. 57; e SÁNCHEZ ANDRÉS, *El Derecho de Suscripción Preferente...*, p. 101.

[56] RAFFAELE NOBILI, *Contributo allo Studio del Diritto D'Opzione...*, p. 5 ; SÁNCHEZ ANDRÉS, *El Derecho de Suscripción Preferente...*, p. 111.

[57] Existem mesmo autores que, numa posição inversa à que temos vindo a analisar e refutar, não só sustentam a actualidade da finalidade patrimonial do direito de preferência, como defendem, ainda, o carácter meramente eventual, ou até irrelevante, das finalidades administrativas do referido direito. V. *Supra*, p. 18, nota (28). Em sentido contrário, pode ver-se, contudo, OTT, *Das Bezugsrecht...*,

XV. O critério para estabelecer a graduação entre os dois fins, até agora analisados, do direito de participar preferencialmente num aumento de capital, deverá ser, pois, forçosamente outro.

Nalguns ordenamentos é a própria lei a resolver de forma expressa o problema da hierarquia dos fins do direito de preferência.

Noutros, porém, o legislador não toma partido directo na controvérsia. É, nomeadamente, esse o caso da lei italiana. É, também, o do direito português. A solução para a determinação da hieraquia a estabelecer entre o fim patrimonial e o fim administrativo do direito de subscrição preferencial deveria, portanto, procurar alicerçar--se, em qualquer dos dois ordenamentos, no regime jurídico do direito de preferência.

A tal nível, os pontos de apoio revelam-se, porém, escassos e insuficientes para a dilucidação do problema concreto agora em análise [58] [59]. Resta-nos, por isso, o recurso à consideração de

pp. 16 e ss., que, indo ao encontro da posição sustentada pela *communis opinio*, esforça--se por demonstrar como a execução de um aumento de capital afecta sempre o peso de voto dos sócios aos quais não é reconhecido o direito de preferência.

[58] A não ser o alicerce fornecido, eventualmente, pela própria circunstância de a nossa lei admitir expressamente a possibilidade de alienação do direito de preferência (v. art. 267.° e 458.° do Código das Sociedades Comerciais e *Infra*, pp. 240 e ss.). É que, se admitíssemos como prevalecentes as finalidades políticas do direito de preferência, então, deveríamos considerar a solução consagrada pelo nosso legislador como uma solução ilógica e tecnicamente deficiente. Ora, na fixação do sentido e alcance da lei, o intérprete deverá presumir que o legislador consagrou as soluções mais acertadas e soube exprimir o seu pensamento em termos adequados. Logo... . Outro aspecto de importância, na determinação da hierarquia dos fins do direito de preferência, tem a ver com a circunstância de a lei reconhecer um direito de subscrição a todos os sócios – mesmo aos desprovidos de direito de voto (Cfr. *Infra,* pp. 188 e ss.). Se a finalidade básica do direito de preferência fosse de natureza política, o legislador deveria ter retirado o direito de participação preferencial nos aumentos de capital aos sócios sem direito de voto. Contudo, não o fez, tornando explícita a superioridade dos objectivos patrimoniais deste direito (Nesta direcção, manifestam-se também, a propósito do direito italiano, NOBILI e VITALI, *La Riforma delle Società...*, p. 345).

[59] O mesmo já não sucederá quando se tratar de definir uma graduação, ou ordem de prevalência, do objectivo do direito de preferência de proporcionar

Introdução

aspectos gerais do direito das sociedades comerciais ([60]). Esses apontam inequivocamente no sentido da prevalência dos fins do direito de preferência que vimos designando de patrimoniais. É que a causa ou fim do contrato de sociedade ([60a]) está na obtenção de um lucro para atribuição aos sócios ([61]). A participação destes na vida

---

aos sócios uma possibilidade de investimento na sociedade relativamente às outras duas finalidades do referido direito. V. *Infra*, pp. 49 e ss..

([60]) Cfr. ASCARELLI, *Personalità Giuridica...*, in,*Rivista...*, pp. 1037 e ss.; e RAFFAELE NOBILI, *Contributo allo Studio del Diritto D'Opzione...*, p. 6.

([60a]) Não causa hoje grande polémica a afirmação segundo a qual a sociedade nasce de um negócio jurídico. As construções Gierkianas (OTTO VOM GIERKE, *Die Genossenschafstheorie und die Deutsche Rechtsprechung*, Berlin, 1887, pp. 124 e ss.. Cfr., ainda, MATTEO FERRANTE, *Il Negozio Giuridico Concetto*, Milão, 1950, pp. 115 e ss., onde se procede a uma breve análise e crítica das construções de Gierke) e, mais recentemente, as teorias de MESSINEO (Cfr. MESSINEO, *La Strutura Della Società e il C. D. Contratto Plurilaterale*, in *Studi...*, pp. 15 e ss.), ROCCO (*Diritto Commerciale*, Milão, 1936, p. 354) ou BETTI encontram-se desactualizadas e têm sido combatidas pela generalidade da doutrina e jurisprudência, um pouco por toda a parte. Neste sentido, v. GRAZIANI, *Diritto...*, pp. 16 e ss.; SENA, *Il Voto nella Assemblea delle Società per Azione*, Milão, 1961, pp. 123 e ss.; ASCARELLI, *O Contrato Plurilateral*, in *Problemas...*, pp. 255 e ss.; e já antes em numerosos estudos de entre os quais podemos destacar: *Appunti di Diritto Commerciale*, Roma, 1932, II, pp. 20 e ss.; GASTONE COTTINO, *Diritto...*, I, p. 363; RIVOLTA, *La Società...*, pp. 53 e ss.; na doutrina portuguesa, o problema da qualificação da sociedade é abordado, entre outros, pelos seguintes autores: FERRER CORREIA, *Lições de Direito Comercial*, vol. II - *Sociedades Comerciais / Doutrina Geral*, com a colaboração de VASCO LOBO XAVIER, MANUEL HENRIQUE MESQUITA, JOSÉ MANUEL SAMPAIO CABRAL e ANTÓNIO A. CAEIRO, Coimbra, 1968, II, pp. 39 e ss.; MENEZES CORDEIRO, *Direito das Obrigações*, 3.º volume - *Contratos em Especial - Compra e Venda - Sociedade - Empreitada*, Lisboa, 1990, *A Sociedade Civil*, por Luís MENEZES LEITÃO, pp. 104 e ss.. Sobre este assunto, cfr. *Infra*, pp. 166 e ss..

([61]) Cfr., entre outros, MESSINEO, *Società e Scopo di Lucro*, in *Studi...*, pp. 1 e ss.; GABRIEL PINTO COELHO, *Lições de Direito Comercial*, Lisboa, 1952, II, pp. 5 e ss.; RAFFAELE NOBILI, *Contributo allo Studio del Diritto D'Opzione...*, p. 194; BRITO CORREIA, *Direito Comercial*, Lisboa, 1989, II, pp. 29 e ss.; MANUEL ANTÓNIO PITA, *Direito aos Lucros*, Coimbra, 1989, *passim*. Em sentido parcialmente diverso, o Professor OLIVEIRA ASCENSÃO, sem deixar de referir o carácter essencial do fim lucrativo, considera não ser correcto afirmar-se que o lucro seja o fim da sociedade. Segundo este autor, o fim da sociedade é complexo, e consiste no desempenho de uma actividade produtiva, susceptível de gerar lucros que possam ser repartidos. O acento deverá, ainda segundo

administrativa da empresa é, unicamente, um meio de orientar e dirigir a actividade social tendente à realização do fim patrimonial [62]. Ou seja: a atribuição de poderes administrativos aos sócios não surge como um fim em si mesmo. Antes, revela-se instrumental relativamente ao objectivo último do contrato de sociedade – o fim lucrativo.

A partir daqui a conclusão impõe-se. Dada a instrumentalidade, ou acessoriedade, dos poderes de administração dos sócios relativamente aos objectivos económicos da sociedade, a tutela assegurada pelo direito de preferência a semelhantes poderes deve considerar-se secundária face aos fins patrimoniais desse mesmo direito [63].

---

o ilustre Professor, recair sobre a primeira finalidade, pois é ela que justifica a disciplina e tutela das sociedades. Esta função produtiva representa, de acordo com o Mestre, a função social. É por haver um interesse económico que se prevê e admite a realização de lucros, de outra maneira combatidos pelo direito. Lembre-se a propósito o regime do jogo e aposta (OLIVEIRA ASCENSÃO, *Lições de Direito Comercial*, Lisboa, 1986/87, I, p. 427). Maiores divergências manifesta FERRER CORREIA, que no seu *Anteprojecto de Lei das Sociedades Comerciais*, com a colaboração de ANTÓNIO CAEIRO, separata do *Boletim do Ministério da Justiça*, n.os 185 e 191, p. 5 (V. também *Infra*, p. 167 e nota (124)), considera, para todos os efeitos, sociedades comerciais as empresas colectivas cujo fim seja o proveito económico dos associados, apesar de se não proporem obter lucros a repartir por estes.

[62] Nesta direcção, veja-se, nomeadamente e na doutrina italiana, RAFFAELE NOBILI, *Contributo allo Studio del Diritto D'Opzione...*, p. 6.; e RIVOLTA, *La Società...*, *passim*, sobretudo pp. 147 e ss. e 192 e ss.; na literatura jurídica espanhola, v. RUBIO, *Curso de Derecho de Sociedades Anonimas*, Madrid, 1964, pp. 285 e ss.; e SÁNCHEZ ANDRÉS, *El Derecho de Suscripción Preferente...*, p. 80; entre nós, cfr. RAÚL VENTURA, *Reflexões Sobre os Direitos dos Sócios*, in *Colectânea de Jurisprudência*, ano IX, tomo II, p. 10.

[63] Veja-se a classificação dos direitos dos sócios feita por JESUS RUBIO, *Curso de Derecho de Sociedades...*, pp. 283 e ss.. Este autor divide os direitos dos sócios em direitos materiais e direitos instrumentais. Entre os direitos materiais Rubio inclui aqueles que se prendem directamente com o fim último da sociedade: a obtenção de um lucro, que tanto se pode realizar durante a vida da sociedade como quando da sua liquidação. São, por isso, materiais o direito ao lucro e o direito à quota de liquidação. Diversamente, os direitos instrumentais correspondem aos poderes acessórios do sócio, destinados a permitirem a este a participação na organização legal e estatutária da sociedade, na direcção, orientação e controle da empresa. Entre eles, podem enunciar-se os seguintes direitos: direito de voto, de informaçic, de impugnação das deliberações sociais, e o direito de preferência.

Introdução 43

XVI. Resolvida a questão da ordem de precedência a estabelecer entre a finalidade patrimonial e a finalidade política do direito de preferência, uma outra se coloca. Trata-se de saber se o direito de subscrição preferencial se esgota nestes dois fins que acabámos de mencionar:

– um fim de conservação patrimonial, fundamentalmente destinado a assegurar a medida da participação de cada sócio no activo da sociedade e nos benefícios de natureza económica por ela proporcionados;

– Outro de carácter administrativo, essencialmente dirigido à manutenção do peso e força de voto dos antigos sócios.

Uma análise minimamente aprofundada permite-nos concluir pela negativa: o direito de preferência não se destina apenas a garantir a integridade da quota de participação de cada sócio no património social ou a sua influência na condução dos negócios da sociedade. Ele visa igualmente a criação de uma situação de privilégio para os sócios, quanto a investimentos na sociedade. Senão vejamos.

A execução de um aumento de capital deixa por vezes esperar um acréscimo dos lucros distribuíveis ([64]) e , por vezes mesmo, um aumento do valor das antigas acções ou quotas ([64a]). Nestes termos

---

([64]) OTT, *Das Bezugsrecht...*, p.46.

([64a]) V. ALEJANDRO LARRIBA, *Acciones...*, p. 530, que escreve: «*Nuestras Bolsas atribuyen una gran importancia a los aumentos de capital y a las políticas de aumento hasta tal punto, que los inversores, con generalidad, consideran las ampliaciones de capital como algo intrinsecamente bueno utilizandolas como criterio de selección de valores. Esta creencia está tan arreigada, que lo normal es que sociedades con buenos ejercicios que no anuncien en sus juntas de accionistas ampliaciones de capital, sufran bajas en la cotización de sus títulos*». Ainda a este propósito, o autor acrescenta depois: «*Considerar las perspectivas de ampliaciones de capital como índice del crecimiento puede ser racional, pero también puede ser inexacto, sin más que recordar que las ampliaciones, en ciertos casos, se producen para remunerar al accionista y no para financiar el crecimiento, de forma que para enjuiciar la bondad de las mismas se deberá discernir el motivo que las origina*». Num caso destes, o aumento de capital acabará por afectar o valor das participações sociais e, a médio prazo, o montante dos lucros distribuíveis. Apesar disso, a curto termo, o exercício do direito de preferência relativamente a esse aumento de capital não deixará de se revelar um bom negócio.

44 Pedro de Albuquerque

a subscrição de um aumento de capital pode revelar-se, do ponto de vista económico, altamente vantajosa e constituir um óptimo investimento. A circunstância de terem sido os antigos sócios a criarem as condições que tornaram o aumento de capital num bom negócio para os investidores justificaria a concessão, a esses sócios, da possibilidade de participarem, antes de terceiros, nesse aumento de capital [65]. É que, se em caso de os negócios correrem mal, os prejuízos e desvantagens são suportados pelos primitivos sócios, então, na hipótese de a sociedade prosperar, as vantagens por ela ocasionadas devem, igualmente, reservar-se para esses sócios [66]. O direito de preferência obedece precisamente a semelhante propósito: ressalvar para os sócios os benefícios originados pela sociedade de que fazem parte. Noutras palavras, o direito de subscrição preferencial visa garantir aos sócios uma situação de privilégio quanto a investimentos na sociedade [66a]. No fundo, trata-se de recompensar ou premiar os antigos sócios pelos riscos por eles supostamente corridos em momentos anteriores da vida da sociedade [67]. É, pois, este mais um objectivo a acrescer aos fins de conservação patrimonial e administrativa reconhecidos ao direito de preferência.

---

[65] SALANDRA, *Manuale di Diritto Commerciale*, vol. I, *L'Impresa Commerciale. La Società Commerciale*, 3.ª ed., Bolonha, 1949, p. 363; OTT, *Das Bezugsrecht...*, p. 46.

[66] OTT, *Das Bezugsrecht...*, p. 46.

[66a] Neste sentido, pode ver-se, na literatura jurídica portuguesa, J. GABRIEL PINTO COELHO, *Usufruto...*, in *Revista...*, ano 91, pp. 4 e 33. Na doutrina estrangeira, cfr., entre outros, PAUL MARIA, *Des Modifications du Capital...*, p. 155; FRANCESCO MESSINEO, *Collazione e Reunione Fittizia...*, in, *Rivista Trimestrale...*, ano II, pp. 4 e 5; ID., *Variazioni del Capitale e Collazione di Azioni...*, in *Studi...*, p. 157 e ss.; OTT, *Das Bezugsrecht...*, pp. 44 e 46; e FERRARA JR. e FRANCESCO CORSI, *Gli Imprenditore...*, p. 563.

[67] SÁNCHEZ ANDRÉS, *El Derecho de Suscripción Preferente...*, pp. 85 e ss., chega a considerar que o direito de participação preferencial resulta de um princípio geral de compensação de riscos e proveitos *(ubi periculum, ibi lucrum)*, ideia que se encontra presente, com maior ou menor intensidade, em muitos outros autores. Na doutrina de língua alemã, destacamos OTT, *Das Bezugsrecht...*, p. 46; FISCHER, *Aktiengesetz, Grosskommentar*, Berlin, 1965, II, Comentário ao §153, p. 43; HUECK, *Kapitalerhung und Aktienbezugsrecht*, in *Festschrift für Nipperdey*, Munique, Berlin, 1965, p. 428; na literatura jurídica espanhola, pode, ainda, ver-se ALEJANDRO BÉRGAMO, *Sociedades...*, II, p. 539.

XVII. A finalidade por nós agora assinalada existe em todos os casos de atribuição, aos sócios, de um direito de preferência na subscrição de um aumento de capital. Face à nossa lei torna-se, porém, ainda mais evidente.

Quer o n.° 2 do artigo 458.°, quer o n.° 2 do artigo do 266.°, do Código das Sociedades Comerciais fornecem indicações bem claras a este propósito.

A leitura de qualquer destes dois preceitos permite concluir, com facilidade: o legislador português concebe o direito de preferência de cada sócio como um direito potencialmente alargado a todo o aumento de capital ([68]).

Na verdade, o direito de preferência dos sócios consiste num direito que não tem uma medida fixa ([69]). Para um único sócio, ele pode ir desde um mínimo, determinado pelo pedido individual e pela proporção das quotas ou acções antigas, até um máximo abarcador da totalidade do aumento de capital ([70]). Condições para a verificação desta última hipótese são, apenas, a verificação de uma declaração de um sócio no sentido de querer subscrever a totalidade do aumento de capital e a inexistência de qualquer outro pedido de subscrição ([70a]).

XIX. É, pois, evidente como o nosso legislador não se limitou a reconhecer aos sócios das sociedades anónimas e das sociedades por quotas um direito de preferência basicamente dirigido à conservação das suas participações ([71]). Quer dizer: na perspectiva do legislador português, o direito de preferência não serve exclusivamente para tutelar os interesses dos sócios na conservação do valor patrimonial

---

([68]) É igualmente essa a opinião de FERRER CORREIA, *Parecer*, inédito, 1988, p. 54; e RAÚL VENTURA, *Alterações do Contrato...*, pp. 196 e 197.

([69]) FERRER CORREIA, *op. cit.*, p.54; RAÚL VENTURA, *Alterações do Contrato...*, p. 196; deste autor v., igualmente, *Adaptação do Direito Português à Segunda Directiva do Conselho da Comunidade Económica Europeia...*, pp. 82 e ss..

([70]) Cfr. autores citados na nota anterior.

([70a]) V. *Infra*, pp. 261 e ss..

([71]) FERRER CORREIA, *op. cit.*, p. 56.

das suas acções e na manutenção da medida com que participam nas reservas, nos lucros, na quota de liquidação e na manutenção da quota social. Para assegurar semelhantes objectivos teria bastado ao legislador consagrar a regra da proporcionalidade constante da alínea a) do n.º 2 do artigo 266.º e da alínea a) do n.º 2 do artigo 458.º (⁷²) . Porém, ele foi mais longe. O direito de preferência abrange a parte do aumento de capital não solicitada para subscrição pelos demais sócios. No caso de serem vários os sócios interessados em exercer o seu direito relativamente a uma parte mais do que proporcional do aumento de capital, a repartição deverá fazer-se

---

(⁷²) Os autores, quer nacionais quer estrangeiros, mostram-se unânimes a este respeito: para assegurar a realização das, consideradas pela doutrina, tradicionais finalidades do direito de preferência - a saber: a satisfação dos interesses dos sócios na conservação do valor das respectivas participações sociais e na manutenção da medida em que concorrem aos benefícios económicos e contribuem para a formação da vontade da sociedade - basta atribuir aos membros da sociedade um direito de subscreverem uma parte do aumento de capital proporcional à posição por eles detida antes da execução desse aumento de capital. Com um carácter meramente exemplificativo, podem referir-se, neste sentido, entre outros: ASCARELLI, *Due Questione* ..., in *Studi*..., p. 227; RAFFAELE NOBILI, *Contributo allo Studio del Diritto D'Opzione*..., pp. 169 e ss.; NOBILI e VITALI, *La Riforma delle Società*..., p. 364; PORTALE, *Opzione e Sopraprezzo nella Novella Azionaria,* in *Giurisprudenza Commerciale,* 1975, I, p. 231; RIVOLTA, *Profile della Nuova Disciplina del Diritto di Opzione nella Società per Azione,* in *Rivista di Diritto Civile,* 1975, I, pp. 523 e ss.; DIDIA LUCARNI, *Art. 2441 Cod. Civ., 3.º Comma: Diritto di Prelazione o Diritto di Opzione,* in *Rivista del Diritto Commerciale e del Diritto Generale delle Obbligazioni,* 1977, ano LXXV, p. 261; FERRARA JR. e FRANCESCO CORSI, *Gli Imprenditore*..., p. 563; FERRER CORREIA, *Parecer, op. cit.,* pp. 56 e 57; RAÚL VENTURA, *Alterações do Contrato*..., p. 194. Conforme sublinham todos estes comercialistas, ao atribuir a cada sócio um direito que pode potencialmente vir a alargar-se a todo o aumento de capital, quis o legislador conferir a cada um deles a possibilidade de aumentar a sua participação na sociedade. E não se objecte que ao alargar o direito de preferência a todo o aumento de capital o legislador quis proteger, de forma mais sólida, o elemento pessoal originário - e por conseguinte realizar, ainda, uma daquelas que têm vindo a ser consideradas como as tradicionais finalidades do direito de preferência - pois isso estaria em contradição com a possibilidade de cessão do direito de participação preferencial em aumentos de capital. Nesta mesma direcção, podem ver-se, por exemplo: DIDIA LUCARNI, *Art. 2441 Cod. Civ., 3º Comma*..., in *Rivista del Diritto*..., ano LXXV, p. 261; e RIVOLTA, *La Società a Responsabilità Limitata,* Milão, 1982, p. 365.

Introdução

em função das importâncias pedidas, não de acordo com o número de quotas ou acções antigas detidas por cada sócio ([73]).

Tudo isto demonstra claramente como o nosso legislador visou, com a atribuição aos sócios de um direito de subscrição preferencial, bem mais do que protegê-los contra possíveis prejuízos de natureza patrimonial ou diminuições do seu peso de voto. Na verdade, ao alargar potencialmente o direito de preferência a todo o aumento de capital, o legislador pretendeu, de forma bem ampla, reservar para os sócios eventuais hipóteses de obtenção de um ganho. Nesta sua faceta, o direito de participar preferencialmente num aumento de capital destina-se, não já a tutelar cada sócio no confronto com terceiros ou com os demais sócios, mas, antes, a proteger a massa de sócios contra terceiros ([74]). Noutras palavras, trata--se de beneficiar, relativamente a terceiros, os antigos sócios que pretendam investir na sociedade. Pode, pois, afirmar-se ser finalidade essencial do direito de preferência oferecer aos primitivos sócios a possibilidade de ulteriores investimentos para os seus capitais ([75]).

XX. Perante este quadro, não falta mesmo quem considere alheia ao espírito do nosso legislador qualquer preocupação com a ideia de manutenção da posição relativa dos sócios antes do aumento de capital. O intuito da lei seria o de permitir aos sócios o exercício do direito de preferência relativamente ao maior número possível de quotas ou acções. Daí, o atribuir-se, a cada sócio, um direito de subscrever a parte do aumento de capital não pretendida pelos seus consócios.

([73]) É este o critério estabelecido pelo legislador na alínea b) do artigo 266.º, para as sociedades por quotas. O mesmo deve ser utilizado para integrar a lacuna verificada a este respeito no artigo 458.º n.º 2 alínea b), relativo às sociedades anónimas. Nesta direcção, manifestam-se também FERRER CORREIA, *Parecer, op. cit.*, p. 57; e RAÚL VENTURA, *Alterações do Contrato...*, p. 196. Cfr., porém, *Infra*, pp. 261 e ss..

([74]) Neste sentido, podem ver-se, nomeadamente: ASCARELLI, *Due Questione...*, in *Studi...*, p. 277; RAFFAELE NOBILI, *Contributo allo Studio del Diritto D'Opzione...*, p. 169.

([75]) FERRARA JR. e FRANCESCO CORSI, *Gli Imprenditore...*, p. 563.

Nesta visão do problema, a criação de possibilidades de investimento para os sócios, na própria sociedade da qual fazem parte, deixaria de ser um dos objectivos do direito de preferência para passar a ser o seu único fim.

XXI. Semelhante orientação não nos parece, porém, de acolher. É que, a lei começa por atribuir aos sócios um direito de subscrever uma parte do aumento de capital proporcional à quota ou acções por ele detidas antes do aumento [76]. Este direito surge, já o dissemos, como uma garantia de cada sócio não apenas contra terceiros, mas também contra os demais sócios [77]. Em caso de conflito entre a pretensão de um sócio de participar num aumento de capital na proporção da sua quota e a pretensão de um outro de subscrever a totalidade, ou uma parte significativa, desse aumento de capital, a lei dá prevalência à vontade do primeiro. Isto demonstra como a preocupação de tutelar os sócios contra o sofrimento de possíveis prejuízos – sejam eles de natureza patrimonial ou de natureza «política» – causados por um aumento de capital, não deixou nunca de constituir uma das preocupações do legislador português ao consagrar o direito de preferência.

XXII. Não pode, pois, considerar-se alheia ao espírito do nosso legislador qualquer preocupação com a ideia de defesa dos sócios contra eventuais prejuízos resultantes de um aumento de capital. Conforme vimos, face à nossa lei, o direito de preferência não deixa de possuir finalidades conservatórias. Constata-se apenas uma desvalorização dessas finalidades, relativamente ao verificado noutros ordenamentos. Desvalorização não significa, porém, irrelevância. O mais que se pode aceitar é a subalternização dos objectivos defensivos do direito de preferência, no confronto com o fim de criação de novas possibilidades de investimento em benefício dos antigos sócios. É, este último, um ponto merecedor de um maior aprofundamento, com vista à definitiva fixação da hierarquia a estabelecer entre os escopos do direito de preferência.

---

[76] V. a alínea a) do n.° 2 do artigo 266.° e a alínea a) do n.° 2 do artigo 458.°.
[77] Cfr. *Supra*, pp. 28 e 29 e nota (29).

XXIII. Aparentemente, a hierarquização da finalidade do direito de subscrição preferencial de criar novas possibilidades de investimento, ou de ganho, a favor dos antigos sócios, relativamente às finalidades conservatórias desse mesmo direito, consiste numa questão de extrema simplicidade.

Na generalidade dos ordenamentos estrangeiros, a doutrina confere um papel perfeitamente secundário ao propósito do direito de preferência de criar, em benefício dos sócios, uma situação de privilégio quanto à colocação dos seus capitais na sociedade. A esmagadora maioria dos autores nem sequer lhe faz referência [78]. É esta uma consequência do facto de, tradicionalmente, e na visão da *communis opinio,* o direito de preferência aparecer apenas como um direito à subscrição de uma parte do aumento de capital, proporcional à posição detida pelos sócios no seio da sociedade, ao tempo desse aumento [79] .

Entre nós, a posição a adoptar não deveria, à primeira vista, ser diversa. É que, apesar do direito de subscrição preferencial se poder potencialmente alargar a todo o aumento de capital, a lei concede, a cada sócio, primeiro um direito de participar proporcionalmente no aumento de capital. Só depois de satisfeitos os pedidos de subscrição proporcional, ou a título irredutível – conforme lhe chama a doutrina francesa – são satisfeitos os pedidos superiores.

---

[78] Exemplo bem claro de quanto afirmamos pode encontrar-se, nomeadamente, em: ALFRED JAUFFRET, *Du Droit de Souscrire par Préférence...,* pp. 13 e ss.; J. VANDAMME, *De la Prime Imposée aux Souscripteurs...,* p. 189; CARLO MAIORCA, *Delle Società, op. cit.,* pp. 168 e 169; ASCARELLI, *Diritto di Opzione...,* in *Studi...,* p. 257; ID., *O Direito de Preferência...,* in *Problemas...,* pp. 498 e ss.; C. GRASSETI, *Diritto di Voto in Pendenza...,* in *Rivista di Diritto Commerciale...,* ano LI, pte. I, p. 51; JULIUS VON GIERKE, *Handelsrecht...,* p. 362; GRAZIANI, *Diritto...,* p.179; RENATO MICCIO, *Il Diritto...,* pp. 1 e ss.; RUY CARNEIRO GUIMARÃES, *Sociedade...,* II, pp. 68 e 309; JOÃO EUNÁPIO BORGES, *Curso de Direito Comercial...,* pp. 405 e 441; J. HÉMARD, F. TERRÉ e P. MABILAT, *Sociétés...,* II, p. 363; GIOVANNI COCO e SILVIO CORRENTI, V.° *Opzione Nelle Società...,* in *Enciclopedia...,* XXX, p. 574; ENRICO MANGO, V.° *Opzione (Diritto di)...,* in *Novissimo... Appendice,* vol. V, p. 524; ALEJANDRO LARRIBA, *Acciones...,* p. 476; KUBLER, *Gesellschaftsrecht, op. cit.,* p. 182.

[79] Cfr. *Infra,* pp. 66 e ss..

XXIV. O problema não é, porém, de tão fácil resolução quanto parece. A aceitarmos como válida a tradicional enunciação e hierarquização dos fins do direito de preferência renunciaríamos, do mesmo passo, à explicação do papel de tal direito nas sociedades com uma organização complexa ([80]) e inviabilizaríamos qualquer tentativa de construção unitária da figura do direito de preferência. É esta uma dificuldade que a doutrina não tem sabido ultrapassar. Apegados a uma concepção do direito de preferência de acordo com a qual esse direito teria finalidades essencialmente conservatórias, os autores abdicam pura e simplesmente de qualquer tentativa de compreensão do significado do direito de subscrição preferencial quando reportado a sociedades com uma organização complexa. Assim, alguns deles limitam-se a afirmar como o seu raciocínio, acerca dos fins do direito de preferência, se baseia, exclusivamente, numa análise de sociedades com uma organização muito simples ([81]). Outros vão mais longe, e chamam a atenção para o facto de a tutela dos sócios, através do direito de preferência, apenas poder ser assegurada em sociedades com uma estrutura financeira baseada numa única categoria de acções ([82]). Nas sociedades com uma pluralidade de categorias de acções o direito de preferência é susceptível de provocar uma verdadeira revolução interna na sociedade ([83]). Nessas hipóteses não é possível atribuir a tal direito qualquer finalidade de tutela das posições já adquiridas pelos sócios. Propõe-se, por esse motivo, e na impossibilidade de se ignorarem as normas sobre o direito de preferência, uma interpretação não muito rigorosa das mesmas ([84]). Por último, não falta quem sublinhe a dificuldade de uma construção unitária do instituto do direito de preferência dos

---

([80]) Utilizamos a expressão «sociedade com uma organização complexa» para designar aquelas sociedades nas quais existe uma pluralidade de categorias de acções ou sócios a quem são atribuídos direitos especiais.

([81]) É, por exemplo, esse o caso de OTT, *Das Bezugsrecht...*, p. 16.

([82]) V. NOBILI, *Contributo allo Studio del Diritto D'Opzione...*, p. 41.

([83]) FLECHTHEIM, *Vorzusgsaktien und Kapitalerhöhung*, in *Bank-Arkiv*, 1926--27, p. 366; RAFFAELE NOBILI, *Contributo allo Studio del Diritto D'Opzione...*, p. 41.

([84]) RAFFAELE NOBILI, *Contributo allo Studio del Diritto D'Opzione...*, pp. 42 e 43.

Introdução 51

sócios e se renda a essa mesma dificuldade, abstendo-se de qualquer tentativa de explicação conjunta do direito de subscrição preferencial [85].

Impõe-se, por isso, para não cairmos num impasse semelhante ao vivido pela generalidade da doutrina estrangeira, uma análise mais aprofundada da nossa lei e da figura do direito de preferência. Numa palavra, importa descobrir um significado para o direito de participação preferencial em aumentos de capital, capaz de lhe conferir unidade de natureza e de permitir explicar a sua razão de ser em sociedades dotadas de estrutura complexa.

XXV. Sente-se, intuitivamente, que o problema da unidade do direito de preferência estaria resolvido se pudéssemos atribuir um predomínio à sua finalidade de criar, em benefício dos sócios, novas possibilidades de investimento, e, do mesmo passo, relegar os demais fins do direito de subscrição preferencial para segundo plano. Resta saber se é possível encontrar alguma base de apoio para semelhante hierarquização dos objectivos do direito de participação preferencial em aumentos de capital. Parece que sim.

XXVI. Deve, desde logo, assinalar-se como a ideia de investimento se encontra subjacente e domina as próprias finalidades conservatórias do direito de preferência. Tomemos como exemplo a situação que, segundo o legislador italiano de 1942, parece estar na origem da consagração legal do direito de preferência. A dado passo da Relação Ministerial [86], na qual se justifica o

---

[85] V. ENRICO MANGO, V.º *Opzione (Diritto di)...*, in *Novissimo... Appendice,* vol. V, p. 524, que escreve a propósito das mais recentes alterações introduzidas pelo legislador italiano na disciplina jurídica do direito de preferência: «*La nuova normativa si caratterizza (...) per avere esteso ad un maggior numero di soggetti l'attribuzione del diritto di opzione (...). Se tale scelta legislativa risponde ad esigenze largamente avvertite in passato dai commentatori più attenti (...) ed appare, altresi finalizzata a rafforzare la tutela patrimoniale degli azionista di risparmio e dei portatore di obbligazione convertibili (...), è altretanto vero che questa proliferazione dei titolare del diritto di opzione rende più problematica una costruzione unitaria del nostro istituto*».

[86] O trecho da relação ministerial que justifica a consagração do direito de preferência dos sócios encontra-se transcrito por diversos autores italianos. Cfr., por exemplo, BRUNETTI, *Trattato del Diritto delle Società,* Milão, 1948, II, p. 426

reconhecimento do direito de subscrição preferencial na lei italiana, diz-se o seguinte:

> «L'aumento del capitale deliberato da una società, che in vari anni di oculata gestione abbia accumulato notevoli riserve, determina indubbiamente una situazione di favore per chi ne sottoscriva al valore nominale le nuove azioni. Ora sarebbe ingiusto che di tale vantaggio non dovessero usufruire i soci, i quali, rinunciando ad una parte degli utili dell'impresa, hanno per l'appunto reso possibile la formazione di tale riserva. Siè, perciò, ritenuto opportuno di affermare espressamente che le azione di nuova emissione devono essere offerte in opzione agli azionisti in proporzione del numero delle azioni da essi possedute».

Nomeadamente com base na exposicão de motivos agora transcrita, a generalidade dos autores italianos tem entendido encontrar-se a razão de ser do direito de preferência, fundamentalmente, na necessidade de preservar a relação de quota dos antigos sócios, com a conservação da sua força de voto, e na manutenção da respectiva medida de participação nos lucros, reservas e quota de liquidação – e, por conseguinte, também na salvaguarda do valor das antigas acções [87]. Parece, contudo, terem escapado, a essa mesma doutrina, dois aspectos da maior importância:

– O primeiro consiste no facto de a situação de perigo para os antigos sócios resultar, em grande medida, da circunstância de o aumento de capital deliberado pela sociedade vir, pelas suas condições, criar, em favor dos subscritores, uma vantagem ou privilégio. Essa situação de vantagem ou privilégio traduz-se no facto de se

---

e p. 518; RENATO MICCIO, *Il Diritto...*, p. 6.; e, ainda, FERRI, *Le Società...*, p. 647, autor segundo o qual a razão de ser do artigo 2441.° do Código Civil italiano é a de proporcionar aos sócios, que renunciaram a uma parte dos lucros da empresa, tornando, por isso, possível a acumulação de reservas, a possibilidade de beneficiarem da situação de favor concedida a quem subscreve as acções ao valor nominal. Na doutrina espanhola, transcrevem o passo da relação ministerial a que nos referimos ALEJANDRO BÉRGAMO, *Sociedades...*, II, p. 571, nota (9); e SÁNCHEZ ANDRÉS, *El Derecho de Suscripción Preferente...*, p. 101.

[87] São, nomeadamente, dessa opinião: CARLO MAIORCA, *Delle Società, op. cit.*, pp. 168 e 169; C. GRASSETI, *Diritto di Voto in Pendenza...*, in *Rivista del Diritto Commerciale...*, ano LI, pte. I, p. 51; GRAZIANI, *Diritto...*, p .179; RENATO MICCIO, *Il Diritto...*, pp. 1 e ss.; ENRICO MANGO, V.° *Opzione (Diritto di)...*, in *Novissimo... Appendice*, vol. V, p. 524; GIOVANNI COCO e SILVIO CORRENTI, V.° *Opzione Nelle Società...*, in *Enciclopedia...*, XXX, p. 574.

Introdução 53

facultar, a quem ocorra à subscrição do aumento de capital, uma hipótese de obtenção de um ganho – ganho correspondente à diferença entre o valor de subscrição e o valor de mercado das participações sociais da sociedade que procede ao aumento e obtido à custa de um empobrecimento dos antigos sócios [88].

– O segundo reside na circunstância de o exercício do direito de preferência não obstar à diminuição do valor das antigas acções ou quotas, eventualmente resultante de um aumento de capital. A desvalorização poderá verificar-se em qualquer caso – com ou sem o direito de preferência dos sócios. Sucede, apenas, que o valor perdido nas velhas acções é compensado através de um investimento particularmente vantajoso, reservado aos sócios através do direito de participação preferencial em aumentos de capital [88a].

Assim sendo, conclui-se como o objectivo de conservação patrimonial do direito de preferência depende, em última análise, do facto de tal direito se configurar, afinal, como um direito à obtenção de um ganho; ou, noutras palavras, como um direito destinado a reservar para os sócios as oportunidades de investimento criadas pela sociedade da qual fazem parte. É, em síntese, a própria forma como o direito de preferência desempenha as suas finalidades de conservação patrimonial a mostrar-nos como esse direito é muito mais do que um direito destinado a proteger os sócios contra eventuais prejuízos. Antes ele assume-se como um direito destinado a reservar certas vantagens para os accionistas ou membros das sociedades por quo-

---

[88] A situação de privilégio não deixará, em princípio, de existir, mesmo quando se exigir, na subscrição das novas acções, o pagamento de um sobrepreço, pois (Cfr. *Supra*, p. 38) é extremamente difícil determinar qual o ágio necessário para colocar antigos sócios e novos subscritores em igualdade de condições, sobretudo no tocante ao chamado *good-will* – expressão utilizada a propósito da expectativa da futura capacidade da sociedade para gerar incrementos patrimoniais. Capacidade que, aliada à dificuldade da sua determinação, poderá estar na base da criação de uma situação de vantagem para os novos subscritores, também, no caso de colocação das novas participações sociais ao par, motivada pela correspondência entre património e capital social. V. *Supra*, p. 37.

[88a] Cfr. *Supra*, p. 27.

tas [89]. Por arrasto, desempenha, também, funções de tutela patrimonial ou política dos antigos sócios.

XXVII. A compreensão por nós proposta para o direito de preferência alicerça-se ainda em dois outros aspectos da maior importância:

– O primeiro prende-se com o facto de a própria noção de sociedade se encontrar intimamente ligada à ideia de investimento [89a]. O objectivo último do contrato de sociedade é, já o dissemos [90], o fim lucrativo. Ao entrar para uma qualquer sociedade, o sócio é obviamente movido por esse fim. Ele procura colocar os seus capitais de uma forma, tanto quanto possível, segura e rendível. Noutros termos: o sócio é motivado pelo propósito de realização de um investimento [91].

– O segundo decorre de quanto acabámos de referir. Conforme teremos oportunidade de verificar [92], o direito de preferência dos sócios é, antes de mais, um verdadeiro direito de subscrição. Ora, não oferece dúvidas que o acto de subscrição é, na perspectiva de quem o realiza, essencialmente um acto de investimento [92a]. Quando alguém subscreve um conjunto de acções, fá-lo porque pretende desfrutar de uma determinada iniciativa económica, realizando para o efeito um investimento.

---

[89] Essas vantagens tanto podem consistir na possibilidade de subscrição ao par de acções quotadas muito acima do seu valor nominal, como na obtenção de um ganho proporcionado por um acréscimo do valor das novas acções em virtude do aumento de capital. A este respeito, v. *Supra*, p. 43 e nota [64a].

[89a] V. OLIVEIRA ASCENSÃO, *Lições de Direito...*, I, que escreve: «*Os bens conferidos à sociedade representam um investimento. Não se destinam a uma posição passiva, mas possibilitam a esta o desempenho de uma função produtiva*».

[90] V. *Supra*, p. 41. Cfr. também *Infra*, pp. 176 e ss..

[91] São disso bem elucidativas as seguintes palavras de RUBIO, *Curso...*, p. 282: «*Quien subscribe o adquiere una acción pretende la colocación fructífera de un capital por medio de la obtención periódica de dividendos y, en su caso, la definitiva de la quota de liquidación. La posición de sócio lleva aparejada una participación en los beneficios de la sociedad*».

[92] *Infra*, pp. 237 e ss..

[92a] Cfr. nota (91).

Introdução 55

Presentes estes dois aspectos, facilmente se compreende como as próprias finalidades políticas e de conservação patrimonial atribuídas ao direito de preferência se encontram fortemente ligadas à ideia de investimento, mesmo quando, no caso concreto, esta pareça alheia ao exercício do direito de participação preferencial em aumentos de capital. Ao permitir ao sócio evitar a entrada de terceiros para a sociedade ou ao proporcionar-lhe a conservação do valor das antigas acções, o direito de preferência está, do mesmo passo, a defender o investimento já feito pelo antigo sócio e a garantir a sua continuidade e desenvolvimento. Apesar de reais, as finalidades conservatórias do direito de preferência encontram-se, assim, instrumentalizadas à realização daquele que consideramos ser o seu objectivo primordial: a criação de possibilidades de investimento para os respectivos titulares. Em última análise, a existência da finalidade política e da finalidade de garantia patrimonial acaba por depender do fim do direito de participação preferencial em aumentos de capital de criar, em benefício dos sócios, novas possibilidades de investimento. Isso não significa, porém, serem essas finalidades alheias ao espírito do nosso legislador.

XXVIII. Este entendimento, acerca dos fins do direito de preferência, é, além disso, o único capaz de explicar vários aspectos particulares do regime jurídico do direito em análise. Refira-se, por exemplo, o facto de a lei atribuir às pessoas que, à data da deliberação de aumento de capital, forem accionistas (sic), um direito de subscreverem as novas acções, com preferência sobre todas as demais [93]. A fórmula ampla utilizada pelo legislador parece sugerir a concessão de um direito de preferência inclusivamente a quem se encontrar desprovido do direito de voto, como sejam os titulares de acções preferenciais sem voto [93a]

---

[93] V. o artigo 458.º, n.º 1 do Código das Sociedades Comerciais. Para as sociedades por quotas cfr. o artigo 266.º, n.º 1.

[93a] É este um tema que teremos oportunidade de tratar com maior desenvolvimento adiante, quando procurarmos determinar quais os titulares do direito de preferência. Cfr. *Infra*, pp. 186 e ss.. Para já, fica a afirmação segundo a qual, em nossa opinião, as acções preferenciais sem voto devem considerar-se verdadeiras acções. Aos seus titulares ter-se-á, por isso, de reconhecer-se todos os

([93b]). Mas, a ser assim, conforme julgamos, então torna-se clara a necessidade de encontrar para o direito de preferência outras finalidades, para além das conservatórias. É que, através do exercício do direito de subscrição preferencial, os accionistas privados de voto começarão a partilhar a influência na gestão da sociedade, à custa, obviamente, dos accionistas já dotados de voto. Estes serão, com isso, directamente afectados. Verifica-se, deste modo, como, nesta nossa hipótese, o direito de preferência não só não protege o *status quo* societário, como, ao contrário, o vem alterar ([93c]). A única explicação para tal fenómeno só pode ser uma: a principal razão do direito de participação preferencial em aumentos de capital não pode estar na manutenção da posição relativa ocupada pelo sócio no seio da sociedade. Ela encontra-se antes na necessidade de criar, em benefício dos antigos sócios, novas oportunidades de investimento.

---

direitos inerentes às acções ordinárias, com excepção do direito de voto, como, aliás, se consagra expressamente no n.° 3 do artigo 341.° do Código das Sociedades Comerciais. Para uma primeira aproximação a este assunto, podem ver-se: J.G. PINTO COELHO, *Estudo Sobre as Acções...*, in *Revista...*, ano 89, 1957, pp. 273 e ss.; RAÚL VENTURA, *Adaptação do Direito Português à Segunda Directiva do Conselho da Comunidade Económica Europeia...*, pp. 126 e ss.; VIEIRA PERES, *As Acções Preferenciais sem Voto*, in *Revista de Direito e Estudos Sociais*, ano XXX (III da 2.ª Série) - N.° 4, Coimbra, 1988, pp. 340 a 343.

([93b]) Nas sociedades por quotas conta-se um voto por cada 250$00 de valor nominal. É, porém, permitido que o contrato de sociedade atribua, como direito especial, dois votos por cada 250$00 de valor nominal da quota ou quotas de sócios, na sua totalidade não superiores a mais de 20% do capital. Cfr. artigo 250.° do Código das Sociedades Comerciais.

([93c]) Nesta direcção, e depois de ter tecido algumas considerações acerca das finalidades tradicionalmente apontadas ao direito de preferência, BIANCHI, *Gli Aumenti di Capitale...*, p. 62, escreve: «*Per vero le osservazione precedenti sono valide solo se le azioni già in circolazione godono tutti di eguali diritti. Ma se, ad esempio, sono in circolazione azioni privilegiate nella ripartizione e nel rimborso del capitale allo scioglimento della società. le quali però abbiano diritto di voto alle sole assemblee straordinarie, è evidente che il concorso proporzionale di tale azioni alla sottoscrizione di quelle ordinarie di nuova emissione sposta l'equilibrio precedente in sede di votazione nelle assemblee ordinarie (...). Nell'ipotesi testè esposta, dunque, il diritto di preferenza riservato ai soci tendi a modificare il peso con cui i vari soci possono concorrere alla determinazione della politica aziendale*». Na doutrina alemã, veja-se, no mesmo sentido, GESSLER, EFERMEHL, ECKARDT e KROPFF, *Aktiengesetz...*, §186, p. 247.

Introdução 57

XXIX. Idêntica conclusão pode, ainda, extrair-se do n.º 4 do artigo 458.º do Código das Sociedades Comerciais. De acordo com o estipulado neste preceito, quando numa sociedade existam várias categorias de acções, todos os accionistas têm igual direito de preferência na subscrição de novas acções, sejam elas ordinárias, sejam de qualquer categoria especial. Contudo, se as novas acções forem iguais às de uma categoria especial já existente, a preferência pertence primeiro aos titulares de acções dessa categoria e só quanto a acções não subscritas por estes gozam de preferência os outros accionistas. A correcta compreensão deste preceito determina a realização de um pequeno desvio.

XXX. A propósito das várias classificações possíveis dos direitos dos sócios é usual a doutrina fazer uma contraposição entre direitos gerais e direitos especiais ([93d]). Esta nomenclatura mereceu igualmente acolhimento por parte da nossa lei. Com efeito, o legislador utiliza a distinção nos artigos 21.º e 24.º do Código das Sociedades Comerciais.

Os direitos gerais são aqueles que pertencem à generalidade dos sócios, seja qual for a sociedade na qual se acham inseridos. Diversamente, os direitos especiais assistem apenas a certas *species* societárias, devidamente apetrechadas nesse sentido ([94]).

([93d]) Para uma ilustração de quanto afirmamos e para uma referência ao significado da distinção, podem ver-se, com carácter exemplificativo: BRITO CORREIA, *Os Direitos Inderrogáveis dos Accionistas*, inédito, Lisboa, 1964/65, pp. 108 e ss.; ID., *Direito...*, II, p. 306; FERRER CORREIA, *Lições de Direito Comercial...*, II, pp. 350 e 351; ASSIS TAVARES, *As Sociedades Anónimas. Conceitos Fundamentais. Regime Fiscal e Parafiscal*, 3.ª ed., Lisboa, 1982, pp. 153 e ss.; PAULO OLAVO CUNHA, *Breve Nota sobre os Direitos dos Sócios...*, in *Novas Perspectivas...*, pp. 234 e ss.; ID., *Os Direitos Especiais dos Accionistas nas Sociedades Anónimas: As Acções Privilegiadas*, inédito, Lisboa, 1989, *passim;* JOÃO LABAREDA, *Das Acções das Sociedades Anónimas*, Lisboa, 1988, pp. 223 a 226; ALBINO MATOS, *Constituição de Sociedades*, Coimbra, 1988, pp. 99 e ss., 184 e 218.

([94]) MENEZES CORDEIRO, *Parecer*, inédito, 1988, p. 39.

Pedro de Albuquerque

A esta especificação correspondem algumas diferenças de regime. Nomeadamente, os direitos especiais só podem ser suprimidos ou coarctados com o consentimento do respectivo titular, salvo regra legal ou estipulação contratual expressa em contrário [95]. O mesmo não sucede com os direitos gerais. Estes podem ser

---

[95] No domínio do direito anterior ao Código das Sociedades Comerciais, discutia-se quanto ao regime da supressão dos direitos especiais. O Assento do Supremo Tribunal de Justiça de 26 de Julho de 1961, in *Boletim do Ministério da Justiça*, n.° 107, p. 253, veio pôr termo à controvérsia ao considerar necessária à alteração ou supressão dos direitos especiais o assentimento do respectivo titular. Antes de o Assento ter vindo fixar esta solução, sustentavam-na já: MANUEL DE ANDRADE e FERRER CORREIA, *Suspensão de Deliberações Sociais e Direitos Individuais dos Accionistas*, Coimbra, 1948, p. 29; FERRER CORREIA, *Lições Sobre as Sociedades Comerciais*, segundo apontamentos de aula de Vasco da Gama Lobo Xavier, 1954, p.160; MANUEL DE ANDRADE, *Teoria Geral da Relação Jurídica*, Coimbra, 1960, I, p. 184, nota (1). Contra, pronunciava-se BARBOSA DE MAGALHÃES, *Gazeta da Relação de Lisboa*, ano 49.°, n.° 10, pp.145 e ss.. A orientação consagrada no Assento veio posteriormente a merecer acolhimento expresso no artigo 982.°, n.° 2, do Código Civil e, mais tarde, no artigo 24.°, n.° 5, do Código das Sociedades Comerciais. Na literatura jurídica mais moderna, podem ver-se, sobre este assunto, por exemplo: MENEZES CORDEIRO, *Parecer, op. cit.*, pp. 39 e ss.; PAULO OLAVO CUNHA, *Breve Nota sobre os Direitos...*, in *Novas Perspectivas...*, pp. 236 e ss.; JOÃO LABAREDA, *Das Acções...*, pp. 223 e 224; ALBINO DE MATOS, *Constituição...*, pp. 99 e ss. e 218 e ss. ; BRITO CORREIA, *Direito...*, II, pp. 306 e 307. Todos estes autores são unânimes - como não poderia, aliás, deixar de ser, face ao texto da lei - ao considerarem necessário, para a alteração dos direitos especiais, o consentimento dos titulares desses direitos (nas sociedades anónimas esse consentimento deve ser dado pela assembleia especial dos titulares de acções beneficiadas, reunida nos termos do artigo 389.°). A unanimidade não se estende, porém, à forma como os diversos autores concebem os direitos especiais. Paulo Olavo Cunha, João Labareda, Albino de Matos e Brito Correia consideram os direitos especiais como direitos atribuídos apenas a alguns sócios, conferindo-lhes uma vantagem sobre os demais. Não é essa a opinião do Professor Menezes Cordeiro. De acordo com o ilustre Professor, quando o pacto social atribuir a determinado ou determinados sócios, mas não a todos, um direito, está-se, certamente, na presença de um direito especial. Mas com isto não se esgota o universo dos direitos especiais. Esses direitos alargam-se, segundo o referido autor, a todas as situações nas quais se prevejam, particularmente, faculdades não legalmente estatuídas para a sociedade em causa. Desta forma, os direitos especiais distinguem-se dos demais direitos dos sócios não por terem uma distribuição não igualitária, mas por terem sido especialmente estipulados, num dado caso. A razão parece assistir ao Professor Menezes

Introdução 59

atingidos por deliberação maioritária da assembleia geral. E compreende-se o porquê da diferença:

– Os direitos gerais integram-se num tecido societário comum no qual todos os sócios se movimentam ([96]). A sua supressão ou modificação faz parte da habitual álea que acompanha o tráfego jurídico ([97]). Ao verificar-se uma daquelas hipóteses, todos os sócios são atingidos por igual. Em abstracto, não é, assim, possível vislumbrar particulares expectativas frustradas ([98]);

Cordeiro, como o comprova o seguinte argumento *ad absurdum*, a que o autor recorre para justificar a sua opinião: «*Se a especialidade residisse no não igualitarismo, uma mesma situação jurídica poderia ser especial ou não especial, não de acordo com o seu conteúdo, mas ao sabor do que se passasse na esfera jurídica dos outros. Por exemplo, numa sociedade cujo pacto estipulasse direitos de preferência, estes passariam de gerais a especiais quando algum dos sócios renunciasse a essa posição; e, inversamente, quando alguns sócios tivessem, nos termos estatutários, direitos de preferência, estes passariam de especiais a gerais quando se assistisse à amortização das posições não preferentes*». A explicação para o facto de a lei, por vezes, parecer aproximar a especialidade do não igualitarismo reside muito simplesmente na circunstância de o legislador ter presentes as situações susceptíveis de, com maior probabilidade, originarem conflitos. A formulação sintética das normas e preceitos jurídicos, ao reportarem-se em termos gerais e abstractos ou ao condensarem em figuras ou conceitos a situação à qual se referem e a regulamentação que procuram definir, levam com frequência a desprezar o contingente para apenas se reter o típico. Do mesmo modo, o óbvio, o supérfluo, e o redundante são normalmente abandonados para se referir tão só o necessário (Cfr. ARMANDO MARQUES GUEDES, *Interpretacão, Aplicação e Integração das Normas Jurídicas*, Lisboa, 1963, p. 24). Posição idêntica à do Professor MENEZES CORDEIRO parece ter parte da nossa jurisprudência. Cfr., por exemplo, o Acórdão do Supremo Tribunal de Justiça de 20 de Dezembro de 1974, in *Boletim do Ministério da Justiça*, 1975, n.° 242, pp. 322 e ss.; o Acórdão do Supremo Tribunal de Justiça de 14 de Dezembro de 1978, in *Boletim do Ministério da Justiça*, 1979, n.° 282, pp. 205 e ss. (Este acórdão encontra-se igualmente publicado na *Revista de Legislação e Jurisprudência*, 1979/80, ano 112, p. 173, com anotação favorável do Professor Vaz Serra); e o Acórdão da Relação de Lisboa de 19 de Abril de 1988, in *Colectânea de Jurisprudência*, 1988, ano XIII, 2, pp.137 e ss.. Para uma referência crítica à doutrina destes acórdãos, ver PAULO OLAVO CUNHA, *Os Direitos Especiais nas Sociedades Anónimas...*, pp. 19 e ss..

([96]) MENEZES CORDEIRO, *Parecer, op. cit.*, p.40.

([97]) *Idem.*

([98]) *Idem.*

– Diversamente, os direitos especiais redundam em específicas condições das quais certos sócios fizeram depender a sua entrada para a sociedade. A sua alteração sem o consentimento do respectivo titular traduzir-se-ia num grave atentado à autonomia da vontade das partes [99].

Nas sociedades anónimas, os direitos especiais são atribuídos a categorias de acções (artigo 24.°, n.° 5, do Código das Sociedades Comerciais). Uma das formas possíveis de afectação desses direitos especiais seria, por isso, a criação de novas acções iguais a uma categoria (ou categorias) especial (ou especiais) já existente(s), sendo aquelas depois atribuídas a sócios não titulares das acções de categoria especial. Conseguir-se-ia, desta forma, criar novos direitos especiais que acabariam por anular as vantagens correspondentes aos anteriores direitos.

XXXI. Neste contexto, o n.° 4 do artigo 458.° parece, assim, e à primeira vista, surgir com um claro propósito de evitar o sofrimento, por parte dos titulares de categorias de acções especiais, de prejuízos provocados pela criação de novas acções da mesma categoria . Uma análise um pouco mais detida mostra, porém, como o n.° 4 do artigo 458.° tem ainda um outro alcance [99a]: o de permitir aos titulares de categorias de acções especiais aumentar a situação de privilégio por eles já ocupada na sociedade. Na verdade, o direito de preferência reconhecido aos titulares de categorias especiais sobre as acções da mesma categoria, emitidas em consequência de um aumento de capital deliberado pela sociedade, não tem quaisquer limites. Se assim o quiserem, os sócios possuidores de acções de categorias especiais podem subscrever a totalidade das novas acções da mesma categoria, aprofundando, desta forma, as vantagens já possuídas, em detrimento dos outros sócios.

---

[99] *Idem.*

[99a] Até porque a protecção dos sócios privilegiados contra o possível esvaziamento dos respectivos direitos, através da criação de novas acções com privilégio idêntico ou superior, se encontra assegurada pelo regime próprio dos direitos especiais.

Na prática, a transformação desencadeada por uma tal disciplina, em relação aos accionistas ordinários, é substancialmente idêntica à sentida pelos antigos sócios de uma sociedade, com títulos de uma única categoria, na qual se tenha verificado a subscrição de um aumento de capital por terceiros [99b]. O facto de as novas acções serem reservadas aos antigos titulares de acções da categoria a emitir provocará uma transferência de recursos para tais sócios. A sua posição relativa será, assim, significativamente melhorada. Atendendo a estes aspectos, não espanta que a doutrina favorável à compreensão do direito de preferência como uma simples forma de tutelar a participação dos sócios na sociedade se pronuncie, *de jure condendo*, contra uma solução do tipo da adoptada pelo legislador português. No seu entender, ela não é compatível com a configuração do direito de subscrição como uma figura destinada, tão só, a preservar a posição de cada sócio dentro da sociedade. O seu funcionamento conduz mesmo ao resultado contrário: a alteração do *status quo* societário. A consagração de uma regra com o teor da contida na última parte do n.º 4 do artigo 458.º do Código das Sociedades Comerciais não pode, por conseguinte, deixar de traduzir uma tomada de posição, por parte do legislador português, quanto aos fins do direito de preferência. Ela demonstra – a par de muitas outras – como a nossa lei concebeu o direito de subscrição dos sócios numa perspectiva diversa daquela que lhe é normalmente atribuída. Não se trata apenas de um direito com o objectivo de defender os sócios contra os perigos dos aumentos de capital, mas antes de uma forma

---

[99b] Quanto afirmamos pode ilustrar-se facilmente se recorrermos ao seguinte exemplo, sugerido por Sánchez Andrés, *El Derecho de Suscripción Preferente...*, p. 291, nota (40): imaginemos uma sociedade com duas categorias de acções, compostas cada uma por cinco títulos. As acções da classe A são acções ordinárias, e as acções da classe B privilegiadas, com direito a receber um dividendo duplo. Se o montante a repartir for igual a 100, corresponderá 1/3 à classe A (33%) e 2/3 à classe B (66%). Admitamos que a sociedade decide aumentar o seu capital através da emissão de mais cinco acções com um privilégio idêntico ao das acções da classe B. Nesse caso, a participação nos lucros das acções ordinárias ver-se-ia reduzida a 1/5 (20%), enquanto as acções preferentes aumentariam a sua proporção até aos 4/5 (80%).

de permitir aos respectivos titulares a realização de um investimento com preferência sobre os demais.

Verifica-se, pois, uma outra vez, como a necessidade sentida pelo legislador de assegurar a conservação, através do direito de preferência, de determinadas situações jurídicas dos sócios passa pela concessão de meios que devem qualificar-se, não como defensivos ou conservatórios, mas como «agressivos» ([100]) ([100a]).

([100]) A solução que sustentamos torna-se particularmente evidente quando se confronta o texto da nossa lei com o texto da lei brasileira de 1940, ou, mais ainda, com a legislação actualmente em vigor no Brasil. Tal como o nosso, e na hipótese de existir uma sociedade com duas espécies de acções, o legislador brasileiro estabelece a regra segundo a qual, se as novas acções forem iguais a uma das categorias já existentes, a preferência pertence aos titulares dessa categoria. Com uma diferença, porém. É que, diversamente do estabelecido no artigo 458.°, n.° 4, do Código das Sociedades Comerciais, a lei brasileira não alarga, potencialmente, o direito de preferência dos titulares das categorias de acções correspondentes às de nova emissão à totalidade do aumento de capital. Ao contrário, estabelece a solução segundo a qual o direito de preferência dos accionistas se exercerá sobre as acções de espécie idêntica às por eles possuídas, na medida em que isso não venha perturbar o *status quo* societário. Se com a emissão de acções de apenas uma das categorias já existentes se vier a alterar a proporção detida pelos accionistas de outra categoria no capital social, terão estes o direito de subscreverem tantas das novas acções quantas forem suficientes para lhes assegurar, relativamente ao aumento, a posição detida no capital primitivo (v. *Infra,* pp. 274 e ss.). Se o nosso legislador concebesse o direito de preferência como um direito com finalidades meramente conservatórias, teria ou adoptado uma solução idêntica à consagrada pelo legislador brasileiro de 1940, ou, pura e simplesmente, suprimido o direito de subscrição preferencial dos sócios quando fossem emitidas acções de categorias especiais. Esta última era, por exemplo, a posição consagrada pelo legislador italiano antes da reforma operada em 1974 na disciplina das sociedades comerciais (v. *Infra,* p. 94 e ss.).

([100a]) O entendimento que sustentamos quanto aos fins do direito de preferência é ainda susceptível de confirmação a um outro nível. É sabido como um dos principais aspectos a ter em consideração na determinação do escopo das normas jurídicas consiste em saber qual é, efectivamente, a função por elas perseguida no seu funcionamento (v., a este respeito, Ervin Deutsch, *Fahrlässigkeit und Erforderliche Sorlgfalt,* Colónia, Berlin, Bona, Munique, 1963, §12, p. 281 (*Apud* Menezes Cordeiro, *Direito das Obrigações,* reimpressão, Lisboa, 1987, II, p. 277); ID., *Haftungsrecht,* Colónia, Berlin, Bona, Munique, 1976, p. 67; Menezes Cordeiro, *Direito...,* II, pp. 276 e 277). Ora, na prática, e um pouco por toda a parte, as sociedades têm vindo a encarar o direito

Introdução

XXXII. Deve, deste modo, concluir-se em definitivo: o direito de participação preferencial em aumentos de capital destina-se, antes de mais, a conceder aos seus titulares a possibilidade de desfrutarem economicamente de uma iniciativa levada a cabo pela sociedade ([100b]). É este o entendimento que decorre da lei e é o único capaz de proporcionar uma compreensão unitária do direito de preferência ([101]).

---

de preferência como uma forma de remuneração dos seus sócios, equivalente à distribuição de dividendos. Na verdade, é vulgar as sociedades, que não distribuem regularmente, pelos seus membros, os ganhos por elas obtidos, procederem a aumentos de capital com o único propósito de permitirem aos sócios a obtenção de uma adequada remuneração para o seu investimento através da venda dos direitos de preferência (Cfr., entre outros, EMMANUEL STAUFFER, *L'Actionnaire sans Titre - Ses Droits*, Genève, 1977, p. 125; e ALEJANDRO LARRIBA, *Acciones...*, pp. 526 e ss.). Isto demonstra claramente como, na realidade, o direito de preferência é encarado e chamado a desempenhar funções completamente diversas daquelas que a doutrina lhe tem imputado. Ao servirem-se dele como forma de facultar aos sócios a obtenção de um ganho ou benefício equivalente ao normalmente proporcionado pelos dividendos, sócios e sociedade demonstram como o direito de preferência possui finalidades bem para além das meramente conservatórias.

([100b]) Em sentido idêntico, pode ver-se BIANCHI, *Gli Aumenti di Capitale...*, p. 64, para quem: «*Certamente dopo una operazione di aumento di capitale la situazione economica di un'impresa muta, ma siccome è assai arduo stimare il «quantum», il come, e la durata della variazione, appare giustificata la concessione del diritto di opzione ai soci, che, non sempre con fondamento, si presume possono meglio di altre apprezare le prospettive aziendale, delle quali essi stessi hanno concorso a determinare le premesse.(...). In tal senso si sostiene che il diritto di preferenza di cui si tratta costituice un premio ai vecchi azionisti; ma l'espressione può indurre in errore. Meglio si direbbe: concessione di sfruttare economicamente un'iniziativa*». Cfr. também ADOLF BERLE e GARDINER MEANS, *The Modern Corporation and Private Property*, 19.ª ed., Nova York, 1962, p. 144, que a propósito do «"pre-emptive right" to subscribe to additional issues of stock», utiliza a expressão «right to invest additional monies in the enterprise».

([101]) Não teremos oportunidade de proceder ao estudo da questão de saber se às obrigações convertíveis em acções deve corresponder, ou não, um direito de preferência (e em caso afirmativo qual o modo como se deve determinar a medida relativa do direito de preferência dos obrigacionistas). Sempre sublinharemos, porém, a circunstância de a posição que tomámos, quanto às finalidades do direito de participação preferencial em aumentos de capital, se mostrar igualmente capaz de explicar a concessão de semelhante direito aos portadores de obrigações convertíveis

XXXIII. Analisadas as finalidades imediatas do direito de preferência na subscrição de aumentos de capital, todas elas directamente ligadas a interesses dos sócios, e estabelecida a sua graduação, resta-nos chamar a atenção para as finalidade mediatas de tal direito. É que, para além de tutelar o interesse dos sócios em subscreverem um aumento de capital, o direito de preferência visa também, de forma mediata, proteger a própria sociedade [102].

A existência de tal direito permite, desde logo, combater a tendência, por vezes verificada, de se fazer depender a deliberação do aumento de capital, não da necessidade intrínseca da operação, mas dos interesses pessoais dos sócios [103]. Na verdade, quando não seja conferido um direito de preferência aos sócios, a sociedade corre o perigo de ver recusada a aprovação de um aumento de capital absolutamente necessário, devido à circunstância de estes recearem a atribuição das novas participações sociais a terceiros [104]. E idêntico perigo se verifica quanto à possibilidade de ocorrência da situação inversa: ou seja, de vir a ser deliberado um aumento de capital, não por se mostrar necessário, mas porque a maioria dos sócios pretende obter com ele certas vantagens [105] [105a].

Além disso, o direito de preferência, ao garantir, em grande medida, a estabilidade do elemento pessoal da sociedade, revela-se,

---

em acções, sem quebra da unidade teleológica do direito de subscrição preferencial.

[102] Neste sentido, podem ver-se, por exemplo: Ott, *Das Bezugsrecht ...*, p. 47; e ALEJANDRO LARRIBA, *Acciones,* p. 434.

[103] *Idem.*

[104] *Idem.*

[105] De acordo com a mensagem do Bundesrates Suíço, a necessidade de impedir certos sócios de deliberarem um aumento de capital com o único propósito de arrecadarem para si a diferença entre o valor real e o valor de subscrição das novas participações seria mesmo a primeira finalidade do direito de preferência. A este respeito, v. OTT, *Das Bezugsrecht ...*, p.47, que se manifesta - em sentido idêntico ao nosso - a favor da qualificação desta finalidade do direito de preferência entre os fins mediatos do referido direito.

[105a] WIELAND, *Grosskommentar zum Aktiengesetz,* 3. ed., Berlin, 1971, III, §186, p. 67; OTT, *Das Bezugsrecht ...*, p. 47; GESSLER, EFERMEHL, ECKARDT e KROPFF, *Aktiengesetz...,* §186, p. 242.

ainda, capaz de constituir importante alicerce da continuidade e aprofundamento da política definida e levada a cabo pelos sócios, sobretudo quando esteja em causa uma estratégia a longo prazo [106] [106a].

XXXIV. Em jeito de conclusão, deve, pois, considerar--se o direito de participação preferencial em aumentos de capital como um direito com um núcleo essencial determinado pela finalidade de reservar, para aqueles a quem é reconhecido, as vantagens económicas proporcionadas pela operação de modifica-ção do capital societário. Para além disso, o direito de preferência protege, ainda, os sócios contra os inconvenientes de carácter político ou patrimonial que o aumento de capital lhes possa vir a provocar. Estes dois últimos objectivos do direito de subscrição preferencial aparecem como uma consequência ou corolário neces-

---

[106] A finalidade acima assinalada ao direito de preferência está particular-mente implícita em certas construções que filiam o referido direito no interesse dos sócios em evitarem a entrada para a sociedade de capitais a ela estranhos, e a correlativa influência na sua orientação de sócios possivelmente inclinados a especulações; eventualmente, mesmo, perigosos concorrentes. Cfr J. GABRIEL PINTO COELHO, *Usufruto...*, in *Revista ...*, ano 91, p. 18.

[106a] São particularmente interessantes a este respeito as seguintes conside-rações de ALBERT TAMBOISE, *La Stabilité du Contrôle dans les Sociétés par Actions ou la Défense des Sociétés par Actions Contre les Immixtions Étrangères ou Indisérables*, Paris, 1929, pp. 13 e 14 : «*L'instabilité du contrôle est le propre des sociétés de capitaux et de la société anonyme en particulier; aussi ne peut-il être question de l'effacer purement et simplement de leur cadre.*

Mais encore faut-il que cette instabilite ne soit pas telle qu'elle aboutisse à la ruine, et au discrédit de formes de sociétés qui constituent, à n'en point douter, des éléments vitaux de l'économie contemporaine. (...). Or il est évident que rien n'est plus propre à décourager l'initiative industrielle que l'incertitude quasi permanente du contrôle des entreprises créées. (...). Il est en tout cas inadmissible qu'une entreprise sagement administrée par un conseil d'industriels compétents qui l'ont en quelque sorte menée de ses pénibles débuts vers un avenir des plus brillants, voie sa direction échapper brusquement à ce conseil à la suite d'une trop savante combinaison édifiée en bourse par quelque groupe de la haute finance.(...). Que dire du reste des perturbations peut-être fatales amenées dans les affaires des sociétés par ces brusques modifications de leur direction, plusieurs fois répétées, et intervennant au plus souvent au moment le plus inopportun.(...). Le developpement des entreprises dont l'avenir s'annonce le plus certain se trouve arrêté par la crainte d'une mainmise de ce genre (...)».

sário do propósito do direito de preferência de assegurar aos respectivos titulares uma situação de privilégio quanto a investimentos a fazer na sociedade. Eles ocupam, por isso, do ponto de vista da hierarquia a estabelecer entre as finalidades do direito de preferência, um lugar secundário.

Indirectamente, é, ainda, possível descobrir, no direito de participação preferencial em aumentos de capital, uma outra finalidade: a de proteger a própria sociedade.

Esta posição que defendemos acerca dos fins do direito de preferência diverge da adoptada pela *communis opinio*. Ela é, contudo, a única a permitir uma compreensão unitária do direito de preferência e a possibilitar uma explicação da sua razão de ser sem necessidade de recurso a expedientes ([107]). Ela encontra, além disso, inequívoco apoio face ao regime jurídico do direito de participação preferencial em aumentos de capital definido pelo nosso legislador.

III - Evolução histórica e direito comparado

1. *A origem histórica do direito de preferência dos sócios em aumentos de capital*

I. Uma correcta compreensão dogmática e analítica do direito de preferência dos sócios em aumentos de capital pressupõe o conhecimento, não apenas das soluções consagradas nesta matéria

---

([107]) Veja-se, por exemplo, o caso já antes referido *(Supra,* p. 50) de OTT, *Das Bezugsrecht ...,* p. 16, autor que, ao procurar determinar quais as finalidades do direito de preferêcia, começa por delimitar, de forma arbitrária e ilegítima, o seu campo de investigação às sociedades com uma única categoria de acções; ou o de RAFFAELE NOBILI, *Contributo allo Studio del Diritto D'Opzione...,* p. 41, que para alicerçar a posição por ele sustentada, acerca das finalidades do direito de subscrição preferencial, acaba por sugerir a necessidade de não se interpretarem de forma rigorosa os preceitos da lei relativos a tal direito.

Introdução 67

pelo nosso direito, mas também a consideração e estudo do direito estrangeiro ([107a]).

Igualmente oportuna, com vista a facilitar o estudo da figura do direito de participação preferencial em aumentos de capital, mostra-se a indagação da sua origem histórica. Indagação cuja importância é realçada pela circunstância de poucos terem sido os autores a valorar devidamente o sentido histórico do reconhecimento de um direito de preferência a favor dos antigos sócios. Uma doutrina amplamente defendida vê nesse reconhecimento o fruto amadurecido de uma orientação secular que, originada em acordos voluntários, fará nascer, de forma vigorosa, uma prática estatutária ao abrigo da qual se vai formando um regime «usual», cuja força acaba por quebrar o silêncio dos códigos de comércio do século XIX ([107b]). De acordo com essa mesma doutrina, o processo de afirmação progressiva do direito de subscrição preferencial obedeceria a uma constante histórica em todos os países onde se desenvolveu: assegurar aos sócios uma adequada protecção contra os

---

([107a]) A importância do estudo de direito comparado para a resolução de vários dos problemas colocados pela figura do direito de preferência era já sublinhada, na doutrina italiana, por RAFFAELE NOBILI, *Contributo allo Studio del Diritto D'Opzione...*, p. 7. Essa importância assume hoje proporções de muito maior relevo, atendendo à intenção do legislador comunitário de proceder a uma uniformização do direito das sociedades dos países membros da Comunidade Económica Europeia. Importa, além disso, ter presente o disposto no artigo 9.º do Código Civil. De acordo com este preceito, cumpre ao intérprete «reconstruir» o «pensamento legislativo», o que legitima a ponderação de todos os instrumentos susceptíveis de alcançarem semelhante fim. Isso mesmo resulta da circunstância de os enumerados pela lei - «a unidade do sistema jurídico, as circunstâncias em que a lei foi elaborada e as condições específicas do tempo em que é aplicada» - possuírem carácter simplesmente exemplificativo. Além disso, o direito comparado pode, " se não for reduzido como ingenuamente se tem feito entre nós", a uma mera descrição positiva de regimes, reconduzir-se, enquanto elemento interpretativo da lei, à sua ponderação histórica, ou, nas palavras do legislador, às circunstâncias da elaboração da lei. Cfr. RUY DE ALBUQUERQUE, *Da Compensabilidade dos Créditos e Débitos Civis e Comerciais dos Bancos Nacionalizados (Para uma interpretação do Artigo 853.º, n.º 1 c) do Código Civil)*, separata dos *Estudos em Honra do Professor Paulo Cunha*, Lisboa, 1989, pp. 36 e 37. Acerca das funções e do valor educacional do direito comparado, v. ASCARELLI, *Premissas ao Estudo do Direito Comparado*, in *Problemas...*, pp. 4 e 10.

([107b]) SÁNCHEZ ANDRÉS, *El Derecho de Suscripción Preferente...*, p. 22.

68 Pedro de Albuquerque

perigos dos aumentos de capital. Perigos identificados com a perda da posição relativa do sócio, tanto na sua perspectiva patrimonial como política. Esta forma de apresentar os factos não se mostra, porém, rigorosa. Os riscos dos aumentos de capital eram, sem dúvida, muito distintos ([107c]). A sua compreensão pode contribuir de modo decisivo para o esclarecimento do sentido actual do direito de preferência.

II. A prática de reservar para os antigos sócios um direito de subscrição preferencial teve a sua origem em França ([108]). Ela nasceu do desejo dos primitivos sócios de conservarem para si as vantagens geradas pela posse dos novos títulos ([109]). Aparentemente, foi o financeiro Law o primeiro a recorrer a tal mecanismo, aquando dos aumentos de capital da célebre *Compagnie des Indes* ([110]) ([111]).

([107c]) *Idem.*

([108]) ALFRED JAUFFRET, *Du Droit de Souscrire Par Préférence...*, p. 5.; ID., *La Renonciation...*, in *La Società...*, I, p. 373; ANTONIO BOUTHELIER, *El Derecho de Suscripción Preferente...*, in *R.D.N.*, p. 328; SÁNCHEZ ANDRÉS, *El Derecho de Suscripción Preferente...*, pp. 22 e 23.

([109]) Cfr. os autores citados na nota anterior.

([110]) V. os autores mencionados na nota (108).

([111]) O sistema e a obra de LAW, bem como a *Compagnie des Indes*, têm merecido a atenção de historiadores, economistas e estudiosos da ciência financeira. A este respeito e a título de exemplo, podem referir-se as seguintes obras: MARION, *Histoire Financière de la France*, tomo I, pp. 90 e ss.; FORBONNAIS, *Recherches et Considérations sur les Finances de la France;* DUTOT, *Histoire du Système des Finances en 1719-1720;* LEVASSEUR, *Recherches Historiques sur le Système de Law;* COCHUT, *Law, Son Système et Son Époque* (todos citados por ALFRED JAUFFRET, *Du Droit de Souscrire par Préférence...*, p. 6 nota (1)); JACQUES BAINVILLE, *Histoire de France*, Paris, 1924, pp. 263 e 264; TRINTZIUS, *John Law et la Naissance du Dirigisme*, 1950 (*Apud* SOUSA FRANCO, *Políticas Financeiras e Formação do Capital. Estudo Metodológico*, Lisboa, 1972, p. 378, nota (59)); FRANK NEFF, *Economics Doctrines*, 2.ª ed., reimp., Nova York, Toronto, Londres, 1950, p. 84; AMINTORE FANFANNI, *Storia Economica*, parte I, *Antichità - Medioevo - Età Moderna*, Turim, 1968, pp. 655, 658 e 688; SOUSA FRANCO, V.º *Law (John)*, in Verbo - *Enciclopédia Luso - Brasileira de Cultura*, Lisboa, 1971, vol. XI, col. 1559 e 1560; HENRI DENIS, *Histoire de la Pensée Economique*, 4.ª ed., Paris, 1974, pp. 138 e 139; CHARLES P. KINDLEBERG, *Histoire Financière de l'Europe Occidentale*, tradução do inglês por Raymond Bord, Paris, 1986, pp. 112 e ss..

Introdução 69

Na verdade, depois de fundada, em 1717, com um capital de 100 milhões de libras, representado por 200.000 acções de 500 libras, a *Compagnie D'Occident* - posteriormente *Compagnie des Indes* - procedeu, em Junho de 1719, a uma emissão de 50.000 novas acções, com um ágio de 50 libras.

Para se poder subscrever uma nova acção era necessário possuir-se quatro acções antigas [112]. Pouco tempo passado, em 27 de Julho de 1719, foi decidido outro aumento de capital. A subscrição dos novos 50.000 títulos, emitidos com um sobrepreço de 500 libras, foi uma vez mais reservada aos antigos accionistas, agora na proporção de cinco para uma [113]. O público, ilustrando em linguagem vulgar esta operação, declarava ser necessário, para se ter direito às «filhas» e «às netas», possuir-se «mães» [114] .

Este sistema de subscrição, criado pelo escocês Law, facilitou, desde logo, a cobertura dos aumentos de capital. Mais importante foi, porém, a aparência de prosperidade por ele criada e em virtude da qual cada nova emissão de títulos motivava uma elevação do curso das acções mais antigas [114a]. Verifica-se, assim, como o propósito que parece ter estado na origem do primeiro testemunho histórico do direito de preferência dos sócios se prendia com a intenção de obtenção, por parte destes, de determinadas vantagens [114b]. Semelhante fenómeno tem sido raramente notado. Não obstante, pode detectar-se com facilidade no curso da evolução do direito de participar preferencialmente em aumentos de capital, conforme teremos oportunidade de constatar.

---

[112] ALFRED JAUFFRET, *Du Droit de Souscrire par Préférence* ..., p.6.

[113] *Idem.*

[114] *Idem.*

[114a] SÁNCHEZ ANDRÉS, *El Derecho de Suscripción Preferente...*, p. 23.

[114b] SÁNCHEZ ANDRÉS, *El Derecho de Suscripción Preferente...*, p. 23, chega a afirmar que o direito de subscrição preferencial surge em alguma medida, e do ponto de vista histórico, associado à prática da agiotagem.

III. Com o tempo, a prática iniciada por Law generalizou-se. Assim, no século XIX, já numerosas sociedades continham nos seus estatutos disposições no sentido de conferirem aos antigos sócios um direito de participação preferencial em aumentos de capital.

A nível jurisprudencial, o direito de preferência dos sócios foi reconhecido, pela primeira vez, nos Estados Unidos da América, em 1807, em sentença proferida pelo tribunal do Estado de Massachussets no caso Gray v. Portland ([115]) .

Na Europa o direito de preferência foi discutido ainda durante largo tempo ([116]). Parte da doutrina baseava-se no princípio da

---

([115]) Não há quaisquer dúvidas a este respeito. Os autores são absolutamente unânimes ao considerarem ser a sentença acima referida a primeira a ocupar--se do direito de preferência dos sócios. Nesta direcção, pode, nomeadamente, ver-se: STEVENS, *Handbook...*, p. 502, nota (45): ADOLF BERLE e GARDINER MEANS, *The Modern Corporation...*, pp. 144 e ss.; RAFFAELE NOBILI, *Contributo allo Studio del Diritto D'Opzione...*, p. 9; AMÂNDIO DE AZEVEDO, *O Direito de Preferência dos Accionistas na Subscrição de Novas Acções...*, in *Revista...*, XV, pp. 110 e 111; ASCARELLI, *O Direito de Preferência...*, in *Problemas*, p. 495; ID., *Diritto D'Opzione nell'Aumento...*, in *Saggi*, p. 430 (escritor que chega a considerar, neste seu trabalho, encontrar-se a primeira origem do direito de preferência na jurisprudência do Estado de Massachussets. Diz ele: *Il diritto d'opzione (art. 2441 c.c.) trova forse la sua prima origine - nel 1807 - nella giurisprudenza dello stato di Massachusset negli Stati Uniti(...)»*. Ao fazê-lo, parece, porém, desconhecer remontar o direito de preferência a Law e à sua Companhia das Índias, conforme vimos já. Aliás, o próprio Ascarelli afirmara já, num seu artigo, anterior ao acabado de citar: *«L'istituto del diritto di opzione trova la sua origine nella pratica statutaria (...)»*. V. ASCARELLI, *Diritto di Opzione...*, in *Studi...*, p. 259. Verifica-se, assim, uma contradição entre as posições assumidas pelo jurista italiano, quanto à origem do direito de preferência, nestes seus dois escritos agora referidos. A afirmação de Ascarelli, segundo a qual a origem do direito de preferência estaria no Estado de Massachussets, só poderá tomar-se como correcta se a interpretarmos como querendo significar que foi nesse Estado a ser primeiro reconhecido um direito de preferência inerente à qualidade de sócio); ROBERTO ROSAPPEPE, *L'Esclusione del Diritto di Opzione...*, p. 8, nota (2).

([116]) Cfr., por exemplo, ALFRED JAUFFRET, *Du Droit de Souscrire par Préférence...*, pp. 6 e 7 (Segundo este autor, as primeiras decisões jurisprudenciais aparecidas em França, sobre o direito de preferência dos sócios em aumentos de capital, datam, apenas, do último quartel do século XIX. Foram as numerosas decisões tomadas na sequência do *Krach* da *Union Générale* a fazer algumas alusões ao direito de preferência.

Introdução

igualdade entre os sócios, para atribuir a cada um deles um direito de preferência em aumentos de capital ([117]). Contudo, na ausência de textos legislativos expressos, era sempre possível permitir a terceiros a subscrição das novas participações sociais. Essa possibilidade de reservar a subscrição a terceiros continuava a deixar à maioria o arbítrio no controle e processamento da operação de aumento de capital. Os abusos de poder praticados pelas maiorias não se mostravam

---

Ainda de acordo com Jauffret, terá sido somente com o fim do século XIX que os primeiros estudos doutrinais mencionaram a existência de semelhante direito. Mostrou-se, porém, necessário aguardar pelo princípio do século XX para surgirem desenvolvimentos e estudos precisos sobre o fundamento e sobre as dificuldades às quais poderia dar origem o direito de preferência. Entre esses estudos, conta-se justamente a monografia de Jauffret sobre o direito de subscrição preferencial. Muitos outros poderiam ainda mencionar-se. Referimos, a título exemplificativo: BOSVIEUX, *De L'Exercice du Droit de Préférence Réservé aux Actionnaires et Porteurs de Parts de Fondateurs* , in *Journal des Sociétés*, 1911, pp. 385 e ss.; WAHL, *De la Cession du Droit de Souscrire par Préférence aux Actions Émises en Augmentation du Capital*, in *Journal des Sociétés*, 1912, pp. 337 e ss.; DACHER, *De la Priorité de Souscription dans les Émissions de titres*, thèse, Paris, 1913 (todos citados por Jauffret); PAUL MARIA, *Des Modifications du Capital social...*, pp. 154 e ss.; J. VANDAMME, *De la Prime Imposée aux Souscripteurs...*, pp. 187 e ss.. Também em Itália começaram a aparecer, nas primeiras décadas deste século, estudos dedicados, pelo menos em parte, ao direito de preferência dos sócios. Com carácter ilustrativo, podem referir-se GIANNUZI, *Il Diritto di Opzione sulle Azioni di Nuova Emissione delle Società Anonime*, in *Riv. It. de Ragioneria*, 1919, p. 274 (*Apud* MONTESSORI, *Il Diritto D'Opzione...*, in *Rivista...*, vol. XIX, I parte, p. 477); SOPRANO, *L'Assemblea Generale degli Azionisti*, Milão, 1914, pp. 313 e ss.; e MONTESSORI, *Il Diritto D'Opzione...*, in *Rivista...*, vol. XIX, I parte, p. 467 e ss.. Na Alemanha, parecem ser igualmente da mesma data as primeiras obras nas quais se faz referência a um direito de preferência dos sócios em aumentos de capital. Nomeadamente, ERRICO THOLL, *Trattato di Diritto Commerciale,* tradução de Alberto Marghieri, Nápoles, 1881, vol. I, partes 1 e 2, pp. 470 e ss. e pp. 487 e ss., não alude ainda a tal direito. Poucos anos volvidos, eram-lhe, porém, dedicados vários estudos monográficos como sejam, por exemplo, as obras de GULDENSTEIN, *Das Aktienbezugsrecht,* Munique, 1914 (*Apud* BERNICKEN, *Das Bezugsrecht des Aktionärs in rechtlicher und bankechnischer Hinsicht,* Berlin, 1928); ou de BERNICKEN, *Das Bezugsrecht des Aktionärs in rechtlicher und bankechnischer Hinsicht,* Berlin, 1928.

([117]) ASCARELLI, *O Direito de Preferência...*, in *Problemas...*, p. 496. Cfr. também os autores citados *Supra*, na nota (45), p. 36, que ainda hoje vêem no direito legal de preferência uma consequência ou manifestação do princípio da igualdade dos sócios.

72 Pedro de Albuquerque

susceptíveis de serem controlados a nível jurisprudencial, por insuficiência de mecanismos jurídicos ([118]).

Uma das poucas formas válidas de alcançar uma protecção contra os actos abusivos da maioria era a consagração nos estatutos de uma cláusula na qual se conferisse a todos os sócios um direito de subscrição preferencial. Essa cláusula acabou, por isso, por se tornar habitual em países como a França, a Itália e a Espanha ([119]). Contudo, a par dela não deixaram nunca de existir múltiplas combinações estatutárias – que a progressiva privatização das sociedades anónimas operada no século XIX fomentava – através das quais fundadores e administradores procuravam garantir posições vantajosas e situações de privilégio quanto à subscrição de futuras acções. Semelhante estado de coisas acabava por determinar operações de aumento de capital motivadas, quase exclusivamente, por desejos de especulação. Numa época particularmente propícia à agiotagem não era raro que os beneficiários do direito de subscrição preferencial forçassem as deliberações de aumento de capital com o único fim de obterem títulos que, uma vez vendidos, permitiam a realização de importantes benefícios. Na verdade, eram estes os autênticos perigos do aumento de capital. O direito de preferência não foi um expediente pensado para os combater. Ao contrário, proporcionava um cómodo meio para a realização de ganhos rápidos através da transformação das acções em instrumentos de especulação ([119a]) .

([118]) A *communis opinio* mostra-se unânime quanto a este ponto: A possibilidade de reservar o aumento de capital a terceiros, ou tão só a determinados sócios, originava graves abusos dificilmente controláveis. Neste sentido, pode ver-se, na doutrina italiana, nomeadamente, ASCARELLI, *O Direito de Preferência...*, in *Problemas...*, p. 406; na doutrina de língua alemã, destacamos, no mesmo sentido, designadamente, RODOLFO FISCHER, *Las Sociedades Anónimas, su Régimen Jurídico*, trad. de W. Rocces, Madrid, 1914, p. 413; OTT, *Das Bezugsrecht...*, p. 46; e GESSLER, EFERMEHL, ECKARDT E KROPFF, *Aktiengesetz...*, §186, p. 242.

([119]) ASCARELLI, *O Direito de Preferência...*, in *Problemas...*, p. 496.

([119a]) Para maiores referências ao processo histórico agora descrito, v. AUERBACH, *Das Aktienwesen*, Frankfurt, 1873, pp. 13, 91 e 92, reimpressão de Ferdinand Keip, 1969: MESTMAECKER, *Verwaltung, Konzerngewalt und Recht der Aktionäre*, Karlsruhe, 1958, p. 138; SÁNCHEZ ANDRÉS, *El Derecho de Suscripción Preferente...*, pp. 23 e ss..

Neste contexto compreende-se que a *Aktiennovelle* alemã de 18 de Julho de 1884 tenha vindo proibir toda a reserva de direitos de preferência, anterior à deliberação de aumento de capital ([119b]). Convém sublinhar esta poibição. Ela vem confirmar a realidade da origem histórica do direito de participação preferencial em aumentos de capital como um direito destinado a assegurar determinados privilégios aos respectivos titulares ([119c]). A sua finalidade era a de evitar que os benefícios proporcionados pelo direito de subscrição ficassem reservados apenas a um pequeno número. Os resultados visados não foram, porém, alcançados. A liberdade da assembleia geral para determinar quais seriam os destinatários da operação de aumento do capital social, deixava nas mãos dos órgãos sociais a possibilidade de atribuir preferências não acordadas nos estatutos. Os aumentos de capital, continuaram, por isso, a orientar-se em favor de certos accionistas ou terceiros a quem eram concedidos direitos de preferência.

Atendendo a esta situação, criada pela prática societária, vários legisladores acabaram por intervir, atribuindo aos accionistas um direito legal de participação preferencial em aumentos de capital. Foi, nomeadamente, o caso do legislador francês com o seu Decreto de 8 de Agosto de 1935 ([120]). Este diploma encontra a sua origem imediata num projecto antes apresentado ao Parlamento francês ([121])

([119b]) V. *Infra*, p. 75.

([119c]) AUERBACH, *Das Aktienwesen, op. cit.*, p. 291; BERNICKEN, *Das Bezugsrecht...*, p. 24; RENATO MICCIO, *Il Diritto...*, p. 15; SÁNCHEZ ANDRÉS, *El Derecho de Suscripción Preferente...*, p. 26.

([120]) O texto deste Decreto pode encontrar-se em ASCARELLI, *O Direito de Preferência...*, in *Problemas...*, p. 496, nota (1); ou em MARCEL HAMIAUT, *La Réforme des Sociétés Commerciales (loi n.º 66/537 du 24 juillet de 1966)*, II, *Les Sociétés Par Actions*, Paris, 1966, pp. 159 e ss.. Por sua vez, as razões do Decreto estão resumidas por C. HOUPIN e H. BOSVIEUX, *Traité Général Théorique et Pratique des Sociétés Civiles et Commerciales*, 7.ª ed., Suplemento, Paris, 1937, p. 126, sendo igualmente transcritas por ASCARELLI, *O Direito de Preferência...*, in *Problemas...*, p. 497.

([121]) O texto do projeto apresentado ao Parlamento francês encontra-se no *Journal des Sociétés*, 1935, p. 33.

e precedentes legislativos no direito inglês - no *Companies Act* de 1862, no *Consolidation Act* de 1908 e no *Companies Act* de 1929 ([121a]) – e no direito alemão – no §282 do Código de Comércio de 1897 ([122]) ([123]). O propósito visado não era o de assegurar o respeito pela quota de participação dos sócios. Os legisladores da época pretendiam simplesmente que os ganhos obtidos com as novas acções beneficiassem unicamente, e por igual, todos os membros da sociedade. Tomaram, por isso, a decisão de lhes conceder um direito de preferência na proporção da respectiva participação social ([123a]). Com o tempo, a *communis opinio,* ignorando a finalidade histórica do direito de preferência ([123b]), atribuiu-lhe fins meramente conservatórios. Estes, apesar de não serem totalmente alheios ao referido direito, não são, todavia, suficientes para justificar a sua existência.

IV. No estudo que empreenderemos de seguida iremos deter a nossa atenção na análise das soluções encontradas por vários ordenamentos jurídicos na atribuição e regulamentação do direito de preferência. Escusado será sublinhar o facto de tomarmos apenas em consideração a disciplina jurídica do direito de preferência dos sócios naqueles países que, pela elaboração técnica das suas normas

---

([121a]) V. *Infra,* p. 79 e ss..

([122]) ASCARELLI, *O Direito de Preferência...,* in *Problemas...,* p.497.

([123]) Faremos de seguida algumas referências às soluções consagradas pelo §282 do Código de Comércio alemão, quando tratarmos de proceder ao estudo do direito de preferência dos sócios no direito alemão. Por agora, limitamo-nos a sublinhar que, contrariamente ao sustentado por vários autores, nomeadamente ASCARELLI, *Direito de Preferência...,* in *Problemas...,* p. 497; e ALEJANDRO LARRIBA, *Acciones...,* p. 451, não foi o legislador alemão o primeiro a atribuir aos sócios, de forma expressa, um direito de participação preferencial em aumentos de capital. Muito antes do Código de Comércio alemão, já em Inglaterra se atribuía aos sócios, por força de disposição legal, um direito de preferência na participação em aumentos de capital.

([123a]) MESTMAECKER, *Verwaltung...,* pp. 137 e ss.; SÁNCHEZ ANDRÉS, *El Derecho de Suscripción Preferente...,* p. 29.

([123b]) Direito que, com base nos exemplos proporcionados pelos legisladores inglês, alemão e francês, veio a merecer consagração legal numa pluralidade de ordenamentos jurídicos.

Introdução   75

ou pelo grau de desenvolvimento atingido pelas estruturas de mercado, apresentem aspectos de interesse para a compreensão do direito de participação preferencial em aumentos de capital no ordenamento jurídico português.

2. A disciplina jurídica do direito de subscrição preferencial no direito comparado

2.1 O sistema de Common law

2.1.1 O direito americano ([124])

I. O direito de preferência foi, já o dissemos, reconhecido pela primeira vez por um tribunal dos Estados Unidos da América na sentença proferida pelo tribunal de Massachussets, em 1807, no caso GRAY versus PORTLAND. Nessa sua decisão, o tribunal entendeu que as novas acções deviam ser atribuídas aos antigos sócios *pro rata*. Tratou-se, no entender da doutrina americana, de um remédio equitativo, concedido numa situação na qual os administradores teriam agido de má fé. A fundamentação da sentença assenta nos *«fiduciary duties»* dos administradores relativamente aos sócios. O

([124]) De entre a vária bibliografia existente sobre a origem e evolução do direito de preferência nos Estados Unidos da América, tomámos em consideração, nomeadamente, os seguintes autores Americanos: STEVENS, *Handbook...*, pp. 449 e ss.; ADOLF BERLE e GARDINER MEANS, *The Modern Corporation...*, pp. 144 e ss.; YOUNG SMITH e GALE ROBERSON, *Business Law*, 3.ª ed., Minnesota, 1971, pp. 866 e ss.. Na literatura jurídica portuguesa, encontram-se referências ao direito de participação preferencial em aumentos de capital no ordenamento jurídico norte-americano, em FERRER CORREIA e ANTÓNIO CAEIRO, *Aumento de Capital, Preferência dos Accionistas....*, in *Estudos...*, vol. I, p. 62, nota (1); e AMÂNDIO DE AZEVEDO, *O Direito de Preferência dos Accionistas na Subscrição de Novas Acções...*, in *Revista....*, XV, pp. 110 e ss.. Na doutrina italiana, pode ver-se, a este respeito, RENATO MICCIO, *Il Diritto....*, p. 12; RAFFAELE NOBILI, *Contributo allo Studio del Diritto D'Opzione...*, pp. 8 e ss..

direito de preferência foi atribuído aos antigos membros da sociedade porque se entendeu ser para eles prejudicial a proposta de aumento de capital ([125]). Ela envolvia uma violação dos deveres dos administradores na sua qualidade de *fiduciary agents*, obrigados a exercer os seus poderes de acordo com a boa fé, e no interesse dos sócios.

Desta decisão jurisprudencial não era ainda possível extrair a existência de um direito dos sócios de participarem preferencialmente em todos os aumentos de capital ([126]). A breve trecho, porém, impôs-se a regra de que todas as acções se encontravam sujeitas ao direito de preferência. Assim, um século depois, em 13 de Novembro de 1906, o Tribunal de Nova York afirmava, já de forma categórica, pertencer a cada accionista um direito de subscrição preferencial em todos os aumentos de capital levados a cabo por sociedades por acções ([127]). Na hipótese julgada pelo tribunal, o «*Continental Trust of the City of New York*» tinha oferecido a totalidade das novas acções a terceiros. A sociedade, por haver ignorado os protestos dos accionistas, foi condenada ao pagamento de uma indemnização, correspondente à diferença entre o preço pago pelos terceiros, para adquirirem as novas acções, e o preço ou valor de mercado das acções antigas ([128]). Passados alguns anos, o direito de preferência dos sócios consolidava-se de forma clara. Em 1922,, encontrava-se já absolutamente solidificado. O Supremo Tribunal Federal considerava-o como um direito patrimonial indissoluvelmente ligado à acção, «*tão universalmente reconhecido que se justifica por si só, sem necessidade de ulterior fundamentação*» ([129]).

II. Uma vez criada, a regra segundo a qual aos sócios deve ser reconhecido um direito de preferência foi assaltada por numerosas

---

([125]) DRINKER, *The Preemptive Right of Shareholders to Subscribe to New Shares*, in *Harvard Law Review*, 1929-30, vol. 43. pp. 586 e ss. a pp. 590 e ss..

([126]) RAFFAELE NOBILI, *Contributo allo Studio del Diritto D'Opzione...*, p. 10.

([127]) Cfr. ALFRED JAUFFRET, *Du Droit de Souscrire par Préférence....*, p. 105.

([128]) *Idem*.

([129]) O trecho agora transcrito encontra-se em AMÂNDIO DE AZEVEDO, *O Direito de Preferência dos Accionistas na Subscrição de Novas Acções...*, in *Revista...*, XV, p. 111.

excepções ([130]). Nalguns Estados desenhou-se mesmo uma tendência contrária ao direito de preferência. Assim, em certos ordenamentos federados permitiu-se o seu afastamento estatutário ([131]), enquanto noutros se ia, ainda, mais longe, consagrando-se a solução da inexistência de um direito de preferência a favor dos sócios, sempre que não estivesse expressamente previsto nos estatutos ([132]) ([133]).

III. A razão de ser de semelhante evolução estaria, segundo a generalidade dos autores, na crescente complexidade da estrutura capitalista das sociedades comerciais norte-americanas ([134]), na cada vez maior dificuldade de distinção entre acções e obrigações, com o aparecimento de numerosas formas intermédias ([135]), e na dimi-

---

([130]) ADOLF BERLE e GARDINER MEANS, *The Modern Corporation...*, pp. 145 e ss.; e STEVENS, *Handbook...*, pp. 499 e 500. Sobre este ponto, cfr., ainda, ANDRÉ TUNC, *Le Droit Américain des Sociétés Anonymes*, Paris, 1985, p. 66.

([131]) Afastamento estatutário que, segundo STEVENS, *Handbook...*, p. 503, pode resultar de uma adequada interpretação dos estatutos, não se revelando necessária uma disposição expressa.

([132]) Cfr. RAFFAELE NOBILI, *Contributo allo Studio del Diritto D'Opzione...*, p. 12; AMÂNDIO DE AZEVEDO, *O Direito de Preferência dos Accionistas na Subscrição de Novas Acções...*, in *Revista...*, XV, p. 111; FERRER CORREIA e ANTÓNIO CAEIRO, *Aumento de Capital, Preferência dos Accionistas...*, in *Estudos...*, vol. I, p. 62, nota (1); na doutrina americana, v. ADOLF BERLE e GARDINER MEANS, *The Modern Corporation...*, p. 146; STEVENS, *Handbook...*, pp. 502 e ss.; SMITH e ROBERSON, *Business...*, pp. 866 e 867.

([133]) Apesar da tendência assinalada, o direito de preferência continua a ser considerado pela doutrina norte-americana como um direito da maior importância. Veja-se, por exemplo, quanto escrevem a respeito do direito de subscrição preferencial ADOLF BERLE e GARDINER MEANS, *The Modern Corporation...*, p. 145: «*It is recognized as one of the shareholder's most valuable rights (...)*».

([134]) Em Itália, é, por exemplo, dessa opinião RAFFAELE NOBILI, *Contributo allo Studio del Diritto D'Opzione...*, p. 11; entre nós, v. AMÂNDIO DE AZEVEDO, *O Direito de Preferência dos Accionistas na Subscriçao de Novas Acções...*, in *Revista...*, XV, p. 111; nos Estados Unidos da América, pronunciam-se nesta mesma direcção MORAVETZ, *The Preemptive Right of Shareholders*, in *Harvard Law Review*, 42, p. 186; STEVENS, *Handbook...*, p. 504; ADOLF BERLE e GARDINER MEANS, *The Modern Corporation...*, p. 146.

([135]) AMÂNDIO DE AZEVEDO, *O Direito de Preferência dos Accionistas na Subscrição de Novas Acções...*, in *Revista...*, XV, pp. 111.

nuição da importância do direito de voto ([136]). Tudo isto acabou por se repercutir sobre o direito de preferência, diminuindo, em grande parte, o seu significado e alcance na protecção dos sócios, quando de operacões de aumento de capital. Em seu lugar, procuraram-se outras formas de tutela dos sócios um pouco mais flexíveis. A jurisprudência, por exemplo, tem-se mostrado particularmente atenta ao dever, de natureza objectiva, dos administradores agirem com lealdade para o bem da corporação e de todos os sócios. Por força desse dever, os membros dos órgãos de administração encontram-se obrigados a agir com imparcialidade de forma a não prejudicar nenhum accionista ou grupo de sócios ([137]). A *equity,* cujo papel de enorme relevo no direito norte-americano não é por demais realçar, acaba, pois, por preencher deste modo, em grande medida, o espaço deixado pela eventual inexistência de um direito de preferência a favor dos antigos sócios ([138]).

IV. Deve, porém, assinalar-se a verificação, nos últimos anos, de uma tendência para a consagração prática de uma série de figuras semelhantes, em vários aspectos, ao direito de preferência. É, por exemplo, o caso dos *convertible bonds, stock purchase warrants* ou *shares options.* Nenhuma delas corresponde verdadeiramente a um direito de preferência, contudo, não deixam de conceder uma vantagem económica aos seus titulares, que tem o respectivo substracto económico nos aumentos de capital.

([136]) ADOLF BERLE e GARDINER MEANS, *The Modern Corporation...,* p. 146.

([137]) Cfr. ROBERT STEVENS, *Handbook...,* pp. 647, 657, 663, 668, 692, 737; BERLE e MEANS, *The Mordem Corporation...,* pp. 220 e ss.; RICHARD W. JENNINGS, *Insider Trading in Corporate Control in the U.S.A.,* in *La Società per Azione alla Metà del Secolo XX...,* II, pp. 401 e ss.; FERDINAND STONE, *Some Comments on the American Business Corporation in Mid-Twentieth Century,* in *La Società per Azioni alla Metà del Secolo XX...,* II, pp. 725 e ss.; SMITH e ROBERSON, *Business...,* pp. 839 e ss., em especial pp. 845 e ss. (Com ampla indicação e transcrição de decisões jurisprudenciais nas quais estava em análise o respeito pelos *fiduciary duties*); AMÂNDIO DE AZEVEDO, *O Direito de Preferência dos Accionistas na Subscrição de Novas Acções...,* in *Revista...,* XV, p. 112.

([138]) Importa, aliás, aqui lembrar ter sido o direito de preferência extraído pelas primeiras decisões dos tribunais norte-americanos justamente da *equity* e dos deveres dos administradores enquanto *fiduciary agents.*

2.1.2 O direito inglês

I. No direito inglês ([139]), tanto a secção 27.º da *«Table A»* no *«Companies Act»* de 1862, como a secção 42.º da *«Table A»* do *«Consolidation Act»* de 1908, consagravam o direito de preferência dos accionistas na emissão de novas acções, sem qualquer possibilidade de deliberação em contrário ([140]). O *Companies Act* de 1929 afastou-se um pouco das

---

([139]) É múltipla a bibliografia acerca da evolução e estado actual do direito de preferência em Inglaterra. Destacamos a seguinte: PALMER, *Company Law*, 14.ª ed., por Topham e Topham, Londres, 1930, pp. 82 e ss.; ID., *Company Law*, 20.ª ed., por SCHMITTHOFF e CURRY, 1959, Londres, p. 494; ID., *Company Law*, 23.ª ed., por SCHMITTHOFF com a colaboração de PAUL DAVIES, JOHN FARRAR, MAURICE QUAY, GEOFFREY MORSE, DAVID BENNET, PETER BIRD e S. ELEY, Londres, 1982, I, *passim;* ID., *Company Law*, 24.ª ed. por SCHMITTHOFF com a colaboração de PAUL DAVIES, JOHN FARRAR, IAN FLETCHER, GEOFFREY MORSE, JOHN POWELL, DAVID BENNET, PETER BIRD e S. ELEY, Londres, 1987, I, pp. 270 e 271, 281 e ss. e 419 e ss.; SCHMITTHOFF, *The Second EEC Directive on Company Law*, in *Common Market Law Review*, 1978, pp. 43 e ss.: PENNINGTON, *Company Law*, 5.ª ed ., Londres, 1985, pp. 260 e ss.; A. J. BOYLE e J. BIRDS, *Company Law*, Bristol, 1983; GEOFFREY MORSE, *Companies Consolidation Legislation 1987*, com a colaboração de A. AURORA, L. CRABB, R. DRURY, I. FLETCHER, D. MILMAN, RICHARD MORRIS, C. RYAN, Londres, 1987, comentários às secções 89 a 96 do *Companies Act de 1985*, pp. 66 e ss.; na literatura francesa, pode ver-se, por todos, a obra de ANDRÉ TUNC, *Le Droit Anglais des Sociétés Anonymes*, 2.ª ed., Paris, 1978, pp. 55, 60 e 61; na doutrina italiana, deve-se cfr., entre outros, RENATO MICCIO, *Il Diritto...*, pp. 11 e 12; RAFFAELE NOBILI, *Contributo allo Studio del Diritto D'Opzione...*, pp. 14 e ss.; G. GARCANO, *La Riforma della "Company"*, in *Rivista della Società*, 1979, pp. 1279 e ss.; ROBERTO ROSAPPEPE, *L'Esclusione del Diritto di Opzione...*, pp . 22 e 23; de entre os autores nacionais, pode consultar-se, a este respeito, FERRER CORREIA e ANTÓNIO CAEIRO, *Aumento de Capital, Preferência dos Accionistas...*, in *Estudos*, vol. I., pp. 62 e 63; e AMÂNDIO DE AZEVEDO, *O Direito de Preferência dos Accionistas na Subscrição de Novas Acções...*, in *Revista...*, XV, pp. 112 e 113.

([140]) V. RAFFAELE NOBILI, *Contributo allo Studio del Diritto D'Opzione...*, p. 14; AMÂNDIO DE AZEVEDO, *O Direito de Preferência dos Accionistas na Subscrição de Novas Acções...*, in *Revista...*, XV, p. 112; FERRER CORREIA e ANTÓNIO CAEIRO, *Aumento de Capital, Preferência dos Accionistas...*, in *Estudos...*, vol. I, p. 62. Não tem, deste modo, qualquer razão RENATO MICCIO, *Il Diritto ...*, p. 11, quando afirma: *« In Inghilterra fino all'Act del 1929 nei testi legislativi non si fa alcuna menzione del diritto di opzione, si prevede soltanto che la società può aumentare il suo capitale ogni qualvolta lo ritenga opportuno».* Em nota de pé de página, o autor acrescenta ainda: *Pare tuttavia che una generica previsione che le nuove azione dovessero venire offerte ai soci debba desumersi*

soluções anteriormente consagradas: ele passou a prever, na secção 35.°
da «Table A», a possibilidade de exclusão do direito de preferência ([141]).
Por sua vez, o *Companies Act* de 1948 aboliu toda a referência ao direito
de participação em aumentos de capital. Confrontada com esta situação,
a doutrina passou a entender não se dever reconhecer aos sócios
qualquer direito legal de preferência em aumentos de capital ([142]) ([143]).

---

anche da la clausola 27 di un legge del 1862. A conjugação destes dois trechos escritos
por Miccio revela, por um lado, uma estranha concepção do direito de preferência
- Miccio parece não considerar o direito conferido pelo *Companies Act* de 1862
como um verdadeiro direito de subscrição preferencial - e, por outro, um total
desconhecimento da própria existência do *Consolidation Act* de 1908.

([141]) De facto, estabelecia-se nessa disposição legal: « *Subject to any direction
to the contrary that may be given by the company in general meeting all new shares shall,
before issue, be offered to such persons as at the date of the offer are entitled to receive notices
from the company of general meetings in proportion, as nearly as the circumstances admit,
to the amount of the existing shares to which they are entitled. The offer shall be made
by notice specifying the number of shares offered and limiting a time within which offer, if
not accepted, will be deemed to be declined, and after the expiration of that time, or on
the receipt of an intimation from the person to whom the offer is made that he declines
to accept the shares offered, the directors may dispose of those shares in such manner as they
think most beneficial to the company. The directors may likewise so dispose of any new shares
(by reason of the ratio which the new shares bear to shares held by persons entitled to an offer
of new shares) cannot, in the opinion of the directors be conveniently offered under this article».*
O texto do *Companies Act* de 1929 pode ver-se em PALMER, *Company...*, 14.ª ed.,
pp. 502 e ss., em particular a «*Table A*» que consta das pp. 620 e ss..

([142]) A ilustrar esta situação está, por exemplo, a obra de S.W. MAGNUS e M.
ESTRIN, *Companies Law*, 4.ª ed., Londres, 1968, na qual não se faz qualquer referência
ao direito de preferência dos sócios na subscrição de novas acções ou quotas. Cfr.
igualmente CHALESWORTH e CAIN, *Company Law*, 10.ª ed. por T.E. Cain, Londres,
1972, p. 184, que consideram o direito de preferência como um direito meramente
estatutário; e PENNINGTON, *Company...*, (mas 4.ª ed. de 1979), p. 212, aludindo
expressamente à inexistência em Inglaterra de um direito legal de preferência. Na
literatura jurídica italiana, cfr., a este respeito, por exemplo, RENATO MICCIO, *Il Diritto...*,
p. 12; RAFFAELE NOBILI, *Contributo allo Studio del Diritto D'Opzione...*, p. 15; nas obras
de língua francesa, consulte-se ANDRÉ TUNC, *Le Droit Anglais...*, p. 55; entre nós, v.
FERRER CORREIA e ANTÓNIO CAEIRO, *Aumento de Capital, Preferência dos Accionistas...*,
in *Estudos...*, vol. I, p. 62; AMÂNDIO DE AZEVEDO, *O Direito de Preferência dos Accionistas
na Subscrição de Novas Acções...*, in *Revista...*, XV, pp. 112 e 113.

([143]) Não deve, porém, esquecer-se o disposto para as sociedades cotadas na
bolsa. De facto, embora o *Companies Act* de 1948 não contivesse nenhuma dis-

Introdução　　　　81

II. A tutela dos sócios nos aumentos de capitais passou, assim, a depender de outros meios jurídicos. De entre eles deve destacar-se a exigência de um sobrepreço na colocação das novas participações sociais ([144]). Além disso, os tribunais ingleses, tal como os norte-americanos, desenvolveram uma forma de protecção dos sócios com base no princípio segundo o qual os administradores devem agir como *fiduciary agents* da companhia na colocação das novas acções ([145]) ([146]). Esse princípio tinha-se por violado pelo menos em duas situações:

---

posição relativa ao direito de preferência, as leis reguladoras da bolsa (aparentemente ignoradas pelos autores que sustentavam a inexistência de um direito de subscrição preferencial no direito inglês) impunham às sociedades cujos títulos se encontravam cotados na bolsa o reconhecimento ou oferta aos accionistas de um direito de preferência. A este respeito pode ver-se ANDRÉ TUNC, *Le Droit Anglais...*, p. 55, nota (3), e pp. 60 e 61.

([144]) V., por todos, ANDRÉ TUNC, *Le Droit Anglais...*, p. 55.

([145]) A este propósito, v. CHARLESWORTH e CAIN, *Company...*, pp. 264 e ss.; PENNINGTON, *Company...*, pp. 659 e ss., e 682 a 684 ; PALMER, *Company...*, 1982, pp. 279 e 848 e ss.; ID., *Company...*, 1987, pp. 934 e ss.; na doutrina italiana, cfr. sobre este ponto RAFFAELE NOBILI, *Contributo allo Studio del Diritto D'Opzione...*, p. 16; entre nós, v. AMÂNDIO DE AZEVEDO, *O Direito de Preferência dos Accionistas na Subscrição de Novas Acções...*, in *Revista...*, XV, pp. 112 e 113.

([146]) Segundo RAFFAELE NOBILI, *Contributo allo Studio del Diritto D'Opzione...*, p. 16, os administradores seriam *fiduciary agents* dos sócios. Desta posição diverge PENNINGTON, *Company...*, pp. 659 e ss., segundo o qual os *directors* não têm qualquer dever contratual ou fiduciário para com aos sócios. Os *fiduciary duties* seriam apenas para com a companhia, não para com os sócios. A diferença de posições é, porém, mais aparente do que real. Em princípio, os deveres fiduciários dos administradores são para com a companhia, conforme foi sublinhado no caso *Precival v. Wright*. Nalgumas situações, contudo, os administradores colocam-se numa relação directa com os sócios passando a ter, por isso, um certo número de *fiduciary duties* não apenas relativamente à companhia mas também para com os sócios. A jurisprudência inglesa tem por diversas vezes sublinhado esta realidade (para uma referência às várias decisões dos tribunais ingleses onde esta questão tem sido apreciada, cfr. PALMER, *Company...*, 1987, pp. 934 e 935). Além disso, e conforme é sublinhado por PALMER, *Company...*, 1987, p. 936, a propósito do dever dos administradores de actuarem *bona fide,* embora os deveres dos administradores sejam primariamente para com a sociedade, esta é normalmente definida por referência aos accionistas no seu conjunto e não por referência à companhia como entidade distinta dos seus membros. Este entendimento

– A primeira verificava-se quando, excluído o direito de preferência, as acções fossem oferecidas a um preço inferior ao seu valor de mercado, com a consequente diminuição do valor das antigas participações;

– A segunda dava-se sempre que os administradores subscrevessem as novas acções com a finalidade directa de adquirirem o controle da sociedade.

III. Recentemente, o direito de preferência foi objecto de mais desenvolvimentos. Desde 1978 que se adivinhava nova consagração legal de um direito de preferência em Inglaterrra, com a elaboração de um ante-projecto de lei, onde se continha uma série de artigos relativos ao direito de participação preferencial em aumentos de capital ([147]). Com o *Companies Act* de 1980, fortemente influenciado pelos princípios contidos no artigo 29.º da segunda directiva do Conselho da Comunidade Económica sobre direito das sociedades, o ressurgimento de um direito de preferência dos sócios em aumentos de capital tornou-se realmente efectivo ([148]). Aspecto importante do regime jurídico definido pela lei de 1980 é a

---

tem sido, aliás, sufragado pelos tribunais ingleses. Na doutrina norte-americana, ROBERT STEVENS, *Handbook...*, p. 692, considera que os deveres dos *directors* são para com o corpo de sócios, não para com uma entidade fictícia inteiramente distinta e separada dos associados (o autor cita e contesta decisões de tribunais norte-americanos de acordo com as quais os deveres dos administradores seriam apenas para com a sociedade). Em sentido parcialmente diverso, SMITH e ROBERSON, *Business...*, p.845, afirmam terem os administradores *fiduciary duties* relativamente à sociedade e aos seus sócios em simultâneo. Na mesma direcção, v. quanto se escreve em RICHARD W. JENNINGS, *Insider Trading...*, in *La Società...*, II, p. 402. Acerca das relações entre a maioria e a minoria no direito inglês e formas de protecção desta última, v., por exemplo, M. C. SMITTHOFF, *The Rule of the Majority and the Protection of the Minority in English Company Law*, in *La Società...*, II, pp. 661 e ss..

([147]) ANDRÉ TUNC, *Le Droit Anglais...*, p. 61; e PENNINGTON, *Company...*, (4.ª ed. de 1979), p. 213.

([148]) Este direito foi concedido quer aos membros das *public companies*, quer aos membros das *private companies*. V. PALMER, *Company...*, 1982, I, p. 219.

Introdução 83

possibilidade de supressão do direito de preferência. A secção 18 do *Companies Act* de 1980 admite, inclusivamente, a possibilidade de essa supressão ser efectuada pelos *directors* quando sejam autorizados a aumentar o capital social nos termos da secção 14, e o poder de afastar a disciplina do *preemption right,* contida na secção 17, lhes tenha sido atribuído por decisão da assembleia geral ou cláusula estatutária. De acordo com a secção 18 §3, o poder dos administradores de suprimirem o direito de subscrição preferencial deixa de lhes ser reconhecido quando cessem as suas funções. Na hipótese de os antigos membros do órgão de administração virem a reocupar os seus cargos, a possibilidade de excluírem o direito de preferência deve ser-lhes novamente concedida ([148a]).

IV. O direito de preferência voltou a ser sujeito a nova regulamentação com o *Companies Act* de 1985 ([149]) ([150]). Esta lei não introduziu, porém, alterações significativas na matéria em análise. As mudanças verificadas corresponderam basicamente a uma reestruturação e reordenação das soluções já anteriormente consagradas, as quais permaneceram praticamente intocadas na sua substância.

([148a]) Para um comentário às soluções consagradas pelo *Companies Act* de 1980, pode ver-se, na doutrina inglesa A. J. BOYLE e J. BIRDS, *Company...*, pp.188 e ss.; e PALMER, *Company...*, 1982, I, nomeadamente a pp. 219 e ss.; na doutrina italiana, cfr. ROBERTO ROSAPPEPE, *L'Esclusione del Diritto di Opzione...*, pp. 22 e 23. O texto do *Companies Act* pode consultar-se, nomeadamente, em MARASÀ, *La Seconda Directiva C.E.E. in Materia di Società per Azioni,* in *Rivista di Diritto Civile,* 1978, II, pp. 694 e ss..

([149]) Esta reforma do direito inglês parece ter passado desapercebida a ROBERTO ROSAPPEPE, *L'Esclusione del Diritto di Opzione...*, pp. 22 e 23, que não lhe faz qualquer referência quando estuda o direito de preferência no ordenamento jurídico inglês.

([150]) Para uma apreciação doutrinal desta lei , no que especificamente toca ao direito de preferência, v., por todos, PALMER, *Company...*, 1987, I, pp. 218 e ss. e 418 e ss.. No tocante ao texto da nova lei, a sua consulta pode fazer-se em GEOFFREY MORSE, *Companies Consolidation...*, pp. 65 e ss..

2.2 Os sistemas romano-germânicos

2.2.1 O direito alemão

I. São já bastante antigas as primeiras referências legislativas ao direito de preferência dos sócios em aumentos de capital no direito alemão ([150a]).

([150a]) O direito de subscrição preferencial tem merecido particular atenção por parte dos autores alemães. Existe, por isso, abundante literatura sobre o tema. Tomámos em consideração nomeadamente: BERNICKEN, *Das Bezugsrecht...*, *per tot.*; MÜLLER-ERZBACH, *Deutsches Handelsrecht*, 2/3.ª ed., Tubinga, 1928, pp. 814 e ss.; ID., *Das Private Recht der Mitgliedschaft als Prüfstein eines Kausalen Rechtsdenkens*, WEIMAR, 1948, pp. 90 e ss.; WIELAND, *Handelsrecht, op. cit.*, pp. 169 e ss.; KARL HEINSHEIMER, *Derecho Mercantil*, traduzido por AGUSTÍN VICENTE GELLA, segundo a 3.ª ed. alemã, por KARL GEILER, Barcelona, Madrid, Buenos Aires, 1933, pp. 168 e 169; RODOLFO FISCHER, *Las Sociedades...*, pp. 412 e ss.; JULIUS VON GIERKE, *Handelsrecht...*, p. 363; HANS WÜRDINGHER, *Aktienrecht. Eine Systematiche Darstellung*, Hamburgo, 1959, *passim*; MÖHRING, TANK GRASS e REUS, *Handbuch der Aktiengesellschaft*, Colónia, 1957, vol. I, I Teil, pp. I 77 e ss.; D. GUNTZ, *Das Subjekt Bezugsrecht auf Aktien und des Anspruch auf Gratisaktien*, in *Die Aktiengesellschaft*, 1958, n.º 8, pp. 171 e ss.; GADOW, HEINICHEN, *Aktiengesetz Grosskommentar*, 2.ª ed., Berlin, 1965, II, comentário ao §153, pp. 41 e ss.; G. HUECK, *Kapitalerhöhung und Aktienbezugsrecht*, in *Festschrift für H.C. Nipperdey*, Munique e Berlin, 1965, I, pp. 427 e ss.; MEILICKE, *Das Bezugsrecht des Aktionärs bei Kapitalerhöhung*, in *Der Betriebs--Berater*, Heidelberg, 1961, pp. 1281 e ss.; GODIN e WILHELMI, *Aktiengesetz, vom 6. September 1965 kommentar*, 3.ª ed., II, Berlin, 1967, §179 a 410, comentário ao §186; LUTTER, *Kölner Kommentar...*, II, comentário ao §186, pp. 332 e ss.; WIEDEMANN, *Gesellschaftsrecht...*, I, pp. 415 e ss. e 447 e ss.; REINHARDT e SCHULTZ, *Gesellschaftsrecht, op. cit.*, pp. 236 e ss.; RAISER, *Recht der Kapital-Gesellchaften..., passim*; KUBLER, *Gesellschaftsrecht...*, pp. 16 e ss.; MAIBERG, *Gesellschaftsrecht*, 5.ª ed., Munique, Viena, 1986, pp. 207 e ss.; BARBARA GRUNWALD, *Der Ausschluß aus Gesellschaft und Verein*, Colónia, Berlin, Bona, Munique, 1987, pp. 296 e 298; MARTIN SCHOCKENOFF, *Gesellschaftsinteresse und Gleichbehandlung beim Bezugsrechtsausschluß*, Colónia, Berlin, Munique, Bona, 1987, *per tot.*; GESSLER, EFERMEHL, ECKARDT e KROPFF, *Aktiengesetz...*, §186, pp. 238 e ss.. Na doutrina italiana, encontram-se referências ao direito de preferência no direito alemão nomeadamente em: RENATO MICCIO, *Il Diritto...*, pp. 14 e 15; RAFFAELE NOBILI, *Contributo allo Studio del Diritto D'Opzione...*, pp. 21 e ss.; e ROBERTO ROSAPPEPE, *L'Esclusione del Diritto di Opzione...*, pp. 12 e ss.. No que respeita aos autores franceses, cfr. ALFRED JAUFFRET, *Du Droit de Souscrire par Préférence ...*, pp. 101 e ss.. Entre nós, pode ver-se, a este

O «*allgemeines deutsches Handelgesetzbuch*» de 1861 ainda não continha nenhuma disposição expressa sobre o direito de preferência. Perante este quadro legislativo, a prática orientava-se, com frequência, no sentido de atribuir um direito de participação preferencial nos estatutos ou, menos vulgarmente, nas próprias deliberações de aumento de capital. Semelhante procedimento levava, porém, a inúmeros abusos. Muitas vezes, a preferência não era acordada a todos os sócios, mas apenas a alguns deles ([150b]). Esta circunstância, aliada ao facto de as novas acções serem oferecidas, em condições de favor, aos titulares do direito da participação preferencial, acabou por motivar uma reacção do legislador ([151]). Assim, a *Aktiennovelle* de 1884 proibia, no seu artigo 215 al. a) §4, a concessão de qualquer direito de preferência por cláusula estatutária, ou outro acto anterior à deliberação do aumento de capital ([152]). Motivada por um claro propósito de proteger os interesses dos sócios, esta norma não impediu, porém, a continuação de procedimentos abusivos ([153]).

---

respeito, FERRER CORREIA e ANTÓNIO CAEIRO, *Aumento de Capital. Preferência dos Accionistas...*, in *Estudos*, vol. I, p. 62; AMÂNDIO DE AZEVEDO, *O Direito de Preferência dos Accionistas na Subscrição de Novas Acções...*, in *Revista...*, XV, pp. 113 e ss..

([150b]) Era, nomeadamente, vulgar os fundadores de uma sociedade conferirem a si mesmos um direito de preferência. Cfr., por exemplo, GESSLER, EFEREHL, ECKARDT e KROPFF, *Aktiengesetz...*, §186, pp. 242. Segundo WIEDEMANN, *Gesellschaftsrecht...*, I, p. 447, o direito de preferência tem andado ligado às lutas de poder no seio das sociedades. Nomeadamente, a exclusão desse direito prende--se frequentemente com a vontade de certos sócios de reforçarem a situação de poder por eles ocupada ou com o objectivo de obtenção de um enriquecimento ou lucro. V. ainda RAFFAELE NOBILI, *Contributo allo Studio del Diritto D'Opzione...*, p. 21; FERRER CORREIA e ANTÓNIO CAEIRO, *Aumento de Capital. Preferência dos Accionistas...*, in *Estudos*, vol. I, p. 62; AMÂNDIO DE AZEVEDO, *O direito de Preferência dos Accionistas na Subscrição de Novas Acções...*, in *Revista...*, XV, p. 114.

([151]) V., por todos, GESSLER, EFERMEHL, ECKARDT e KROPFF, *Aktiengesetz...*, §186, p. 242.

([152]) Este preceito corresponde basicamente ao actual §187 da Aktiengesetz. Cfr., por exemplo, ROBERTO ROSAPPEPE, *L'Esclusione del Diritto di Opzione...*, p. 12; e GESSLER, EFERMEHL, ECKARDT e KROPFF, *Aktiengesetz...*, §186, p. 242.

([153]) De acordo com ALFRED JAUFFRET, *Du Droit de Souscrire par Préférence...*, p. 101, terá sido pior o remédio que o mal. Bastaria ao legislador alemão atribuir poderes à assembleia geral para suprimir o direito de preferência concedido pelos

Na deliberação de aumento de capital, a sociedade era completamente livre de oferecer as novas acções a quem melhor entendesse. A direcção e o conselho fiscal arrogavam--se, por isso, o direito de avaliar discricionariamente as novas acções e de as oferecer às pessoas com mais influência na sociedade ou nos respectivos órgãos. Estas apressavam-se a vender os novos títulos na bolsa, realizando um lucro considerável ([154]).

II. É neste contexto que surge o HGB de 1897 ([155]). Com o intuito de garantir uma distribuição equitativa dos lucros e vantagens, até então alcançadas apenas por alguns dos sócios, o § 282 do Código de Comércio alemão reconheceu a todos os accionistas um direito de participação preferencial em aumentos de capital, na proporção das respectivas quotas ([156]) ([157]). Desde então, o reconhecimento de um direito de preferência aos antigos accionistas na subscrição de novas acções tornou-se uma constante em todas as leis alemãs sobre sociedades anónimas.

---

estatutos, quando o interesse social assim o justificasse. Contudo, em vez de procurar uma solução destinada a atenuar os inconvenientes do direito de preferência estatutário, a lei alemã escolheu uma solução radical: proibir as cláusulas destinadas a assegurar um direito de subscrição preferencial aos sócios. Com isto, e ainda segundo JAUFFRET, não se fazia senão abrir a porta a elementos hostis e infligir uma perda desnecessária aos antigos sócios.

([154]) AMÂNDIO DE AZEVEDO, *O Direito de Preferência dos Accionistas na Subscrição de Novas Acções...*, in *Revista...*, XV, p. 114.

([155]) Este diploma apenas entrou em vigor em 1900.

([156]) BRODMANN, *Aktienrecht,* §282, nota 1, b (*Apud* AMÂNDIO DE AZEVEDO, *O Direito de Preferência dos Accionistas na Subscrição de Novas Acções...*, in *Revista...*, XV, p. 114).

([157]) Para um comentário ao §282 do HGB por autores contemporâneos desse diploma, pode ver-se, por exemplo, WIELAND, *Handelsrecht, op. cit.*, II. pp. 169 e ss.; HEINSHEMEIR, *Derecho...*, pp. 168 e 169; RODOLFO FISCHER, *Las Sociedades...*, pp. 412 e ss.. Entre os autores de língua alemã, posteriores ao HGB, encontra-se uma referência e análise às soluções consagradas por este diploma nomeadamente em MÜLLER-ERZBACH, *Das Private Recht...*, p. 91; WIEDEMANN, *Grosskommentar...*, §186, pp. 67 e ss.; GESSLER, EFERMEHL, ECKARDT e KROPFF, *Aktiengesetz...*, §186, p. 242. Nos autores de língua italiana, v., por todos, ROBERTO ROSAPPEPE, *L'Esclusione del Diritto di Oppzione*, pp. 12 e ss..

Introdução

No que concerne o HGB, a garantia dada pelo respectivo § 282 não se mostrava, porém, suficiente para a tutela das minorias. O direito de preferência ficava ao sabor da vontade da assembleia geral, que podia excluí-lo por maioria idêntica à requerida para a deliberação de aumento de capital ([158]). O único limite ao poder da maioria dos sócios era constituído, na concepção da jurisprudência da época, pela possível desconformidade da deliberação supressora do direito de participação preferencial em aumentos de capital com os *guten sitten* ([159]). É que a supressão do direito de preferência dos sócios era encarada como uma manifestação de um poder discricionário da maioria sujeito a escassas imposições ou limites.

A orientação consagrada pelo HGB de 1987, na base da qual parecia estar uma preocupação de proteger as sociedades alemãs contra o perigo resultante do capital estrangeiro ([160]), foi amplamente criticada pela doutrina. Esta reclamava, já então, a subordinação da

---

([158]) A insuficiência da solução legal para protecção dos sócios contra os abusos cometidos por alguns deles era posta em evidência pela primitiva interpretação defendida pela jurisprudência para o §282 do Código de Comércio. Chegou mesmo a considerar-se existir «(...) *einen Freibrief für fast unbeschränkte Mehrheits-und Verwaltungsentscheidungen* (...)» (V. WIEDEMANN, *Grosskommentar...*, III, §186, p. 67). Exemplo claro desta orientação encontra-se no caso Hibernia (de 8 de Abril de 1908) no qual o *Reichsgericht* considerou existir uma perfeita correspondência entre o interesse social e o interesse da maioria. V. *RGZ*, 68, p. 235.

([159]) Sobre este ponto, v . HUECK, *Kapitalerhöhung...*, in *Festschrift...*, I, p. 427; WIEDEMANN, *Grosskommentar...*, III, § 186, p. 67; ID. *Gesellschaftsrecht...*, I, p. 115, com ampla indicação de decisões jurisprudenciais nas quais se procedeu à apreciação dos limites à supressão do direito de preferência na vigência do HGB; e ROBERTO ROSAPPEPE, *L'Esclusione del Diritto di Opzione...*, p. 13.

([160]) A discussão jurídico-científica em matéria de direito das sociedades ao tempo da república de Weimar encontrava-se dominada pela teoria *da empresa em si (Unternemhem an sich)* (Cfr. *Infra*, pp. 306 e ss.). Autores houve que, inspirados pelas teses então em voga chegaram a propor a atribuição de um dever de preferência aos grandes accionistas e a necessária alteração da qualidade de sócio dos pequenos accionistas. A este respeito, pode ver-se, por todos, WIEDEMANN, *Gesellschaftsrecht...*, I, p. 415.

exclusão do direito de preferência ao interesse social e à impossibilidade de satisfação desse interesse por via diversa ([161]).

III. O direito alemão das sociedades por acções sofreu uma nova transformação com a AKtG de 1937 ([162]). Em particular no respeitante ao direito de preferência foram feitas várias modificações relativamente às soluções até então em vigor. Nomeadamente, no tocante à possibilidade de exclusão do direito de preferência passou a exigir-se uma maioria de, pelo menos, 3/4 do capital social representado na assembleia geral ([162a]).

Em traços muito largos, a disciplina do direito de preferência contida na AKtG de 1937 pode sintetizar-se nas seguintes linhas gerais : À sociedade não era reconhecida a possibilidade de suprimir o chamado direito de preferência abstracto ([163]), por cláusula estatutária, nem de reconhecer – em momento anterior ao da deliberação de aumento de capital – a alguns dos sócios ou a terceiros um direito de preferência sobre as acções não reservadas à generalidade dos sócios. O mesmo já não sucedia quando se tratasse de suprimir ou limitar o direito de subscrever as acções emitidas em virtude de um concreto aumento de capital. Nessas hipóteses, a supressão ou limitação do

---

([161]) No fim dos anos 20 verificou-se uma alteração decisiva no sentido como a jurisprudência encarava os interesses da minoria no confronto com o interesse da maioria. Embora a nova orientação jurisprudencial não precludisse totalmente a hipótese de serem provocados danos aos sócios minoritários, a maioria começou a deixar de ser considerada como árbitra da sociedade, em virtude da manifestação de uma tendência no sentido de separar e autonomizar os interesses da maioria e os interesses da sociedade. Cfr. WIEDEMANN, *Grosskommentar...*, III, § 186, p . 68; e ROBERTO ROSAPPEPE, *L'Esclusione del Diritto di Opzione...*, pp. 13 e 14.

([162]) Isto apesar de, segundo WIEDEMANN, *Gesellschaftsrecht...*, I, pp. 415 e 416, a lei de 1937, publicada em circunstâncias políticas conturbadas, se ter enquadrado na geral ordem de injustiça que queria dar mão livre aos poderosos.

([162a]) Cfr., por todos, GESSLER, EFERMEHL ECKARDT e KROPFF, *Aktiengesetz...*, §186, p. 242.

([163]) Acerca do sentido a atribuir à expressão "direito abstracto", v. *Infra*, pp. 395 e ss..

direito de preferência, por decisão da assembleia geral, era em princípio legítima. Os únicos limites expressamente impostos aos sócios que pretendessem suprimir ou restringir o direito de subscrição preferencial prendiam-se com o número de votos necessários para a aprovação de uma deliberação com semelhante conteúdo [164]. Apesar disso, a jurisprudência não deixou de exercer um apertado controle sobre as decisões das assembleias gerais que limitavam ou suprimiam o direito de preferência. Para tanto, não hesitou em recorrer ao princípio da igualdade de tratamento entre os sócios ou ao conceito de bons costumes, aos quais se devia, segundo os tribunais alemães, subordinar qualquer decisão de supressão ou limitação do direito de preferência.

IV. Na AKtG de 1965 o essencial da disciplina do direito de preferência dos accionistas encontra-se contido no § 186. As soluções consagradas neste preceito correspondem, em grande medida, às já resultantes da lei de 1937 [165]. As normas, que se seguem ou se articulam com o § 186, completam o resto de um cenário correspondente, nos seus traços fundamentais, ao desenhado pelo legislador de 1937 [166]. Entre as reduzidas novidades introduzidas pela lei de 1965 cabe referir a circunstância de se ter restringido a possibilidade de o *Vorstand* suprimir o direito de preferência nas hipóteses de *genehmites kapital*. O § 203, alínea 2, da actual Aktiengesetz continua a conceder ao órgão de administração o poder para excluir o direito de preferência caso seja ele a decidir o aumento de capital nos termos dos § 202 e seguintes. O legislador passou, porém, a condicionar o exercício dessa faculdade à existência de uma autorização dada pelos sócios, nesse sentido [167]. Outro aspecto

---

[164] A lei de 1937 exigia, para a supressão ou limitação do direito de preferência, a obtenção de uma maioria de 3/4 do capital social representado.

[165] Cfr. GESSLER, EFERMEHL, ECKARDT e KROPFF, *Aktiengesetz...*, § 186, p. 242.

[166] Existe uma tradução portuguesa da AKtG de 1965. V. *A Nova Lei Alemã das Sociedades por Acções,* tradução e notas de ALBERTO PIMENTA, Lisboa, 1968. Há, porém, que tomar em consideração as alterações legislativas verificadas depois de 1968, data da tradução e respectiva publicação.

[167] V. a este respeito, por exemplo, REINHARDT e SCHULTZ, *Gesellschaftsrecht, op. cit.,* p. 237.

merecedor de realce reside no facto de se conferir aos sócios o direito de impugnarem a deliberação de aumento de capital, quando o direito de preferência tenha sido suprimido no todo ou em parte, com fundamento no facto de o valor de emissão resultante da deliberação sobre o aumento de capital ou o valor nominal mínimo abaixo do qual as acções não podem ser emitidas se revelar excessivamente baixo (§ 255).

V. Com a recepção da segunda directiva CEE em matéria de direito das sociedades foram introduzidas mais algumas alterações no esquema delineado pela AKtG de 1937 ([168]). De destacar o facto de se ter passado a exigir a elaboração, pelo *Vorstand,* de um relatório escrito, destinado a esclarecer a assembleia geral acerca dos motivos justificativos da exclusão do direito de preferência.

VI. Um aspecto que permaneceu inalterado desde a Aktiengesetz de 1937 é a ausência de qualquer referência à necessidade de a exclusão do direito de preferência se justificar através da existência de um interesse social na supressão desse direito. Apesar disso, a doutrina não hesita em considerar o interesse social como um dos requisitos da supressão ou limitação do direito de participação preferencial em aumentos de capital ([168a]).

VII. No tocante às sociedades de responsabilidade limitada, a lei alemã não concede, de forma expressa, nenhum direito de preferência aos respectivos sócios. Os autores não deixam, no entanto, de sustentar a existência de um direito de participação preferencial em aumentos de capital a favor dos membros dessas

---

([168]) Algumas dessas alterações já constavam do projecto que conduziu à elaboracão da AKtG de 1965, mas não tinham merecido acolhimento. Foi apenas por imposição do legislador comunitário que elas passaram a fazer parte do direito positivo alemão. Cfr. GESSLER, EFERMEHL, ECKARDT e KROPFF, *Aktiengesetz...,* § 186, p. 241.

([168a]) Nesta direcção, pode, por exemplo, ver-se: LUTTER, *Materielle und förmliche Efordernisse Eines Bezugsrechtsausschlusses,* in ZGR, 1979, pp. 401 e ss.; REINHARDT e SCHULTZ, *Gesellschsftsrecht, op. cit.,* p. 236 ; THOMAS RAISER, *Recht...,* p. 276; BARBARA GRUNWALD, *Der Ausschluß...,* p. 296.

sociedades ([168b]). A razão de ser de semelhante posição reside na circunstância de quer a doutrina quer a jurisprudência apenas admitirem a supressão do direito de preferência quando o interesse social assim o exigir. Ora, a noção de interese social é a mesma nas duas formas de sociedade. Por isso, na ausência de um interesse social em contrário, deverá reconhecer-se também aos sócios das sociedades de responsabilidade limitada um direito de preferência ([168c]).

2.2.2 O direito francês

I. O direito de preferência foi pela primeira vez consagrado no direito francês pelo Decreto de 8 de Agosto de 1935 ([169]). Este

---

([168b]) V., por todos, RAISER, *Recht...*, p. 276.

([168c]) *Idem.*

([169]) A doutrina francesa, à semelhança do verificado noutros países europeus, tem produzido abundante literatura sobre o tema do direito de preferência. Com uma particularidade, porém. Em Itália, ou por exemplo na Alemanha, o direito de participação preferencial dos sócios em aumentos de capital tem sido uma preocupação constante, continuando a motivar, com profusão, estudos sobre a matéria. Em França, os autores mais recentes manifestam um desinteresse progressivo pelo direito de subscrição preferencial. De entre a bibliografia que tomámos em consideração, destacamos: PAUL MARIA, *Des Modifications...*, pp. 155 e ss.; ALFRED JAUFFRET, *Du Droit de Souscrire par Préférence...*, *per tot.*; ID., *La Renonciation...*, in *La Società...*, I, pp. 373 e ss.; ID. *Manuel de Droit Commercial, 18.ª* ed. por JACQUES MESTRE, Paris, 1986, pp. 208 e 209; J. VANDAMME, *De la Prime Imposée aux Souscripteurs...*, pp. 187 e ss.; LEON PARISOT, *Traité-Formulaire Théorique et Pratique des Sociétés Anonymes,* Paris, 1934, pp. 295 e ss.; JACQUES LANDEROIN, *Les Augmentations de Capital dans les Sociétés Anonymes,* Paris, 1947, pp. 5 e ss.; CLAUDE CHAMPAUD, *Le Pouvoir de Concentration de la Société par Actions,* Paris, 1964, pp. 253 e 254; JEAN MARIE DE VAULX, *Les Droits Latents des Actionnaires...*, pp. 57 e ss.; MARCEL HAMIAUT, *La Réforme des Sociétés,* Paris, 1966, II, pp. 159 e ss.; G. VUILLERMOT, *Droit des Sociétés Commerciales,* 3.ª ed. renovada da obra de G. HUREAU, Paris, 1969, I, pp. 515 e ss.; MICHEL JUGLART e BENJAMIN IPPOLITO, *Cours de Droit Commercial,* II vol., *Les Sociétés Commerciales,* 4.ª ed., Paris, 1971, pp. 537 e ss.: JEAN MOLIÉRAC, HENRI MOLIÉRAC e MAURICE MOLIÉRAC, *Manuel des Sociétés Anonymes,* tomo III, *Les Sociétés de Capitaux,* Paris, 1971, pp. 116 e ss.; J. HÉMARD, F. TERRÉ e P. MABILAT, *Sociétés...*, II, pp. 363 e ss.; MICHEL VASSEUR, *De la Priorité*

diploma veio coroar uma prática estatutária de há muito seguida por grande número de sociedades. Um dos aspectos desta lei merecedor de maior destaque reside na distinção entre uma subscrição «*à titre irreductible*» e uma subscrição «*à titre reductible*». A subscrição a título irredutível corresponde à subscrição mínima a que cada accionista tem direito, sendo proporcional ao número de acções antigas por ele detidas. A subscrição a título redutível pressupõe a não absorção da totalidade das acções mediante o exercício do direito de subscrição a título irredutível. Verificado esse pressuposto, ela dá-se quando a parte do capital ainda por subscrever é atribuída a sócios que pretendam um número de acções de nova emissão mais do que proporcional à quantidade de primitivas acções por eles possuídas ([170]). O legislador francês alargava, desta forma, potencialmente

---

Reconnue aux Actionnaires Ayant Renoncé à leur Droit Préférentiel de Souscription en cas d'Emission d'Obligations Convertibles, in *Melanges en l'Honneur de Daniel Bastian*, I, *Droit des Sociétés*, Paris, sem data (mas de 1974), pp. 361 e ss.; D. GERRY, *Le Régime des Augmentations du Capital en Numéraire Aprés la Loi n.° 83-1 du 3 Janvier 1983*, in *Revue des Sociétés*, 1983, pp. 261 e ss.; RENÉ ROBLOT, *Traité Elementaire de Droit Commercial*, de GEORGES RIPERT, 12.ª ed., 1986, tomo I, pp. 1054 e ss.. Embora não tenhamos podido consultá-los, temos notícia da elaboração de dois trabalhos policopiados, relativamente recentes, sobre o tema do direito de preferência. Um de COURET, realizado na Universidade de Toulouse em 1978, e outro de GERRY, escrito em 1981. Entre os autores italianos, dedicaram a sua atenção ao estudo do direito de preferência no ordenamento jurídico francês, nomeadamente, RENATO MICCIO, *Il Diritto...*, p. 13; RAFAELLE NOBILI, *Contributo allo Studio del Diritto D'Opzione...*, pp. 16 e ss.; ASCARELLI, *O Direito de Preferência...*, in *Problemas...*, pp. 496 e ss.; e ROBERTO ROSAPPEPE, *L'Esclusione del Diritto di Opzione...*, pp. 9 e ss.. Na doutrina nacional, ocuparam-se do estudo da legislação francesa relativa ao direito de participação preferencial em aumentos de capital: AMÂNDIO DE AZEVEDO, *O Direito de Preferência dos Accionistas na Subscrição de Novas Acções...*, in *Revista...*, XV, pp. 118 e ss.; FERRER CORREIA e ANTÓNIO CAEIRO, *Aumento de Capital. Preferência dos Accionistas...*, in *Estudos...*, vol. I, p. 68; RAÚL VENTURA, *Alterações do Contrato...*, pp. 191 e ss..

([170]) Esta distinção, entre subscrição a título irredutível e subscrição a título redutível, que se mantém na lei actual, tem sido objecto de algumas críticas recentes. Cfr. D. GERRY, *Le Régime des Augmentations de Capital...*, in *Revue...*, 1983, p. 270; e RAÚL VENTURA, *Alterações do Contrato...*, p. 196.

o direito de preferência de cada accionista à totalidade do aumento de capital. Esse direito não podia ser excluído por disposição estatutária. A faculdade de suprimir o direito de preferência era apenas reconhecida à assembleia geral. Para tanto, o *conseil d'administration* devia apresentar um relatório com a indicação dos motivos do aumento de capital, os nomes das pessoas por quem seriam subscritas as novas acções, o respectivo preço de emissão e as bases da sua determinação (artigos 5.° e 6.°). Era igualmente necessária a elaboração, pelos *commissaires aux comptes* ou pelo *conseil de surveillance,* de um outro relatório no qual se devia emitir parecer sobre a exactidão das bases de cálculo apresentadas pelos gerentes ou administradores. A violação das disposições contidas no Decreto de 1935 acarretava a nulidade da deliberação de aumento de capital. Os administradores, membros do *conseil de surveillance* e os *commissaires* eram solidariamente responsáveis pelas infracções cometidas (artigo 8.°). Se a infracção fosse praticada fraudulosamente com a intenção de privar os accionistas, ou apenas alguns deles, de parte dos respectivos direitos na sociedade, os responsáveis podiam ser punidos com uma pena de 1 a 5 anos de cadeia (artigo 9.°). Independentemente desta sanção, os administradores, membros do *conseil de surveillance* ou *commissaires* que conscientemente fornecessem indicações erradas nos relatórios exigidos por lei podiam sofrer pesadas multas, de 1.000 a 100.000 francos.

II. As normas e regras definidas pelo Decreto de 8 de Agosto de 1935 foram, no essencial, mantidas pela Lei n.° 66-35 de 1966 ([171]),

---

([171]) V., por todos, MARCEL HAMIAUT, *La Reforme des Sociétés...,* II, pp. 159 e ss., onde se faz o confronto directo entre o texto do Decreto de 1935 e a Lei de 1966. Pode constatar-se aí como o essencial das soluções consagradas pelo legislador de 1966 se reconduzem, de algum modo, ao já estipulado em 1935. Aqui e além aproveitou-se para introduzir alguns melhoramentos e regular algumas questões deixadas em aberto quando da primeira regulamentação do direito de preferência. Assim aconteceu, por exemplo, com o artigo 187.° no qual se disciplinam as hipóteses de exercício do direito de preferência pertencente a acções sobre que incide um direito de usufruto.

94   *Pedro de Albuquerque*

e, depois, pela Lei n.º 81-1162 de 30 de Dezembro ([172]), destinada a operar a recepção da segunda directiva comunitária em matéria de direito das sociedades. A principal preocupação do legislador francês continua a ser a de exigir uma adequada informação dos sócios acerca das razões e forma de exclusão do direito de preferência ([173]). Em nenhum preceito se afirma expressamente a necessidade de a exclusão do direito de preferência se mostrar justificada pelo interesse social. Isso não impediu, contudo, a jurisprudência e a doutrina de chegarem, na prática, a resultados idênticos aos que resultariam da consagração expressa desse requisito. Socorreram-se, para tanto, das noções de boa fé, abuso de direito e desvio de poder ([174]).

2.2.3 O direito italiano

I. O Código de Comércio italiano de 1882 não continha nenhuma disposição relativa ao direito de preferência dos sócios ([175]).

([172]) O texto desta Lei pode ver-se, por exemplo, na *Rivista delle Società*, 1982, pp. 959 e ss.. Encontra-se a precedê-la um comentário de P. BALARZINI, *L'Attuazione in Francia della Seconda Direttiva CEE*.

([173]) Foi dada nova redacção às normas que exigem a elaboração de relatórios sobre os motivos do aumento de capital e da supressão do direito de subscrição preferencial. A diferente redacção não corresponde, porém, a diverso conteúdo ou exigências. Cfr. J. BURST, *Augmentations de Capital par Apportations Directes,* in *Juris Classeur (Droit des Sociétés),* Paris, 1979, 157, p. 9.

([174]) ALFRED JAUFFRET, *La Renonciation...,* in *La Società...,* I, p. 390.

([175]) A doutrina italiana pode considerar-se aquela que mais, e com maior profundidade, se tem dedicado ao estudo do direito de preferência dos sócios. Existe, por isso, uma interminável bibliografia sobre o tema que nos ocupa. Sem qualquer preocupação de sermos exaustivos, destacamos: MONTESSORI, *Il Diritto D'Opzione...,* in *Rivista...,* vol. XIX, I parte, pp. 466 e ss.; FRÈ, V.º *Opzione,* in *Nuovo Digesto Italiano,* Turim, 1939, vol. IX, pp. 171 e ss.; ID., *Sull'Esclusione del Diritto di Opzione,* in *Rivista del Diritto Commerciale e del Diritto Generale delle Obbligazioni,* ano 51, 1953, II, pp. 396 e ss.; GUSTAVO MINERVINI, *Obbligazioni Convertibili in Azioni ed Opzione,* in *Rivista del Diritto Commerciale e del Diritto Generale delle Obbligazioni,* ano 54, 1946, parte primeira, 1946, pp. 499 e ss.; F. DELVECCHIO, Recensão a MINERVINI, *Obbligazioni Convertibili in Azione ed Opzione,* in *Rivista Trimestrale di Diritto e Procedura Civile,* Milão, 1948, II, pp. 632 e ss.;

Introdução

A primeira referência a esse direito parece ter sido feita apenas com o Decreto-Lei n.° 1623.° de 24 de Novembro de 1932 a propósito

MARIO CASELLA, *Sul Termine della Dichiarazione di Opzione ai Sensi dell'Art. 2441 Cod. Civ.*, in *Rivista del Diritto Commerciale e del Diritto Generale delle Obbligazioni*, ano 50, 1952, pp. 156 e ss.; ASCARELLI, *Diritto di Opzione...*, in *Studi...*, pp. 258 e ss.; ID., *Due Questioni...*, in *Studi...*, pp. 275 e ss.; ID., *Diritto D'Opzione...*, in *Saggi*; ID., *L'Interesse Social dell' Art. 2441 Cod. Civile. La teoria dei Diritti Individuali e il Sistema dei Vizi delle Deliberazione Assembleari*, in *Rivista delle Società*, Milão, Ano I, 1956, pp. 93 e ss.; ID., *O Direito de Preferência...*, in *Problemas...*, pp. 495 e ss.; ID., *O Direito de Preferência e o Direito de Acrescer (parecer)*, in *Problemas...*, pp. 505 e ss.; RENATO MICCIO, *Il Diritto...*, per tot.; RAFFAELE NOBILI, *Contributo allo Studio del Diritto D'Opzione...*, per tot.; GRAZIANI, *Sopraprezzo delle Azioni...*, in *Rivista...*, ano VI, pp. 51 e ss.; ROTONDI, *Riserva del Diritto di Opzione a Favore dei Promotori e Adeguamneti degli Stattuti Sociali al Nuovo Codice*, in *Scritti Giuridice*, vol. III, *Studi di Diritto Commerciale e di Diritto Generale delle Obbligazioni*, Pádua, 1961, pp. 371 e ss.; ID., *É Compatibile col Diritto d'Opzione la Emissione di Azioni con Sovraprezzo*, in *Scritti...*, III, *Studi di Diritto Commerciale...*, pp. 475 e ss.; ID., *Usuffruto di Azione ed Aumento di Capitale con Emissione di Nuove Azione in Opzione*, in *Scritti...*, III, *Studi di Diritto Commerciale...*, pp. 495 e ss.; PORTALE, *Opzione...*, in *Giurisprudenza...*, I, pp. 213 e ss.; RIVOLTA, *Profili...*, in *Rivista...*, I, pp. 523 e ss.; DIDIA LUCARNI, *Art. 2441.°, 3.° Comma...*, in *Rivista...*, I., pp. 260 e ss.; RICCARDO MODICA, *Profili della Disciplina del Diritto di Opzione dei Portatori de Obbligazioni Convertible*, in *Rivista delle Società*, Milão, ano 24, 1979, pp. 58 e ss.; ENRICO MANGO, *V.° Opzione (Diritto di)...*, in *Novissimo... Appendice,* vol. V, pp. 523 e ss.; GIOVANNI COCO e SILVIO CORRENTI, *V.° Opzione Nelle Società...*, in *Enciclopedia...*, XXX, pp. 573 e ss.; MARCO MARULLI, *Comentário à Sentença do tribunal de Turim de 3 de junho de 1986*, in *Giurisprudenza Commerciale*, Março-Abril de 1988, p. 242; ROBERTO ROSAPPEPE, *L'Esclusione del Diritto di Opzione...*, per tot.. Para além destas obras especificamente dedicadas ao estudo do direito de preferência, ou de alguns dos seus aspectos particulares, a figura é ainda tratada, por vezes com significativa profundidade, em obras com um carácter mais geral, ou concretamente dirigidas ao estudo de matérias diversas do direito de preferência, embora de algum modo com ele relacionadas. Podemos referir para ilustrar quanto dizemos: VIVANTE, *Trattato di Diritto Commerciale*, 4.ª ed., Milão, 1912, p. 326; SOPRANO, *L'Assemblea Generale...*, pp. 313 e ss.; ASCARELLI, *Appunti di Diritto Commerciale*, 2.ª ed., Roma, 1933, I vol., II pte., pp. 233, 234 e 334; ID., *Sui Poteri della Maggioranza nelle Società per Azioni ed Alcuni loro Limiti*, in *Studi in Tema di Società*, pp. 106 e 108; ID., *Riflessioni in Tema di Titolo Azionari e Società tra Società*, in *Saggi Di Diritto Commerciale*, nota (8), p. 223; ID., *Personalità...*, in *Rivista...*, p. 1037; CARLO MAIORCA, *Delle Società, op. cit.*, p. 168; SCIALOJA, *Fondatori e Promotori di Società Per Azioni - Imputazione di Riserve a Capitale ed emissione di Azione Gratuite*, in *Il Foro Italiano*, Roma, 1944-

da exclusão do direito de *recesso*, reconhecido aos accionistas pelo artigo 158.° do Código de Comércio de 1882 ([176]) ([177]).

Existia, assim, durante o período de vigência do Código de Comércio italiano de 1882, inteira liberdade por parte da sociedade que podia reconhecer, ou não, um direito de preferência aos sócios na subscrição de novas acções ([177a]). Na hipótese de os estatutos

---

-46, vol. LXIX, pp. 755 e ss.; ADRIANO FIORENTINO, *Le Variazione del Capitale...*, pp. 17 e ss.; MESSINEO, *Variazioni del Capitale e Collazione di Azioni...*, in *Studi...*, pp. 154 e ss.; GRAZIANI, *Diritto...*, p. 179; DOMENICO TAMAJO, MARIO SIMONE, ADRIANO FIORENTINO, GUSTAVO MINERVINI, GIANDOMENICO PISAPIA, *Il Nuovo Codice...*, livro V, comentário ao artigo 2441.°, p. 463; BIANCHI, *Gli Aumenti di Capitale...*, pp. 23 e ss. e 61 e ss.; ARIBERTO MIGNOLI, *L'Interesse Sociale*, in *Rivista delle Società*, Milão, 1958, pp. 725 e ss., em especial p. 754; GASTONE COTTINO, V.° *Società...*, in *Novissimo...*, XVII, p. 671; ID., *Diritto...*, I, p. 736 e ss.; FERRI, *Le Società...*, p. 647; ID., *Manuale di Diritto Commerciale*, reimpressão da 5.ª ed., Turim, 1983, pp. 445 e ss.; PUGLIESE, *Usufruto Uso e Abitazione*, 2.ª ed., Turim, 1972, pp. 774 e ss.; BUSSOLETTI, *La Posizione del Possessore di Obbligazione Convertibili nell' Ordinamento Italiano*, in *Rivista del Diritto Commerciale*, ano LXXVII, 1980, pp. 44 e ss.; FRANCESCO GALGANO, *Le Società per Azioni. Le altre società di Capitali. Le cooperative*, 3.ª ed., Bolonha, 1978, pp. 177 e ss.; ID., *Diritto Privato*, 2.ª ed., 1983, Pádua, 1983, p.684: ID., *La Società ...*, pp. 340 e ss.; ID., *Diritto Commerciale, Le Società. Contrato di società. Società di persone. Società per azioni. Altre società di capitali. Società cooperative*, Bolonha, 1990, pp. 374 e ss.; FRÈ, *Società per Azioni*, in *Commentario del Codice Civile*, a cargo de SCIALOJA e BRANCA, 5.ª ed., Bolonha, Roma, 1983, comentário aos artigos 2438.°-44.°, pp. 789 e ss.; RIVOLTA, *La Società...*, pp. 230 e 359 e ss.; FIORENZO LIZZA, *L'Aquisto di Azioni Proprie nell' Economia dell Impresa*, Milão, 1983, pp. 125 e ss.; FERRARA JR. e FRANCESCO CORSI, *Gli Imprenditore...*, *passim*.

([176]) Esse direito dos accionistas foi excluído pelo Decreto-Lei n.° 1623 nas hipóteses de aumento de capital com emissão de acções privilegiadas e quando a deliberação, para além de obedecer a outros requisitos, reconhecesse aos sócios um direito de opção. Cfr. FRÈ, V. *Opzione...*, in *Nuovo Digesto...*, IX, pp. 171 e ss.; ROBERTO ROSAPPEPE, *L'Esclusione del Diritto di Opzione...*, p. 8 e nota (3).

([177]) Idêntica referência aparece no Decreto-Lei n.° 591 de 18 de Maio de 1933, que veio alargar o âmbito de aplicação da disciplina contida no Decreto-Lei n.° 1623 aos casos de aumento de capital a efectuar mediante emissão de acções ordinárias.

([177a]) A prática orientava-se decididamente no sentido da consagração do direito de preferência em todos os estatutos. A doutrina (Vivante, Navarrini, De Gregorio, Ascarelli, Sraffa, etc.) manifestava-se, porém, e de forma inequívoca, contra o reconhecimento de um direito de preferência inerente à qualidade de sócio.

Introdução 97

concederem semelhante direito aos membros da sociedade, a doutrina interrogava-se acerca da questão de saber se a sociedade podia ou não excluí-lo através de simples decisão maioritária. A opinião da generalidade dos autores ia, decididamente, no sentido de que a supressão do direito de preferência, conferido pelos estatutos, não era admissível ([178]) ou só podia ter lugar se o interesse social justificasse essa supressão.

II. Foi apenas com o Código Civil de 1942 que se passou a reconhecer aos sócios das sociedades anónimas um direito de preferência sobre as acções ordinárias de nova emissão (artigo 2441.°). Esse direito era reconhecido a cada sócio na proporção do número de acções por ele anteriormente detidas. Na hipótese de o aumento de capital ser efectuado por entradas em espécie, a lei afastava expressamente o direito de preferência dos sócios. Para além disso, o legislador concedia, à assembleia geral, a possibilidade de excluir o direito de preferência na subscrição de novas acções ordinárias resultantes de um aumento de capital por novas entradas, desde que o interesse social assim o exigisse. A deliberação da assembleia geral, no sentido de suprimir o direito de preferência, devia ser aprovada por um número de sócios representativos de mais de metade do capital social ([179]).

III. A originária redacção do artigo 2441.° do Código Civil italiano e as soluções aí consagradas motivaram uma série de reparos e críticas por parte da doutrina. Essas críticas e reparos não deixaram de ser tomadas em consideração pelo legislador quando procedeu à reforma do texto do artigo 2441.° do Código Civil, através da Lei n.° 216 de 7 de Julho de 1974. Passou, assim, e nomeadamente, a reconhecer-se um direito de preferência aos titulares de acções *di risparmio* ([180]) e aos portadores de obrigações convertíveis ([181]). No

---

([178]) V., por todos, SOPRANO, *L'Assemblea Generale...*, p. 314.

([179]) O texto da primitiva redacção do artigo 2441.° do Código Civil italiano pode ver-se em DOMENICO TAMAJO, MARIO SIMONE, ADRIANO FIORENTINO, GUSTAVO MINERVINI, GIANDOMENICO PISAPIA, *Il Nuovo...*, V, p. 433.

([180]) Correspondentes às acções preferenciais sem voto do direito português.

([181]) A necessidade de se conceder um direito de preferência aos portadores

tocante aos títulos a oferecer aos sócios para exercício do respectivo direito de preferência, a lei suprimiu a referência às acções ordinárias, passando esse direito a poder recair sobre qualquer categoria de acções ([182]).

Particular realce merece a circunstância de o legislador italiano ter conferido aos accionistas um direito de prelação sobre as acções que não tivessem sido subscritas no exercício do direito de preferência ([183]). Reconhecem-se, assim, ao accionista, dois direitos:

– Um direito de preferência (*diritto di opzione*) proporcional ao número de acções detidas pelo antigo sócio.

---

de obrigações convertíveis era já sustentada antes da reforma do direito italiano das sociedades anónimas operada em 1974, nomeadamente, por MINERVINI, *Obbligazione...*, in *Rivista...*, I, p. 540, que considerava poder verificar-se um esvaziamento do conteúdo económico do direito de conversão quando se procedesse *medio tempore* a aumentos de capital com emissão de acções ao par.

([182]) Para além da reforma do direito das sociedades de 1974, outras houve, de menor significado, relativas ao direito de preferência. É o caso da alteração introduzida pelo Decreto legislativas do Chefe Provisório do Estado, n.º 920 de 20 de Agosto de 1947. É, igualmente, o caso do Decreto do Presidente da República Italiana, n.º 30 de 10 de Fevereiro de 1986. Para uma referência ao teor destes dois diplomas pode ver- -se: *Codice Civile Italiano con la Costituzione e le Principali Norme Complementari*, a cargo de ADOLFO DI MAJO, Milão, 1987, pp. 495 e 496.

([183]) A lei italiana fala em *diritto di opzione*. Em sentido rigoroso, esta expressão não pode traduzir-se por direito de preferência. O seu verdadeiro significado é o de direito de opção. Por uma questão de comodidade de linguagem, traduzimos o termo da lei italiana por forma a fazê-lo coincidir com a nomenclatura adoptada pelo legislador português. Não falta, aliás, quem considere que, não obstante se falar no artigo 2441.º do Código Civil italiano em direito de opção, o direito de subscrição preferencial seria um verdadeiro direito de preferência. Teremos oportunidade de estudar, à luz do direito português, a questão de saber se o direito de preferência em aumentos de capital se deve qualificar como uma verdadeira preferência ou antes como uma opção (v. *Infra,* pp. 232 e ss.). De momento não tomamos partido na controvérsia. Limitamo-nos a sublinhar o facto de, também, o Professor FERRER CORREIA, *Parecer, op. cit.,* p. 55, traduzir a expressão *diritto di opzione*, do direito italiano, por direito de preferência.

Introdução 99

– Um direito de prelação, relativo às acções não subscritas no exercício do direito precedente ([184]).

IV. O direito de subscrição preferencial atribuído pelo artigo 2441.º aos sócios das sociedades anónimas é igualmente reconhecido aos membros das sociedades de responsabilidade limitada. É essa a solução que resulta do artigo 2495.º, ao remeter para o primeiro parágrafo do artigo 2441.º ([185]).

2.2.4 O direito brasileiro

I. O direito de preferência foi pela primeira vez regulado no Brasil pela lei das sociedades anónimas de 1940 ([186])

([184]) É o seguinte o texto da lei italiana: *Coloro che esercitano il diritto di opzione, purché ne facciano contestuale richiesta, hanno diritto di prelazione nell'acquisto delle azione e delle obbligazioni convertibili in azioni che siano rimaste non optate* (artigo 2441.º do Código Civil § 3).

([185]) A circunstância de o artigo 2495.º se limitar a remeter para o primeiro parágrafo do artigo 2441.º tem causado algumas dificuldades à doutrina italiana. Não cabe aqui analisar a forma como os autores italianos têm vindo a ultrapassar essas dificuldades. A este respeito, pode ver-se, porém, RIVOLTA, *La Società...*, pp. 353 e ss.. Cfr. igualmente FERRARA JR. e FRANCESCO CORSI, *Gli Imprenditore...*, p. 727.

([186]) Embora não seja das que mais profundamente têm abordado e estudado a figura do direito de preferência dos sócios, a doutrina brasileira dedica alguma atenção ao direito de participação preferencial em aumentos de capital. A título exemplificativo, podem referir-se: TRAJANO DE MIRANDA VALVERDE, *Sociedades por Ações (comentários ao Decreto-Lei n.º 2.627, de 26 de setembro de 1940)*, 3.ª ed., Rio de Janeiro, 1959, Comentários aos artigos 78.º e 111.º, pp. 40 e 41, e 255 e ss.; RUY CARNEIRO GUIMARAES, *Sociedade...*, II, comentário ao artigo 78.º e ao artigo 111.º, pp. 119 e 367 e ss.; EDUARDO DE CARVALHO, *Teoria e Prática das Sociedades por Ações,* São Paulo, 1960, II, Comentário ao artigo 111.º, pp. 177 e ss.; JOÃO EUNÁPIO BORGES, *Curso de Direito Comercial...*, pp. 407 e ss.; MIGUEL PUPO CORREIA, *Modificação do Capital Social,* in *Comentários à Lei das Sociedades Por Ações (Lei 6404/ 76)*, São Paulo, 1986, II, pp. 239 e ss.; PINHEIRO NETO, *A Preferência do Acionista no Aumento de Capital das Sociedades por Ações,* in *Revista Forense,* vol. 168, p. 471; EGBERTO LACERDA TEIXEIRA, *Aumentos de Capital e o Direito dos Portadores de Ações Preferenciais,* in *Revista Forense,* vol. 152, p. 501; SANTIAGO DANTAS, *Parecer,* in *Revista Forense,* vol. 122, p. 39.

(¹⁸⁷). Referiam-se-lhe os artigos 78.° al. d) e 111.° do Decreto-Lei n.° 2.627 de 26 de setembro de 1940. O primeiro destes dois preceitos incluía o direito de preferência entre os direitos intangíveis dos accionistas (¹⁸⁸). Ele não podia, por isso, ser afastado nem por cláusula estatutária nem por deliberação maioritária da assembleia geral. O segundo, considerado pela doutrina como uma aplicação ou consequência da regra estabelecida no artigo 78.° al. d), regulava as condições de exercício do direito de subscrição preferencial.

II. Deve, antes de mais, sublinhar-se o facto de a lei brasileira apenas reconhecer um direito de preferência nos aumentos de capital por entradas em dinheiro (artigo 111.° § 1.°) (¹⁸⁹). Face à letra do texto legal, este direito configurava-se como um direito de subscrever um número de acções novas proporcional às acções antigas (¹⁹⁰). Assim, se um dos accionistas não exercesse o seu direito de preferência, as novas acções deveriam poder ser colocadas livremente pela sociedade, sem necessidade desta as oferecer aos demais sócios.

Na prática, esta solução mostrou-se algo questionada, apesar de parecer decorrer com clareza do texto legal. Na verdade, o problema do destino a dar às acções não subscritas pelos sócios com direito de participação preferencial foi debatido perante os próprios tribu-

---

(¹⁸⁷) Antes de 1940 a lei era omissa relativamente ao direito de participação preferencial dos sócios em aumentos de capital. Porém, os projectos Clodomir Cardoso (artigo 91.°) e Gudesteu Pires (artigo 78.°) consignavam já o direito de preferência. V., por todos, LOPES PONTES, *Parecer*, in *Revista Forense*, vol. 170, p. 98; e RUY CARNEIRO GUIMARÃES, *Sociedade...*, II, p. 367.

(¹⁸⁸) Cfr. WALDEMAR FERREIRA, *O Estatuto das Sociedades Anónimas Brasileiras*, in *La Società per Azioni alla Metà del secolo XX*, I, *cit.*, p. 259.

(¹⁸⁹) TRAJANO DE MIRANDA VALVERDE, *Sociedades...*, II, comentário ao artigo 111.°, p. 255. Para uma referência crítica à solução da lei, v. PINHEIRO NETO, *A Preferência...*, in *Revista...*, p. 471 .

(¹⁹⁰) De facto, o corpo do artigo 111.° estabelecia o seguinte: «*Na proporção do número de ações que possuírem, terão os acionistas preferência para a subscrição do aumento de capital social*». O texto deste preceito pode confrontar-se, por exemplo, em EDUARDO DE CARVALHO, *Teoria...*, II, comentário ao artigo 111.°, p. 477.

Introdução 101

nais. Certos accionistas pretenderam exercer sobre o saldo das acções o respectivo direito de preferência ([191]). Esta pretensão foi, porém, numa posição correcta, repelida pelo Supremo Tribunal Federal em Acórdão de 18 de Abril de 1949 ([192]).

III. O § primeiro do artigo 111.° procurava regular o modo de exercício do direito de preferência nas hipóteses em que o capital se encontrasse dividido em acções comuns e acções preferenciais. A regra estabelecida pelo legislador brasileiro, para estes casos, consistia em conferir aos accionistas um direito de subscreverem acções de espécie idêntica às de que eram já possuidores. Esse direito só se estendia às demais se as primeiras fossem insuficientes para assegurar aos sócios, relativamente ao aumento, a proporção detida no capital primitivo ([193]). A solução da lei brasileira foi aplaudida pela doutrina que considerava esclarecer-se com ela um ponto susceptível de criar dúvidas ([194]) ([195]).

([191]) RUY CARNEIRO GUIMARÃES, *Sociedade...*, II, comentário ao artigo 111.°, p. 376.

([192]) *Idem.*

([193]) TRAJANO DE MIRANDA VALVERDE, *Sociedades...*, II, comentário ao artigo 111.°, p. 257, fornecia o seguinte exemplo com o propósito de ilustrar as soluções a que conduzia a regra consagrada no § 1.° do artigo 111.°: se o capital de uma sociedade «(..) *v.g. de um milhão de cruzeiros se achar dividido em quinhentos mil cruzeiros, representados por ações comuns ou ordinárias, e quinhentos mil cruzeiros, por ações preferenciais, no caso de se ter resolvido um aumento de capital de um milhão de cruzeiros, com emissão de ações ordinárias ou comuns, os titulares de ações preferenciais têm o direito de subscrever metade do aumento, a fim de que seja mantida a mesma proporção que cada classe tinha sôbre o capital».*

([194]) V., neste sentido, por exemplo, TRAJANO DE MIRANDA VALVERDE. *Sociedades...*, II, pp. 256 e 257; e RUY CARNEIRO GUIMARÃES, *Sociedade...*, II, p. 378.

([195]) Com base nela, tem a doutrina brasileira considerado que os titulares de acções ordinárias têm o direito de subscrever acções especiais iguais às de uma categoria especial já existente, quando isso se mostre necessário à manutenção do *status quo* societário. E o mesmo sucede, relativamente aos titulares de acções preferenciais, no caso de se proceder a um aumento de capital através de acções ordinárias. Se se mostrar necessário à manutenção da proporção detida pelos accionistas privilegiados, poderão eles subscrever acções ordinárias. A regra é,

IV. Com a Lei das Sociedades por acções n.° 6404 de 1976, o regime jurídico do direito de preferência sofreu profundas alterações. A nova regulamentação do direito de subscrição preferencial consta dos artigos 171.° e 172.° da referida lei. Estes preceitos definem com assinalável minúcia a disciplina do direito em análise ([196]).

De entre as várias inovações introduzidas pela lei de 1976, merece particular realce a circunstância de o legislador brasileiro reconhecer um direito de preferência não apenas nos aumentos de capital por novas entradas em dinheiro mas, também, nos aumentos de capital por conversão de créditos ou por entradas em espécie (artigo 172.° § 2.°) ([197]). Ainda no tocante ao âmbito do direito de preferência deve mencionar-se ter a lei brasileira alargado esse direito por forma a abranger as «debêntures conversíveis» em acções, os «bônus de subscrição» e «partes beneficiárias conversíveis em ações emitidas para alienação onerosa».

V. Outro aspecto merecedor de realce respeita à regulamentação delineada pelo legislador brasileiro para as hipóteses de aumentos de capital em sociedades com uma pluralidade de categorias de acções. Esta questão não se encontrava totalmente escalarecida na vigência do Decreto-Lei n.° 2627/40. A lei de 1976 tentou, por isso,

---

assim, a da igualdade de todos os accionistas dentro da respectiva espécie de acções, sempre que com isso não se afecte a posição dos sócios de outras categorias. Quando estes sejam afectados, o direito de preferência sobre as novas acções alarga-se à generalidade dos sócios, verificando-se, então, uma igualdade não apenas dentro de uma categoria, mas relativa a todos os membros da sociedade. Cfr. TRAJANO DE MIRANDA VALVERDE, *Sociedades...*, II, comentário ao artigo 111.°, p. 256; EDUARDO DE CARVALHO, *Teoria...*, II, comentário ao artigo 111.°, p. 481; RUY CARNEIRO GUIMARÃES, *Sociedade...*, II, comentário ao artigo 111.°, p. 378.

([196]) O texto destes dois artigos pode confrontar-se em MIGUEL PUPO CORREIA, *Aumento...*, in *Comentário...*, II, pp. 239 e ss..

([197]) Caso o titular do direito de preferência pretenda exercer o seu direito num aumento de capital por entradas em espécie ou por conversão de créditos, estabelece a lei brasileira que as importâncias por ele pagas poderão ser entregues ao titular do crédito a ser capitalizado ou do bem a incorporar.

Introdução 103

resolver os pontos de dúvida enunciando, para tanto, três regras que passaram a constar do § 1.º do artigo 171.º. Por força dessas regras, se o capital de uma sociedade anónima se encontrar dividido em acções de mais de uma categoria, deverá observar-se o seguinte:

– no caso de o aumento de capital se realizar na proporção do número de acções de todas as espécies ou categorias existentes, cada accionista terá direito de preferência sobre as acções idênticas àquelas de que for titular;

– se as acções emitidas forem da categoria das já existentes, mas importarem uma alteração das respectivas proporções no capital social, a preferência será exercida sobre as acções idênticas às possuídas por cada sócio, alargando-se às restantes se isso for necessário para assegurar a manutenção da posição relativa ocupada pelo sócio antes do aumento de capital;

– se houver emissão de acções de categoria diversa das existentes, cada accionista exercerá o seu direito de preferência, na proporção do número de acções por ele detidas, sobre acções de todas as categorias do aumento.

O propósito visado pelo legislador brasileiro com esta regulamentação foi o de evitar que o sistema de emissão de acções de mais de uma categoria pudesse ser utilizado como forma de esvaziamento dos direitos dos accionistas ([198]).

VI. Questão largamente debatida no domínio do Decreto-Lei 2627/40 era a de saber qual o destino a dar às acções não subscritas no exercício do direito de preferência dos sócios. A nova lei veio resolver definitivamente a questão ao consagrar a solução para este problema nos § 7.º e 8.º do artigo 171.º. O primeiro destes dois preceitos reporta-se às chamadas companhias abertas. Quanto a estas, o legislador estabeleceu a obrigatoriedade de o órgão da

---

([198]) Isso mesmo é afirmado na exposição de motivos do projecto que conduziu à elaboração da actual Lei das Sociedades Anónimas. V. MIGUEL PUPO CORREIA, *Modificação...*, in *Comentários...*, II, p. 243.

sociedade, que tiver deliberado sobre a emissão de acções mediante subscrição particular, dispor acerca dos valores mobiliários não subscritos. Duas hipóteses se apresentam então como possíveis. O órgão poderá mandar vender na bolsa as acções não subscritas. Os benefícios obtidos com a venda reverterão, nesse caso, a favor da sociedade. Em alternativa, pode decidir-se ratear as acções não subscritas pelos accionistas que tiverem formulado um pedido nesse sentido no boletim de subscrição. O rateio deverá fazer-se na proporção dos valores subscritos pelos accionistas, não em função do número de acções antigas detidas por cada sócio. O saldo não rateado será vendido na bolsa. O segundo dos dois preceitos acima referidos – o § 8.º do artigo 171.º – é relativo às sociedades com um carácter fechado. Para elas, o legislador tornou obrigatório o rateio das acções não subscritas. A esse rateio concorrerão os accionistas que tiverem manifestado, na lista de subscrição, a sua vontade de nele participar. O saldo do rateio, se existir, poderá ser subscrito por terceiros, de acordo com os critérios fixados pela assembleia geral ou pelo órgão da administração.

VII. No tocante à possibilidade de exclusão do direito de preferência, o legislador estabeleceu, nesta matéria também, uma solução que se afasta da anteriormente consagrada. Na verdade, o artigo 172.º da Lei das Sociedades por acções consente a exclusão do direito de preferência nos estatutos, mesmo relativamente às companhias fechadas [199]. A doutrina brasileira não tem, porém, considerado com bons olhos a opção tomada pelo legislador. Em seu entender, ela poderá dar origem a abusos dificilmente controláveis [200].

---

[199] Quanto a estas companhias de carácter fechado, a exclusão do direito de preferência deverá fazer-se nos termos da lei especial sobre incentivos fiscais.

[200] Cfr., por exemplo, DARCY ARRUDA MIRANDA JR., *Breves Comentários à Lei das Sociedades por Acções*, 1977, p. 244 (*Apud* MIGUEL PUPO CORREIA, *Modificacão...*, in *Comentários...*, II, p. 246); e MIGUEL PUPO CORREIA, *Modificação...*, in *Comentários...*, II, p. 246.

Introdução

2.2.5. O direito espanhol [201]

I. A primeira regulamentação legal do direito de preferência em Espanha constou da Lei das Sociedades Anónimas de 17 de Julho de 1951 [202] [203]. Antes da promulgação desta lei, o direito de participação preferencial em aumentos de capital carecia de qualquer apoio legal. Existia, no entanto, uma prática fortemente generalizada no sentido do seu reconhecimento através dos estatutos [203a].

---

[201] À semelhança do occorrido nos demais países europeus, o direito de preferência (*derecho de suscripción preferente*) tem concitado a atenção dos comercialistas espanhóis. Isto, apesar de esse direito ser tradicionalmete concebido como um direito absolutamente inderrogável, suscitando, por isso, a sua análise, um número de questões comparativamente menores do que aquelas que têm vindo a ser colocadas noutros ordenamentos. Apenas recentemente foi adoptada em Espanha - e por influência da segunda directiva C.E.E. em matéria de direito das sociedades - uma regulamentação semelhante à dos restantes países europeus, que permitem a supressão do direito de participação preferencial em aumentos de capital. De entre a vária bibliografia existente sobre o tema no país vizinho, pode destacar-se: POMPEYO CLARET, *Sociedades Anónimas,* Barcelona, 1944, p. 129; BOUTHELIER, *El Derecho de Suscripción Preferente...,* in *R. D. M.,* 1950, pp. 327 e ss.; ALVAREZ ALVAREZ, *Ejercicio del derecho de Suscripción...,* in *Anuario...,* pp. 264 e ss.; JESUS RUBIO, *Curso de Derecho de Sociedades...,* pp. 315 e ss.; ALEJANDRO BÉRGAMO, *Sociedades...,* II, pp. 535 a 654; MANUEL BROSETA PONT, *Manual de Derecho Mercantil,* reimpressão da 2.° ed., Madrid, 1972, pp. 198 e 200 e 201; SÁNCHEZ ANDRÉS, *El Derecho de Suscripción Preferente...,* per tot.; JOAQUIN GARRIGUES e RODRIGO URÍA, *Comentario a la Ley de Sociedades Anonimas,* 3.ª ed., revista por Aurelio Menendez e por Manuel Olivenza, Madrid. 1976, t. I, pp. 401 e ss.; JACINTO GIL RODRIGUES, *El Usufruto de Acciones (aspectos civiles),* Madrid, 1981, pp. 371 e ss.; ALEJANDRO LARRIBA, *Acciones...,* pp. 425 a 703; RODRIGO URÍA, *Derecho Mercantil,* 16.ª ed., Madrid, 1989, pp. 247 e ss. e 481. Entre os autores de língua francesa, v. ROBERT PLAISANT, *Les Sociétés Anonymes en Droit Espagnol,* in *Revue Trimestrelle de Droit Commercial,* tomo VII, 1954, p. 297.

[202] V., por todos, ALEJANDRO LARRIBA, *Acciones...,* p. 437.

[203] Essa lei continha o essencial da regulamentação do direito de participação preferencial em aumentos de capital. Para além dela, e com um carácter secundário, o direito de preferência encontrava-se ainda regulado em diversas disposições de natureza fiscal. Cfr. ALEJANDRO LARRIBA, *Acciones...,* p. 437.

[203a] ANTONIO BOUTHELIER, *El Derecho de Suscripción Preferente...,* in *R.D.M.,* pp. 365 e 366, chega inclusivamente a considerar que o direito de preferência dos sócios reunia todos os requisitos de um uso mercantil, não podendo, por

Esta circunstância, aliada à atitude da doutrina, favorável à institucionalização do direito de preferência, repercutiu-se no ante-projecto para a reforma do direito das sociedades anónimas, elaborado pelo *Instituto de Estudios Políticos,* em 1947, no qual se procurava regular o direito de participação preferencial em aumentos de capital [203b]. Este ante-projecto deu depois origem ao projecto de reforma das sociedades anónimas de 1950, base da lei de 17 de julho de 1951.

II. A característica de maior destaque da lei espanhola de 1951 residia no facto de o direito de preferência aparecer aí com um vigor desconhecido em praticamente todas as outras legislações. Ele era configurado como um dos principais direitos dos sócios [204], mostrando-se insusceptível de ser afastado pela sociedade [205].

Apesar disso, no ante-projecto de 1947, o direito de participação preferencial em aumentos de capital não era considerado como

conseguinte, ser excluído pela assembleia geral. Contra esta inclusão do direito de participação preferencial em aumentos de capital entre os usos mercantis, pronunciava-se ALVAREZ ALVAREZ, *Ejercicio del derecho de Suscripción...,* in *Anuario...,* pp. 264 e ss..

[203b] Deve, porém, assinalar-se a medida, francamente contrária ao direito de preferência, tomada pelo legislador espanhol em 1946. É que, à semelhança do verificado noutros países, a ausência de consagração legal de um direito de preferência de todos os sócios conduzia a operações de aumento de capital inspiradas por fins essencialmente especulativos. Com o propósito de pôr termo a essas práticas, prejudiciais não apenas para os accionistas mas também para a própria sociedade, uma lei de 1946 veio tornar necessária a prévia autorização do *Ministerio de la Hacienda* para qualquer emissão de acções sobre as quais recaísse um direito de subscrição. Impunha-se, além disso, a exigência de um sobrepreço proporcional à parte das reservas imputável a cada acção. Cfr. ALEJANDRO LARRIBA, *Acciones...,* pp. 437 e 438.

[204] Segundo JESUS RUBIO, *Curso de Derecho de Sociedades...,* p. 316, o direito de preferência aparecia na lei de 1951 como um dos três principais direitos dos accionistas, juntamente com o direito ao lucro e à quota de liquidação, e ao direito de voto. Por sua vez, GARRIGUES e URÍA, *Comentario...,* tomo I, pp. 451 e 452, consideravam o direito de preferência como um dos quatro direitos que constituíam o conteúdo mínimo e essencial da acção.

[205] Cfr., entre outros, JESUS RUBIO, *Curso de Derecho de Sociedades...,* p. 316; RODRIGO URÍA, *Derecho Mercantil,* 10.ª ed., Madrid, 1976, p. 215; e ALEJANDRO LARRIBA, *Acciones...,* pp. 439 e ss..

Introdução 107

um direito substancial da qualidade de sócio ([206]). Nesse texto, era permitida a supressão do direito de preferência caso a caso, por deliberação dos sócios, e, além disso, a exclusão radical e definitiva, do referido direito, nos estatutos ([207]).

Esta possibilidade de suprimir o direito de participação em aumentos de capital – com a qual se relacionava, segundo Rubio ([208]), o problema da atribuição de benefícios na forma de acções – foi fortemente criticada. Ela ia, desde logo, contra a prática corrente das sociedades anónimas espanholas ([209]). Para além disso, as facilidades concedidas, para afastar o direito de preferência, eram julgadas incompatíveis com a forma rígida como o ante-projecto regulava o direito de voto. Considerava-se ainda mais perigoso o eventual abuso das maiorias – tornado possível pela não consagração em termos absolutamente inflexíveis de um direito de preferência – do que vantajosa, para o desenvolvimento dos negócios sociais, a possibilidade de supressão do direito de subscrição.

III. Desta forma, a lei de 1951 acabou por consagrar a favor dos accionistas um direito de preferência absolutamente inderrogável ([209a]). Admitiam-se, contudo, algumas excepções. Assim, não era reconhecido aos accionistas nenhum direito de preferência nas hipóteses de fusão de sociedades, de emissão de acções a liberar por

---

([206]) A expressão é de Rodrigo Uría, *Derecho...*, 10.ª ed., p. 215.

([207]) Jesus Rubio, *Curso de Derecho de Sociedades...*, p. 316.

([208]) *Idem.*

([209]) Prática considerada pela doutrina como resultante de um princípio normativo de aplicação injuntiva. Cfr. Bouthelier, *El Derecho de Suscripción Preferente...*, in R. D. M., pp. 362 e ss.; e Alejandro Larriba, *Acciones...*, p. 437.

([209a]) O âmbito de aplicação desse direito era determinado pelo artigo 92.º da lei de 1951. Tratava-se de um direito meramente proporcional ao número de acções anteriormente detidas pelo sócio. Caso algumas das acções de nova emissão não viessem a ser subscritas pelos sócios no exercício do seu direito de preferência, o accionista, que tivesse subscrito aquelas que lhe competiam, não podia exigir a subscrição das ainda disponíveis. Quanto a estas, a sociedade conservava inteira liberdade na sua colocação. V., por todos, Uría, *Derecho...*, 10.ª ed., pp. 215 e 216.

108   *Pedro de Albuquerque*

entradas em espécie, e, finalmente, nos casos de conversão de obrigações em acções ([210]).

IV. A lei de reforma parcial e adaptação da legislação mercantil às directivas da Comunidade Económica Europeia, de 25 de Julho de 1989, veio alterar profundamente o esquema definido pelo legislador espanhol de 1951. Entre as várias inovações introduzidas devem destacar-se duas. A primeira consistia na expressa atribuição de um direito de subscrição preferencial, não apenas aos antigos accionistas, mas também aos titulares de obrigações convertíveis em acções. A segunda prendia-se com a possibilidade de exclusão total ou parcial do direito de preferência, por deliberação da assembleia geral, quando o interesse da sociedade assim o exigisse (artigo 96.1) ([211]).

O essencial da disciplina definida pela reforma parcial de 1989 manter-se-ia com a nova Lei das Sociedades Anónimas, aprovada pelo Real Decreto Legislativo de 22 de Dezembro de 1989, número 1564/1989 ([212]). A actual Lei das Sociedades Anónimas continua a reconhecer, não apenas aos accionistas, mas também aos titulares de obrigações convertíveis, um direito de participarem preferencialmente em aumentos de capital com emissão de acções ordinárias ou privilegiadas (artigo 158.°). Esse direito deve exercer-se na proporção do valor nominal das acções ou obrigações detidas pelos sócios ou obrigacionistas e poderá ser total ou parcialmente excluído quando o interesse social assim o exija (artigo 159.°).

([210]) Jesus Rubio, *Curso de Derecho de Sociedades...*, pp. 317 e 318 ; Alejandro Larriba, *Acciones...*, pp. 445 e 446.

([211]) Para um comentário às soluções desta lei, pode ver-se, entre outros, Rodrigo Uría, *Derecho...*, 16.ª ed., pp. 247 e ss. e 481.

([212]) O ante-projecto refundido dessa lei encontra-se publicado no *Boletin de Información del Ministerio de Justicia*, suplemento ao número 1.542, de 15 de Outubro de 1989. O seu texto pode ainda ser confrontado no anexo à obra de Uría, *Derecho...*, 16.ª ed.. Quanto ao Real Decreto Legislativo de 22 de Dezembro, número 1546/1989 - entrado em vigor no dia 1 de Janeiro de 1990 - e para uma apreciação das soluções nele consagradas, consulte-se Aranzadi, *Repertorio Cronologico de Legislacion*, ano LX, de 2 de Janeiro de 1990, número 275, pp. 2737 e ss..

V. À semelhança do verificado para as sociedades anónimas, a lei espanhola reconhece aos membros das sociedades de responsabilidade limitada um direito de participação preferencial em aumentos de capital, proporcional à posição anteriormente detida pelos sócios. Este direito pode ser, contudo, afastado por disposição em contrário, verificando-se, pois, quanto a este ponto, uma divergência relativamente ao regime das sociedades anónimas [213].

Para além disso, o direito de subscrição preferencial reconhecido aos membros das sociedades de responsabilidade limitada mostra-se similar ao dos accionistas. Tal como este, só funcionará no caso de o aumento de capital se efectuar mediante novas entradas em dinheiro [214].

3. A segunda directiva do Conselho da Comunidade Económica Europeia sobre direito das sociedades

I. Com o propósito de proceder à harmonização do direito das sociedades anónimas nos diversos estados membros da C.E.E., o Conselho da Comunidade Económica Europeia tem vindo a publicar uma série de directivas, nas quais se define a regulamentação a adoptar, para essas sociedades, pelos legisladores dos vários países da Comunidade Europeia. No tocante à disciplina do direito de preferência, ela encontra-se inserida no artigo 29.° da segunda Directiva C.E.E. [215].

---

[213] V. URÍA, *Derecho...*, 16.ª ed., p 437.

[214] *Idem.*

[215] O estudo e análise desta directiva têm merecido a atenção de vários autores nos diversos Estados membros da Comunidade Económica Europeia. A título de exemplo, podem referir-se: G. KEUTGEN , *La Deuxième Directive en Matière de Sociétés*, in *Rev. Prat. Soc.*, 1977, n.° 5925, pp. 1 e ss. (*Apud* ROBERTO ROSAPPEPE, *L'Esclusione del Diritto di Opzione...*, p. 23, nota (43)); FERRI, *La Seconda Directiva in Materia di Società per Azioni* , in *Rivista di Diritto Commerciale e del Diritto Generale delle Obbligazioni*, 1978, II, pp. 660 e ss.; SCHMITTHOFF, *The Second E.E.C. Directive...*, in *Common Market...*, pp. 43 e ss.; MARASÀ, *La Seconda Directiva C.E E ...*, in *Rivista...*, II, pp. 694 e ss.; RAÚL

II. O ponto de partida, para a compreensão do regime jurídico do direito de preferência definido pela segunda Directiva C.E.E., é- -nos dado pelo número um do artigo 29.°. De acordo com o estabelecido nesse preceito, quando uma sociedade proceda a um aumento de capital, por entradas em dinheiro, as acções de nova emissão deverão ser oferecidas aos accionistas na proporção da parte de capital representada pelas antigas acções. Este direito não poderá ser suprimido nem limitado pelos estatutos. Consente-se, apenas, a sua exclusão por deliberação da assembleia geral, relativo a um concreto aumento de capital. Para tanto, o legislador Comunitário exige a elaboração, por parte do órgão de direcção ou administração, de um relatório a apresentar à assembleia geral, no qual se indiquem as razões da limitação ou supressão do direito de preferência, acompanhadas da justificação do preço de emissão proposto. Conhecido esse relatório, a assembleia deverá deliberar por maioria de, pelo menos, dois terços dos títulos representados ou do capital subscrito (artigos 29 n.° 4 e 40.° n.° 1) ([216]).

Para além da possibilidade de supressão do direito de preferên- cia por decisão da assembleia geral, a lei comunitária concede, ainda, aos legisladores dos Estados membros, a faculdade de consagrarem uma regra destinada a permitir que os estatutos, o acto constitutivo ou a assembleia geral, estatuindo segundo as regras de *quorum* e de maioria fixadas no artigo 40.° da segunda directiva C.E.E., atribuam ao órgão da sociedade, habilitado a decidir o aumento de capital nos limites do capital autorizado, o poder de suprimir ou limitar o direito de preferência ([217]).

VENTURA, *Adaptação do Direito Português à Segunda Directiva do Conselho da Comunidade Económica Europeia...*, *per tot.*; G. LABLANCA, *Il Diritto di Opzione nella Disciplina Comunitaria*, in *La Seconda Directiva C.E.E. in Materia Societaria*, a cargo de L. BUTTARO e A. PATRONNI GRIFFI, Milão, 1984, pp. 619 e ss..

([216]) O n.° 2 do artigo 40.° da 2.ª Directiva C.E.E. prevê, porém, a possibilidade de as legislações dos Estados membros admitirem uma deliberação de supressão do direito de preferência tomada por maioria simples quando esteja representado, pelo menos, metade do capital social .

([217]) É essa a expressão utilizada na segunda directiva C.E.E.. No direito portu- guês, v. o disposto no artigo 456.° do Código das Sociedades Comerciais.

III. No tocante aos títulos sobre os quais o direito de preferência incide, as normas de direito comunitário são relativamente claras. O n.° 1 do artigo 29.° refere-se unicamente às acções de nova emissão. Contudo, o n.° 6 do mesmo artigo alarga o âmbito do direito de preferência fazendo-o recair, igualmente, sobre a emissão de obrigações convertíveis em acções ou sobre os títulos que confiram um direito de subscrição ([218]).

4. Síntese da análise histórica e de direito comparado

I. A breve análise que efectuámos acerca da evolução histórica e modo como é actualmente regulado o direito de preferência nos ordenamentos com os quais o nosso direito mantém maiores pontos de contacto, ou em que o direito das sociedades atingiu maior desenvolvimento, permite-nos extrair as seguintes conclusões:

1.ª – O direito de preferência nasceu do desejo dos sócios da *Compagnie des Indes* de reservarem para si as vantagens proporcionadas pelos aumentos de capital deliberados nessa sociedade. Na sua configuração inicial ele surge, pois, como um direito destinado a assegurar, para os respectivos titulares, as possibilidades de investimento na sociedade, com os consequentes benefícios que esse investimento proporcionar.

2.ª – A afirmação do direito de preferência, como um direito inerente à qualidade de sócios, teve a sua origem na jurisprudência do estado de Massachussets em 1807. Na Europa, seria ainda necessário aguardar algum tempo para que semelhante reconhecimento ocorresse. O primeiro legislador a consagrar o direito de preferência, como um direito legal, foi o inglês ([219]). Seguiu-se-lhe,

---

([218]) No nosso direito, esta figura encontra-se prevista e regulada nos artigos 360.° al. d) e 372.°, A e B.

([219]) Contrariamente ao tantas vezes sustentado por diversos autores que, erroneamente, afirmam ter sido o legislador alemão o primeiro a atribuir aos sócios das sociedades anónimas um direito de participação preferencial em aumentos de capital.

pouco depois, o alemão e, mais tarde, o francês e o italiano (para referir apenas alguns casos). As razões que parecem ter estado na base desse reconhecimento prendem-se com a necessidade de prevenir abusos frequentemente praticados pela maioria. Na verdade, era vulgar que o grupo maioritário reservasse para si o direito de participar preferencialmente em aumentos de capital, com exclusão dos sócios minoritários. Estes eram, assim, indevidamente privados dos lucros e vantagens ocasionados pelo aumento de capital, alcançados apenas pelos titulares do direito de preferência. Foi com o intuito de garantir uma distribuição equitativa dessas vantagens e lucros por todos os sócios que diversas leis vieram a consagrar um direito de subscrição preferencial a favor da generalidade dos seus membros [220] [221].

Verifica-se, deste modo, e uma vez mais, como o direito de participação preferencial em aumentos de capital anda associado à ideia de investimento: a razão que esteve na origem da sua atribuição a todos os sócios resulta da necessidade de garantir a cada um deles a possibilidade de investirem na sociedade. Possibilidade anteriormente reservada, na prática, àqueles que dispusessem de maior número de votos, os quais desta forma arrecadavam avultadas quantias pecuniárias.

3.ª - Nos Estados Unidos, o direito de preferência sofreu uma evolução que tem conduzido ao seu afastamento progressivo. Outras figuras ocupam o seu lugar. São disso exemplo os *convertible bonds*, os *stock purchase warrants* e as *shares options*. Todas elas representam sucedâneos do direito de preferência e constituem formas típicas de

---

[220] Nalguns casos, o direito de preferência foi atribuído apenas aos accionistas, noutros beneficiaram dele também os membros das sociedades de responsabilidade limitada.

[221] Isto mesmo é afirmado pela doutrina que tem procurado estudar a origem histórica do direito de preferência, sem, no entanto, daí retirar os necessários corolários lógicos. Por vezes, é inclusivamente o próprio legislador a indicar, de forma expressa, na exposição de motivos ou relatório que precede a consagração legal do direito de preferência, ser essa a motivação que conduziu à consagração legal de tal direito.

poupança ou investimento. Reforça-se, assim, uma vez mais, a ideia por nós sustentada: a finalidade básica do direito de participação preferencial não é meramente conservatória. Ela reside, antes, no propósito de garantir para os sócios as possibilidadedes de investimento na sociedade. É o próprio carácter dos sucedâneos desse direito a indicá-lo.

II

A FATTISPECIE CONSTITUTIVA DO DIREITO DE PREFERÊNCIA.
SUA FORMAÇÃO E DESENVOLVIMENTO

I. Nascimento e Formação do Direito de Preferência

1. Introdução

I. Analisando a regulamentação das sociedades comerciais e os contratos sociais celebrados ao abrigo dessa regulamentação, deparam-se previsões de situações de sócios sem aplicação imediata, aparentemente sujeitas ou subordinadas à ocorrência de factos futuros ou eventuais ([1]) ([2]). Por outro lado, se observarmos a vida e desenrolar de uma sociedade, deparam-se situações concretas e actuais dos sócios surgidas no desenvolvimento ou prolongamento das primeiras.

A doutrina procura ilustrar quanto referimos através da figura do direito ao lucro ([3]). O mesmo resultado pode ser atingido se nos

---

([1]) V. RAÚL VENTURA, *Reflexões...*, in *Colectânea...*, ano IX, tomo II, p. 7; cfr. igualmente ANTÓNIO MENEZES CORDEIRO, *Parecer 1, inédito*, Lisboa, 1989, pp. 59 e 60.

([2]) O investimento dos sócios nessas situações depende apenas dessa sua qualidade de sócios.

([3]) Segundo uma orientação largamente difundida, distingue-se uma tripla posição subjectiva do sócio em ordem à percepção dos lucros sociais: um direito ao lucro produzido pela actividade social - direito ao lucro - um outro direito a que periodicamente esse lucro seja deliberado - direito ao dividendo - e finalmente um direito ao pagamento de uma parte do dividendo votado - direito ao dividendo deliberado. Cfr. RIVOLTA, *La Participazione...*, p. 202; RAÚL VENTURA, *Reflexões...*, in *Colectânea...*, ano IX, tomo II, p. 7.

servirmos do direito de participação preferencial em aumentos de capital (⁴).

a) Todo e qualquer sócio, pela mera circunstância de o ser, tem o "direito" de subscrever, por novas entradas, quaisquer aumentos de capital que venham a ser deliberados (⁵). Esse "direito" refere-se a todos os eventuais aumentos de capital e preexiste relativamente a eles. Porém, numa primeira "fase", o "direito" ou situação na qual o sócio se acha investido não tem actualidade: não lhe permite subscrever um concreto aumento de capital. Isso só se tornará possível depois de este ter sido deliberado. Até lá, a posição do sócio, que decorre imediatamente da lei, terá de ser necessariamente uma posição inactiva (⁶).

b) Numa segunda fase, a contar da data da deliberação de um concreto aumento de capital, a situação do sócio, desprovida de actualidade, transmuda-se numa nova situação, agora actual: o sócio passa a ter um direito de subscrever um concreto e determinado aumento de capital. Esta nova situação surge no prolongamento e continuação da anterior mas diverge dela na sua fonte, pelo menos de forma aparente, e na sua actualidade (⁷):

– na fonte, porque parece já não decorrer directamente da lei, mas da deliberação de aumento de capital (⁷ᵃ);

– na actualidade, porque não proporciona ao sócio uma simples posição inactiva: ao contrário, confere-lhe um direito imediatamente exercitável (⁸) (⁹).

(⁴) António Menezes Cordeiro, *Parecer 1, op. cit.*, p. 60.

(⁵) Ferrer Correia, *Parecer, op. cit.*, p. 9; António Menezes Cordeiro, *Parecer 1, op. cit.*, p. 60.

(⁶) V. bibliografia citada na nota anterior.

(⁷) Ferrer Correia, *Parecer, op. cit.*, p. 10; António Menezes Cordeiro, *Parecer 1, op. cit.*, pp. 60 e 61.

(⁷ᵃ) V., porém, *Infra*, pp. 391 e ss., onde se explica o fenómeno que está por detrás desta aparente diversidade de fontes.

(⁸) António Menezes Cordeiro, *Parecer 1, op. cit.*, p. 61.

(⁹) Em vez das duas fases assinaladas no texto, certos autores distinguem, na vida do direito de preferência, três momentos. O primeiro corresponderia à situação na

II. Confrontada com esta factualidade, em virtude da qual os sócios são colocados em situações, num primeiro instante inactivas, mas que, num segundo momento e verificado certo condicionalismo, podem dar lugar a direitos imediatamente exercitáveis, a doutrina tem-se interrogado acerca do elo de ligação existente entre as várias "fases" da vida das posições jurídicas ocupadas pelos sócios enquanto tais ([10]).

No presente capítulo, ocupar-nos-emos do processo de desenvolvimento de uma dessas situações dos sócios: o direito de participação preferencial em aumentos de capital. Dedicaremos assim a nossa atenção a cada um dos vários factos que parecem dar origem a uma nova "fase" ou "período" na vida do direito de preferência - sem, no entanto, procurarmos fixar, já, qual o elo de ligação que une cada uma dessas fases, ou, noutros termos, qual a estrutura evolutiva do direito de participar preferencialmente em aumentos de capital.

2. A deliberação de aumento de capital

I. O direito de participação preferencial em aumentos de capital pertence aos sócios das sociedades anónimas e das sociedades por quotas, enquanto tais ([11]). Faz parte, no entender da generalidade

---

qual o sócio se acha investido, por força da lei, atendendo a essa sua qualidade de sócio. O segundo surgiria com a deliberação do aumento de capital e permitiria ao sócio exigir que a sociedade lhe fizesse uma proposta de subscrição. O terceiro constituir-se--ia com a efectiva formulação por parte da sociedade da proposta de subscrição. Para uma apreciação crítica desta distinção, v. RAFFAELE NOBILI, *Contributo...*, pp. 73 e ss..

([10]) ANTÓNIO MENEZES CORDEIRO, *Parecer 1, op. cit.*, p. 61.

([11]) Neste sentido e de entre os autores alemães que se ocuparam do tema, destacamos, na mesma direcção, JULIUS VON GIERKE, *Handelsrecht...*, p. 362; GODIN--WILHELMI, *Aktiengesetz, op. cit.*, § 186, p. 1053; e REINHARDT e SCHULTZ, *Gesellschaftsrecht, op. cit.*, p. 236. Na literatura jurídica suíça, v., por todos, OTT, *Das Bezugsrecht...*, *passim*, e, por exemplo, p. 186. Na doutrina italiana, sublinha--mos, nomeadamente, RENATO MICCIO, *Il Diritto...*, pp. 36 e 37; RAFFAELE NOBILI,

da doutrina alemã, da chamada *Mitgliedschaft* ([12]), constituindo, por isso, um *Mitgliedschaftrechte*. Quer isso dizer que, pelo menos numa sua particular configuração, ele decorre directamente da lei. Porém, não apenas pela natureza das situações jurídicas nas quais os sócios se acham investidos, como também pela própria natureza particular do

---

Contributo allo Studio del Diritto D'Opzione..., p. 132, que escreve: «*L'opzione sulle azione di nuova emissione costituice un diritto del socio (v. infatti, in questo senso, la rubrica dell' articolo 2441 cod. civ. e la costante dottrina italiana e straniera»*; e RIVOLTA, *La Società...*, p. 230. Entre nós, considera que o direito de preferência se encontra ligado à qualidade de sócio, fazendo parte da chamada socialidade ou *status* do sócio, por exemplo, MENEZES CORDEIRO, *Parecer, op. cit.*, p. 70. Em sentido contrário, v. BIANCHI, *Gli Aumenti di Capitale...*, p. 24, e FIORENZO LIZZA, *L'Aquisto di Azioni Proprie...*, p. 130. Transcrevemos as palavras deste último autor: «*(...)c'è da chiederse se il diritto di opzione spetti al socio in quanto tale, o alle azioni. A tale proposito reteniamo che il «diritto di opzione è inerente alle azioni e con queste circola»* (...), *e pertanto, la qualità del possessore non può vanificarne il contenuto, se non esistono espresse disposizione di legge che lo regolamentano appositamente»*. Entre os autores de língua francesa, adoptam postura idêntica à de Bianchi e Lizza, J. HÉMARD, F.TERRÉ e P. MABILAT, *Sociétés...*, II, p. 365, ao considerarem o direito de preferência ligado à acção. Entre nós, e reportando-se aos direitos especiais, considera que nas sociedades anónimas os direitos pertencem às acções e não aos sócios PAULO OLAVO CUNHA, *Os Direitos Especiais nas Sociedades Anónimas...*, pp. 234 e 235, autor que afirma de forma categórica: «*Os direitos especiais são (...), nas sociedades anónimas atribuídos às acções (...) e não já aos respectivos titulares»*. Não podemos concordar com semelhante afirmação. Aceitá-la seria partilhar de posições que contendem com dados perfeitamente adquiridos pela ciência do direito. Aliás, na base da posição de Paulo Olavo Cunha encontra-se, conforme afirma expressamente o autor, a ideia de objectivação da participação social, remetendo, quanto a este ponto, para RIVOLTA, *La Participazione...*, pp. 301 e ss.. O jurista italiano mostra-se, porém, claramente contra a verificação de uma objectivação da participação social. Em seu entender, a verificar-se tal objectivação, deveria, por exemplo, admitir-se a possibilidade, para ele descabida, de um sócio votar, numa mesma deliberação, em vários sentidos. No caso do direito português, é, de resto, a própria lei a estabelecer a unidade do voto (artigo 385.º do Código das Sociedades Comerciais). Logo....

([12]) Para uma referência crítica à equivocidade de sentidos do termo *Mitgliedschaft*, v., na literatura jurídica italiana, RIVOLTA, *La Participazione...*, pp. 120 e ss.. Entre nós, cfr., acerca da utilização desta expressão pela doutrina alemã, RAÚL VENTURA, *Reflexões...*, in *Colectânea...*, ano IX, tomo II, p. 9; e EVARISTO MENDES, *A Transmissibilidade das Acções*, Lisboa, 1989, I, pp. 10 e ss..

A Fattispecie Constitutiva do Direito de Preferência 121

direito em questão, ele apenas ganha actualidade deliberado um concreto aumento de capital.

Antes da efectiva deliberação de realização de uma operação de aumento de capital, a posição do sócio encontra-se já tutelada. Na verdade, a lei parece proteger um interesse genérico do sócio, existente ainda antes de qualquer aumento de capital ([13]). O artigo 460.° do Código das Sociedades Comerciais é, a este respeito, bem claro ([14]). Ele apenas consente a supressão ou limitação do direito de preferência por decisão da assembleia geral, desde que o interesse social o justifique. Independentemente da interpretação a dar à expressão da lei «interesse social» ([15]), não oferece dúvidas a circunstância de o legislador apenas conceder à assembleia o poder de comprimir ou excluir o direito de participação preferencial para um concreto aumento de capital ([16]) ([17]). É essa uma consequência do inequívoco teor imperativo do preceito em análise. Mas, se assim é, se a assembleia geral não pode excluir a preferência dos sócios a não ser para determinada operação de modificação do capital social, então e *a fortiori*, não pode excluir tal direito para todos os futuros aumentos de capital (ou para número determinado ou indeterminado de aumentos de capital ainda não deliberados) ([17a]). Se o fizer, a

---

([13]) Na mesma direcção, podem ver-se RITTER, *Aktiengesetz*, Berlin, Munique, 1939, § 153, p. 489 (*Apud* RAFFAELE NOBILI, *Contributo allo Studio del Diritto D'Opzione...*, p. 50, nota (10)); RAFFAELE NOBILI, *Contributo allo Studio del Diritto D'Opzione...*, pp. 47 e ss.; e RIVOLTA, *La Participazione...*, pp. 227 e ss.. Em sentido contrário, pronuncia-se BUONOCORE, *Le Situazioni Soggetive...*, pp. 125 e ss.. Sobre este problema teremos oportunidade de nos voltarmos a debruçar com mais desenvolvimento adiante. V. *Infra*, pp. 400 e ss..

([14]) Preceito esse para o qual remete o artigo 266.° do Código das Sociedades Comerciais.

([15]) Sobre o problema que se levanta acerca do sentido a atribuir à expressão «interesse social», v. *Infra*, pp. 299 e ss..

([16]) No mesmo sentido, face ao artigo 2441.° do Código Civil italiano, pode ver-se RAFFAELE NOBILI, *Contributo allo Studio del Diritto D'Opzione...*, p. 47.

([17]) Desenvolveremos este ponto *Infra*, pp. 370 e ss..

([17a]) V. *Infra*, pp. 370 e ss..

deliberação tomada estará forçosamente viciada. Os sócios poderão, por isso, reagir, naturalmente, contra ela ([18]).

II. E o mesmo se diga na hipótese de serem os estatutos a suprimir ou limitar o direito de preferência em futuros aumentos de capital ([18a]). Atendendo ao disposto no artigo 460.º do Código das Sociedades Comerciais, a cláusula de qualquer estatuto, que pretenda retirar o direito de preferência dos sócios em aumentos de capital ainda por deliberar, é, manifestamente, nula ([18b]). E dizemos por deliberar, porquanto não vemos inconveniente na exclusão estatutária do direito de subscrever preferencialmente um concreto aumento de capital, aprovado pela assembleia que procede à respectiva modificação do pacto da sociedade ([18c]).

Conforme sublinha o Professor Menezes Cordeiro ([18d]), a aprovação do pacto social duma sociedade comercial corresponde à manifestação máxima da autonomia da vontade consentida no domínio societário. Basta ver como na outorga inicial subscreve quem quer, enquanto nas subsequentes deliberações pode haver vencedores e vencidos ([18e]).

Torna-se, deste modo, estranho admitir efeitos possíveis através de deliberação ulterior dos sócios mas impossíveis para os estatutos. A regra geral é justamente a inversa. Os preceitos dispositivos da lei podem ser derrogados pelo contrato de sociedade, excepto se este permitir de forma expressa a derrogação por

---

([18]) Teremos oportunidade de nos pronunciarmos adiante acerca do valor negativo de uma deliberação social que pretenda suprimir o direito preferencial dos sócios relativamente aos futuros aumentos de capital. V. *Infra,* pp. 379 e ss..

'([18a]) V., por todos, FERRER CORREIA, *Parecer, op. cit.,* p. 7.

([18b]) *Idem.*

([18c]) Neste mesmo sentido, cfr. MENEZES CORDEIRO, *Da Preferência...,* in *Banca...,* pp. 145 e ss..

([18d]) *Idem.*

([18e]) *Idem.*

A Fattispecie Constitutiva do Direito de Preferência

deliberação dos sócios (artigo 9.° n.° 3 do Código das Sociedades Comerciais); os direitos especiais estipulados no contrato de sociedade não podem ser suprimidos ou limitados sem o consentimento do respectivo titular (artigo 24.° n.os 1 e 5 do Código das Sociedades Comerciais) [18f]. Porém, o artigo 460.° apenas alude à decisão da assembleia geral, sem fazer qualquer referência aos estatutos.

A dissonância, assim verificada, a propósito da exclusão da preferência, pode ser ultrapassada se distinguirmos a supressão do direito de preferência, num futuro aumento de capital, da exclusão do direito de preferência relativo a um concreto aumento deliberado [19]. Quando se afirma que os estatutos não podem excluir a preferência, tem-se presente a primeira situação – correspondente, segundo grande parte da doutrina, à chamada preferência abstracta; quando se sustenta que semelhante exclusão é possível por deliberação dos sócios, tem-se em vista a segunda situação [19a] – nos seus traços conforme com a designada preferência concreta [19b]. Uma integra-se no *status* do sócio [19c] e escapa à autonomia privada. A outra encontra-se submetida à lógica do comércio privado, podendo ceder perante valores superiores [19d]. Sendo assim, não se vislumbra nenhum inconveniente em que os estatutos, como, aliás, qualquer conjunto de deliberações, aprovem um concreto aumento de capital e, em relação à correspondente preferência, efectuem limitações ou supressões, também concretas [20].

A lei torna necessária para a exclusão ou compressão do direito de preferência uma deliberação aprovada pela assembleia que decida

---

[18f] *Idem.*

[19] *Idem.*

[19a] *Idem.*

[19b] Acerca da distinção entre preferência concreta e preferência abstracta, seu significado e alcance, v. *Infra,* pp. 395 e ss..

[19c] V. *Supra,* pp. 119 e 120, e *Infra,* p. 164.

[19d] MENEZES CORDEIRO, *Da Preferência...,* in *Banca...,* p. 146.

[20] *Idem.*

124 Pedro de Albuquerque

o aumento de capital (artigo 460.º n.º 2 do Código das Sociedades Comerciais) [20a]. Não impede que tal deliberação possa ser estatutária [20b]. Ela tem é de reportar-se a um concreto aumento de capital. Ou seja, para poder ocorrer uma supressão estatutária do direito de preferência têm de observar-se as condições exigidas para tal supressão, mediante simples deliberação da assembleia geral. Em particular, os estatutos não podem suprimir o direito de participação preferencial em futuros aumentos de capital, independentemente de se tratar de um determinado aumento a deliberar ou de uma série de aumentos ainda não deliberados.

III. Perante tal quadro, pode afirmar-se, com segurança, existir uma protecção do interesse dos sócios, independentemente da deliberação de aumento de capital e anterior a essa mesma deliberação [21]. A sociedade continua, obviamente, livre de decidir, ou não, um aumento de capital [21a]. Porém, se o fizer, os órgãos da sociedade deverão ter em consideração o direito de preferência garantido por lei aos sócios [21b].

IV. A tal propósito distinguiu Nobili as seguintes situações de facto abstractamente configuráveis e com relevo em matéria de direito de preferência [22]: a) a deliberação da assembleia geral determina todas as condições do aumento de capital, com respeito do direito de subscrição preferencial; b) a deliberação exclui o direito de participação preferencial em aumentos de capital e dita a respectiva disciplina; c) a assembleia deixa a regulamentação do direito de participar preferencialmente em aumentos de capital para uma sua

---

[20a] Sobre este ponto, v. FERRER CORREIA, *Parecer, op. cit.,* pp. 10 e 11; RAÚL VENTURA, *Alterações do Contrato...,* p. 224; MENEZES CORDEIRO, *Da Preferência...,* in *Banca...,* p. 146.

[20b] MENEZES CORDEIRO, *Da Preferência...,* in *Banca...,* p. 146.

[21] Nesse sentido, cfr. os autores citados *Supra,* p. 121 nota [13].

[21a] RAFFAELE NOBILI, *Contributo allo Studio del Diritto D'Opzione...,* p. 53.

[21b] *Idem.*

[22] *Idem.*

reunião posterior; d) a deliberação de aumento de capital não contém nenhuma disposição acerca do direito de preferência; e) a determinação das condições do aumento de capital é feita pelo conselho de administração . A estas várias possibilidades, discriminadas por Nobili, e sobre cuja admissibilidade, à luz do direito português, nos pronunciaremos de seguida, acrescentamos nós uma outra: a de o aumento de capital vir a ser deliberado pelos credores sociais como forma de gestão controlada da empresa, figura regulada pelo Decreto-Lei n° 177/86, de 2 de Julho [23].

Deixaremos, por ora, a hipótese de exclusão do direito de preferência que examinaremos noutro capítulo [24].

V. No tocante à possibilidade de a assembleia determinar todas as condições do aumento de capital, com observância do direito de preferência dos sócios, a sua conformidade com a lei não oferece quaisquer dúvidas. É o próprio artigo 87.° do Código das Sociedades Comerciais a impor a necessidade de a deliberação de aumento de capital mencionar expressamente a modalidade do aumento, o montante aumentado, o valor nominal das novas participações, a natureza das novas entradas, o ágio (se o houver), os prazos e as pessoas que participarão no aumento [25].

VI. O reenvio da disciplina do direito de preferência para uma deliberação da assembleia geral posterior à que decide o aumento é muito provavelmente mera hipótese académica. Apesar disso, Nobili não deixa de considerar ser ela válida nos exactos limites dentro dos quais pode ser conferido ao conselho de administração a competência para fixar as condições da operação do aumento de capital [26]. A posição deste autor baseia-se na inter-

---

[23] V. RAÚL VENTURA, *Alterações do Contrato...*, pp. 121 e ss..

[24] Cfr. *Infra,* Capítulo IV, pp. 303 e ss..

[25] A este respeito e para maiores desenvolvimentos, v. RAÚL VENTURA, *Alterações do Contrato...*, pp. 94 e ss..

[26] RAFFAELE NOBILI, *Contributo allo Studio del Diritto D'Opzione...*, p. 51.

pretação que ele faz do artigo 2443.° do Código Civil italiano. Este artigo corresponde basicamente ao artigo 456.° do nosso Código das Sociedades Comerciais. Nele consagra-se a possibilidade de ser conferido aos administradores, no acto constitutivo da sociedade, o poder de aumentarem uma ou mais vezes o capital social até determinado montante, por um período máximo de cinco anos ([27]). Caso semelhante poder venha a ser realmente consagrado, em determinado pacto social, e efectivamente exercido, pelo órgão de administração, a ele caberá fixar as condições do aumento de capital assim deliberado. Por isso, e no entender de Nobili, deveria admitir--se *a fortiori* a possibilidade de a assembleia atribuir, ao conselho, uma esfera mais restrita de poderes, como sejam os de determinar, tão só, as condições de emissão das novas acções ([28]), mostrando-se os administradores obrigados a seguir o aumento ([29]). O único as-

---

([27]) É o seguinte o actual teor do artigo 2443.° do Código Civil italiano, integrado no Capítulo V, relativo às sociedades por acções, e epigrafado *Delega agli amministratori: - L' atto costitutivo può attribuire agli amministratori la facoltà di aumentare in una o più volte il capitale fino ad un ammontare determinato e per il periodo massimo di cinque anni dalla data dell'iscrizione della società nel registro delle imprese.- Tale facoltà può essere attribuita anche mediante modificazione dell'atto costitutivo, per il periodo massimo di cinque anni dalla data di deliberazione. - Il verbale della deliberazione degli amministratori di aumentare il capitale deve essere redatto da un notario e deve essere depositato e iscrito a norma dell' articolo 2436.°*. Esta nova redacção foi introduzida pelo Decreto do presidente da República Italiana n.° 30 de 10 de fevereiro de 1986. Na sua versão original, o texto do artigo 2443.° era o seguinte: - *L' atto costitutivo può attribuire agli amministratori la facoltà di aumentare in una o più volte il capitale mediante emissione di azione ordinarie fino ad un ammontare determinato, per il periodo massimo di un anno dalla data dell'iscrizione della società nel registro delle imprese.— Tale facoltà può essere attribuita anche mediante modificazione dell'atto costitutivo durante la vita della società, per il periodo massimo di un anno dalla data di deliberazione. – Il verbale della deliberazione degli amministratori di aumentare il capitale deve essere redatto da un notario e deve essere depositato e iscrito a norma dell' articolo 2436.°*.

([28]) A referência a acções é proposítada porquanto, quer no direito italiano, quer no direito português, a possibilidade de ser o órgão de administração a decidir o aumento de capital apenas se verifica nas sociedades anónimas.

([29]) RAFFAELE NOBILI, *Contributo allo Studio del Diritto D'Opzione...*, pp. 54 e 55. Em direcção idêntica à de Nobili, podem ver-se: RENATO MICCIO, *Il Diritto...*,

A Fattispecie Constitutiva do Direito de Preferência 127

pecto a sublinhar reside, no entender do autor italiano, na circunstância de o órgão administrativo da sociedade carecer, em qualquer caso, de competência para excluir o direito de preferência dos sócios; poder atribuído exclusivamente à assembleia geral ([30]).

Presentes estas considerações, estaria, segundo Nobili, justificada a validade da deliberação de aumento de capital na qual se deixe para posterior reunião do órgão a regulamentação do direito de preferência. Se o conselho de administração parece poder disciplinar as condições de exercício do direito de subscrição preferencial de um aumento que não foi por ele deliberado, então também a assembleia poderia, depois de decidir modificar o capital da sociedade, vir, em nova reunião, definir os termos de exercício de tal direito. Com a particularidade de, neste caso, não se verificarem as limitações impostas ao conselho no tocante à possibilidade de exclusão da preferência dos sócios.

Não podemos, no entanto, e face à lei portuguesa, seguir o raciocínio de Nobili. O artigo 87.° do Código das Sociedades Comerciais é bem claro ao exigir que a deliberação de aumento de capital mencione, expressamente, as condições da operação a realizar. Entre essas condições deve, designadamente, figurar a indicação de quem irá participar no aumento de capital. Tratando-se de um aumento com respeito pelo direito de preferência haverá, ao menos, de indicar-se «que participarão os sócios que exerçam o seu direito». Não parece, assim, possível à assembleia geral reenviar para um momento ulterior a decisão das questões relativas ao direito de preferência, designadamente a sua eventual supressão ([31]). Aliás, e especificamente quanto a este último ponto, o artigo 460.ᵛ do Código das Sociedades Comerciais é explícito ao impor a necessi-

---

p.49 (acerca do poder do conselho de fixar o preço de emissão) e FRÈ, *Società...*, in *Commentàrio...*, comentário aos artigos 2438.° - 44.°, p. 791.

([30]) A este respeito, v. *Infra,* p. 129.

([31]) Nesta mesma direcção, podem ver-se FERRER CORREIA, *Parecer, op. cit.,* pp. 10 e 11; e RAÚL VENTURA, *Alterações do Contrato...,* p. 224.

128   *Pedro de Albuquerque*

dade de a deliberação de exclusão ou limitação do direito de participação preferencial em aumentos de capital ser tomada na assembleia geral na qual se decidiu o aumento de capital. Por conseguinte, nem é lícito deliberar a supressão do direito de preferência para um aumento de capital a votar em futura assembleia, nem deve admitir-se a supressão para aumento de capital aprovado em assembleia anterior [32]. Desta forma, se os sócios determinarem uma operação de aumento de capital sem, na mesma assembleia, suprimirem o direito de preferência, ele radica-se definitivamente [33] [34].

VII. Quanto antes dissemos permite-nos determinar com facilidade a solução que deve corresponder à hipótese de a assembleia geral nada estatuir a respeito do direito de preferência. Numa circunstância dessas a doutrina tem entendido que, se numa assembleia geral na qual se decida um aumento de capital não for suprimido o direito de preferência, ele consolida-se de forma irreversível [35]. Por isso, o órgão encarregado de proceder à execução do aumento de capital continua vinculado ao respeito pelo direito de preferência dos sócios. Não pode, a pretexto de a assembleia nada ter dito a respeito do direito de participação preferencial dos sócios, consentir na subscrição do aumento de capital por terceiros [35a].

---

[32] RAÚL VENTURA, *Alterações do Contrato...*, p. 224.

[33] FERRER CORREIA, *Parecer, op. cit.*, p. 11; RAÚL VENTURA, *Alterações do Contrato...*, p. 224.

[34] Deve, aliás, sublinhar-se a circunstância de não se vislumbrarem quaisquer razões de índole prática que possam induzir a assembleia a deixar para posterior reunião a regulamentação do direito de preferência. Isso mesmo acaba, de resto, por ser reconhecido por RAFFAELE NOBILI, *Contributo allo Studio del Diritto D'Opzione...*, p. 54, o qual continua, apesar disso, a sustentar a viabilidade de, numa deliberação posterior àquela onde se decidiu o aumento de capital, se disciplinar o direito de preferência.

[35] RAFFAELE NOBILI, *Contributo allo Studio del Diritto D'Opzione...*, pp. 55 e 56; RIVOLTA, *La Participazione...*, pp. 233 e 234; FERRER CORREIA, *Parecer, op. cit.*, p. 11; RAÚL VENTURA, *Alterações do Contrato...*, p. 224.

[35a] A justificação para semelhante fenómeno encontra-se facilmente se atentarmos nas seguintes palavras de RIVOLTA: «*(...) una delibera assembleare è la causa*

VIII. Uma hipótese particular de aumento de capital, admitida, apenas, para as sociedades anónimas, e à qual tivemos já oportunidade de fazer referência, é a de aumento de capital deliberado pelo órgão de administração (artigo 456.º do Código das Sociedades Comerciais). Na verdade, a lei admite que o aumento de capital seja deliberado pelo órgão de administração, mediante autorização dos estatutos. Quando tal suceda, é o próprio pacto social a estabelecer os termos de exercício dessa competência (artigo 456.º n.º 2 do Código das Sociedades Comerciais) [36]. Para além disso, e dentro dos limites que lhe são fixados pelo contrato, deve o órgão de administração definir as condições desse aumento nos termos do artigo 87.º do Código das Sociedades Comerciais [37].

Aspecto a sublinhar nesta modalidade de aumento de capital reside na circunstância de o órgão de administração não poder suprimir ou limitar o direito de preferência dos sócios [38]. Essa limitação ou supressão só pode ocorrer por deliberação da assembleia geral, conforme previsto no artigo 460.º n.º 3 do Código das Sociedades Comerciais.

---

immediata del sorgere di un diritto soggettivo che a la propria fonte ed il proprio pressuposto nella titolarità del diritto di participazione (...). Il diritto d'opzione viene in esistenza soltanto quando intervenga una delibera di aumento di capitale, ma non è attribuiti da questa: pertanto sorge anche se essa non lo menziona». V. *La Participazione...*, p. 233. No mesmo sentido, podem ver-se ainda RENATO MICCIO, *Il Diritto...*, p. 37; FERRARA JR. e FRANCESCO CORSI, *Gli Imprenditore...*, p. 568. Em sentido idêntico embora partindo de premissas diversas, manifesta-se, ainda, SÁNCHEZ ANDRÉS, *El Derecho de Suscripción Preferente..., passim.*

[36] Sobre esta modalidade de aumento de capital, v. RAÚL VENTURA, *Alterações do Contrato...*, pp. 152 e ss.; e MENEZES CORDEIRO, *Da Preferência...*, in *Banca...*, pp. 143 e ss..

[37] MENEZES CORDEIRO, *Da Preferência...*, in *Banca...*, pp. 143 e ss..

[38] Nesta direcção, v., entre outros, RAFFAELE NOBILI, *Contributo allo Studio del Diritto D'Opzione...*, p. 58; FERRER CORREIA, *Parecer, op. cit.*, pp. 72 e ss.; RAÚL VENTURA, *Alterações do Contrato...*, pp. 225 e 226. Em sentido contrário, MENEZES CORDEIRO, *Da Preferência...*, in *Banca...*, pp. 143 e ss.. Voltaremos a ocupar-nos deste assunto, com maior desenvolvimento, *Infra,* pp. 299 e 300 nota (2).

IX. Singular se mostra o processo de aumento de capital regulado no Decreto-Lei n.° 177/86, de 2 de Julho. Singularidade resultante tanto das circunstâncias que estão na sua origem como do procedimento a observar para o levar a cabo ([39]).

De acordo com o artigo 3.° n.° 1 do referido Decreto-Lei, constituem meios de recuperação da empresa e de protecção dos credores a concordata, o acordo de credores e a gestão controlada. Um dos meios por que pode operar a gestão controlada consiste no aumento de capital com respeito pelo direito de preferência dos socios (n.° 2 al. a)) do artigo 3.° do Decreto-Lei n.° 177/86) ([40]). Com o mesmo fim, e dependente da anterior medida, a lei (al. b) do preceito citado) indica a conversão de créditos sobre a sociedade em participações no aumento de capital deliberado nos termos previstos na al. a), na parte não subscrita pelos sócios.

O aludido aumento de capital encontra-se disciplinado no artigo 37.° do Decreto-Lei n.° 177/86. No n.° 1 desse preceito, o legislador declara ser fim do aumento de capital previsto na alínea a) do n.° 2 do artigo 3.° assegurar que o capital e reservas da sociedade devedora correspondam a uma percentagem adequada do passivo apurado.

O aspecto de maior interesse desta figura da gestão controlada, cujos contornos exactos não nos interessa aqui desenvolver, prende-se com o facto de o aumento de capital deliberado no seu contexto ser aprovado, não pelos sócios, mas pelos credores da sociedade. Uma vez votada, pela assembleia de credores, a modificação do capital societário, deve o tribunal homologá-la, passando, então, a ser havida como tomada pelos sócios (artigo 37.° n.° 2) ([41]).

([39]) Em idêntica direcção, v. RAÚL VENTURA, *Alterações do Contrato...*, p. 121.

([40]) Acerca do processo de gestão controlada, v. RAÚL VENTURA, *Alterações do Contrato...*, pp. 121 e ss..

([41]) De acordo com o Professor RAÚL VENTURA, *Alterações do Contrato...*, pp. 122 e 123, a solução consagrada pelo legislador apenas revela falta de coragem

A Fattispecie Constitutiva do Direito de Preferência 131

Tendo os sócios direito de preferência deverá a totalidade do aumento ser oferecida à sua subscrição por um período mínimo de 20 dias antes de poder ser oferecida a terceiros. A lei remete, a este respeito, para os preceitos do Código das Sociedades Comerciais que criam e disciplinam o direito de participação preferencial em aumentos de capital. Com uma diferença, porém. No caso da gestão controlada, o direito de preferência não pode ser suprimido nem limitado ([42]). Deve-se isso à circunstância de se não realizar a assembleia dos sócios para tal competente, nos termos dos artigos 266.º n.º 3 e 460.º do Código das Sociedades Comerciais.

X. Quer a deliberação da assembleia geral, quer a do órgão de administração, quer ainda a deliberação da assembleia de credores, todas elas produzem, na perspectiva do direito de preferência, determinados efeitos que compete especificar. Trata-se de saber se, uma vez aprovado um aumento de capital destinado a ser subscrito pelos sócios no exercício do respectivo direito de subscrição preferencial, a situação na qual aqueles ficam investidos sofre alguma modificação ou se, ao contrário, permanece inalterada. Ou seja, importa averiguar se uma vez deliberado o aumento de capital, os sócios adquirem, por mero efeito dele, um direito de preferência susceptível de ser imediatamente exercido ([42a]) ou se, diversamente, se mostra ainda necessária a formulação, por parte da sociedade, de uma oferta aos sócios ([42b]). Torna-se, para além disso, impres-

---

técnica. Pretende-se, sem margem para dúvidas, que o aumento de capital e respectivo processamento sejam deliberados pelos credores, sem qualquer interferência dos sócios, pelo que, segundo o ilustre Professor, bastaria dizer isso mesmo.

([42]) Na mesma direcção, v. Raúl Ventura, *Alterações do Contrato...*, p. 123.

([42a]) No sentido de que o aumento de capital torna o direito de preferência imediatamente exercitável sem necessidade de verificação de quaisquer outros pressupostos, parece pronunciar-se Renato Miccio, *Il Diritto...*, p. 37.

([42b]) Esta posição - segundo a qual uma vez deliberado o aumento de capital é, ainda, necessária a formulação de uma oferta aos sócios, por parte da sociedade, para que estes possam exercer o respectivo direito de preferência - é susceptível de uma tripla configuração. Para uma primeira orientação, uma vez deliberado

132   *Pedro de Albuquerque*

cindível determinar se uma vez exercido o direito de preferência os seus titulares adquirem, em consequência desse exercício, um direito às novas participações sociais ([42c]) ou se, diversamente, apenas adquirem um direito à respectiva emissão e à realização formal do acto de subscrição ([42d]). São estas duas interrogações às quais só poderemos dar resposta depois de analisada a dupla questão que consiste, por um lado, na determinação da natureza da comunicação a fazer pela sociedade aos sócios para exercício do respectivo direito, e, por outro, no estudo da natureza da declaração feita pelos sócios à sociedade no sentido de pretenderem subscrever o aumento de capital deliberado.

3. A natureza jurídica da comunicação para o exercício do direito de preferência

I. Deliberado validamente o aumento de capital com respeito do direito de preferência é necessário proceder à execução do

---

o aumento de capital, o sócio passaria a ter um direito a que a sociedade fixasse as condições desse mesmo aumento. A aprovação de tais condições faria, caso o direito de preferência não fosse excluído, surgir um direito à formulação de uma oferta por parte da sociedade. De acordo com uma segunda tese, uma vez deliberado o aumento de capital, o sócio passaria a ter imediatamente um direito subjectivo à oferta de subscrição, no pressuposto de o direito de preferência ter sido mantido. Finalmente, para uma terceira corrente de opinião, embora se mostre necessária a existência de uma proposta da sociedade, dirigida aos sócios, para que estes possam exercer o seu direito de preferência, não é possível discriminar nenhum direito subjectivo a semelhante oferta. Acerca destas várias posições, v. RAFFAELE NOBILI, *Contributo allo Studio del Diritto D'Opzione...*, pp. 73 e ss., autor favorável à última das teses enunciadas.

([42c]) Neste sentido, pode ver-se, nomeadamente, RENATO MICCIO, *Il Diritto...*, pp. 37 a 39.

([42d]) É, por exemplo, essa a posição de GODIN - WILHELMI, *Aktiengesetz, op. cit.*, § 186, p. 1053.

A Fattispecie Constitutiva do Direito de Preferência 133

aumento. Para isso devem os sócios ser avisados do prazo e demais condições de exercício do direito de subscrição (artigo 266.º n.º 5 e 459.º do Código das Sociedades Comerciais) ([43]).

([43]) A publicidade e demais termos da comunicação a fazer aos titulares do direito de subscrição preferencial é regulada nos artigos 266.º n.º 5 e 459.º do Código das Sociedades Comerciais, não levantando problemas de maior. Devia, antes da entrada em vigor do Código do Mercado de Valores Mobiliários (Decreto-Lei n.º 142-A/91 de 10 de Abril de 1991), ter-se em consideração ainda o disposto no Decreto-Lei n.º 42/80. Por força do preceituado nos seus artigos 1.º al. c) e no artigo 2.º n.º 2, este diploma obrigava todas as sociedades anónimas ou em comandita, independentemente de estarem cotadas na bolsa, à publicação, num dos boletins de cotações das Bolsas de Valores, dos resultados dos rateios e as datas de pagamento das prestações de subscrição de títulos, com a antecedência mínima de vinte dias em relação à data em que tivesse lugar a respectiva operação. Publicar com vinte dias de antecedência os resultados de um rateio obrigava, por imposição lógica, a publicar a ocorrência da subscrição donde deveria emergir o rateio. Da mesma forma, e porque o primeiro pagamento das prestações de subscrição teria lugar aquando da subscrição, obrigar a anunciar todos os pagamentos com a antecedência mínima de vinte dias significava obrigar a anunciar a própria subscrição. Da ausência de semelhantes anúncios podia o preferente retirar os efeitos que entendesse. Acerca destes aspectos e para maiores desenvolvimentos, v. MENEZES CORDEIRO, *Das Publicações Obrigatórias nos Boletins Oficiais de Cotações das Bolsas de Valores: Aspectos do Regime do Aumento de Capital das Sociedades Anónimas por Subscrição de Novas Acções*, separata da revista *O Direito*, 1988, ano 120, *per tot.*; e RAÚL VENTURA, *Alterações do Contrato...*, pp. 209 e ss.. Actualmente, deve tomar-se em consideração o disposto, a este respeito, no Código do Mercado dos Valores Mobiliários. Na doutrina estrangeira, acerca das formalidades e condições relativas à comunicação ao preferente, podem ver-se RAFFAELE NOBILI, *Contributo allo Studio del Diritto D'Opzione...*, pp. 70 e 71; GODIN - WILHELMI, *Aktiengesetz, op. cit.*, § 186, p. 1063 e ss.; SÁNCHEZ ANDRÉS, *El Derecho de Suscripción Preferente...*, pp. 241 e ss.; GESSLER, EFERMEHL, ECKARDT e KROPFF, *Aktiengesetz...*, § 186, pp. 25 / e ss.. Para uma referência ao dispositivo consagrado nesta matéria pela segunda directiva CEE, texto subjacente ao da nossa lei, cfr. RAÚL VENTURA, *Adaptação do Direito Português à Segunda Directiva do Conselho da Comunidade Económica Europeia...*, pp. 87 e ss.. A leitura do preceito da segunda directiva CEE relativo à publicidade e demais condições para preferir, pode ser feita na obra do Professor Raúl Ventura citada em último lugar, p. 164, ou, por exemplo, em MARCUS LUTTER, *Europäiches Gesellschaftsrecht*, 2.ª ed., 1984, p. 102.

A natureza jurídica desta comunicação tem-se mostrado largamente controvertida na doutrina [43a]. São fundamentalmente duas as posições em debate. De acordo com uma primeira orientação, tratar-se-ia de uma verdadeira proposta contratual de carácter irrevogável [43b]. Alguns consideram-na como uma típica oferta ao público [44], enquanto outros sublinham, de forma mais ou menos explícita, tratar-se de uma oferta devida [45]. A todas estas correntes

---

[43a] O tema da natureza da comunicação para preferir tem sido sobretudo debatido na doutrina italiana, obrigada a pronunciar-se sobre ele em virtude da terminologia utilizada pelo legislador (o artigo 2441.° do Código Civil italiano estabelece que as acções de nova emissão e as obrigações convertíveis em acções devem ser *oferecidas* em opção aos sócios e alude expressamente no seu segundo parágrafo à publicação da oferta). A questão não deixa, porém, de colocar-se em ordenamentos como o nosso, em que não é utilizada nomenclatura idêntica à adoptada pelo legislador italiano. Neste mesmo sentido, v. SÁNCHEZ ANDRÉS, *El Derecho de Suscripción Preferente...*, p. 236.

[43b] FIORENTINO, *Le Variazione del Capitale...*, p. 17, nota (23); CASELLA, *Sul Termine della Dichiarazione di opzione...*, in *Rivista...*, ano 50, pp. 156 e ss..

[44] São, por exemplo, dessa opinião: BRUNETTI, *Trattato...*, II, p. 521, nota (28); MURANO, *Natura Giuridica del Diritto D'Opzione Degli Azionisti*, in *Giurisprudenza Completa della Corte Suprema di Cassazione*, 1952, série II, vol. XXXI, 2.° quadrimestre, tomo I, pp. 43 e ss. (obra igualmente incluída nos *Studi in Onore di Alfredo de Gregorio*, Città di Castello, 1955, II, pp. 290 e ss.); RAFFAELE NOBILLI, *Contributo allo Studio del Diritto D'Opzione...*, p. 70; ALEJANDRO BÉRGAMO, *Sociedades...*, II, p. 544.

[45] Segundo SÁNCHEZ ANDRÉS, *El Derecho de Suscripción Preferente...*, pp. 236 e 237, nota (46), Miccio seria um dos autores para quem a comunicação da preferência aos sócios constituiria uma oferta devida. Não tem, porém, razão. A questão abordada por Miccio prende-se com um problema que, embora de algum modo com ele relacionado, se distingue do tema agora em análise. Trata-se de saber se o exercício do direito de preferência, pelos sócios, confere a estes um direito imediato às acções ou se, ao contrário como querem Godin e Wilhelmi, apenas atribui um direito de exigir que as acções sejam emitidas pela sociedade, acompanhado de uma pretensão à subscrição formal das mesmas, além de um direito mediato à feitura do registo (v. GODIN - WILHELMI, *Aktiengesetz, op. cit.*, § 186, p. 1053 [Miccio reporta-se naturalmente a uma edição diversa da citada]). A adopção desta posição pressupõe a aceitação da existência de um negócio bilateral posterior, por força do qual se transmitiriam as novas participações sociais. É a este respeito, e com o intuito de afastar a tese defendida pelos autores alemães,

A Fattispecie Constitutiva do Direito de Preferência 135

de opinião contrapõe-se, porém, uma outra, segundo a qual a chamada oferta de preferência não é uma oferta em sentido técnico. Ela teria, apenas, o valor, mais modesto, de indicar as condições para o exercício do direito de preferência [46].

Às duas teses, antes referidas, poder-se-ia acrescentar uma terceira, de acordo com a qual a comunicação a fazer pela sociedade aos sócios, com vista a possibilitar o exercício, por parte destes, do seu direito de preferência, seria uma *invitatio ad offerendum*. Semelhante posição não parece, porém, de aceitar. Falta, em caso de exercício do direito de participar preferencialmente em aumentos de capital, um acto da sociedade, posterior à subscrição, que possa valer como aceitação da declaração dos subscritores. Sem necessidade de outros desenvolvimentos, podemos, pois, considerar esta última posição desprovida de fundamento [47].

A nossa atenção deverá, por conseguinte, centrar-se no estudo das duas correntes mencionadas em primeiro lugar.

II. Na análise a empreender cumpre antes de mais realçar a circunstância de o problema com que nos confrontamos não dizer unicamente respeito ao direito de subscrição preferencial. Ao

---

nas sucessivas edições do seu comentário à Lei das Sociedades Anónimas alemã - primeiro à lei de 1937 e depois à de 1965 - que Miccio fala em acto devido, não em oferta devida. Diz ele: «*(...) alla richiesta del socio segue l' assegnazione delle nuovi azioni da parte della società, che come è visto è um atto dovuto e, quindi, non a carattere negoziale: dopo di ciò il socio sottoscrive le nuove azioni e conferisce il loro importo, anche a questi suoi atti non può venire riconosciuto carattere negoziale ( )»* Cfr. MICCIO, *Il Diritto...*, pp. 37 a 39. Sobre este assunto, v. *Infra*, p. 227 e ss..

[46] Neste sentido, podem ver-se, por exemplo, NOLTE, *Die Werwässerung von Aktien. Kapitalerhöhung, Ertrag und Dividend in Langsfristiger Sicht*, Frankfurt, 1968, p. 184; SÁNCHEZ ANDRÉS, *El Derecho de Suscripción Preferente...*, pp. 236 e ss.; e FERRARA JR. e FRANCESCO CORSI, *Gli Imprenditore...*, p. 569.

[47] V. ASCARELLI, *Sui Poteri della Maggioranza...*, in *Studi...*, p. 121, nota (34); ID., *Problemi in Tema di Titoli Obbligazionari*, in *Saggi...*, p. 297, nota (6); RAFFAELE NOBILI, *Contributo allo Studio del Diritto D'Opzione...*, p. 67; SÁNCHEZ ANDRÉS, *El Derecho de Suscripción Preferente...*, p. 236, nota (46).

136 Pedro de Albuquerque

contrário, e a propósito da figura do geral direito de preferência, tanteio ou preempção ([47a]), os autores têm debatido longamente a questão da natureza da comunicação para preferir. Não falta mesmo quem considere ser essa a questão central da inteira relação de preferência ou preempção ([48]).

As teses em confronto reconduzem-se, também aqui, fundamentalmente a duas. Uma, segundo a qual a *denuntiatio* teria a natureza de uma proposta contratual ([49]). Outra, para a qual a comunicação a fazer ao preferente seria apenas um acto não negocial participativo de um evento ([50]). Verifica-se, assim, como a problemática

---

([47a]) Ao direito subjectivo de preferência tem-se, numa enorme confusão terminológica, chamado direito de opção, preempção, prelação e tanteio. A designacão geral de preferência acabou, no entanto, por vingar. Para distinguirmos a preferência dos sócios na subscrição de aumentos de capital da figura geral do direito de preferência, utilizaremos, para designar este último, o termo *preempção*. Para uma referência às dificuldades que se têm feito sentir na fixação de uma nomenclatura a este respeito, v. PINTO LOUREIRO, *Manual dos Direitos de Preferência*, Coimbra, 1944, I, p. 9; VAZ SERRA, *Obrigação de Preferência*, in *Boletim do Ministério da Justiça*, 1958, n.º 76, pp. 133 e 134; MENEZES CORDEIRO, *Direito...*, I, p. 487.

([48]) É, por exemplo, essa a opinião de GIOVANNI FURGIUELE, *Contributo allo Studio della Strutura delle Prelazioni Legali*, Milão, 1984, p. 29.

([49]) São inúmeros os autores que adoptam semelhante qualificação para a comunicação de preferência. Destacamos, a título de exemplo, CUNHA GONÇALVES, *Tratado de Direito Civil Português*, Coimbra, 1937, VIII, p. 778; PINTO LOUREIRO, *Manual dos Direitos...*, II, p. 183; CARLOS LIMA, *Aspectos do Direito de Preferência*, in *Revista dos Tribunais*, ano 71, pp. 232 e 233; VAZ SERRA, *Obrigação...*, in *Boletim...*, n.º 76, p. 155; ID., *Anotação ao Acordão do S.T.J. de 21 de Novembro de 1967*, in *Revista de Legislação e Jurisprudência*, ano 101, pp. 223 e ss.; ALMEIDA COSTA, *Direito das Obrigações*, 5.ª ed., Coimbra, 1991,pp. 355; INOCÊNCIO GALVÃO TELLES, *Direito das Obrigações*, 6.ª ed., Coimbra, 1989; na doutrina italia-na, v., por todos, GINO TERZAGO, *Diritto di Prelazione e Riscatto*, 1980, p. 52; GIOVANE BONILI, *La Prelazione Volontaria*, Milão, 1984, pp. 117 e ss..

([50]) Neste sentido, v., entre muitos outros, SCOGNAMIGLIO, *Dei Contratti in Generale*, Bolonha, Roma, 1970, comentário ao artigo 1331.º, p. 158; e GIOVANNI FURGIUELE, *Contributo allo Studio della Strutura delle Prelazioni...*, *passim*. No domínio da preferência voluntária, a generalidade dos autores considera que a comunicação para preferir pode revestir natureza variada consoante o sentido a ela atribuído pelas

A Fattispecie Constitutiva do Direito de Preferência

relativa à natureza do aviso para o exercício do direito de participação preferencial em aumentos de capital surge a par de uma discussão, de âmbito mais vasto, acerca da natureza da *denuntiatio*. A exacta compreensão da polémica travada em torno da natureza da chamada «oferta» de subscrição pressupõe, por isso, uma abordagem desse outro problema, de contornos mais amplos, que consiste em saber qual é, em termos gerais, a natureza da comunicação para preferir.

III. Para uma primeira orientação, já o vimos, a preempção é, do ponto de vista da sua estrutura, considerada na perspectiva do normal procedimento de formação de um contrato. A *denuntiatio* equivaleria a uma proposta e, por conseguinte, seria aceitação em sentido técnico o acto de exercício da preempção ([51]).

---

partes. Assim, alguns afirmam que a comunicação para preferir tanto pode consistir numa proposta contratual, como numa mera declaração de ciência. Outros julgam poder ver nela ora uma proposta ora simples participação (A diferença entre a declaração de ciência e a participação reside no facto de a primeira se referir a um facto passado, relativamente ao qual o declarante afirma o seu conhecimento abstraindo dos efeitos que isso possa provocar; enquanto a segunda consiste numa comunicação feita a alguém afim de que o destinatário a tenha em consideração ao definir a sua conduta [Acerca da distinção entre estas duas figuras, v. SCHLESINGER, V.° *Dichiarazione (teoria generale)*, in *Enciclopedia del Diritto*, Milão, 1964, XII, p. 383; e GIOVANNI FURGIUELE, *Contributo allo Studio della Strutura delle Prelazioni...*, pp. 31 e 32]). Outros, ainda, consideram a comunicação para preferir umas vezes como proposta, outras como oferta a contratar. Para um quadro das diversas posições referidas, v., nomeadamente, GRECO, *Sul Patto di Prelazione per la Cessione di una Quota di Accomandante*, in *Rivista di Diritto Commerciale e del Diritto Generale delle Obbligazioni*, ano LXVI, 1948, II, pp. 240 e ss.; MENEZES CORDEIRO, *Direito...*, I, p. 493 e nota (276); CARLOS BARATA, *Da Obrigação de Preferência. Contributo para o Estudo do artigo 416.° do Código Civil*, Coimbra, 1990, pp. 105 e ss.. Eventualmente admissíveis para o pacto de preferência em virtude do princípio da autonomia da vontade, as posições acabadas de descrever não valem, porém, nos mesmos termos, para a prelação legal. Sobre este último ponto e em idêntica direcção, cfr. GIOVANNI FURGIUELE, *Contributo allo Studio della Strutura delle Prelazioni...*, p. 45, nota (32), e pp. 155 e ss..

([51]) Cfr. a bibliografia citada *Supra,* p. 136, nota (49).

138   *Pedro de Albuquerque*

Este modelo explicativo nasceu no domínio da preempção voluntária. Ultrapassadas as iniciais dificuldades de configuração do pacto de preempção como uma entidade autónoma, relativamente a preexistentes negócios com os quais pudesse estar relacionado, certa doutrina procurou reconstruir a figura do direito emergente de tal pacto fazendo simultaneamente apelo à ideia de contrato preliminar – ou contrato preparatório ([51a]) – e ao dogma da necessária bilateralidade do processo de formação dos contratos ([52]). Semelhante atitude é, frente à "anomalia" representada por um pacto que derroga o princípio da autonomia dispositiva do titular de um direito, expressiva de uma lógica sistemática ([53]). O contrato preliminar e, ao mesmo tempo, a derivação do vínculo contratual da forçosa necessidade de dois actos distintos, mas recíprocos e correspondentes, constituem, nas palavras de um jurista contemporâneo, o seguro fundamento sobre o qual se iria ancorar a incerta natureza do pacto de preempção e a relativa modalidade de desenvolvimento ([54]).

Da preempção voluntária à preempção legal o passo foi breve ([55]). Verificada a insusceptibilidade de se continuar a fazer apelo à figura do contrato preliminar, permaneceu, na visão da doutrina, o resto da construção. Ou seja, a existência, na preempção legal, de duas manifestações de vontade às quais é reconduzida a estrutura da hipótese em análise.

([51a]) Acerca do sentido e alcance da noção de contrato preparatório, v., entre outros, LEDUC, *Des Avants-Contrats*, Paris, 1909, *passim*; CARIOTA FERRARA, *El Negocio Jurídico*, trad. de Manuel Albaladejo, Madrid, 1956, pp. 230 e ss.; ANTONIO ROMAN GARCIA, *El Precontrato*, Madrid, 1982, *passim*; JOANNA SCHMIDT, *Négotiation et Conclusion des Contrats*, Paris, 1982, pp. 199 e ss.; TRABUCHI, *Istituzioni di Diritto Civile*, 27.ª ed., Padova, 1983, pp. 652 e ss.; ANTÓNIO MENEZES CORDEIRO, *Direito...*, I, pp. 439-440 e 453 e ss..

([52]) GIOVANNI FURGIUELE, *Contributo allo Studio della Struttura delle Prelazioni...*, p. 9.

([53]) *Idem*, pp. 9 e 10.

([54]) *Idem*, p. 10.

([55]) Cfr. CORINNE SAINT-ALARY-HOUIN, *Le Droit de Preemption*, Paris, 1979, p. 25, e GIOVANNI FURGIUELE, *Contributo allo Studio della Struttura delle Prelazioni...*, p. 10.

A Fattispecie Constitutiva do Direito de Preferência   139

IV. À relação de preempção, na inteira extensão do seu arco, da comunicação para preferir à declaração de exercício, é, em coerência com as referidas premissas, atribuída uma estrutura tipicamente negocional [56]. Equiparada a *denuntiatio* a uma proposta contratual, e na base de considerações lógicas referidas a uma premissa de pura ordem dogmática, a conclusão a que se chega, no domínio da preempção legal, é a seguinte: um sujeito encontra-se obrigado a realizar uma prestação, no caso *sub iudice* uma proposta contratual. Na sua ausência, o outro, considerado como um aceitante, embora conhecedor da existência de um projecto de celebração de um contrato com um terceiro, não pode exercer o seu direito de preempção [57].

Já no concernente à preempção voluntária, os resultados alcançados por grande parte dos autores, com base nos mesmos pressupostos que conduzem a negar a possibilidade de o titular de um direito de preempção legal o fazer valer na falta da *denuntiatio*, são de sinal contrário. Assim, e por exemplo, na doutrina italiana, equiparado o pacto de preempção a um contrato preliminar, os autores não têm hesitado em considerar admissível o recurso, na falta de comunicação para preferir, ao artigo 2932.º do Código Civil italiano, facultando, por esta via, ao titular do direito de preempção o exercício desse direito [58] [59].

---

[56] ORLANDO CASCIO, *La Strutura della Prelazione e del Riscatto nell' Enfiteusi*, in *Rivista Trimestrale del Diritto e Procedura Civile*, 1952, pp. 294 e ss.; GIOVANNI FURGIUELE, *Contributo allo Studio della Strutura delle Prelazioni...*, p. 36.

[57] CORINNE SAINT-ALARY-HUOIN, *Le Droit...*, p. 24; GIOVANNI FURGIUELE, *Contributo allo Studio della Strutura delle Prelazioni...*, p. 36. V., no entanto, ALMEIDA COSTA, *Direito...*, pp. 291, 292, que apesar de sustentar ter a comunicação para preferir natureza contratual e a declaração de preferência o carácter de uma aceitação, afirma (nota [4], p. 291) poder o preferente exercer o seu direito com base no mero conhecimento do projecto de contratar.

[58] RUBINO, *La Compravendita*, Milão, 1962, p. 19; GRECO e COTTINO, *Vendita*, in *Commentario del Codice Civile*, dirigido por Scialoja e Branca, 2.ª ed., Bolonha, Roma, 1981, p. 38, nota [9].

[59] Esta diversidade de soluções, cujo sinal é francamente contrário, a que uma mesma teoria conduz consoante seja aplicada à preempção legal ou à preempção voluntária, não pode deixar de causar alguma perplexidade, aliás, devidamente assinalada por alguns autores italianos. V., por todos, GIOVANNI FURGIUELE, *Contributo allo Studio della Strutura delle Prelazioni...*, p. 36.

140   *Pedro de Albuquerque*

Este raciocínio dos autores italianos, a propósito das consequências da falta da declaração para preferir na preempção voluntária, poderia, sem dificuldade, ser transposto para o direito português [60]. Não interessa, porém, ao nosso tema proceder à respectiva análise. Para os fins que nos propomos basta, tão só, sublinhar o facto de que a qualificação da *denuntiatio*, na preempção legal, como verdadeira proposta negocial é, tal como os resultados por ela proporcionados, francamente contrariada pelo regime para ela estabelecido pelo legislador português. Na verdade, às preempções legais aplica-se o disposto no artigo 1410.° [61]. Elas revestem, por isso, carácter potestativo e permitem ao respectivo titular fazer seu

---

[60] A solução parece mesmo impor-se para quem considere consistir o conteúdo da obrigação de preferência num *facere*. (O problema do conteúdo da obrigação de preferência tem sido largamente debatido pela doutrina, considerando uns que ela consubstanciaria uma obrigação de facto positivo, enquanto outros julgam ver nela uma obrigação de *non facere*. A favor do primeiro termo da alternativa destacamos, na doutrina italiana, PULEO, *I Diritti Potestativi (individuazione della fattispecie)*, Milão, 1959, pp. 224 e ss.; e GIOVANNI FURGIUELE, *Contributo allo Studio della Strutura delle Prelazioni...*, p. 41. Entre nós, é clara a preponderância dos autores que se filiam nesta corrente de opinião. A título meramente exemplificativo, podemos referir RUI DE ALARCÃO, *Direito das Obrigações*, Coimbra, 1977-78, p. 43; MENEZES CORDEIRO, *Direito...*, I. pp. 504 e 505; ANTUNES VARELA, *Das Obrigações em Geral*, 6.ª ed., Coimbra, 1989, I, pp. 365 e ss.. Contra, pronuncia-se CARLOS BARATA, *Da Obrigação...*, pp. 147 e ss., para quem a obrigação de preferência teria um conteúdo negativo). É que a doutrina tem chamado a atenção para a possibilidade de aplicação do artigo 830.° do Código Civil a todos os casos de existência de um dever de contratar, mesmo quando esse dever não resulte de um contrato promessa. (Neste sentido, v., por todos, ALMEIDA COSTA, *Direito...*, p. 195 e ss., com indicações bibliográficas). Não falta, aliás, quem considere ser o pacto de preferência, ainda, um contrato--promessa, caso em que a respectiva sujeição ao disposto no artigo 830.° do Código Civil não ofereceria quaisquer dúvidas. A propósito da hipótese específica do pacto de preferência pronunciam-se, de forma mais ou menos expressa a favor da possibilidade de aplicação do artigo 830.° do Código Civil, por exemplo, INOCÊNCIO GALVÃO TELLES, *Direito...*, p. 152; e CARLOS BARATA, *Da Obrigação...*, p. 144, autor que, apesar de afirmar que a obrigação de preferência tem um conteúdo negativo, não deixa de sustentar poder, verificadas certas condições, aplicar-se o artigo 830.° às situações de preferência.

[61] Por aplicação directa no caso do direito de preempção reconhecido ao comproprietário, por remissão expressa do legislador nos outros casos.

A Fattispecie Constitutiva do Direito de Preferência   141

o negócio realizado em violação da preferência ([62]), independentemente de se ter verificado, ou não, a *denuntiatio*. Tanto parece bastar
para afastar a qualificação da comunicação para preferir como
proposta contratual ([63]). Ela deve, antes, considerar-se como um acto
participativo de natureza não negocial. De outra forma, não se
compreenderia a possibilidade de o titular do direito de preempção,
a quem se não deu conhecimento da celebração de um negócio com
um terceiro, poder haver para si o bem alienado (artigo 1410.°).

V. Presentes as anteriores considerações – e regressando ao
domínio específico do direito de participação preferencial dos sócios – verifica-se como a posição, segundo a qual o aviso a fazer aos
sócios – acerca do prazo e demais condições de subscrição – se deve
ter por verdadeira proposta contratual ou oferta pública não representa senão a aplicação, ao processo de aumento de capital, do
modelo de aperfeiçoamento ou formação em duas fases, pró-

([62]) Nesta direcção, v., nomeadamente, MANUEL DE ANDRADE, *Pactos de
Preferência*, in *Scientia Iuridica*, 1952, n.° 6, pp. 141 e ss.; VAZ SERRA, *Anotação ao
Acordão do Supremo Tribunal de Justiça de 16 de Junho de 1964*, in *Revista de Legislação
e Jurisprudência*, ano 98, p. 27, nota (3), autor que sublinha a oponibilidade *erga
omnes* dos direitos legais de preferência *«(...)porque resultam de situações que são ou
devem ser conhecidas de todos(...)»*; PESSOA JORGE, *Direito das Obrigações*, Lisboa, 1975 -
- 76, I, p. 204; OLIVEIRA ASCENSÃO, *Direito Civil. Reais*, 4.ª ed., pp. 493 e 515 e
ss.; ALMEIDA COSTA, *Direito...*, p. 294. Cfr., igualmente, MENEZES CORDEIRO,
Direito..., I, pp. 486 e 487, que expressamente qualifica o direito de preempção
legal como um direito real. A qualificação do direito de preempção legal como
um direito real encontra-se hoje largamente difundida na doutrina e jurisprudência,
de tal forma que a multiplicação de citações nesse sentido parece supérflua. Em
sentido contrário, v., porém, e em qualquer caso, PINTO LOUREIRO, *Manual dos
Direitos...*, I, pp. 63 e ss., que considera não ser possível atribuir natureza de direito
real à preempção legal. Na doutrina estrangeira, não hesitam em conceber o
direito de preempção legal como um direito potestativo, por exemplo, CORINNE
SAINT-ALARY-HUOIN, *Le Droit...*, pp. 137 e ss. e 461 e ss.; e GIOVANNI FURGIUELE,
Contributo allo Studio della Strutura delle Prelazioni..., pp. 85 e ss..

([63]) Ao menos na preempção legal. Também na preempção voluntária
julgamos que a *denuntiatio* não terá, via de regra, a natureza de uma proposta
contratual. Haverá, porém, que tomar em consideração a vontade das partes e as
circunstâncias em que é formulada. V. *Supra*, p. 136, nota (50).

142 Pedro de Albuquerque

prio dos negócios jurídicos bilaterais [64] [65]. A oferta de subscrição seria a primeira dessas fases. A ela juntar-se-ia, posteriormente, a declaração do sócio, que constituiria a aceitação. Subjacente a esta orientação não é difícil de encontrar um postulado prévio [66]: o de que entre a sociedade e o sócio subscritor se estabelecem relações de índole contratual [67].

VI. Contra este ponto de partida militam, porém, factores de vária ordem. Embora a subscrição preferencial deva reconduzir-se a um acto de natureza negocial - na medida em que supõe uma declaração de vontade do sócio produtora de efeitos jurídicos [67a] - isso não parece, no entanto, conduzir à sua qualificação como contrato. Desde logo, porque a sociedade não é livre de «oferecer», ou não, aos sócios as acções ou quotas resultantes do aumento de capital [68] [69]. A «oferta» não é o fruto de uma livre decisão da

[64] SÁNCHEZ ANDRÉS, *El Derecho de Suscripción Preferente...*, p. 237.

[65] Para explicar a formação do negócio jurídico, a doutrina civil recuperou, com êxito, a noção de processo, inicialmente desenvolvida no direito público. V., por todos, MENEZES CORDEIRO, *Teoria Geral do Direito Civil*, 2ª ed., Lisboa, 1989, pp. 564 e ss..

[66] Neste sentido também, cfr. SÁNCHEZ ANDRÉS, *El Derecho de Suscripción Preferente...*, p. 237.

[67] De contrato com a sociedade e a propósito da subscrição, fala, por exemplo, a generalidade da doutrina alemã. Na mesma direcção, e entre os autores de língua italiana, v. RAFFAELE NOBILI, *Contributo allo Studio del Diritto D'Opzione...*, p. 66; FRÉ, *Società...*, in *Commentario...*, comentário aos artigos 2438.º - 2444.º, p. 779, que considera consistir a subscrição num contrato de adesão. Entre nós, e contra semelhante orientação, pronuncia-se MENEZES CORDEIRO, *Das Publicações Obrigatórias...*, pp. 341 e 368. Para maiores desenvolvimentos e referências bibliográficas a este respeito, v. *Infra*, p. 227 e ss..

[67a] V. *Infra*, pp. 227 e ss..

[68] MURANO, *Natura Giuridica e Caratteri del Diritto d'Opzione...*, in *Studi...*, pp. 291 e ss., em especial 296 e 297; RENATO MICCIO, *Il Diritto...*, p. 39; OTT, *Das Bezugsrecht...*, p. 170; SÁNCHEZ ANDRÉS, *El Derecho de Suscripción Preferente...*, p. 238.

[69] Discute-se na doutrina se a comunicação para preferir consistiria, para o obrigado a dar preferência, numa verdadeira obrigação ou num simples ónus, jurídico. A favor da qualificação da comunicação para preferir como um ónus pronunciam--se, designadamente, PULEO, *I Diritti...*, p. 225, e BONILINI, *La Prelazione...*, pp. 113 e ss.; contra, manifesta-se GIOVANNI FURGIUELE, *Contributo allo Studio della Struttura delle Prelazioni...*, pp. 45 e ss.. Para este autor, a configuração da comunicação para preferir

A Fattispecie Constitutiva do Direito de Preferência   143

sociedade, mas representa, ao contrário, o cumprimento de um acto devido. Deliberado o aumento de capital, e caso não tenha sido excluído o direito de preferência, designadamente porque o interesse social não o consentiu, a sociedade não pode deixar de abrir a subscrição aos sócios. Desta forma, é forçoso afirmar que a vulgarmente designada «oferta» de subscrição não tem natureza negocial. Ela vive à margem da autonomia da vontade, campo específico do negócio jurídico ([70]) ([71]) ([71a]).

---

como um simples ónus conduziria, fatalmente, à impossibilidade de justificar um eventual direito do preferente ao ressarcimento dos danos que lhe forem causados com a falta da *denuntiatio* e, por conseguinte, à total irrelevância, na preempção com carácter obrigacional, da não observância, pelo sujeito vinculado, do comportamento ao qual se achava adstrito. Por isso, na opinião deste autor, a *denuntiatio* reveste simultaneamente a natureza de uma obrigação e de um ónus.

([70]) No mesmo sentido v. SÁNCHEZ ANDRÉS, *El Derecho de Suscripción Preferente...*, p. 238.

([71]) É infindável a bibliografia sobre o importante tema do negócio jurídico e da autonomia da vontade. Para uma referência a esta temática, podem ver-se, entre muitos outros: L. CABRAL MONCADA, *Elementos de História do Direito Romano*, Coimbra, 1923, pp. 257 e ss.; ID., *Lições de Direito Civil*, 3ª ed., Coimbra, 1959, II, pp. 156 e ss.; RODOLFO SOHM-MITHEIS, *Instituciones de Derecho Privado Romano*, trad. de W. Roces, Madrid, 1936, pp. 189 e ss.; JOSÉ TEIJEIRO, *Manual Elemental de Instituciones de Derecho Romano*, Madrid, 1946, pp. 88 e ss.; VICENZO ARANGIO RUIZ, *Istituzione di Diritto Romano*, 9ª ed., Nápoles, 1947, pp. 77 e ss.; MATTEO FERRANTE, *Negocio Giuridico...*, per tot.; L. CARIOTA FERRARA, *Teoria...*, passim; RENATO SCOGNAMIGLIO, *Contributo alla Teoria Del Negozio Giuridico*, Nápoles, 1956, pp. 33 e ss. e 77 e ss.; EDOARDO VOLTERRA, *Istituzione di Diritto Privato Romano*, Roma, 1961, pp. 136 e ss.; FRANCESCO CALASSO, *Il Negocio Giuridico*, Milão, 1959, per tot.; DÍEZ-PICAZO, *El Negocio Jurídico del Derecho Familiar*, sep. da *Revista General de la Legislación y Jurisprudencia*, Madrid, 1962, passim; FRANCISCO ESPINAR LA FUENTE, *El Negocio Jurídico (su naturaleza, estructura y classes)*, separata da *Revista General de Legislación y Jurisprudencia*, Madrid. 1963, p. 28; ALBERTO BURDESE, *Manuale di Diritto Privato Romano*, Turim, 1964, pp. 212 e ss.; FEDERICO DE CASTRO Y BRAVO, *El Negócio Jurídico*, Madrid, 1967, passim; SANTORO-PASSARELLI, *Teoria Geral do Direito Civil*, trad. de Manuel de Alarcão, Coimbra, 1967, pp. 98 e ss.; BETTI, *Teoria Geral do Negócio Jurídico*, Tradução de Fernando Miranda, Coimbra, 1969, I, II e III, passim; JUAN IGLESIAS, *Derecho Romano*, 6ª ed., Barcelona, 1972, pp. 169 e ss.; J. ARIAS RAMOS, *Derecho Romano*, 13ª ed., Madrid, 1974, pp. 110 e ss.; FRANCESCO GALGANO, V.º *Negocio Giuridico (Premesse problematiche e dottrine generale)*, in *Enciclopedia del Diritto*, Milão, 1976, XXVII, pp. 932 e ss.; CASTRO MENDES, *Teoria*

Mas se isto não bastasse, outras razões conduzem a recusar à comunicação a fazer pela sociedade aos sócios a qualificação de oferta em sentido técnico.

VII. Atente-se no disposto no artigo 266.º n.º 5 do Código das Sociedades Comerciais. A lei previu, aí, duas formas de conhecimento pelo sócio do aumento de capital, afim de ele exercer o seu direito de preferência: ou o conhecimento directo, por ter estado presente ou representado na assembleia; ou o conhecimento por meio de comunicação feita pelo gerente, na hipótese de o sócio não ter estado presente nem representado na assembleia. Não se encontra, pois, para as sociedades por quotas, previsto nenhum aviso geral, semelhante ao prescrito para as sociedades anónimas. Por conseguinte, o sócio que tenha conhecimento do aumento de capital pode exercer o seu

---

Geral do Direito Civil, Lisboa, 1979 (ed. revista em 1985), II, pp. 33 e ss.; URSCINO ALVAREZ SUÁREZ, *Negocio Jurídico en Derecho Romano,* Madrid, 1954, p. 8; GIUSEPPE STOLFI, *Teoria del Negocio Jurídico*, tradução de Jaime Santos Briz, Madrid, 1959, pp. 60 e 61; MANUEL DE ANDRADE, *Teoria...,* II, p. 51; FERRER CORREIA, *Erro e Interpretação na Teoria do Negócio Jurídico,* 3ª tiragem, Coimbra, 1985, pp. 22 e ss.; MOTA PINTO, *Teoria Geral do Direito Civil,* 3ª ed. actualizada, Coimbra, 1985, pp. 379 e ss.; PEDRO DE ALBUQUERQUE, *Autonomia da Vontade e Negócio Jurídico (Ensaio),* separata de *Ciência e Técnica Fiscal*, Lisboa, 1986, *passim* (em especial pp. 30 e 31, onde, por referência às opiniões de Díez-Picazo, se escreve: «(...) *existirá negócio jurídico quando existe um acto de autonomia, tendo por objecto a constituição, modificação, extinção ou determinação de uma relação jurídica. Diversamente se passarão as coisas se o impacto que a relação recebe é o resultado (...) do cumprimento de um dever, caso no qual não haverá negocio jurídico»)*; MENEZES CORDEIRO, *Direito...,* I, pp. 63 e ss.; ID., *Teoria...,* I, pp. 478 e ss..

([71a]) Não ignoramos, naturalmente, a figura dos chamados contratos impostos. Julgamos, porém, e tal como vem sendo defendido por um largo sector da doutrina, não ter a referida figura natureza contratual, correspondendo a expressão «contrato forçoso» a uma contradição nos termos. Sobre este tema e na mesma direcção, podem, nomeadamente, ver-se VON THUR, *Tratado de las Obligaciones,* trad. de W. Roces, Madrid, 1934, t. I, p. 192; GABRIEL MARTY e PIERRE RAYNAUD, *Les Obligations,* Paris, 1969; FEDERICO DE CASTRO Y BRAVO, *El Negócio...,* pp. 41 e 42; ALEX WEIL, *Droit Civil, Les Obligations,* Paris, 1971, pp. 119 e ss.; MENEZES CORDEIRO, *Direito...,* I, pp. 91 e ss..

direito de preferência independentemente de qualquer comunicação para preferir. Mais, é a própria lei a dispensar semelhante comunicação caso se verifique um conhecimento directo por parte do sócio. Conforme vimos a propósito da figura geral do direito de preempção, equiparada a comunicação para preferir a uma proposta contratual, a conclusão lógica à qual se chega é a de que, na ausência de *denuntiatio,* o titular do direito de preempção considerado como um aceitante, embora conhecedor da existência de um projecto de celebração de um contrato com um terceiro, não pode exercer o seu direito de preempção. Isto pela simples razão de que não havendo proposta também não pode haver aceitação. Ao permitir aos sócios das sociedades por quotas o exercício do seu direito de participação preferencial, com base na mera ciência da deliberação de aumento de capital, a lei fornece-nos, pois, um inequívoco elemento no sentido de se afastar a qualificação da chamada oferta de subscrição preferencial como uma oferta em sentido técnico ([72]).

Só não seria assim se pudéssemos considerar a "oferta" de subscrição contida na própria deliberação de aumento de capital ([72a]), e

---

([72]) A lei apenas dispensa, como é óbvio, a comunicação no caso de o sócio ter estado presente ou representado na assembleia. Admitida, porém, para uma única hipótese que seja, a possibilidade de vir a ser exercido o direito de preferência, com base na simples ciência da deliberação do aumento de capital e independentemente de qualquer comunicação para o efeito, está demonstrada a natureza não negocial dessa mesma comunicação. Assim sendo, deve, igualmente, admitir-se o exercício do direito de participação preferencial em aumentos de capital em todas as situações nas quais, apesar de não ter sido feita qualquer comunicação ou aviso ao sócio, se verifica o conhecimento da deliberação de aumento de capital por parte deste. Mesmo para as sociedades anónimas, às quais não se aplica naturalmente o artigo 266.°. Aliás, se não fosse assim, não faria sentido o facto de o legislador fixar a data da deliberação do aumento de capital como momento relevante para determinar a quem deve ser concedido o direito de preferência (cfr. o artigo 458.° do Código das Sociedades Comerciais). Se a comunicação para preferir constituísse uma verdadeira oferta em sentido técnico, a titularidade do direito de preferência deveria apurar-se não no momento da deliberação da assembleia geral mas no momento da oferta, como o sustentam, de resto, na doutrina estrangeira, os autores que consideram a *denuntiatio* autêntica oferta.

([72a]) Neste sentido, v., por exemplo, ASCARELLI, *Diritto di Opzione...,* in *Studi...,* p. 262, nota (13).

a comunicação ou aviso ao sócio como simples meio de publicidade [73]. Nesse caso, a faculdade conferida por lei aos sócios das sociedades por quotas de exercerem o seu direito independentemente de qualquer comunicação não se afiguraria suficiente para afastar a natureza negocial de tal «oferta». Contra semelhante visão do problema levantam-se, contudo, alguns obstáculos. É que a deliberação de aumento de capital esgota a sua eficácia no interior da própria sociedade [74]. Enquanto deliberação tomada por um órgão meramente interno da sociedade, ela não produz efeitos no domínio das relações externas. Não são, por isso, abrangidos pela esfera de alcance da deliberação de aumento de capital aqueles que se situem fora do âmbito da organização interna da sociedade, nomeadamente os sócios na sua qualidade de subscritores [75].

VIII. A tudo isto acresce um aspecto da maior importância, que se prende com a natureza do direito de participação preferencial dos sócios em aumentos de capital. Conforme teremos oportunida-

---

[73] Acerca desta possibilidade e sua apreciação crítica ,v. RAFFAELE NOBILI, *Contributo allo Studio del Diritto D'Opzione...*, pp. 68 e 69.

[74] Conforme é ja tese clássica. Cfr., na doutrina alemã, WIELAND, *Handelsrecht*, *op. cit.*, p. 93; entre os autores italianos. v. VIVANTE, *Trattato...*, II, p. 292; e SOPRANO, *L'Assemblea Generale...*, pp. 138 e ss.. Mais modernamente, podem ver-se, no mesmo sentido, entre outros, RAFFAELE NOBILI, *Contributo allo Studio del Diritto D'Opzione...*, p. 68, nota [37]; SÁNCHEZ ANDRÉS, *El Derecho de Suscripción Preferente...*, p. 236; e FILIPPO CHIOMENTI, *La Revoca delle Deliberazione Assembleari*, reimpressão, Milão, 1975, p 79 e ss. e 164 e ss.; na doutrina nacional, destacamos CABRAL DE MONCADA, *Lições de Direito Civil. Parte Geral*, 3.ª ed., Coimbra, 1959, II, p. 166; MANUEL DE ANDRADE, *Teoria...*, I, pp. 115 e ss.; VASCO DA GAMA LOBO XAVIER, *Anulação de Deliberação Social e Deliberações Sociais Conexas*, Coimbra, 1976, p 99 e ss., nota [7]; e BRITO CORREIA, *Direito...*, III, p. 24.

[75] Ao afirmar ser a assembleia geral um órgão interno da sociedade, a doutrina sublinha o facto de, em virtude dessa sua natureza, as deliberações que toma não poderem produzir efeitos em relação a terceiros, a não ser nalguns casos excepcionais. À primeira vista os sócios não seriam terceiros. Não parece, porém, ser assim. Conforme tem sido posto, de forma mais ou menos explícita, em relevo, por vários autores, será relativo à esfera externa da corporação tudo o que exorbite da simples actuação das relações de socialidade e organicidade - e, portanto, a própria constituição ou extinção dessa relação. Cfr. VASCO DA GAMA LOBO XAVIER, *Anulação de Deliberação Social...*, p. 102, nota [7].

A Fattispecie Constitutiva do Direito de Preferência   147

de de verificar, apesar de a lei utilizar a nomenclatura *"direito de preferência"* para designar o direito de subscrição preferencial dos sócios, este corresponde, não a um verdadeiro direito de preferência mas, antes, a um direito de opção ([76]). Trata-se, portanto, e conforme tem sido repetidamente apregoado pela doutrina, de um direito com carácter potestativo. O seu exercício depende de uma simples declaração unilateral, por si só produtora de efeitos jurídicos ([77]).

IX. Presentes estas considerações, se nos interrogarmos sobre qual das duas teses assinaladas melhor parece corresponder ao significado jurídico da colocação, por parte da sociedade, das novas acções ou quotas à disposição dos sócios, não parece difícil considerar ser ela a que nega ao aviso para preferir a natureza de uma verdadeira oferta em sentido técnico e lhe reconhece antes a natureza de simples acto não negocial participativo de um evento ([77a]). Os sócios não ficam, pois, e em conclusão, impossibilitados de exercer o seu direito de preferência pelo facto de a sociedade não formular nenhum aviso ou comunicação para preferir.

4. A revogação do aumento de capital e a sua repercussão sobre a «oferta» de preferência

I. Ainda no âmbito do processo de aumento de capital, tem sido muito debatida pela doutrina uma questão, de alguma complexidade, que se prende com a possibilidade de a sociedade revogar a deliberação de aprovação de um determinado aumento de capital. Atendendo às enormes repercussões que semelhante revogação pode ter para o direito de preferência dos sócios ([70]), não podemos deixar de analisar este problema .

([76]) V. *Infra,* p. 231.

([77]) Cfr. *Infra,* p. 239.

([77a]) Acerca do significado deste tipo de actos, v. *Supra,* p. 136, nota (49).

([78]) A questão não deixa, aliás, e à semelhança do problema anteriormente analisado, de apresentar enorme afinidade com aquela outra questão, de âmbito mais genérico, que consiste em saber se, verificados os pressupostos que permi-

148 Pedro de Albuquerque

A este respeito é vulgar os autores distingirem duas situações aparentemente diversas: uma, na qual a revogação ocorre depois de verificada a «oferta» das novas acções ou quotas aos sócios; outra, em que, apesar de acordado o aumento, no momento da revogação da deliberação social, as novas quotas ou acções ainda não foram «oferecidas» aos sócios para subscrição. Abordaremos estas duas hipóteses em separado.

II. No primeiro dos dois casos, a *communis opinio* considera – sem sequer chegar a colocar, em termos gerais, o problema da revogação do aumento de capital – ter a «oferta», aos sócios, das novas acções ou quotas carácter irrevogável ([78a]). Semelhante conclusão é alcançada a partir dos mais diversos pontos de vista. Assim, e para determinada corrente de opinião, a irrevogabilidade decorreria da existência de um prazo legal para o exercício do direito de prefe-rência ([79]). Dentro desse prazo, a sociedade encontrar-se-ia vincu-lada perante os seus sócios ([80]). Nas palavras de um autor italiano, ela

---

tiriam ao titular de um direito de preempção exercê-lo, pode o obrigado eximir--se ao cumprimento da obrigação de dar preferência abdicando de celebrar o contrato projectado com o terceiro.

([78a]) SÁNCHEZ ANDRÉS, *El Derecho de Suscripción Preferente...*, p. 244.

([79]) Cfr. o disposto nos artigos 45.º n.º 3 e 266.º n.º 5 do Código das Sociedades Comerciais.

([80]) É, por exemplo, essa a opinião de CASELLA, *Sul Termine della Dichiarazione di Opzione...*, in *Rivista...*, ano 50, pp. 156 e ss.; GIRON, *Derecho de Sociedades Anonimas*, Valladolid, 1952, 485 (*Apud* SÁNCHEZ ANDRÉS, *El Derecho de Suscripción Preferente...*, p. 244); MURANO, *Natura Giuridica e Caratteri del Diritto d'Opzione...*, in *Studi...*, p. 296 (autor que, porém, extrai a vinculação da sociedade da própria natureza do direito de preferência); JOAQUIN GARRIGUES e RODRIGO URIA, *Comentario a la Ley de Sociedades...*, p. 454. Cfr. também RAFFAELE NOBILI, *Contributo allo Studio del Diritto D'Opzione...*, pp. 77 e 78, autor que, segundo julgamos, apesar de considerar a existência de um prazo mínimo para o exercício do direito de preferência insuficiente para justificar a irrevogabilidade do aumento de capital, não deixa de ser sensível aos argumentos daí decorrentes. V., no entanto, SÁNCHEZ ANDRÉS, *El Derecho de Suscripción Preferente...*, p. 244, escritor de acordo com o qual Nobili se manifestaria de forma totalmente contrária à possibilidade de se alicerçar a irrevogabilidade do aumento de capital, e da oferta de subscrição, no prazo fixado pelo legislador para o exercício do direito de preferência dos sócios.

estaria obrigada a manter firme a proposta de subscrição das quotas ou acções pelo período indicado na lei [81]. Outros, porém, consideram que a existência de um prazo legal mínimo para o exercício do direito de subscrição não basta para impedir a sociedade de revogar o aumento de capital. Segundo Nobili, por exemplo [82], se fosse esse o único motivo pelo qual a sociedade não poderia revogar o aumento de capital, teria de admitir-se a possibilidade de revogação da deliberação que o aprovasse nas hipóteses de inexistência do direito de preferência. Torna-se, por isso, e na opinião deste autor italiano, imprescindível encontrar outras razões em apoio da tese favorável à irrevogabilidade do aumento de capital. Já Filippo Chiomenti [83] nega, de forma categórica, que o termo previsto na lei ou na deliberação de aumento de capital possa ser tomado como um limite à irrevogabilidade dessa deliberação. De acordo com este autor, o prazo legal representa apenas um limite à aceitação das subscrições, não à revogação do aumento de capital [84].

Perante semelhante quadro não causa surpresa o facto de grande número de juristas procurar outro fundamento para justificar a irrevogabilidade da deliberação de aumento de capital e da oferta de subscrição. Na verdade, em conformidade com uma tese merecedora de amplo consenso, o verdadeiro motivo que impediria a sociedade de revogar o aumento de capital residiria na circunstância de a oferta de subscrição constituir a fase terminal do processo formativo do direito de participação preferencial em aumentos de capital [84a]. Este ganharia, por isso, e em virtude da oferta de subscrição, total autonomia em relação à sua matriz, passando a fazer

---

[81] CASELLA, *Sul Termine della Dichiarazione di Opzione...*, in *Rivista...*, ano 50, p. 163.

[82] RAFFAELE NOBILI, *Contributo allo Studio del Diritto D'Opzione...*, pp. 77 e 78.

[83] FILIPPO CHIOMENTI, *La Revoca delle Deliberazioni...*, p. 172.

[84] Deve, aliás, advertir-se que, segundo Chiomenti, não existem nenhumas razões contrárias à possibilidade de a assembleia geral de uma sociedade revogar a deliberação anteriormente tomada de aumentar o respectivo capital social. V. *Infra*, p. 150 e ss..

[84a] Neste sentido, v. RAFFAELE NOBILI, *Contributo allo Studio del Diritto D'Opzione...*, p. 78; ALEJANDRO BÉRGAMO, Sociedades ..., II, pp. 544 e 581. Cfr.

150   *Pedro de Albuquerque*

parte integrante do património dos sócios. Passar-se-ia, pois, com a oferta das novas acções ou quotas um fenómeno idêntico ao verificado com a deliberação na qual é votada a distribuição aos sócios de um dividendo, tornado indisponível para a sociedade por efeito da própria deliberação que o aprovou [85] [86].

III. Contra semelhante conclusão têm, no entanto, sido levantadas algumas críticas. Não bastaria a oferta de subscrição para determinar o surgimento, na esfera jurídica dos respectivos destinatários, de um direito intangível [87]. Apenas terminado todo o pro-

---

também OTT, *Das Bezugsrecht...*, p. 187, que, numa posição algo próxima da de NOBILI e BÉRGAMO, considera que, com a execução do aumento de capital, o direito de preferência, até então sujeito a uma *conditio iuris*, se tornaria num direito incondicional, com a consequência de tornar irrevogável a deliberação de aumento de capital que esteve na origem desta sua transformação.

[85] A doutrina, tanto nacional como estrangeira, parece ser unânime a este respeito. O direito ao dividendo já deliberado tem, face à sociedade, natureza equiparável à de um direito de crédito ou direito extracorporativo (*Wohlerworbene Rechte* ou *Gläubigerrecht* dos sócios - ou seja direitos dos sócios enquanto terceiros ou direitos que, tendo a sua matriz na qualidade social, dela se autonomizaram). Na doutrina alemã, podem ver-se, a este respeito, entre outros, WIELAND, *Handelsrecht, op. cit.*, II., p. 105; JULIUS VON GIERKE, *Handelsrecht...*, p. 334; GADOW e HEINICHEN, *Grosskomentar...*, I, comentário ao § 1, pp. 20 e ss.. Entre os autores suíços, cfr., por exemplo, STEIGER, *Droit des Sociétés Anonymes*, adaptação francesa por COSANDEY e SUBILLA, Lausana, 1973, pp. 186 e ss.; ARTHUR MEIER-HAYOZ e PETER FORSTMOSER, *Grundiss des Schweizerischen Gesellschafrechts*, 3.ª ed., Berna, 1979, pp. 267 e ss.. No direito italiano, destacamos VIVANTE, *Trattato...*, II., pp. 412 e ss.; e ASCARELLI, *Sui Poteri della Magioranza...*, in *Studi...*, pp. 105 e ss., nota (7), e p. 111, nota (18); FILIPPO CHIOMENTI, *La Revoca delle Deliberazioni...*, pp. 104 e ss.. Na nossa literatura jurídica, v., na referida direcção, MANUEL DE ANDRADE e FERRER CORREIA, *Suspensão...*, p.27; FERRER CORREIA, *Lições de Direito...*, II, pp. 384 e ss.; ID., *A Representação...*, in *Direito...*, p. 94; VASCO DA GAMA LOBO XAVIER, *Anulação de Deliberação Social...*, p. 131, nota (26); MANUEL PITA, *Direito...*, p. 106.

[86] Entre os muitos autores que, uma vez realizada pela sociedade a oferta das novas quotas ou acções aos sócios, equiparam o direito de preferência ao dividendo deliberado, podem ver-se, a título meramente exemplificativo: RAFFAELE NOBILI, *Contributo allo Studio del Diritto D'Opzione...*, p. 78; RIVOLTA, *La Participazione...*, pp. 233 e 234; e ALEJANDRO BÉRGAMO, *Sociedades...*, II, p. 544.

[87] FILIPPO CHIOMENTI, *La Revoca delle Deliberazioni...*, pp. 167 e ss..

A *Fattispecie Constitutiva do Direito de Preferência* 151

cesso de subscrição se poderia considerar a sociedade vinculada perante os subscritores ([88]) ([88a]). Só nessa altura teriam eles um direito que, apesar de não ser extracorporativo, mereceria uma protecção idêntica à dos direitos pertencentes a tal categoria.

Na base desta posição, está a compreensão do fenómeno da subscrição como um acto complexo ([88b]) e a rejeição da tese segundo a qual se deveria ver nas várias subscrições parciais outros tantos negócios perfeitos, apenas sujeitos à condição da integral subscrição ([88c]).

Se as várias subscrições representassem ou se reconduzissem a negócios condicionados, tanto o sócio como a sociedade ficariam, em virtude delas, reciprocamente vinculados ([89]). Deveria, por conseguinte, reconhecer-se ao subscritor um direito "perfeito", embora condicionado. Já não seria, porém, assim se se concebesse a subscrição parcial como uma declaração que concorre à formação de um negócio complexo. Nesse caso, a subscrição parcial não envolveria a realização de um acto de subscrição. Contribuiria apenas para a formação da aceitação da oferta da sociedade. Aceitação verificada unicamente quando as várias subscrições individuais fossem suficientes para abranger a totalidade do aumento de capital ([90]) ([91]). Até lá, os

---

([88]) C. GRASSETI, *Diritto di Voto in Pendenza...*, in *Rivista...*, ano 51, I, pp. 51 e ss.; FILIPPO CHIOMENTI, *La Revoca delle Deliberazioni...*, pp. 168 e ss..

([88a]) Atendendo naturalmente ao disposto pela lei para as hipóteses de subscrição incompleta.

([88b]) É, por exemplo, essa a opinião de FILIPPO CHIOMENTI, *La Revoca delle Deliberazioni...*, pp. 167 e ss.; FORMIGGINI, *Sottoscrizione Condizionata di Capitale Azionario*, in *Rivista di Diritto Fallimentare (Apud* FILIPPO CHIOMENTI, *La Revoca delle Deliberazioni...*, p. 170, nota (11)); FERRI, *Manuale...*, p. 448.

([88c]) De entre os autores que vêem nos vários actos individuais de subscrição parcial um negócio sujeito a condição, destacamos, entre outros, VIVANTE, *Trattato...*, II, pp. 211 e ss.; WIELAND, *Handelsrecht...*, II, p. 167.

([89]) FILIPPO CHIOMENTI, *La Revoca delle Deliberazioni...*, p. 167.

([90]) FILIPPO CHIOMENTI, *La Revoca delle Deliberazioni...*, p. 168.

([91]) Passar-se-ia, pois, com a subscrição um fenómeno semelhante ao que ocorre com os negócios unilaterais conjuntos. Acerca desta noção, v. MENEZES CORDEIRO, *Teoria Geral...*, I, p. 510. A propósito da figura mais ampla dos negócios complexos, cfr., por exemplo, BETTI, *Teoria Geral do Negócio...*, II, pp. 180 e ss.. Acerca dos factos complexos em geral e sua contraposição aos factos

152   *Pedro de Albuquerque*

subscritores não teriam qualquer direito. Os seus interesses ficariam sujeitos aos interesses da sociedade que em qualquer altura poderia revogar a deliberação de aumento de capital ([92]) e, por conseguinte, a «oferta» de preferência.

IV. A opção, à luz do nosso direito, por uma destas duas teorias, acerca da natureza da subscrição individual, parece depender, fundamentalmente, dos motivos que estiveram na base da consagração legal do regime da subscrição incompleta previsto no artigo 457.º do Código das Sociedades Comerciais ([93]) ([94]). Julga-

---

jurídicos simples, v. INOCÊNCIO GALVÃO TELLES, *Teoria Geral do Fenómeno Jurídico Sucessório*, Lisboa, 1944, pp. 11 e ss.; CASTRO MENDES, *Teoria...*, II, pp. 12 e ss.. Expressamente a favor da qualificação do aumento de capital como um facto complexo de produção sucessiva, v. MANUEL DE ANDRADE, *Teoria...*, II, p. 11. Cfr. ainda, no mesmo sentido, a *Sentença de 17 de Março de 1979 do Juíz do 15.º Juizo Cível de Lisboa*, in *Colectânea de Jurisprudência*, ano IV, t. 2, 1979, pp. 721 e ss..

([92]) FILIPPO CHIOMENTI, *La Revoca delle Deliberazioni...*, pp. 168 e 169.

([93]) Para a constituição das sociedades anónimas, v. artigo 280.º do Código das Sociedades Comerciais.

([94]) Considerar a subscrição integral como uma condição à qual se encontram sujeitas as subscrições individuais significa colocar em plano de igualdade o interesse que esse evento reveste para a sociedade e para os subscritores. Trata-se de uma perspectiva que isola a fase externa da operação de aumento de capital, vista como uma vicissitude na qual se jogam interesses da sociedade e dos sócios dignos da mesma tutela. A esta concepção opõe-se uma outra construção. Para ela, a actividade dirigida à recolha do capital não se pode separar do inteiro processo de aumento de capital. Aquilo que domina todas as fases do referido processo é o interesse da sociedade, tal como foi determinado pela deliberação de aumento do capital social - acto inicial de toda a operação - ao fixar um certo montante para o mencionado aumento. Deste ponto de vista, a subscrição parcial, embora satisfaça o interesse dos subscritores, não satisfaz o interesse da sociedade, porquanto não realiza a pretendida modificação do capital. Isto não significa que, de acordo com esta tese, a subscrição parcial se encontre desprovida de qualquer relevo jurídico. O valor que lhe é reconhecido é, porém, o de simples acto preparatório. Nesta ordem de ideias, só completada a subscrição fica a sociedade vinculada. Cfr. FILIPPO CHIOMENTI, *La Revoca delle Deliberazioni...*, pp. 168 e ss.. Acerca da motivação subjacente ao artigo 28.º da Segunda Directiva CEE, base do artigo 459.º, v. RAÚL VENTURA, *Adaptação do Direito Português à Segunda Directiva do Conselho da Comunidade Económica Europeia...*, pp. 74 e ss.. Sublinhe-se

A Fattispecie Constitutiva do Direito de Preferência   153

mos, porém, que a resolução do problema da revogabilidade ou irrevogabilidade da deliberação de aumento de capital não passa, no nosso caso, pela determinação da natureza da subscrição individual. Na verdade, embora a dilucidação de semelhante questão possa ser relevante nas hipóteses de supressão do direito de participação preferencial em aumentos de capital, não o será quando aos sócios caiba um direito de preferência. É que esse direito separa-se da sua matriz e entra para o património do sócio com a própria deliberação de aumento de capital [95]. Se a assembleia geral na qual foi aprovado o aumento de capital não tiver suprimido o direito de preferência, tal direito já não pode ser excluído (artigo 460.º do Código das Sociedades Comerciais) [95a]. Ele radica-se definitivamente na esfera

---

a circunstância de a compreensão da «oferta» de subscrição como verdadeira oferta conduzir necessariamente à aceitação da segunda das duas posições. Na verdade, para uma declaração poder valer como aceitação ela tem de ser conforme à proposta. Deveria então, para se considerarem as várias declarações dos subscritores como actos de aceitação, admitir-se a existência de tantas ofertas, por parte da sociedade, quantas as subscrições individuais. Como, porém, a doutrina, que sustenta ter a «oferta» de subscrição natureza negocial, defende a existência de uma única oferta, só quando a soma das subscrições for suficiente para assegurar a colocação de todo o aumento se pode considerar haver uma aceitação.

[95] Neste mesmo sentido, podem ver-se, na doutrina alemã, entre outros, LUTTER, *Kölner Kommentar...*, II, II, comentário ao § 186, p. 338; GESSLER, EFERMEHL, ECKARDT e KROPFF, *Aktiengesetz...*, § 186, p. 246; na literatura jurídica italiana, v. RIVOLTA, *La Participazione...*, pp. 233 e ss., que afirma:«*Una volta deliberato l'aumento del capitale (senza esclusione dell'opzione), ogni socio acquista quel diritto soggettivo nei confronti della società al quale va riservato il nome di diritto d'opzione. Si verica un fenomeno analogo a quello sobra individuato in relazione ai dividendi d'esercizio; una delibera assembleare è la causa immediata del sorgere di un diritto soggettivo che a la propria fonte ed il pressuposto nella titolarità del diritto di participazione*»; entre nós, cfr. FERRER CORREIA *Parecer, op. cit.,* pp. 10 e 11. Observe-se ainda quanto dispõe, nos artigos 266.º e 458.º do Código das Sociedades Comerciais, o nosso legislador que, ao determinar a forma como se deve proceder ao apuramento dos titulares do direito de preferência e à fixação dos contornos desse direito, considera sempre, como momento relevante para o efeito, a data da deliberação do aumento de capital.

[95a] ALFRED JAUFFRET, *Du Droit de Souscrire par Préférence...*, pp. 78 e ss.; RENATO MICCIO, *Il Diritto...*, pp. 41 e ss.; RIVOLTA, *La Participazione...*, pp. 233 e 234; FERRER CORREIA, *Parecer, op. cit.,* pp. 10 e 11; RAÚL VENTURA, *Alterações do Contrato...*, p. 224.

jurídica do sócio ([95b]) . Fica, por isso, fora do alcance da sociedade que o não pode atingir por nova deliberação social. O aumento de capital é, pois, irrevogável ([95c]).

Fazer apelo a construções que se prendem com a determinação da natureza da subscrição individual para averiguar se a sociedade pode, ou não, revogar um aumento de capital, depois de o ter aprovado, e desse modo atingir o direito de preferência do sócio, envolve, assim, um profundo erro de perspectiva. Não interessa saber se uma vez exercido o direito de subscrição, por um sócio, se inicia um processo tendente à formação de um negócio complexo ou se nasce imediatamente um negócio sujeito a condição. Interessa, sim, apurar o momento a partir do qual surge na esfera jurídica do sócio o referido direito de subscrição. Uma vez concretizado tal direito - para empregar uma terminologia ampla-mente divulgada na doutrina - não pode a sociedade afectá-lo.

V. Deve, assim, aceitar-se, em termos gerais, a conclusão formulada pela tese segundo a qual a sociedade não pode revogar a «oferta» para preferir ([96]). O mesmo já não acontece, porém, relativamente às respectivas premissas ([97]).

A irrevogabilidade da colocação das novas quotas ou acções à disposição dos sócios, para subscrição, não resulta da formulação de uma oferta por parte da sociedade, cujo efeito seria o de provocar a autonomização do direito de participação preferencial em relação à sua matriz e consequente entrada de tal direito no património do sócio. Não é sequer possível descortinar a existência de um acto da sociedade ao qual se possam atribuir os efeitos de uma oferta em sentido técnico ([98]). É a própria deliberação da assembleia a fazer

---

([95b]) V. *Supra,* p. 127 e 128.

([95c]) Neste sentido e com base nos mesmos pressupostos que adoptamos, pronunciam-se expressamente RENATO MICCIO, *Il Diritto...,* p. 42; RIVOLTA, *La Participazione...,* pp. 233 e 234; e SÁNCHEZ ANDRÉS, *El Derecho de Suscripción Preferente...,* pp. 244 e 245.

([96]) V. *Supra,* p. 148.

([97]) Em sentido idêntico, v. SÁNCHEZ ANDRÉS, *El Derecho de Suscripción Preferente...,* p. 244.

([98]) V. *Supra,* p. 142 e ss..

A Fattispecie Constitutiva do Direito de Preferência

surgir na esfera dos sócios o direito de participar preferencialmente num concreto aumento de capital [99]. A partir daí, o direito radica-se na titularidade do sócio e não pode ser atingido contra ou sem a sua vontade [99a]. Se o direito de preferência não tiver sido suprimido, na devida altura, a sociedade fica obrigada a colocar as novas acções ou quotas à disposição dos sócios. Quando não o faça, têm eles a possibilidade de impor o seu direito, atendendo às características potestativas da situação jurídica na qual se acham investidos [100].

Nesta perspectiva não faz qualquer sentido falar em revogação da deliberação de aumento de capital ou da «oferta» de subscrição. Se a sociedade se encontra obrigada a «oferecer», aos sócios, as novas acções ou quotas, não pode obviamente revogar o aumento de capital ou a comunicação para preferir. É inadmissível a existência de um poder de revogação relativamente a algo que, imposto por lei, se deve necessariamente verificar [101].

A impossibilidade de a sociedade pôr termo à colocação das novas quotas ou acções à disposição dos sócios não deriva, por conseguinte, e ao contrário do pretendido por grande número de autores, da mecânica da oferta [102]. Resulta antes da insusceptibilidade de a sociedade dispor, por sua única vontade, dos chamados direitos adquiridos.

---

[99] A prova está na circunstância de, em determinadas hipóteses, a lei considerar supérflua a formulação de qualquer aviso ou comunicação aos sócios. V. *Supra* pp. 144 e ss..

[99a] Não há dúvidas a este respeito. Uma vez radicado um determinado direito na esfera jurídica de um sócio, não pode a assembleia vir por sua simples vontade, atacar esses direitos. V., por exemplo, MANUEL DE ANDRADE e ANTÓNIO FERRER CORREIA, *Suspensão de Deliberações Sociais...*, p. 27; RAFFAELE NOBILI, *Contributo allo Studio del Diritto D'Opzione...*, p. 78; RIVOLTA, *La Participazione...*, pp. 233 e 234; FERRER CORREIA, *Lições de Direito...*, II, p. 351, nota (1): ID.; *A Representação...*, in *Direito...*, pp. 94 e 95; GODIN E WILHELHMI, *Aktiengesetz, op. cit.*, II ,§ 244, p. 1292; ALEJANDRO BÉRGAMO, *Sociedades...*, II, p. 544; VASCO DA GAMA LOBO XAVIER, *Anulação de Deliberação Social...*, p. 448.

[100] V . *Supra*, p. 147, e *Infra,* pp. 239 e ss..

[101] Na mesma direcção, v., por exemplo, SÁNCHEZ ANDRÉS, *El Derecho de Suscripción Preferente...*, p. 245; e GIOVANNI FURGIUELE, *Contributo allo Studio della Strutura delle Prelazioni...*, p. 33.

[102] Em direcção idêntica à nossa, pronuncia-se, de forma expressa, SÁNCHEZ ANDRÉS, *El Derecho de Suscripción Preferente...*, p. 245.

VI. Contra quanto afirmamos poder-se-ia alegar que, ao sustentarmos resultar para o sócio, da deliberação da assembleia geral, um direito definitivamente radicado no seu património – e portanto fora do alcance da vontade societária –, estaríamos a pôr em causa a anteriormente afirmada regra da eficácia exclusivamente interna das deliberações sociais ([103]). Se a deliberação da assembleia geral é capaz de fazer surgir na esfera jurídica do sócio um direito subjectivo equiparável aos direitos extracorporativos, porque não admitir também a possibilidade de se descobrir na referida deliberação uma verdadeira oferta de subscrição? A resposta a esta questão é simples. Admitir que uma deliberação social pudesse compreender uma oferta de subscrição seria admitir uma deliberação capaz de influir na própria constituição de relações de organicidade ou socialidade. Ou seja, uma deliberação susceptível de ir muito para além da mera actuação dessas relações de socialidade ou organicidade, e, portanto, pertinente à esfera externa da sociedade. Diversamente, considerar a deliberação como causa imediata - independentemente de qualquer oferta em sentido técnico contida nessa deliberação ou formulada pelo órgão de administração – da autonomização de um direito subjectivo da sua matriz social não é senão aceitar a possibilidade de uma deliberação modelar a relação corporativa de que são sujeitos os sócios, determinando-lhe os respectivos contornos ([103a]) ([103b]). O

([103]) V. *Supra*, p. 146.

([103a]) Ora esse é justamente o efeito típico das deliberações da assembleia geral. A este respeito, v. VASCO DA GAMA LOBO XAVIER, *Anulação de Deliberação Social...*, p. 102, nota (7), e 562, nota (28).

([103b]) No sentido de que uma deliberação social não é susceptível de dar origem a um direito adquirido uma vez que este não respeita à esfera interna da sociedade, v. BONDI, *Die Rechte der Aktionäre*, Berlin, 1930, p. 112; e RAFFAELE NOBILI, *Contributo allo Studio del Diritto D'Opzione...*, p. 75, para quem: «*È vero che le deliberazione assembleari (...) hanno effetto immediato nei confronti dei soci: Ma non si può perciò parlare di un diritto quesito del socio contro la società, avente ad oggetto la sottoscrizione di un certo numero di azione a determinate condizione. Manca infatti proprio quella possibilità di vita autonoma che si è detta elemento caratteristico del diritto quesito: siamo sempre nella sfera dei rapporti giuridice interni, alla quale non appartengono i diritti quesiti*».

A Fattispecie Constitutiva do Direito de Preferência 157

direito de preferência radica-se na titularidade do sócio com a deliberação do aumento de capital mas não é atribuído por ela. Deriva antes da própria participação social ([104]) ([105]).

([104]) Nessa mesma direcção, e a propósito do direito de preferência, pode ver-se, na doutrina alemã, THEICHMANN-KOEHLER, *Aktiengesetz*, Heidelberg, 1950, § 153, p. 381 (*Apud* RAFFAELE NOBILI, *Contributo allo Studio del Diritto D'Opzione...*, p. 75, nota (50)); RENATO MICCIO, *Il Diritto...*, p. 37; RIVOLTA, *La Participazione...*, p. 233; e FERRARA JR. e FRANCESCO CORSI, *Gli Imprenditore...*, p. 568. Cfr. igualmente quanto escreve, a propósito do direito ao dividendo, FRANCESCO GALGANO, *La Società...*, pp. 317 e 318 (autor que, face a uma cláusula estatutária na qual se determine a forma de distribuição dos lucros, reconhecendo à assembleia o poder de deliberar em sentido diverso, se esta nada decidir, sustenta executar--se a referida cláusula de forma imediata. A transformação do lucro em dividendo realiza-se não por efeito de um acto jurídico - a deliberação de divisão dos lucros - mas em consequência de um facto jurídico - a não afectação dos lucros a um fim diverso da divisão pelos sócios); MANUEL PITA, *Direito...*, p. 103 (para quem a circunstância de a declaração de aprovação do balanço constituir uma declaração de ciência não significa não ser ela produtora de efeitos jurídicos. Significa, sim, que não altera a realidade declarada em ordem a modificar ou extinguir relações jurídicas já existentes ou constituir relações jurídicas novas. Mas nada impede, na visão do autor, a ordem jurídica de lhe associar determinados efeitos jurídicos. E um deles pode ser o de fazer nascer o direito do sócio de receber a parte que, por força da lei ou dos estatutos, lhe cabe em virtude do balanço aprovado). As considerações destes autores podem transpor-se sem dificuldades para o campo do direito de preferência. Ainda em relação ao direito ao dividendo, v., em sentido contrário ao dos autores antes citados (apesar de aferido por Manuel Pitta em direcção idêntica à por ele sustentada), PETTITI, *Contributo allo Studio del Diritto dell' Azionista all Dividendo*, Milão, 1957, pp. 18 e ss., para quem a deliberação de distribuição do dividendo «*(...) sembra che (...) sea il titolo per l'aquisto da parte del socio di quel diritto di credito (Gläubirrecht (...))*». No caso específico do direito de preferência dos sócios, sustenta que a fonte do referido direito se encontra na deliberação da sociedade SÁNCHEZ ANDRÉS, *El Derecho de Suscripción Preferente...*, *passim*, e em especial pp. 125 e ss. e 232. Este autor não deixa, todavia, de defender que a deliberação do aumento de capital leva o direito de preferência a radicar--se na titularidade do sócio. Cfr. p. 245.

([105]) Com bom critério, pois, já a velha doutrina assinalava que, se a assembleia geral decide um aumento de capital sem exclusão do direito de preferência e uma deliberação posterior afecta esse direito, tal deliberação é, por natureza, impugnável. V. BERNICKEN, *Das Bezugsrecht...*, p. 99. Mais modernamente, cfr., na mesma direcção, RENATO MICCIO, *Il Diritto...*, p. 42; SÁNCHEZ ANDRÉS, *El Derecho de Suscripción Preferente...*, p. 245.

VII. São ainda as considerações precedentes a fornecerem a resposta para o segundo problema com o qual se tem debatido a doutrina: o da revogabilidade ou irrevogabilidade do aumento de capital ainda antes de feita a comunicação aos sócios para preferir.

Ao estudar a possibilidade de revogação maioritária de uma deliberação de aumento de capital, antes de formulada a comunicação para preferir, a *communis opinio* procura - tal como nós próprios fizemos a propósito da hipótese anteriormente analisada - encontrar a chave do problema na prévia qualificação da situação jurídica na qual o sócio fica investido em virtude do aumento de capital. Se se entender que do aumento de capital deriva para o sócio um direito adquirido, deverá forçosamente concluir-se pela impossibilidade de revogar maioritariamente o referido acordo ([106]). Se, ao contrário, se estimar que da deliberação da assembleia não resulta, por si só, um direito de tal natureza, o aumento de capital pode ser revogado por posterior decisão maioritária dos sócios ([107]).

Presentes estes aspectos, não se torna difícil intuir a resposta dada, via de regra, a esta questão. Na medida em que se tem considerado a «oferta» de subscrição preferencial como verdadeira oferta em sentido técnico e defendido – em consonância com esta posição – não ter o sócio o direito de preferir senão depois de formulada a «oferta», os autores sustentam a possibilidade de revogação do aumento de capital enquanto tal «oferta» não for formulada ([108]). Esta orientação lança grande parte das suas raízes na tese segundo a qual se deve distinguir uma fase interna e uma fase externa no processo tendente à formação e execução das deliberações sociais ([108a]). Atenta esta distinção, deveria, de acordo com ela, concluir-se pela

---

([106]) SÁNCHEZ ANDRÉS, *El Derecho de Suscripción Preferente...*, p. 245.

([107]) Idem.

([108]) Neste sentido, v., por exemplo, RAFFAELE NOBILI, *Contributo allo Studio del Diritto D'Opzione...*, pp. 71 e ss.. Em direcção equivalente, OTT, *Das Bezugsrecht...*, pp. 186 e ss., para quem se mostra necessário o início da execução do aumento de capital para que este se torne irrevogável.

([108a]) Tese esta indevidamente qualificada por SÁNCHEZ ANDRÉS, *El Derecho de Suscripción Preferente...*, p. 246, de moderna. Já em 1881 Thol estabelecia uma

A Fattispecie Constitutiva do Direito de Preferência   159

revogabilidade do aumento de capital enquanto não se procedesse à respectiva exteriorização, mediante a oferta das novas quotas ou acções aos sócios [109]. É que antes disso estaríamos apenas no domínio interno da sociedade. Os sócios não poderiam, por conseguinte, invocar quaisquer direitos.

A crítica aos argumentos nos quais se baseia esta orientação já a fizemos, porém, quando analisámos o problema da revogabilidade ou irrevogabilidade do aumento de capital uma vez realizada a comunicação para preferir. Não causaremos, por isso, surpresa ao afirmar que a não podemos aceitar. Voltamos, no entanto, a sublinhar a circunstância de o direito de preferência não depender de qualquer oferta, consolidando-se no património do sócio com a própria deliberação. Isto pelo simples motivo de nem sequer ser possível descobrir em todo o processo de aumento de capital, da deliberação à subscrição preferencial, qualquer acto merecedor de semelhante qualificação [110]. Quanto dizemos não é, contraria-

---

distinção entre modificação do estatuto e aumento de capital. E com tal rigor que o autor julgava necessária a existência de duas deliberações sociais espaçadas no tempo. Uma, para a modificação do estatuto. Outra, autorizando o aumento de capital (v. THOLL, *Trattato...*, pp. 486 e 487). É com base nesta distinção que, posteriormente, autores como Soprano e muito mais tarde Chiomenti (ao qual se reporta Andrés ao fazer a afirmação que criticamos) procuraram demonstrar a existência de dois aspectos distintos no processo de aumento de capital. As novas relações intersubjectivas e os correspondentes actos intersubjectivos não podem realizar-se sem uma modificação do ordenamento corporativo, modificação que constituiria requisito autónomo de outro acto, indispensável e a ser praticado pelo órgão representativo da sociedade. Antes desse acto existiria, segundo essa mesma doutrina, apenas uma modificação dos estatutos. Só com a execução é que se começaria a proceder realmente ao aumento do capital. Cfr. SOPRANO, *L'Assemblea Generale...*, pp. 138 e ss.; FILIPPO CHIOMENTI, *La Revoca delle Deliberazioni...*, p. 164 e nota (2); na nossa literatura jurídica. v.. sobre o tema. RAÚL VENTURA, *Alterações do Contrato...*, pp. 55 e ss..

[109] Neste sentido e para além dos autores citados na nota anterior, v. FILIPPO CHIOMENTI, *La Revoca delle Deliberazioni...*, pp. 165 e 166, autor que sustenta também a possibilidade de revogação do aumento de capital mesmo depois de iniciada a fase externa ou intersubjectiva por considerar a subscrição das novas acções ou quotas um acto complexo. Cfr., a este respeito, págs.

[110] V. *Supra* p. 142 e ss. e 154.

160   *Pedro de Albuquerque*

mente ao pretendido por tantos autores, posto em causa pela propalada regra da eficácia meramente interna das deliberações sociais. A exteriorização da vontade social torna-se supérflua atendendo ao facto de ser a lei a conceder aos sócios o direito de, uma vez deliberado um aumento de capital, nele participarem preferencialmente ([111]).

VIII. Mas se tudo isto não bastasse, a solução por nós defendida pode ainda louvar-se num outro aspecto. Ela é a única a harmonizar--se com a função " natural" do direito de preferência. Ao consagrar em favor dos sócios um direito de participação preferencial em aumentos de capital, o legislador procurou não apenas defender os sócios contra eventuais prejuízos, de natureza política ou patrimonial, mas também permitir-lhes a obtenção de um ganho ([112]). Se as finalidades do direito de preferência fossem meramente conservatórias, elas não obstariam à revogação do aumento de capital ([113]) ([114]). Uma

---

([111]) Cfr., a este respeito, quanto escreve SÁNCHEZ ANDRÉS, *El Derecho de Suscripción Preferente...*, p. 246, autor que considera a exteriorização da vontade social suprida pela própria lei ao ligar à deliberação de aumento de capital um direito de preferência dos sócios.

([112]) V. *Supra*, pp. 43 e ss..

([113]) A menos que o direito já tivesse sido efectivamente exercido ou cedido a terceiros.

([114]) Assim o entende também SÁNCHEZ ANDRÉS, *El Derecho de Suscripción Preferente...*, pp. 246 e 247, para quem o problema da revogabilidade ou não do direito de preferência se deve resolver tendo sobretudo em vista os fins do direito de preferência, mais do que na perspectiva do carácter ou natureza desse mesmo direito. O autor chega, porém, a conclusões opostas às nossas, de resto, dificilmente conciliáveis com a concepção que o autor tem do direito de preferência, revelando alguma incoerência com posições anteriormente assumidas.

Estas conclusões, acerca da revogabilidade, ou não, da deliberação de aumento de capital com respeito pelo direito de preferência, foram alcançadas antes da entrada em vigor do Código de Mercado de Valores Imobiliários. À primeira vista, o artigo 170.º do referido Código parece contrariá-las, ao menos, em parte. No n.º 1 do citado preceito, o legislador estabelece que, depois de iniciado o período de subscrição, a oferta pública de valores mobiliários só pode ser retirada mediante autorização da Comissão do Mercado de Valores Mobiliários, fundada em alteração anormal e imprevisível das circunstâncias em que a entidade emitente

A Fattispecie Constitutiva do Direito de Preferência   161

vez revogada a deliberação que o aprovou, a posição do sócio não sofre qualquer alteração. Nessas condições, se o direito de preferência fosse meramente conservatório, desapareceria o interesse jurídico por ele protegido. O mesmo não se pode dizer se entendermos – como parece correcto – ter o direito de preferência finalidades «agressivas». Nesta perspectiva a revogação da deliberação da assembleia geral na qual foi aprovado um aumento de capital implica a frustração dos respectivos fins.

IX. Questão que apresenta algumas afinidades com a anterior é a de a sociedade, apesar de deliberado um aumento de capital, pura e simplesmente não o executar. A solução para esta hipótese decorre em grande parte de quanto dissemos anteriormente acerca da

---

comprovadamente se baseou para realizar a operação. *A contrario*, parece que, quanto às sociedades às quais se aplica o Código de Mercado de Valores Imobiliários, a deliberação de aumento de capital seria livremente revogável (independentemente de qualquer alteração das circunstâncias) enquanto não se iniciasse o período de subscrição. Teríamos assim que distinguir conforme o período de subscrição tivesse, ou não, começado. Na primeira hipótese, apenas seria lícito revogar a deliberação de aumento de capital com fundamento em alteração das circunstâncias. Na segunda, a revogação dependeria tão só da vontade social. Julgamos, no entanto, que esta interpretação do n.º 1 do artigo 170.º CMVM do não tem razão de ser. O sentido da disposição em análise não é o de alterar a possibilidade de revogação do aumento de capital consoante ela se verifique antes ou depois do início do período de subscrição. Trata-se antes, e somente, de modificar a competência para a apreciação da alteração das circunstâncias em que a entidade emitente se baseou para realizar a operação de aumento de capital. A deliberação de aumento de capital com respeito pelo direito de preferência deve considerar-se sempre irrevogável, excepto em caso de alteração das circunstâncias. Se o período de subscrição não teve o seu começo, a competência para a apreciação da alteração alegada caberá aos tribunais. Depois de iniciado o período de subscrição, e atentos os especiais valores em jogo a partir de então, será a Comissão do Mercado de Valores Mobiliários a dever pronunciar-se, com exclusão de outras entidades. Ponto assente é que, terminado o período de subscrição, a deliberação não pode mais ser revogada – nem mesmo com fundamento em alteração das circunstâncias (artigo 170.º n.º 2 do Decreto-Lei n.º 142-A/91). Fica, assim, definitivamente prejudicada a hipótese, já antes de rejeitar, de se fazer depender a irrevogabilidade da deliberação de aumento de capital da realização da respectiva escritura pública.

natureza da comunicação para preferir e da controvérsia relativa à revogabilidade ou irrevogabilidade da deliberação do aumento de capital. Presente este aspecto, não sentimos qualquer dificuldade em afirmar poder o sócio, não obstante a inércia da sociedade, exercer o direito ([114a]). Deve-se isso a várias circunstâncias todas elas relacionadas entre si. A primeira prende-se com o facto, por nós já diversas vezes afirmado, de o direito de preferência se radicar na esfera do sócio com a simples deliberação de aumento de capital, independentemente de qualquer exteriorização da vontade da sociedade ([115]). A segunda tem a ver com as características potestativas de semelhante direito ([116]). A terceira, e última, resulta da própria finalidade do direito de preferência.

Não faria, aliás, nenhum sentido negar a possibilidade de a sociedade vir por nova deliberação revogar um aumento de capital anteriormente decidido e admitir que o direito de preferência dos sócios pudesse ser frustrado pelos órgãos sociais, através da simples recusa de execução do aumento.

([114a]) V. *Infra.*

([115]) *Supra, passim.*

([116]) V. *Infra, passim.*

II – A titularidade originária do direito de preferência

1. A aquisição da qualidade de sócio

I. Terminado o estudo dos problemas relacionados com o processo de "nascimento" do direito de subscrição preferencial importa agora, e sem demora, procurar determinar quais os titulares desse direito.

O artigo 457.º do Código das Sociedades Comerciais concede um direito de preferência às pessoas que à data da deliberação de um aumento de capital forem accionistas. Por sua vez, o artigo 266.º estabelece um direito de preferência a favor dos sócios (sic) das sociedades por quotas. Apesar da clareza da letra da lei e do seu alcance marcadamente genérico, a questão da determinação dos titulares do direito de preferência não se revela isenta de dificuldades. Na doutrina estrangeira, confrontada com textos legislativos igualmente claros quanto a este ponto, a problemática relativa à demarcação dos titulares do direito de participação preferencial em aumentos de capital motiva acesa polémica ([117]). De seguro apenas parece poder

---

([117]) O problema da titularidade do direito de preferência tem sido debatido, *ex professo*, e a propósito de uma pluralidade de situações – como sejam as que se prendem com o usufruto de participações sociais ou com a questão dos direitos reconhecidos às acções próprias – por uma enorme multiplicidade de autores. Com carácter meramente exemplificativo, destacamos, entre os

164 Pedro de Albuquerque

reter-se a afirmação segundo a qual o direito de participação preferencial em aumentos de capital é um direito dos sócios [118]. Quando se passa, porém, para o plano das soluções concretas, levanta-se prolongada discussão. Os autores debatem, por exemplo, questões como as que consistem em saber se no caso de a sociedade possuir acções ou quotas próprias lhe deve ser reconhecido, ou não, um direito de participação preferencial em aumentos de capital [119]; se aos sócios desprovidos do direito de voto é, ou não, de atribuir um direito de preferência [120]; etc.. A razão para as hesitações e divergências da doutrina prende-se, entre outros, com um aspecto fundamental. Trata-se das dificuldades e diferenças sentidas pelos comercialistas na delimitação dos contornos jurídicos e elementos caracterizadores da qualidade de sócio e da fonte donde esta emerge. Com uma configuração difícil de demarcar, o conceito de sócio está,

---

comercialistas brasileiros, TRAJANO DE MIRANDA VALVERDE, Sociedades..., II, p. 257; na doutrina espanhola, SÁNCHEZ ANDRÉS, El Derecho de Suscripción..., pp. 356 e ss.; ALVAREZ ALVAREZ, Ejercicio del Derecho de Suscripción..., in Anuario..., pp. 304 e ss.; ALEJANDRO BÉRGAMO, Sociedades..., II, pp. 572 e ss.; e ALEJANDRO LARRIBA, Acciones..., pp. 446 e 447; no direito italiano, MONTESSORI, Il Diritto D'Opzione..., in Rivista..., vol. XIX, I parte, pp. 473 e ss.; RAFFAELE NOBILI, Contributo allo Studio del Diritto D'Opzione..., pp. 135 e ss.; FIORENZO LIZZA, L'Aquisto di Azione Proprie..., pp. 125 e ss.; na literatura jurídica francesa, cfr. G. VUILLERMET, Droit des Sociétés..., I, pp. 517 e ss.; e J.HÉMARD,F.TERRÉ e P. MABILAT, Sociétés...,II, pp. 365 e ss.; no direito alemão, podem ver-se, entre outros, BERNICKEN, Das Bezugsrecht..., pp. 64 e ss.; GUNTZ, Das Subject des Bezugsrecht..., in Die Aktiengesellschaft, cit., pp. 177 e ss. (autor que sublinha o facto de os problemas relativos à titularidade do direito de preferência serem dos menos esclarecidos, apesar de a doutrina se dedicar, há décadas, ao seu estudo); GODIN - WILHELMI, Aktiengesetz, op. cit, § 186, pp. 1054 e 1055; WIEDEMANN, Grosskommentar..., III, comentário ao § 186, pp. 73 e ss. e 77 e ss.; GESSLER, EFERMEHL, ECKARDT e KROPFF, Aktiengesetz..., § 186, pp. 246 e 247; entre os autores suíços, v., por todos, OTT, Das Bezugsrecht..., pp. 92 e ss.; finalmente , na nossa doutrina, ocupam-se deste tema RAÚL VENTURA, Adaptação do Direito Português à Segunda Directiva do Conselho da Comunidade Económica Europeia..., pp.126 e ss.; ID., Alterações do Contrato..., pp. 187 e ss.; VIEIRA PERES, Acções Preferenciais..., in Revista..., XXX, pp. 340 a 343.

[118] V. Supra pp. 119, 120, 123.
[119] Cfr. Infra p. 203 e ss..
[120] V. Infra p. 188 e ss..

A Fattispecie Constitutiva do Direito de Preferência 165

pela sua fluidez, em grande medida na base da polémica doutrinal acerca de quais sejam os titulares do direito de participação preferencial em aumentos de capital. Dedicaremos, por isso, alguma atenção a esse conceito, numa tentativa de fixação das bases a partir das quais se deverá, depois, procurar a resolução das soluções particulares que os autores têm debatido ([121]) ([121a]).

([121]) A reflexão sobre a noção de sócio competiria à teoria geral do direito das sociedades. A sua análise deveria, por conseguinte, fazer-se em obras de carácter genérico. A investigação postulada e a complexidade dos problemas que suscita justificariam igualmente a elaboração de estudos de carácter monográfico ou ensaístico. Não obstante, poucos autores se têm preocupado em apurar o conceito e noção de sócio. Não falta quem, a este respeito, fale, inclusivamente, na existência de uma «conspiração do silêncio» (v. ALAIN VIANDIER, *La Notion D'Associé*, com prefácio de François Terré, Paris, 1978, p. 6, autor que explica a razão pela qual, em seu entender, os autores não se têm dedicado, com a atenção merecida, à fixação dos contornos do conceito de sócio). Silêncio desde logo patenteado pela ausência de qualquer tentativa, por parte dos autores que têm abordado as questões relativas à titularidade do direito de participação preferencial em aumentos de capital, de darem, ao menos, uma definição de sócio (De entre as várias obras que consultámos e nas quais se procede ao estudo do direito de participação preferencial em aumentos de capital, a única onde se dedicam algumas páginas a uma breve análise dos pressupostos de que depende a atribuição da qualidade de sócio é a de OTT, *Das Bezugsrecht...*, p. 92). O esforço que faremos para procurar delimitar os contornos e elementos da figura do sócio obedece apenas a um propósito operativo: fixar os limites de um conceito, com vista à resolução de determinados problemas concretos que se levantam a respeito do direito de participação preferencial em aumentos de capital. Não é nossa intenção encetar uma investigação *a se* sobre esta matéria. Nem outra coisa se compreenderia num trabalho com estas características. Seremos, por isso, obrigados a preferir a síntese à problematização — sempre, porém, com a preocupação de salvaguarda do rigor dos conceitos e das soluções.

([121a]) Convém sublinhar um aspecto da maior importância para a exacta compreensão de quanto escreveremos de seguida. Na análise que empreenderemos agora, procuraremos, apenas, fixar o pressuposto de que depende a aquisição da qualidade de sócio. Noutros termos, tentaremos fixar a nota em função da qual se pode dizer ficar determinada pessoa investida na posição de membro de uma sociedade. Não se trata de estudar a natureza, conteúdo e estrutura da participação social (*Mitgliedschaft*). Essa tarefa será empreendida mais tarde quando abordarmos a questão da estrutura do direito de participação preferencial em aumentos de capital. V. *Infra*.

II. Para uma primeira orientação são considerados sócios aqueles que fazem parte do contrato de sociedade, ou seja os contratantes ([122]). De acordo com esta análise não haverá verdadeiramente um critério próprio da noção de sócio, mas, apenas, a utilização do critério da noção de sociedade ([123]). A confusão entre qualidade de sócio e a de parte no contrato de sociedade é total. Desta forma, os elementos do conceito de sócio serão os que resultarem do conceito de sociedade. Apurados os elementos característicos da noção de sociedade estariam igualmente apurados os elementos essenciais da figura do sócio. O caminho a percorrer para determinar quem deve ser considerado sócio passa assim pela indagação e descoberta dos elementos próprios da sociedade.

A este propósito, individualizou a doutrina os seguintes aspectos ou requisitos essenciais do contrato de sociedade: a contribuição com bens ou serviços, o exercício de uma actividade económica em conjunto, e o fim lucrativo ([124]) ([125]).

([122]) Entre nós, adoptam uma posição que se pode considerar recondutível à referida no texto, por exemplo, BRITO CORREIA, *Os Direitos Inderrogáveis...*, p. 150; ASSIS TAVARES, *As Sociedades...*, p. 150; e EVARISTO MENDES, *A Transmissibilidade...*, I, *passim*. Na doutrina italiana, podem ver-se, no mesmo sentido, por exemplo, ASCARELLI, *Appunti...*, I, pp. 232 e ss.; SIMONETTO, *L'Apporto nel Contratto di Società*, in *Rivista di Diritto Civile*, 1958, ano IV, p. 12; BUONOCORE, *Le Situazioni Soggettive..., passim*, em especial pp. 100 e 101. Na doutrina alemã, consideram que a qualidade de membro é atribuída a uma pessoa pela sua participação no acto constitutivo (devidamente registado) ou por um acto subsequente da corporação ou sociedade, entre outros, MATSUDA, *Kollektivismus und Individualismus im Aktienrecht (unter besonder Berücksichtigung des wesens der Aktie,* in *ZHR*, 1931, pp. 264 e ss. (*Apud* EVARISTO MENDES, *A Transmissibilidade..., cit.*); MÜILLER-ERZBACH, *Das Private Recht der Mitgliedschaft...*, p. 204; JULIUS VON GIERKE, *Handelsrecht...*, p. 322.

([123]) ALAIN VIANDIER, *La Notion...*, p. 11.

([124]) É esta a enunciação de autores como FERRER CORREIA, *Lições de Direito...*, II, pp. 5 e ss.; ID., *Anteprojecto de Lei das Sociedades...*, pp. 12 e ss. (autor segundo o qual o último dos elementos do contrato de sociedade acima enunciados – o lucro — deve afastar-se e substituir-se pela noção de proveito económico); FERRI, V.° *Società (Diritto Vigente): Società (in Generale),* in *Novissimo Digesto Italiano*, Turim, 1970, vol. XVII, pp. 536 e ss.; G. MINERVINI e G. GRAZIANI,

A Fattispecie Constitutiva do Direito de Preferência 167

Presentes estes elementos, seria sócio quem contribuisse com bens ou serviços para o exercício de uma actividade económica com

---

Manuale di Diritto Commerciale, Nápoles, 1979, p. 90; PINTO FURTADO, *Curso...*, pp. 22 e ss.; FERRARA JR. e FRANCESCO CORSI, *Gli Imprenditore...*, pp. 221 e ss.; URÍA, *Derecho...*, 16.ª ed., pp. 143 e 144; MANUEL ANTÓNIO PITA, *Direito...*, p. 19. Aos elementos referidos no texto, que aparecem como uma constante em qualquer explicitação dos elementos típicos ou essenciais do contrato de sociedade, acrescenta-se, por vezes, um quarto ou quinto elemento. V., por exemplo, MATTEO FERRANTE, *Negozio Giuridico...*, p. 132, que considera como requisitos essenciais da noção de sociedade as partes, o objecto, a causa e a forma; BRITO CORREIA, *Direito...*, II, pp. 5 e ss., que a propósito da noção de sociedade se ocupa do conceito de interesse social; OLIVEIRA ASCENSÃO, *Lições de Direito...*, I, p. 403, autor segundo o qual a sociedade implica pessoas (conjugação de esforços), bens (cuja conferência possibilite a actividade prevista), organização (destinada a permitir a realização da função da sociedade) e fins (um fim imediato traduzido na realização de uma actividade económica e um fim mediato que consiste na obtenção de lucros); MENEZES CORDEIRO, *Direito...*, 3.º volume - *Os Contratos em Especial – Compra e Venda - Sociedade - Empreitada*, Lisboa, 1990, *A Sociedade Civil*, por LUIS MENEZES LEITÃO, pp. 98 e ss., onde, para além dos elementos do contrato de sociedade aludidos no texto, se considera também como essencial a organização, entendida como estrutura coordenadora da actividade societária (para ulteriores desenvolvimentos acerca deste elemento, cfr. GIORGIO FORNASIERO, *Organizzazione e Intuitus Nelle Società*, Pádua, 1984, pp. 79 e ss.). Não falta, ainda, quem inclua entre os elementos essenciais da sociedade a *affectio societatis*. É esta, porém, uma figura de contornos incertos de que a doutrina se tem vindo progressivamente a afastar (acerca da *affectio societatis*, seu sentido e função, podem ver-se, nomeadamente, CUNHA GONÇALVES, *Dos Contratos em Especial*, Lisboa, 1953, p. 22, autor segundo o qual se englobariam na *affectio societatis* uma série de aspectos que são considerados pela doutrina como elementos autónomos do conceito de sociedade; MANUEL ANSELMO, *A Affectio Societatis nas Sociedades Comerciais Irregulares*, in R. D. E. S., ano 7, pp. 82 e ss.; ALAIN VIANDIER, *La Notion...*, *passim*, em especial pp. 75 e ss.; BRITO CORREIA, *Direito...*, II, pp. 69 e 70). Tradicionalmente, discutia-se se a pluralidade de partes era ou não um elemento da noção de sociedade. A este respeito, v., entre outros, J. GABRIEL PINTO COELHO, *Lições de Direito...*, I, p. 278; FERRER CORREIA, *Sociedades Fictícias e Unipessoais*, Coimbra, 1948, *passim*; ID., *La Société d'un Seul Associé*, in *Boletim da Faculdade de Direito de Coimbra*, vol. XLI, 1965, pp. 19 e ss.; ID., *Sociedades Unipessoais de Responsabilidade Limitada*, in R. D. E. S., ano I, 1945, pp. 235 e ss. e 339 e ss.(este estudo foi posteriormente incluído

a finalidade de obtenção de um lucro ([126]). A não reunião, numa mesma pessoa, de qualquer dos mencionados elementos prejudicaria, forçosamente, a sua qualificação como sócio, ainda que resvestisse os restantes.

III. Fortemente atacada pela doutrina, esta construção encontra-se actualmente em crise ([127]). Proporcionadora de uma análise meramente dualista ela contrapõe a noção de sócio à de terceiro ([128]): todos aqueles que não forem sócios devem considerar-se terceiros. É esta meramente visão dualista da realidade, inerente à posição segundo a qual a noção de sócio se deve procurar na noção de sociedade, a aconselhar o respectivo abandono. Ela mostra-se incapaz de explicar figuras como as do usufrutuário de participações sociais, do sócio remisso, ou do titular de acções de fruição ([129]).

---

no volume *Direito Civil e Comercial...*, pp. 129 e ss.); ID., *O Problema das Sociedades Unipessoais*, com a colaboração de ANTÓNIO CAEIRO, in *Estudos...*, I, pp. 4 e ss.(este artigo do professor FERRER CORREIA encontra-se igualmente publicado no *B. M.J.* n.º 166, e nos estudos de *Direito Civil e Comercial...*, pp. 171 e ss..); ID., *Lições de Direito...*, II, pp. 147 e ss.; RUI DE ALARCÃO, *Sociedades Unipessoais*, 1961. Posteriores à entrada em vigor do actual Código das Sociedades Comerciais, podem ver-se: ANA MARIA PERALTA, *Sociedades Unipessoais*, in *Novas Perspectivas...*, pp. 247 e ss., em especial pp. 254 e ss.; ANTÓNIO MARIA PEREIRA DE ALMEIDA, *A Limitação da Responsabilidade do Comerciante*, in *Novas Perspectivas...*, pp. 269 e ss.; BRITO CORREIA, *Direito...*, II, pp.10 e ss.. Actualmente e atendendo à evolucão legislativa verificada, a polémica perdeu o seu interesse.

([125]) Contra a discriminação dos elementos essenciais acima referidos, v. PAULO SENDIN, *Sociedades Comerciais*, pol., sem data, *passim*, autor que sustenta a irrelevância jurídica do fim lucrativo.

([126]) ALAIN VIANDIER, *La Notion...*, pp. 13 a 95.

([127]) Não nos é possível proceder aqui à indicação e análise de todas essas críticas. Para um estudo mais aprofundado, remetemos, por isso, para ALAIN VIANDIER, *La Notion...*, pp. 13 a 93.

([128]) *Idem, passim.*

([129]) *Idem.*

A Fattispecie Constitutiva do Direito de Preferência   169

Nenhuma delas merece, por aplicação dos critérios considerados relevantes para o efeito por esta corrente de opinião, a qualificação de sócio. Restaria, assim, proceder à sua inclusão entre a categoria dos terceiros. É, no entanto, claro não poder situar-se o sócio remisso, o usufrutuário de participações sociais, ou o titular de acções de fruição no mesmo plano de um vulgar credor societário ou de qualquer outra pessoa com a qual a sociedade mantém relações ([130]).

Tomemos como exemplo o caso do usufrutuário de participações sociais. A lei reconhece-lhe, entre outros, os seguintes direitos: o direito aos lucros distribuídos, correspondentes ao tempo de fruição do usufruto; o direito a votar nas assembleias gerais, salvo quando se trate de deliberações que importem alteração dos estatutos ou dissolução da sociedade; o direito de usufruir dos valores que, no acto de liquidação da sociedade ou quota, caibam à parte social sobre a qual incide o usufruto (v. artigo 1467.° do Código Civil e 23.° do Código das Sociedades Comerciais); e o direito de participar preferencialmente em aumentos de capital, em caso de inércia do titular da raiz (artigos 267.° n.° 2 e 462.° n.° 2 do Código das Sociedades Comerciais). Este acervo de direitos reconhecidos ao usufrutuário de participações sociais demonstra como ele se encontra bem mais próximo da figura do sócio do que da qualidade de terceiro ([131]). E, no entanto, insensível ao conjunto de poderes

---

([130]) A doutrina distingue entre terceiros imediatamente interessados e terceiros mediatamente interessados. Os primeiros são aqueles em cuja esfera jurídica se vão directamente inserir efeitos de um negócio jurídico do qual não fazem parte. Os segundos são aqueles cuja esfera jurídica não é directa e actual, mas só indirecta ou eventualmente afectada pelo negócio jurídico (cfr. CASTRO MENDES, Teoria..., III, p. 269). Esta distinção não se mostra, porém, susceptível de resolver os problemas de análise colocados pela qualificação, por exemplo, do usufrutuário de participações sociais.

([131]) Não falta mesmo quem lhe atribua a qualidade de sócio. Nesse sentido, v., por exemplo, ANSELMO DE CASTRO, Direitos do Usufrutuário de Cota, em Especial para Requerer a Dissolução da Sociedade, in Revista de Direito e Estudos Sociais, 1947, ano III, n.° 1, p. 61; BARBOSA DE MAGALHÃES, Usufruto de Acções de Partes e de Quotas Sociais, in Revista da Ordem dos Advogados, 1952, ano 12.°, n.os 1 e 2, pp. 45 e ss.; e BRITO CORREIA, Direito..., II, p. 361. A opinião dominante afasta-se, porém, de semelhante qualificação. Nesta direcção, podem, nomeadamente, ver-se OTT, Das Bezugsrecht..., p. 185;

atribuídos por lei ao usufrutuário, a tese agora em análise, vulgarmente designada de tradicional, continua a qualificar o usufrutuário como mero terceiro. Ele é, assim, colocado em plano idêntico ao de qualquer sujeito de direito com o qual a sociedade mantém relações, mas a quem não é reconhecida qualquer possibilidade de participação na vida societária. Torna-se, porém, evidente como só um conceptualismo exacerbado, desligado das realidades da vida, poderia sustentar tal posição.

IV. À tese clássica seguiu-se uma outra corrente de opinião, vulgarmente designada de modernista, que procurou reformular a noção de sócio com base, não já nos elementos do contrato de sociedade, mas no conceito de pessoa colectiva ([132]). Esta teria determinados contornos que se reflectiriam sobre a noção de sócio. Entre eles estaria o carácter necessariamente organizado da pessoa colectiva. Tendo presente tal aspecto, o sócio deveria aparecer antes de mais como o membro de um grupo ([133]), ou mesmo de um órgão da sociedade ([134]). A constatação desta realidade implicaria a verificação de duas consequências da maior importância: o reconhecimento de uma série de prerrogativas e direitos inerentes à qualidade de sócio, por um lado, e a afirmação de um interesse social enquanto elemento da noção de sócio, por outro ([135]). Analisemos cada um destes aspectos.

Quer se trate de uma sociedade com uma estrutura muito simples, quer deparemos uma sociedade com uma organização extremamente complexa - como sejam algumas sociedades anóni-

---

ALAIN VIANDIER, *La Notion...*, pp. 31 e ss. e 141 e ss.; JACINTO GIL RODRIGUES, *El Usufruto de Acciones...*, pp. 124 e ss. (embora de forma não totalmente clara); entre os autores nacionais, v. J. GABRIEL PINTO COELHO, *Usufruto...*, in *Revista...*, ano 90, pp. 50 e ss.. Para maiores desenvolvimentos bibliográficos, v. *Infra*.

([132]) Acerca desta construção, v. ALAIN VIANDIER, *La Notion...*, pp. 96 e ss..

([133]) PAILLUSSEAU, *La Société Anonyme. Technique d'Organisation de l'Entreprise*, Paris, 1967, p. 17.

([134]) BERR, *L'Exercice du Pouvoir dans les Sociétés Commerciales*, Paris, 1961, pp. 308 e 309.

([135]) ALAIN VIANDIER, *La Notion...*, p. 101.

A Fattispecie Constitutiva do Direito de Preferência   171

mas — no seio dos respectivos órgãos é sempre reconhecido aos sócios um conjunto de direitos e faculdades ([136]). A sua multiplicidade é enorme. Em abstracto, eles podem ir do direito de intervir na gestão da sociedade ao direito de controlar a acção dos dirigentes sociais ([137]). É, contudo, possível encontrar uma característica ou traço comum a todos eles. Trata-se, em qualquer caso, de direitos destinados a assegurar e garantir o funcionamento das sociedades. Os pontos de contacto acabam, porém, aqui. Na verdade, a importância e conteúdo dos poderes reconhecidos aos sócios são extremamente variá-veis ([138]). Os autores procuram, apesar disso, isolar um conjunto de direitos inerentes à qualidade de sócio. É, por exemplo, esse o esforço da doutrina dos direitos próprios ou dos direitos individuais ([139]). Seria, justamente, a investigação acerca dos direitos, poderes e faculdades inseparáveis da qualidade de sócio a fornecer um dos critérios necessários à determinação da respectiva noção. Se existem prerrogativas forçosamente atribuídas aos sócios, pela simples razão de o serem, então, deve admitir-se o facto de certos direitos constituírem elementos da noção de sócio ([140]) ([141]).

([136]) *Idem*, p. 100.

([137]) *Idem*.

([138]) *Idem*.

([139]) *Idem*.

([140]) *Idem*.

([141]) Um dos direitos mais frequentemente retidos como fundamentais para a determinação da qualidade de sócio é o direito de voto - apesar de diversas legislações admitirem a sua limitação. A este respeito não falta, mesmo, quem sustente a natureza «constitucional» do direito de voto. Para uma apreciação das posições que fazem depender a qualidade de sócio da titularidade do direito de voto e dos resultados a que conduzem, v., na doutrina estrangeira e por todos, Ott, *Das Bezugsrecht...*, p. 92. Entre nós, procuram construir a noção de sócio com base no conjunto de direitos que lhes são reconhecidos, designadamente, Barbosa de Magalhães, *Usufruto...*, in, *Revista...*, ano 12, p. 45 e ss.; Anselmo de Castro, *Direitos do Usufrutuário...*, in *Revista...*, ano III, p. 766 e ss.; e Raúl Ventura, *Reflexões Sobre Direitos de Sócios*, in *Colectânea de Jurisprudência*, 1984, ano IX, tomo 2, p. 10, autor que, reportando-se à posição de Ascarelli acerca da natureza da participação social (v. *Infra*, p. 399 nota (25)), escreve: «*O problema (...) consiste em saber se uma pessoa é sócio por ter certos direitos e deveres ou se tem certos deveres e direitos por ser sócio e a primeira parece ser a resposta acertada*». Em sentido crítico

Ainda em virtude do seu carácter organizado, as sociedades dotadas de personalidade jurídica possuem interesses próprios ([142]). Os direitos reconhecidos aos sócios em função dessa sua qualidade, e por mais importantes que se apresentem, encontram-se limitados pelo interesse social. Na verdade, a doutrina tem considerado que as prerrogativas atribuídas aos membros das sociedades devem ser exercidas em conformidade com o interesse social, porquanto a sua finalidade básica seria a de garantir o bom funcionamento dos órgãos societários. Ao mesmo tempo, porém, e em simultâneo com a sujeição dos sócios ao interesse da sociedade, é conferido a estes o direito de defenderem tal interesse ([143]). A partir desta dupla constatação seria possível considerar o interesse social como um dos elementos da noção de sócio ([144]). Ela seria, nomeadamente, construída com base na posição dos sócios relativamente ao interesse social: a qualificação de alguém como sócio dependeria da sua sujeição ao referido interesse e da possibilidade de intervir em sua defesa ([145]).

V. Apesar de procurar representar uma alternativa à tese clássica acerca da noção de sócio, a teoria agora em análise não escapa às críticas àquela movidas. Na verdade, tal como a orientação tradicional, a teoria modernista apenas admite a existência de duas categorias de sujeitos no confronto com a sociedade: os sócios, por um lado, e os terceiros, por outro. Não existe espaço para situações intermédias cuja existência constitui uma realidade só artificialmente ignorável. A este reparo têm, ainda, sido acrescentados muitos outros específicos da posição em exame. Entre eles, pode, por exemplo, referir-se a circunstância de, ao construir-se o conceito de sócio com

---

quanto à possibilidade de se construir o conceito de sócio com base nos respectivos direitos e deveres, cfr. ASCARELLI, *Personalità Giuridica...*, in *Rivista...*, pp. 1037 e ss..

([142]) Acerca da problemática relativa ao interesse social, v. *Infra*, p. 303 e ss..

([143]) Situação que, segundo ALAIN VIANDIER, *La Notion...*, p. 101, coloca o sócio numa posição ambígua relativamente ao interesse social: o sócio participa na defesa desse interesse, mas, ao mesmo tempo, encontra-se-lhe subordinado.

([144]) ALAIN VIANDIER, *La Notion...*, pp. 101 e 133 e ss..

([145]) *Idem.*

A *Fattispecie Constitutiva do Direito de Preferência* 173

base na noção de personalidade jurídica, se estar a limitar o respectivo campo de aplicação. Apenas os sócios das sociedades dotadas de personalidade colectiva são tomados em consideração, com exclusão de todos os outros. O resultado obtido conduz, assim, a um inadmissível e injustificado fraccionamento da noção de sócio.

Mais grave, ainda, é o manifesto vício de raciocínio em que a chamada teoria modernista incorre. Ela não distingue *fattispecie* social ([146]) (participação no grupo) e disciplina normativa (conjunto de direitos e prerrogativas reconhecidas aos sócios). Na verdade, seria a simbiose destes dois elementos a fornecer o critério para a determinação das normas aplicáveis ao sócio ([147]). Semelhante posição releva, porém, do mais refinado conceptualismo. Ela procura definir o sócio através do conjunto de direitos a ele atribuídos, assumindo uma dada disciplina normativa enquanto critério de determinação da *fattispecie*. Ao fazê-lo, nega, contudo, o problema da determinação do âmbito de aplicação dessa mesma disciplina normativa. No fundo, o procedimento intelectual observado é o seguinte. Considera-se um conjunto de direitos como uma consequência da disciplina normativa de quantos participam num grupo (no nosso caso a sociedade) para indagar se esses direitos aparecem como uma constante, ou, ainda, se subsistem mesmo quando negados pelo estatuto. Se a resposta for afirmativa, haverá de proceder-se à caracterização dos participantes no grupo em função da titularidade desses mesmos direitos ([148]). Deverá, assim, conside-

---

([146]) A expressão *fattispecie* foi utilizada, pela primeira vez, por BETTI na primitiva edição do seu curso de *Instituições de Direito Romano*. § 45. Conforme é esclarecido pelo próprio BETTI (*Teoria Geral...*,I , p. l, nota (2)), o termo deriva do latim medieval *facti species* que à letra significa «figura.de facto». Betti considera esta expressão preferível à comummente usada de *facto jurídico*, porquanto ela indica tanto o facto propriamente dito, como, simultaneamente, o estado de facto e de direito em que o facto incide e se enquadra. Acerca do sentido e alcance desta expressão, hoje de uso vulgar, podem ainda ver-se, e para além de Betti, entre outros: SANDULI, *Il Procedimento Amministrativo*, Milão, 1940, pp. 175 e ss.; SCOGNAMIGLIO, *Contributo alla Teoria del Negozio...*, p. 16, com ampla indicação bibliográfica.

([147]) ASCARELLI, *Personalità Giuridica...*, in *Rivista...*, p. 1038.

([148]) ASCARELLI, *Personalità Giuridica...*, in *Rivista...*, p. 1038, nota (59).

174   *Pedro de Albuquerque*

rar-se como sócio aquele a quem forem reconhecidos determinados direitos havidos por inseparáveis de semelhante qualidade, e recusar--se o qualificativo a quem não possuir esses mesmos direitos. Apenas os primeiros ficariam sujeitos às regras cuja aplicação o legislador faz depender do atributo sócio. Desta forma, chega-se, porém, a um círculo vicioso do qual é impossível escapar ([149]). É que, procurar definir um conceito, ao qual se aplica uma dada disciplina, jurídica através de características extraídas dessa mesma disciplina equivale a admitir o seguinte: se o conceito x) é determinável com base na disciplina y), para saber quando é aplicável a disciplina y) é imprescindível descobrir se a disciplina y) é aplicável, voltando-se, assim, ao ponto de partida ([150]).

Admitamos que a qualidade de sócio dependia, por exemplo, da titularidade do direito de preferência . Nesse caso, apenas poderia considerar-se sócio quem dispusesse desse direito. Restaria então saber qual é o critério para determinar quais as pessoas dotadas de direito de preferência. A resposta só pode naturalmente ser uma: têm direito de preferir em aumentos de capital aqueles a quem é

([149]) Neste mesmo sentido, v. ASCARELLI, *Personalità Giuridica...*, in *Rivista...*, ano II, pp. 1039 e ss., nota (60), que, a propósito da determinação dos critérios ou elementos da *fattispecie* "título de crédito", demonstra a impossibilidade de se determinar um conceito com base na respectiva disciplina jurídica. Deste autor, e sobre este problema, podem ainda ver-se, sempre no mesmo sentido: *Considerazioni in Tema di Società e Personalità Giuridica*, in *Saggi...*, pp. 130 e ss., em especial 181 e ss.; *Sul Concetto di Titolo di Credito e Sulla Disciplina del Titolo V Libro IV del Nostro Codice – espresioni della normativa e tipologia della realtà*, in *Ibid*, pp. 566 e ss.. Para além de Ascarelli, preocuparam se com a temática relativa à construção de conceitos jurídicos e com a forma de determinação do âmbito de aplicação de uma determinada disciplina jurídica, entre outros: AULETTA, *Fallimento dell'ex Socio Con Responsabilità Illimitata*, in *Rivista Trimestrale di Diritto e Procedura Civile*, 1954, p. 530; SCOGNAMIGLIO, *Fatto Giuridico e Fattispecie Complessa*, in *Rivista Trimestrale di Diritto e Procedura Civile*, 1954, pp. 331 e ss.; ID., *Contributo...*, *passim*, em especial pp. 14 e ss. e 80 e ss.; SENA, *Il Voto...*, pp. 7 e ss., autores que se manifestam todos em sentido semelhante ao de Ascarelli. Ainda a propósito do mesmo tema mas perspectivado de forma algo diversa, cfr. SANTI ROMANO, *Realidad Jurídica*, in *Fragmentos de un Diccionario Jurídico*, tradução para o castelhano de Santiago Sentís e Marino Ayerra, Buenos Aires, 1964, pp. 349 e ss..

([150]) ASCARELLI, *Personalità...*, in *Rivista...*, p.1043.

A Fattispecie Constitutiva do Direito de Preferência   175

reconhecida a qualidade de sócio. Ou seja, para saber a quem deve reconhecer-se o direito de participar preferencialmente em aumentos de capital é preciso saber quem é que tem direito de participar preferencialmente em aumentos de capital. Entra-se, assim, num círculo vicioso do qual não é possível sair ([151]). E nada se alteraria se em vez do direito de preferência - escolhido diríamos quase arbitrariamente - se considerasse qualquer outro direito. Tomemos, por exemplo, o direito de voto. É relativamente vulgar os

---

([151]) Neste vício de raciocínio incorre, por exemplo, e com a devida vénia, o Dr. Brito Correia. Na verdade, este autor – numa atitude diversa da que adoptara anteriormente no seu estudo sobre os direitos inderrogáveis dos accionistas, obra na qual considera derivar a qualidade de sócio da participação inicial no contrato de sociedade, ou posterior adesão a ele (v. BRITO CORREIA, *Os Direitos Inderrogáveis...*, p. 150) - delimita o conceito de sócio em função de dois aspectos: a titularidade do órgão constituído pela colectividade dos sócios (cfr. *Direito...*, III, p. 41), e a titularidade da participação social (*Idem*, p. 31, onde se escreve: *«como sócios consideram-se, em regra, os titulares ou proprietários de participações sociais»*.Além destes, e segundo Brito Correia, considerar-se-iam ainda sócios os titulares de acções de fruição. V. nota (lA)). De acordo com o ilustre comercialista, usase a expressão «participação social» não só para designar o conjunto de obrigações e direitos do sócio e a quota-parte deste no capital social, mas também para significar o correspondente bem pertencente ao património dum sócio enquanto possível objecto de direitos e de negócios jurídicos (v. *Direito...*, II, p. 353). Admitir como válido o raciocínio do Dr. Brito Correia equivale, porém, a admitir o seguinte: o conceito de sócio determina-se tomando como critério para fixação dos respectivos contornos os direitos reconhecidos aos sócios. Só que para saber quais são os direitos atribuídos aos sócios (ou seja os direitos integrados na participação social) é necessário saber previamente quem são os sócios. E a resposta seria naturalmente a seguinte: são sócios aqueles a quem se reconhecem os direitos inerentes à qualidade de sócio. Com isto volta-se, todavia, ao ponto dc partida. E o mesmo se dirá se, em vez de tomarmos a participação social como conjunto de direitos do sócio, a considerarmos como forma de expressar qualquer uma das outras realidades a que se refere o Dr. Brito Correia - quota-parte do sócio no capital social, ou bem pertencente ao património do sócio enquanto objecto possível de direitos ou negócios jurídicos. Se, por exemplo, considerarmos a participação social como forma de designar a quota – parte do sócio no capital social, então sócio será o sócio (!) titular de uma quota-parte do capital social. Isto, para não abordarmos o facto de, em nossa opinião, a participação do sócio não ser relativa apenas ao capital social, como parece entender o Dr. Brito Correia, mas sim ao património da sociedade.

176   *Pedro de Albuquerque*

autores sustentarem depender a qualidade de sócio da titularidade do direito de voto ([152]). Afirmar isso é, porém, admitir um absurdo, pois a petição de princípio subjacente a semelhante posição é escandalosamente evidente. A premissa pressupõe definido o resultado ao qual se pretende chegar. Só depois de sabermos quem é sócio, é possível afirmar com seriedade se o direito de voto é ou não um dos direitos inerentes à qualidade de sócio ([153]).

([152]) Nesse sentido, pode ver-se, nomeadamente, OTT, *Das Bezugsrecht...*, p. 92.

([153]) Parece ser outra a posição de A. A. GALHARDO SIMÕES, *Subsídios para um Conceito Jurídico de Contribuinte*, separata da revista *Ciência e Técnica Fiscal*, n.os 49, 58 e 67, Lisboa, 1963 e 1964, pp. 22. e ss., que – ao analisar a orientação segundo a qual a qualidade de contribuinte deveria determinar-se em função da legitimidade para «acompanhar» a obrigação fiscal, exercendo os direitos que remanescem do respectivo vínculo – considera perfeitamente correcta a seguinte afirmação: pode recorrer, logo é sujeito passivo. Incorrecta e ilegítima seria, sim, na sua opinião, esta outra afirmação: é sujeito passivo, logo pode recorrer. De acordo com este autor, não haveria nenhum vício de método no pensar-se que uma determinada qualidade de um sujeito deva ser definida em função da titularidade de certos poderes reconhecidos pela ordem jurídica. Não constitui, segundo ele, uma contradição nos termos, rejeitável *in limine,* o dizer-se que determinada qualidade pertence àqueles a quem são reconhecidos, pela ordem jurídica, determinados poderes. Se com isto Simões Galhardo pretende sustentar a possibilidade de se construir um conceito com base na disciplina jurídica que o legislador lhe faz corresponder, não podemos deixar de refutar a sua opinião. Nós próprios sustentámos já, noutra altura (v. PEDRO DE ALBUQUERQUE, *Autonomia da Vontade e Negócio Jurídico em Direito da Família...,* p. 119), a necessidade de a qualificação de uma figura jurídica resultar do respectivo regime. Uma coisa é, porém, a qualificação de uma *figura iuris,* outra a construção de um conceito, no qual se irá posteriormente subsumir essa figura. Esse não pode obviamente elaborar-se com base no respectivo regime jurídico (cfr., neste sentido, ASCARELLI, *Personalità Giuridica...,* in *Rivista...,* pp. 1038 e ss.; SCOGNAMIGLIO, *Contributo alla Teoria del Negozio...,* pp. 12 e ss. e 80 e ss.; PEDRO DE ALBUQUERQUE, *Autonomia...,* pp. 115 e ss.). É do conceito que se deve partir para o regime e não do regime para o conceito. Na verdade, a tentativa de se procurar estabelecer um conceito com recurso à respectiva regulamentação importa uma inversão lógica para a qual a doutrina tem chamado a atenção. Deve-se isso ao facto de a regulamentação já pressupor um conceito ao qual se aplica. Ela não pode, assim, ditar elementos para a construção de uma *fattispecie,* mas quando muito fornecer indícios para a sua

A Fattispecie Constitutiva do Direito de Preferência 177

VI. Não nos parecem, assim, e com o devido respeito, terem razão aqueles que, como o Professor Raúl Ventura, consideram a expressão «qualidade de sócio» uma mera forma de designação verbal da titularidade de certo direito ou conjuntos de direitos, atribuídos a uma pessoa em função da sua participação num acto jurídico [154].

Ao procurar responder à questão que consiste em saber se uma pessoa é sócio por ter certos direitos e deveres ou se tem certos direitos e deveres por ser sócio, o ilustre Professor admite, sem dúvida, a existência de hipóteses nas quais a atribuição a alguém de um acervo de prerrogativas ou deveres se faz em função de uma determinada qualidade, posição ou situação previamente adquirida [155]. Assim, e conforme reconhece o Professor Raúl Ventura, pelo facto de uma pessoa ser pai ou filho de outra é-lhe atribuída toda uma massa de poderes e deveres. Em tais casos, aquele Professor considera possível falar em « qualidade» enquanto *prius* lógico relativamente à atribuição do conjunto de poderes e deveres. Outras vezes, porém, aquilo que parece ser uma qualidade - aparência à qual a linguagem se prestaria - constituiria apenas uma forma sintética e abreviada de exprimir a titularidade de determinados direitos [156]. Seria este segundo caso o do sócio, simples designação de um contraente e não qualidade determinante de uma massa de direitos e deveres [157].

Não nos parece, conforme o dissemos já, e salvo o devido respeito, ter o ilustre Mestre razão. A expressão sócio ou qualidade de sócio poderia equivaler, na sua substância, a uma simples *regula iuris* ou fórmula abreviada de uma determinada disciplina normativa se não fosse ela mesma utilizada pelo legislador. É, porém, a própria

---

determinação. Note-se, aliás, que Galhardo Simões, apesar de sustentar, contrariamente ao demonstrado por uma multiplicidade de autores, não haver nenhuma inversão lógica na construção de um conceito com base no respectivo regime jurídico, acaba por se negar a seguir tal via para alcançar o resultado que se propõe: determinar os contornos do conceito de contribuinte.

[154] RAÚL VENTURA, *Reflexões...*, in *Colectânea...*, ano IX. tomo II, p. 10.

[155] *Idem.*

[156] *Idem.*

[157] *Idem.*

lei a assumir o conceito de sócio, e isso não pode deixar de se repercutir sobre o seu significado e alcance ([158]). Assim, e por exemplo, a lei processual faz depender a legitimidade, para requerer a suspensão das deliberações da assembleia geral contrárias à lei, da prova da qualidade de sócio. Por sua vez, o Código das Sociedades Comerciais recorre frequentemente ao conceito de sócio para delimitar o âmbito de aplicação da disciplina por ele ditada: *«todo o sócio tem direito: a) a quinhoar nos lucros; b) a participar nas deliberações de sócios (...)»* [artigo 21.º]; *«(...) os sócios participam nos lucros e nas perdas da sociedade»* [artigo 22.º]; *«as entradas dos sócios devem ser realizadas no momento da outorga da escritura pública do contrato de sociedade (...)»* [artigo 26.º]; *«os gerentes devem prestar a qualquer sócio que o requeira informação (...)»* [artigo 214.º n.º 1]; *«salvo diferente cláusula (...) não pode deixar de ser distribuído aos sócios metade do lucro de exercício (...)»* [artigo 217.º n.º 1]; *«nenhum sócio pode ser privado (...) de participar na assembleia (...)»* [artigo 248.º n.º 5]; *«o sócio não pode votar por si nem por seu representante (...)»* [artigo 251.º]; *«os sócios gozam do direito de preferência em aumentos de capital (...)»* [artigo 266.º n.º 1]; etc. ([159]).

Importa, por conseguinte, determinar previamente em que consiste o "sócio" para se poder considerar aplicável, ao menos numa particular *fattispeccie* - utilizando uma expressão de Ascarelli ([160]) - a respectiva disciplina.

Na construção do Professor Raúl Ventura o conceito de sócio equivale, já o dissemos, a uma forma breve de designar uma dada disciplina normativa. Face à lei portuguesa essa noção não pode, porém, deixar de corresponder a uma tipologia da realidade social ([161]).

([158]) Neste sentido, v., por todos, ASCARELLI, *Sul Concetto di Titolo di Credito...*, in *Saggi...*, p. 569.

([159]) Os exemplos poderiam multiplicar-se indefinidamente.

([160]) ASCARELLI, *Sul Concetto di Titolo di Credito...*, in *Saggi...*, p. 569.

([161]) Vem a propósito recordar aqui a distinção operada por Ascarelli entre conceitos jurídicos, que constituem o fruto da obra realizada pelo intérprete ao ordenar uma dada disciplina normativa, e os conceitos relativos a uma tipologia da realidade social. Os primeiros correspondem a uma *regula iuris*. Conforme refere a propósito DÍEZ-PICAZO (*Experiencias Jurídicas y Teoria del Derecho*, Barcelona, 1983,

A Fattispecie Constitutiva do Direito de Preferência 179

É que, se a *fattispecie* sócio tivesse o significado a ela imputado pelo Professor Raúl Ventura e constituísse apenas uma expressão de

pp. 268 e 269), eles fixam uma decisão real ou solução hipotética dos problemas. Não possuem, por isso, um valor absoluto. Representam, por um lado, termos de uma linguagem especial e abreviada de forma a consentir uma aproximação aos problemas, e, por outro, constituem aquilo a que Viehweg chama peças ocultas de um sistema. Quer dizer: opera neles uma tópica oculta, por força da qual apenas a partir dos problemas e através deles podem ser compreendidos. Os segundos operam uma reconstrução tipológica da realidade ou de um acontecimento social típico regulado por normas jurídicas. Tal como sublinha Ascarelli, em diversos dos seus escritos, toda a disciplina jurídica se aplica a um tipo da realidade. A determinação do âmbito de aplicação dessa disciplina apenas pode resultar dos conceitos que operam uma reconstrução da realidade social. São apenas estes a permitirem delimitar, para fins da respectiva aplicação, o alcance das normas jurídicas. Por isso, são estes os únicos conceitos aos quais o legislador, ou o intérprete, fazem apelo para efeitos de aplicação de uma concreta regulamentação. Diversamente, os conceitos com os quais se resume uma disciplina normativa (pouco importando, segundo Ascarelli, saber se constituíam ou não, neste caso como no precedente, pseudo-conceitos), de acordo com a generalidade de algumas das suas características, são forçosamente mudos no concernente à aplicabilidade e âmbito dessa mesma disciplina. Deve-se isso ao facto de representarem uma simples expressão abreviada de dada regulamentação. São, conforme refere Ascarelli, reportando-se a um passo de Paulo, *regulae* das quais não é possível extrair *jus*. Para um estudo mais pormemorizado das posições de ASCARELLI, podem ver-se deste autor: *Prefazione*, in *Studi di Diritto Comparato e in Tema di Interpretazione*, Milão, 1952; *Interpretazione del Diritto e Studio del Diritto Comparato*, in *Rivista del Diritto Commerciale e del Diritto Generale delle Obbligazioni*, 1954, I, pp. 157 e ss.; *Considerazioni in Tema di Personalità...*, in *Saggi...*, pp. 130 e ss.; *Sul Concetto di Titolo di Credito...*, in *Saggi...*, pp. 567 e ss.; *Inesistenza e Nullità*, in *Rivista di Diritto Processuale*, 1956 I, pp. 61 e ss.; *Personalità Giuridica...*, in *Rivista...*, pp. 981 e ss.; *Ordinamento Giuridico e Processo Economico*, in *Problemi Giuridici*, Milão, 1956, pp. 39 e ss.; *Norma Giuridica e Realtà Sociale*, in *Ibid*, pp. 69 e ss. Esta necessidade de o jurista se ater na realidade, quando da elaboração doutrinal e dogmática do direito, através do recurso a conceitos extraídos da vida real, era já sublinhada por CARNELUTTI, *Introduzione allo Studio del Diritto*, Roma, 1943; ID., *Teoria Geral do Direito*, Tradução de A. RODRIGUES QUEIRÓ e ARTUR ANSELMO DE CASTRO, Coimbra, 1942, pp. 1 e ss.; ID., *Discorso Intorno all Diritto*, Pádua, III, 1961. Para além de Carnelutti, podem, ainda, ver-se, a este respeito e sempre no mesmo sentido, AULETTA, *Fallimento...*, in *Rivista...*, p. 530; SCOGNAMIGLIO, *Fatto Giuridico...*, in *Rivista...*, 1954, p. 331; ID., *Contributo...*, *passim*, em especial pp. 1 e ss. e 80 e ss.; SENA, *Il Voto...*, pp. 7 e ss.; SANTI ROMANO, *Realidad...*, in *Fragmentos...*,

180 Pedro de Albuquerque

uma determinada regulamentação, grande parte dos artigos do código comercial seriam inaplicáveis ([162]) ([163]).

---

pp. 350 e ss.; Díez-Picazo, *Experiencias Jurídicas...*, pp. 268 e 269. Recorde-se, ainda, a classificação operada por Engisch a propósito dos conceitos utilizados pelo direito. Segundo este autor, os conceitos jurídicos devem distinguir-se em conceitos determinados e indeterminados; descritivos e normativos; arbitrários e cláusulas gerais; e, noutra perspectiva, em abstractos e históricos. Os conceitos absolutamente determinados correspondem àqueles que o direito toma, perdoe-se a expressão, de empréstimo aos outros sectores da realidade – assim sucede, por exemplo, com os conceitos ontológicos, as asserções analíticas, números, medidas, etc., enquanto os indeterminados são, na sua grande maioria, conceitos estritamente jurídicos (entre estes dois tipos de conceitos é ainda possível encontrar outros cujo grau de indeterminação é meramente parcial). Os conceitos descritivos (nascimento, morte, etc.) contrapõem-se aos normativos. A diferença entre eles reside na circunstância de os primeiros narrarem um fenómeno de verificação possível e os segundos designarem o pressuposto de facto do qual depende a aplicação de uma norma jurídica, ou o efeito ligado à norma pelo pressuposto. Quando a concretização de um conceito normativo deve, necessariamente, ser efectuada através de uma decisão ou valoração (por exemplo, ordem pública, interesse público), depararemos um conceito arbitrário. As cláusulas gerais constituem igualmemte um conceito normativo e devem contrapor-se à casuística. A maior parte dos conceitos jurídicos são, além disso, históricos: representam realidades em transformação e evolução, e opõem-se aos conceitos abstractos relativos a ideias atemporais. A propósito desta classificação, cfr. Karl Engisch, *Introdução ao Pensamento Jurídico*, trad. e prefácio do Professor Baptista Machado, Lisboa, 1965, pp. 173 e ss.; Díez-Picazo, *Experiencias...*, pp. 265 e ss.; Pedro de Albuquerque, *Falência Por Cessação de Pagamentos*, separata de *Estudos de Direito Comercial*, vol I, Coimbra, 1989, p. 197, nota (57); Ruy de Albuquerque, *Da Compensabilidade dos Créditos e Débitos...*, pp. 31 e ss..

([162]) Considerando expressamente que através da noção de sócio se faz apelo a uma posição na realidade social, pode ver-se Ascarelli, *Personalità Giuridica...*, in *Rivista...*, pp. 1036 e nota (56).

([163]) A posição que sustentamos, considerando a noção de sócio como correspondente a uma posição da realidade social e, por conseguinte, um *prius* lógico relativamente à respectiva disciplina jurídica, não faz de nós defensores das posições de Ascarelli acerca da natureza da posição de sócio. Para este autor, deve reconhecer-se na posição do sócio, no âmbito das sociedades comerciais, um pressuposto de ulteriores direitos e obrigações, um *status* do qual derivam, directamente, ou com o concurso de outras circunstâncias, direitos e obrigações. Teremos oportunidade de nos debruçarmos, adiante, sobre a natureza da participação social.

VII. Face à insuficiência das teses até agora analisadas, surgiu, pela pena de Alain Viandier ([164]), uma nova teoria com vista à construção da noção de sócio.

A posição sustentada por este escritor toma de empréstimo um elemento de cada uma das teorias anteriormante criticadas ([165]). Da análise clássica, Viandier retém, como essencial, a obrigação de entrada. E por vários motivos. De entre eles deve destacar-se a circunstância de a entrada andar ligada à qualidade de parte no contrato de sociedade ([166]). Da análise moderna o autor francês toma como válida a existência de certas prerrogativas ou poderes jurídicos essenciais à qualidade de sócio. Viandier reduz, no entanto, essas prerrogativas a um só direito: o direito de participação ([167]), definido como a soma do direito de informação e do direito de controle. Este direito de participação não se confunde, assim, com o direito de voto. Na verdade e de acordo com o autor francês, o direito de voto não deve sequer ser tomado em consideração para fixação dos contornos do direito de participação.

A *fattispecie* sócio compreenderá, assim, e segundo Alain Viandier, dois elementos. Sócio será aquele que tenha realizado uma entrada para a sociedade e ao qual seja reconhecido um direito de participação na sociedade. A falta, quer da realização (ou promessa de realização) da obrigação de entrada, quer do direito de participação, levará, naturalmente, a negar, a quem não tenha efectuado a primeira ou não disponha do segundo, a qualidade de sócio.

Por agora, sublinharemos apenas o facto de a posição defendida por Ascarelli a propósito do conceito de participação social se encontrar hoje praticamente superada. Isso não impede, porém, os autores, que chamam a atenção para esse mesmo facto, de considerarem que ela teve o mérito de pôr em evidência a circunstância de o direito à qualidade de sócio ou a participação social depender da verificação prévia (ao menos de um ponto de vista lógico) de uma determinada posição. Neste sentido, v., por exemplo, BUONOCORE, *Le Situazioni Soggetive..*, *passim*.

([164]) ALAIN VIANDIER, *La Notion...*, *passim*.

([165]) Para uma análise muito breve da posição defendida por ALAIN VIANDIER, v. o prefácio de FRANÇOIS TERRÉ à monografia daquele autor.

([166]) ALAIN VIANDIER, *La Notion...*, pp. 152 e ss. e 287.

([167]) *Idem*, pp. 168 e 287.

Não é, porém, a forma como Alain Viandier constrói a noção de sócio a dar a nota de maior interesse à sua tese ([168]). Essa reside na circunstância de o autor, sensível à realidade das coisas, se recusar a incluir entre a categoria dos terceiros todos aqueles que não satisfaçam as condições por ele julgadas como essenciais para determinação da qualidade de sócio. Viandier considera existir entre associados e terceiros um grupo intermédio, no qual se devem, nomeadamente, inserir o usufrutuário de participações sociais e os titulares de obrigações convertíveis. Aos membros dessa categoria intermédia dá Viandier o nome de participantes.

O critério para a sua determinação é duplo: a primeira aproximação faz-se excluindo-se desta categoria ou grupo todos aqueles que devam ser considerados como sócios. A segunda destina-se a encontrar uma forma de distinguir os participantes dos terceiros. Para tanto, socorre-se Viandier da noção de relação privilegiada. Segundo ele, são participantes aqueles que não sendo sócios mantêm com a sociedade uma relação privilegiada. No entender de Viandier, tal relação existirá quando o interessado beneficia, mesmo se colectivamente ou de forma indirecta, de um direito de informação ou de um direito de controle ([169]).

VIII. Não obstante o esforço empreendido por Alain Viandier, na sua tentativa de encontrar um caminho para a determinação da noção de sócio, as conclusões a que o autor chega revelam-se infrutíferas. Na verdade, ao procurar construir a sua teoria com base numa síntese ([170]) de duas posições diversas, Alain Viandier não consegue escapar a algumas das observações e reparos feitos a essas mesmas posições. Concretamente, ao procurar delimitar a noção de sócio com recurso ao direito de participação na sociedade, Viandier incorre no mesmo vício de raciocínio que vimos dever imputar-se à chamada teoria modernista. Só depois de se saber quem é sócio se

---

([168]) Tese com a qual não deixamos, aliás, de discordar. Cfr. *Infra*.

([169]) ALAIN VIANDIER, *La Notion...*, pp. 261 e ss..

([170]) Síntese na qual o autor expurgaria alguns dos vícios imputados às teorias por ele anteriormente analisadas e refutadas.

torna realmente possível sustentar-se terem os sócios um direito de participarem na vida da sociedade.

IX. Qual então o critério para apurar os contornos da noção de sócio?

Apesar da crise que vem sofrendo, por influência das críticas contra ela movidas por certa doutrina, terá, necessariamente, de aceitar-se, como ponto de partida, a teoria tradicional: a qualidade de sócio determina-se em função da participação no contrato de sociedade ou posterior adesão a ele. Esta noção decorre da própria natureza das coisas e corresponde ao conceito empírico de sócio, ao qual o ordenamento jurídico não pôde deixar de fazer apelo. A prova de quanto afirmamos podemos nós extraí-la de vários preceitos do Código das Sociedades Comerciais. Na verdade, torna-se evidente, em mais de uma norma do Código, como o legislador considera sócios aqueles que outorgaram o contrato de sociedade ou vieram, posteriormente, a tornar-se partes desse contrato. Assim, e por exemplo, quando uma participação social for, por força do regime matrimonial de bens, comum aos dois cônjuges, será, de acordo com disposição legal expressa, considerado sócio, nas relações com a sociedade, aquele dos dois que tenha celebrado o contrato de sociedade. No caso de a aquisição da referida participação se revelar posterior ao momento de celebração do contrato, então por sócio será havido aquele por quem a participação tenha vindo ao casal [artigo 8.º n.º 2 do Código das Sociedades Comerciais]. No tocante ao número de membros exigido para a celebração do contrato de sociedade, o legislador impõe, via de regra, um limite mínimo de duas partes (*sic*) [artigo 7.º n.º 2 do Código das Sociedades Comerciais]. Tratando-se de uma sociedade anónima, não pode, porém, o número de sócios (*sic*) ser inferior a cinco, excepto quando a lei o dispense [artigo 273.º n°. 1 do Código das Sociedades Comerciais]. Esta última imposição surge, obviamente, em articulação com a exigência formulada no artigo 7.º n.º 2 do Código das Sociedades Comerciais e revela como o legislador utiliza indiscriminadamente os termos de «partes no contrato» e «de sócio». Se algumas dúvidas ainda restassem, bastaria, para as dissipar, recordar o disposto no artigo 274.°. Neste preceito afirma-se, de forma categórica, que a qualidade de sócio surge com a outorga do contrato de sociedade ou da escritura de aumento de capital ([171]).

Perante semelhante panorama torna-se manifesta a confusão entre a qualidade de sócio e a de parte no contrato de sociedade. Ao chegar a semelhante conclusão, aproximámo-nos, afinal, e em grande medida, da teoria tradicional que procura construir a noção de sócio com base no conceito de contrato de sociedade. Com algumas diferenças, porém. A posição tradicional concebe primeiramente a existência do contrato de sociedade e só depois a figura do sócio, apurada com base na análise dos vários elementos do referido contrato. Na nossa perspectiva, tal como o acto de dar à luz gera simultaneamente a maternidade e a filiação, a qualidade de mãe e a qualidade de filho, também a celebração do contrato dá, de um só jacto, vida à sociedade e à figura do sócio. Além disso, mais do que procurar se numa pessoa se reúnem todos os elementos próprios do conceito de sociedade, verdadeiramente essencial em nosso entender, para determinar quem é, ou não, sócio - quem é ou não parte no contrato de sociedade - consiste em apurar quem, ou em benefício de quem, se realiza ou assume a obrigação de entrada ([172]).

([171]) A circunstância de, por força do disposto no artigo 5.° do Código das Sociedades Comerciais, a sociedade (tal como acontece no direito alemão) apenas existir como tal a partir da data do registo definitivo do contrato pelo qual se constitui, poderia, aparentemente, levar a pensar que a qualidade de sócio apenas nasceria com o referido registo. Não é, porém, assim. O artigo 274.° é bem claro a este respeito: «a qualidade de sócio surge com a outorga do contrato de sociedade ou da escritura do aumento de capital». Isso mesmo é, aliás, confirmado pelo artigo 88.° do Código das Sociedades Comerciais, segundo o qual, para efeitos internos, as participações sociais de qualquer sociedade se consideram constituídas a partir da celebração da escritura de aumento de capital. Atente-se, ainda, no disposto no artigo 37.°, n.° 2. Sobre este assunto, e em sentido idêntico ao nosso, pode ver-se EVARISTO MENDES, *A Transmissibilidade...*, I, pp. 104 a 106. Cfr. igualmente JOÃO LABAREDA, *Das Acções...*, p. 9.

([172]) O contrato de sociedade é, recorde-se, nos termos da lei, aquele em que duas ou mais pessoas se obrigam a contribuir com bens ou serviços para o exercício em comum de certa actividade económica, que não seja de mera fruição, a fim de repartirem os lucros resultantes dessa actividade. Perante esta definição, a doutrina tem sublinhado o carácter verdadeiramente fundamental da obrigação de entrada, desde logo presente

A Fattispecie Constitutiva do Direito de Preferência 185

Esta é, por si só, suficiente para proporcionar a nota em função da qual se devem determinar as partes no contrato de sociedade, sem necessidade de mais indagações ([173]).

Poder-se-ia pensar em objectar à nossa construção, fazendo-lhe a crítica levantada à teoria tradicional, acusada de proporcionar uma análise meramente dualista da realidade ([174]) e de não conseguir explicar situações como as do usufrutuário de participações sociais ou dos titulares de obrigações convertíveis. A ela foge-se, todavia, de forma muito simples, se aceitarmos como válida a categoria dos participantes, tal como é definida por Alain Viandier ([175]) ([176]).

X. A análise acabada de efectuar fornece-nos um primeiro alicerce para determinar a quem deve reconhecer-se o direito de participar

---

no regime estabelecido pelo legislador para o incumprimento de tal obrigação. É este, aliás, um ponto relativamente ao qual se tem formado entre os autores dos diversos países verdadeiro consenso, multiplicando-se, por toda a parte, o número de vozes referindo a essencialidade da obrigação de entrada. Nesta direcção, pode ver-se, por exemplo, e na literatura jurídica italiana, SIMONETTO, *L'Apporto nel Contrato...*, in *Rivista...*, ano IV, pte. I, p. 1 (com ampla indicação bibliográfica); entre os escritores de língua francesa, destacamos ALAIN VIANDIER, *La Notion...*, pp. 153 e ss.; entre nós, cfr., por todos, BRITO CORREIA, *Direito* ..., II, pp. 12 e ss., 152 e ss., 292 e ss..

([173]) E dizemos isto porquanto julgamos que a realização – ou a promessa de realização – da obrigação de entrada permite, por si só, descobrir os restantes elementos dos quais a doutrina tem feito depender a qualidade de sócio e é suficientemente reveladora da qualidade de parte no contrato de sociedade. Isto obviamente quanto à aquisição originária da condição de sócio. Tratando-se de uma aquisição derivada, a posição de membro da sociedade deve encontrar-se naquele que tenha sucedido a quem previamente realizou uma entrada na mesma.

([174]) V .*Supra*, p. 166 e ss.

([175]) Cfr. *Supra*, p. 181 e ss..

([176]) A construção de Alain Viandier peca - por importar numa inversão lógica - em relação à determinação do critério da noção de sócio. Os defeitos relativos a esta parte da sua teoria não se estendem, porém, à elaboração da categoria dos participantes, em abstracto conciliável com qualquer das orientações da doutrina acerca do conceito de sócio. Deve-se isso ao facto de a elaboração da referida categoria se colocar num plano diverso daquele onde se situa a noção de sócio, e de não constituir, ela própria, uma *fattispecie*. A *fattispecie* poderá ser, por exemplo, a noção de usufrutuário de participações sociais, nunca a categoria dos participantes. Esta é de exclusiva elaboração doutrinal.

preferencialmente em aumentos de capital. A lei, numa fórmula marcadamente genérica, concede semelhante direito aos sócios (*sic*) das sociedades por quotas e aos accionistas (*sic*) das sociedades anónimas. Sócio (ou accionista) é aquele que, tendo realizado uma entrada, ou assumido a obrigação de realização dessa entrada, é parte no contrato de sociedade. Titular do direito de preferência deve ser, assim, quem, por ter efectuado uma entrada ou assumido a obrigação de a realizar, seja sujeito do contrato de sociedade. Ao dizermos isto alcançámos um primeiro resultado. Não ficámos, porém, dispensados de proceder ao estudo dos vários casos que têm dividido a doutrina na sua tentativa de determinar se a eles deve, ou não, corresponder um direito de subscrição preferencial.

2. A titularidade do direito de preferência e as categorias de acções

I. Questão bastante discutida pela generalidade dos autores é a que consiste em saber se todas as acções conferem, aos respectivos titulares, um direito de participar preferencialmente em aumentos de capital, ou se esse direito é apenas conferido pelas acções ordinárias ([177]). Na nossa lei, a resolução do problema encontra-se enormemente facilitada. Refira-se, desde já, a fórmula ampla utilizada pelo legislador no n.º 1 do artigo 458.º do Código das Sociedades Comerciais, ao atribuir a todos quantos forem accionistas, à data da deliberação de aumento de capital, o direito de participarem preferencialmente nesse mesmo aumento. Este preceito, do qual não consta qualquer restrição relevante, parece, por si só, sugerir a necessidade de se reconhecer a todos os accionistas, independentemente de serem titulares de acções ordinárias ou de determinada categoria específica, um direito de preferência. Porém, se isso não bastasse, o n.º 5 do artigo 458.º

([177]) Idêntica interrogação não tem sido levantada quando se trata do direito de participar preferencialmente em aumentos de capital de sociedades por quotas. Deve-se isso à circunstância de nessas sociedades não existirem, por regra, diversas categorias de quotas.

desfaria quaisquer duvidas eventualmente existentes. Na verdade, diz-se aí, *expressis verbis*, que se numa sociedade existirem várias categorias de acções, todos os accionistas têm igual direito de preferência. Contudo, se as acções de nova emissão forem iguais às de alguma categoria especial já existente, a preferência pertence primeiro aos titulares de acções dessa categoria e só quanto às acções não subscritas por estes gozam de preferência os outros accionistas ([178]).

Perante semelhante disposição não fica espaço para hesitações: também os titulares de acções pertencentes a uma categoria especial têm o direito de participar preferencialmente em aumentos de capital. Mais. Na hipótese de as acções de nova emissão corresponderem a uma categoria já existente, as acções dessa categoria conferirão aos seus titulares preferência relativamente aos restantes sócios.

É esta, de resto,uma conclusão a que chega igualmente a doutrina estrangeira, apesar de confrontada com textos legislativos, frequentemente, menos claros a este respeito ([179]).

([178]) O nosso legislador adoptou, assim, e simultaneamente, o "princípio da identidade" e o "princípio da variabilidade". "O princípio da identidade" vigora para as hipóteses de emissão de novas acções de uma categoria já existente. Nesse caso, a preferência pertence primeiro aos titulares de acções dessa categoria e só quanto às acções não subscritas gozam os demais accionistas de preferência. O "princípio da variabilidade" vale sempre que as novas acções não correspondam a nenhuma das categorias especiais anteriormente existentes. Cfr. NOLTE, *Die Verwässerung...*, p. 89; e SÁNCHEZ ANDRÉS, *El Derecho de Suscripción Preferente...*, p. 290, nota (38).

([179]) Nesse sentido, podem ver-se, numa enunciação meramente exemplificativa, na literatura jurídica de língua alemã: OTT, *Das Bezugsrecht...*, p. 93; D. GUNTZ, *Das Subjekt...*, in *Die Aktiengesellschaft, cit.*, p. 177; GODIN-WILHELMI, *Aktiengesetz, op. cit.*, § 186, p. 1054; para uma apreciação da postura adoptada pela doutrina francesa, v., por todos, J. HEMARD, F. TERRÉ e P. MABILAT, *Sociétés...*, II, pp. 365 e 366; entre os autores italianos, cfr. MONTESSORI, *Il Diritto D'Opzione...*, in *Rivista ...*, vol. XIX, I parte, p. 473 (Este autor pronunciava-se ainda antes da consagração legal de um direito de preferência a favor dos sócios. Entendia, por isso, possível estipular-se, nos estatutos, um direito de preferência para todos os sócios ou apenas para os titulares de determinada categoria de acções. Porém, na sua opinião, quando no pacto se falasse, sem mais, de um direito de preferência a favor dos sócios ou accionistas, sem quaisquer restrições expressas, tal direito pertenceria a todos os sócios); RAFFAELE NOBILI, *Contributo allo Studio del Diritto D'Opzione...*, pp. 135

188 — Pedro de Albuquerque

Na verdade, também ela afirma, de forma genérica, a necessidade de se fazer corresponder às acções pertencentes a categorias especiais um direito de subscrição preferencial, justificando de diversas formas a posição adoptada. Relativamente a vários casos pontuais, os autores revelam, no entanto, algumas hesitações. É o que se passa, por exemplo, com as acções preferenciais sem voto ou acções de fruição.

II. No tocante às acções preferenciais sem voto, as dúvidas patenteadas, por certo sector da doutrina, quanto a saber se elas conferem, ou não, aos respectivos titulares, um direito de subscrição preferencial, prendem-se essencialmente com as dificuldades que têm vindo a apoquentar grande número de autores na determinação da exacta configuração da natureza jurídica destes títulos e do respectivo titular ([180]) ([180a]).

---

e ss.; NOBILI e VITALI, *La Riforma delle Società...*, p. 346; no direito espanhol, cfr. JESUS RUBIO, *Curso de Derecho de Sociedades...*, p. 317; SÁNCHEZ ANDRÉS, *El Derecho de Suscripción Preferente...*, p. 285; ALEJANDRO LARRIBA, *Acciones...*, p. 446 (autor que afirma categoricamente «*El derecho de suscripción se reconoce a todas las acciones existentes (...)*», ressalvando as acções próprias, a respeito das quais o autor espanhol julgou necessário maior desenvolvimento); na doutrina brasileira, v. TRAJANO DE MIRANDA VALVERDE, *Sociedades...*, II, p. 257; entre nós, e face ao texto da Segunda Directiva C.C.E., pronuncia-se, em direcção semelhante à seguida pelos autores antes referidos, RAÚL VENTURA, *Adaptação do Direito Português à Segunda Directiva do Conselho da Comunidade Económica Europeia...*, pp. 84 e ss., para quem, perante o texto da 2.º Directiva C.E.E., se deve reconhecer um direito de preferência a todos os accionistas, qualquer que seja a categoria de acções de que forem titulares. Contra, manifesta-se BRUNETTI, *Trattato...*, II, p. 520, autor de acordo com o qual apenas se deveria conceder aos titulares de acções ordinárias o direito de participar preferencialmente em aumentos de capital.

([180]) Veja-se, por exemplo, quanto escreve a este respeito OTT, *Das Bezugsrecht* ..., pp. 92 e ss., autor que considera apenas ser sócio quem dispuser do direito de voto, e, por conseguinte, nega o direito de subscrição preferencial a todos quantos não possuam o direito de votar. Cfr. igualmente ALAIN VIANDIER, *La Notion...*, pp. 122 e 182 e ss.. Não faltam, contudo, autores contrários ao reconhecimento do direito de preferência a quem se encontra desprovido do direito de voto, não por lhe recusarem a qualidade de sócio, mas em função das próprias finalidades do direito de preferência (v. FREY, *Shareholders'*, in *Yale...*, pp. 563 e 569 e ss.; STEVENS, *Handbook...*, pp. 503 e 504).

([180a]) Admitida a exclusão estatutária do direito de voto nas sociedades por quotas, as dúvidas que se levantaram acerca da qualificação jurídica dos titulares de acções preferenciais sem voto colocam-se igualmente a propósito do

A Fattispecie Constitutiva do Direito de Preferência 189

Em França, desde cedo se equipararam ou aproximaram as acções sem voto das obrigações. Estabeleceu-se, nomeadamente, uma comparação com as obrigações participativas, ou seja aquelas que conferem um juro calculado em função dos resultados obtidos ([181]).

Em Itália, importante sector da doutrina recusa-se a ver nas *azioni de risparmio* verdadeiras acções, aproximando o accionista sem voto do *associato in participazione* ([182]). A *communis opinio*, contudo, defende a posição contrária. Considera que a igualdade entre o accionista ordinário e o accionista *di risparmio* é a regra e as diferenças verdadeiras excepções ([182a]).

III. Na doutrina portuguesa, segundo julgamos, poucos foram os autores a dedicar alguma atenção ao problema. No seu estudo sobre as accões das sociedades anónimas, o Professor Pinto Coelho, sem, no entanto, chegar a equipará-los, aproxima os accionistas despro-

---

enquadramento da situação jurídica do quotista desprovido do direito de voto. A este respeito e ainda no domínio da legislação anterior ao Código das Sociedades Comerciais, v. FERRER CORREIA, *A Representação...*, in *Direito...*, pp. 105 e ss.; ANTÓNIO CAEIRO, *A Exclusão Estatutária do Direito de Voto nas Sociedades por Quotas*, in *Temas de Direito das Sociedades*, Coimbra, 1984, pp. 105 e ss..

([181]) MICHEL JUGLART e BENJAMIN IPPOLITO, *Cours...*, II, p. 356; JAUFFRET—SPINOSI, *Les Actions à Dividend Prioritaire sans Droit de Vote*, in *Revue des Sociétés*, 1979, p. 25; VIEIRA PERES, *Ações Preferenciais...*, in *Revista...*, XXX, p. 342.

([182]) Nessa direcção, podem ver-se, entre outros, SPADA, *Le Azioni di Risparmio*, in *Rivista di Diritto Civile*, 1974, II, pp. 597 e ss.; R. NOBILI, *La Disciplina delle Azioni di Risparmio*, in *Rivista delle Società*, 1984, p. 1213, numa aparente contradição com as posições assumidas no seu *Contributo allo Studio del Diritto D'Opzione...*, pp. 5 e ss., onde considera os accionistas desprovidos do direito de voto verdadeiros sócios e sustenta a necessidade de se lhes reconhecer o direito de participarem preferencialmente em aumentos de capital.

([182a]) Assim, entre outros, FRANCESCO GALGANO, *La Società...*, p. 406; FRÈ, *Società...*, in *Commentario...*, comentário ao artigo 2349.°, pp. 186 e 187; NOBILI e VITALI, *La Riforma delle Società...*, pp. 396 e ss. Cfr. ainda VIEIRA PERES, *Ações Preferenciais...*, in *Revista...*, XXX, pp. 312 e 343. V., porém, o *Parere del Consiglio Nazionale dell' Economia e del Lavoro*, in *Rivista delle Società*, 1966, p. 249, onde se considera as *azioni di risparmio* títulos atípicos. Na literatura jurídica espanhola, v., a favor da qualificação das acções preferenciais sem voto como verdadeiras acções, ALBORCH BATALLER, *El Derecho de Voto del Accionista (supuestos especiales)*. Madrid, 1977, p. 347.

vidos do direito de voto dos obrigacionistas. Fá-lo sensibilizado pelo desinteresse, de tais sócios, pela administração da sociedade, à qual se acham ligados, apenas, através da importância do capital que lhe forneceram [183]. Por sua vez, António Caeiro, ao debruçar-se sobre a questão da admissibilidade da exclusão estatutária do direito de voto nas sociedades por quotas, interrogava-se acerca da seguinte questão: será o voto elemento essencial do *status* do sócio e, por conseguinte, irrenunciável, ou antes um direito renunciável [184] [185]? O autor defendia, com vigor,

---

[183] PINTO COELHO, *Estudo Sobre as Acções...*, in *Revista...*, ano 89, p. 274.

[184] ANTÓNIO CAEIRO, *A Exclusão...*, in *Temas...*, pp. 105 e ss..

[185] De acordo com VIEIRA PERES, *Acções Preferenciais...*, in *Revista...*, XXX, p. 341, António Caeiro colocaria a questão a que nos referimos no texto nos seguintes termos: «*será o voto elemento essencial do status do sócio, logo irrenunciável, ou será antes uma exigência fundamental da organização e do funcionamento das sociedades mercantis? Ainda na vigência da Lei das Sociedades por quotas de 11 de Abril de 1901, o mesmo autor defendia convictamente a admissibilidade de exclusão de voto desde que compensada por qualquer privilégio*». A forma como Vieira Peres pretende traduzir o pensamento de António Caeiro revela, porém, uma deficiente leitura de quanto escreve este último autor. Na verdade, e conforme não poderia deixar de ser, para António Caeiro considerar o direito de voto como uma exigência fundamental da organização e funcionamento das sociedades mercantis equivale a ver no direito de voto um direito irrenunciável. A qualificação desse direito como constituindo um elemento essencial da participação social ou uma exigência fundamental da organização da sociedade não se coloca, pois, na perspectiva do autor, em termos de alternativa. Transcrevemos em apoio da nossa afirmação quanto escreve a este respeito António Caeiro: «*Ponto mais difícil é averiguar se os sócios podem, no estatuto, convencionar a privação do direito de voto de alguns deles (…). Trata-se, ao fim e ao cabo, de averiguar se o direito de voto é ou não elemento essencial do status de sócio e, portanto, se é um direito irrenunciável ou renunciável ou, como escreve precisa e sugestivamente Ferrer Correia, se é um dos direitos «que procedem daqueles preceitos legais que, na economia do sistema, correspondem a existências fundamentais mínimas da organização e do funcionamento das diferentes sociedades mercantis(…)*». É que a sociedade por quotas, com todas as especialidades que o seu regime jurídico comporta, é uma espécie do género sociedade e está sujeita aos princípios gerais do direito das sociedades. E, por isso, sem expressa derrogação da lei àqueles princípios não será de admitir a consagração de um regime que a eles frontalmente se oponha (…). Como primeira nota afigura-se-nos que a irrenunciabilidade do direito de voto não é característica essencial do contrato e da relação de sociedade. (…) Mas, não resultando embora a irrenunciabilidade do direito de voto da essência da sociedade, não corresponderá ela a uma exigência fundamental da organização e do funcionamento das sociedades mercantis? Ferrer Correia inclina-se para a afirmativa (…). Será esta doutrina inteiramente convincente? Salvo melhor opinião, as soluções que propõe parecem-nos bastante duvidosas*». ANTÓNIO CAEIRO,

A Fattispecie Constitutiva do Direito de Preferência   191

a possibilidade de exclusão do direito de voto, conquanto compensada pela concessão de algum privilégio. Mais recentemente, e já depois da entrada em vigor do Código das Sociedades Comerciais, debruçou-se sobre este assunto – e na perspectiva específica das acções preferenciais sem voto – Vieira Peres [186]. Em seu entender, a ausência do direito de voto não impede a qualificação das acções preferenciais sem voto como verdadeiras acções, nem a consideração do respectivo titular como autêntico sócio.

Por nós, não temos qualquer dificuldade em qualificar como sócios quantos, apesar de terem realizado (ou prometido realizar) a obrigação de entrada, se acham desprovidos do direito de voto, como facilmente se compreenderá se se tiverem presentes as considerações tecidas anteriomente, ao analisarmos o problema da aquisição da qualidade de sócio [187]. Não descortinamos, por isso, nenhum obstáculo a que lhes seja concedido o direito de participarem preferencialmente em aumentos de capital. Trata-se de um direito integrado na chamada *Mitgliedschaft*, devendo, por consequência, caber a todos os sócios. Não só não foi estabelecida pelo legislador nenhuma restrição relevante [188], ao consagrar tal direito, como, ao

---

A Exclusão..., in *Temas...*, pp. 105 e ss.. Cfr., ainda a respeito da exclusão do direito de voto, FERRER CORREIA, *A Representação...*, in *Direito...*, pp. 105 e ss.; e VASCO DA GAMA LOBO XAVIER, *Anulação de Deliberação Social...*, p. 239, nota (115), autores que se reportam expressamente às considerações tecidas por António Caeiro.

[186] VIEIRA PERES, *Acções Preferenciais...*, in *Revista...*, XXX,pp. 340 e ss..

[187] V. *Supra*.

[188] Presentes estes dois aspectos – a qualificação do direito de preferência como um *Mitgliedschaftrecht*, por um lado, e, por outro, a fórmula ampla utilizada pelo legislador na concessão do direito de preferência – a doutrina alemã não tem hesitado ao considerar dever reconhecer-se o direito de participar preferencialmente em aumentos de capital aos titulares de acções desprovidas do direito de voto. Assim, WÜRDINGER, *Aktienrecht*, Karlsruhe, 1959, p. 82, HUECK, *Kapitalerhöhung...*, in *FS Nipperdey...*, I, p. 431; GODIN-WILHELMI, *Aktiengesetz, op. cit.*, § 186, p. 1054; LUTTER, *Kölner Kommentar...*, II, II, comentário ao § 186, p. 338 ; WIEDEMANN, *Großkommentar...*, III, comentário ao § 186, p. 73; GESSLER, EFERMEHL, ECKARDT e KROPFF, *Aktiengesetz...*, § 186, p. 264. Esta linha de raciocínio é igualmente seguida em Espanha por ALBORCH BATALLER, *El Derecho de Voto...*, p. 368, que escreve: «(...) *el derecho de suscripción preferente dimana de la*

192 Pedro de Albuquerque

contrário, do ponto de vista das finalidades do direito de subscrição preferencial – e atenta a superioridade dos respectivos fins patrimoniais relativamente aos objectivos de natureza política - tudo aponta para a necessidade de concessão do mesmo ([189]) ([190]). De resto, entre nós, o problema de saber se às acções preferenciais sem voto deve, ou não, corresponder um direito de preferência quase nem se chega a

---

titularidad de la accion (es un derecho esencial del accionista, del que en principio no puede ser privado), por tanto, si el titular de las acciones sin voto, como hemos dicho anteriormente possee la dicha condición, debe reconocerse le la titularidad de aquel derecho».

([189]) Neste mesmo sentido, cfr., por exemplo, RAFFAELE NOBILI, *Contributo allo Studio del Diritto D'Opzione...*, pp. 5 e ss..

([190]) Não se diga que, ao invocarmos as finalidades do direito de preferência, como um argumento mais para justificar o reconhecimento do direito de subscrição preferencial a favor dos sócios desprovidos de voto, estamos a incorrer em petição de princípio, por termos fixado a hierarquia dessas finalidades fazendo assentar o nosso raciocínio, nomeadamente, no pressuposto, então a demonstrar, de que às acções preferenciais sem voto também corresponderia um direito de preferência. O recurso à figura das acções preferenciais sem voto serviu apenas, e uma vez demonstrada a superioridade dos objectivos patrimoniais do direito de subscrição relativamente aos de natureza administrativa, para definir uma ordem de precedência entre duas finalidades de natureza patrimonial: uma de natureza conservatória, outra de natureza agressiva. Ela não representou um dos alicerces sobre os quais fizemos assentar a nossa conclusão acerca da superioridade dos fins patrimoniais sobre os fins políticos. Essa conclusão resultou de outras considerações e é, por si só, suficiente para justificar a concessão do direito de preferência aos sócios desprovidos do direito de voto. Parecem-nos a este respeito bem elucidativas as seguintes palavras de RAFFAELE NOBILI, *Contributo allo Studio del Diritto D'Opzione...*, pp. 5 e 6: «*Sotto il profilo amministrativo, l'attribuzione di azioni con diritto di voto pieno agli azionisti senza diritto di voto o con voto limitato accresce la loro influenza nella società, a danno dei soci già titolari di azioni a voto pieno. (...). D'altra parte, però, la mancata offerta delle azioni a certi soci, per non danneggiari i titolari di azioni con diritto di voto pieno importerebbe una diminuizione della misura della participazione patrimoniale (...) dei soci a voto limitato o senza voto. (...). La prevalenza della funzione patrimoniale del diritto di opzione (...) sembra accolta anche del legislatore italiano (...). La causa del contrato di società è (...) quel la di conseguire un utile, da distribuire tra i soci, a seguito dell'esercizio in comune di una attività economica. (...). Perciò, dovendo sceliere fra il sacrificio del potere amministrativo del socio, e quello della participazione all'utile sembra che il sacrificio del primo debba essere prescelto, ai fini dell'atribuzione del diritto di opzione».*

pôr ([191]). Na verdade, é o próprio legislador quem afirma, de modo categórico, corresponderem às acções preferenciais sem voto, além do dividendo e reembolso prioritários, todos os direitos inerentes às acções ordinárias, excepto o direito de voto ([192]). Parece, assim, não ter triunfado a tese da não equiparação das acções sem voto às suas congéneres ordinárias ([193]). Ao contrário, prevaleceu a regra da sua equiparação ou similitude ([194]). Este princípio deve naturalmente ser tomado em consideração sempre que esteja em causa a concessão ou reconhecimento de um direito não mantido expressamente, ou, ao invés, suprimido, pelo legislador, para as acções preferenciais sem voto ([195]). Nestes termos, não pode oferecer quaisquer dúvidas a circunstância de a essas acções corresponderem necessariamente todos os direitos patrimoniais típicos, para além daqueles que constituem o seu privilégio específico, como seja o direito de preferência ([196]).

([191]) Neste mesmo sentido e a propósito da determinação da natureza das acções preferenciais sem voto, v. VIEIRA PERES, *Acções Preferenciais...*, in *Revista...*, XXX, pp. 340 e 341.

([192]) Cfr. o disposto no artigo 341.° n.ᵒˢ 2 e 3, do Código das Sociedades Comerciais.

([193]) VIEIRA PERES, *Acções Preferenciais...*, in *Revista...*, XXX, p. 343.

([194]) *Idem.*

([195]) *Idem.*

([196]) Nesta mesma direcção, e com base em considerações idênticas, cfr., na doutrina nacional, VIEIRA PERES, *Acções Preferenciais...*, in *Revista...*, XXX, pp. 341 a 343. Na literatura jurídica italiana, v. FRANCESCO GALGANO, *La Società...*, p. 406, autor que apoiado num raciocínio idêntico ao desenvolvido no texto afirma expressamente corresponder às acções preferenciais sem voto um direito de participação preferencial em aumentos de capital. Deve, em qualquer caso, referir-se a circunstância de, desde a reforma operada em 1974 no direito italiano das sociedades comerciais, o respectivo legislador dispor expressamente conferirem *azioni di risparmio* o direito de preferência aos respectivos titulares. Cfr. NOBILI e VITALI, *Riforma delle Società...*, p. 424; MANGO, V.° *Opzione...*, in *Novissimo... Appendice*, vol. V, p. 524. Entre os autores espanhóis, destacamos, no mesmo sentido, e sempre com alicerce em considerações semelhantes às desenvolvidas no texto, ALBORCH BATALLER, *El Derecho de Voto...*, p. 368, que escreve: *«las acciones sin voto conceden los mismos derechos que las acciones ordinarias; como se depreende de las leyes (...), por tanto, (...) debe reconocérsele la titularidad de aquel derecho».* No sentido de que aos accionistas sem voto deve reconhecer-se a titularidade do direito de

IV. Também no concernente às acções de fruição, a polémica travada acerca da questão que consiste em saber se a elas deve, ou não, corresponder um direito de subscrição preferencial tem sido centrada, pela generalidade dos autores, em torno do problema da sua qualificação jurídica [197]. Aqueles que as consideram como verdadeiras acções em sentido técnico não sentem dificuldades em lhes fazer corresponder um direito de preferência, tratando-se de uma situação jurídica inerente à condição de accionista [198]. Ao contrário, todos quantos lhes negam semelhante natureza, e as tomam como títulos de um crédito em sentido estrito, capazes de atribuírem direitos de terceiro, mas não a qualidade de sócio, recusam-se a reconhecer aos respectivos titulares o direito de participarem preferencialmente em aumentos de capital [199].

V. Poucas questões parecem ter dado origem a maiores debates do que a relativa à determinação da natureza das acções de fruição, como o comprova a diversidade de pontos de vista e de posições adoptadas pelos autores dos mais variados países [199a].

Os juristas franceses, por exemplo, parecem mostrar-se divididos [199b]. Para uns, as acções de fruição não seriam acções verdadeiras

---

participarem preferencialmente em aumentos de capital, podem ainda ver-se os autores citados *Supra* p. 191, nota (188), embora com base noutros argumentos, anteriormente referidos.

[197] V. SÁNCHEZ ANDRÉS, *El Derecho de Suscripción Preferente...*, p. 344.

[198] Em sentido favorável ao reconhecimento do direito de preferência, podem ver-se, entre outros, ASCARELLI, *Riflessioni...*, in *Saggi...*, p. 221, nota (8); RAFFAELE NOBILI, *Contributo allo Studio del Diritto D'Opzione...*, pp. 139 e ss.; ALVAREZ ALVAREZ, *Ejercicio del Derecho de Suscripción...*, in *Anuario...*, pp. 314 e 315; JESUS RUBIO, *Curso de Derecho de Sociedades...*, p. 114; ALEJANDRO BÉRGAMO, *Sociedades...*, II., p. 576 (apesar de admitir a possibilidade de os estatutos excluírem semelhante direito).

[199] Assim, e por exemplo, SÁNCHEZ ANDRÉS, *El Derecho de Suscripción Preferente...*, pp. 341 e ss..

[199a] SÁNCHEZ ANDRÉS, *El Derecho de Suscripción Preferente...*, p. 344, e, entre nós, PINTO COELHO, *Estudo Sobre as Acções...*, in *Revista...*, ano 83, p. 4.

[199b] Sobre este assunto, v., na literatura jurídica francesa mais antiga, HOUPIN e BOUSVIEUX, *Traité...*, I, pp. 445 e ss.; entre as obras mais recentes, cfr. GEORGES RIPERT, *Traité...*, I, p. 813.

A Fattispecie Constitutiva do Direito de Preferência   195

e próprias. Para outros, porém, elas são acções em sentido estrito; posição reforçada pela Lei de 1966 que consente a amortização de acções sem redução do capital social.

Maior extremismo revela a doutrina alemã (Staub-Pinner, Lehmann, Würdinger e outros), de acordo com a qual as acções amortizadas não conferem senão direitos de crédito ou direitos de participação não corporativa, consoante a perspectiva em que se colocam os autores. Não deve, porém, ocultar-se a circunstância de a primitiva literatura jurídica de origem germânica ter procurado distinguir situações diversas que impediam uma solução unitária para o problema. Esta diversidade perdurou na Suíça, onde se distinguem os *Genußcheinen* das *Genußaktien*. Os primeiros não concedem, no entender da doutrina, qualquer direito de preferência na subscrição de novas acções [200]; ao contrário, as segundas já conferiram tal direito [201].

No tocante à doutrina espanhola [202] e italiana [203], verificam-se, a este respeito, algumas hesitações. Sobretudo a última manifestou, desde cedo, muitas dúvidas a propósito da natureza jurídica de tais acções. Depois da entrada em vigor do Código Civil de 1942,

---

[200] V., por exemplo, OTT, *Das Bezugsrecht...*, p. 92. Cfr., porém, o disposto no n.º 4 do artigo 65.º do *Code des Obligations* suíço.

[201] Para uma referência acerca destas duas figuras, v., além da obra de Ott citada na nota anterior, STEIGER, *Le Droit des Sociétés...*, pp. 344 e ss..

[202] Em direcção contrária à qualificação das acções de fruição (*acciones de disfrute*) como verdadeiras acções, pronuncia-se, nomeadamente, SÁNCHEZ ANDRÉS, *El Derecho de Suscripción Preferente...*, pp. 347 e ss.; em sentido dubitativo, pode ver-se JESUS RUBIO, *Curso de Derecho de Sociedades...*, pp. 113 e 114, embora se manifeste favorável ao reconhecimento do direito de preferência aos titulares das referidas acções.

[203] Para um enquadramento das diversas posições adoptadas quanto a este ponto pela doutrina italiana, v. BRUNETTI, *Trattato...*, II, pp. 120 e ss.; ASCARELLI, *Riflessioni...*, in *Saggi...*, p. 221, nota (8); RAFFAELE NOBILI, *Contributo allo Studio del Diritto D'Opzione...*, pp. 139 e ss.; GASPERONI, V.º *Azioni di Società*, in *Novissimo Digesto Italiano*, Turim, 1958, II, p. 186; VISENTINI, V.º *Azioni di Società*, in *Enciclopedia del Diritto*, Milão, 1959, IV, p. 272 e nota (13) e pp. 981 e ss.; FRÈ, *Società...*, in *Commentario...*, comentário ao artigo 2353.º, pp. 229 e ss..

a *communis opinio* passou, porém, a considerá-las como verdadeiras acções. Afirma-se, de um modo geral, não se tratar de novas acções, mas apenas das acções anteriores modificadas.

Para além desta orientação, sustentada pela maioria dos autores, uma outra mereceu também vivo acolhimento por parte dos juristas italianos. Trata-se de uma posição intermédia – situada, com efeito, entre as teses absolutamente contrárias à consideração das acções de fruição como verdadeiras e próprias acções, por um lado, e, por outro, aquelas para as quais a amortização de acções não implica a quebra da qualidade de sócio – que faz depender a qualificação das acções de fruição como autênticas acções, ou não, da circunstância de lhes ser reconhecido o direito de voto ou de tal direito desaparecer com a amortização [204].

VI. Entre nós, os titulares de acções de fruição dispõem sempre do direito de voto [205], pelo que deveriam, por esta via, considerar-se como verdadeiros sócios. Julgamos, porém, não ser a titularidade do direito de voto a nota em função da qual se deve determinar se as acções de fruição são autênticas acções em sentido técnico. Na verdade, a questão de saber se os títulos em análise correspondem, ou não, a verdadeiras acções não deve resolver-se perguntando-se se o respectivo titular goza destes ou daqueles direitos [206]. O ponto essencial está, antes, em determinar qual é a fonte donde promana a qualidade ou condição de sócio. Ora, quanto a este aspecto não temos quaisquer dúvidas em afirmar que ela deriva da realização ou promessa de realização de uma entrada [207]. Nesta perspectiva e numa aproximação rápida ao problema, pareceria

---

[204] Trata-se de uma construção bastante semelhante à seguida por OTT, *Das Bezugsrecht...*, pp. 92 e ss.. Na nossa doutrina, embora de forma não muito clara, parece associar a qualificação das acções de fruição como verdadeiras acções à titularidade do direito de voto, BRITO CORREIA, *Direito...*, II, p. 412.

[205] V., entre outros, BRITO CORREIA, *Direito...*, II, p. 443; PAULO OLAVO CUNHA, *Os Direitos Especiais...*, p. 180.

[206] Assim também SÁNCHEZ ANDRÉS, *El Derecho de Suscripción Preferente...*, p. 351. Cfr. ainda *Supra*.

[207] V. *Supra* p. 184.

A Fattispecie Constitutiva do Direito de Preferência 197

verificar-se, necessariamente, com a amortização das acções, a quebra ou rompimento da qualidade de sócio. É este, no entanto, um problema merecedor de maior aprofundamento [208].

VII. Para uma primeira orientação – que numa abordagem superficial parece impor-se – a amortização representa o reembolso, pela sociedade, do capital fornecido pelo sócio [209] [210]. Ela implicaria, por conseguinte, a saída do accionista da sociedade e a correlativa cessação da sua qualidade de sócio. Este ficaria, assim, privado dos direitos inerentes a tal qualidade, excepção feita aos respeitantes a uma parte especial nos lucros sociais e no fundo de liquidação [211]. O fundamento para estas vantagens económicas, proporcionadas pelas acções de fruição, residiria no facto de ao portador da acção amortizada se reconhecer um direito de crédito contra a sociedade.

Apesar de aparentemente sedutora, esta construção acaba, porém, e à luz do nosso direito, por não convencer. Se, de facto, as entradas fossem reembolsadas, a consequência lógica de tal ocorrência seria a correlativa diminuição do capital social. Ora, não só o nosso legislador não impõe, no caso das acções de fruição, a diminuição do capital social como, ao contrário, afirma expressa-

---

[208] Para uma apreciação de como o problema da natureza das acções de fruição vem sendo abordado pela doutrina portuguesa, v. CUNHA GONÇALVES, *Comentário...*, I, comentário ao artigo 166.º, pp. 387 e ss.; RUI GOMES CARVALHO, *Amortização de Acções e Quotas*, Lisboa, 1931, pp. 65 e ss.; PINTO COELHO, *Estudo Sobre as Acções...*, in *Revista...*, ano 89, pp. 4 e ss.; RAÚL VENTURA, *Amortização de Quotas*, separata da revista de *Ciência e Técnica Fiscal*, sem data, pp. 33 e ss.; BRITO CORREIA, *Direito...*, II, pp. 438 e ss..

[209] Estamos sempre, como bem se compreende pela constante referência às acções de fruição, no âmbito da amortização de acções sem redução do capital social.

[210] É essa, por exemplo, a opinião de autores como HOUPIN e BOUSVIEUX, *Traité...*, I, pp. 120 e ss.; e BRUNETTI, *Trattato...*, II, pp. 120 e 121.

[211] Cfr. PINTO COELHO, *Estudo Sobre as Acções...*, in *Revista...*, ano 89, p. 5; RAÚL VENTURA, *Amortização...*, pp. 34 e 35; e BRITO CORREIA, *Direito...*, II, p. 439.

mente não acarretar o reembolso qualquer redução no capital da sociedade (artigo 346.º n.º 2 do Código das Sociedades Comerciais).

VIII. Numa orientação diversa, uma segunda corrente de opinião considera não haver qualquer reembolso em sentido estrito, mas, antes, a atribuição de um dividendo - para uns extraordinário, para outros normal - a certas acções [212]. Na base desta posição está a circunstância de a sociedade utilizar para a amortização bens incluídos nos lucros da sociedade e a atribuição de acções de fruição. Mais do que uma consequência desta tese, a manutenção do vínculo social, cujo conteúdo é, todavia, alterado, consiste num seu pressuposto [213].

Contra ela levantam-se, no entanto, alguns obstáculos. Basta pensar na inadmissibilidade de pagamento de dividendos extraordinários ou de antecipação de dividendos. Admiti-los equivaleria, na opinião da doutrina, a aceitar o pagamento de dividendos fictícios ou de estipulação de juro certo ao capital, o que não é consentido por lei [214].

IX. Como entender, então, o fenómeno da criação de acções de fruição? O ponto de partida necessário, para responder a esta interrogação, parece ser a consideração de que a amortização se faz à custa de fundos distribuíveis (cfr. os artigos 32.º e 33.º do Código das Sociedades Comerciais) [215]. O capital, esse, fica intacto. É a própria lei a dizê-lo no n.º 2 do artigo 346.º do Código das

---

[212] Entre os autores que sustentam semelhante opinião, pode ver-se, por exemplo, CUNHA GONÇALVES, *Comentário...*, I, comentário ao artigo 166.º, p. 367.

[213] RAÚL VENTURA, *Amortização...*, p. 35 .

[214] RUY GOMES DE CARVALHO, *Amortização...*, pp. 65 e ss.; e BRITO CORREIA, *Direito...*, II, p. 440.

[215] Cfr. o disposto no artigo 346.º n.º 1 do Código das Sociedades Comerciais. V. ainda BRITO CORREIA, *Direito...*, II, p. 442; e PAULO OLAVO CUNHA, *Os Direitos...*, p. 180. Para o direito anterior à entrada em vigor do Código das Sociedades Comerciais, v. PINTO COELHO, *Estudo Sobre as Acções...*, in *Revista...*, ano 89, p. 5.

A Fattispecie Constitutiva do Direito de Preferência 199

Sociedades Comerciais. Desta forma, embora as importâncias entregues a alguns accionistas possam igualar o valor nominal das suas entradas, não deve, em rigor, falar-se de reembolso do respectivo capital, ou, noutros termos, da fracção de capital social correspondente às acções amortizadas ([216]).

Nestas circunstâncias, não pode, e apenas porque o accionista recebeu - por força dos fundos distribuíveis - em determinado momento, uma quantia equivalente ao valor das suas acções, considerar-se quebrado o vínculo social, até à altura existente entre o sócio e a sociedade ([217]).

Entender o contrário equivale a aceitar como correcto um equívoco muito comum ([218]). Trata- se da velha ideia segundo a qual a participação do sócio se circunscreve ao capital social. Ideia cujas raízes se encontravam numa concepção antropomórfica da sociedade ([218a]) e na equiparação do sócio a um credor pelo capital. Fortemente combatida ([219]), esta construção encontra-se, no entender da *communis opinio*, de há muito superada em termos definitivos ([220]). Deve-se isso ao reconhecimento, pelo legislador, do direito de preferência a favor dos sócios ([221]). Conforme refere a propósito o

---

([216]) Afirmavam-no já CUNHA GONÇALVES, *Comentário...*, I, comentário ao artigo 166.°, p. 387, e PINTO COELHO, *Estudo Sobre as Acções...*, in *Revista...*, ano 89, pp. 6 e 7, autores que sublinhavam a circunstância de o capital continuar a figurar por inteiro nos balanços da sociedade.

([217]) PINTO COELHO, *Estudo Sobre as Acções...*, in *Revista...*, ano 89, p. 6.

([218]) Neste mesmo sentido, v. PINTO COELHO, *Estudo Sobre as Acções...*, in *Revista...*, ano 89, p. 6. Na doutrina italiana, destacamos, em direcção idêntica ASCARELLI, *Riflessioni...*, in *Saggi...*, p. 221, nota (8).

([218a]) Concepção essa que induzia a considerar as reservas como propriedade da sociedade, estranha à participação dos sócios.

([219]) Cfr. CAVALEIRO FERREIRA, *Parecer, op. cit.*, pp. 82 e ss.; ASCARELLI, *Riflessioni...*, in *Saggi...*, p. 221, nota (8); ID., *Personalità Giuridica...*, in *Rivista...*, pp. 1037 e ss.; PINTO COELHO, *Estudo Sobre as Acções...*, in *Revista...*, ano 89, pp. 6 e 7; FRÈ, *Società...*, in *Commentario...*, comentário ao artigo 2353.°, p. 229.

([220]) Assim, e designadamente, ASCARELLI, *Riflessioni...*, in *Saggi...*, p. 221, nota (8); ID., *Personalità Giuridica...*, in *Rivista...*, pp. 1037 e ss..

([221]) Cfr. a bibliografia citada na nota anterior. V. igualmente *Supra*, p. 23 nota (15).

200 Pedro de Albuquerque

Professor José Gabriel Pinto Coelho ([222]), desde o momento da constituição do capital ou fundo social, com as entradas ou contribuições efectivas dos sócios, os vários elementos de valor pecuniário que o formaram entram no giro social. Eles são aplicados no exercício da actividade desenvolvida pela sociedade. Se esta é desempenhada de forma proveitosa, tais valores frutificam em resultados, traduzidos em bens de diversa natureza que se confundem no património social ([223]). A acção traduz justamente essa realidade. Ela é, durante a vida da sociedade, a expressão de um direito social, cujo valor é função da situação económica da sociedade ([224]). A participação social deixa, por conseguinte, e como elemento activo do património pessoal do sócio, de equivaler ao respectivo valor nominal e de representar uma contribuição para um fundo comum. Vale o que lhe corresponder no património social ([225]) ([226]). A consagração legal de um direito de preferência a favor dos sócios, e atentas as respectivas finalidades, não faz mais do que reconhecer esta realidade.

X. Tudo ponderado parece, assim, dever concluir-se: para haver verdadeiro reembolso da acção, não pode, a sociedade, deixar de pagar tudo quanto a esta corresponde no património social, porventura uma quantia muito superior ao valor nominal da participação do sócio ([227]). Além disso, enquanto no património da sociedade se mantiver intacto o capital, não se afigura lícito qualificar a amortização como restituição da quota do sócio com a consequente quebra do vínculo social ([228]). O que se verifica é, antes, e como

---

([222]) PINTO COELHO, *Estudo Sobre as Acções...*, in *Revista*, ano 89, pp. 6 e 7.

([223]) *Idem*.

([224]) E o mesmo se diga a propósito da quota. A este respeito, cfr. CAVALEIRO FERREIRA, *Parecer, op. cit.*, p. 83.

([225]) PINTO COELHO, *Estudo Sobre as Acções...*, in *Revista...*, ano 89, p. 7.

([226]) Valor esse traduzido pela cotação.

([227]) PINTO COELHO, *Estudo Sobre as Acções...*, in *Revista...*, ano 89, p. 7.

([228]) Esta parece ser a opinião mais ou menos generalizada da doutrina portuguesa que não deixa de qualificar expressamente os titulares de acções de fruição como sócios. Neste sentido, podem ver-se, nomeadamente: PINTO COELHO,

ensina o Professor José Gabriel Pinto Coelho, o pagamento de uma quantia à custa da quota de liquidação do sócio [229] [230].

Nestes termos, parece não poderem restar quaisquer dúvidas quanto à necessidade de se reconhecer aos titulares de acções de fruição o direito de participarem preferencialmente em aumentos de capital [231].

XI. Mas, mesmo quando às acções de fruição se devesse negar a natureza de verdadeiras acções – o que se admite por simples comodidade dialéctica – ainda assim ficaria aberta a possibilidade de se lhes fazer corresponder o direito de participação preferencial em aumentos de

---

Estudo Sobre as Acções..., in *Revista...*, ano 89, p. 17; RAÚL VENTURA, *Amortização...*, p. 37; MENEZES CORDEIRO, *Parecer, op. cit.*, p. 54; BRITO CORREIA, *Direito...*, II, p. 442. V. ainda PAULO OLAVO CUNHA, *Os Direitos...*, pp. 177 e ss., que, apesar de não se pronunciar sobre o problema da natureza das acções de fruição, parece, ao descrever o respectivo regime jurídico, considerá-las como verdadeiras acções.

[229] PINTO COELHO, *Estudo Sobre as Acções...*, in *Revista...*, ano 89, p. 19. A opinião do Professor Pinto Coelho foi depois expressamente adoptada por autores como RAÚL VENTURA, *Amortização...*, pp. 36 e 37; e BRITO CORREIA, *Direito...*, II, p. 442.

[230] Merecedora de realce é ainda a construção formulada por Ruy Gomes de Carvalho, em grande parte alicerçada nas críticas movidas às anteriores orientações, e designada por teoria da indemnização. Para este autor a amortização é uma indemnização da desvalorização dos elementos do activo social. Na sua análise, Ruy Gomes de Carvalho parte dos mais antigos casos de amortização de acções. Na verdade, ele toma em consideração as hipóteses de amortização de acções por sociedades exploradoras de concessões por tempo determinado, nomeadamente companhias de caminhos de ferro, nas quais a amortização por sorteio correspondia à desvalorização certa e progressiva do activo da concessão. Este raciocínio é depois transposto para as restantes sociedades. Nestas não se verificaria uma desvalorização semelhante à ocorrida nas sociedades exploradoras de concessões, mas não deve, no entender do autor, deixar de se prever. Em tal perspectiva, as acções de fruição não deixam de ser verdadeiras e próprias acções. Não há qualquer redução do capital social, mas apenas uma restrição dos direitos sociais (cfr. RUY GOMES DE CARVALHO, *Amortização...*, pp. 65 e ss.). Para uma breve apreciação desta construção, v. RAÚL VENTURA, *Amortização...*, p. 37; e BRITO CORREIA, *Direito...*, II, p. 442.

[231] Cfr . bibliografia citada *Supra*, p. ... 194 nota (198).

capital (^{232}). Atente-se na circunstância de o artigo 458.º n.º 1 do Código das Sociedades Comerciais garantir um direito de preferência a quem à data da deliberação do aumento de capital for accionista. Por outro lado, o n.º 4 do mesmo preceito faz corresponder a todas as categorias de acções (*sic*) um direito de preferência na subscrição dos novos títulos. Ora, o artigo 346. º, também do Código das Sociedades Comerciais, fala expressamente em acções de fruição as quais, nos exactos termos desse preceito constituem uma categoria de acções. A letra do artigo 458.º não representaria, deste modo, nenhum obstáculo à concessão do direito de preferência aos titulares das acções de fruição, se se descobrisse alguma justificação para tal concessão (^{233}). Essa justificação facilmente se encontra. Ela reside na consideração das próprias acções de fruição. Conforme é sublinhado por vários autores (^{234}), e resulta, aliás, da nossa lei, as acções de fruição garantem ao accionista, cuja participação é amortizada, a continuação dos seus direitos patrimoniais, embora modificados, e a possibilidade de intervenção activa na vida da sociedade. Entre outros motivos, como forma de tutela desses direitos, criou o nosso legislador o direito de participação preferencial em aumentos de capital (^{235}). Se ao titular de acções de fruição não fosse reconhecido o direito de subscrição legal, isso equivaleria a negar-lhe a tutela dos direitos conferidos pelas referidas acções. Para os frustrar, bastaria à assembleia deliberar sucessivos aumentos aos quais não poderia ocorrer quem possuísse acções da categoria referida no n.º 5 do artigo 346.º do Código das Sociedades Comerciais.

(^{232}) Nesta mesma direcção, pode ver-se RAFFAELE NOBILI, *Contributo allo Studio del Diritto D'Opzione...*, p. 140.

(^{233}) Na mesma direcção, e perante o direito italiano, pode ver-se RAFFAELE NOBILI, *Contributo allo Studio del Diritto D'Opzione...*, p. 140.

(^{234}) Na doutrina italiana, podem ver-se ASCARELLI, *Riflessioni...*, in *Saggi...*, p. 221, nota (8); RAFFAELE NOBILI, *Contributo allo Studio del Diritto D'Opzione...*, p. 140. Entre nós, cfr. BRITO CORREIA, *Direito...*, II, pp. 443 e ss..

(^{235}) V. *Supra*, págs 20 e ss..

3. O direito de preferência da sociedade sobre as suas acções ou quotas próprias

I. Entre as várias questões que se colocam em torno do problema da titularidade do direito de participação preferencial em aumentos de capital, uma das mais debatidas, pela doutrina, é a relativa ao regime da preferência quando as acções ou quotas das quais deriva pertencem à própria sociedade ([236]). Trata-se de saber se à sociedade cabe, ou não, um direito de preferência, correspondente às acções ou quotas por ela detidas. Três respostas são em abstracto possíveis:

– Um primeiro grupo de autores reconhece à sociedade a titularidade do direito de participar preferencialmente em aumentos de capital e admite o seu exercício directo por esta ([237]). Ou seja, considera possível a subscrição, por parte da sociedade, das acções ou quotas de nova emissão abrangidas pelo seu direito de subscrição preferencial.

([236]) O problema é abordado, por exemplo, por autores como BERNICKEN, *Das Bezugsrecht...*, pp. 80 e ss.; JULIUS VOLI GIERKE, *Handelsrecht...*, p. 363; RENATO MICCIO, *Il Diritto...*, pp. 48 e 49; D. GUNTZ, *Das Subjekt...*, in *Die Aktiengesellschaft, cit.*, p. 177; RAFFAELE NOBILI, *Contributo allo Studio del Diritto D'Opzione...*, pp. 145 e ss.; OTT, *Das Bezugsrecht...*, p. 96; ALVAREZ ALVAREZ, *Ejercicio del Derecho de Suscripción...*, in *Anuario...*, pp. 315 e 316; ALEJANDRO BÉRGAMO, *Sociedades...*, II, pp. 576 e 577; LUTTER, *Kölner Kommentar...*, II, II, comentário ao § 186, p. 339; SÁNCHEZ ANDRÉS, *El Derecho de Suscripción Preferente...*, pp. 356 e ss.; ALEJANDRO LARRIBA, *Acciones...*, pp. 446 e 447; NOBILI e VITALI, *La Riforma delle Società...*, p. 354; FIORENZO LIZZA, *L' Acquisto di Azioni Proprie...*, pp. 125 e ss.; ANTONELLA ANTONUCCI, *Diritti Inerente alle Azione Proprie*, in *La Seconda Directiva...*, pp. 418 e ss.; FERRARA JR. e FRANCESCO CORSI, *Gli Imprenditore...*, p. 447; RAÚL VENTURA, *Alterações do Contrato...*, pp. 189 e 190.

([237]) É, por exemplo, essa a opinião de BERNICKEN, *Das Bezugsrecht...*, p. 80; SIEGWART, *Kommentar zum Schweizerischen Obligationsrecht*, Berna, 1945, p. 399 (*Apud* OTT, *Das Bezugsrecht...*, pp. 96 e ss.); MESSINEO, *Spettanza dei Dividendi sulla Proprie Azione Acquistata dalla Società*, in *Rivista delle Società*, 1966, p. 421; CHIOMENTI, *Può la Società Esercitare per le Azione Proprie in Portafoglio il Diritto di Opzione su un Aumento di Capitale?*, in *Rivista delle Società*, 1980, I, pp. 407 e ss.. Para uma apreciação crítica desta orientação, v. OTT, *Das Bezugsrecht...*, pp. 96 e ss.; e SÁNCHEZ ANDRÉS, *El Derecho de Suscripción Preferente...*, pp. 360 e ss..

204 *Pedro de Albuquerque*

– Numa orientação parcialmente diversa, um segundo grupo considera caber à sociedade um direito de participar preferencialmente em aumentos de capital, em função das acções ou quotas próprias, mas não admite a possibilidade de ele vir a ser exercido directamente. A única forma de actuação desse direito é, de acordo com esta posição, a sua alienação a sócios ou terceiros [238].

– Finalmente, uma terceira construção nega a existência de qualquer direito de preferência a favor da sociedade [239].

Que dizer de cada uma delas?

---

[238] Entre os autores favoráveis a esta tese, encontram-se, por exemplo, RENATO MICCIO, *Il Diritto...*, pp. 48 e 49; SÁNCHEZ ANDRÉS, *El Derecho de Suscripción Preferente...*, pp. 356 e ss.; J. HÉMARD, F. TERRÉ e P. MABILAT, *Sociétés...*, II, p. 291; NOBILI e VITALI, *La Riforma delle Società...*, p. 354; ALEJANDRO LARRIBA, *Acciones...*, p. 447; FIORENZO LIZZA, *L' Acquisto di Azioni Proprie...*, pp. 134 e 135; ANTÓNIO CAEIRO, *Aumento de Capital e Acções Próprias*, in *Temas...*, pp. 287 e ss., em especial p. 298; RAÚL VENTURA, *Alterações do Contrato...*, pp. 188 e 189.

[239] Parece ser esta a posição que corresponde à *communis opinio* na qual se incluem, entre outros, BRUNETTI, *Trattato...*, II, p. 137; JULIUS VON GIERKE, *Handelsrecht...*, p. 363; D. GUNTZ, *Das Subjekt...*, in *Die Aktiengesellschaft, cit.*, p. 177 (embora de forma não totalmente clara); RAFFAELE NOBILI, *Contributo allo Studio del Diritto D'Opzione...*, pp. 145 e ss. (autor que parece ter posteriormente mudado de opinião. Cfr. NOBILI E VITALI, *La Riforma delle Società...*, p. 354. Na base desta mudança de perspectiva, encontra-se uma alteração da legislação italiana sobre o direito de preferência, operada pela reforma de 1974. Transcrevemos as palavras de Nobili e Vitali a este respeito: *Con la nuova legge (a differenza di quanto si era sostenuto in passato) sembra preferibili ritenere che il diritto di opzione spetti alle azioni proprie (...) Il nuovo artigo 2441.°, 3.° comma, infatti, impone alla società di vendere in borsa, a proprio profito, i diritti d'opzione relativi alle azioni dei soci rimaste inoptate; a maggior ragione, pertanto, si deve ritenere che alla società spetti il diritto (e l'obbligo) di ricavare analoga utilità dalle azione proprie che essa ha in portafoglio.* A situação a que se referem Nobili e Vitali apresenta alguns pontos de contacto com o sorteio mencionado no artigo 458.° n.° 3 do Código das Sociedades Comerciais. Poderia, por isso, colocar-se a questão de saber se elas não seriam transponíveis para o domínio do direito português. Existem, no entanto, algumas diferenças disso impeditivas. Basta, porém, assinalar a circunstância de o raciocínio destes dois autores italianos não convencer, mesmo tomando apenas em consideração o disposto no artigo 2441.° do *Codice Civile*. Uma coisa é a possibilidade de negociar um direito de preferência que nenhum dos sócios quis exercer, outra a admissibilidade de se negociar um direito suspenso para ser exercido em concor-

II. A primeira construção depara, à luz do nosso direito, com obstáculos intransponíveis. São eles a categórica proibição de subscrição de acções próprias constante do artigo 316.° do Código das Sociedades Comerciais, por um lado, e a suspensão de todos os direitos inerentes a tais acções ou quotas, por outro (artigo 324.° e 220.° n.° 4 do Código das Sociedades Comerciais).

A proibição de subscrição de acções próprias afasta, desde logo, a possibilidade de uma sociedade anónima exercer directamente um eventual direito de preferência correspondente às acções por ela detidas. Em relação às sociedades por quotas não existe preceito semelhante ao artigo 316.° do Código das Sociedades Comerciais. Nem por isso se deve admitir, porém, que uma sociedade deste tipo venha a subscrever as suas próprias quotas [239a]. Contra tal procedimento militam a finalidade e sentido do aumento de capital e do acto de subscrição, sem sequer se mostrar necessária uma interdição

---

rência com os direitos de participação preferencial reconhecidos aos membros da sociedade. A licitude da primeira situação não torna a segunda igualmente lícita. A prova disso está no facto de o legislador italiano ter incluído, em 1986, um novo artigo no *Codice Civile* no qual se declara, expressamente, que o direito de preferência correspondente às acções próprias deve ser conferido proporcionalmente às outras acções, sem, por isso, alterar a redacção dada em 1974 ao artigo 2441.°, 3.°. A mudança de posição de Nobili e os argumentos em que se apoia são igualmente criticados na doutrina italiana por P. BOERO, *Titolarità di Azioni da Parte della Società e Diritto di opzione*, in *Riv. Dott. Comm.*, 1980, p. 1 009); ALVAREZ ALVAREZ, *Ejercicio del derecho de Suscripción...*, in *Anuario...*, pp. 315 e 316; ALEJANDRO BÉRGAMO, *Sociedades...*, II, p. 577; LUTTER, *Kölner Kommentar...*, II, II, comentário ao § 186, p . 339; RAÚL VENTURA, *Auto-Participação da Sociedade: as acções próprias*, in *Revista da Ordem dos Advogados*, ano 38.°, pp . 436 e 437 (numa posição que contrasta com a adoptada na obra *Alterações do Contrato...*, pp. 188 e ss., mas que se baseia em argumentos retomados no primeiro volume das *Sociedades por Quotas*, Coimbra, 1987, p. 448, cuja data de publicação é posterior à da 1.ª ed. das *Alterações do Contrato, cit.*. Para uma apreciação da evolução do pensamento do Professor RAÚL VENTURA sobre este ponto, v., ainda, *Aquisição de Quotas Próprias*, sep. da *Ciência e Técnica Fiscal*, Lisboa, sem data, p. 149); ANTONELLA ANTONUCCI, *Diritti Inerente alle Azione...*, in *La Seconda Directiva...*, pp. 420 e ss.; FERRARA JR. e FRANCESCO CORSI, *Gli Imprenditore...*, p. 447.

[239a] RAÚL VENTURA, *Sociedades...*, I, pp. 431 e ss..

expressa ([240]). O aumento de capital destina-se a proporcionar à sociedade um acréscimo dos respectivos fundos sociais. No caso da subscrição de quotas próprias, a sociedade utiliza meios que lhe pertencem, limitando-se a transferir determinada importância da conta de reservas para a conta de capital, sem nada de novo entrar para o património social ([241]). Não haveria, por conseguinte, uma cobertura efectiva das aportações necessárias à subscrição ([242]). Tanto basta para afastar a hipótese de aquisição originária, pela sociedade, das suas próprias quotas.

Não ignoramos, obviamente, a existência de aumentos de capital realizados por incorporação de reservas. Nestes não se verifica qualquer enriquecimento do património da sociedade. Daí não pode, todavia, extrair-se nenhum argumento favorável à possibilidade de subscrição, pela sociedade, de quotas próprias. Na verdade, a finalidade do chamado aumento de capital gratuito é inteiramente diversa do fim prosseguido pelo aumento de capital por novas entradas ([243]): não se destina a aumentar os recursos da sociedade.

([240]) Neste sentido, podem ver-se, entre outros, FURRER, *Erwerb Eigenerer Aktien,* Zurique, 1934 (*Apud* OTT, *Das Bezugsrecht...,* p. 98); OTT, *Das Bezugsrecht...,* p. 98; RAFFAELE NOBILI, *Contributo allo Studio del Diritto D'Opzione...,* pp. 148 e 149; SÁNCHEZ ANDRÉS, *El Derecho de Suscripción Preferente...,* p. 363; P. BOERO, *Titolarità...,* in *Rivista ...,* p. 1009 (*Apud* ANTONELLA ANTONUCCI, *Diritti Inerente alle Azione...,* in *La Seconda Directiva...,* p. 419, nota (48)); ANTONELLA ANTONUCCI, *Diritti Inerente alle Azione...,* in *La Seconda Directiva...,* p. 419; ANTÓNIO CAEIRO, *Aumento de Capital...,* in *Temas...,* p. 291; RAÚL VENTURA, *Sociedade...,* I, p. 432. V., ainda, acerca da impossibilidade de uma sociedade exercer direitos sobre si mesma, FERRER CORREIA, *A Representação...,* Apêndice II, *Acções Adquiridas pela Própria Sociedade Emitente e Direito de Voto,* in *Direito...,* pp. 121 e ss..

([241]) RAÚL VENTURA, *Sociedade...,* I, p. 432.

([242]) Na mesma direcção, podem ver-se os autores citados *Supra,* nota (210).

([243]) Cfr., na mesma direcção, entre outros, SÁNCHEZ ANDRÉS, *El Derecho de Suscripción Preferente...,* p. 363; ANTONELLA ANTONUCCI, *Diritti Inerente alle Azione...,* in *La Seconda Directiva...,* p. 419, nota (48); RAÚL VENTURA, *Sociedade...,* I, p. 432; ID., *Alterações do Contrato...,* p. 189 – autores que, tal como nós, partem da diversidade de fins dos aumentos de capital por novas entradas, por um lado, e por incorporação de reservas, por outro, para sustentar o facto de não se poder alegar

III. E não se alegue, a favor da possibilidade de a sociedade subscrever as suas próprias quotas, o facto de, ao vendê-las, vir a receber, mais tarde, o respectivo valor. Conforme refere a propósito o Professor Raúl Ventura, no momento da subscrição encara-se uma contribuição de que a sociedade deverá beneficiar nessa altura, não o proveito a tirar ulteriormente ([244]). Além disso, em inúmeros casos, o resgate do valor das quotas próprias não passará de uma ilusão ([245]). Assim sucederá, nomeadamente, quando a situação económica da empresa é deficitária ([246]). Numa situação deste tipo, não é provável conseguir a sociedade vender as suas quotas. Porém, quando o contrário aconteça e a sociedade encontre alguém disposto a adquirir as quotas até então na sua titularidade, ela não fará mais do que aumentar as suas perdas ([247]). Mas, mesmo quando a sociedade dis-

---

a circunstância de no segundo não existir qualquer aumento do património social, como forma de justificar a possibilidade de a sociedade subscrever as suas próprias acções ou quotas, através do exercício do direito que lhe é concedido pelos artigos 266.º ou 458.º do Código das Sociedades Comerciais. Essa diversidade de fins ou objectivos encontra-se, aliás, bem marcada na generalidade da doutrina e é aceite por todos. A este respeito, e para além dos autores antes referidos, podem ver-se, numa enunciação meramente exemplificativa: COTTINO, V.º *Società...*, in *Novissimo...*, XVII, pp. 655 e 657; FERRI, *Le Società...*, pp. 325 e 640 e ss.; GALGANO, *Le Società per Azioni. Le altre società...*, pp. 64 e 65; FERRARA JR. e FRANCESCO CORSI, *Gli Imprenditore...*, pp. 561 e ss..

([244]) RAÚL VENTURA, *Sociedade...*, I, p. 432.

([245]) Compreende-se, deste modo, a dificuldade manifestada por SÁNCHEZ ANDRÉS, *El Derecho de Suscripción Preferente...*, p. 364, nota (3), em aceitar a opinião de autores como Veaux-Fournière segundo a qual, com a revenda das participações detidas pela sociedade, desaparece o vício que afectava a aquisição.

([246]) SÁNCHEZ ANDRÉS, *El Derecho de Suscripción Preferente...*, pp. 363 e 364, autor que se reporta, apenas, ao resgate do valor das acções próprias. As suas considerações conservam, no entanto, toda a sua pertinência quando transpostas para o domínio das quotas próprias.

([247]) Sublinham-no igualmente OTT, *Das Bezugsrecht...*, p. 99, que indica os vários perigos inerentes à subscrição pela sociedade de acções próprias, num discurso adaptável ao problema paralelo da subscrição de quotas próprias; e SÁNCHEZ ANDRÉS, *El Derecho de Suscripción Preferente...*, p. 364, autor que, tal como Ott, se ocupa apenas da questão da subscrição de acções próprias. No entanto, as suas palavras são igualmente válidas quando transpostas para o campo da subscrição de quotas próprias.

ponha de um patrimómio sólido, não deixa de se verificar o perigo de oscilações no valor das suas quotas. Deve-se isso à circunstância de a aquisição dessas quotas se fazer à custa do património social, pelo que a percentagem de reservas relativas a cada quota diminui [248]. Deste modo, a venda das quotas pode não ser capaz de reconstituir a importância desembolsada pela sociedade para adquirir as suas quotas.

Por todos estes motivos, devem ser transportadas [248a] para as sociedades por quotas as duas proibições constantes do artigo 316.º n.ºs 1 e 2 do Código das Sociedades Comerciais.

IV. Mas, se tudo isto não bastasse para impedir a sociedade de exercer, directamente, o direito de subscrição preferencial eventualmente resultante das acções ou quotas próprias por ela detidas, um outro aspecto da maior importância conduz à conclusão da inadmissibilidade de tal exercício. Trata-se da suspensão de todos os direitos inerentes às acções ou quotas pertencentes a uma sociedade [249] (artigo 220.º n.º 4 e artigo 324.º n.º 1 al. a) do Código das Sociedades Comerciais). Se esses direitos, entre os quais está o de preferência, se encontram suspensos, não podem, obviamente, ser exercidos ou actuados. Donde não fazer qualquer sentido sustentar a possibilidade de uma sociedade vir a adquirir quotas ou acções próprias mediante o exercício de um direito de preferência pela simples razão de que não o tem.

V. Atentas as considerações anteriores, alguns autores [250] consideram não ser possível à sociedade exercer directamente o direito de preferência, mas admitem poder ela alienar a terceiros o referido direito.

São várias as razões nas quais se alicerça esta posição. A mais importante prende-se, talvez, com a necessidade de evitar que a

---

[248] SÁNCHEZ ANDRÉS, *El Derecho de Suscripción Preferente...*, p. 364.

[248a] A expressão é do Professor RAÚL VENTURA, *Sociedade...*, I, p. 432.

[249] Com excepção do direito do titular dessas acções ou quotas de participar num aumento de capital por incorporação de reservas.

[250] Cfr. nota (239).

A *Fattispecie Constitutiva do Direito de Preferência*   209

sociedade venha eventualmente a sofrer prejuízos resultantes do aumento de capital. É que – e deixando de lado as finalidades tidas em vista pelos vários legisladores ao decretarem a suspensão dos direitos compreendidos nas acções ou quotas próprias – a circunstância de se manterem, ou não, os direitos de conteúdo económico não produziria consequências muito diversas de um ponto de vista substancial [251] [252]. As coisas passar-se-iam de modo diferente no tocante ao direito de subscrição preferencial [252a]. A desvalorização das acções ou quotas, muitas vezes verificada depois de realizada uma operação de modificação do capital social, impediria a sociedade de resgatar o valor por elas pago, quando pretendesse vendê-las [253].

Perante semelhante factualidade, sustenta-se a necessidade de se encontrar uma interpretação para o regime da suspensão dos direitos sociais de forma a evitar a condenação da sociedade a uma perda ou prejuízo, sem com isso se violar os critérios legais. A única via para alcançar semelhante resultado seria admitir a possibilidade de a sociedade alienar os direitos de subscrição correspondentes às suas quotas ou

---

[251] SÁNCHEZ ANDRÉS, *El Derecho de Suscripción Preferente...*, pp. 361 e 362.

[252] Os autores entendem ser assim inclusivamente no caso do direito aos dividendos. Se se aceitar que a sociedade pode receber o dividendo, o exercício do correspondente direito evitará uma saída de fundos da sociedade, que, em última análise, acabará por se revelar proveitosa para todos os sócios. Diversamente, se se rechaçar a possibilidade de a sociedade perceber o dividendo, em razão das acções ou quotas por ela mesma detidas, das duas uma: ou os sócios recebem directamente a fracção de benefícios de outro modo pertencente às acções ou quotas próprias; ou é deliberada, na parte correspondente, a constituição de reservas (Sobre esta última possibilidade, v. FRÈ, *Società...*, in *Commentario...*, comentário ao artigo 2357.°, pp. 267 e 268; e ANTONELLA ANTONUCCI, *Diritti Inerente alle Azione...*, in *La Seconda Directiva...*, p. 418). Em geral sobre estas questões, cfr. DALMARTELLO, *Conflitto d' Interesse nell' Acquisto delle Proprie Azione ex. art. 2.357 Cod. Civ.*, in *Rivista delle Società*, 1959, pp. 489 e ss.; SÁNCHEZ ANDRÉS, *El Derecho de Suscripción Preferente...*, p. 359, nota (43); FIORENZO LIZZA, *L' Acquisto di Azioni Proprie...*, pp. 118 e ss., autor que se pronuncia a favor da atribuição à sociedade de um direito aos dividendos.

[252a] SÁNCHEZ ANDRÉS, *El Derecho de Suscripción Preferente...*, pp. 359 e 360.

[253] *Idem.*

acções próprias. A favor da licitude de tal comportamento invoca-se a circunstância de não se vislumbrar nenhum motivo para que a sociedade possa alienar as acções ou quotas próprias e estas, desde o momento da alienação, fiquem sujeitas ao regime normal, mas não tenha a faculdade de alienar o direito de subscrição preferencial das novas quotas ou acções [254]. Além disso, não só nenhuma das razões que conduzem à suspensão dos direitos das acções ou quotas próprias justificaria a proibição de alienar o direito de preferência [255], como, se se vedasse à sociedade a possibilidade de ceder o seu direito de subscrição, se iria muito para além da mera suspensão dos direitos sociais [256]. Estando o exercício do direito de preferência sujeito a um determinado prazo, cujo decurso determina a sua perda [257], a referida suspensão implicaria de facto um caso de exclusão em sentido estrito de tal direito e não uma mera limitação temporal [258].

Se tudo isto não bastasse, uma última razão é, ainda, aduzida com vista a demonstrar a legalidade da alienação, por parte da sociedade, dos respectivos direitos de subscrição preferencial. A lei apenas suspende o exercício dos direitos sociais. Ora, como a transmissão de um direito seria coisa tecnicamente muito diversa do seu exercício, não deveria considerar-se abrangida, pela suspensão dos direitos relativos às quotas ou acções próprias, a cessão do direito de participar preferencialmente em aumentos de capital [259].

VI. Os argumentos esgrimidos a favor da possibilidade de a sociedade alienar o direito de preferência correspondente às acções ou quotas por ela detidas não logram, contudo, convencer-nos.

Não convence, desde logo, a primeira das alegações. Na verdade, não vimos por que razão, ao negar-se à sociedade o poder

---

[254] Raúl Ventura, *Alterações do Contrato...*, p. 189.

[255] *Idem.*

[256] Sánchez Andrés, *El Derecho de Suscripción Preferente...*, p. 358.

[257] Acerca da natureza deste prazo e das questões com ele relacionadas, v. *Infra*, p. 251 e ss.

[258] Sánchez Andrés, *El Derecho de Suscripción Preferente...*, p. 358.

[259] Sánchez Andrés, *El Derecho de Suscripción Preferente...*, p. 367.

A Fattispecie Constitutiva do Direito de Preferência 211

de ceder os direitos de subscrição, que eventualmente viessem a caber às acções ou quotas por ela detidas, se está a condená-la a um prejuízo. Para obviar a tal prejuízo, basta à sociedade exigir dos subscritores o pagamento de um ágio [260] [261]. E não se alegue a circunstância de acima de um determinado valor não se encontrar ninguém disposto a adquirir as novas acções ou quotas, pelo que nem sempre seria possível à sociedade exigir um sobrepreço. Se isso acontecer, também não haverá ninguém disposto a pagar um preço pelo direito de participação preferencial em aumentos de capital. De um ponto de vista estritamente económico, a venda do direito de preferência e a imposição de um sobrepreço são, em grande medida, equivalentes [261a].

---

[260] OTT, *Das Bezugsrecht...*, p. 96, autor que refere expressamente esta possibilidade como forma de evitar o sofrimento de eventuais prejuízos, por parte da sociedade, resultantes do facto de não ter exercido um direito de preferência na medida das acções próprias por ela detidas. O mesmo raciocínio é utilizado por SÁNCHEZ ANDRÉS, *El Derecho de Suscripción Preferente...*, p. 355, para aplicação a uma situação diversa, mas perfeitamente adaptável à hipótese das acções ou quotas próprias. Este autor nega que às acções de fruição caiba um direito de subscrição preferencial (posição com a qual manifestámos já o nosso desacordo – v. *Supra, págs* 194 e ss..). Considera, não obstante, que, para evitar uma alteração das relações entre acções, capital e património, a sociedade deve, em obediência ao princípio da equidade, emitir as novas acções com ágio.

[261] Deve, de resto, sublinhar-se a circunstância de o direito de preferência ser, na sua vertente patrimonial, fundamentalmente um meio de defesa dos sócios. Diversamente, o ágio ou sobrepreço protege, em primeira linha, a sociedade, ao garantir o seu fortalecimento financeiro (A este respeito e no mesmo sentido, v. ALVAREZ ALVAREZ, *Ejercicio del Derecho de Suscripción...*, in *Anuario...*, p. 338). Por isso, se ela necessitar de se precaver contra eventuais efeitos nocivos do aumento de capital sobre o valor das suas quotas ou acções, é natural que o faça exigindo o pagamento de um sobrepreço.

[261a] Sublinhamos a expressão «em grande medida equivalentes». A doutrina tem considerado que o valor do direito de preferência corresponde à diferença entre o valor pelo qual as novas acções ou quotas são colocadas à disposição dos subscritores e o valor real ou de mercado dessas mesmas acções (v. *Supra* pág. 30 e *Infra* págs. 245 e ss.). Por isso, e numa abordagem exclusivamente económica, os autores consideram, igualmente, existir uma fungibilidade absoluta, ou quase, entre ágio e alienação do direito de preferência. Neste sentido, podem ver-se, por exemplo, J. VANDAMME, *De la Prime Imposée aux souscripteurs...*, pp. 187 e ss., em especial p. 191, onde escreve:« *Le versement d'une prime n'est autre chose qu'une modalité de l'acquisition d'un droit de*

212   *Pedro de Albuquerque*

VII. Também não nos parece, com a devida vénia, convincente sustentar-se não haver motivo para a sociedade poder alienar as suas acções ou quotas ficando estas, desde a alienação, subordinadas ao regime normal, e não se poder alienar o direito de preferência. À sociedade não é dado transmitir o direito de preferência simplesmente porque os seus direitos se encontram suspensos. Eles estão como que paralisados. Adquiridas as acções ou quotas, por sócios ou terceiros, termina a paralisia – e daí a sua sujeição ao regime normal. Porém, enquanto aquela durar, os direitos sociais ficam imobilizados e não podem ser exercidos independentemente do objectivo visado com esse exercício ([262]). Nem sequer interessa saber, assim, se os motivos que conduzem ao regime da suspensão dos direitos relativos às acções próprias justificam, ou não, a proibição de alienar o direito de preferência ([262a]).

---

souscription, propriété des actionnaires»; OTT, *Das Bezugsrecht...*, pp. 96 e 97. *Supra*, p., 30, nota 34, explicámos algumas das razões pelas quais, em nosso entender, não se verificava uma proximidade tão grande entre o pagamento de um ágio e a alienação ou aquisição de um direito de preferência. No caso agora em análise, em que estão em causa acções ou quotas da própria sociedade, essas razões perdem o seu sentido. Não obstante, continuamos a afirmar não existir uma relação absolutamente simétrica entre o valor do sobrepreço e o valor do direito de preferência. Resulta isso do facto de, em nossa opinião, deverem entrar, na apreciação da importância monetária do direito de subscrição preferencial, factores dinâmicos que podem elevar o seu valor muito para além da diferença entre valor de emissão e valor real das quotas ou acções a subscrever.

([262]) Tal como um membro paralisado de uma pessoa se encontra absolutamente impedido de realizar movimentos, independentemente do fim a que se destinam. Terminada a paralisia poderá movimentar-se com perfeição. Nessa altura, porém, já não o afecta o condicionalismo que motivou a sua paralisação.

([262a]) Nesta mesma direcção, podem ver-se, nomeadamente, RAÚL VENTURA, *Auto-Participação da Sociedade...*, in *Revista...*, ano 38.°, p. 430, para quem *«Quando a suspensão seja prescrita por lei, a disposição legal (...) torna inútil qualquer investigação sobre o fundamento da suspensão»*; ANTONELLA ANTONUCCI, *Diritti Inerente alle Azione...*, in *La Seconda Directiva...*, p. 422, que escreve: *«Alla conclusione che alle azione proprie non spetta alcun diritto sembra portare (...) non tanto una riflezione «frazionata» sui pro e i contra che il possible esercizio dei diversi diritti comporterebbe (...)»*. Em sentido contrário, v. F. CHIOMENTI, *Può la Società...*, in *Rivista...*, 1980, I pte., p. 408.

A Fattispecie Constitutiva do Direito de Preferência 213

O problema deve, antes, ser colocado de maneira diferente. Confrontado com a questão de saber se a sociedade se encontra impedida de alienar o direito ao dividendo durante o tempo de suspensão dos direitos relativos às quotas próprias, o Professor Raúl Ventura pronunciou-se pela negativa. Isto, porque, conforme subli-nha o ilustre Mestre, tal direito não chega a nascer, visto estar suspenso o direito dessa quota ou acção ao dividendo [262b]. Contra semelhante posição, invoca-se o facto de a suspensão apenas respeitar aos direitos enquanto pertencentes à sociedade. Alienado, por certo período, o direito ao dividendo de quotas ou acções próprias, já seria um terceiro a exercê-lo contra a sociedade. Tudo seria, assim, semelhante ao verificado quando as acções ou quotas deixam de ser próprias e retomam o seu normal vigor. A esta observação responde, contudo, o Professor Raúl Ventura sublinhando a impossibilidade de alienação do direito ao dividendo atendendo à sua suspensão. É que não pode naturalmente transmitir-se um direito que se não tem ou se não pode exercer por se encontrar suspenso [263]: *memo plus iuris in alium transferre potest quam ipse habeat.*

[262b] RAÚL VENTURA, *Auto-Participação da Sociedade...*, in *Revista...*, ano 38.°, pp. 435 e ss.; ID., *Sociedades...*, I, p. 448.

[263] Para melhor ilustrar o pensamento do Mestre, transcrevemos as suas palavras a este respeito. Diz ele: «*Não chega a haver confusão do crédito e dívida relativos ao dividendo votado em certo ano, porque esse direito não chega a nascer, visto estar suspenso o direito dessa quota ou acção ao dividendo. Sem entrar na discussão da natureza e estrutura do direito do sócio ao dividendo, é indubitável que a sociedade não chega a ter o direito ao dividendo votado. (...) Este mecanismo jurídico impede que a sociedade aliene o direito ao dividendo durante o tempo de suspensão dos direitos das quotas próprias. Em sentido contrário, argumenta-se com o facto de a suspensão apenas respeitar ao exercício dos direitos enquanto estes pertencem à sociedade e, portanto, sendo alienável e tendo alienado, por certo período, o direito ao dividendo de acções ou quotas próprias, já seria um terceiro a exercê--lo contra a sociedade; tudo se passaria, pois, à semelhança do que sucede quando as acções ou quotas deixam de ser próprias e retomam o seu vigor normal. A alienação é, porém, impossível, visto o próprio direito ao dividendo estar suspenso*». RAÚL VENTURA, *Socie-dade...*, I, pp. 448 e 449. O mesmo raciocínio havia já sido desenvolvido anteriormente pelo mencionado Professor a propósito não apenas das quotas próprias, mas também das acções próprias. V. RAÚL VENTURA, *Aquisição de Quotas...*, pp. 179 e ss.: ID., *Auto-Participação da Sociedade...*, in *Revista...*, ano 38.°, pp. 435 e ss..

Mas se as coisas se passam assim a propósito do direito ao dividendo, não se vê porque não devam passar-se igualmente desta forma a respeito do direito de preferência ([263a]). A sociedade não pode alienar tal direito porque não chega a nascer nenhum direito de participar preferencialmente num concreto aumento de capital, visto estar suspenso o direito (abstracto ([264])) das quotas ou acções próprias à subscrição preferencial. Não chega, por conseguinte, a existir qualquer direito concreto que possa ser alienado. Ou seja, a sociedade não pode ceder o direito de subscrever determinado aumento de capital pura e simplesmente porque não tem um direito transmissível independentemente das quotas ou acções na sua titularidade. A suspensão do direito de preferência inerente à quota ou acção - o chamado direito abstracto – impediu a sua formação ([264a]). Outra coisa não faria, aliás, sentido. Como admitir a subsistência activa - por forma a permitir a respectiva transmissão – de um direito da sociedade a exigir de si própria preferência na subscrição, se ela não pode subscrever as suas acções ou adquirir originariamente as quotas próprias ([264b])?

([263a]) Neste sentido também, v. RAÚL VENTURA, *Auto-Participação da Sociedade...*, in *Revista...*, ano 38.°, p. 437, que escreve: «*A propósito do direito de preferência na aquisição de quotas em sociedades por quotas de responsabilidade limitada aceitei que esse direito pudesse ser alienado pela sociedade. Rectifico agora essa opinião, tanto quanto a quotas como quanto a acções, pelos motivos acima aduzidos para não permitir a alienação do direito ao dividendo*».

([264]) Utilizamos a expressão «direito abstracto» por corresponder a uma nomenclatura com ampla divulgação na nossa doutrina, apta, por isso, a exprimir de forma simples a ideia que pretendemos transmitir. Ela não envolve, no entanto, nenhuma tomada de posição quanto à questão que trataremos adiante (*Infra*, pp. 391 e ss.) acerca da estrutura do direito de participação preferencial em aumentos de capital.

([264a]) Na mesma direcção, cfr. JOAQUIN GARRIGUES e RODRIGO URIA, *Comentario a la Ley de Sociedades...*, I, p. 486, para quem as acções adquiridas pela sociedade não conferem a ninguém um direito de preferência. V. ainda, em sentido aproximado, P. BOERO, *Titolarità...*, in *Rivista...*, p. 1098; ANTONELLA ANTONUCCI, *Diritti Inerente alle Azione...*, in *La Seconda Directiva...*, p. 420, autores para os quais está por demonstrar a formação, e por conseguinte a existência, de um direito de preferência relativo às acções próprias, que possa ser transmitido.

([264b]) Cfr. RAÚL VENTURA, *Auto-Participação da Sociedade...*, in *Revista...*, ano 38.°, p. 436, que escreve: «*Ficou acima visto não poder a sociedade subscrever novas acções*

VIII. No tocante à circunstância, alegada por parte da doutrina, de que, ao negar-se à sociedade a possibilidade de ceder o direito de subscrever novas acções ou quotas, se estaria a ir muito além do imposto pelo regime da suspensão dos direitos sociais relativos às quotas ou acções próprias, julgâmo-la sem qualquer fundamento. O argumento encontra-se viciado por um erro de perspectiva, como o deixa já antever quanto antes referimos.

Diz Sánchez Andrés que, estando o exercício do direito de subscrição sujeito a um determinado prazo cujo decurso determina a sua perda, a designada suspensão dos direitos sociais implicaria na verdade um caso de exclusão em sentido estrito de tal direito e não uma limitação temporal do seu exercício ([265]). A companhia, sendo titular do direito de participar preferencialmente num dado aumento de capital, ficaria dele definitivamente privada ([265a]). Nada de mais errado, porém.

Na vida dos direitos sociais existem várias fases pelas quais aqueles vão passando ([266]). Umas correspondem a previsões de situações de sócios sem aplicação imediata, aparentemente sujeitas ou subordinadas à ocorrência de factos futuros ou eventuais ([266a]). Outras são situações concretas e actuais dos sócios, surgidas, no desenvolvimento ou prolongamento das primeiras, durante a vida da sociedade. Assim, e no que especificamente concerne o direito de preferência, todo e qualquer sócio, pela simples circunstância de o ser, tem o "direito" de subscrever cada aumento de capital, por novas entradas, que venha a ser deliberado. Esse "direito" é relativo a todos os eventuais aumentos de capital e preexiste relativamente a eles. Porém, nesta primeira "fase", o "direito" ou situação na qual o sócio se acha investido não tem actualidade: não lhe permite subscrever um concreto aumento de capital ([267]). Isso só se tornará possível depois de este ter sido efectivamente deliberado. Até lá, a posição do sócio, que decorre imediatamente da lei, terá de ser necessa-

---

a emitir nos seus aumentos de capital. Daí decorre necessariamente a impossibilidade de ser mantido activo o direito preferencial de subscrição inerente às acções próprias (...)».

([265]) SÁNCHEZ ANDRÉS, *El Derecho de Suscripción Preferente...*, p. 358.

([265a]) *Idem.*

([266]) Cfr. *Supra* e *Infra*, págs. 117 e ss,

([266a]) V. *Supra*, págs. 117 e ss..

([267]) Cfr. *Supra*, págs. 117 e ss..

riamente uma posição inactiva. Numa segunda fase, a contar da data da deliberação de um concreto aumento de capital, a situação do sócio, desprovida de actualidade, modifica-se, ganhando os traços de uma nova situação, agora actual: o sócio passa a ter um direito de subscrever um concreto e determinado aumento de capital ([268]).

A suspensão dos direitos sociais afecta-os naturalmente na sua primeira fase, não na segunda, pois, estando as acções ou quotas em poder da sociedade, nem se chegam a constituir. Noutros termos, e para empregar uma terminologia muito divulgada entre nós, suspensos ficam os direitos abstractos, impedidos por isso de se desenvolverem; não os direitos concretos, que nem chegam a formar-se em virtude da referida suspensão dos direitos abstractos([269]). E compreende-se. Suspensos são os direitos inerentes às quotas ou acções, os direitos inerentes à qualidade de sócio, não os direitos que com base nessa qualidade, e em circunstâncias normais, dela se autonomizariam, passando a integrar uma categoria de direitos assimiláveis aos extracorporativos. Isto até por a referida suspensão ser decretada num momento em que estes últimos ainda não existiam enquanto tais. Ora, não faz sentido suspender algo que ainda não tem actualidade.

Fica, assim, demonstrado como a existência de um prazo para o exercício do direito de participar preferencialmente em aumentos de capital, e caso não se admita a possibilidade de alienação de tal direito, não leva a transformar o regime de suspensão dos direitos sociais - que deve consistir numa mera limitação de ordem temporal - numa forma de exclusão do direito de subscrição preferencial. A situação abrangida pelo artigo 324.º n.º 1 al. a) do Código das Sociedades Comerciais é a correspondente ao vulgarmente designado direito abstracto de preferência, e esse permanece enquanto se mantiverem as quotas ou acções a que é relativo, regressando à sua plenitude uma vez transmitidas as acções ou

---

([268]) V. *Supra*, p. 118.

([269]) No mesmo sentido, RAÚL VENTURA, *Sociedade...*, I, p. 448, que, a propósito do regime das quotas próprias, escreve, por referência ao direito ao dividendo, num trecho já por nós transcrito (*Supra*, p. 213 nota (263)): «(...) *esse direito não chega a nascer, visto estar suspenso o direito dessa quota ou acção ao dividendo. Sem entrar na discussão da natureza e estrutura do direito do sócio ao dividendo, é indubitável que a sociedade não chega a ter o direito ao dividendo votado*».

quotas da sociedade para os sócios. Não há, pois, nenhuma exclusão mas sim, e contrariamente ao pretendido, uma limitação meramente temporária de um direito que, uma vez terminado o condicionalismo em virtude do qual a suspensão foi ditada, ganha a sua vitalidade original.

IX. Aliás, a incidência do regime da suspensão dos direitos não limita os seus efeitos ao direito de subscrição preferencial. Afecta todas as outras prerrogativas conferidas pelas quotas ou acções na posse da sociedade. Por isso, a aceitar-se a tese por nós rejeitada, deveria considerar-se a suspensão do direito de voto, do direito aos dividendos, etc., não mero parêntesis temporal mas verdadeira exclusão desses direitos, em todos os casos concretos em que não pudessem exercer-se. Como a lei não pretende suprimir direitos, com carácter definitivo, mas apenas suspendê-los, haveria de encontrar-se um modo de permitir o exercício em cada hipótese concreta desses mesmos direitos. No caso dos direitos de natureza patrimonial, a solução proposta, por determinada doutrina, foi a de permitir a sua alienação. No tocante, porém, aos direitos administrativos, a opinião generalizada dos autores vai contra a possibilidade da sua transmissão isolada, ressalvadas algumas dúvidas quanto ao direito de voto [270]. A única via, para evitar a transformação de um regime de suspensão em pura e simples exclusão, seria, assim, permitir o exercício directo de tais direitos. Isso choca, porém, e de forma clara, contra o estabelecido no artigo 321.º n° 1.º al. a) do Código das Sociedades Comerciais, não tendo, por conseguinte, qualquer cabimento admitir a respectiva viabilidade. Donde, a acolher-se a mencionada tese [271], deveria, pelo menos no caso dos direitos de natureza política, aceitar-se que o legislador visava a exclusão dos direitos correspondentes às quotas ou acções próprias, não a sua suspensão. Mas se é assim para os direitos de carácter administrativo, porquê admitir outra coisa quando se trata de direitos patrimoniais, designadamente o direito de preferência? A norma é só uma, e uma só é a sua eficácia!

---

[270] Cfr. RAÚL VENTURA, *Reflexões...*, in *Colectânea...*, ano IX, tomo II, p. 11.
[271] E não parece que deva acolher-se.

X. Contra quanto antes dissemos sempre se poderia alegar, como é aliás posição defendida na doutrina ([272]), não equivaler, tecnicamente, a alienação de direitos ao seu exercício. O regime da suspensão dos direitos sociais apenas impede a possibilidade de exercício. Deste modo, não haveria dificuldade nenhuma em admitir-se conduzir esse regime, num caso, a uma absoluta paralisação e exclusão de direitos – os de natureza política – e noutros – os relativos aos direitos de carácter patrimonial – a uma simples impossibilidade da sua actuação directa. Os efeitos da norma seriam sempre os mesmos: impedir o exercício dos direitos relativos às quotas ou acções próprias. Simplesmente, alguns desses direitos seriam capazes de manifestações para além do seu exercício, insusceptíveis de serem produzidas por outros, atendendo à respectiva natureza.

Não podemos, no entanto, subscrever semelhante entendimento. Ele revela uma estranha compreensão daquilo que é o exercício de um direito. Conforme ensina o Professor Pessoa Jorge, exercer um direito é realizar as possibilidades de acção englobadas no seu conteúdo ([273]).

Ou seja, desencadear alterações no mundo sensível - mesmo quando para atingir efeitos ideais, como, por exemplo a manifestação de uma vontade negocial, ou a aceitação de um contrato, ou ainda a interpelação de um devedor - «assumir comportamentos», ainda que destinados tão só a defender o direito ([274]). Não se vislumbram,

---

([272]) V. *Supra*, p. 210, nota (259).

([273]) PESSOA JORGE, *Ensaio Sobre os Pressupostos da Responsabilidade Civil*, separata da revista de *Ciência e Técnica Fiscal*, Lisboa, 1969, p. 195. Em sentido equivalente se pronuncia, ainda, a generalidade dos autores, como, por exemplo, OTT, *Das Bezugsrecht...*, p. 167, para quem o exercício de um direito corresponde à realização dos interesses protegidos pelo direito; ALESSANDRO GROPALLI, *Introdução ao Estudo do Direito*, Tradução de Manuel de Alarcão, Coimbra, 1978, pp. 199 e ss.; CASTRO MENDES, *Teoria...*, I, p. 346, que expressamente coloca a faculdade de disposição de um direito ao lado das faculades de gozo e fruição enquanto manifestações de exercício desse direito. Cfr., no entanto, quanto escreve, a este respeito, HANS NAWISKI, *Teoria General del Derecho*, tradução da 2.ª ed. alemã, de Jose Zafra, Madrid, 1962, p. 34, para quem a disposição de um direito não constitui uma forma de exercício desse direito.

([274]) *Idem.*

A Fattispecie Constitutiva do Direito de Preferência 219

por isso, quaisquer motivos para se afirmar ser a transmissão ou alienação de um direito coisa diversa do respectivo exercício ([275]) ([276]).

XI. Presentes as anteriores considerações, parece dever concluir-se, com segurança, não apenas pela impossibilidade de a sociedade participar com preferência em aumentos do seu próprio capital, mas, também, pela inadmissibilidade de esta alienar um direito de subscrição preferencial proporcional às quotas ou acções próprias. Para além de decorrer directamente da consideração da dogmática e regime das accões e quotas próprias esta posição louva--se, ainda, num outro aspecto. Ela deriva igualmente da consideração das finalidades do direito de preferência .

Não faz, desde logo, nenhum sentido atribuir à sociedade um direito de participação preferencial em aumentos de capital com vista a assegurar a defesa do seu direito de voto, porquanto a sociedade carece

---

([275]) Assim o entendem também, e por exemplo, RAFFAELE NOBILI, *Contributo allo Studio...*, p. 80, autor que usa a expressão «exercício do direito de preferência» para reagrupar todos os fenómenos relativos à subscrição de acções e à cessão do direito de preferência; ALEJANDRO BÉRGAMO, *Sociedades...*, II, p. 577; ANTONELLA ANTONUCCI, *Diritti Inerente alle Azione...*, in *La Seconda Directiva...*, p. 420, que afirma, de forma categórica, corresponder a cessão do direito de preferência a uma forma de exercício do mesmo.

([276]) Deve, de resto, sublinhar-se o facto de, na perspectiva em que nos colocamos, o problema de saber se a alienação do direito representa um caso de exercício desse mesmo direito ou uma sua manifestação diversa nem se chega a colocar. Na verdade, a sociedade só poderá transmitir o direito de subscrever um concreto aumento de capital, seja qual for a qualificação que se dê a essa transmissão, se for titular de tal direito (Cfr., nesta direcção, por exemplo, ANTONELLA ANTONUCCI, *Diritti Inerente alle Azione...*, in *La Seconda Directiva...*, p. 420). Porém, a suspensão do chamado direito abstracto de preferência impede a formação de um direito de participar preferencialmente no aumento de capital que efectivamente tiver sido deliberado (v. *Supra* pág. 216). Só quem aceite referir-se o regime da suspensão dos direitos sociais aos vulgarmente designados direitos concretos, não aos direitos abstractos, pode admitir a existência no património da sociedade de um direito de preferir num dado aumento de capital, embora suspenso. Não é, contudo, o nosso caso (cfr. *Supra* págs. 215 e 216). Por isso, ao procurarmos apurar se a qualificação a dar à alienação do direito de preferência impediria ou não, do ponto de vista do regime consagrado para as acções e quotas próprias, a transmissão desse direito, fazêmo-lo a título de simples hipótese de trabalho.

de tal direito. Da mesma forma, não se compreende a concessão à sociedade de um direito de preferência, para proteger o direito aos lucros ou à quota de liquidação, pois a sociedade também não dispõe de nenhum deles. Não se entende, por último, o reconhecimento à sociedade de um direito de subscrição preferencial destinado a permitir--lhe a obtenção de um ganho, se o legislador nem sequer confere à sociedade um direito aos próprios lucros ([276a]).

XII. Resta saber qual o destino a dar às quotas ou acções que caberiam às participações detidas pela sociedade se estas se encontrassem em poder dos sócios. São várias as soluções defendidas pela doutrina. Uma orientação possível é a de considerar não terem os sócios qualquer direito de subscreverem com preferência as novas quotas ou acções ([277]). Esta construção mostra-se, eventualmente, admissível naqueles ordenamentos nos quais o direito de preferência

---

([276a]) À conclusão de que às acções próprias não cabem quaisquer direitos poderia, ainda, chegar-se, segundo alguns autores, através da consideração da função representativa das acções. Esta residiria na relação de alteridade existente entre a sociedade e o sócio (Orientação que se encontra, designadamente, em harmonia com a concepção de *Mitgliedschaft* defendida pela doutrina alemã. Na verdade, e de acordo com a *communis opinio* germânica, a *Mitgliedschaft* é a posição do sócio ou associado na relação jurídica que o prende à sociedade ou associação. Determinados autores identificam mesmo a *Mitgliedschaft* com a própria relação jurídica associativa numa posição merecedora de algumas críticas. Para uma referência às diversas opiniões, cfr. WÜRDINGER, *Aktienrecht, cit.*, pp. 38 e ss.; GESSLER, EFERMEHL, ECKARDT e KROPFF, *Aktiengesetz...*, § 1, p. 65; HADDING, in *Soergel Kommentar*, I, 12.ª ed., 1987, comentário ao § 38, pp. 353 e ss.; entre nós, pode ver-se, sobre este ponto, EVARISTO MENDES, *A Transmissibilidade...*, I, pp. 12 e ss.). Durante o período de detenção das acções pela sociedade, a função típica das acções ficaria desvirtuada. Isso provocaria o desaparecimento da causa de atribuição dos direitos às acções próprias, visto que esses direitos não constituiriam senão os instrumentos de explicação de uma relação social na hipótese inexistente. Neste sentido e para maiores desenvolvimentos, v. ANTONELLA ANTONUCCI, *Diritti Inerente alle Azione...*, in *La Seconda Directiva...*, pp. 422 e ss.. Contra os pressupostos nos quais assenta a tese descrita, v. DE FERRA, *La Circolazione delle Partiçipazione Azionarie*, Milão, 1964, pp. 187 e ss., com base em argumentos refutados por Antonella Antonucci (De Ferra considera continuarem as acções próprias a representar a participação social).

([277]) Assim, OTT, *Das Bezugsrecht...*, p. 97.

A Fattispecie Constitutiva do Direito de Preferência   221

é concebido como um direito meramente proporcional à participação detida pelos sócios ([278]). Porém, no caso do direito português, o legislador alargou potencialmente o direito de participar preferencialmente em aumentos de capital à totalidade desses aumentos ([279]). Quer dizer: mesmo quando todos os sócios não usem o direito de preferência, na proporção das respectivas participações, continua a sociedade obrigada a oferecer as novas quotas ou acções àqueles sócios que tenham feito pedidos para adquirir as acções ou quotas sobrantes. Mas se é assim, se os sócios têm o direito de exercer a sua preferência mesmo relativamente a acções ou quotas em princípio abrangidas pelo direito de participação preferencial dos outros membros da sociedade, então, e por maioria de razão, têm eles o direito de preferir as quotas ou acções sobre as quais não pode recair um direito de preferência da sociedade. A questão está, pois, e apenas, em saber se quanto a elas o direito de participação preferencial deve ser exercido nos termos da alínea a) do n.° 1 do artigo 266.° e da alínea a) do n.° 2 do artigo 458.° ou antes nos termos da alínea b) desses mesmos preceitos. Atendendo ao facto de não chegar a formar-se nunca no património da sociedade um direito de subscrever as suas acções ou de adquirir originariamente quotas próprias, não temos dúvidas em nos pronunciarmos pelo primeiro termo da alternativa ([280]).

([278]) Mas mesmo nestes não falta quem sustente não ser essa a melhor solução, defendendo a necessidade de as novas acções (ou quotas) serem oferecidas aos sócios para exercício do respectivo direito de preferência. Nesta direcção, podem ver-se, por exemplo, RAFFAELE NOBILI, *Contributo allo Studio del Diritto D'Opzione...*, pp. 148 e ss.; ALEJANDRO BÉRGAMO, *Sociedades...*, II, p. 577.

([279]) V. *Supra* e *Infra* págs., p. 45 e 261.

([280]) A propósito do direito ao dividendo, escreveu o Professor Raúl Ventura as seguintes palavras: *«Sem entrar na discussão da natureza e estrutura do direito ao dividendo, é indubitável que a sociedade não chega a ter o direito ao dividendo votado.(...). Assim, uma assembleia geral possuidora de acções próprias, ao calcular a parte do lucro destinada a dividendo deve ter logo em conta que nenhum será atribuído às acções próprias; se fixou uma quantia global para dividendo deverá pensar que o divisor é reduzido do número de acções próprias (...)».* Cfr. RAÚL VENTURA, *Auto-Participação da Sociedade...*, in *Revista...*, ano 38.°, p. 435; ID., *Sociedades...*, I, p. 448. Não se descortinam quaisquer razões para que seja de outro modo quando esteja em causa, não o direito ao dividendo, mas sim o direito de preferência.

222   Pedro de Albuquerque

Assim, ao estabelecer-se a relação entre as acções ou quotas antigas e as novas acções ou quotas deve o divisor ser reduzido em função das quotas ou acções detidas pela sociedade [281].

4. As relações de participação entre sociedades e o direito de preferência

I. Por força do disposto no artigo 485.° do Código das Sociedades Comerciais, as sociedades em relações de participação recíproca ficam sujeitas a determinados deveres e restrições, constantes da lei, a partir do momento em que ambas as participações atinjam 10 % do capital da participada. Uma dessas restrições é a prevista no n.° 2.° do artigo 485.° do Código das Sociedades Comerciais: a sociedade que mais tardiamente efectue a comunicação exigida pelo artigo 484.° n.° 1 do Código das Sociedades Comerciais [282], da qual depende o conhecimento do montante da participação de uma sociedade na outra, não pode adquirir novas quotas ou acções na sociedade com a qual se encontra coligada. Pelo artigo 487.° n° 1 do Código das Sociedades Comerciais, é proibido a uma sociedade adquirir quotas ou acções das sociedades que — directamente ou por pessoas nas quais se reúnam os requisitos indicados no n.° 2 do artigo 483.° do Código das Sociedades Comerciais — a dominem ressalvadas algumas excepções irrelevantes para o nosso caso [283].

II. Deste modo, pode uma sociedade titular de acções ou quotas de outra ver-se impedida de exercer o direito de participação preferencial em aumentos de capital em virtude das relações de participação recíproca ou de domínio. Coloca-se, por isso, e à

---

[281] Isto porque, conforme julgamos ter demonstrado, às acções ou quotas próprias não chega nunca a caber o direito de participarem preferencialmente nos aumentos de capital deliberados pela sociedade. É o próprio direito de preferência inerente à participação social detida pela sociedade que se encontra suspenso.

[282] Neste preceito, o legislador impôs a necessidade de uma sociedade comunicar, por escrito, a outra todas as aquisições e alienações de quotas ou acções desta que tenha efectuado, enquanto se estabeleça uma relação de simples participação e enquanto o montante da participação não se tornar inferior àquele que determinar tal relação.

[283] Assim, também, RAÚL VENTURA, *Alterações do Contrato...*, p. 190.

semelhança do verificado para as acções ou quotas próprias, a questão de saber se as proibições constantes dos artigos 483.º e 487.º do Código das Sociedades Comerciais provocam, para as sociedades por elas abrangidas, a perda do direito de preferência, ou, ao invés, determinam, apenas, um condicionamento da possibilidade de aquisição de novas quotas ou acções sem impedir a alienação do referido direito. Julgamos dever-nos pronunciar pelo segundo termo da alternativa [284]. Na verdade, a lei veda, tão só, a aquisição de novas quotas ou acções, não suspende o exercício do direito de preferência. O condicionamento existente é externo ao referido direito, o qual não deixa, por isso, de se formar e de poder transmitir-se.

E não se alegue, contra esta nossa conclusão, estar ela em contradição com a negação de um direito de preferência — assim como da possibilidade da sua transmissão — às sociedades titulares de acções ou quotas próprias [285]. Nessa hipótese, a lei veda a possibilidade de aquisição originária de quotas ou acções pela sociedade, e, para além disso, suspende os direitos relativos às quotas ou acções próprias. Suspensão que representa um condicionamento directo do direito de participação preferencial, e afecta o seu desenvolvimento. Diversamente, tratando-se de sociedades em relações de participação recíproca ou de domínio, apenas se interdita a aquisição de novas participações. As já detidas por essas sociedades não sofrem qualquer condicionamento ou compressão do respectivo conteúdo. Elas são, por isso, capazes de atingir todo o seu vigor, dando, nomeadamente, origem à formação de um direito de preferência. A prova de que assim é está no facto de, não obstante a proibição, se a sociedade sobre a qual essa proibição recai, ainda assim, adquirir novas acções ou

---

[284] Posição que corresponde, de resto, à *communis opinio*. Destacamos apenas JULIUS VON GIERKE, *Handelsrecht...*, p. 363; RAFFAELE NOBILI, *Contributo allo Studio del Diritto D'Opzione...*, pp. 151 e ss.; D. GUNTZ, *Das Subjekt...*, in *Die Aktiengesellschaft*, cit., p. 177; e RAÚL VENTURA, *Alterações do Contrato...*, p. 190.

[285] É, nomeadamente, essa a opinião de RAÚL VENTURA, *Alterações do Contrato...*, p. 190.

quotas a aquisição efectuada, poder conservar a sua validade (artigo 485.° n.° 3 e 487.° n.° 2 do Código das Sociedades Comerciais). Nesse caso, a sanção estabelecida pelo legislador consiste na privação dos direitos inerentes às quotas ou acções adquiridas em violação da lei. Donde, e pelo menos na hipótese de o artigo 485.° n.° 3, apesar da interdição legal de aquisição de novas participações, se poder chegar a verificar um exercício directo, pela sociedade sobre a qual recai a interdição, do direito de preferência que eventualmente caiba às acções ou quotas representativas do capital da outra sociedade com a qual se acha coligada. Isto demonstra bem como a hipótese em análise é diferente da colocada a propósito das acções ou quotas próprias. Não há, por conseguinte, nenhuma contradição em admitir a alienação do direito de preferência das sociedades coliga-das, sujeitas a uma proibição de aquisição de novas participações nas sociedades com as quais se acham ligadas, e não admitir idêntica possibilidade no caso das acções ou quotas próprias.

Contradição haveria, sim, se admitíssemos a possibilidade de alienação de um eventual direito de preferência correspondente às acções ou quotas adquiridas com violação do disposto nos artigos 485.° n.° 2 e 487.° n.° 1.°, e, por isso, insusceptíveis de conferirem à sociedade os direitos a elas correspondentes em situações normais. Não é, porém, essa a nossa posição.

5. *O direito de preferência e o usufruto de participações sociais*

I. Nos artigos 266.° e 458.° do Código das Sociedades Comerciais, o legislador limita-se a conceder o direito de preferência aos sócios das sociedades por quotas e das sociedades anónimas. Outros preceitos, porém, conduzem ao reconhecimento da possibilidade de exercício de tal direito por pessoas diversas dos sócios. Pense-se, por exemplo, no disposto nos artigos 269.° e 462.° do Código das Sociedades Comerciais.

Estes dois últimos preceitos prevêem e regulam, expressamente, as questões relacionadas com a titularidade e exercício do direito

A Fattispecie Constitutiva do Direito de Preferência 225

de preferência, na hipótese de existirem quotas ou acções sobre as quais recaia um direito de usufruto.

II. Os problemas colocados pelo usufruto de participações sociais têm motivado a atenção da doutrina, como poucos outros temas relacionados com o direito de preferência dos sócios. Entre nós, porém, a regulamentação existente coloca termo às inúmeras dúvidas que, um pouco por toda a parte, assaltam, ou assaltaram, o espírito dos autores. Não vale, por isso, a pena embrenharmo-nos em discussões doutrinárias sobre as quais o Código das Sociedades Comerciais toma partido ([286]) ([287]).

Sempre se deverão sublinhar, no entanto, alguns aspectos.

Em primeiro lugar, e no tocante à titularidade do direito de preferência, deve referir-se a circunstância de o legislador remeter

---

([286]) Em qualquer caso, e para uma referência ao debate travado pela doutrina em torno das questões relativas ao direito de preferência e o usufruto de participações sociais, podem ver-se, nomeadamente: MONTESSORI, *Il Diritto D'Opzione ...*, in *Rivista ...*, vol. XIX, I parte, pp. 481 e ss.; ALFRED JAUFFRET, *Du Droit de Souscrire par Préférence...*, pp. 194 e ss. ; BERNICKEN, *Das Bezugsrecht...*, pp. 67 e ss.; ELOY SÁNCHEZ TORRES, *Usufructo de Acciones de Sociedades Mercantis*, Madrid, 1946, pp. 70 e ss.; FIORENTINO, *Le Variazione del Capitale...*, p. 19; BARBOSA DE MAGALHÃES, *Usufruto...*, in *Revista...*, ano 12, pp.; ASCARELLI, *Diritto di Opzione...*, in *Studi...*, pp. 258 e ss .; RENATO MICCIO, *Il Diritto...*, pp. 98 e ss.; J. GABRIEL PINTO COELHO, *Usufruto...*, in *Revista...*, ano 91, pp. 17 e ss.; RAFFAELE NOBILI, *Contributo allo Studio del Diritto D'Opzione...*, pp. 265 e ss.; BIANCHI, *Gli Aumenti di Capitale...*, pp. 70 e ss.; GUNTZ, *Das Subjekt des Bezugsrecht...*, in *Die Aktiengesellschaft*, 1958, p. 178; MEILICKE, *Das Bezugsrecht...*, in *Der Betriebs-Berater*, 1961, pp. 1281 e 1282; OTT, *Das Bezugsrecht...*, pp. 101 e ss.; ALVAREZ ALVAREZ, *Ejercicio del Derecho de Suscripción...*, in *Anuario...*, pp. 323 e ss.; JUGLART e IPPOLITO, *Cours de Droit...*, II, pp. 539 e 540; LUTTER, *Kölner Kommentar...*, II, II, comentário ao § 189, pp. 339 e 340; WIEDEMANN, *Groskommentar...*, III, comentário ao § 186, pp. 77 e ss.; PUGLIESE, *Usufruto...*, p. 775; SÁNCHEZ ANDRÉS, *El Derecho de Suscripción Preferente...*, pp. 388 e ss.; JACINTO GIL RODRIGUES, *El Usufructo...*, pp. 371 e ss., em especial 401 e ss.; FERRARA JR. e FRANCESCO CORSI, *Gli Imprenditore...*, pp. 421 e ss.; GESSLER, EFERMEHL, ECKARDT e KROPFF, *Aktiengesetz...*, § 186, pp. 248 e ss..

([287]) Para um comentário dos artigos 269.° e 462.° do Código das Sociedades Comerciais, v. RAÚL VENTURA, *Alterações do Contrato...*, pp. 244 e ss..

para a vontade das partes: o direito de participar no aumento de capital é exercido pelo titular de raiz ou pelo usufrutuário ou por ambos nos termos que entre si acordarem. Na falta de acordo expresso, o direito de preferência é atribuído por lei ao titular de raiz. Se este não o exercer dentro do prazo concedido para o efeito, o direito devolve-se ao usufrutuário. A nova acção ou quota ficará a pertencer em propriedade plena àquele que tiver exercido o direito de subscrição, excepto se tiver sido acordada a respectiva sujeição ao usufruto.

Se nem o titular de raiz nem o usufrutuário quiserem exercer a preferência, tal direito pode ser alienado por qualquer um deles, nas sociedades anónimas, ou de comum acordo, nas sociedades por quotas. As quantias obtidas com a venda serão repartidas entre eles na proporção dos valores que nesse momento tiverem os respectivos direitos.

Em termos gerais, constata-se como o legislador chama, de algum modo, usufrutuário e titular de raiz a colaborarem no exercício do direito de preferência, numa solução que parece ter sérias implicações na determinação do conceito de participação social.

III - Exercício do direito de preferência [288]

1. Declaração de vontade do sócio. Sua natureza

I. Discutem-se quais os efeitos e natureza da declaração de vontade através da qual o sócio manifesta a sua intenção de exercer o direito de preferência. Ponto assente, parece ser, apenas, a necessidade de uma tal manifestação [289]. O sócio não se torna sem mais titular das novas quotas ou acções.

---

[288] A situação jurídica a analisar, a propósito do exercício do direito de preferência, não é aquela na qual o sócio se acha investido por simples efeito do contrato de sociedade (o chamado direito abstracto – numa terminologia muito divulgada entre nós mas que suscita, pela nossa parte, e atendendo à orientação a ela subjacente, algumas reservas (v. *Infra*, p. 395)). É antes aquela em que o sócio fica colocado em virtude da deliberação, e lhe confere o direito de subscrever um determinado número de novas acções ou de adquirir novas quotas. Aliás, e como representa já afirmação clássica na doutrina, a primeira das duas situações nem sequer é susceptível de ser exercida. V., por exemplo, BERNICKEN, *Das Bezugsrecht...*, pp. 63 e ss.; RAFFAELE NOBILI, *Contributo allo Studio del Diritto D'Opzione...*, pp. 81 e 82. Porém, e atendendo ao facto de o legislador conceder uma tutela à primitiva posição do sócio, decorrente da simples participação deste na sociedade, poderia talvez discutir-se se o recurso aos meios de protecção acordados não constitui um modo de exercício da referida posição. O problema tem sido considerado de mera classificação.

[289] Assim, RENATO MICCIO, *Il Diritto...*, p. 37; OTT, *Das Bezugsrecht...*, p. 167; LUTTER, *Kölner Kommentar...*, II, II, comentário ao § 186, p. 334; SÁNCHEZ

Pedro de Albuquerque

O motivo principal da exclusão de uma aquisição *ex lege* das novas acções ou quotas reside, segundo a opinião generalizada da doutrina, na circunstância de tal aquisição obrigar, mais tarde ou mais cedo, à realização de uma entrada, cujo cumprimento deve ser um acto livre [290]. O sócio pode não se encontrar disposto a entrar com novos meios financeiros para a sociedade. Torna-se, por isso, indispensável a manifestação, por parte dele, de uma vontade de querer exercer o seu direito de preferência.

II. Esta manifestação deve qualificar-se como uma declaração de vontade em sentido técnico [291]. Qual o exacto enquadramento de tal declaração, no contexto mais geral das manifestações de vontade, e quais os seus efeitos é o que se debate.

Segundo uma corrente de opinião bastante difundida, não bastaria a manifestação de vontade do titular do direito de preferência para se verificar a aquisição das novas participações [292]. Ao exercer o seu direito de preferência, através de uma declaração nesse sentido, o sócio desencadearia a produção de uma série de efeitos, mas não teria, ainda, direito às acções. Surgiria apenas, e na sua perspectiva, a pretensão de exigir a realização formal do acto de subscrição e o registo do aumento de capital [293].

ANDRÉS, *El Derecho de Suscripción Preferente...*, p. 248; GESSLER, EFERMEHL, ECKARDT e KROPFF, *Aktiengesetz...*, § 186, p. 243.

[290] Na doutrina alemã, o carácter livre, não já da subscrição por novas entradas em geral, mas, em particular, do exercício do direito de preferência, é constantemente repetido e apregoado pela mesma doutrina. Limitamo-nos a referir, e por não valer a pena multiplicar as citações, entre os autores mais modernos, MAIBERG, *Gesellschaftsrecht, op. cit.*, p. 209. Entre as obras menos recentes, v., por exemplo, na doutrina italiana, RENATO MICCIO, *Il Diritto...*, p. 37.

[291] RENATO MICCIO, *Il Diritto...*, p. 37; OTT, *Das Bezugsrecht...*, p. 167; SÁNCHEZ ANDRÉS, *El Derecho de Suscripción Preferente...*, p. 248.

[292] GODIN-WILHELMI, *Aktiengesetz, op. cit.*, § 186, p. 1053. Em sentido crítico, quanto a esta construção, podem ver-se RENATO MICCIO, *Il Diritto...*, pp. 38 e ss.; e SÁNCHEZ ANDRÉS, *El Derecho de Suscripción Preferente...*, pp. 238 e 239.

[293] GODIN-WILHELMI, *Aktiengesetz, op. cit.*, § 186, p. 1053.

A Fattispecie Constitutiva do Direito de Preferência 229

Subjacente a esta construção está ([294]) a compreensão do processo de subscrição segundo os moldes de um contrato de natureza meramente obrigatória ([295]). Por força desse contrato, a sociedade comprometer-se-ia a possibilitar a realização do acto material de subscrição e a registar a operação de aumento de capital, enquanto o sócio ou titular do direito de preferência se obrigaria, por seu turno, a adquirir as novas participações ([296]). Isso exigiria, porém, a realização de um segundo negócio bilateral, pelo qual a sociedade e o sócio, respectivamente, adquirem e transmitem as quotas ou acções resultantes do aumento de capital. Esta construção, que poderia, porventura, e segundo determinados autores ([297]), ter alguma justificação ao tempo das primeiras consagrações estatutárias do direito de preferência, quando a sociedade celebrava com os interessados um pré-contrato de subscrição, porta aberta — depois de deliberado o aumento de capital — para a realização de um

---

([294]) Embora, talvez, de forma meramente implícita.

([295]) A respeito dos contratos de natureza obrigatória, podem ver-se, por exemplo, MANUEL DE ANDRADE, *Teoria...*, II, pp. 51 e ss.; INOCÊNCIO GALVÃO TELLES, *Manual dos Contratos em Geral,* 3.ª ed., *Dos Contratos em Geral*, Lisboa, 1965, p. 42; ID., *Direito...*, pp. 76 e ss.; TRABUCCHI, *Istituzioni...*, pp. 678; MOTA PINTO, *Teoria...*, p. 400; MENEZES CORDEIRO, *Teoria...*, I, pp. 461 e ss. e 525 e ss. Na perspectiva do confronto entre compra e venda obrigatória e compra e venda com eficácia real, podem ver-se, com interesse para a determinação dos contornos da figura dos negócios obrigatórios, INOCÊNCIO GALVÃO TELLES, *Contratos Civis,* separata da *Revista da Faculdade de Direito da Universidade de Lisboa*, vols. IX e X, 1953 e 1954, pp. 8 e ss.; RAÚL VENTURA, *Direito Romano, Dos Contratos em Geral e do Contrato de Compra e Venda em Especial*, Lisboa, 1954, pp. 44 e ss.; ID., *O Contrato de Compra e Venda no Código Civil. Efeitos essenciais: A transmissão da Propriedade da Coisa ou da Titularidade do Direito; a Obrigação de Entregar a Coisa*, in *Revista da Ordem dos Advogados*, ano 43, 1983, pp. 588 e ss.; PAULO OLAVO CUNHA, *Venda de Bens Alheios*, separata da *Revista da Ordem dos Advogados*, ano 47, Lisboa, 1987, pp. 420 e 421; MENEZES CORDEIRO, *Direito...*, III - *Os Contratos em Especial..., A Compra e Venda. Efeitos Essenciais*, por PEDRO DE ALBUQUERQUE, pp. 15 e ss..

([296]) Esta construção apresenta alguns pontos de contacto com aquela outra, já analisada (*Supra*, pp. 132 e ss.), segundo a qual a comunicação para preferir seria verdadeira proposta contratual. Ambas reconduzem a subscrição preferencial a um contrato. As afinidades entre as duas construções acabam, porém, aí.

([297]) V., por exemplo, SÁNCHEZ ANDRÉS, *El Derecho de Suscripción Preferente...*, p. 238.

comportamento de execução destinado à produção definitiva dos efeitos visados ([298]), não tem, porém, hoje qualquer fundamento.

Na verdade, e conforme é sublinhado pela *communis opinio* ([299]), se a assembleia geral na qual é deliberado o aumento de capital não suprime ou limita o direito de preferência dos sócios, este radica-se definitivamente na respectiva esfera jurídica. Por outras palavras, desaparece a possibilidade de a sociedade se recusar a conceder aos seus membros o direito de participarem preferencialmente no aumento de capital por ela deliberado. Desta forma, entre os sócios e o aumento de capital ou escritura pública não existe senão a declaração unilateral daqueles de quererem exercer o respectivo direito ([300]). A sociedade não está em condições de manifestar qualquer discordância, e a colocação das novas acções ou quotas à disposição dos sócios não é senão um acto devido ([301]), não um acto negocial que vai ao encontro da vontade dos sócios.

III. Assim, a sociedade não «vende» as suas acções ou quotas aos sócios, porque — e de acordo com o regime definido pelo nosso legislador — uma vez consolidado o direito de preferência na esfera jurídica dos seus membros, ela deixa de ter a faculdade de praticar actos de disposição e, por conseguinte, actos de natureza negocial.

([298]) Acerca do contrato preliminar de subscrição e sua relação com a subscrição definitiva, nos primeiros tempos do direito de preferência, ainda antes da sua consagração legal, v., por todos, ALFRED JAUFFRET, *Du Droit de Souscrire par Préférence...*, pp. 45 e ss..

([299]) V. *Supra*, p. 117 e nota (31).

([300]) Já os primitivos trabalhos sobre o tema do direito de preferência em aumentos de capital sublinhavam ter a declaração do sócio natureza unilateral e receptícia. V., por exemplo, BERNICKEN, *Das Bezugsrecht...*, pp. 82 e ss.. A doutrina posterior, mais significativa, reteve a qualificação como válida. Na base desta tomada de posição encontra-se, por um lado, o facto de a declaração do sócio constituir uma pretensão a atender pela sociedade, não uma oferta a aceitar ou rejeitar livremente, e, por outro, a circunstância de a declaração, por si só, não bastar, carecendo de ser dirigida e levada ao conhecimento do seu destinatário. Cfr. RENATO MICCIO, *Il Diritto...*, p. 38; OTT, *Das Bezugsrecht...*, p. 169 (apenas quanto ao primeiro aspecto); e SÁNCHEZ ANDRÉS, *El Derecho de Suscripción Preferente...*, p. 248.

([301]) Cfr. *Supra*, p. 142.

A vontade da sociedade é substituída pela vontade da lei, que coloca as novas acções ou quotas à disposição dos sócios ([302]). Estes fazem suas essas quotas ou acções ([302a]), limitando-se a declarar unilateralmente aceitar aquilo que a lei e indirectamente a assembleia geral lhes oferecem ([303]). Não há, portanto, nenhum contrato, obrigatório ou real, porque não se vislumbra nenhum acordo bilateral ([304]).

É verdade sustentar a mais prestigiada doutrina que com a declaração de exercício do direito de preferência surgem obrigações recíprocas para ambas as partes - sócio e sociedade ([305]) – designadamente, a obrigação do titular do direito de participação preferencial de realizar, em aumentos de capital, as entradas exigidas pela sociedade. Isso não conduz, porém, à existência de um contrato de natureza obrigatória, como bem se compreenderá se se tiver presente a exacta caracterização do direito de preferência dos sócios. O correcto entendimento de quanto afirmamos impõe-nos a realização de um pequeno desvio.

IV. Historicamente, o direito de preferência nascia de contratos celebrados pela sociedade. Esta ficava obrigada a reservar a determinadas pessoas a faculdade de subscreverem as acções emitidas em virtude de um ou mais aumentos de capital a serem deliberados, permanecendo os titulares de tal faculdade livres de adquirirem, ou não, as acções. Tornava-se, assim, fácil derivar dos referidos contratos

---

([302]) RENATO MICCIO, *Il Diritto...*, p. 40. Cfr. ainda *Supra*.

([302a]) Quando se diz que os sócios fazem as acções suas não se quer com isto sustentar terem eles um direito sobre as acções mas apenas um direito às acções.

([303]) V. *Supra*.

([304]) É também essa a opinião expressa de RENATO MICCIO, *Il Diritto...*, p. 40, que escreve: «*non vi è vendita in senso técnico appunto perchè non sussiste alcun acordo bilaterale; non vi è quindi contratto nè obbligatorio nè reale e l'unico atto che determina l'acquisto delle azione da parte del socio è appunto la sua richiesta di avere assegnate le nuove azioni*».

([305]) Assim, e na doutrina tradicional, BERNICKEN, *Das Bezugsrecht...*, p. 83; SCHLEGELBERGER-QUASSOWSKI, *Aktiengesetz*, Berlin, 1937, § 153, p. 717; mais recentemente, pode ver-se, na mesma direcção, por exemplo, OTT, *Das Bezugsrecht...*, p. 169.

232   Pedro de Albuquerque

uma opção, a ser actuada mediante uma simples declaração de vontade do favorecido ([306]). Na verdade, no direito de subscrição, reconhecido pela sociedade, manifestavam-se com relativa clareza os elementos que, segundo a opinião mais generalizada da doutrina, caracterizam a figura da opção ([307]): uma situação incerta, ou de espera, e a simultânea existência de uma alternativa ou possibilidade de escolha ([308]).

Mais do que saber qual a qualificação a dar ao primitivo direito de preferência em aumentos de capital, a nós interessa-nos, sobretudo, examinar se o parentesco entre o direito de subscrição preferencial e o direito de opção subsistiu à evolução que conduziu à respectiva consagração legislativa. Para isso, somos forçados a dedicar alguma atenção mais à figura do direito de opção.

V. Opção tem o significado genérico de escolha. Optar significa assim escolher ou eleger ([309]). É esse o sentido do verbo latino *optare*, assim como da palavra *optio* que designava o arbítrio de escolher, liberdade.

Já no direito romano o termo *optio* era utilizado para designar uma faculdade de escolha, sendo utilizado, pelo menos a partir de parte do

---

([306]) Nesse sentido, pode ver-se MONTESSORI, *Il Diritto D'Opzione...*, in *Rivista...*, vol. XIX, p. 468. Entre nós, e na jurisprudência, o direito de preferência na subscrição de novas acções, previsto no pacto social de uma sociedade, é expressamente qualificado como direito de opção pela *Sentença de 17 de Março de 1979 do Juiz do 15.º Juízo Cível de Lisboa*, in *Colectânea...*, ano IV, pp. 726 e 735, onde, por referência às posições do autor do processo, se escreve: «*A natureza da preferência dos accionistas na subscrição de novas acções não é a mesma dos direitos emergentes dos pactos de preferência previstos nos artigos 414.º a 423.º do Código Civil: Embora tenham a mesma nomenclatura traduzem realidades distintas. (...). A referida subscrição é mais semelhante a um facto de opção do que a um facto de preferência, figuras que são distintas (...)*». Sobre este assunto, e na direcção referida no texto, cfr. ainda SÁNCHEZ ANDRÉS, *El Derecho de Suscripción Preferente...*, p. 173.

([307]) SÁNCHEZ ANDRÉS, *El Derecho de Suscripción Preferente...*, p.175.

([308]) NAJJAR, *Le Droit D'Option. Contribution à L'Étude du Droit Potestatif et de L'Acte Unilateral*, Paris, 1967, pp. 31 e ss.; SÁNCHEZ ANDRÉS, *El Derecho de Suscripción Preferente...*, p. 173; CORINNE SAINT-ALARY-HUOIN, *Le Droit...*, p. 135.

([309]) V. FRÈ, V.º *Opzione...*, in *Nuovo...*, IX, p. 172; PAOLO BONETTI, V.º *Opzione (Diritto Romano)*, in *Novissimo Digesto Italiano*, Turim, 1965, XI, p. 1087.

A Fattispecie Constitutiva do Direito de Preferência 233

período clássico, como sinónimo de *electio* ([310]) ([311]) ([312]). Na nossa ordem jurídica medieval o direito de opção permitia ao senhorio directo, na enfiteuse, escolher, na eventualidade de ocorrer a venda do domínio útil, entre a percepção de uma prestação — o laudémio — ou a aquisição do domínio ([313]). Com a entrada em vigor do Código de Seabra, e em obediência a um propósito manifestado pela comissão revisora do Código Civil na sua sessão de 14 de Março de 1864, procurou passar-se a utilizar exclusivamente as palavras preferência e preferir em lugar de opção e optar ([314]).

Apesar disso, a doutrina não deixou de estudar a figura e de estabelecer a sua distinção relativamente ao direito de preferência previsto, primeiro no artigo 1566.° do Código de Seabra, depois no artigo 414.° do Código Civil. A preferência corresponde à situação da pessoa que, na eventualidade de pretender celebrar um contrato, o deve fazer com certo beneficiário, conquanto este acompanhe as condições

---

([310]) D. 40, 9, 3 e Ulp. 24, 14.

([311]) Cfr. Montessori, *Il Diritto D'Opzione...*, in *Rivista...*, vol. XIX, I parte, p. 467; Paolo Bonetti, V.° *Opzione...*, in *Novissimo...*, XI, p. 1087.

([312]) Para uma referência a outras utilizações do termo «optar», designadamente no direito internacional público, no direito falimentar, ou direito sucessório, v., entre muitos outros, Montessori, *Il Diritto D'Opzione...*, in *Rivista...*, vol. XIX, pp. 467 e 468; Adolf Berger, V.° *Optio, Optio Servi*, e *Optio Tutoris*, in *Enciclopedic Dictionary of Roman Law*, Filadélfia, 1953, p. 610; Silvio Furlani, V.° *Opzione Diritto Publico*, in *Novissimo...*, XI, pp. 1088 e ss.; Ernesto Cesàro, *Opzione nel Contrato*, in *Enciclopedia...*, XXX, pp. 561 e ss..

([313]) Pinto Loureiro, *Manual dos Direitos...*, I, pp. 9 e ss.; Menezes Cordeiro, *Direitos...*, II, p. 1108; ID., *Direito...*, I, p. 484.

([314]) Mas nem por isso deixou de se utilizar, na legislação extravagante, o termo «opção», com a consequente criação de uma grande confusão terminológica. Cfr. Pinto Loureiro, *Manual dos Direitos...*, I, pp. 10 e ss..

([315]) A este respeito, v., entre outros, Pinto Loureiro, *Manual dos Direitos...*, I, *passim*; Vaz Serra, *Obrigação...*, in *Boletim...*, n.° 76, pp. 131 e ss.; Pessoa Jorge, *Direito...*, I, pp. 202 e ss.; Menezes Cordeiro, *Direitos...*, II, pp. 1102 e ss.; ID., *Direito...*, I, pp. 483 e ss.; ID., *Parecer 1, op. cit.*, p. 62; Oliveira Ascensão, *Direito...*, p. 512; Almeida Costa, *Direito...*, pp. 288 e ss.; Inocêncio Galvão Telles, *Direito...*, pp. 145 e ss.; Antunes Varela, *Das Obrigações em Geral*, 6.ª ed., Coimbra, 1989, I, pp. 338 e ss.; Carlos Barata, *Da Obrigação...*, *passim*.

234   *Pedro de Albuquerque*

oferecidas por um terceiro ([315]). Diversamente denomina-se de opção o direito através do qual alguém obtém a possibilidade de, unilateralemente e por sua livre escolha, dar vida a uma relação jurídica cujo conteúdo se encontra já fixado ou pode vir a determinar-se ([316]).

Assim, na opção de origem negocial uma das partes emite uma declaração, à qual fica vinculada, conferindo-se à outra parte a faculdade de aceitar ou não ([317]). Por exemplo, por contrato com B, A declara vender um prédio a B. Nestes termos, pode B, aceitando, tornar perfeito o contrato de compra e venda, ou recusar a aceitação ([318]).

([316]) Para uma referência ao actual significado jurídico do direito de opção e sua distinção de figuras como o direito de preferência ou a proposta irrevogável, pode ver-se, na nossa doutrina, nomeadamente, VAZ SERRA, *Contrato-Promessa*, in *Boletim...*, n.° 76, pp. 13 e ss.; ID., *Obrigação...*, in *Boletim...*, n.° 76, p. 137 e nota (12a); ALMEIDA COSTA, *Direito...*, p. 260 e nota (3), e p. 289, nota (2); MENEZES CORDEIRO, *Teoria...*, I, pp. 600 e 601; ANTUNES VARELA, *Das Obrigações...*, I, pp. 340 e ss.. Na literatura jurídica estrangeira, destacamos sobre o tema: MESSINEO, *Dottrina Generale del Contrato*, 3.ª ed., Milão, 1948, pp. 178 e ss., 200 e ss., 532 e 533; FORCHIELE, *Patto di Opzione e Condizione Potestativa*, in *Rivista Trimestrale di Diritto e Procedura Civile*, ano II, 1948, pp. 796 e ss.; TAMBURRINO, V.° *Patto di Opzione*, in *Novissimo Digesto Italiano*, Turim, 1965, XII, pp. 721 e ss.; HENRICH, *Vovertrag, Optionsvertrag und Vorrechtsvertrag,* Tubinga, 1965, pp. 227 e ss.; NAJJAR, *Le Droit D'Option..., passim*; KARL LARENZ, *Algemeiner Teil des Deutschen Bürgerlichen Recht*, 4.ª ed., Munique, 1977, p. 460; CORINNE SAINT-ALARY-HUOIN, *Le Droit...*, pp. 128 e ss.; CESARO, *Opzione nel Contrato*, in *Enciclopedia...*, XXX, pp. 561 e ss.; PUIG BRUTAU, *Fundamentos de Derecho Civil*, 3.ª ed., Barcelona, 1983, t. III, v. III, p. 491; SERGIO GULOTTA, *Proposta Irrevocabile e opzione Gratuita*, in *Rivista del Diritto Commerciale e del Diritto Generale delle Obbligazioni*, ano LXXXVI, 1988, II parte, pp. 143 e ss..

([317]) V., por todos, VAZ SERRA, *Obrigação...*, in *Boletim...*, n.° 76, p. 137.

([318]) *Idem.*

([319]) A existência de direitos de opção de origem legal não deixou de merecer algumas considerações dubitativas. Por exemplo, TAMBURRINO, *Manuale di Diritto Commerciale*, Roma, 1962, p. 316, distinguia o direito de subscrição preferencial da figura da opção tendo justamente em consideração a circunstância de aquele direito ter origem na lei. O autor acabou, no entanto, por rever a sua posição passando a qualificar expressamente o direito de subscrição preferencial como um direito de opção. V. TAMBURRINO, V.° *Patto...*, in *Novissimo...*, XII, p. 727. De resto, não falta quem sustente, justamente, uma posição de sinal absolutamente contrário, segundo a qual os poderes ou *Potestastes* - e não parece oferecer dúvidas o facto de a opção conferir um poder - só existem, em rigor, quando conferidos pelo direito objectivo, embora

A Fattispecie Constitutiva do Direito de Preferência 235

Na opção legal ([319]) passa-se algo de muito semelhante. A lei confere a um sujeito o poder de, dentro de determinado prazo, e em conformidade com uma alternativa pré-estabelecida e precisa, provocar uma alteração numa esfera jurídica alheia. Em qualquer das duas situações, os elementos característicos da opção são, por um lado, a existência de uma situação incerta ou de espera, e, por outro, a presença de uma alternativa ou de uma possibilidade de escolha ([320]).

VI. Presentes as anteriores considerações, verifica-se como, apesar de o legislador utilizar, para designar o direito de subscrição preferencial dos sócios, a expressão "direito de preferência", a figura em questão se aproxima bastante mais da figura da opção ([321]).

---

este possa subordiná-los à verificação de certas hipóteses cuja produção depende da vontade de algum sujeito. V. SANTI ROMANO, *Poderes, Potestades*, in *Fragmentos...*, p. 339.

([320]) Cfr. a bibliografia citada *Supra* p. 202 nota (308).

([321]) É essa, aliás, a opinião da *communis opinio*. Na verdade, os autores que se têm ocupado do problema da qualificação do direito de subscrição preferencial dos sócios não escondem a sua simpatia pelas teses que qualificam tal direito como uma espécie, mais ou menos particular, do direito de opção em sentido estrito. Nesse sentido, podem ver-se, por exemplo, ALFRED JAUFFRET, *Du Droit de Souscrire par Préférence...*, p. 78; FIORENTINO, *Le Variazione del Capitale...*, p. 17, nota (23); BRUNETTI, *Trattato...*, III, p. 271, nota (17); MURANO, *Natura giuridica e Caratteri del Diritto D'Opzione...*, in *Studi...*, pp. 295 e ss.; RAFFAELE NOBILI, *Contributo allo Studio del Diritto D'Opzione...*, pp. 45 e ss., 52 e 53, 78 e 79; HENRICH, *Vorvertrag...*, p. 227; TAMBURRINO, V.º *Patto...*, in *Novissimo...*, XII, p. 727; CESARO, *Il Contrato e L'Opzione*, Nápoles, 1969, p. 48; SÁNCHEZ ANDRÉS, *El Derecho de Suscripción Preferente...*, pp. 173 e ss.; FRÈ, *Società...*, in *Commentario...*, comentário aos artigos 2438-44, p. 729. Em sentido aparentemente contrário, considerando o direito de participação preferencial em aumentos de capital como um verdadeiro direito de preferência, pronunciam-se, por exemplo: SALANDRA, *Manuale...*, I, p. 363; MESSINEO, *Variazioni del Capitale e Collazione di Azioni...*, in *Studi...*, p. 157. A qualificação, por parte destes autores, do direito de subscrição preferencial como um direito de preferência não parece contudo, envolver uma tomada de posição sobre o assunto. Diversa é, porém, a atitude de JACQUES DE VISCHER, *Le Pacte de Préférence, ses Applications en Droit Civil et Commercial*, Bruxelas, Paris, 1938, pp. 181 e ss.; GIUSEPPE VALERI, *Manuale di Diritto Commerciale*, reimpressão, Florença, 1948, p. 203; e FERRARA JR. e FRANCESCO CORSI, *Gli Imprenditore...*, p. 568, autores que afastam realmente a qualificação do direito de participação preferencial em aumentos de capital como um direito de opção e lhe atribuem a natureza de um direito de preferência em sentido estrito.

Na verdade, o direito de preferência *stricto sensu* é um direito de preferir tanto por tanto. Ou seja, é pressuposto da sua actuação o propósito de transmissão, por parte do obrigado à preferência, da coisa ou direito abrangido por essa preferência. O seu titular apenas tem, assim, o direito de preferir em igualdade de condições com o terceiro.

Não é isso que se passa com o direito de subscrição preferencial reconhecido pelo Código das Sociedades Comerciais. O facto de que depende o exercício do direito dos sócios é, tão só, a deliberação de aumento de capital, independentemente da existência de qualquer terceiro interessado em subscrever esse aumento ([322]). Enquanto não terminar o prazo fixado para a subscrição preferencial, não pode a sociedade alienar as novas acções ou quotas a terceiros seja qual for o preço que estes ofereçam ([323]).

Quer dizer, o direito de participação em aumentos de capital obriga a sociedade a colocar as novas acções ou quotas à disposição dos sócios ([324]). Nessa medida, ele garante aos membros da sociedade

---

([322]) FIORENTINO, *Le Variazione del Capitale...*, p. 17, nota (23); BRUNETTI, *Trattato...*, III, p. 271, nota (18); ALEJANDRO BÉRGAMO, *Sociedades...*, II, p. 573, autor para quem o direito de preferência dos sócios é como uma reserva de subscrição; FRÈ, *Società...*, in *Commentario...*, comentário aos artigos 2438-44, p. 792; MENEZES CORDEIRO, *Da Preferência...*, in *Banca...*, p. 140, autor que, ao definir a preferência de forma semelhante à por nós adoptada ,escreve: «*A doutrina tem sublinhado que a denominada preferência dos accionistas só impropriamente se pode designar como tal. Na verdade, a preferência comum (...) corresponde à situação da pessoa que, caso pretenda celebrar um contrato, o deva fazer com determinado beneficiário, desde que este acompanhe as condições oferecidas por um terceiro interessado. (...) A preferência do accionista, porém, coloca-se noutro plano: ela existe independentemente da presença de qualquer interessado. Por isso ela não opera como preferência simples, mas antes como um verdadeiro direito de subscrição*».

([323]) FIORENTINO, *Le Variazione del Capitale...*, p. 17, nota (23); BRUNETTI, *Trattato...*, III, p. 271, nota(17); MURANO, *Natura giuridica e Caratteri del Diritto D'Opzione...*, in *Studi...*, pp. 295 e ss.; TAMBURRINO, V.° *Patto...*, in *Novissimo...*, XII, p. 727.

([324]) Perante o teor do artigo 29.° n.° 1 da Segunda Directiva do Conselho da Comunidade Económica Europeia sobre o direito das sociedades, não podem,

uma prioridade na subscrição e consubstancia, por isso, em sentido amplo, um direito de preferência. Esse direito não corresponde, porém, ao direito de preferência *stricto sensu*. Trata-se antes de um direito de subscrição [325] [326], ou mais precisamente de um direito de opção na subscrição. É que, sublinhe-se de novo, uma vez deliberado o aumento de capital, a sociedade não pode deixar de «oferecer» as novas acções ou quotas aos sócios [327].

Este entendimento não resulta apenas, e de forma imediata, da exacta compreensão do esquema de funcionamento definido pelo legislador para o direito de preferência dos sócios. A individualização dos caracteres fisionómicos de qualquer figura jurídica deve considerar-se consequencial ao relevo da sua função. Ora, o direito de subscrição dos sócios tem uma finalidade positiva: destina-se a assegurar aos respectivos titulares a possibilidade de obtenção de de-

---

aliás, ficar quaisquer dúvidas a este respeito. A colocação das novas participações sociais à disposição dos sócios deve fazer-se independentemente da presença de eventuais terceiros. Semelhante entendimento é ainda confirmado pelo disposto no n.º 3 do artigo 37.º do Decreto-Lei 177/86. Diz-se aí a propósito do aumento de capital como processo de gestão controlada: «*Tendo os sócios direito de preferência, será a totalidade do aumento de capital oferecido à sua subscrição pelo período mínimo de 20 dias,* antes de ser oferecido à subscrição de terceiros». Neste preceito, que se articula naturalmente com as disposições do Código das Sociedades Comerciais relativamente ao direito de subscrição, o legislador é bem claro ao estabelecer a obrigação de o aumento de capital ser colocado à disposição dos sócios dotados do direito de preferência *antes de ser oferecido à subscrição de terceiros.*

[325] Cfr. MENEZES CORDEIRO, *Da Preferência...,* in *Banca...,* p. 140.

[326] Repare-se como o próprio legislador utiliza indiscriminadamente a nomenclatura direito de preferência, direito de subscrição e direito de participar em aumentos de capital (v. os artigos 269.º, 458.º e 459.º). Ao fazê-lo, demonstra claramente como o termo preferência não é utilizado em sentido estrito, mas antes em sentido amplo. Trata-se de um direito de participar nos aumentos de capital deliberados pela sociedade com prioridade relativamente a terceiros. Ou seja, de um direito a que as novas acções ou quotas sejam colocadas à disposição dos sócios antes de serem oferecidas a terceiros.

[327] V. *Supra,* págs. 147 e ss..

terminadas vantagens. A sua actuação deve, por isso, verificar-se independentemente da presença de quaisquer terceiros ([328]).

À função positiva do direito de subscrição preferencial junta--se o carácter irrevogável do direito conferido aos sócios ([329]), colocando a sociedade na impossibilidade de, uma vez deliberado o aumento de capital, negar aos seus membros o direito de participarem no referido aumento. Tudo parece, assim, aproximar o direito de subscrição preferencial do direito de opção. Acolhida a irrevogabilidade da «oferta» de subscrição preferencial, a situação na qual passa a estar investido o sócio é, conforme tem sido sublinhado pela doutrina, semelhante à de um qualquer destinatário de uma oferta contratual irrevogável ([330]). Por isso, os autores não têm hesitado em qualificar o direito dos sócios como verdadeiro direito de opção.

Deve, de resto, reparar-se na circunstância de o legislador não se limitar a conceder aos sócios o direito de participarem preferencialmente nos aumentos de capital. Ele reconhece-lhes, ainda, a faculdade de alienarem o direito que lhes é conferido. O sócio pode, pois, escolher entre a subscrição do aumento de capital deliberado pela sociedade, a alienação do direito concedido pela lei, ou a pura e simples abstenção de actuar. Estão, assim, reunidos todos os elementos característicos do direito de opção: uma situação incerta, ou de espera, e a simultânea existência de uma alternativa ou possibilidade de escolha ([331]).

([328]) Outra não seria, aliás, a solução se nos limitássemos a conceber o direito de subscrição preferencial como um direito meramente conservatório. Na verdade, se tal direito correspondesse a uma preferência em sentido estrito, o sócio que quisesse adquirir as novas acções ou quotas seria forçado a acompanhar as condições propostas por terceiros. Com isso, porém, neutralizar-se-ia a função económica do direito de preferência. Não faria nenhum sentido conceder-se aos sócios um direito destinado a preservar a sua medida de participação na quota de liquidação e a sua força de voto para, depois, os obrigar a disputar com terceiros a possibilidade de exercerem o referido direito.

([329]) Cfr. *Supra*. 154.

([330]) RAFFAELE NOBILI, *Contributo allo Studio del Diritto D'Opzione...*, pp. 78 e 79.

([331]) V. *Supra*. pág. 232.

VII. Mas, se assim é, se o direito que surge para os sócios em virtude da deliberação de um aumento de capital corresponde na realidade, e conforme tem entendido a *communis opinio* ([332]), a uma opção, isso significa tratar-se de um direito potestativo ou com características potestativas ([333]). Atenta esta qualificação, e voltando à questão de saber quais os efeitos ou consequências do exercício do direito de preferência dos sócios, verifica-se como a criação de obrigações recíprocas, para o sócio e para a sociedade, em virtude da manifestação de vontade do sócio, longe de ser o resultado de um

---

([332]) V. *Supra*, p. 235, nota (321).

([333]) A inclusão do direito de opção entre os direitos potestativos não sofre contestação. Para uma ilustração de quanto afirmamos, podem ver-se, a título meramente exemplificativo: FORCHIELE, *Patto...*, in *Rivista...*, ano II, pp. 800 e 801; RAFFAELE NOBILI, *Contributo allo Studio del Diritto D'Opzione...*, pp. 78 e 79; CESARO, *Contrato...*, pp. 107 e 295; SCOGNAMIGLIO, *Dei Contrati...*, comentário ao artigo 1331, p. 148; SÁNCHEZ ANDRÉS, *El Derecho de Suscripción Preferente...*, pp. 172 e ss.; KARL LARENZ, *Algemeiner Teil des Deutschen Bürgerlichen...*, p. 186; BUSSOLETTI, *La Posizione...*, in *Rivista...*, ano LXXVIII, p. 29, nota (51); MENEZES CORDEIRO, *Teoria...*, I, pp. 600 e 601. No que expressamente toca ao direito de subscrição preferencial, a doutrina que, desde o primeiro quarto de século, dele se tem ocupado, não hesita em qualificá-lo como um direito potestativo. V. a este respeito FENKAR, *Wesesen und Ausübung der Gestaltunsrecht in Schweizerische Privatrecht*, Berna, 1925, p. 36; BEHREND, *Zusicherungen des Rechts zum Bezuge neuen auszugebender Aktien*, Leipzig, 1930, p. 12; MURANO, *Natura giuridica e Caratteri del Diritto D'Opzione...*, in *Studi...*, pp. 295 e ss.; RAFFAELE NOBILI, *Contributo allo Studio del Diritto D'Opzione...*, pp. 77 e 78; OTT, *Das Bezugsrecht...*, pp. 189 e ss.; SÁNCHEZ ANDRÉS, *El Derecho de Suscripción Preferente...*, pp. 179 e ss.. Outros autores não afirmam de forma expressa corresponder o direito de participação preferencial dos sócios em aumentos de capital a um direito potestativo, mas não deixam de sublinhar o facto de a sociedade não se poder opor ao exercício de tal direito que opera por simples declaração unilateral dos respectivos titulares. É, nomeadamente, esse o caso de TAMBURRINO, V.º *Patto...*, in *Novíssimo...*, XII, p. 727. Algumas vozes isoladas não deixam, no entanto, de qualificar o direito de preferência concreto como um puro direito de crédito. É o caso, por exemplo, de EVARISTO MENDES, *A Transmissibilidade...*, II, p. 285. Julgamos, porém, que a expressão é utilizada não para afastar a qualificação do direito em análise como um direito potestativo, mas para significar que uma vez aprovada a modificação do capital ele deve equiparar-se aos direitos extra-sociais.

240 *Pedro de Albuquerque*

contrato — obrigatório ou não — representa, antes, a modificação da relação jurídica preexistente que deriva do exercício dos direitos potestativos ([334]).

Tudo ponderado, o direito de preferência dos sócios deve considerar-se um direito de opção, exercido através de uma declaração de vontade unilateral e receptícia ([335]). Ela constitui uma manifestação de vontade que a sociedade deve atender, não uma oferta a aceitar.

2. A transmissão do direito de preferência

2.1. Análise das diferentes situações que condicionam a transferência do direito de preferência

I. A transmissibilidade do direito de participação preferencial em aumentos de capital é admitida pacificamente pela doutrina ([336]).

([334]) Neste sentido, v., por todos, SÁNCHEZ ANDRÉS, *El Derecho de Suscripción Preferente...*, p. 239.

([335]) V. *Supra*.

([336]) Em favor da possibilidade de alienação do direito de preferência pronunciava-se já a velha doutrina que se ocupou do tema. Cfr., por exemplo, ALFRED JAUFFRET, *Du Droit de Souscrire par Préférence...*, pp. 129 e ss.; BERNICKEN, *Das Bezugsrecht...*, pp. 92 e ss.. Mais modernamente, podem ver-se, na mesma direcção e entre muitos outros, RAFFAELE NOBILI, *Contributo allo Studio del Diritto D'Opzione...*, pp. 99 e ss.; ALVAREZ ALVAREZ, *Ejercicio del Derecho de Suscripción...*, in *Anuario...*, p. 338; SÁNCHEZ ANDRÉS, *El Derecho de Suscripción Preferente...*, p. 265 e ss.; JOAQUIN GARRIGUES e RODRIGO URIA, *Comentario a la Ley de Sociedades...*, p. 462; ALEJANDRO LARRIBA, *Acciones...*, p. 447; GESSLER, EFERMEHL, ECKARDT e KROPFF, *Aktiengesetz...*, § 186, pp. 245 e ss.; RAÚL VENTURA, *Alterações do Contrato...*, p. 202; RODRIGO URIA, *Derecho...*, p. 248. Não faltam, porém, algumas vozes que, sem negar a possibilidade de transmissão do direito de subscrição preferencial, consideram a alienação de tal direito como contrária às finalidades do direito de preferência. É, nomeadamente, essa a opinião de RENATO MICCIO, *Il Diritto...*, pp. 30 e 31. Para uma apreciação crítica desta posição, v. *Supra* pág. 32. Merecedora de destaque é, ainda, a posição de MURANO, *Natura giuridica e Caratteri del Diritto D'Opzione...*, in *Studi...*, pp. 313 e ss.. Para este autor não poderia verificar-se a transmissão do direito de subscrever as novas acções. Transmissível seria, sim, o direito do sócio à oferta das acções a emitir em virtude do aumento de capital. Esta construção afigura-se artificial e tem sido, por isso, combatida pela doutrina.

Aliás, entre nós, a licitude da alienação do direito de preferência resulta expressamente da própria lei (v. os artigos 266.º, 458.º e 462.º do Código das Sociedades Comerciais). Não nos deteremos, por isso, numa tentativa de demonstrar a possibilidade de os sócios cederem os respectivos direitos de subscrição. A simples análise literal do texto legal dissipa quaisquer dúvidas porventura existentes a este respeito [337].

II. De entre as várias formas admissíveis de transmissão do direito de participar com preferência em aumentos de capital, é vulgar os autores isolarem duas situações diversas: uma correspondente às hipóteses de cessão do direito com a acção; outra verificada com a transferência autónoma do direito de subscrição preferencial. Com igual frequência distingue-se a transmissão *mortis causa* da cessão ou alienação inter-vivos [338].

A transmissão do direito de preferência juntamente com a acção ou quota pode utilizar-se como um mecanismo exorbitante para alcançar resultados mais reduzidos. Pense-se, por exemplo, na transferência fiduciária da titularidade da participação social ou na cedência da qualidade de sócio com fins de pura legitimação, figuras com alguma difusão nos países de tradição germânica [339]. Apesar disso, a doutrina tem sublinhado o facto de, no caso de disposição do direito de preferência juntamente com a acção ou quota, depararmos, não propriamente uma cessão do direito de preferência, mas antes uma autêntica transferência da condição de sócio [340].

---

[337] Em sentido equivalente, v. RAÚL VENTURA, *Alterações do Contrato...*, p. 202.

[338] V., nomeadamente, BERNICKEN, *Das Bezugsrecht...*, pp. 92 e ss.; RAFFAELE NOBILI, *Contributo allo Studio del Diritto D'Opzione...*, pp. 99 e ss.; OTT, *Das Bezugsrecht...*, pp. 128 e ss.; RAÚL VENTURA, *Alterações do Contrato...*, pp. 201 e 202.

[339] A este respeito, pode ver-se, na doutrina suíça de língua alemã, OTT, *Das Bezugsrecht...*, pp. 130 e 131.

[340] Assim, por exemplo, SÁNCHEZ ANDRÉS, *El Derecho de Suscripción Preferente...*, p. 266.

242   *Pedro de Albuquerque*

No tocante à transmissão singular do direito de subscrição preferencial, importa distinguir duas hipóteses:

– uma consiste na disposição do direito legal de preferência ([341]), relativo a futuros aumentos de capital;

– a outra reporta-se à alienação ou cessão do direito de participar com preferência num aumento de capital já deliberado.

Analisemos brevemente cada uma delas.

III. A possibilidade de os sócios disporem do direito de preferência relativo a um concreto aumento de capital aprovado pela assembleia geral não oferece quaisquer dúvidas. O mesmo não se pode dizer, porém, relativamente à transferência do direito de participar com preferência em aumentos de capital a decretar. Na verdade, a validade de uma transmissão deste último tipo tem suscitado as maiores reticências por parte da doutrina dominante.

Na medida em que o direito de preferência não atingiu a chamada concretização ou actualização — e não se sabe se alguma vez a virá a atingir — a alienação ou disposição do direito «abstracto» poderia eventualmente vir a admitir-se com natureza aleatória. A *communis opinio* não encara, porém, tal construção com simpatia ([342]).

([341]) Utilizamos a expressão «direito legal de preferência» para nos referirmos ao direito que, por força da lei, todo o sócio tem de subscrever e participar nos aumentos de capital a deliberar. Trata-se, portanto, do vulgarmente designado direito abstracto de preferência.

([342]) É praticamente interminável o número de vozes que negam a possibilidade de transmissão do direito abstracto de preferência por tempo indeterminado. Referem-se, a título meramente exemplificativo, os seguintes autores: BERNICKEN, *Das Bezugsrecht...*, pp. 63 e ss.; MÜLLER-ERZBACH, *Das Private Recht der Mitgliedschaft...*, p. 95; JULIUS VON GIERKE, *Handelsrecht...*, p. 362; D. GUNTZ, *Das Subjekt...*, in *Die Aktiengesellschaft, cit.*, p. 177; RAFFAELE NOBILI, *Contributo allo Studio del Diritto D'Opzione...*, pp. 99 e ss.; WÜRDINGER, *Aktienrecht, cit.*, p. 235; ALVAREZ ALVAREZ, *Ejercicio del Derecho de Suscripción...*, in *Anuario...*, p. 347; BERMOND DE VAULX, *Les Droits Latents des Actionnaires...*, pp. 61 e ss.; ALEJANDRO BÉRGAMO, *Sociedades...*, II, p. 605; LUTTER, *Kölner Kommentar...*, II, II, comentário ao § 186, p. 336; SÁNCHEZ ANDRÉS, *El Derecho de Suscripción Preferente...*, p. 267; VASCO DA GAMA LOBO XAVIER, *Anulação de Deliberação Social...*, p. 227, nota (99a);

A Fattispecie Constitutiva do Direito de Preferência 243

Quando se trate da cessão de um direito relativo a um determinado aumento de capital ainda por deliberar, não se levantam dificuldades à validade do negócio de disposição. Ele é considerado como tendo por objecto coisa futura (343). A transmissão é concebida como uma *venditio rei speratae*, não como uma *venditio spei*, configurando-se, por conseguinte, o negócio condicionalmente. Desta forma, na eventualidade de a sociedade não vir a deliberar o aumento de capital a que se reporta o direito «abstracto» de preferência, a transferência fica sem efeito (344). As coisas apresentam-se, contudo, de modo muito diferente quando em causa esteja, não a venda ou transmissão do direito abstracto de participar num dado aumento de capital, mas a cessão genérica de todos os futuros direitos de subscrição. É que, em tais casos, ao vender ou transmitir o direito de preferência, o alienante fica à mercê das posteriores movimentações de interesses dentro da sociedade (345). A situação do sócio assemelha-se, por isso, e em grande medida, a uma renúncia antecipada à tutela da condição de sócio. Como, porém, o direito genérico de subscrição preferencial é considerado, de forma praticamente pacífica, como um direito irrenunciável (346), a *communis opinio* nega a validade de qualquer acto de transmissão que o envolva (347).

Pela nossa parte, não temos grandes dificuldades em aceitar e fazer nossas as anteriores considerações. A sua compreensão pressupõe, porém, o conhecimento da exacta estrutura do direito de

---

ANTÓNIO MENEZES CORDEIRO, *Parecer 1, op. cit.*, pp. 59 e ss.. A única opinião favorável à validade da transferência do direito de preferência em todos os futuros aumentos de capital parece ser a do Professor Raúl Ventura. Cfr. RAÚL VENTURA, *Reflexões...*, in *Colectânea...*, ano IX, tomo II, pp. 11 e 12; ID., *Alterações do Contrato...*, p. 202.

(343) OTT, *Das Bezugsrecht...*, p. 136; RAFFAELE NOBILI, *Contributo allo Studio del Diritto D'Opzione...*, p. 267; SÁNCHEZ ANDRÉS, *El Derecho de Suscripción Preferente...*, p. 267. Cfr. ainda *infra*.

(344) V., entre outros, BERMOND DE VAULX, *Les Droits Latents des Actionnaires...*, p. 62; e ALEJANDRO BÉRGAMO, *Sociedades...*, II, pp. 605 e 606.

(345) Cfr., por exemplo, e entre muitos outros, MÜLLER-ERZBACH, *Das Private Recht des Mitgliedschaft...*, p. 267.

(346) V. *infra*

(347) Cfr. os autores citados *Supra*, p. 242 nota (342).

subscrição preferencial, assim como dos aspectos que se prendem com a eventual possibilidade de renúncia a semelhante direito. Julgamos, por isso, conveniente voltar a abordar o problema da validade da transmissão do direito genérico de subscrição preferencial, uma vez estudadas tais questões.

IV. No que concerne ao direito de preferência concreto ou activado, a forma mais frequente de proceder à sua transmissão consiste na respectiva «venda» por acto *inter-vivos* ([348]). Nada impede, porém, que se trate de um negócio de outro tipo: doação, troca, dação em cumprimento, etc. ([349]). Em qualquer caso, a eficácia do acto de transmissão dependerá da efectiva realização da operação de aumento de capital. Se se verificar um caso de subscrição incompleta, e a deliberação de aumento de capital ficar sem efeito, a transmissão do direito de preferência deve considerar-se resolvida ([350]).

Quanto à transmissão *mortis causa*, aplicam-se as regras gerais de direito das sucessões. Um aspecto merece, todavia, ser sublinhado. Com a morte do sócio, o direito de preferência transmite-se, via de regra, com as acções ou quotas. Pode, contudo, e em caso de legado, verificar-se a transferência isolada do direito de subscrição ([351]). Nesse

---

([348]) RAÚL VENTURA, *Alterações do Contrato...*, p. 201.

([349]) Assim, também, SÁNCHEZ ANDRÉS, *El Derecho de Suscripción Preferente...*, p. 268; RAÚL VENTURA, *Alterações do Contrato...*, p. 201.

([350]) Trata-se de uma opinião mais ou menos pacífica na doutrina. A razão está no facto de a alienação ou disposição do direito de preferência ser considerada inseparável da execução da operação do aumento de capital. Sobre este assunto, destacamos, nomeadamente, ALFRED JAUFFRET, *Du Droit de Souscrire par Préférence...*, pp. 130 e 131; RAFFAELE NOBILI, *Vendita di Diritti di Opzione e Mancata Attuazione dell'Aumento di Capitale*, in *Rivista delle Società*, 1957, pp. 955 e ss.; ID., *Contributo allo Studio del Diritto D'Opzione...*, p. 103; ALVAREZ ALVAREZ, *Ejercicio del Derecho de Suscripción...*, in *Anuario...*, pp. 343 e ss.; BERMOND DE VAULX, *Les Droits Latents des Actionnaires...*, p. 62; ALEJANDRO BÉRGAMO, *Sociedades...*, II, pp. 605 e 606; SÁNCHEZ ANDRÉS, *El Derecho de Suscripción Preferente...*, p. 268.

([351]) Hipótese cuja verificação prática se afigura pouco provável.

A Fattispecie Constitutiva do Direito de Preferência 245

caso, fica o herdeiro obrigado a colocar o legatário em condições de exercer o direito de preferência, facultando-lhe nomeadamente os documentos para o efeito necessários [352].

2.2. Determinação do valor teórico do direito de preferência

I. As modificações do capital social trazem, normalmente, consigo variações do valor das quotas ou acções. Tais variações encontram-se na base da determinação do valor teórico do direito de preferência. No entender quase generalizado da doutrina, o significado económico do direito de subscrição corresponderia mesmo à diluição verificada no valor das antigas acções ou quotas [353]. Desta forma, o valor do direito de preferência seria igual à diferença de valor das quotas ou acções antes e depois do aumento de capital [354]. Em particular no domínio das sociedades anónimas, esta ideia tem procurado transmitir-se através do recurso à seguinte fórmula matemática:

$$D = V - V'$$

em que D representa o valor do direito de preferência; V corresponde ao valor corrente das antigas acções e V' exprime o valor das acções depois de realizado o aumento de capital.

---

[352] BERNICKEN, *Das Bezugsrecht...*, p. 97; RAFFAELE NOBILI, *Contributo allo Studio del Diritto D'Opzione...*, p. 102; SÁNCHEZ ANDRÉS, *El Derecho de Suscripción Preferente...*, p. 268.

[353] Para uma referência às várias formas de cálculo do valor do direito de preferência, v., nomeadamente: RENATO MICCIO, *Il Diritto...*, pp. 3, 27 e ss., e 66 e ss.; BIANCHI, *Gli Aumenti di Capitale...*, pp. 107 e ss.; J. GABRIEL PINTO COELHO, *Usufruto...*, in *Revista...*, ano 91, p. 19; ALFRED JAUFFRET, *La Renonciation...*, in *La Società...*, I, p. 375; VIEDEMANN, *Großkommentar...*, III, comentário ao § 186, pp. 84 e ss.; ALEJANDRO BÉRGAMO, *Sociedades...*, II, p. 602; FRÈ, *Società...*, in *Commentario...*, comentário aos artigos 2438.°-44.°, p. 729; ALEJANDRO LARRIBA, *Acciones...*, p. 473; RAÚL VENTURA, *Alterações do Contrato...*, pp. 204 e 205.

[354] Cfr., por todos, ALEJANDRO LARRIBA, *Acciones...*, pp. 473 e ss., autor que desenvolve, com profundidade, o problema da avaliação dos direitos de preferência dos sócios nas sociedades anónimas.

A justificação para esta forma de cálculo está no princípio de que o accionista deve encontrar-se sempre na mesma situação económica independentemente de exercer ou alienar o seu direito de preferência.

Imaginemos, por exemplo, uma sociedade com 100.000 acções com um valor nominal de 1.000$00, e um valor real de 1.500$00. Se for deliberado um aumento de 20.000.000$00 a dividir por 20.000 a serem subscritas pelo respectivo valor nominal (1.000$00), a sociedade ficará com um património de 170.000.000$00. Como a sociedade aumentou em vinte mil o número das suas acções, o número total destas passou para cento e vinte mil. Para apurar o valor real de cada acção, uma vez realizada a operacão de aumento de capital, importa dividir o património da sociedade pelo número de acções representativas do seu capital. Consequentemente, o valor da acção deveria ser:

$$\frac{150.000.000\$00+20.000.000\$00}{100.000+20.000} = 1.416.67$$

Desta forma: D= V - V'= 1.500$00 - 1.416.67 = 83,33

Donde:

$$D = \frac{Nn}{Nv+Nn} \ (V - V')$$

representando Nv o número de acções antigas e Nn o número de acções novas.

Este modo de exprimir o valor do direito de preferência coincide em quase todos os autores. Ele apresenta, porém, dois inconvenientes. O primeiro consiste no facto de as acções serem tomadas, não como um conjunto, mas isoladamente. Ou seja, não se tem em consideração a particularidade de, na maior parte das vezes, o número de acções a emitir ser inferior ao número das acções existentes, e de, por conseguinte, se tornar necessária a reunião de vários direitos de preferência para subscrever uma só acção. O segundo reside no facto de a fórmula sugerida para calcular o valor do direito de participação preferencial em aumentos de capital não tomar em consideração uma série de factores dinâmicos — como, por exemplo, as expectativas quanto à capacidade da sociedade para gerar lucros — que interferem na determinação do valor real ou de bolsa das acções. Por essa razão, a doutrina tem sublinhado a circunstância de não se verificar, via de regra, uma coincidência entre o valor teórico do direito de preferência e o respectivo valor real.

II. Com o fim de superar as dificuldades apontadas, novas fórmulas foram sugeridas para calcular o valor do direito de subscrição preferencial.

Mao [355], por exemplo, propôs o seguinte modo de cálculo do preço do direito de preferência, no qual se tem já em atenção a quantidade de direitos indispensáveis para subscrever uma nova acção:

$$D = \frac{V - V'}{N + 1}$$

Admitindo que V (cotação das antigas acções) é de 1500$00 e V' (valor de emissão das novas acções) corresponde a 1000$00, enquanto N (número de acções antigas a que corresponde o direito de subscrever uma acção nova, ou, noutros termos, o número de direitos de preferência necessários para obter uma nova acção) é igual a cinco, o valor do direito de subscrição equivalerá a 83,33 [356]. Verifica-se, assim, como apesar de representar uma maneira diferente de apurar o valor do direito de preferência, esta nova fórmula — vulgarmente designada de analítica — não conduz a resultados diferentes dos proporcionados pelo modelo de cálculo baseado na diluição do valor das antigas acções.

---

[355] JAMES MAO, *Análisis Financiero*, Buenos Aires, 1974, p. 341 (*Apud* ALEJANDRO LARRIBA, *Acciones...*, p. 479).

[356] Para outros exemplos de aplicação desta fórmula, v. RENATO MICCIO, *Il Diritto...*, p. 67, nota (41); e RAÚL VENTURA, *Alterações do Contrato...*, p. 205.

III. O mesmo não sucede, porém, com as formas de valoração do direito de preferência nas quais se fazem intervir factores dinâmicos. São várias as construções em que isso se verifica, procurando cada uma delas traduzir uma particular faceta do direito de subscrição preferencial ([357]).

Referiremos a título exemplificativo a chamada fórmula de valoração sintética do direito de preferência. Ela parte da premissa de que, se uma sociedade decide aumentar o seu capital, é por considerar ser esse o melhor meio de financiar um investimento projectado. Esse investimento trará, com maior ou menor grau de certeza, determinados benefícios. Por conseguinte, quando é realizada a operação de aumento de capital, a sociedade vem a adquirir um novo valor. É a partir desse valor que se apura a diluição verificada e o custo do direito de subscrição preferencial.

Nesta óptica, o valor do direito de preferência será:

$$D = \frac{Nn}{k(Nv+Nn)} \, (\, Y - e'E)$$

em que:

D: valor do direito.

Nv: número de acções antes do aumento.

Nn: número de acções depois do aumento.

K: tipo de actualização para o valor das acções.

e': taxa de rendibilidade esperada para os novos investimentos a realizar com os meios financeiros obtidos com o aumento de capital.

E: Valor de subscrição de cada acção.

IV. Para além deste, outros processos existem com vista a avaliar de um modo dinâmico o direito de preferência dos sócios. Um deles leva, por exemplo, a considerar o preço ou custo do direito de preferência como «*o superior valor, acima da obrigação de entrada, da*

([357]) Para uma análise de algumas dessas fórmulas, v., entre muitos outros, BIANCHI, *Gli Aumenti di Capitale...*, pp. 107 e ss.; ALEJANDRO LARRIBA, *Acciones...*, pp. 485 e ss..

A Fattispecie Constitutiva do Direito de Preferência 249

actualização dos dividendos esperados para a participação que corresponde a uma acção no aumento de capital» [358] [359]. Ou seja, o direito de preferência é considerado, na sua configuração económica, como «*a expressão antecipada do maior rendimento esperado de um investimento em determinada categoria de acções, deduzido o preço de subscrição*»[360] [361]. Abstemo-nos, porém, de proceder à análise de tais formas de calcular o valor do direito de subscrição preferencial [362]. Ela teria sentido num trabalho de natureza económica ou financeira, não num estudo com as características do nosso.

V. Cumpre, em qualquer caso, sublinhar um aspecto da maior importância. Todas as fórmulas propostas para avaliar o direito de preferência partem do pressuposto da verificação de uma desvalorização das antigas acções, provocada pela operação de aumento de capital. Não falta mesmo quem afirme que o direito de preferência apenas terá um significado económico na eventualidade de o valor real das antigas acções ser superior ao preço de emissão das novas. Todos os outros casos, nos quais não se verifique uma diluição, seriam irreais, de um ponto de vista económico, porquanto dariam origem a direitos de subscrição «nulos» ou de sinal contrário [363].

---

[358] ALEJANDRO LARRIBA, *Acciones...*, p. 510.

[359] Subjacente a esta construção está a configuração das acções como activos financeiros.

[360] ALEJANDRO LARRIBA, *Acciones...*, p. 501.

[361] A tradução é nossa.

[362] Para um estudo aprofundado deste tema, que pode ter importantes repercussões na determinação do montante de uma indemnização eventualmente devida aos sócios em virtude da violação do respectivo direito de preferência, v. ALEJANDRO LARRIBA, *Acciones...*, pp. 473 e ss.. Este autor, para além de analisar com minúcia as várias formas de determinação do valor do direito de subscrição preferencial, examina, ainda, as diferentes implicações económicas – ao nível do direito de participação preferencial em aumentos de capital – dos diversos comportamentos adoptados pelos sócios perante a sociedade. É que o direito de preferência terá um significado diverso, do ponto de vista económico, consoante o accionista se comporte como um verdadeiro sócio ou como mero investidor. Cfr. também BIANCHI, *Gli Aumenti di Capitale...*, pp. 107 e ss..

[363] ALEJANDRO LARRIBA, *Acciones...*, p. 477.

250   *Pedro de Albuquerque*

Discordamos totalmente. Recorde-se, por exemplo, a situação verificada com um dos últimos aumentos de capital realizados pelo Banco Comercial Português, deliberado em 6 de Agosto de 1987. O aumento realizou-se mediante a emissão de 150.000 acções com o valor nominal de 10.000$00 a subscrever nas seguintes condições:

a) 40.000 acções destinadas aos accionistas do banco, com um preço de emissão de 20.000$00 cada;

b) 7.500 acções destinadas aos colaboradores do referido banco também ao preço de emissão de 20.000$00;

c) 102 500 acções destinadas à subscrição pública, ao preço de emissão de 40.000$00 cada.

Antes de realizado este aumento, as acções do Banco tinham um valor de 11.432$00 [364]. Depois de realizada a operação de modificação do capital social, e em virtude das novas entradas e da reserva constituída pelos respectivos ágios, as acções passaram a valer 16.196$80. Se aceitássemos a ideia segundo a qual o direito de preferência apenas teria significado económico na eventualidade de se verificar uma diluição das antigas acções, depararíamos um caso em que o tal direito não teria qualquer valor.

A artificialidade desta solução é, porém, demasiado flagrante. Se o sócio dispõe de um direito que lhe permite subscrever a 20.000$00 acções com um preço de emissão, para o público, de 40.000$00, tal direito terá obviamente um significado económico: o sócio poderá vendê-lo pelo valor correspondente à diferença entre o preço de emissão das acções a ele reservadas e o preço de emissão das acções destinadas ao público [365]. Mais. Hipóteses como a descrita explicam-se atendendo ao facto de, por vezes, o valor de bolsa ou de mercado de determinadas acções ser superior ao respectivo

---

[364] Valor esse obtido através da divisão do património social pelo número de acções existentes.

[365] Isto evidentemente no pressuposto de a relação existente entre novas e antigas acções ser de uma para uma.

A Fattispecie Constitutiva do Direito de Preferência 251

valor real e ao preço de emissão. Por isso, poderá tornar-se inclusivamente possível ao accionista vender o seu direito de subscrição pela diferença entre o preço das acções que lhe estão reservadas e o preço de bolsa ou de mercado. Isto apesar de uma situação semelhante só excepcionalmente se poder configurar.

3. O prazo de subscrição

I. O legislador fixou nos artigos 266.º n.º 5 e 459.º do Código das Sociedades Comerciais um prazo mínimo para o exercício do direito de subscrição preferencial. Nas sociedades por quotas o prazo é de dez dias, a contar da deliberação de aumento de capital ou da recepção da comunicação que para o efeito os gerentes façam aos sócios. Nas sociedades anónimas o prazo mínimo pode ser de quinze ou 21 dias. Será de quinze dias na hipótese de o aviso das condições de subscrição ser feito por anúncio. A contagem inicia-se com a publicação do referido anúncio. Na eventualidade de existirem sócios titulares de acções nominativas, a comunicação poderá ser feita por carta. O prazo corresponderá, então, a vinte e um dias a contar da data da expedição.

II. A determinação da natureza destes prazos não tem sido pacífica. Para uns, tratar-se-ia de um prazo de prescrição. Para outros, o prazo seria, antes, de caducidade.

A distinção entre as figuras da prescrição e da caducidade constitui um campo de permanente discórdia entre juristas ([366]). Trata-se, mesmo, de um dos mais típicos exemplos de como institutos de aplicação quotidiana podem permanecer obscuros para os doutri-

---

([366]) No mesmo sentido, v. DIAS MARQUES, *Prescrição Extintiva*, Coimbra, 1953, p. 56.

252   *Pedro de Albuquerque*

nadores ([367]) ([368]). Julgamos, porém, poder distinguir, de um ponto de vista substancial, caducidade e prescrição sublinhando a específica finalidade de cada uma das duas figuras ou institutos ([369]) ([370]). A prescrição é um facto autónomo relativamente ao direito que atinge ([371]). Na sua função, ela corresponde a um prazo de duração de negligência do titular do direito atingido ([372]). Podemos mesmo, com o Professor Dias Marques, considerá-la como a própria negligência do titular de um direito, encarada no aspecto da sua duração. Diversamente, o prazo caducidade não é uma realidade diversa do direito cuja existência se limita ([373]): «*é o próprio direito considerado sob o ponto de vista da sua duração*» ([374]). Na caducidade não há, assim, duas

---

([367]) Cfr. SANTI ROMANO, *Decadencia*, in *Fragmentos...*, p. 121.

([368]) Para uma distinção entre as figuras da caducidade e da prescrição, v., entre muitos outros, e em sentidos nem sempre coincidentes, GUILHERME MOREIRA, *Instituições do Direito Civil Português*, I, pp. 750 e ss.; CABRAL DE MONCADA, *Lições...*, II, pp. 439 e ss.; DIAS MARQUES, *Prescrição...*, pp. 55 e ss.; MANUEL DE ANDRADE, *Teoria...*, II, p. 445 e ss.; SANTI ROMANO, *Decadencia, cit.*, pp. 121 e ss.; CASTRO MENDES, *Teoria...*, II, p. 343; MOTA PINTO, *Teoria...*, pp. 373 e ss.; ANÍBAL DE CASTRO, *A Caducidade*, Prefácio do Professor Inocêncio Galvão Telles, 3.ª edição, Lisboa, 1984, pp. 21 e ss.; OLIVEIRA ASCENSÃO, *Teoria...*, IV, p. 233; MENEZES CORDEIRO, *Direito...*, II, pp. 157 e 159.

([369]) Trata-se da posição defendida pelo Professor DIAS MARQUES, *Prescrição...*, pp. 65 e ss..

([370]) Muitas outras construções foram ensaiadas para distinguir prescrição e caducidade. Assim, e por exemplo, segundo um critério tradicional ou clássico (a classificação é do Professor MOTA PINTO, *Teoria...*, p. 374), adoptado pela nossa antiga doutrina, a prescrição aplicar-se-ia aos direitos subjectivos *stricto sensu,* enquanto a caducidade visaria os direitos potestativos. Recorde-se, a propósito, o velho brocardo *in facultativis non datur praescriptio* (cfr. sobre estas construções GUILHERME MOREIRA, *Instituições...*, I, pp 750 e ss.; CABRAL MONCADA, *Lições...*, II, pp. 750 e ss.; MANUEL DE ANDRADE, *Teoria...*, II, p. 463; OLIVEIRA ASCENÇÃO, *As Relações Jurídicas Reais*, Lisboa, 1962, pp. 455 e 456). Contra tal posição manifesta-se DIAS MARQUES, *Prescrição...*, p. 65.

([371]) DIAS MARQUES, *Prescrição...*, p. 66.

([372]) *A Prescrição...*, p. 66. V. ainda, na mesma direção, MANUEL DE ANDRADE, *Teoria...*, p. 465.

([373]) DIAS MARQUES, *Prescrição...*, pp. 66 e 67.

([374]) DIAS MARQUES, *Prescrição...*, p. 67.

A Fattispecie Constitutiva do Direito de Preferência 253

realidades distintas: um direito e um prazo cujo decurso provoca a extinção do primeiro. Há antes um direito que dura um determinado período de tempo [375].

A nossa lei fornece, porém, um critério formal para distinguir caducidade e preferência [376]: quando o exercício de um direito deva verificar-se dentro de certo prazo, aplicam-se as regras da caducidade, salvo se a lei se referir expressamente a prescrição (artigo 298.º n.º 2).

Não parece, assim, subsistirem quaisquer dúvidas. O prazo para o exercício do direito de preferência dos sócios deve considerar-se como de caducidade [377]. A confirmá-lo está, aliás, o facto de o legislador expressamente falar em caducidade do direito de subscrição preferencial (artigo 458.º n.º 3 do Código das Sociedades Comerciais).

Desta forma, decorrido o prazo para o respectivo exercício, o direito de subscrição extingue-se, independentemente das circunstâncias que possam estar por detrás da atitude do sócio [378].

---

[375] Servindo-se de uma imagem, o Professor Dias Marques procura ilustrar esta situação afirmando que, enquanto a prescrição «mata» o direito, a caducidade é o «morrer» do direito. Cfr. DIAS MARQUES, *Prescrição...*, p. 67. V. ainda quanto escreve, a este respeito, OLIVEIRA ASCENSÃO, *Teoria...*, IV, p. 233, para quem na caducidade se pode dizer «*(...) que nos encontramos perante um direito a prazo*».

[376] Cfr. MOTA PINTO, *Teoria...*, p. 374.

[377] Nesse mesmo sentido, podem ver-se, na doutrina estrangeira, por exemplo, LACHENAL, *Le Droit Préférentiel de Souscription de Actions du Point de Vue Économique, Comptable et Fiscal*, Lausana, 1946, p. 59; ALEJANDRO BÉRGAMO, *Sociedades...*, II, p. 583; SÁNCHEZ ANDRÉS, *El Derecho de Suscripción Preferente...*, p. 253; FERRARA JR. e FRANCESCO CORSI, *Gli Imprenditore...*, p. 569.

[378] Para mais considerações a este respeito, v. BERNICKEN, *Das Bezugsrecht...*, p. 85; MONTESSORI, *Il Diritto D'Opzione...*, in *Rivista...*, vol. XIX, I parte, p. 494; RAFFAELE NOBILI, *Contributo allo Studio del Diritto D'Opzione...*, p. 98; OTT, *Das Bezugsrecht...*, p. 171. Destaque merece a posição de RENATO MICCIO, *Il Diritto...*, p. 44, que, numa posição singular, considera não se verificar, com o decurso do prazo para o exercício do direito de preferência, a extinção do referido direito.

III. Apurada qual a natureza a atribuir ao prazo para exercício do direito de subscrição, importa resolver um problema da maior importância. Trata-se de saber quais as consequências jurídicas de uma conduta da sociedade que consista na fixação de um prazo inferior ao mínimo legal, ou que, pura e simplesmente, não estipule nenhum termo para o exercício do direito de participar preferencialmente em aumentos de capital.

Uma orientação, à primeira vista sedutora, consiste em considerar como válido, em tais casos, o prazo mínimo estabelecido por lei ([379]). Ele substituir-se-ia *ope legis* à vontade da sociedade. Desta forma, em todas as hipóteses em que não fosse estipulado nenhum termo ou se determinasse um período de tempo inferior ao mínimo estabelecido por lei, para o exercício do direito de preferência, deveriam os sócios manifestar a sua vontade de subscrever antes de decorrido o prazo legal.

Em favor desta construção poder-se-ia invocar, desde já, a circunstância de ela representar, do ponto de vista prático, uma prudente e objectiva ponderação dos divergentes interesses da sociedade e dos sócios ([380]). Mais importante, porém, seria o facto de semelhante teoria parecer poder extrair-se, com elegante simplicidade, da lei. Senão vejamos.

O nosso legislador define no artigo 228.º do Código Civil qual o prazo de duração da proposta contratual. De acordo com o

---

([379]) Esta teoria tem sido, aliás, adoptada por prestigiados autores. Destacamos, entre outros, MURANO, *Natura giuridica e Caratteri del Diritto D'Opzione...*, in *Studi...*, pp. 304 e ss.; RAFFAELE NOBILI, *Contributo allo Studio del Diritto D'Opzione...*, pp. 96 e 97; e ALEJANDRO BÉRGAMO, *Sociedades...*, II, pp. 582 e 583. Além disso, parece ter merecido o acolhimento da jurisprudência europeia, encabeçada pela italiana. Neste sentido, pode ver-se, por exemplo, a *Sentença da Corte di Cassazione de 16 de Julho de 1951*, in *Rivista di Diritto Commerciale*, ano 50, 1952, pp. 152 e ss..

([380]) CASELLA, *Sul Termine della Dichiarazione di Opzione...*, in *Rivista...*, ano 50, p. 161.

A Fattispecie Constitutiva do Direito de Preferência 255

disposto na alínea c) do n.° 1 do referido artigo, na eventualidade de não ser fixado prazo, mas o proponente pedir resposta imediata, a proposta mantém-se até que, em condições normais, esta e a aceitação cheguem ao seu destino. No caso em exame a lei fixa um prazo mínimo. Isso quererá certamente dizer que, na opinião do legislador, tal prazo é o normalmente necessário para o exercício do direito de preferência ([381]). Na hipótese de a sociedade nada dizer acerca do período de tempo de que dispõem os sócios para declararem a sua vontade de participar no aumento de capital, deveria aplicar-se o disposto no artigo 228.° n.° 1 al. c) do Código Civil. O mesmo sucederia se se estipulasse um prazo inferior ao mínimo legal. Como esse prazo não pode ser afastado ([382]), dado o teor imperativo das normas que o estabelecem, a determinação, pela sociedade, de um limite temporal a ele inferior não produziria efeitos. Afirmar que o prazo fixado pela sociedade não é válido ou não produz efeitos equivale, porém, a dizer não existir um prazo ao qual se possa atender para saber até quando podem os sócios exercer o seu direito. A situação seria, assim, perfeitamente subsumível ao artigo 228.° n.° 1 al. c). Se se considerasse a *denuntiatio* como um verdadeira proposta contratual, o artigo 228 n.° 1 al. c) do Código Civil aplicar-se-ia directamente. Caso se negue à comunicação para preferir a natureza de uma proposta, ficaria aberta a possibilidade da sua aplicação analógica ([383]).

([381]) Assim, e perante o direito italiano, Raffaele Nobili, *Contributo allo Studio del Diritto D'Opzione...*, p. 95.

([382]) Ao dizermos que o prazo legal para o exercício do direito de preferência não pode ser afastado, estamos, naturalmente, a referir-nos à hipótese de se prever um termo inferior ao mínimo legal. Nada impede a sociedade de conceder aos sócios um período de tempo mais longo para declararem a sua vontade de participar no aumento de capital.

([383]) Para uma apreciação deste tipo de raciocínio perante o direito italiano, cujas normas apresentam um conteúdo perceptivo em grande medida semelhante às do Código Civil português, v. Raffaele Nobili, *Contributo allo Studio del Diritto D'Opzione...*, pp. 94 e ss.; e Casella, *Sul Termine della Dichiarazione di Opzione...*, in *Rivista...*, ano 50, pp. 161 e ss., autor este que se pronuncia em sentido crítico relativamente à tese acabada de expor.

IV. Apesar da aparente lógica das considerações anteriores, julgamos serem vários os vícios de raciocínio a elas subjacentes. Não podemos, por isso, aderir à tese que sustenta a aplicação do prazo mínimo legal, nas hipóteses de ausência de fixação, ou deficiente estipulação, pela sociedade, de um termo para o exercício do direito de preferência (384).

Importa, desde já, sublinhar a circunstância de os objectivos subjacentes ao artigo 228.º n.º 1 al. c) serem completamente diversos dos fins visados pelo legislador ao estipular prazos mínimos para o exercício do direito de preferência. Num caso, o do 228.º, o interesse protegido é do proponente. Pretende-se evitar que, uma vez formulada uma proposta contratual, o seu autor fique indefinidamente vinculado à mesma. No outro, ao estabelecer um período mínimo para o exercício do direito de preferência, a lei pretendeu, fundamentalmente, defender os sócios (385).

---

(384) Da teoria que sustenta a aplicação do prazo legal, quando não exista ou seja insuficiente o prazo fixado pela sociedade, afasta-se de resto, a *communis opinio*. V., por exemplo, quanto escrevem a este respeito BERNICKEN, *Das Bezugsrecht...*, p. 86; SCHLEGELBERGER-QUASSOWSKI, *Aktiengesetz, op. cit.*, comentário ao § 153, p. 491; RITTER, *Aktiengesetz*, comentário ao § 153 (*Apud* RAFFAELE NOBILI, *Contributo allo Studio del Diritto D'Opzione...*, p. 95); CASELLA, *Sul Termine della Dichiarazione di Opzione...*, in *Rivista...*, ano 50, p. 156 e ss..

(385) Não existem dúvidas quanto a este ponto. Os próprios autores favoráveis à aplicação do prazo legal, quando a sociedade não tenha estipulado validamente um termo para o exercício do direito de preferência, assim o admitem. É o caso de RAFFAELE NOBILI, *Contributo allo Studio del Diritto D'Opzione...*, p. 94. Mas muitos outros sublinham, ainda, a circunstância de o prazo mínimo para o exercício do direito de preferência se destinar a proteger os sócios. V., nomeadamente, CASELLA, *Sul Termine della Dichiarazione di Opzione...*, in *Rivista*, ano 50, p. 161; ALEJANDRO BÉRGAMO, *Sociedades...*, II, p. 580; SÁNCHEZ ANDRÉS, *El Derecho de Suscripción Preferente...*, p. 254. Este último autor considera, porém (à semelhança, aliás, de MURANO, *Natura giuridica e Caratteri del Diritto D'Opzione...*, in *Studi...*, p. 305), que o prazo mínimo para o exercício do direito de preferência

A Fattispecie Constitutiva do Direito de Preferência 257

Por outro lado, a comunicacão para preferir não corresponde a uma proposta ou negócio jurídico. A estabelecer-se alguma analogia entre tal comunicação e actos de natureza negocial, o paralelismo seria, pelo menos nas sociedades anónimas, com a promessa pública. Ora o artigo 460.° do Código Civil estabelece que a promessa pública, sem prazo de validade fixado pelo promitente ou imposto pela natureza ou fim da promessa, se mantém enquanto não for revogada.

Nestes termos, se a sociedade estabelecer um prazo inferior ao exigido por lei, não parece impor-se o prazo legal mínino. Parece, sim, de admitir a necessidade de fixação de um novo prazo por parte da sociedade. Esta solução adapta-se perfeitamente aos interesses em jogo no domínio da comunicação para preferir, mesmo, e sem querermos formular um juízo definitivo, quando em causa esteja uma sociedade por quotas. Ela conforma-se, além disso, com a ideia defendida entre nós de que os actos, através dos quais a sociedade leva ao conhecimento de terceiros decisões ou deliberações tomadas no seu interior, se devem qualificar como notificações, carecidas, por isso, de efeito quando não correspondam à realidade que pretendem tornar conhecida [386].

---

se destina a tutelar, também, interesses da sociedade. Esta conclusão extrair-se-ia do facto de o decurso do prazo fixado para a manifestação de vontade de querer subscrever permitir à sociedade recuperar a sua liberdade de actuação. Não nos parece, porém, que tenha razão. Só se poderia considerar que a estipulação legal de um prazo visaria simultaneamente a defesa dos sócios e da sociedade se o prazo legal constituísse, não apenas um termo mínimo, mas também um limite temporal máximo.

[386] FERRER CORREIA, *Sociedades Fictícias...*, pp. 28 e ss.; e VASCO DA GAMA LOBO XAVIER, *Anulação de Deliberação Social...*, pp. 424 e ss., nota (76).

III

MEDIDA E EXTENSÃO DO DIREITO DE PREFERÊNCIA

I. A Medida do direito de preferência dos sócios

1. Princípio geral

I. As questões respeitantes à extensão e medida relativa do direito de preferência concernem ˙essencialmente à determinação do parâmetro através do qual se deve apurar o nível de participação de cada sócio nos aumentos de capital por novas entradas. A nossa análise deverá, por isso, começar por se centrar no estudo dos artigos 266.° n.° 2 e 458.° n.° 2, ambos do Código das Sociedades Comerciais. É nesses preceitos que se contém a primeira regra sobre a matéria ([1]):

([1]) Para uma apreciação dos vários problemas que se levantam quando se trata de determinar a medida relativa do direito de preferência, podem ver-se, na doutrina nacional, FERRER CORREIA, *Parecer, op. cit.*, pp. 54 e ss.; RAÚL VENTURA, *Alterações do Contrato...*, pp. 192 e ss. (deste autor, v., ainda, *Adaptação do Direito Português à Segunda Directiva do Conselho da Comunidade Económica Europeia...*, pp. 82 e ss.). Na literatura jurídica brasileira, cuja consulta se afigura especialmente interessante quanto a este ponto, atendendo às particulares soluções consagradas pelas sucessivas legislações na matéria, destacamos EDUARDO DE CARVALHO, *Teoria...*, p. II, comentário ao artigo 111.°, pp. 478 e ss.; JOÃO EUNÁPIO BORGES, *Curso...*, pp. 405, e 441 e 442; MIGUEL PUPO CORREIA, *Modificação...*, in *Comentários...*, II, pp. 243 e ss.. Ainda no contexto da lei brasileira, pode ver-se o *estudo de* ASCARELLI, *Direito de Preferência e Direito de Acrescer*, in *Problemas...*, pp. 505 e ss.. Na restante doutrina, destacamos FLECHTEIM, *Vorzugsaktien...*, in *Bank-Archiv, cit.*, pp. 366 e ss.; ASCARELLI, *Due Questione...*, in *Studi...*, pp. 276 e 277; ID., *Indivisibilità dell'Azione e Aumento di Capitale*, in *Problemi Giuridice*, Milão,

262 — Pedro de Albuquerque

– a cada sócio atribui-se, em primeiro lugar, um direito de subscrição proporcional à posição por ele já detida no capital social ([2]);

– os pedidos que excedam a relação de proporção serão atendidos na medida do que resultar de um ou mais rateios das importâncias sobrantes ([3]).

II. A forma como o nosso legislador define a medida de participação, de cada sócio, nos aumentos de capital deliberados pela sociedade, aproxima-se bastante da consagrada no direito italiano ([4]). Com uma importante diferença, porém. A lei italiana concede aos sócios um direito de opção do qual nasce posteriormente um direito de prelação. São, pois, dois os direitos em questão. No caso português existe apenas um único direito susceptível, pelo menos no plano teórico, de cobrir todo o aumento de capital ([5]).

1959, pp. 633 e ss.; RAFFAELE NOBILI, *Contributo allo Studio del Diritto D'Opzione...*, pp. 142 e ss., 157 e ss., 167 e ss.; JESÚS RUBIO, *Curso de Derecho de Sociedades...*, pp. 317 e ss.; ALEJANDRO BÉRGAMO, *Sociedades...*, II, pp. 585 e ss.; SÁNCHEZ ANDRÉS, *El Derecho de Suscripción Preferente...*, pp. 192 e ss.; NOBILI e VITALI, *La Riforma delle Società...*, pp. 354 e ss.; ENRICO MANGO, V.° *Opzione (Diritto di)...*, in *Novissimo... Appendice*, vol. V, pp. 525 e ss.; FERRARA JR. e FRANCESCO CORSI, *Gli Imprenditore...*, pp. 568 e 569.

([2]) Nas sociedades por quotas, começa-se por se atribuir a cada sócio uma importância proporcional à quota ou quotas de que for titular na data da deliberação de aumento de capital. Se a importância pedida pelo sócio for menos do que proporcional, será essa a dever conceder-se. Nas sociedades anónimas, confere-se a cada sócio um número de novas acções proporcional à quantidade por ele já detida, excepto se o seu pedido for inferior. V. RAÚL VENTURA, *Alterações do Contrato...*, p. 195.

([3]) No caso de se tratar de uma sociedade por quotas, a lei diz expressamente que o rateio se deve fazer na proporção do excesso das importâncias pedidas (artigo 266.° n.° 2 al. b) do Código das Sociedades Comerciais). No tocante, porém, às sociedades anónimas, a lei é omissa. Julgamos que a lacuna deixada em aberto pelo artigo 458.° n.° 2 al. b) deve ser preenchida com recurso à regra estabelecida pelo legislador para as sociedades por quotas. Nesta mesma direcção, pronunciam-se também RAÚL VENTURA, *Alterações do Contrato...*, p. 196; FERRER CORREIA, *Parecer, op. cit.*, p. 66, nota (73).

([4]) V. *Supra*, p. 98 e 99.

([5]) É igualmente esse o parecer de FERRER CORREIA, *Parecer, op. cit.*, pp. 54; e RAÚL VENTURA, *Alterações do Contrato...*, pp. 196 e 197.

Na verdade, o direito de preferência dos sócios consiste num direito que não tem uma medida fixa ([6]). Para um único sócio, ele pode ir desde um mínino, determinado pelo pedido individual e pela proporção das quotas ou acções antigas, até um máximo abarcador da totalidade do aumento de capital ([7]). Deste modo, se um sócio, ao exercer o seu direito de subscrição preferencial, declarar a sua vontade de participar na totalidade do aumento de capital (ou em toda a parte não subscrita pelos outros membros da sociedade) ele poderá ficar, imediatamente, com direito a essa totalidade. Para tanto bastará que nenhum outro sócio manifeste idêntico propósito ([8]). Pressupostos para a verificação desta última hipótese são, apenas, a existência de uma declaração de um sócio no sentido de querer subscrever a totalidade do aumento de capital e a inexistência de qualquer outro pedido de subscrição. Em virtude do carácter unitário do direito em análise, a referida declaração deverá fazer-se, quanto à totalidade do aumento de capital, por uma só vez e durante o prazo fixado para o exercício da preferência ([9]).

1.1 A relação entre o montante ou número de quotas ou acções antigas e as correspondentes ao novo aumento de capital

I. Para se saber qual a medida concreta do direito de preferência dos sócios – ou seja a exacta quantidade de acções ou a importância do aumento a que cada sócio tem direito – é necessário estabelecer uma relação entre o número de quotas ou acções actuais e as correspondentes ao novo aumento. A este propósito, e no tocante às sociedades anónimas, a doutrina individualizou quatro

---

([6]) FERRER CORREIA, *Parecer, op. cit.*, p.54; RAÚL VENTURA, *Alterações do Contrato...*,p. 196; deste autor, v., igualmente, *Adaptação do Direito Português à Segunda Directiva do Conselho da Comunidade Económica Europeia...*,pp. 82 e ss..

([7]) Cfr. os autores citados na nota anterior.

([8]) FERRER CORREIA, *Parecer, op. cit.*, p. 56.

([9]) Expressamente no mesmo sentido, v. RAÚL VENTURA, *Alterações do Contrato...*, pp. 195 e 196; FERRER CORREIA, *Parecer, op. cit.*, p. 56.

hipóteses possíveis ([10]): a) as novas acções são emitidas em número igual ou múltiplo inteiro das antigas acções; b) a relação é estabelecida de forma a que todos e cada um dos sócios fique a ter um número de acções suficientes para subscrever um número inteiro de acções ([11]); c) um quociente inteiro só poderá ser obtido por determinados sócios se comprarem ou venderem direitos de subscrição; d) o modo como é estabelecida a proporção entre antigas e novas acções não permite qualquer quociente inteiro, donde resulta não ser possível oferecer todas as novas acções aos sócios que queiram exercer o seu direito de preferência.

([10]) A distinção parece dever-se a ASCARELLI, *Indivisibilità...*, in *Problemi...*, pp. 633 e ss.. Depois de Ascarelli, muitos outros autores têm vindo a recorrer a ela. V., por exemplo, RAFFAELE NOBILI, *Contributo allo Studio del Diritto D'Opzione...*, pp. 170 e 171; ALEJANDRO BÉRGAMO, *Sociedades...*, II, pp. 585 e 586; SÁNCHEZ ANDRÉS, *El Derecho de Suscripción Preferente...*, pp. 197 e ss.; RAÚL VENTURA, *Adaptação do Direito Português à Segunda Directiva do Conselho da Comunidade Económica Europeia...*, p. 82; ID., *Alterações do Contrato...*, p. 197.

([11]) Na prática, é pouco provável a verificação desta segunda hipótese com autonomia relativamente à anterior. Para que isso ocorresse, o máximo divisor comum do número de acções na titularidade de cada accionista teria de ser superior a um. Se o máximo divisor comum fosse igual a um (e para isso basta a existência de um sócio com uma única acção), a necessidade de se estabelecer uma correspondência inteira tornaria indispensável a atribuição de uma nova acção aos sócios com uma única acção antiga. Os restantes deveriam receber tantas acções novas quantas as já por eles detidas, para assegurar a manutenção da relação de paridade. Com isto regressa-se, porém, à situação anterior, de número múltiplo igual ou inteiro das antigas acções. Por conseguinte, para a hipótese em exame poder acontecer na realidade e com independência, é imprescindível que o número de acções na posse de cada um dos sócios seja múltiplo de um qualquer algarismo distinto de um. A generalidade dos casos não se adaptará a este requisito. Quando, porém, assim não seja e o referido requisito tenha, na verdade, sido observado, torna-se ainda necessário o preenchimento das seguintes condições para a sociedade poder realizar um aumento enquadrável na situação em análise: a) a sociedade deve conhecer o número exacto de acções de cada um dos sócios (isso só será viável em sociedades de pequena dimensão); b) o número de acções novas terá de ser fixado através da divisão do total das antigas acções pelo máximo divisor comum ; c) nenhum dos sócios pode vender direitos de subscrição, pois, nessa eventualidade, correr-se-ia o risco de se romper o equilíbrio estabelecido. A este respeito, cfr. SÁNCHEZ ANDRÉS, *El Derecho de Suscripción Preferente...*, p. 199, nota (21).

Medida e Extensão do Direito de Preferência

II. A primeira e a segunda das situações referidas não parecem levantar dificuldades de um ponto de vista estritamente jurídico ([12]) ([13]). O mesmo não sucede, porém, relativamente às duas últimas hipóteses, cujo tratamento se afigura algo mais complicado. O n.º 2 do artigo 458.º do Código das Sociedades Comerciais atenua os problemas a que elas podem dar origem mas não os elimina por completo ([14]). Eles são, por isso, considerados no n.º 3 do artigo 458.º.

III. Nas sociedades por quotas, o aumento de capital pode ser repartido aritmeticamente. As dificuldades surgem quando a parte do aumento relativa a determinado sócio não se mostra suficiente para formar uma nova quota ([15]). Nessa eventualidade, a antiga quota será - por força de disposição expressa da lei - acrescida no seu valor nominal, de forma proporcional à importância a que o sócio terá direito ([16]). Deste modo, se a operação de modificação do capital social for planeada de maneira a permitir a formação de novas quotas todas com um valor nominal superior ao mínimo legal, tais quotas serão formadas e atribuídas com o valor que resultar da aplicação do - previamente apurado - quociente de divisão do aumento de capital pelos sócios. Caso o montante de tal aumento não se revele bastante para permitir a formação de novas quotas, serão as antigas aumentadas no seu valor (artigo 266.º n.º 3 do Código das Sociedades Comerciais). No caso de o sócio possuir, no momento da delibera-

---

([12]) Raffaele Nobili, *Contributo allo Studio del Diritto D'Opzione...*, pp. 171 e 172.

([13]) Embora, na prática, só por acaso deixará de haver, nos aumentos de capital, restos ou fracções. Cfr. Bermond de Vaulx, *Les Droits Latents des Actionnaires...*, p. 59; Raúl Ventura, *Adaptação do Direito Português à Segunda Directiva do Conselho da Comunidade Económica Europeia...*, p. 82.

([14]) Raúl Ventura, *Alterações do Contrato...*, p. 199.

([15]) É o próprio artigo 266.º, n.º 3, a falar na formação de novas quotas. Acerca do problema da cumulação ou unificação de quotas, v. Raúl Ventura, *Sociedade...*, I, pp. 370 e ss..

([16]) É o seguinte o teor do artigo 266.º, n.º 3: «*a parte do aumento que, relativamente a cada sócio não for bastante para formar uma nova quota, acrescerá ao valor nominal da antiga*».

ção do aumento de capital, mais de uma quota, tanto lhe pode ser atribuída uma nova quota por cada uma das antigas como pode representar-se a nova participação social através de uma só quota (artigo 219 n.º 2) ([17]).

Tratando-se de sociedades anónimas, os obstáculos ao quociente inteiro resultam do valor igual e da indivisibilidade das acções ([18]). A forma como elas se encontram distribuídas pelos vários sócios, o número de pequenos accionistas e a deliberação da sociedade quanto ao montante do capital a aumentar podem agravar ou atenuar as dificuldades.

A possibilidade de compra e venda dos direitos de subscrição constitui um meio pragmático para permitir a reunião, na titularidade dos accionistas, de quantidades suficientes de direitos que atribuam acções ([19]). Os sócios não podem, porém, ser forçados a vender ou comprar os respectivos direitos. Apesar disso, e conforme sublinha a propósito o Professor Raúl Ventura, a solução consagrada pelo nosso legislador no n.º 3 do artigo 458.º acaba, na prática, por os empurrar, indirectamente, para tal tipo de operações.

Depois de prever a hipótese de os direitos de preferência na subscrição não terem sido alienados, o n.º 3 do artigo 458.º estabelece que os direitos de preferência das acções antigas às quais não caiba número certo de acções novas caducam. As acções, por esse motivo, não subscritas serão - ainda nos termos do artigo 458.º n.º 3 - sorteadas de uma só vez, para subscrição, entre todos os accionistas.

IV. Todas estas circunstâncias levam a colocar uma questão de enorme interesse tanto no plano jurídico como numa perspectiva

---

([17]) Deve sublinhar-se o facto de, fora do caso excepcional previsto no n.º 2 do artigo 219.º, a um sócio não poder ficar a pertencer mais de uma quota em aumento de capital. V. RAÚL VENTURA, *Alterações do Contrato...*, p. 198.

([18]) RAÚL VENTURA, *Alterações do Contrato...*, p. 198.

([19]) Uma outra forma de facilitar a formação de quocientes inteiros seria a simples renúncia de alguns sócios aos seus direitos de subscrição (v. ALFRED JAUFFRET, *La Renonciation...*, in *La Società...*, I, pp. 380 e 381; SÁNCHEZ ANDRÉS, *El Derecho de Suscripción Preferente...*, p. 200, nota (24)). O problema será encontrar sócios dispostos a fazê-lo.

Medida e Extensão do Direito de Preferência 267

exclusivamente prática. Trata-se de saber se os sócios não terão direito a que o capital não seja aumentado de forma a dificultar o exercício do direito de preferência. Ou, noutros termos, não deverão considerar-se impugnáveis aquelas deliberações de aumento de capital destinadas à eliminação prática do direito de preferência dos sócios? A doutrina estrangeira não tem hesitado em dar uma resposta afirmativa a esta interrogação.

O facto de, por vezes, os sócios se verem obrigados a comprar ou vender direitos de preferência para adquirirem um número de direitos necessários à subscrição de uma acção não levanta quaisquer dificuldades [20]. Isso resulta da própria natureza das coisas [21]: mais nenhum aumento de capital seria possível se se sustentasse a posição contrária. De resto, as soluções consagradas pelo nosso legislador confirmam expressamente a validade de um aumento de capital no qual alguns sócios sejam forçados a negociar os respectivos direitos de preferência [22]. É essa a conclusão que se extrai de modo inequívoco do n.º 3 do artigo 458.º do Código das Sociedades Comerciais.

A situação apresenta-se, porém, diversa quando a relação entre as antigas e novas acções é fixada de modo a resultar sempre, em relação a todos os pequenos accionistas, um «*surplus*» de direitos de preferência, insuficiente para subscrever uma acção de nova emissão. Em tais casos, é provável que o aumento sirva o interesse exclusivo

---

[20] Neste sentido, podem ver-se, entre outros, ASCARELLI, *Indivisibilità...*, in *Problemi...*, p. 43; RAFFAELE NOBILI, *Contributo allo Studio del Diritto D'Opzione...*, p. 171; MIGNOLI, *Le Assemblee Speciale*, Milão, 1960, pp. 79 e 80; OTT, *Das Bezugsrecht*, p. 161; ALEJANDRO BÉRGAMO, *Sociedades...*, II, pp. 485 e 486; SÁNCHEZ ANDRÉS, *El Derecho de Suscripción Preferente...*, p. 201.

[21] RAFFAELE NOBILI, *Contributo allo Studio del Diritto D'Opzione...*, p. 171.

[22] Trata-se naturalmente da solução correspondente à regra. A proporção entre velhas e novas acções pode eventualmente ter sido fixada com o propósito de prejudicar, caso em que, no entender generalizado da doutrina, a deliberação de aumento de capital será impugnável. V., por todos, RAFFAELE NOBILI, *Contributo allo Studio del Diritto D'Opzione...*, p. 171, com amplas indicações de autores alemães, todos no mesmo sentido.

268   *Pedro de Albuquerque*

da maioria ([23]). Parte da doutrina recorre então ao princípio da boa
fé para justificar a invalidade da deliberação de aumento de capital ([24]).
O apelo a este princípio encontraria a sua razão de ser na necessidade
de se evitar a espoliação dos pequenos accionistas. De outro modo,
e na ausência de qualquer norma expressa através da qual se possa
impor à sociedade a fixação de uma relação perfeita entre novas e
antigas acções, eles ver-se-iam obrigados a contentar--se com a
imperfeita compensação proporcionada pela venda dos seus direitos
([25]). Ainda com o propósito de demonstrar a invalidade de uma
deliberação de aumento de capital capaz de dificultar o exercício do
direito de preferência por parte da minoria, alguns autores invocam
a existência, em tais hipóteses, de uma violação do princípio da
igualdade dos sócios ([26]). Na generalidade dos casos, porém, e face
ao nosso direito, julgamos que a solução para o problema em análise
se deverá encontrar no artigo 58 n.º 1 al. b) do Código das Sociedades Comerciais. Este preceito contempla uma série de situações
que, com alguma impropriedade ([27]), têm vindo a agrupar-se
sob a designação de «deliberações sociais abusivas » ([28]). Por força

---

([23]) Sobretudo quando a massa dos accionistas é difusa e se torna, por isso,
fácil realizar manipulações no mercado dos direitos de subscrição. Cfr. BIANCHI,
Gli Aumenti di Capitale..., pp. 12 e 13; e SÁNCHEZ ANDRÉS, *El Derecho de Suscripción
Preferente...*, p. 200. V. ainda BERMOND DE VAULX, *Les Droits Latents des Actionnaires...*,
pp. 59 e 60, para quem a forma como é estipulado o montante de um aumento
de capital e a relação entre antigas e novas acções pode envolver uma verdadeira
espoliação do direito de preferência e atingir directamente os interesses legítimos
dos pequenos accionistas.

([24]) SÁNCHEZ ANDRÉS, *El Derecho de Suscripción Preferente...*, p. 200.

([25]) BERMOND DE VAULX, *Les Droits Latents des Actionnaires...*, pp. 59 e 60;
e SÁNCHEZ ANDRÉS, *El Derecho de Suscripción Preferente...*, p. 200.

([26]) É o caso, por exemplo, de GODIN-WILHELMI, *Aktiengesetz, op. cit.*, II, §
186, p. 1056; e RAÚL VENTURA, *Alterações do Contrato...*, p. 198, autor que manifesta, no entanto, alguma prudência na aceitação de semelhante orientação.

([27]) Neste mesmo sentido, v., por exemplo, MANUEL CARNEIRO DA FRADA,
Deliberações Sociais Inválidas no Novo Código das Sociedades, in *Novas Perspectivas...*,
p. 321.

([28]) Para um estudo das consequências jurídicas deste tipo de deliberações,
podem ver-se, nomeadamente, RIVERA MARTINS DE CARVALHO, *Deliberações Sociais Abusivas*, Lisboa, 1952, *per tot.*; ALBERTO PIMENTA, *Suspensão e Anulação de*

de quanto aí se dispõe, ficam sujeitas à anulação as deliberações «*apropriadas para satisfazer o propósito de um dos sócios de conseguir, através do exercício do direito de voto, vantagens especiais para si ou para terceiros, em prejuízo da sociedade ou de outros sócios ou simplesmente de prejudicar aquela ou estes, a menos que se prove que as deliberações teriam sido tomadas mesmo sem os votos abusivos*».

O fundamento de anulabilidade de semelhantes deliberações alicerça-se, no fundo, na ideia segundo a qual é necessário prevenir as deliberações que, apesar de formalmente conformes com a lei ou com as normas estatutárias, violam a intencionalidade material a elas subjacente [29]. A discrepância que se pretende atingir não é, pois, entre o acto da sociedade e uma concreta disposição da lei ou do pacto social [30], mas antes entre aquela e as exigências de equilíbrio no uso dos poderes jurídicos e de respeito pela materialidade da disciplina normativa que o sistema jurídico corporiza em si mesmo[31].

Deliberações Sociais, Coimbra, 1965, pp. 83 e ss.; GALVÃO TELLES, *Deliberações Sociais Abusivas*, in *O Direito*, 104, Lisboa, 1972, p. 326; MARIA REGINA GOMES REDINHA, *Deliberações Sociais Abusivas*, in *Revista de Direito e Economia*, ano 1984/1985, pp. 201 e ss.; VASCO DA GAMA LOBO XAVIER, *O Regime das Deliberações Sociais...*, in *Temas...*, pp. 21 e ss.; ID., *Invalidade e Ineficácia das Deliberações Sociais no Direito Português, Constituído e Constituendo; Confronto com o Direito Espanhol*, in *Boletim da Faculdade de Direito da Universidade de Coimbra*, Coimbra, 1985, LXI, 1985, pp. 1 e ss.; MANUEL CARNEIRO DA FRADA, *Deliberações Sociais...*, in *Novas Perspectivas...*, pp. 321 e ss.; BRITO CORREIA, *Direito...*, III, pp. 261 e ss..

[29] VASCO DA GAMA LOBO XAVIER, *O Regime das Deliberações Sociais...*, in *Temas...*, p. 21; MANUEL CARNEIRO DA FRADA, *Deliberações Sociais...*, in *Novas Perspectivas...*, p. 322.

[30] MANUEL CARNEIRO DA FRADA, *Deliberações Sociais...*, in *Novas Perspectivas...*, p. 322.

[31] MANUEL CARNEIRO DA FRADA, *Deliberações Sociais...*, in *Novas Perspectivas...*, p. 322 (autor que sublinha a necessidade de se transporem para este domínio, e com as devidas adaptações, as linhas fundamentais do pensamento do Professor MENEZES CORDEIRO na explicação do papel da boa fé dentro e no relacionamento com o sistema jurídico. A tal respeito, cfr. MENEZES CORDEIRO, *Da Boa Fé no Direito Civil*, Coimbra,1984, *passim*, e em particular pp. 1252 e ss.; ID., *Teoria...*, I, pp. 407 e ss.). Em sentido muito semelhante, v. ainda VASCO DA GAMA LOBO XAVIER, *O regime das Deliberações Sociais...*, in *Temas...*, p. 323.

O ensinamento do direito comparado orienta-se no sentido de o combate à referida disformidade ou disfuncionalidade se dever travar fundamentalmente com recurso a dois princípios da maior importância no direito das sociedades ([32]): o princípio da igualdade e o princípio da boa fé ([33]). O primeiro exige, na sua formulação positiva, que, verificados os mesmos pressupostos, cada membro da sociedade seja tratado exactamente como todo e qualquer um dos outros; na sua faceta negativa, proíbe toda a distinção objectivamente não justificada ([34]). O segundo implica a fidelidade de qualquer sócio votante aos interesses da sociedade ou aos interesses sociais dos outros, prescrevendo, por isso, a abstenção dos comportamentos lesivos de tais interesses ([35]). A alínea b) do artigo 58.° do Código das Sociedades Comerciais reflecte a actuação conjugada destes dois princípios ([36]). O facto de existir, no

---

([32]) MANUEL CARNEIRO DA FRADA, *Deliberações Sociais...*, in *Novas Perspectivas...*, p. 322.

([33]) Neste sentido e em termos gerais, cfr. MANUEL CARNEIRO DA FRADA, *Deliberações Sociais...*, in *Novas Perspectivas...*, p. 322. No que especificamente se refere ao problema da relação entre as novas e antigas acções, v. *Supra*, p. 268.

([34]) Princípio cuja vigência é geralmente aceite por doutrina e jurisprudência em toda a parte e independentemente de lei expressa. Teremos oportunidade de nos voltarmos a pronunciar sobre o seu sentido e alcance (v. *Infra*, p. 281). Para uma primeira aproximação, podem ver-se, no entanto, a este respeito, e de entre a interminável bibliografia existente sobre o tema, BERNICKEN, *Das Bezugsrecht...*, p. 60; RAFFAELE NOBILI, *Contributo allo Studio del Diritto D'Opzione...*, p. 246; FERRER CORREIA, *A Representação...*, in *Direito...*, p. 76; STEIGER, *Le Droit des Sociétés...*, *passim*, em especial pp. 191 e ss.; ANTÓNIO CAEIRO, *A exclusão...*, in *Temas...*, p. 72, nota (l); CARLO ANGELICO, *Parità di Tratamento degli Azionisti*, in *Rivista del Diritto Commerciale e del Diritto Generale delle Obbligazioni*, 1987, I, pp. 1 e ss.; MANUEL CARNEIRO DA FRADA, *Deliberações Sociais...*, in *Novas Perspectivas...*, p. 322; JOÃO LABAREDA, *Das Acções...*, pp. 215 e ss.; JOÃO SOARES DA SILVA, *Parecer, op. cit.*, pp. 20 e ss..

([35]) GUERRA DA MOTA, *A Tutela da Minoria e o Direito Unitário de Participação...*, pp. 63 e 64; ANTÓNIO CAEIRO, *A Exclusão Estatutária...*, in *Temas...*, pp. 72 e ss.; MARIA REGINA GOMES REDINHA, *Deliberações Sociais...*, in *Revista...*, pp. 201 e ss.; MANUEL CARNEIRO DA FRADA, *Deliberações Sociais...*, in *Novas Perspectivas...*, pp. 322 e 323; MENEZES CORDEIRO, *Da Boa Fé...*, I, p. 372.

([36]) MANUEL CARNEIRO DA FRADA, *Deliberações Sociais...*, in *Novas Perspectivas...*, p. 323. Na Alemanha, face ao § 213 da Lei das Sociedades por Acções de

nosso direito, uma norma susceptível de ser directamente aplicável aos casos nos quais a relação entre novas e velhas acções é fixada de molde a prejudicar os pequenos accionistas não afasta, assim, a aplicação dos princípios a que a doutrina estrangeira tem feito apelo para resolver o problema em análise. Ao contrário, a norma em apreço constitui uma manifestação concreta da relevância de tais princípios. De resto, quer a força do princípio da igualdade de tratamento entre os sócios, quer a riqueza do princípio da boa fé, enquanto instrumentos provados para o controlo do conteúdo das deliberações abusivas, ultrapassam, em grande medida, os quadros da alínea b) do artigo 58.º do Código das Sociedades Comerciais [37]. A feição predominantemente objectiva de que se encontram revestidos permite atender a situações intoleráveis às quais o preceito em análise não pode aplicar-se, por não existir, ou não se conseguir provar, o pressuposto subjectivo do dolo aí exigido [38].

Em conclusão: pode afirmar-se a validade da deliberação de aumento de capital quando as novas acções se emitem em número igual ou múltiplo inteiro das antigas acções; quando a relação entre os títulos existentes e os títulos a emitir é fixada de modo a permitir, a todos os sócios, a subscrição automática de um número inteiro de acções; ou ainda, quando se torne necessária, a alguns accionistas, a

---

1965, que contém uma cláusula correspondente ao nosso artigo 58.º n.º 1 al. b), v. GODIN-WILHELMI, *Aktiengesetz*, *op. cit.*, II, § 243, pp. 1284 e ss..

[37] MANUEL CARNEIRO DA FRADA, *Deliberações Sociais...*, in *Novas Perspectivas...*, p. 323. Particularmente interessantes afiguram-se as considerações de GUERRA DA MOTA, *A Tutela da Minoria e o Direito Unitário de Participação...*, pp. 62 e ss., para quem com o direito de voto o sócio dá execução ao contrato de sociedade, pelo que a expressão de tal direito se encontra sujeita ao princípio das prestações segundo a boa fé (artigo 762.º do Código Civil). Em sentido idêntico ao de este último autor, pode ver-se, no direito italiano, JAEGER, *L'Interesse Sociale*, Milão, 1964, pp. 192 e ss., que considera o exercício do direito de voto sujeito ao princípio da execução das prestações segundo a boa fé, consagrado no artigo 1375.º do Código Civil italiano.

[38] MANUEL CARNEIRO DA FRADA, *Deliberações Sociais...*, in *Novas Perspectivas...*, p. 323.

compra ou venda de direitos de subscrição ([39]). Devem, em contrapartida, considerar-se inválidas as deliberações que fixem a proporção entre as antigas acções e os títulos a emitir de forma a eliminar, na prática, o direito de preferência ([40]). Será, por exemplo, esse o caso se a paridade entre novas e antigas participações for estabelecida de modo a inviabilizar totalmente a formação de quocientes inteiros ([41]). Mais discutida é a validade da cláusula por força da qual se exclui o direito de preferência aos accionistas titulares de um número de acções inferior ao indicado pela sociedade para subscrever uma acção de nova emissão. Alguns autores consideram semelhante disposição válida. A favor de tal posição invocam a necessidade, por vezes sentida pelas sociedades, de tornar mais simples a execução do aumento de capital. Julgamos tratar-se, porém, de uma orientação desprovida de fundamento. Ao privar determinados sócios do direito de participarem preferencialmente num aumento de capital, está-se, sem dúvida, a suprimir o direito de preferência desses mesmos sócios. Deveriam, por isso, respeitar-se as regras definidas para o efeito.

([39]) ALEJANDRO BÉRGAMO, *Sociedades...*, II, pp. 585 e 586; SÁNCHEZ ANDRÉS, *El Derecho de Suscripción Preferente...*, p. 201.

([40]) MÜLLER-ERZBACH, *Das Private Recht der Mitgliedschaft...*, p. 93; JESUS RUBIO, *Curso de Derecho de Sociedades...*, p. 319; SÁNCHEZ ANDRÉS, *El Derecho de Suscripción Preferente...*, p. 201; RAÚL VENTURA, *Alterações do Contrato...*, p. 198.

([41]) Segundo ASCARELLI, *Indivisibilità...*, in *Problemi...*, pp. 44 e ss., a situação referida no texto resolver-se-ia limitando a invalidade ao número de acções de nova emissão que exceda a quantidade (máxima) necessária à formação de um quociente inteiro. A esta posição aderiram depois autores como RAFFAELE NOBILI, *Contributo allo Studio del Diritto D'Opzione...*, pp. 171 e 172 (que procura juntar novos fundamentos a favor da posição defendida por Ascarelli. Nobili invoca, nomeadamente, a necessidade, legalmente consagrada, de todas as acções serem colocadas à disposição dos sócios para subscrição, requisito, na hipótese em apreço, desrespeitado); ALEJANDRO BÉRGAMO, *Sociedades...*, II, p. 586; SÁNCHEZ ANDRÉS, *El Derecho de Suscripción Preferente...*, p. 201, nota (28), que, para além de parecer manifestar a sua concordância com a tese defendida por Ascarelli, recolhe, ainda, as considerações tecidas por Nobili a propósito da referida tese.

II - O aumento de capital por emissão de acções ou quotas privilegiadas

I. A emissão de acções privilegiadas suscita várias proposições de difícil resolução (42). Uma delas prende-se, justamente, com o problema da harmonização da disciplina jurídica do direito de preferência dos sócios com a necessidade de não perturbar o equilíbrio existente entre as várias categorias de acções. Nos Estados Unidos da América, a complexidade desta questão acabou, em grande medida, por conduzir à supressão do reconhecimento legal de um direito de subscrição preferencial a favor dos antigos sócios. No direito italiano, por exemplo, e até à reforma de 1974, apenas se reconhecia aos accionistas um direito de preferência na subscrição de acções ordinárias (43). As acções privilegiadas, essas, podiam ser

---

(42) V. PAULO OLAVO CUNHA, *Os Direitos Especiais...*, *passim*. Na doutrina italiana, podem ver-se a obra clássica de VIGHI, *I Diritti Individuali degli Azionisti*, Parma, 1902, pp. 51 e ss.; e, mais modernamente, MIGNOLI, *Le Assemblee Speciali*, Milão, 1960, *passim*, em especial pp. 207 e ss.. Exclusivamente na perspectiva da harmonização das regras relativas ao direito de preferência com a necessidade de não perturbar as relações existentes entre as várias categorias de acções, v. FLECHTEIM, *Vorzugsaktien...*, in *Bank-Archiv*, *cit.*, pp. 366 e ss.; ALVAREZ ALVAREZ, *Ejercicio del Derecho de Suscripción...*, in *Anuario...*, pp. 300 e ss.; VIEDEMANN, *Großkommentar...*, III, comentário ao § 186, pp. 71 e ss.; SÁNCHEZ ANDRÉS, *El Derecho de Suscripción Preferente...*, pp. 287 e ss.; RAÚL VENTURA, *Alterações do Contrato...*, pp. 201 e ss..

(43) Cfr. *Supra*, p. 97.

livremente colocadas pela sociedade. Noutros sistemas, como o brasileiro ([44]) ou argentino, concede-se a cada sócio o direito de subscrever acções de categoria idêntica à daquelas de que é já possuidor. Tal direito alarga-se, no entanto, a acções de outras categorias, quando isso se mostre necessário para assegurar a manutenção da posição ocupada pelo sócio antes do aumento de capital. A maior parte das legislações, porém, não toma qualquer posição sobre a matéria. A doutrina procura, então, subordinar o exercício do direito de preferência a determinados critérios por ela elaborados, com vista a permitir a manutenção da posição ocupada por cada sócio.

II. Entre nós, o legislador procurou estabelecer uma regulamentação tão completa quanto possível acerca do exercício do direito de preferência dos sócios em caso de aumento de capital mediante a criação de acções de diferentes categorias ([45]). A casuística obriga a distinguir três situações diversas, todas elas tomadas em consideração, de forma mais ou menos directa, pela lei:

– a primeira verifica-se quando são emitidas acções privilegiadas numa sociedade onde, até então, apenas existiam acções ordinarias;

– a segunda dá-se sempre que sejam emitidas acções privilegiadas idênticas a alguma categoria já existente na sociedade;

– finalmente, a terceira ocorre quando as acções especiais emitidas são diversas de todas as categorias de acções privilegiadas já em circulação.

III. O problema do exercício do direito de preferência coloca-se de forma diferente em cada uma destas hipóteses. No primeiro caso, todos os sócios gozam do direito de participar com preferência

---

([44]) V. *Supra*, p. 103.

([45]) De sublinhar a circunstância de, entre nós, ter sido precisamente a propósito da emissão de acções privilegiadas que o nosso legislador reconheceu, pela primeira vez, de forma expressa, um direito de preferência a favor dos antigos accionistas, o que vem confirmar as conclusões por nós alcançadas a propósito das finalidades do direito de preferência. (V. *Supra*, p.16).

Medida e Extensão do Direito de Preferência 275

no aumento de capital. Por isso, se exercerem o seu direito na respectiva proporção não se verificará nenhuma alteração nas relações, até então, existentes entre eles. A quota de participação de cada um deles, agora na sua dupla configuração de ordinária e privilegiada, mantém o seu peso e valor relativo no seio da sociedade. A emissão de acções privilegiadas não necessita, por conseguinte, de obedecer a quaisquer requisitos diversos dos exigidos para uma normal operação de aumento do capital social ([46]).

IV. As dificuldades suscitadas pela emissão de acções privilegiadas multiplicam-se, porém, de forma significativa quando, antes da referida emissão, existam já diversas categorias de acções na mesma sociedade.

Se as acções de nova emissão forem idênticas às de alguma categoria anteriormente criada, apresentam-se, teoricamente, duas soluções extremas, com vista à resolução do problema do exercício do direito de preferência em tal situação: uma consiste em reservar as novas acções aos sócios da categoria a emitir; a outra permite a subscrição do aumento de capital por todos os membros da sociedade. Qualquer uma delas leva à quebra das relações de força até então existentes no seio da sociedade. Daí, a circunstância de numerosas legislações procurarem soluções intermédias ([47]). Não é, porém, esse o caso da nossa lei. Na verdade, o legislador português estabeleceu uma regra segundo a qual, se as novas acções forem iguais às de alguma categoria especial já existente, a preferência pertence primeiro aos titulares de acções dessa categoria. Só quanto a acções não subscritas por estes gozam de preferência os outros sócios. Na prática, a transformação desencadeada por uma tal disciplina, em relação aos accionistas ordinários, é

([46]) Opinião esta igualmente defendida pela doutrina estrangeira. V., por exemplo, entre os autores espanhóis, JESUS RUBIO, *Curso de Derecho de Sociedades...*, p. 65, se bem que de forma meramente implícita; e SÁNCHEZ ANDRÉS, *El Derecho de Suscripción Preferente...*, p. 286. Na doutrina alemã, cfr., entre outros, HUECK, *Kapitalerhöhung...*, in *Festschrift...*, p. 433.

([47]) V. *Supra* pp. 75 e ss..

276 Pedro de Albuquerque

substancialmente idêntica à sentida pelos antigos sócios de uma sociedade, com títulos de uma única categoria, na qual se verificou a subscrição de um aumento de capital por terceiros [48].

V. Igualmente susceptível de provocar uma modificação das relações de força existentes no interior da sociedade é a emissão de acções de categoria diversa de qualquer das anteriormente criadas. Este facto não passou desapercebido da doutrina que se interroga, por isso, se aos sócios não deverá reconhecer-se um direito à emissão de acções de categoria idêntica às possuídas por eles. Em sentido afirmativo pronunciam-se algumas vozes, mais ou menos isoladas [49]. A *communis opinio* manifesta-se, porém, ϵ de forma inequívoca, na direcção oposta [50]. Na verdade, a opinião generalizada dos autores é a de que os sócios não podem exigir da sociedade a emissão de novas acções com direitos iguais aos garantidos pelas acções já em seu poder. E compreende-se: a sociedade é um organismo vivo e dinâmico criado para o exercício de uma empresa. Admitir a possibilidade de os sócios exigirem a emissão de acções de categoria idêntica às possuídas por eles seria condenar, injustificadamente [51],

---

[48] V. *Supra* p. 51.

[49] É, nomeadamente, esse o caso de Meilicke para quem os accionistas teriam a possibilidade de impugnar os aumentos de capital nos quais apenas se verificasse a emissão de acções com direitos inferiores aos garantidos pelas acções de que são já titulares. Cfr. MEILICKE, *Das Bezugsrecht...*, in *Der Betriebs-Berater*, 1961, p. 1284. Para uma apreciação crítica da posição sustentada por Meilicke, cfr. HUECK, *Kapitalerhöhung...*, in *Festschrift...*, pp. 429 e ss..

[50] A título meramente exemplificativo, podem citar-se MURANO, *Natura Giuridica e Caratteri del Diritto D'Opzione...*, in *Studi...*, pp. 288 e 289; HUECK, *Kapitalerhöhung...*, in *Festschrift...*, pp. 429 e ss.; LUTTER, *Kölner Kommentar...*, II, II, comentario ao § 186, p. 334; VIEDEMANN, *Großkommentar...*, III, comentário ao § 186, p. 73; SÁNCHEZ ANDRÉS, *El Derecho de Suscripción Preferente...*, p. 290; GESSLER, EFERMEHL, ECKARDT e KROPFF, *Aktiengesetz...*, § 186, p. 243; RAÚL VENTURA, *Alterações do Contrato...*, p. 200.

[51] Tanto mais que existem outros meios destinados a proteger os sócios privilegiados contra os perigos provocados pela emissão de acções com direitos equivalentes ou superiores aos garantidos pelas acções por eles possuídas. V. *Infra*, pp. 291 e ss,. nota (94).

a sociedade a um imobilismo capaz de comprometer seriamente o seu desenvolvimento futuro.

Colocada a questão nestes termos, levanta-se, porém, o problema de saber qual o regime do direito de preferência na hipótese de emissão de acções pertencentes a uma categoria diversa das, até então, existentes. Trata-se, no fundo, de determinar se, em tais hipóteses, deve, ou não, reconhecer-se aos sócios o direito de preferência. Caso esta interrogação mereça resposta afirmativa, uma outra pergunta surge imediatamente. Como encontrar um critério capaz de indicar a medida do direito de preferência de cada sócio se os direitos, poderes e faculdades de cada um deles se mostram diversos?

Uma breve análise da nossa lei permite encontrar uma resposta segura para estas dúvidas, que, um pouco por toda a parte, têm atormentado a doutrina. O n.º 4 do artigo 458.º do Código das Sociedades Comerciais é bem claro a este respeito. Havendo numa sociedade várias categorias de acções, todos os sócios têm *igual* preferência na subscrição de novas acções, quer ordinárias, quer de qualquer categoria especial. Não cabe, por conseguinte, qualquer margem para hesitações. Se uma sociedade decidir emitir acções de uma categoria diversa de qualquer das já criadas, deve conceder-se a cada sócio o direito de participar preferencialmente no aumento de capital deliberado. Direito igual para todos eles, independentemente de se deverem qualificar como ordinários ou privilegiados.

VI. A circunstância de o legislador português reconhecer, aos sócios, um direito de preferência, não só na emissão de acções ordinárias, mas também nas hipóteses de criação de acções de categorias especiais, obriga-nos a abordar uma questão da maior importância. Trata-se de saber se a criação de novas acções privilegiadas, através de deliberação na qual se tenha respeitado o direito de preferência, deve ou não ser aprovada pelos titulares de acções privilegiadas já existentes, reunidos em assembleia especial [52]. Numa

---

[52] Entre nós, e a este respeito, pronuncia-se em sentido negativo PAULO OLAVO CUNHA, *Os Direitos Especiais* ..., pp. 96 e ss. e 195 e ss., para quem a criação

palavra, importa averiguar o modo como se conjuga o regime do direito de preferência dos sócios em aumentos de capital com a protecção específica concedida, pelo legislador, aos titulares de acções especiais.

O ponto de partida para a análise do problema enunciado encontra-se, em grande medida, na determinação do exacto sentido do n.° 5 e n.° 6.° do artigo 24.° do Código das Sociedades Comerciais. De acordo com o estipulado no primeiro dos dois preceitos, os direitos especiais não podem ser suprimidos ou coarctados sem o consentimento do respectivo titular, salvo regra legal ou estipulação contratual em sentido contrário. Tratando-se de uma sociedade anónima — e por força do disposto na segunda das referidas normas — o consentimento exigido pelo n.° 5 do artigo

---

de acções privilegiadas não tem de ser aprovada pelos titulares de acções privilegiadas já existentes. Perante o direito italiano, esta posição é defendida por FERRI, *Le Società...*, pp. 406 e ss. e 540 e ss., cuja argumentação serve, aliás, de alicerce às posições sustentadas por PAULO OLAVO CUNHA. A opinião da doutrina dominante é, porém, outra. Na verdade, a *communis opinio* estima necessário o consentimento dos sócios possuidores de acções das categorias ja criadas, para que possam emitir-se novas acções privilegiadas sempre que a multiplicação do número de acções especiais cause prejuízos aos accionistas privilagiados de determinada categoria. Não falta inclusivamente quem considere ser de exigir tal consentimento mesmo quando a categoria prejudicada corresponda à dos sócios ordinários. Cfr. RAFFAELE NOBILI, *Contributo allo Studio del Diritto D'Opzione...*, pp. 142 e ss.; MIGNOLI, *Le Assemblee...*, pp. 205 e ss.. Na doutrina espanhola, pode ver-se, a este respeito, SÁNCHEZ ANDRÉS, *El Derecho de Suscripción Preferente...*, pp. 288 e ss.. Entre os autores alemães, referimos, com carácter meramente exemplificativo, WÜRDINGER, *Aktienrecht, cit.*, p. 82. Deve, porém, sublinhar-se a circunstância de, pelo menos, as duas últimas leis alemãs sobre sociedades anónimas conterem, a propósito da emissão de acções privilegiadas em vida da sociedade, uma regulamentação bem mais desenvolvida do que a prevista no Código das Sociedades Comerciais (Cfr. os § 179 (3) e 182 (2) da *Aktiengesetz* de 1965). As considerações dos autores alemães sobre esta matéria não podem, por conseguinte, transpor-se, sem mais, para o direito português. Numa posição diversa da de qualquer dos autores antes citados, BRITO CORREIA, *Direito...*, II, p. 330, parece considerar necessário para a criação de direitos especiais, por alteração do pacto social, o consentimento unânime de todos os sócios. Não vislumbramos, porém, quais as razões que aconselhariam a adopção de uma tal posição.

Medida e Extensão do Direito de Preferência 279

24.º do Código das Sociedades Comerciais é dado por deliberação tomada em assembleia especial dos accionistas titulares das acções da categoria afectada pela supressão dos direitos especiais.

VII. Confrontado com estes preceitos, Paulo Olavo Cunha [53] considera não ser necessário o consentimento dos titulares de acções de categorias especiais já existentes, quando a sociedade pretenda criar novas acções pertencentes a alguma categoria especial. São vários os motivos que o levam a sustentar semelhante posição. O mais importante consiste, talvez, no facto de não existir nenhuma norma na qual se exija, de forma expressa, o consentimento dos titulares de acções especiais já existentes para a emissão de novas acções privilegiadas [54]. Além disso, e com vista a reforçar a solidez deste argumento, Paulo Olavo Cunha chama a atenção para o facto de serem vários os mecanismos destinados a evitar alterações da estrutura da sociedade em prejuízo de alguns sócios. O primeiro seria, segundo o autor, o direito de preferência em aumentos de capital. O segundo consistiria no princípio geral do igual tratamento de todos os accionistas. Por força de tal princípio, quando uma sociedade crie novos direitos, todos os sócios deverão ter acesso aos mesmos na proporção da sua participação [55]. O terceiro, e último, residiria na circunstância de a lei determinar a anulabilidade das deliberações sociais abusivas, nomeadamente daquelas que sejam

---

[53] PAULO OLAVO CUNHA, *Os Direitos Especiais...*, pp. 197 e ss..

[54] É que o artigo 24.º n.º 5 do Código das Sociedades Comerciais afirma apenas não poderem ser os direitos especiais suprimidos ou coarctados os direitos sem o consentimento do respectivo titular. Não se alude, de forma expressa, à criação de novas acções privilegiadas, capazes de diminuir a importância das vantagens concedidas aos titulares das categorias especiais já existentes. A partir desta constatação extrai Paulo Olavo Cunha a conclusão - que procura apoiar numa série de argumentos cuja oportunidade não deixaremos de averiguar - segundo a qual a sociedade pode criar livremente acções de categorias especiais, sem para tanto se mostrar necessária a reunião da assembleia especial dos accionistas pertencentes à categoria afectada.

[55] Daí que Paulo Olavo Cunha considere que o direito legal de preferência se justifica em função do princípio da igualdade.

280 *Pedro de Albuquerque*

apropriadas para satisfazer o propósito de um dos sócios de prejudicar o interesse dos outros (artigo 58.º n.º 1 do Código das Sociedades Comerciais ([56])).

A consagração legal destes três mecanismos seria, por si só, suficiente para assegurar a protecção dos accionistas contra eventuais prejuízos resultantes da emissão de acções privilegiadas. Não faria, por isso, qualquer sentido exigir, para a emissão de novas acções privilegiadas, o consentimento dos titulares de acções de categorias especiais já existentes. Ele mostrar-se-ia supérfluo e, por conseguinte, desnecessário ([57]) .

VIII. A argumentação desenvolvida por Paulo Olavo Cunha não logra convencer-nos. Ao autor escaparam, em nossa opinião, alguns aspectos da maior importância para a exacta compreensão do problema.

Sublinhe-se, desde já, a circunstância de o direito de preferência não ser, ao contrário do pretendido, uma das formas de evitar que as alterações da estrutura da sociedade se façam em prejuízo de alguns sócios. Na realidade, é o próprio direito de subscrição preferencial a provocar, através do seu funcionamento, tal modificação ou alteração nas hipóteses de emissão de acções privilegiadas, em sociedades com uma pluralidade de categorias de acções ([58]). Tivemos já, e segundo julgamos, oportunidade de o demonstrar amplamente. Não voltaremos, por conseguinte, a insistir sobre este ponto. Importa, tão só, chamar a atenção para o facto de o direito de preferência não contribuir, de forma alguma, para tornar desnecessário o consentimento dos titulares das categorias de acções eventualmente prejudicadas pela emissão de novas acções privilegiadas. Ele concorre sim, e ao invés, para colocar de forma ainda mais premente a questão da necessidade de tal consentimento.

([56]) A este respeito, v. *Supra*, p. 268.

([57]) V. Paulo Olavo Cunha, *Os Direitos Especiais...*, p. 198.

([58]) Trata-se, aliás, de um fenómeno reconhecido pela doutrina e por ela repetidamente apregoado. V. *Supra*, pp. 52 e ss., notas 81 e ss..

Medida e Extensão do Direito de Preferência   281

O mesmo sucede, aliás, com o princípio do tratamento igualitário dos sócios. Numa sociedade com uma organização interna complexa, a posição dos diversos sócios varia consoante a categoria das acções de que são titulares. Eles não se encontram, por isso, numa posição de absoluta igualdade. Se, ao criar novos direitos, a sociedade se vir, por força do referido princípio, obrigada a reconhecer a cada sócio a possibilidade de acesso aos novos direitos, na proporção da respectiva participação social, a sua ordem particular pode ser seriamente subvertida. Subversão susceptível de provocar o esvaziamento das vantagens concedidas aos titulares de acções com privilégios inferiores ou equivalentes aos garantidos pelas acções de nova emissão ([59]). Não parece, assim, dever considerar-se o princípio da igualdade de tratamento dos sócios como um remédio capaz de defender os accionistas privilegiados contra os inconvenientes resultantes da emissão de novas acções pertencentes a categorias especiais. Ao contrário, é a observância de semelhante princípio a poder provocar prejuízos aos antigos sócios.

Também não constitui adequado instrumento de defesa dos accionistas, perante eventuais perigos emergentes da criação de novas acções privilegiadas, a regra contida no artigo 58.º n.º 1 alínea b) do Código das Sociedades Comerciais. O funcionamento de tal preceito pressupõe a existência de uma perda causada com dolo. A diminuição do significado das vantagens concedidas aos titulares de acções especiais, a verificar-se, decorrerá apenas, e normalmente, da emissão das novas acções privilegiadas.

IX. Como resolver então o problema em análise? As deliberações da assembleia geral das sociedades anónimas para as quais se exige a aprovação de uma assembleia especial, constituída por sócios de determinada categoria, são aquelas que suprimem ou coarctam os direitos específicos da categoria em questão (artigo 24.º n.ºs 5 e 6). Por conseguinte, se uma deliberação não suprimir ou coarctar os

---

([59]) V. *Supra*, pp. 57 e ss..

direitos de nenhuma categoria ([60]), não se revelará necessária a reunião ou convocação de qualquer assembleia.

Importa, deste modo, apurar quando se devem considerar suprimidos ou coarctados os direitos especiais. Na prática, se numa sociedade existir uma pluralidade de categorias de acções, só muito dificilmente uma deliberação não produzirá, sobre tais categorias, efeitos diversos e de diferentes repercussões ([61]). Nalguns casos, isso será uma simples consequência reflexa do natural dinamismo da sociedade, assumindo, portanto, mero relevo de facto ([62]). Em tais hipóteses, estaremos certamente fora do âmbito de aplicação do artigo 24.º do Código das Sociedades Comerciais. Noutras, porém, verifica-se uma verdadeira supressão ou limitação, em sentido técnico, dos direitos especiais. A questão está em saber qual o critério que permite distinguir as duas situações. Trata-se de um problema sobre o qual a doutrina tem longamente meditado.

X. No direito italiano, o legislador sujeita a eficácia de uma deliberação da assembleia geral à concordância dos accionistas de determinada categoria quando a referida deliberação provoque um prejuízo a essa mesma categoria ([63]). Semelhante critério é igualmente utilizado pela lei alemã das sociedades anónimas de 1965 ([64]) ([65]). Os

---

([60]) Isso sucederá, pelo menos, em duas situações. A primeira, quando a deliberação não incida sobre os direitos de nenhuma categoria de acções. A segunda, quando os direitos de dada categoria de acções ou títulos sejam melhorados, sem com isso prejudicar as outras categorias existentes. A este respeito e perante o direito italiano - que, à semelhança de outras legislações europeias, utiliza, em vez da expressão *«suprimir ou coarctar»* adoptada pela lei portuguesa, o verbo *"prejudicar"* - v. MIGNOLI, *Le Assemblee...*, p. 206.

([61]) MIGNOLI, *Le Assemblee...*, p. 206; SÁNCHEZ ANDRÉS, *El Derecho de Suscripción Preferente...*, p. 293.

([62]) SÁNCHEZ ANDRÉS, *El Derecho de Suscripción Preferente...*, p. 293.

([63]) V. o artigo 2376.º do Código Civil italiano.

([64]) Cfr. § 179 (3). V., porém, o disposto no § 182.

([65]) Ela é, além disso, largamente utilizada pela doutrina espanhola. V., por exemplo, SÁNCHEZ ANDRÉS, *El Derecho de Suscripción Preferente...*, pp. 293 e ss.. O legislador não faz, porém, uso de semelhante nomenclatura. Para determinar quando se torna necessário o consentimento dos titulares de acções especiais para

Medida e Extensão do Direito de Preferência

comercialistas destes dois países têm, por isso, feito enormes esforços no sentido de determinar o exacto sentido da expressão «prejuízo» [66]. É esta noção que constitui o requisito do qual depende a exigência de votação separada em assembleia especial. Na sua elasticidade de sinónimo de dano, o conceito em análise tem sido considerado como incerto, nublado e, por conseguinte, equívoco. Na tentativa de conferir maior rigor ao termo, os autores vêm procurando individualizar e exteriorizar os seus factores relevantes. Numa recolha das conclusões doutrinárias aparentemente mais seguras, poderemos sintetizar tais factores do seguinte modo:

– Em primeiro lugar, para se poder falar de «prejuízo», é necessário que a afectação dos direitos especiais resulte de um acto com carácter formal [67]. Ou seja, o prejuízo sofrido pelos titulares de direitos especiais deve resultar de uma modificação dos estatutos da sociedade;

– Em segundo lugar, o direito atingido pela deliberação da assembleia geral deve ser o «*particular direito que diferencia uma categoria da outra*» ou, em termos diversos, «*aquele "quid" de mais, de menos ou de diverso, aquele particular direito por si só comum às acções da categoria em questão*» [68].

---

que a deliberação da assembleia geral produza os seus efeitos, as sucessivas leis espanholas têm recorrido antes à ideia de «*modificação directa ou indirecta de uma classe de acções*». Cfr. o artigo 148.º n.º 1 da Lei das Sociedades Anónimas de 1989.

[66] Em especial a doutrina alemã, coeva ao *HGB* e à *Aktiengesetz* de 1937, desenvolveu, com base numa casuística particularmente rica, uma análise profunda sobre a noção de prejuízo. Atendendo à especificidade da lei alemã neste ponto, mostra-se necessária alguma cautela na transposição dos resultados obtidos pelos comercialistas germânicos para o direito português.

[67] Neste sentido, podem ver-se, nomeadamente, MIGNOLI, *Le Assemblee...*, p. 211; e SÁNCHEZ ANDRÉS, *El Derecho de Suscripción Preferente...*, p. 293. Em sentido contrário, pronuncia-se ALEXANDER, *Die Sonderecht der Aktionäre*, Berlin, p. 92 (*Apud* MIGNOLI, *Le Assemblee, cit.*).

[68] As palavras transcritas são de MIGNOLI, *Le Assemblee...*, pp. 222 e 223. O seu carácter expressivo levou outros juristas a adoptá-las, nos precisos termos em que foram pronunciadas pelo seu autor. É, por exemplo, esse o caso de RAFFAELE NOBILI, *Contributo allo Studio del Diritto D'Opzione...*, pp. 113 e 144; e de SÁNCHEZ ANDRÉS, *El Derecho de Suscripción Preferente...*, p. 293.

Presentes estes dois aspectos, a *communis opinio* tem considerado a noção de «prejuízo» como equivalente a uma perturbação da relação entre as várias categorias de acções, em sentido desfavorável a uma delas. O direito prejudicado é o direito à conservação de uma constante relação entre as diversas categorias de acções. É essa relação que constitui o verdadeiro conteúdo do direito da categoria [69]. Deste modo, tal direito pode, conforme tem sido, aliás, sublinhado pela generalidade dos autores, ser afectado através de dois tipos de comportamentos. O primeiro verifica-se quando é atingido, de forma imediata, o direito especial reservado a uma categoria de acções – reduz-se, por exemplo, o privilégio de 6% para 4%. O segundo ocorre com a criação de acções com direitos equivalentes [69a] ou superiores aos de alguma categoria já existente; acto necessariamente perturbador das relações de força existentes no

---

[69] V., por todos, SÁNCHEZ ANDRÉS, *El Derecho de Suscripción Preferente...*, p. 294.

[69a] A equivalência tanto pode ser entendida em termos quantitativos como qualitativos.

[70] Este procedimento provoca uma modificação da «*relação actual existente entre as várias categorias de acções*» e coloca, por isso, em causa aquilo que a doutrina italiana designa de «*diritto al mantenimento del rango*». V. MIGNOLI, *Le Assemblee...*, pp. 209 (13), 213, 221. Esta última expressão encontra um equivalente na doutrina espanhola. Fala-se em «*derecho al mantenimiento del rango*». Cfr. SÁNCHEZ ANDRÉS, *El Derecho de Suscripción Preferente...*, pp. 294 e ss.. Aparentemente diversa, mas com idêntico alcance, é a fórmula utilizada pelos autores franceses segundo os quais existe um direito à manutenção do «*traitement respectif*». No direito alemão, fala-se em «*Recht auf Wahrung des Ranges*». Sobre este ponto, podem ver-se, em termos gerais, GADOW e HEINICHEN, *Aktiengesetz Großkommentar...*, I, comentário ao § 1, p. 19; e WIEDEMANN, *Großkommentar...*, I, comentário ao § 1, pág. 18. A posição que tem vindo a ser adoptada, desde os anos trinta, pela jurisprudência alemã, acerca da noção de prejuízo, pode ilustrar-se através de duas sentenças, uma do «*Reichsgericht*», de 24 de Setembro de 1929, e outra do «*Landgericht*», de 1 de Outubro de 1937 (*Apud* MIGNOLI, *Le Assemblee...*, pp. 217 e ss.). Ambas mereceram total concordância por parte da esmagadora maioria da doutrina. No primeiro caso, existiam numa sociedade 18 milhões de marcos de acções ordinárias e 0,2 milhões de marcos de acções privilegiadas. Estas últimas encontravam-se dotadas de voto plural de tal forma que as acções ordinárias possuíam uma força total de 300.000

Medida e Extensão do Direito de Preferência

interior da sociedade ([70]). Num caso fala-se de prejuízo directo, no outro de prejuízo indirecto. Em qualquer das duas situações, porém, a melhor doutrina considera necessário o consentimento separado dos sócios titulares de acções pertencentes à categoria especial afectada (directa ou indirectamente) ([71]). Sem isso, a deliberação da assembleia geral cujos efeitos se repercutam, com carácter formal, sobre

---

votos e as acções privilegiadas de 240.000. O acto constitutivo previa uma dupla maioria, de votos e de capital, para determinadas deliberações. Entre elas, encontravam-se as respeitantes ao aumento de capital, modificação do objecto social, etc.. A força de voto encontrava-se, sem dúvida alguma, a favor das acções ordinárias. Uma deliberação da assembleia geral decidiu, então, suprimir a exigência da dupla maioria e introduziu o princípio da maioria simples – excepto quando a própria lei reclamasse um número de votos superior – para todas as deliberações de modificação do acto constitutivo. A modificação operada provocou uma alteração da relação das forças de voto em claro benefício das acções privilegiadas. Apesar disso, nem elas viram aumentados os seus direitos especiais, nem as acções ordinárias viram diminuída a sua capacidade de voto. Confrontado com esta situação, o *RG* entendeu ser necessária a aprovação separada dos accionistas ordinários pois, em seu entender, verificou-se um prejuízo da categoria composta pelas acções ordinárias. No segundo caso, o capital de uma sociedade encontrava-se representado numa parte por acções ordinárias e na outra por acções privilegiadas. As acções de categoria especial conferiam o direito a 5% do lucro; o remanescente seria distribuído pelas acções ordinárias. Sendo os negócios da sociedade bastante prósperos, prejudicados eram, de facto, os sócios com títulos privilegiados. Colocou-se, por isso, a questão de saber se uma deliberação que suprimisse o privilégio a algumas das acções necessitava do consentimento dos sócios ordinários. O *LG* entendeu não haver motivo para tanto.

([71]) Neste sentido, podem ver-se, nomeadamente, Ascarelli, *Sui Limiti Statutari alla Circolazione delle Participazione Sociale*, in *Saggi...*, p. 399, o qual, perante uma deliberação da assembleia geral na qual não se verifica um prejuízo directo dos direitos (de uma categoria especial) mas determina uma alteração da relação entre duas categorias de acções, considera preenchida a *ratio* do artigo 2376.° do Código Civil italiano; Raffaele Nobili, *Contributo allo Studio del Diritto D'Opzione...*, pp. 143 e 144; Mignoli, *Le Assemblee...*, pp. 205 e ss.; Sánchez Andrés, *El Derecho de Suscripción Preferente...*, p. 285 (este autor distingue, porém, consoante as novas acções privilegiadas sejam iguais às acções especiais já existentes ou diferentes delas. No primeiro caso, Sánchez Andrés estima não haver motivo para se exigir o consentimento dos titulares das antigas acções especiais. O direito legal de preferência mostrar-se-ia suficiente para acautelar todos os interesses em jogo).

([72]) Alguns autores sustentam a necessidade de se exigir, também, o consentimento separado dos accionistas ordinários quando uma deliberação da

os direitos conferidos pelas acções especiais carecerá de eficácia [72].

XI. O Código das Sociedades Comerciais não seguiu o exemplo proporcionado pelo direito italiano e pelo direito alemão. À nomenclatura *«prejuízo»* o nosso legislador preferiu uma outra expressão, com vista a delimitar as hipóteses nas quais se revela necessária a reunião, em assembleia especial, do conjunto dos sócios titulares de acções de uma determinada categoria. Reproduzindo o disposto no artigo 982.º n.º 2 do Código Civil, o artigo 24.º n.º 5 do Código das Sociedades Comerciais estabelece não poderem ser, sem o consentimento dos respectivos titulares, *«suprimidos ou coarctados»* direitos especiais, salvo expressa regra legal ou contratual em contrário. A questão está em determinar se à diferente terminologia adoptada pela lei portuguesa corresponde, também, uma diferente solução quanto ao problema de fundo. Será o artigo 24.º n.º 5.º suficientemente amplo para abranger os casos considerados como de «prejuízo indirecto» ou cobrirá, tão só, as hipóteses de «prejuízo directo»?

XII. A interpretação das normas jurídicas obedece a um propósito transitivo. Para além disso, ela tem por objecto formulações concebidas de forma geral e abstracta ou, em parte, sintetizadas em figuras ou conceitos [73]. O processo hermenêutico que lhe corresponde deve, portanto, compreender uma fase determinativa, dirigida ao apuramento

---

assembleia geral prejudique os direitos da referida categoria. É, por exemplo, esse o caso de Raffaele Nobili, *Contributo allo Studio del Diritto D'Opzione...*, p. 144, para quem a própria criação de novas acções ordinárias prejudica a categoria constituída por tais acções na medida em que aumenta o número de acções pelas quais se devem dividir os resultados obtidos pela sociedade, e de Mignoli, *Le Assemblee...*, pp. 211 e 243 e ss.. Contra, pronuncia-se, na doutrina espanhola, Sánchez Andrés, *El Derecho de Suscripción Preferente...*, p. 296; e, entre nós, Paulo Olavo Cunha, *Os Direitos Especiais...*, p. 197.

[73] V., por todos, Armando Marques Guedes, *Interpretação, Aplicação e Integração das Normas jurídicas*, Lisboa, 1963, p. 18; e Menezes Cordeiro, *Parecer*, inédito, Lisboa, 1990, p. 35 (passaremos a citar este estudo do Professor Menezes Cordeiro da seguinte forma: Menezes Cordeiro, *Parecer3, cit.*).

[74] Cfr. os autores citados na nota anterior.

[75] Não pretendemos obviamente proceder aqui a um estudo pormenorizado e exaustivo dos métodos e procedimentos de interpretação jurídica. Abordamos

Medida e Extensão do Direito de Preferência

do sentido e âmbito das referidas formulações ([74]) ([75]). Semelhante fase principia – ao menos de um prisma lógico – por uma indagação de carácter filológico ([76]). O seu objectivo é apurar o significado verbal da formulação normativa: a letra da lei é o ponto de partida e

o problema de passagem. Porém, para uma análise mais desenvolvida desta importantíssima matéria, podem ver-se, entre muitos outros, MANUEL DE ANDRADE - *Prefácio a* FRANCESCO FERRARA, *Interpretação e Aplicação das Leis*, tradução de Manuel de Andrade, Coimbra, 1934, *per tot.*; FRANCESCO FERRARA, *Interpretação e Aplicação das Leis*, tradução e prefácio de Manuel de Andrade, Coimbra, 1934, *per tot.*; THEODORE STERNBERG, *Introducción a la Ciencia del Derecho*, Barcelona, 1940, pp. 137 e ss.; PHILIPP HECK, *Interpretação da Lei e Jurisprudência dos Interesses*, tradução de José Osório, Coimbra, 1947, *per tot.*; MARIO ROTONDI, V.° *Interpretazione della Legge*, in *Novissimo Digesto Italiano*, Turim, 1962, VIII, pp. 894 e ss.; HANS NAWIASKI, *Teoria...*, pp. 190 e ss.; ARMANDO MARQUES GUEDES, *Interpretação, Aplicação e Integração...*, *per tot.*; ENGISCH, *Introdução ao Pensamento...*, pp. 92 e ss.; CLAUDE DU PASQUIER, *Introduction à la Theorie Générale et à la Philosophie du Droit*, 4.ª ed., 1967, Neuchâtel, pp. 181 e ss.; ENRICO PARESCE, V.° *Interpretazione (Filosofia del Diritto e Teoria Generale)*, in *Enciclopedia del Diritto*, 1972, XXII, pp. 152 e ss.; HANS KELSEN, *Teoria Pura do Direito*, tradução de Baptista Machado, 4.ª ed., Coimbra, 1976, pp. 464 e ss.; ALESSANDRO GROPPALI, *Introdução ao Estudo do Direito*, tradução de Manuel de Alarcão, 3.ª ed., Coimbra, 1978, pp. 299 e ss.; CH. PERELMAN, *La Lógica Juridica e la Nueva Retórica*, tradução de Díez-Picazo, Madrid, 1979, pp. 33 e ss. e 78 e ss.; KARL LARENZ, *Metodologia da Ciência do Direito*, 2.ª ed., tradução de José Lamego e revisão de Ana Freitas, Lisboa, 1983, *passim*; BAPTISTA MACHADO, *Introdução ao Direito e ao Discurso Legitimador*, Coimbra, 1983, pp. 175 e ss.; DÍEZ-PICAZO, *Experiencias Jurídicas...*, pp. 225 e ss.; CASTRO MENDES, *Introdução ao Estudo do Direito*, Lisboa, 1984, pp. 237 e ss.; CASTANHEIRA NEVES, V.° *Interpretação Jurídica*, in *Enciclopédia Pólis*, Lisboa/São Paulo, 1985, III, pp. 652 e ss.; DIAS MARQUES, *Introdução ao Estudo do Direito*, Lisboa, 1986, pp. 136 e ss.; MANUEL ALBALADEJO, *Curso de Derecho Civil Español*, 4.ª ed., Barcelona, 1987, pp. 100 e ss.; OLIVEIRA ASCENSÃO, *O Direito. Introdução e Teoria Geral*, 6.ª ed., Lisboa, 1991, pp. 366 e ss.; PEDRO DE ALBUQUERQUE, *A Aplicação do Prazo Prescricional do n.° 1 do Artigo 498.° do Código Civil à Responsabilidade Contratual*, separata da *Revista da Ordem dos Advogados*, ano 49, III, Lisboa, 1989, pp. 818 e ss.; JOSÉ LAMEGO, *Hermenêutica e Jurisprudência*, Lisboa, 1990, *passim*.

([76]) HANS NAWIASKI, *Teoria General...*, p. 190; ARMANDO MARQUES GUEDES, *Interpretação, Aplicação e Integração...*, p. 18; DÍEZ-PICAZO, *Experiencias Jurídicas...*, pp. 252 e ss.(autor que chama a atenção para o facto de a fase filológica ser um momento dentro da interpretação gramatical); PEDRO DE ALBUQUERQUE, *A Aplicação do Prazo de Prescrição...*, p. 819; MENEZES CORDEIRO, *Parecer 3, cit.*, p. 36.

([77]) OLIVEIRA ASCENSÃO, *O Direito. Introdução e Teoria...*, p. 367.

288   *Pedro de Albuquerque*

elemento irremovível de toda a interpretação [77]. Noutras palavras, o texto tem de ser tomado como o limite da busca do espírito [78]. O quadro dentro do qual se deve procurar a verdadeira compreensão de uma norma é-nos dado pelos seus possíveis sentidos. Desrespeitada esta regra, não se trata já de interpretar, mas de postergar a lei [79].

Presente este aspecto, facilmente se compreenderá a necessidade de, na tentativa de fixação do verdadeiro alcance do artigo 24.º n.º 5 do Código das Sociedades Comerciais, se começar por procurar estabelecer o significado da expressão «suprimir ou coarctar» [80].

Etimologicamente, «coarctar» provém do latim *coartare*, palavra cujo significado era o de apertar, ajustar, comprimir, condensar, etc. [81]. E não é outro o actual sentido do termo. Já o grande *Diccionário Contemporâneo da Língua Portuguesa* ensinava: «coarctar: reduzir a limites mais estreitos, restringir». Idêntica noção aparece igualmente em todos os restantes grandes dicionários da língua portuguesa. Morais da Silva, por exemplo, escrevia, a propósito de coarctar, no seu já clássico *Diccionário da Língua Portuguesa*: «*(do lat. coartare) restringir, estreitar, limitar, diminuir (...)*». Outro tanto afirmam autores como Eduardo Faria [82], Francisco Constâncio [83], José de Almeida e Correia Lacerda [84], e Cândido de Figueiredo [85] [86].

---

[78] *Idem.*

[79] *Idem.* Cfr. igualmente MENEZES CORDEIRO, *Parecer 3, cit.*, p. 36.

[80] É ela que constitui, já o vimos, o requisito do qual depende a aplicação do preceito em análise.

[81] V. PEDRO MACHADO, V.º *Coarctar*, in *Dicionário Etimológico da Língua Portuguesa*, 4.ª ed., Lisboa, 1987, vol. II, p. 170.

[82] EDUARDO DE FARIA, V.º *Coarctar*, in *Novo Diccionario da Lingua Portuguesa*, 2.ª ed., Lisboa, 1851, vol. II, p. 386.

[83] FRANCISCO CONSTÂNCIO, V º *Coarctar*, in *Novo Diccionario Critico e Etymologico da Lingua Portuguesa*, 7.ª ed., Paris, 1859, p. 268.

[84] JOSÉ DE ALMEIDA e CORRÊA DE LACERDA, *Diccionario Encyclopedico da Lingua Portugueza*, 4.ª ed., L.isboa, 1874, vol. 1, p. 696.

[85] CÂNDIDO DE FIGUEIREDO, V. *Coarctar*, in *Pequeno Dicionário Ilustrado da Língua Portuguesa*, 11.ª ed., Lisboa, 1975, p. 341, de acordo com o qual coarctar significa circunscrever estreitamente. Deste autor, v., igualmente, V.º *Coarctar*, in *Novo Diccionario da Lingua Portugueza*, Lisboa, 1889, I, p. 341.

[86] V., ainda, o V. º *Coarctar* no *Dicionário dos Sinónimos da Língua Portuguesa*, da Tertúlia Edípica, sem data, p. 227, onde se consideram sinónimos de coarctar palavras como apertar, cercear, circunscrever, etc.

Medida e Extensão do Direito de Preferência 289

A palavra «suprimir» encontra, por seu turno, a respectiva raiz etimológica no verbo latino *suprimere*. Actualmente, o seu significado corresponde ao de extinguir, eliminar, invalidar, inutilizar [87].

Esta análise acerca do sentido gramatical da expressão «suprimir ou coarctar» permite-nos concluir com segurança: a letra do artigo 24.º n.º 5 do Código das Sociedades Comerciais tanto abrange os casos de prejuízo directo como aqueles a que a doutrina tem chamado de prejuízo indirecto. Os primeiros correspondem às hipóteses de eliminação, extinção ou redução dos direitos especiais de determinada categoria de acções. Como tais direitos são criados no contrato de sociedade, a única forma de os eliminar ou reduzir consiste em alterar, nesse sentido, o pacto social [88]. Os segundos verificam-se quando, sem reduzir ou eliminar de forma directa os direitos especiais, a assembleia geral toma uma decisão que inutiliza, anula ou comprime tais direitos. Isso sucede nomeadamente nas hipóteses de criação de novas acções com direitos iguais ou superiores aos das categorias de acções já existentes [89].

XIII. O estudo e análise das palavras de uma norma levam à determinação daquilo que nela é textualmente dito [90]. O valor facial assim apurado pode, porém, não corresponder da forma mais perfeita, ou mais fiel, ao pensamento subjacente à formulação [91]. E mesmo, na eventualidade de tal correspondência se verificar, torna-se necessário indagá-lo previamente: tanto a correspondência como a não correspondência constituem resultados a apurar, não pressupostos a aceitar [92]. O confronto a que é, por conseguinte,

---

[87] Cfr. CÂNDIDO DE FIGUEIREDO, V.º *Suprimir*, in *Pequeno Dicionário...*, p. 1311. Veja-se, ainda, o V.º *Suprimir*, no *Dicionário dos Sinónimos...*, p. 372, onde se consideram sinónimos de suprimir, nomeadamente, abolir, ab-rogar, anular, banir, calar, comer, cortar, eliminar, extinguir, etc..

[88] Em sentido paralelo, v. RAÚL VENTURA, *Alterações do Contrato...*, p. 86.

[89] V. *Supra*, pp. 60, 61 e nota (99b).

[90] ARMANDO MARQUES GUEDES, *Interpretação, Aplicação e Integração...*, p. 19.

[91] *Idem.*

[92] *Idem.*

necessário proceder impõe a prévia descoberta das razões inerentes ao pensamento implícito na formulação.

Não basta, assim, a conclusão segundo a qual a letra do artigo 24.º n.º 5 do Código das Sociedades Comerciais se mostra suficientemente ampla para compreender no seu âmbito os casos de prejuízo indirecto causado a determinada categoria de acções. Importa, ainda, apurar se a *ratio* do n.º 5 do artigo 24.º do Código das Sociedades Comerciais permite a aplicação do preceito às situações de simples afectação indirecta dos direitos de uma dada classe de acções. Nesta perspectiva interessa lembrar um aspecto da maior importância, para o qual, aliás, já tivemos oportunidade de chamar a atenção ([93]): os direitos especiais traduzem-se em específicas condições das quais os sócios fizeram depender a sua entrada ou permanência na sociedade. A sua razão de ser está em assegurar aos respectivos titulares determinada posição de privilégio. A modificação ou supressão de tal posição sem o consentimento do respectivo titular representaria um sério atentado à autonomia da vontade dos sócios. Daí o disposto no artigo 24.º n.º 5 do Código das Sociedades Comerciais. A sua função é, inequivocamente, a de garantir a conservação da situação de privilégio dos sócios. Esse objectivo só será, porém, plenamente alcançado se, além de impedir a pura e simples extinção ou redução dos direitos especiais, o preceito se destinar também a obstar a práticas que possam afectar indirectamente os direitos específicos de uma determinada categoria de acções. De nada serve defender determinados direitos contra ataques frontais para os deixar depois à mercê de actos capazes de os invalidar ou de lhes retirar todo o seu significado e alcance. Seria, perdoe-se-nos a expressão, deixar entrar pela janela aquilo que se não quis deixar entrar pela porta. Para frustrar a posição de privilégio concedida a determinados sócios, bastaria à sociedade criar acções com direitos equivalentes ou superiores aos até então existentes. Estes ficariam inutilizados, desprovidos de significado e conteúdo. É, pois, a própria *ratio* do artigo 24.º n.º 5 do Código das Sociedades Comerciais a demonstrar a

---

([93]) V. *Supra* p. 60.

Medida e Extensão do Direito de Preferência   291

necessidade de se interpretar o preceito de forma a conceder a protecção por ele proporcionada aos chamados casos de prejuízo indirecto.

Deve deste modo concluir-se em definitivo, e numa formulação de carácter geral, pela necessidade do consentimento dos titulares de acções com direitos especiais quando sejam criadas novas acções dotadas de direitos equivalentes ou superiores aos até então existentes. A emissão de tais acções provoca uma alteração do *status quo* societário, causando, por isso, aos antigos possuidores de acções privilegiadas, prejuízos que, apesar de indirectos, não deixam de ser importantes. O direito não lhes pode ficar indiferente [94].

---

[94] O carácter genérico da conclusão obtida torna admissível a existência de excepções à regra enunciada no texto. Pense-se na emissão de acções pertencentes a uma categoria já existente. Tais acções devem, por força do disposto no n.º 4 do artigo 458.º do Código das Sociedades Comerciais, ser dadas em preferência aos titulares das acções dessa categoria. Na medida em que exerçam o seu direito, os possuidores de acções ou títulos da categoria emitida não sofrem qualquer prejuízo. Ao contrário, podem mesmo obter um ganho. Não se vislumbra, por isso, qualquer motivo para exigir o seu consentimento, prestado em assembleia especial (numa posição, com algumas afinidades com a nossa, pode ver-se SÁNCHEZ ANDRÉS, *El Derecho de Suscripción Preferente...*, p. 298. Cfr. também, embora não se pronunciem directamente sobre uma situação do tipo da analisada, estando a respectiva posição meramente implícita, MIGNOLI, *Le Assemblee...*, p. 256, nota (2); e VIEIRA PERES, *Acções Preferenciais...*, in *Revista...*, XXX, pp. 390 e ss.; em sentido absolutamente contrário, RAFFAELE NOBILI, *Contributo allo Studio del Diritto D'Opzione...*, p. 144, para quem o prejuízo sofrido por determinada categoria com a criação de novas acções especiais permanece mesmo quando estas sejam oferecidas para subscrição aos titulares de acções preexistentes). Se nessa sociedade não existirem mais nenhumas acções de categoria especial ou se, existindo, os direitos por elas garantidos forem superiores ou diversos dos das acções de nova emissão, não há razões para se exigir a reunião de uma assembleia especial. E o mesmo parece poder dizer-se se, sendo várias as categorias de acções de uma sociedade, se verificar um aumento de capital no qual sejam emitidas acções de todas as categorias. Em tais casos, desde que as acções de cada categoria a emitir sejam reservadas aos titulares de antigas acções dessa mesma categoria, mantém-se o *status quo* societário. Não é, pois, possível descortinar a ocorrência de quaisquer prejuízos, seja para quem for. Não se vê, por isso, razão para se exigir o consentimento separado dos sócios pertencentes às várias categorias (nesta

XIV. Analisámos até aqui a problemática causada pela emissão de acções privilegiadas e sua harmonização com a

direcção, v., nomeadamente, MIGNOLI, *Le Assemblee...*, p. 256, nota (102)). A questão está em saber se, do ponto de vista da disciplina do direito de preferência, é possível um aumento de capital nesses moldes. É que a parte desse aumento representada por acções ordinárias parece não poder fugir à aplicação do disposto no princípio do artigo 458.º n.º 4 e estará, portanto, sujeita à preferência de todos os accionistas. Desta forma, o objectivo de manutenção da estrutura da sociedade pode ser severamente comprometido. Segundo VIEIRA PERES, *Acções Preferenciais...*, in *Revista...*, XXX, p. 391, o bom senso indicaria não existir razão justificada para impedir a emissão proporcional com direitos de preferência estanques. Atendendo à disciplina consagrada pelo nosso legislador, a defesa de semelhante solução afigura-se, no entanto, extremamente penosa, como reconhece, aliás, Vieira Peres. O autor acaba, apesar disso, por defender a possibilidade de as acções ordinárias serem reservadas para os antigos titulares de acções de tal categoria. Segundo ele, o n.º 4 do artigo 458.º não seria «*(...) adequado para aqueles aumentos de capital em que não são emitidas acções de uma só categoria, mas de várias.*». E continua: «*Se fossem criadas só acções ordinárias ou só acções sem voto, não fazemos qualquer objecção ao funcionamento do preceito. Mas se, ao invés, se pretende emitir acções das duas categorias no mesmo aumento de capital, a norma não permitirá dar plena guarida aos interesses em jogo.*». A confirmação da justeza desta argumentação retira-a Vieira Peres do artigo 29.º n.º 2 da Segunda Directiva do Conselho da Comunidade Económica Europeia sobre direito das sociedades. Dele consta o seguinte: «*Les États membres peuvent: (...) b) permettre que, lorsque le capital souscrit d'une société ayant plusieurs catégories d'actions pour lesquelles le droit de vote ou le droit de participation aux distributions au sens de l'article 15 ou au partage du patrimoine social en cas de liquidation sont différents est augmenté par l'émission de nouvelles actions dans une seule de ces catégories, l'exercice du droit préférentiel par les actionnaires des autres catégories n'intervienne qu'après l'exercice de ce droit par les actionnaires de la catégorie dans laquelle les nouvelles actions sont émises.*». Com base neste preceito da Segunda Directiva Comunitária, Vieira Peres pensa ser possível interpretar restritivamente o artigo 458.º n.º 4 do Código das Sociedades Comerciais, de forma a só o aplicar verificada uma condição: a da uniformidade das acções a emitir. Caso a referida condição não se preencha, deveria reconhecer-se uma lacuna, a integrar nos termos gerais. Certa seria a inexistência de motivos que pudessem levar ao não acolhimento, pelo legislador, da solução proposta, caso a tivesse previsto. Seria ela a que melhor se harmonizaria com a filosofia do instituto. Temos alguma dificuldade em acompanhar o autor. Nada na letra da lei permite sustentar que o artigo 458.º só seria aplicável aos casos de aumento de capital com emissão de uma só categoria de acções. O carácter amplo da redacção legal parece sugerir mesmo a solução

Medida e Extensão do Direito de Preferência

disciplina jurídica do direito de preferência. Importa agora estudar, na perspectiva do direito de subscrição preferencial, os problemas colocados pela emissão de quotas privilegiadas (95). Também aqui, e à semelhança do verificado com a emissão de acções privilegiadas, a casuística obriga a distinguir três situações diversas (96):

– a primeira verifica-se quando são criadas quotas privilegiadas numa sociedade onde, até então, apenas existiam quotas ordinárias;

– a segunda dá-se sempre que sejam criadas quotas privilegiadas com direitos idênticos a outras quotas já existentes na sociedade;

– finalmente, a terceira ocorre quando as novas quotas privilegiadas são diversas de todas as categorias de quotas privilegiadas já existentes.

Ao contrário, porém, do verificado para as sociedades anónimas, o Código das Sociedades Comerciais não estabeleceu nenhumas regras relativas ao exercício do direito de preferência em caso de emissão de quotas privilegiadas. É, não obstante, possível chegar a algumas conclusões com base nos preceitos que, com carácter geral,

---

inversa: o legislador não estabelece a este respeito qualquer distinção relevante e, neste caso, não vislumbramos motivos para distinguir onde a lei não distingue. Não nos parece, além disso, possível extrair do artigo 29.º n.º 2 al. b) da Segunda Directiva do Conselho da Comunidade Económica Europeia sobre direito das sociedades nenhum argumento favorável à construção de Vieira Peres. Nesse preceito admite-se apenas - e à semelhança do disposto no n.º 4 do artigo 458.º do Código das Sociedades Comerciais - que, no caso de o aumento de capital se fazer por emissão de novas acções de uma categoria especial já existente, a preferência pertença primeiro aos titulares de antigas acções dessa categoria. Não se aflora sequer a possibilidade de as acções ordinárias serem reservadas aos sócios possuidores de acções de tal categoria. Revela-se, por isso, despropositado admitir a existência de uma lacuna; nada o permite mesmo supor. Não é, por último, verdade que a solução defendida por Vieira Peres seja a posição mais perto de corresponder à filosofia do instituto do direito de preferência.

(95) A admissibilidade da criação de quotas privilegiadas resulta do n.º 3 do artigo 24.º do Código das Sociedades Comerciais. Acerca da noção de quota privilegiada, v. RAÚL VENTURA, *Sociedades por Quotas de Responsabilidade Limitada*, separata da *Revista da Faculdade de Direito da Universidade de Lisboa*, vol. XX, Lisboa, 1966, pp. 27 e ss..

(96) A propósito das sociedades anónimas, v. *Supra,* p. 274.

regulam o exercício do direito de preferência nas sociedades por quotas ([97]). No último dos três casos referidos parece não haver dúvidas quanto à necessidade de se atribuir igual direito de preferência a todos os sócios. A lei não faz a este respeito qualquer restrição, e é essa a solução resultante do artigo 458.º do Código das Sociedades Comerciais para situações paralelas que se verifiquem no âmbito das sociedades anónimas. Também julgamos não haver dificuldades na resolução da primeira das situações acima discriminadas. Caso ela venha efectivamente a ocorrer, deverá reconhecer-se a todos os sócios idêntico direito de participar com preferência no aumento de capital. A quota de participação de cada um deles, agora na sua dupla configuração de ordinária e privilegiada, manterá o respectivo peso e valor relativo no seio da sociedade. No tocante à hipótese de criação de quotas privilegiadas com o mesmo conteúdo de outras quotas já existentes, a solução afigura-se, porém, mais difícil de encontrar. Por um lado, o artigo 266.º do Código das Sociedades Comerciais nada nos diz no sentido de afastar, neste caso, o princípio da atribuição a todos os sócios de igual direito de preferência. Por outro, o artigo 458.º n.º 4, relativo às sociedades anónimas, estabelece - para uma situação paralela - a regra segundo a qual, na eventualidade de serem emitidas acções correspondentes às de alguma categoria especial já existente, a preferência pertence aos titulares de acções dessa categoria e só quanto às acções não subscritas por estes gozam de preferência os outros accionistas. A questão está, pois, em saber se o facto de o legislador não ter previsto para as sociedades por quotas uma norma semelhante à contida no artigo 458.º n.º 4 foi intencional ou se constitui, ao invés, uma lacuna a preencher nos termos gerais ([98]).

A circunstância de se tratar de quotas em vez de acções privilegiadas não altera em nada a situação dos sócios, caso venham a ser criadas novas quotas ou acções da mesma categoria. A posição

---

([97]) V. artigo 266.º do Código das Sociedades Comerciais.

([98]) Acerca do processo de integração e preenchimento de lacunas, v., por todos, OLIVEIRA ASCENSÃO, *A Integração das Lacunas da Lei e o Novo Código Civil*, separata de *O Direito*, Lisboa, 1968, *per tot.*.

em que os antigos sócios ficarão colocados será a mesma em ambas as situações. As necessidades de protecção mostram-se, por isso, idênticas em qualquer das hipóteses. Da mesma forma, os direitos e vantagens concedidas não devem diferir neste ponto, independentemente de em causa estar uma sociedade por quotas ou uma sociedade anónima. As razões, por força das quais o legislador reconheceu aos titulares de acções de categoria idêntica às de nova emissão o direito de as subscreverem antes dos demais accionistas, estão igualmente presentes nos aumentos de capital das sociedades por quotas. Mas se assim é, se a *ratio decidendi* tanto vale para as sociedades anónimas como para as sociedades por quotas, então não pode deixar de se mostrar aconselhável o alargamento, a estas últimas, do regime contido no artigo 458.° n.° 4 do Código das Sociedades Comerciais. Parece, pois, e em definitivo, dever considerar-se a existência de uma lacuna colmatável através da aplicação analógica do mencionado artigo. Assim, se numa sociedade por quotas se verificar um aumento de capital através da criação de quotas privilegiadas, gozarão primeiro de preferência os antigos sócios possuidores de quotas com o mesmo conteúdo. Só na eventualidade de estes não exercerem o seu direito terão preferência os restantes sócios.

XV. No tocante ao problema de saber se a criação, em vida da sociedade, de quotas privilegiadas, necessita do consentimento dos antigos titulares de direitos especiais, iguais ou inferiores aos contidos nas novas quotas, pouco haverá a dizer. As considerações tecidas a propósito da emissão de acções privilegiadas valem, com as necessárias adaptações, para as sociedades por quotas.

IV

LIMITAÇÃO OU SUPRESSÃO DO DIREITO DE PREFERÊNCIA DOS SÓCIOS

I - Os requisitos ou condições para a supressão
ou
limitação do direito de preferência

I. Ao consagrar a favor dos sócios das sociedades por quotas assim como dos das sociedades anónimas um direito de preferência em aumentos de capital, o legislador parece considerar o interesse individual dos membros da sociedade como prevalecente sobre quaisquer outros interesses [1]. A nossa lei admite, porém, a possibilidade de tal direito vir a ser suprimido ou limitado por deliberação da assembleia geral [2], desde que o interesse social o justifi-

---

[1] Neste sentido, e face ao direito italiano, podem ver-se, entre outros, ASCARELLI, *L'Interesse Sociale dell'art. 2441 cod. civ...*, in *Rivista...*, ano I, pp. 99 e 102; RAFFAELE NOBILI, *Contributo allo Studio del Diritto D'Opzione...*, p. 187; JAEGER, *L'Interesse Sociale*, Milão, 1964, p. 221; ROBERTO ROSAPPEPE, *L'Esclusione del Diritto di Opzione...*, p. 51. Cfr. também *Infra*, pp. 400 e ss..

[2] No sentido de que a competência para a supressão ou limitação do direito de preferência cabe, exclusivamente, à assembleia geral, pronunciam-se, na nossa doutrina, por exemplo, FERRER CORREIA, *Parecer, op. cit.*, p. 6; e RAÚL VENTURA, *Alterações do Contrato...*, p. 216. Em sentido contrário, manifesta-se MENEZES CORDEIRO, *Da Preferência...*, in *Banca...*, pp. 144 e ss., autor segundo o qual também o órgão de administração teria competência para excluir ou limitar o direito de preferência dos sócios. Para o ilustre Mestre deve entender-se que o órgão de administração pode suprimir o direito de preferência quando tenha competência para deliberar o aumento de capital: podendo decidir o mais - o aumento de capital - a administração teria também a possibilidade de decidir o menos: a supressão do direito de preferência. Não nos parece, contudo, e salvo o

que (³). A referência ao interesse social - e a sua consequente inclusão entre as várias condições ou requisitos de cuja verificação depende a possibilidade de exclusão ou limitação do direito de preferência - representa o fruto da importação, pelo nosso legislador, do exemplo proporcionado pelo artigo 2441.º do *Codice Civile* italiano (⁴). Transpôs-se, assim, para o nosso direito, a delicada e complicada problemática a que o referido preceito deu origem em Itália (⁵) (⁶). Importa, por isso, e à semelhança daquilo que tem feito a doutrina italiana, começar por delimitar o conceito de interesse social. Resolvida esta questão, poderemos então abordar outros problemas relativos à supressão ou limitação do direito de preferência na perspectiva da sua articulação com a noção de interesse social. Problemas cujas clivagens permanecem, diga-se de passagem, na sua maior parte, abertas e muito vivas, apesar de décadas de estudo e discussão pela doutrina estrangeira, especialmente pela italiana.

---

devido respeito, que tenha razão. A supressão do direito de preferência não é "um menos" relativamente ao aumento de capital. Ao contrário, é "um mais". Basta ver como, para a assembleia geral decidir o aumento de capital, a lei apenas exige determinada maioria, enquanto para a supressão do direito de preferência se torna necessário, para além de uma deliberação tomada pela mesma maioria, que o interesse social o justifique.

(³) Cfr. o disposto no artigo 460.º n.º 2 do Código das Sociedades Comerciais, para o qual remete o artigo 266.º n.º 4 do mesmo diploma.

(⁴) RAÚL VENTURA, *Alterações do Contrato...*, p. 218.

(⁵) *Idem.*

(⁶) Note-se que, como sublinha a propósito o Professor RAÚL VENTURA (v. *Alterações do Contrato...*, p. 218), mesmo na eventualidade de o legislador não fazer qualquer referência ao interesse social, mantendo um prudente silêncio, não teria evitado dificuldades ao intérprete: inclusivamente nos países onde a lei omite qualquer referência a este requisito da supressão ou limitação do direito de preferência, jurisprudência e doutrina têm chegado a resultados idênticos aos proporcionados pela experiência italiana. Para uma ilustração de quanto se afirma, pode ver-se, para a FRANÇA, ALFRED JAUFFRET, *La Renonciation...*, in *La Società...*, I, p. 390; para a Alemanha, v., para além dos autores citados *Supra,* p. 90 nota (168a), VIEDEMANN, *Groß Kommentar...*, III, comentário ao § 186, pp. 80 e 81; LUTTER, *Kölner Kommentar...*, II, II, comentário ao § 186, pp. 347 e ss.; FÜCHSEL, *Probleme des Bezugsrechtsaussclusses im Deutschen Aktienrecht*, in *Betriebs Berater*, 1972, p. 1536; SCHOCKENHOFF, *Gesellschaftsinteresse und Gleichbehandlung beim Bezugsrechtsausscluß*, Colónia, Berlin, Bona, Munique, 1988, *passim.*

Limitação ou Supressão do Direito de Preferência dos Sócios   301

II. Para além de um requisito material - o interesse social - a lei sujeita, ainda, a supressão ou limitação do direito de preferência dos sócios à verificação de três requisitos ou condições formais (⁷).

O primeiro consiste na necessidade de o órgão de administração submeter à assembleia um relatório escrito donde constem os motivos da supressão ou limitação do direito de preferência assim como a justificação do preço de emissão proposto (⁸). Também a respeito da determinação do exacto alcance e sentido deste requisito se levantam algumas dificuldades ao intérprete. Deixaremos, por ora, a questão em aberto. Adiante teremos oportunidade de nos ocuparmos dela (⁹).

Em segundo lugar, a deliberação de supressão do direito de subscrição dos sócios deve ser tomada em separado de qualquer outra deliberação, incluindo a própria deliberação de aumentar o capital assim como a relativa ao preço de emissão (¹⁰). Ao impor semelhante procedimento, o legislador não ignorou que a criação de novas participações sociais, e em especial a emissão de acções, é uma operação económica unitária (¹¹). Na verdade, o disposto no artigo 460.º n.º 5 do Código das Sociedades Comerciais não contende com semelhante unidade. Ao contrário, ele permite a consideração global do procedimento de aumento de capital e, nomeadamente, a sua articulação com a fixação do preço das novas acções ou quotas (¹²). Impõe-se apenas que os sócios tenham oportunidade de ponderar separadamente a supressão do seu direito, embora como peça de uma

---

(⁷) Raúl Ventura, *Alterações do Contrato...*, p. 222.

(⁸) Cfr. o disposto no artigo 460.º n.º 5 do Código das Sociedades Comerciais.

(⁹) V. *Infra*, pp. 357 e ss..

(¹⁰) Raúl Ventura, *Alterações do Contrato...*, pp. 224 e 225.

(¹¹) A ideia da unidade da criação e emissão de novas acções é, nomeadamente, sublinhada por Wiedemann, *Großkommentar...*, III, comentário ao § 186, pp. 80 e 81; e Raúl Ventura, *Alterações do Contrato...*, p. 225.

(¹²) Conforme refere, a este propósito, o Professor Raúl Ventura, *Alterações do Contrato...*, p. 225, «(...) o estabelecimento do preço de emissão influi sobre a

operação compreensiva e global. A justeza de quanto afirmamos pode facilmente comprovar-se se nos lembrarmos da necessidade, imposta pelo legislador, de todas as deliberações deverem ser tomadas na mesma assembleia [13] [14].

Em terceiro, e último lugar, a deliberação de supressão do direito de preferência deve ser tomada pela maioria exigida para o aumento de capital. As dificuldades eventualmente levantadas pela necessidade de verificação deste requisito de carácter formal prendem-se mais com a temática geral do aumento de capital do que propriamente com a problemática específica do direito de preferência. Abster-nos-emos, por isso, de proceder ao seu estudo.

---

supressão e vice-versa, e a decisão sobre o aumento de capital, em si mesmo, depende do que se decidir sobre aqueles dois factores.».

[13] V. *Supra*, p. 121.

[14] RAÚL VENTURA, *Alterações do Contrato...*, p. 225.

II - O Interesse Social na Supressão ou Limitação do Direito de Preferência

1. A noção de interesse social

I. A definição do conceito de interesse social constitui um dos principais problemas do direito societário ([15]). Mais do que simples esquemas cognoscitivos da realidade normativa, as várias teorias nascidas com o propósito de delimitar os exactos contornos da noção de interesse social são verdadeiras e próprias «filosofias políticas» das sociedades comerciais, em especial das sociedades anónimas ([16]). Não espanta, por isso, o enorme fervor posto pelos diversos autores no estudo desta matéria do direito das sociedades e a consequente vivacidade atingida pela polémica doutrinal travada em seu redor ([17]).

([15]) Não falta, inclusivamente, quem considere a definição do interesse social como «o problema fundamental», «central» ou «nuclear» do direito das sociedades. É, por exemplo, esse o caso de MENGONNI, *Appunti per una Revisione della Teoria sul Conflitti di Interesse nelle Deliberazione di Assemblea della Società per Azione*, in *Rivista delle Società*, 1956, p. 441; MIGNOLI, *L'Interesse...*, in *Rivista...*, p. 727; JAEGER, *L'Interesse...*, p. 1; ROBERTO ROSAPPEPE, *L'Esclusione del Diritto di Opzione...*, p. 27.

([16]) GALGANO, *La Società per Azioni. Le Altre Società...*, p. 160; ID., *Diritto Commerciale...*, p. 357; ID., *La Società...*, p. 61.

([17]) Não surpreende, portanto, a existência, a este respeito, de uma copiosa bibliografia. Destacamos, a título meramente exemplificativo, na literatura juri-

304   *Pedro de Albuquerque*

Não obstante, dispensamo-nos de historiar, em pormenor, as diversas teses surgidas neste domínio assim como o acalorado debate

---

dica de língua alemã, GIERKE, *Die Genossenschaftstheorie...*, pp. 5 e ss.; R. GOLDSCHMIDT, *Recenti Tendenze nel Diritto della Società Anonima*, tradução de Dino Jarach, Florença, 1935, *passim*; ID., *Problemas Juridicos de la Sociedad Anonima*, Buenos Aires, 1946, pp. 25 e' ss., 155 e ss. e 185 e ss.; WALTHER RATHENAU, *La Realtà della Società per Azioni. Riflessioni Suggerite dall'Esperienza degli Affari*, in *Rivista delle Società*, 1960, pp. 912 e ss. (tradução italiana da obra *Vom Aktienwesen. Eine geschäftlichte Betrachtung*, de 1917); ZÖLLNER, *Die Schranken mitgliedschaftlicher Stimmrechtsmacht ben die privatrechtlichen Personenverbäden*, Munique, Berlin, 1963, *passim*; SCHOCKENHOFF, *Gesellschaftsinteresse...*, *passim*. Entre os autores de língua francesa, cfr., nomeadamente, BERGIER, *L'Abus de Majorité dans les Sociétés Anonymes*, Vevey, 1933, pp. 60 e ss.; CHAMPAUD, *Le Pouvoir de Concentration...*, *passim*; PAILLUSSEAU, *La Société...*, pp. 173 e ss.; PIERRE-GILLES GOURLAY, *Le Conseil d'Administration de la Société Anonyme*, Paris, 1971, pp. 212 e ss.; SCHAPIRA, *L'Intérêt Social et le Fonctionnement de la Société Anonyme*, in *Revue Trimestrielle de Droit Commercial*, 1971, pp. 957 e ss.; ALAIN VIANDIER, *La Notion...*, *passim*; T. HASSLER, *L'Intérêt Commun*, in *Revue Trimestrielle de Droit Commercial*, 1984, I, pp. 581 e ss.. Na doutrina italiana, podem ver-se, para uma panorâmica geral das várias posições, ASQUINI, *Confliti d'Interesse fra Sócio e Società nelle Deliberazione di Assemblea nelle Società per Azioni*, in *Scritti Giuridice*, Milão, 1936, I, pp. 161 e ss.; ID., *I Bateli del Reno*, in *Rivista delle Società*, 1959, pp. 617 e ss.; SCIALOJA, *Fondatori e Promotori di Società per Azione. Imputazione di Riservi a Capitale ed Emissione Gratuite*, in *Foro Italiano*, 1944-46, I, pp. 755 e ss.; DE GREGORIO, *Impugnative di Deliberazione Assembleare di Società per Azione Contrarie all'Interesse Sociale*, in *Rivista del Diritto Commerciale*, 1951, II, pp. 221 e ss.; ASCARELLI, *Considerazioni...*, in *Saggi...*, pp. 214 e ss.; ID., *Interesse Sociale e Interesse Comune nel Voto*, in *Studi...*, pp. 147 e ss.; *L'Interesse Sociale dell'art. 2441 cod. civ...*, in *Rivista...*, ano I, pp. 93 e ss.; FERRI, *Potere e Responsabilità nell' Evoluzione della Società per Azioni*, in *Rivista delle Società*, 1956, pp. 47 e 48; MENGONI, *Appunti per una Revisione della Teoria sul Conflito di Interesse nella Deliberazione di Assemblea della Società per Azione*, *Ibid.*, pp. 434 e ss.; MINERVINI, *Sulla Tutela dell'«Interesse Sociale» nelle Disciplina delle Deliberazione Assembleari e di Consiglio*, in *Rivista di Diritto Civile*, 1956, pp. 316 e ss.; MOSSA, *Trattato del Nuovo Diritto Commerciale*, IV, *Società per Azione*, Pádua, 1957, pp. 60 e ss. e 402 e ss.; PETTITI, *Contributo allo Studio del Diritto dell'Azionista...*, pp. 53 e ss.; RAFFAELE NOBILI, *Contributo allo Studio del Diritto D'Opzione...*, pp. 87 e ss.; SENA, *Problemi del Cosidetto Azionario di Stato: l'Interesse Publico come Interesse Extrasociale*, in *Rivista delle Società*, 1958, pp. 43 e ss.; ID., *Il Voto...*, *passim*; MIGNOLI, *L'Interesse...*, in *Rivista...*, pp. 727 e ss.; JAEGER, *L' Interesse...*, *passim*; ETTORE GLIOZZI, *Gli Atti Estranei all'Oggetto Sociale nelle Società per Azione*, Milão, 1970, pp. 59 e ss.; ALESSANDRO BORGIOLI, *I*

Limitação ou Supressão do Direito de Preferência dos Sócios 305

estabelecido entre os seus diferentes mentores e sequazes. Aconselha-o a evidente diversidade dos objectivos propostos pelos defensores das várias teorias que, em constante catadupa, se sucedem na tentativa de dar resposta ao problema da definição do interesse social ([18]) ([19]). Consente-o a notoriedade das duas grandes correntes de

---

Diretori Generali di Società per Azioni, Milão, 1975, pp. 272 e ss.; FRANCESCO GALGANO, *La Società per Azioni. Le Altre Società...*, pp. 157 e ss.; ID., *La Società ...*, pp. 57 e ss.; GIORGIO FORNASIERO, *Organizzazione...*, pp. 28 e ss.; SPADA, *Dalla Nozione al Tipo della Società per Azione*, in *Rivista di Diritto Civile*, 1985, I, pp. 95 e ss.; ROBERTO ROSAPPEPE, *L'Esclusione del Diritto di Opzione..., passim*. Em Espanha, ocuparam-se do tema, nomeadamente, ALBORCH BATALLER, *El Derecho de Voto...*, pp. 79 e ss.; SÁNCHEZ ANDRÉS, *El Derecho de Suscripción Preferente...*, pp 337 e ss.. Também entre nós existe significativa literatura jurídica onde o tema do interesse social é abordado, embora por vezes quase só de passagem. Veja-se, nomeadamente, RIVERA MARTINS DE CARVALHO, *Deliberações Sociais...*, p. 18; BRITO CORREIA, *Os Direitos Inderrogáveis...*, pp. 66 e ss.; ID., *Direito...*, pp. 33 e ss.; GUERRA DA MOTA, *A Tutela da Minoria e o Direito Unitário de Participação...*, pp. 34 e ss.; ORLANDO DE CARVALHO, *Critério e Estrutura do Estabelecimento Comercial*, Coimbra, 1967, pp. 301 e ss., nota (117); AVELÃS NUNES, *O Direito de Exclusão de Sócios nas Sociedades Comerciais*, Coimbra, 1968, pp. 50 e ss.; RAÚL VENTURA e LUÍS BRITO CORREIA, *Responsabilidade Civil dos Administradores de Sociedades Anónimas e dos Gerentes de Sociedades por Quotas*, in *Boletim do Ministério da Justiça*, 1970, n.º 192, pp. 101 e 102; VASCO DA GAMA LOBO XAVIER, *Anulação de Deliberação Social...*, pp. 168 e ss., nota (76), e 242 e ss., nota (116); OLIVEIRA ASCENSÃO, *Direito...*, I, p. 446; LUÍS MENEZES LEITÃO, *Pressupostos da Exclusão de Sócio nas Sociedades Comerciais*, Lisboa, 1988, pp. 39 e ss.; MANUEL PITA, *Direito...*, p. 120.

([18]) Diversidade de objectivos apenas explicável em virtude de uma imprecisa e deficiente delimitação dos termos do problema, por sua vez justificada pela paixão com que os autores se têm dedicado à análise da temática relativa ao interesse social.

([19]) Ao lado de autores cujo objectivo é o de construir, com base num determinado conceito de interesse social, um sistema geral do direito das sociedades comerciais - em particular das sociedades anónimas - encontram-se muitos outros para quem o recurso a esta noção serve fins bastante mais limitados. Não faltam, na verdade, posições segundo as quais o interesse social permitiria apenas resolver particulares aspectos ligados à necessidade de tutela das minorias ou de grupos de sócios não organizados (é essa a opinião defendida, por exemplo, por ASCARELLI, *L'Interesse Sociale dell'art .2441 cod. civ...*, in *Rivista...*, ano I, p. 95; e SCHAPIRA, *L'Intérêt...* in *Revue...*, pp. 62 e ss., autor que sustenta a inutilidade de uma concepção unitária do interesse social). Além disso, nos ordenamentos jurídicos onde existem preceitos nos quais se faz referência expressa ao interesse social, a doutrina, obrigada a resolver os imediatos problemas de exegese

opinião em confronto – a institucionalista, por um lado, a contratualista, por outro. Aliás, a exacta reconstrução da querela travada a propósito da noção de interesse social foi, há já muito, levada a cabo pela doutrina [20] [21]. Não podemos, apesar de tudo, eximir-nos de tecer algumas considerações a este respeito. Não se trata de fazer uma teoria completa da matéria, mas, tão só, de explanar a via que nos permitirá fixar, com a maior clareza possível, a questão a explorar: a noção de interesse social face ao direito português.

II. Nascida na Alemanha sob influência das teorias da «*Unternehmen an sich*» – devida originariamente a Rathenau [22] – da realidade da pessoa colectiva («*erson anp sich*») – da autoria de Otto Vom Gierke [23] [24] – e outras concretizações dos pensamentos transpersonalista e supra-individualista, a corrente institucionalista

---

por eles colocados, tem-se visto a braços com uma outra questão: enquanto alguns autores sustentam a relevância do conceito em análise fora do campo específico das normas que lhe fazem referência, outros consideram exaurir-se toda a problemática relativa ao interesse social no exame das disposições legais a ele directamente alusivas. A este respeito, v., por todos, JAEGER, *L' Interesse...*, pp. 2 e 3; e ROBERTO ROSAPPEPE, *L'Esclusione del Diritto di Opzione...*, pp. 27 e 28.

[20] Atitude idêntica à que nós tomamos é adoptada, por exemplo, por ROBERTO ROSAPPEPE, *L'Esclusione del Diritto di Opzione...*, pp. 27 e 28, que, com base em considerações de teor idêntico às tecidas aqui, se abstém de entrar na análise de cada uma das variadíssimas teorias acerca da noção de interesse social.

[21] Na doutrina italiana, pode ver-se, a este respeito, a obra fundamental de JAEGER, *L' Interesse...*, *passim*, onde se expõem de forma aturada as diversas teorias que procuram delimitar e definir o conceito de interese social e se desenvolvem os argumentos aduzidos a favor e contra cada uma das várias teses aí referidas. Entre nós, o debate é historiado, nomeadamente, por BRITO CORREIA, *Os Direitos Inderrogáveis...*, pp. 65 e ss.; ID., *Direito...*, II, pp. 32 e ss.; GUERRA DA MOTA, *A Tutela da Minoria e o Direito Unitário de Participação...*, pp. 34 e ss..

[22] WALTHER RATHENAU, *La Realtà della Società per Azioni...*, in *Rivista...*, pp. 912 e ss.. Para uma eficaz reconstrução da teoria da empresa em si, pode ver-se a obra de JAEGER, *L' Interesse...*, pp. 17 e ss..

[23] GIERKE, *Die Genossenschaftstheorie...*, pp. 5 e ss..

[24] A teoria da personalidade jurídica real das pessoas colectivas foi, por exemplo, acolhida por algumas decisões do *Reichsgericht*, entre as quais se deve destacar a proferida a propósito do famoso caso Hibernia *RGZ*, 68, p. 325. Nessa

Limitação ou Supressão do Direito de Preferência dos Sócios

tende a conceber a sociedade - e muito particularmente a sociedade anónima - como sujeito de um interesse insusceptível de se resolver no interesse dos associados, mas que, de algum modo, representa o ponto de confluência ou convergência de interesses dos sócios actuais, dos sócios futuros, dos trabalhadores e dependentes da empresa e ainda, para alguns, dos consumidores e da própria colectividade nacional ([25])

---

sentença, o tribunal sustentou que a vontade da maioria deve prevalecer sobre a vontade da minoria, porquanto apenas a primeira persegue o interesse da sociedade.

([25]) Isto sem embargo de as várias construções institucionalistas apresentarem matizes muito diversos. Em particular, a teoria sustentada por Otto vom Gierke parece, pelo menos à primeira vista, situar-se num plano diverso daquele em que se situam as restantes construções institucionalistas. A generalidade das posições de cariz institucional considera o interesse social como um interesse colectivo (acerca desta noção, cfr. *Infra*, p. 318) reportável a uma comunidade mais ou menos vasta de pessoas físicas: sócios actuais, sócios futuros, trabalhadores, etc.. Diversamente, a teoria da *«person an sich»* concebe o interesse colectivo como um interesse relativo a sujeitos diversos das pessoas humanas. Para Gierke e seus sequazes, os agregados sociais são tão reais e autênticos como as pessoas físicas. Eles encontram-se, por isso, dotados de vida própria, independente da dos homens que os compõem. A sua vontade exprime-se através de órgãos destinados a agir no mundo exterior, em perfeito paralelismo com o verificado com os órgãos das pessoas físicas. Paralelismo este que, sendo uma constante no pensamento de Gierke, acaba por transformá-lo num verdadeiro antropomorfismo. Atento este aspecto, a doutrina não teve dificuldade em criticar severamente as posições do autor germânico. Para tanto, bastou sublinhar o facto de as pessoas colectivas não poderem exprimir uma vontade senão através dos próprios homens , sendo esta uma manifestação típica da mente humana. Para uma referência crítica às teorias orgânicas ou da personalidade colectiva real, podem ver-se, entre outros, WINDSCHEID, *Diritto delle Pandette*, tradução de Carlo Fadda e Emilio Bensa, Reimpressão, Roma, 1930, vol. I, p. 176, nota (3); FERRARA, *Teoria de las Personas Jurídicas*, trad. da 2.ª ed. de Eduardo Ovejero, Madrid, 1929, pp. 168 e ss.; ROBERTO GOLDSCHMIDT, *Recenti Tendenzi...*, pp. 12 e ss.; ID., *Alcuni Reflessioni sulla Teoria degli Organi nelle Persone Giuridiche Private*, in *Rivista Trimestrale di Diritto e Procedura Civile*, 1954, I, pp. 2215 e ss.; ASCARELLI, *Considerazioni...*, in *Saggi...*, pp. 130 e ss.; ID., *Personalità Giuridica...*, in *Rivista...*, pp. 881 e ss.; JAEGER, *L' Interesse...*, pp. 119 e ss.(autor este que acaba, de resto, e em última análise, por reconduzir a tese da *Person an sich* ao plano em que se situam as outras teorias institucionalistas, não obstante a aparente diversidade existente entre elas. Aliás, a aproximação da teoria da «pessoa em si» à tese da «empresa em si» é sustentada por grande número de sequazes e defensores da

(26) e (27). Resultado de tal concepção é a sobreposição do interesse social aos interesses pessoais dos sócios. Considerados como meros instrumentos para a realização de um interesse a eles alheio, a tutela dos interesses dos sócios dependerá, por isso, da sua coincidência com o interesse social (28), cuja realização constitui um imperativo para a sociedade.

III. Numa postura completamente diversa, filiada, em grande medida, numa concepção individualista da sociedade, as teses contratualistas identificam o interesse social com o interesse comum

---

primeira das duas orientações); RUY DE ALBUQUERQUE, *As Represálias. Estudo de História do Direito Português*, I, Lisboa, 1972, pp. 403 e ss.; KARL LARENZ, *Algemeiner Teil des Deutschen Bürgerlichen...*, p. 111.

(26) As teorias institucionalistas fizeram voga no período compreendido entre as duas grandes guerras, tendo alcançado algum eco, para além da Alemanha, não apenas em países como os Estados Unidos da América, o Reino Unido, a França e a Itália, mas também em Portugal. Na nossa literatura jurídica, encontram--se afloramentos institucionalistas, por exemplo, em PIRES de CARDOSO, *Problemas do Anonimato*, I, *Sociedades Anónimas*, Lisboa, 1942, pp. 49 e ss., e *Problemas do Anonimato*, II, *Fiscalização das Sociedades Anónimas*, Lisboa, 1943, pp. 289 e ss.; RIVERA MARTINS DE CARVALHO, *Deliberações...*, p. 18; ORLANDO DE CARVALHO, *Critério e Estrutura...*, p. 303, nota (117); AVELÃS NUNES, *O Direito...*, pp. 50 e ss.; PEDRO CORDEIRO, *A Desconsideração da Personalidade Jurídica das Sociedades Comerciais*, Lisboa, 1990, pp. 111 e ss.; MARIA AUGUSTA FRANÇA, *A Estrutura...*, pp. 57 e ss.. Veja-se também o parecer da Câmara Corporativa, relativo à proposta que deu lugar à lei n.° 1 995, de 17 de Maio de 1942, relatado por Paulo Cunha e publicado no *Diário das Sessões*, 1942-3, p. 174. A *communis opinio* portuguesa, aliás à semelhança do verificado com a doutrina italiana (uma das poucas excepções, na antiga literatura jurídica, é proporcionada por MOSSA, *Trattato...*, IV, pp. 60 e ss. e 402 e ss., autor que permanece fiel a concepções institucionais da sociedade), pronuncia-se, no entanto, a favor das teses contratualistas. Cfr. *Infra*, p. 309, nota (30).

(27) A orientação subjacente às teorias institucionalistas foi eficazmente sintetizada na seguinte expressão, atribuída a um administrador da *Norddeutscher Lloyd*, segundo o qual o interesse da sociedade não é o de distribuir dividendos, mas, antes, o de fazer navegar os barcos sobre o Reno. Cfr. ASQUINI, *I Batelli...*, in *Rivista...*, p. 617.

(28) FORNASIERO, *Organizzazione...*, pp. 30 e 31.; e MENEZES LEITÃO, *Pressupostos...*, p. 39.

Limitação ou Supressão do Direito de Preferência dos Sócios   309

dos sócios. Susceptíveis de apresentarem matizes muito diversos, por vezes antitéticos, todas elas possuem, porém, um mesmo denominador: a negação do interesse social como um interesse superior ao dos sócios. Quer dizer: para os contratualistas, o interesse social não é algo de exterior à sociedade. Ele constitui, antes, o seu próprio fim e representa os interesses dos respectivos sócios [29] [30].

---

[29] Qual a exacta correspondência entre o interesse dos sócios e o interesse social é o que se discute. Para uns, trata-se do interesse comum dos sócios enquanto sócios [*uti soci*] (assim, e entre outros, podemos destacar ASCARELLI, *Sui Poteri...*, in *Studi...*, pp. 99 e ss.; ID., *Interesse Sociale...*, in *Studi...*, pp. 147 e ss.; BERTINI, *Contributo...*, p. 9; RAFFAELE NOBILI, *Contributo allo Studio del Diritto D'Opzione...*, p. 207; MIGNOLI, *L'Interesse...*, in *Rivista...*, p. 748), abragendo, consoante as posições, o interesse dos sócios actuais e futuros, ou, apenas, os sócios actuais (a favor da identificação do interesse social com o interesse dos sócios presentes e futuros, pronuncia-se, por exemplo, ASQUINI, *I Batelli...*, in *Rivista...*, pp. 618 e ss.; entre os partidários da identificação do interesse social exclusivamente com o interesse dos sócios actuais encontra-se Ascarelli). Para outros, o interesse social será o interesse do sócio médio, presumivelmente desprovido de quaisquer outros interesses para além dos resultantes da sua qualidade de sócio (neste sentido, podem ver-se, entre outros, MINERVINI, *La Tutela...*, in *Rivista...*, p. 320, nota (27); MIGNOLI, *L'Interesse...*, in *Rivista...*, p. 748). Para outros, ainda, o interesse social é uma noção essencialmente relativa. O ponto de partida para a sua determinação residirá na consideração dos concretos interesses individuais de cada sócio (V. MENGONI, *Appunti per una Revisione della Teoria sul Conflitto di Interessi...*, in *Rivista...*, pp. 443 e ss.). Finalmente, para outros, o interesse social seria o resultado da solidariedade de quaisquer interesses dos sócios (cfr. BERGIER, *L'Abus...*, p. 66; e PETTITI, *Contributo...*, pp. 53 e ss.).

[30] Depois da severa crítica movida às teses institucionalistas, sobretudo por Ascarelli (*Considerazioni...*, in *Saggi...*, pp. 214 e ss.; ID., *Interesse Sociale e Interesse Comune nel Voto*, in *Studi...*, pp. 147 e ss.; ID., *L'Interesse Sociale dell'art. 2441 cod. civ....*, in *Rivista...*, ano I, pp. 93 e ss.), a *communis opinio* inclinou-se, pelo menos em Itália e Portugal, de forma clara, a favor das teorias contratualistas (assim, e para nos referirmos apenas à bibliografia portuguesa, podem incluir-se entre os defensores de posições contratualistas BRITO CORREIA, *Os Direitos Inderrogáveis...*, pp. 90 e ss.; ID., *Direito...*, II, pp. 49 e ss.; RAÚL VENTURA e BRITO CORREIA, *Responsabilidade Civil dos Administradores...*, in *Boletim...*, 192, pp. 101 e 102; GUERRA DA MOTA, *A Tutela da Minoria e o Direito Unitário de Participação...*, pp. 60 e ss.; VASCO DA GAMA LOBO XAVIER, *Anulação de Deliberação Social...*, pp. 168 e ss., nota (76), e 242 e ss., nota (116); LUÍS MENEZES LEITÃO, *Pressupostos...*, pp. 35 e ss.; MANUEL PITA, *Direito...*, p. 120). Mesmo na Alemanha, não faltaram vozes contrárias a uma concepção institucional do interesse social (cfr. ZÖLNNER, *Die*

A exacta compreensão da contraposição existente entre estas duas correntes de opinião - contratualista e institucionalista - e, em particular, a necessidade de apurar qual delas terá merecido acolhimento por parte do nosso legislador obrigam-nos a tecer algumas considerações acerca do conceito de instituição. Impõe-se, todavia, que, num passo prévio, fixemos a noção genérica de interesse e abordemos algumas das suas possíveis classificações ([31]).

Fá-lo-emos de seguida.

IV. O conceito de interesse encontra-se longe de possuir contornos nítidos e bem determinados. As noções sugeridas são, na

---

Schranken..., pp. 19 e ss. e 77 e ss.). Não obstante, a crescente intervenção do estado na vida das sociedades tem levado um cada vez maior número de autores a considerarem que nenhuma das grandes correntes de opinião acerca da noção de interesse social consegue explicar cabalmente a estrutura das sociedades comerciais (v., a título exemplificativo, FRANCESCO GALGANO, *La Società...*, p. 65; e, de algum modo, também ROBERTO ROSAPPEPE, *L'Esclusione del Diritto di Opzione...*, pp. 27 e ss.). Não falta, inclusivamente, quem fale de neo-institucionalismo. É, nomeadamente, o caso de SPADA, *Dalla Nozione al Tipo...*, in *Rivista...*, p. 123 e nota ([58]).

([31]) Disto mesmo não se tem apercebido a generalidade dos autores que se ocupam da noção de interesse social. Na verdade, a esmagadora maioria da doutrina prescinde de qualquer investigação acerca do significado a atribuir ao conceito de interesse dando-o por pressuposto. Escusado será sublinhar o facto de esta atitude contribuir em grande escala para agravar as dificuldades sentidas pelos comercialistas quando procuram definir o interesse social. Entre os autores que abordam questões relacionadas com o interesse social sem, no entanto, procurarem fixar previamente o sentido a atribuir ao primeiro dos dois termos da expressão, podemos citar, a título exemplificativo: GOLDSCHMIDT, *Recenti Tendenze...*, pp. 1 e ss.; MIGNOLI, *L'Interesse...*, in *Rivista...*, pp. 726 e ss.; RAFFAELE NOBILI, *Contributo allo Studio del Diritto D'Opzione...*, pp. 187 e ss.; GUERRA DA MOTA, *A Tutela da Minoria e o Direito Unitário de Participação...*, pp. 34 e ss.; FRANCESCO GALGANO, *La Società ...*, pp. 57 e ss.. Um dos poucos autores que faz preceder o estudo da noção de interesse social pela análise da ideia de interesse é JAEGER, *L' Interesse...*, pp. 3 e ss.. Entre nós, revela alguma preocupação em definir o conceito genérico de interesse, antes de passar à abordagem das questões relativas ao interesse social, BRITO CORREIA, *Os Direitos Inderrogáveis...*, p. 67; ID., *Direito...*, II, p. 32. Fá-lo, porém, e com a devida vénia, de uma forma apriorística, sem justificar a posição tomada.

Limitação ou Supressão do Direito de Preferência dos Sócios   311

sua maior parte, aproximativas e imprecisas [32] [33]. O arrimo mais seguro de que dispõe o jurista, na sua tentativa de fixar os contornos do conceito de interesse, parece ser a noção de necessidade [34]. Todos os homens, pelo simples facto de o serem, como aliás todos os seres vivos, experimentam necessidades.

---

[32] Opinião que partilhamos com autores como BETTI, *Interesse (Teoria Generale)*, in *Novissimo Digesto Italiano*, Turim, 1962, VIII, p. 838, ou JAEGER, *L' Interesse...*, p. 3.

[33] Para maiores desenvolvimentos sobre a importante problemática relativa à noção de interesse, destacamos, de entre a bibliografia que tomámos em consideração, nomeadamente: JHERING, *A Evolução do Direito*, vertido da tradução francesa de O. de Meulenaere por Abel de Azevedo, Lisboa, sem data, *passim*; ID., *O Espírito do Direito Romano*, tradução de Rafael Benaion, Rio de Janeiro, 1943, III, pp. 220 e ss.; CARNELUTTI, *Teoria Geral...*, pp. 79 e ss.; GOMES DA SILVA, *O Dever de Prestar e o Dever de Indemnizar*, Lisboa, I, 1944, pp. 69 e ss.; PHILIPP HECK, *Interpretação da Lei...*, *passim*; ID., *El Problema de la Creación del Derecho*, tradução de Manuel Entenza, Barcelona, 1961, pp. 69 e ss.; PIETRO GASPARRI, *Gli Interessi Umani e il Diritto*, Bolonha, 1951, pp. 7 e ss.; ROGÉRIO EHRHARDT SOARES, *Interesse Público, Legalidade e Mérito*, Coimbra, 1955, *passim*; PALMA CARLOS, *Ensaio Sobre o Litisconsórcio*, Lisboa, 1956, pp. 108 e ss.; POMPEO CORSO, *Preliminare ad uno Studio sulla Sanzione*, Milão, 1969, pp. 109 e ss.; PEREIRA DE CASTRO, V.º *Interesse (Dir.)*, in *Verbo – Enciclopédia Luso-Brasileira de Cultura*, Lisboa, 1970, vol. X, col. 1654; BETTI, *Interesse...*, in *Novissimo...*, VIII, p. 838; HANS NAWIASKI, *Teoria...*, pp. 217 e ss.; JAEGER, *L' Interesse...*, pp. 3 e ss.; ADRIANO DE CUPIS, *El Daño*, tradução da 2.ª ed. italiana por Angel Martínez, Barcelona, 1979, pp. 107 e ss.; ALESSANDRO GROPPALI, *Introdução...*, pp. 132 e ss.; GIORGIO DEL VECCHIO, *Lições de Filosofia do Direito*, tradução de José Brandão, revista por L. Cabral Moncada e actualizada por Anselmo de Castro, Coimbra, 1979, pp. 438 e ss.; CASTRO MENDES, *Teoria...*, I, pp. 324 e 325 ; ID., *Direito Processual Civil*, Lisboa, I, pp. 58 e ss.; KARL LARENZ, *Metodologia...*, pp. 56 e ss.; DIAS MARQUES, *Introdução...*, pp. 17 e ss.; INOCÊNCIO GALVÃO TELLES, *Introdução ao Estudo do Direito*, Lisboa, 1988, I, pp. 261 e ss.; MENEZES CORDEIRO, *Teoria...*, I, p. 189. Numa diferente perspectiva, pode, ainda, ver-se MAURICE BLOCK, V.º *Intérêts Moraux et Matériels*, in *Dictionnaire de la Politique*, Paris, 1874, pp. 104 e ss.; e, bem mais recentemente, ANTÓNIO BESSA, V.º *Interesse*, in *Enciclopédia Polis*, vol. III, pp. 642 e ss..

[34] Assim, e, por exemplo, CARNELUTTI, *Teoria...*, pp. 79 e 80; PIETRO GASPARRI, *Gli Interessi...*, pp. 9 e ss.; BETTI, *Interesse...*, in *Novissimo...*, VIII, pp. 838 e ss.; ADRIANO DE CUPIS, *El Daño*, *cit* ., p. 109; DIAS MARQUES, *Introdução...*, p. 17; INOCÊNCIO GALVÃO TELLES, *Introdução...*, I, p. 262, autores que desenvolvem todos eles o conceito de interesse em torno da noção de necessidade.

V. Existindo entre os vários entes relações de complementaridade, é uma manifestação da vida de que alguns se encontram dotados tenderem a combinar-se com entidades complementares ([35]). A força vital consiste precisamente, e nas palavras de Carnelutti, em os seres vivos possuírem estímulo para tal combinação ([36]). Esse estímulo actua por via de uma sensação penosa, ou pelo menos desagradável, por todo o tempo durante o qual se não realiza a combinação, e de uma impressão ou sentimento de satisfação uma vez produzida tal combinação ([37]). A esta tendência ou inclinação de um ente vivo para a ligação ou união com outros, seus complementares, dá-se o nome de necessidade ([38]). As necessidades satisfazem-se, por isso, através da combinação. O ente capaz de satisfazer a necessidade é, como acertadamente sublinha Carnelutti ([39]), «(...) *um bem*; bonum quoad beat, *porque faz bem*» ([40]). A aptidão de um bem (ou meio, como prefere o Professor Gomes da Silva ([41])) para satisfazer uma necessidade (ou fim, para empregar, uma vez mais, a terminologia proposta pelo Professor Gomes da Silva ([42])) representa a sua utilidade ([43]). A relação entre a pessoa que experimenta a

---

([35]) CARNELUTTI, *Teoria...*, pp. 79 e 80.

([36]) *Idem.*

([37]) CARNELUTTI, *Teoria...*, p. 80; e INOCÊNCIO GALVÃO TELLES, *Introdução...*, I, p. 263.

([38]) CARNELUTTI, *Teoria...*, p. 80. Cfr. também DIAS MARQUES, *Introdução...*, p. 18, que define a necessidade como uma situação de carência ou desequilíbrio, biológico ou psíquico.

([39]) CARNELUTTI, *Teoria...*, p. 80. O ensinamento de Carnelutti é seguido de perto por INOCÊNCIO GALVÃO TELLES, *Introdução...*, I, p. 262. Acerca da noção de bem, v., ainda, JHERING, *O Espírito do Direito...*, III, pp. 220 e 221; GOMES DA SILVA, *O Dever de Prestar ...*, I , p. 72; ADRIANO DE CUPIS, *El Daño, cit.*, p. 109; CASTRO MENDES, *Direito Processual...*, I, p. 59.

([40]) O que, como sublinha o Professor DIAS MARQUES, *Introdução...*, p. 18, equivale a dizer que a noção de bem não é definível em si mesma mas tão só na sua relação com aquela outra de necessidade.

([41]) GOMES DA SILVA, *O Dever de Prestar...*, I, p. 72.

([42]) O termo «fim» é também o preferido por JHERING, *A Evolução..., passim.*

([43]) CARNELUTTI, *Teoria...*, p. 80; DIAS MARQUES, *Introdução...*, p. 18; e INOCÊNCIO GALVÃO TELLES, *Introdução...*, I, p. 262.

necessidade e o ente capaz de a satisfazer é o interesse. Esta verdade parece não sofrer contestação ([44]). Ela transparece da própria palavra, considerada uma das mais expressivas: *quoad inter est* não pode ser senão uma relação, conforme lembra a propósito Carnelutti ([45]).

Ao dizer isto, demos um primeiro passo na fixação da noção de interesse. Não basta, porém, defini-lo como uma relação entre um sujeito com determinada necessidade e o bem apto para lhe pôr termo. É que as necessidades podem apresentar diferente natureza ou características e dar, por conseguinte, origem a diferentes espécies de relações ou de interesses.

VI. Reflexo ou, talvez melhor, consequência da enorme variedade das necessidades humanas tem sido o constante esforço desenvolvido pelos filósofos com vista à respectiva classificação em diferentes categorias. Não cabe, naturalmente, e num trabalho com as características do nosso, entrar na análise do labor por eles desenvolvido. Não podemos, no entanto, deixar de tecer algumas considerações a este respeito.

Se circunscrevermos a atenção a aspectos fundamentais para o nosso estudo, é possível agrupar as necessidades humanas em duas categorias básicas ([46]).

([44]) Os defensores de uma concepção objectiva de interesse não terão qualquer dificuldade em aceitar a sua qualificação como uma relação. Trata-se mesmo de um traço que assume particular importância para as referidas construções. Cfr. JHERING, *A Evolução...*, p. 49; ID., *O Espírito do Direito...*, III, *passim*; CARNELUTTI, *Teoria...*, pp. 78 e ss.; BRITO CORREIA, *Os Direitos Inderrogáveis...*, p. 67; BETTI, *Interesse...*, in *Novissimo...*, VIII, p. 838; JAEGER, *L'Interesse...*, pp. 3 e ss.; POMPEO CORSO, *Preliminare ad uno Studio...*, p. 111; PEREIRA DE GASTRO, V.° *Interesse...*, in *Verbo - Enciclopédia...*, X, col. 1654; ADRIANO DE CUPIS, *El Daño, cit.*, pp. 110 e ss.; CASTRO MENDES, *Teoria...*, I, p. 321; ID., *Direito Processual...*, I, p. 58. Mas, mesmo os partidários das teorias subjectivistas de interesse não deixam de o considerar como uma relação, embora com uma feição diferente daquela que lhe é atribuída pela doutrina objectivista. V. ALESSANDRO GROPPALI, *Introdução...*, p. 132. Acerca da distinção entre as duas noções de interesse agora referidas, cfr. *Infra*, pp. 314 e ss..

([45]) CARNELUTTI, *Teoria...*, p. 78.

([46]) PIETRO GASPARRI, *Gli Interessi...*, p. 9. V. também, embora de forma não tão clara, BETTI, *Interesse...*, in *Novissimo...*, VIII, p. 839.

A primeira caracteriza-se por ter por objecto determinados modos de ser ou de provir da realidade considerados em si mesmos, e tais como são, - ou , ao menos, como os vislumbramos e sentimos - sem se tomar em consideração o nexo causal existente entre eles e as outras formas de ser ou de provir da realidade. Falamos destas necessidades quando dizemos sentir prazer ou desagrado por algo, não pelo efeito que tenha, mas pela reacção provocada pelo seu ser ou provir na nossa sensibilidade. A elas pode dar-se o nome de necessidades imediatas ou estéticas [47]. Diversamente, a segunda, das duas categorias referidas, é constituída por aquelas necessidades que têm por objecto modos de ser ou de provir da realidade considerados não pela sua forma ou pela maneira como operam na nossa sensibilidade, mas pelos efeitos que são capazes de determinar ou de tornar possíveis [48]. Subjacente a elas, encontra-se o valor possuído pelas coisas, não enquanto sejam para nós um bem ou um mal, mas enquanto sejam susceptíveis de fazer alguma coisa considerada por nós como um bem ou um mal [49]. São as chamadas necessidades mediatas ou práticas [50].

VII. As necessidades estéticas são sempre subjectivas, no sentido de conhecidas pelo respectivo sujeito. As necessidades práticas ou mediatas tanto podem ser subjectivas como objectivas. Uma necessidade mediata de determinada coisa ou de algo experimentado – ou susceptível de o ser – e capaz de satisfazer uma necessidade imediata existe subjectivamente, se o portador desta última tem uma noção ou conhecimento da idoneidade daquela coisa para o satisfazer [51]. Se tal conhecimento não existir, ainda assim a sua necessidade mediata permanecerá objectivamente [52].

---

[47] Pietro Gasparri, *Gli Interessi...*, p. 9.

[48] *Idem*.

[49] *Idem*.

[50] Quando alguém aprecia um determinado alimento pelo seu sabor - ou seja pelo prazer proporcionado ao paladar - sem se interrogar acerca das consequências que a sua ingestão pode ter para a saúde, procede a uma valoração estética. Diversamente, quando se aprecia um medicamento pelas suas consequências positivas para a saúde, faz-se uma valoração prática. Pietro Gasparri, *Gli Interessi...*, p. 10.

[51] Pietro Gasparri, *Gli Interessi...*, p. 11.

[52] Com isto não se quer naturalmente dizer que a necessidade existe desligada de qualquer experiência humana. Ela existirá apenas desligada da

Tomemos um exemplo de todos os dias. Se por hipótese alguém sofre de cansaço constante, tem determinada necessidade: a de pôr termo à situação na qual se encontra. Enquanto o não fizer, a necessidade mantém-se, acompanhada por um sentimento de desconforto. As vitaminas possuem aptidão para pôr termo ao cansaço. Por isso, se determinada pessoa conhece as propriedades da vitamina no combate à fadiga e experimenta regularmente tal sensação, tem o desejo de tomar vitaminas. Todavia, se essa mesma pessoa desconhecer totalmente os efeitos terapêuticos dos complexos de vitaminas, não se aperceberá, apesar do seu estado de prostração, da necessidade de os ingerir. No entanto, tem realmente a necessidade de tomar vitaminas [53].

Esta distinção entre necessidades subjectivas e objectivas tem o condão de pôr em evidência uma outra, com ela intimamente ligada: a oposição entre interesses subjectivos e interesses objectivos. Quando se fala em interesse subjectivo, tem-se em vista uma relação entre uma necessidade psicológica ou espiritual [54] do homem e o meio ou bem julgado apto para a satisfazer. Diversamente, o interesse objectivo corresponde a uma pura relação entre uma pessoa e o bem capaz de satisfazer as suas necessidades. Ou seja, e mais precisamente: interesse em sentido objectivo é a posição de um ente em face de um bem ou meio apto para a satisfação de uma necessidade ou fim, independentemente de qualquer valoração ética ou reacção psicológica.

Apesar de não faltarem defensores de concepções subjectivistas [55], para o direito, o interesse não pode deixar de ser tomado em

---

experiência do respectivo sujeito. Nas palavras de PIETRO GASPARRI, *Gli Interessi...*, p. 11, trata-se de «(...) um quid *que não está na sua mente, mas é dela seu* ob eiectum, *quer dizer objecto, de uma potencial apreensão»*.

[53] Cfr. PIETRO GASPARRI, *Gli Interessi...*, p. 10.

[54] Necessidade que, de acordo com a terminologia anteriormente adoptada, podemos designar de estética ou espiritual.

[55] Nesse sentido, pode ver-se, entre outros, ALESSANDRO GROPPALI, *Introdução...*, p. 132.

316   *Pedro de Albuquerque*

sentido objectivo [56]. Entender o contrário seria admitir que os menores de pouca idade ou os dementes desprovidos de consciência e vontade carecem de interesses [57]. Seria confundir a realidade com a sua revelação. Tal como a igualdade ou a diversidade não são sensações, mas antes elementos do objecto revelado mediante a sensação, também o interesse não é um juízo. Este serve apenas para pôr o interesse em relevo [58].

Isto não significa obviamente que o interesse em sentido jurídico deva considerar-se como independente de qualquer juízo. Na verdade, tal como as necessidades não são independentes da experiência humana [59], também os interesses jurídicos pressupõem uma valoração. A noção objectiva do interesse toma em consideração a relação entre o sujeito e um bem, independentemente da apreciação psicológica feita por esse mesmo sujeito. Porém, como no mundo dos valores jurídicos o interesse não pode valer a não ser através de um juízo, torna-se evidente como o interesse objectivo não é senão o interesse valorado pelo ordenamento jurídico [60].

---

[56] É esta, aliás, a posição sustentada pela *communis opinio*. V., por exemplo, CARNELUTTI, *Teoria...*, p. 79; GOMES DA SILVA, *O Dever de Prestar...*, I, p. 70; BETTI, *Interesse...*, in *Novissimo...*, VIII, pp. 838 e ss.; JAEGER, *L'Interesse...*, pp. 5 e ss.; POMPEO CORSO, *Preliminare ad uno Studio...*, p. 111; ADRIANO DE CUPIS, *El Daño*, cit., pp. 110 e ss.; PEREIRA DE CASTRO, V.° *Interesse...*, in Verbo - *Enciclopédia...*, X, col. 1654; CASTRO MENDES, *Teoria...*, I, p. 324; ID., *Direito Processual...*, I, p. 58.

[57] É esta uma das principais críticas movidas à concepção subjectiva de interesse. Veja-se quanto escrevem a este respeito, nomeadamente, GOMES DA SILVA, *O Dever de Prestar...*, I, p. 72; POMPEO CORSO, *Preliminare ad uno Studio...*, p. 111; PEREIRA DE CASTRO, V.° *Interesse...*, in Verbo - *Enciclopédia...*, X, col. 1654; ADRIANO DE CUPIS, *El Daño*, cit., pp. 110 e ss. (que, na esteira de CARNELUTTI, sublinha não poder o interesse, na sua acepção subjectiva, ser objecto de tutela jurídica, pois o direito não garante aos homens as suas valorações subjectivas sobre os bens); CASTRO MENDES, *Teoria...*, I, p. 324. Algumas outras poderiam, ainda, fazer-se. Por exemplo, JAEGER, *L' Interesse...*, pp. 6 e 7, sublinha o facto de só numa concepção objectiva de interesse se poder utilizar tal noção como instrumento dogmático de análise e construção do direito.

[58] CARNELUTTI, *Teoria...*, p. 48.

[59] v. *Supra*, p. 314, nota (52).

[60] Neste sentido, cfr. POMPEO CORSO, *Preliminare...*, p. 111.

Nestes termos, por interesse jurídico deve entender-se a relação entre um sujeito com uma necessidade e o bem apto a satisfazer tal necessidade, determinada na previsão ou valoração que dela faz o ordenamento jurídico.

VIII. Compreendido o termo interesse em sentido objectivo, facilmente se aperceberá como as relações estabelecidas entre os homens e os restantes entes não se circunscrevem aos interesses simples. Uma análise um pouco mais cuidada permite, ainda, notar a existência de relações entre interesses e interesses [61].

Na verdade, um interesse de uma pessoa pode assumir, a respeito de um outro seu interesse, uma posição de indiferença ou relevância. Esta última posição pode, por seu turno, ser de solidariedade ou de conflito [62]. Na medida em que se trate de relações intrasubjectivas elas não terão significado para o direito [63]. Já não será, todavia, assim se, no lugar de uma situação relativa a uma única pessoa, se passar a considerar outra, na qual estejam abrangidas duas ou mais pessoas. As noções de solidariedade e conflito de interesses ganham, então, nova dimensão [64].

Imaginemos diversos homens todos eles com fins iguais e susceptíveis de serem alcançados através do mesmo meio. Se esse meio não for suficiente para satisfazer as necessidades sentidas pelo conjunto, haverá, por certo, de se desenhar, entre eles, um conflito de interesses. Esta precisa situação de identidade de interesses

---

[61] CARNELUTTI, *Teoria...*, p. 82; PIETRO GASPARRI, *Gli Interessi...*, p. 20; JAEGER, *L'Interesse...*, pp. 7 e ss.; INOCÊNCIO GALVÃO TELLES, *Introdução...*, I, p. 262.

[62] Acerca deste tipo de relações entre interesses, podem ver-se, entre outros, CARNELUTTI, *Teoria...*, pp. 83 e ss.; PIETRO GASPARRI, *Gli Interessi...*, pp. 20 e ss.; JAEGER, *L'Interesse...*, pp. 7 e ss.; BRITO CORREIA, *Os Direitos Inderrogáveis...*, p. 68; DÍEZ-PICAZO, *Experiencias...*, pp. 10 e ss.; DIAS MARQUES, *Introdução...*, pp. 20 e ss.; INOCÊNCIO GALVÃO TELLES, *Introdução...*, I, pp. 263 e ss..

[63] Assim, JAEGER, *L'Interesse...*, p. 7; e BRITO CORREIA, *Os Direitos Inderrogáveis ...*, p. 68.

[64] CARNELUTTI, *Teoria...*, p. 83.

318   *Pedro de Albuquerque*

resolve-se, porém, de forma totalmente diversa quando, através da colaboração dos interessados, o bem em causa se revela capaz de pôr termo às necessidades da totalidade dos sujeitos considerados. Nesse caso, depara-se uma situação de solidariedade de interesses. Solidariedade que, conforme sublinha Carnelutti [65], se traduz na circunstância de «(...) *a necessidade de uma pessoa não poder ser sastifeita sem que o seja também uma necessidade de outrem*». Deste modo, a probabilidade de satisfação de uma necessidade determina-se simultaneamente a respeito de um e do outro [66]. Traça-se, assim, a noção de interesse colectivo [67].

IX. Interesse colectivo este que é, tipicamente, um fenómeno de solidariedade ou, se quisermos, uma típica relação de complementaridade [68]. Nele encontra-se a explicação de quase todas as manifestações da vida jurídica: dos negócios às formas associativas; primeiro mais simples, depois cada vez mais complexas, por forma a abrangerem todos os cidadãos ou mesmo a humanidade inteira [69]. É, pois, enorme a variedade de «entes complexos» [70] aos quais os interesses colectivos dão origem. Torna-se, por isso, não apenas lícito, mas igualmente aconselhável, estabelecer algumas distinções a propósito da noção de interesse colectivo.

Assim, um interesse colectivo pode ser definido como tal enquanto pertence a uma série de pessoas individualmente determinadas (por exemplo, Tício e Semperónio) ou, ao menos, susceptíveis de o serem (por hipótese, todos os residentes, em certa data, num determinado local). Estes interesses colectivos têm sido designados

---

[65] CARNELUTTI, *Teoria...*, p. 84. Seguindo de perto a formulação deste grande autor italiano, pode ver-se JAEGER, *L'Interesse...*, pp. 8 e 9. Na nossa literatura jurídica, destacamos, uma vez mais, INOCÊNCIO GALVÃO TELLES, *Introdução...*, I, pp. 263 e ss..

[66] CARNELUTTI, *Teoria...*, p. 84. Cfr. igualmente JAEGER, *L'Interesse...*, p. 9.

[67] Acerca da noção de interesse colectivo, v. CARNELUTTI, *Teoria...*, p. 84; PIETRO GASPARRI, *Gli Interessi...*, pp. 20 e ss.; JAEGER, *L'Interesse...*, p. 11; BRITO CORREIA, *Os Direitos Inderrogáveis...*, p. 68.

[68] CARNELUTTI, *Teoria...*, p. 84.

[69] JAEGER, *L'Interesse....*, p. 9.

[70] A expressão é de CARNELUTTI, *Teoria...*, p. 51.

Limitação ou Supressão do Direito de Preferência dos Sócios 319

por interesses de grupo ([71]), numa terminologia que também nós adoptaremos.

Ao lado dos interesses relativos a uma colectividade definida e fechada - embora eventualmente extensa - existem outros interesses considerados como colectivos por serem comuns a todos os membros de uma série indeterminda de sujeitos. Ou seja, de uma comunidade que se modifica e renova, aberta a quem se encontre ou venha a encontrar em determinada situação ([72]) (todos os membros, actuais e futuros, de uma família, todos os cidadãos, presentes e futuros, de um país, etc.). Estes interesses são denominados interesses gerais, de série ou de categoria ([73]).

A diferença entre grupo e série não é, obviamente, quantitativa. Pode existir uma série à qual pertença, num momento específico, uma quantidade muito limitada de pessoas ([74]). Ao contrário, o grupo pode revelar-se extremamente numeroso ([75]). A diferença deverá ser, pois, forçosamente outra. Ela reside no facto de a série se projectar no tempo ([76]) e de abarcar, por conseguinte, indivíduos cujas vidas se processam em momentos diversos. Enquanto isso, o grupo apenas abrange contemporâneos.

Fixado o conceito de interesse, delimitada a noção de interesse colectivo e estabelecida a distinção entre interesses de série e interesses de grupo, procuremos extrair do esforço realizado alguns contributos para o tema que nos ocupa: a fixação da exacta distinção entre teorias contratualistas e teorias institucionalistas em matéria de interesse social, e a consequente delimitação dos precisos contornos de tais expressões.

([71]) Cfr., por exemplo, PIETRO GASPARRI, *Gli Interessi...*, p. 21; e JAEGER, *L'Interesse...*, p. 10; BRITO CORREIA, *Os Direitos Inderrogáveis...*, p. 69.

([72]) PIETRO GASPARRI, *Gli Interessi...*, p. 21; JAEGER, *L'Interesse...*, p. 10.

([73]) Por todos, PIETRO GASPARRI, *Gli Interessi...*, p. 21.; e JAEGER, *L'Interesse...*, p. 9.

([74]) JAEGER, *L'Interesse...*, p. 10.

([75]) *Idem*.

([76]) PIETRO GASPARRI, *Gli Interessi...*, pp. 21 e 22; JAEGER, *L'Interesse...*, p. 10.

320   *Pedro de Albuquerque*

Para isso, seremos, ainda, forçados a tecer algumas considerações a propósito da ideia de instituição.

X. A história do conceito de instituição lança as suas raízes na Idade Média ([77]). Já na obra do canonista Sinibaldo di Fieschi ([78]) (tornado Papa com o nome de Inocêncio IV) se introduz, na tradicional classificação das pessoas jurídicas, uma nova figura: *a institutio*.

Foi, porém, Maurice Hauriou ([79]) quem, muito mais tarde, projectou a ideia de instituição, ao servir-se dela para designar a sua concepção das relações entre a sociedade e o estado. Devedor espiritual de Hauriou, Santi Romano retoma o tema, não muito depois ([80]) ([81]) ([82]).

([77]) Para uma referência histórica sobre as origens do conceito de instituição, cfr., por exemplo, e entre muitos outros, FERNANDO PINTO LOUREIRO, *Individualismo e Anti-Individualismo no Direito Privado*, Coimbra, 1940, p. 91; VITTORIO FROSINI, V.° *Instituzione*, in *Novissimo Digesto Italiano*, IX, Turim, 1963, pp. 266 e ss.; FRANCO MODUGNO, V.° *Istituzione*, in *Enciclopedia del Diritto*, Milão, 1973, XXII, pp. 77 e ss.; CABANILLAS GALLA, *Consideraciones Sobre los Principios del Derecho*, Madrid, 1977, pp. 125 e ss.; ADRIANO MOREIRA, V.° *Instituição*, in *Enciclopédia Polis*, III, col. 578 e ss..

([78]) Para um estudo desenvolvido da obra e pensamento de Sinibaldo di Fieschi, v. SANTIAGO PANIZO ORALLO, *Persona Jurídica y Ficción. Estudio de la Obra de Sinibaldo di Fieschi (Inocencio IV)*, Pamplona, 1975, *per tot.*.

([79]) Hauriou ocupou-se tanto da teoria como do conceito de instituição em quase todas as suas obras. Podemos referir, a título exemplificativo: *Précis de Droit Administratif et de Droit Public*, , 9.ª ed., 1919, pp. 8 e ss. e 118 e ss.; *La Théorie de L'Institution et de la Fondation (Essai de Vitalisme Sociale)*, in *La Cité Moderne et les Transformations du Droit*, Paris, 1925, pp. 2 e ss.; *Précis Élémentaire de Droit Constitutionnel*, Paris, 1925, pp. 22 e ss.; *Aux Sources du Droit. Le Pouvoir, l'Ordre et la Liberté*, Paris, 1935, pp. 87 e ss..

([80]) Como todos os conceitos que alcançaram lugar de excepcional destaque na história do pensamento, a concepção de instituição de Hauriou foi submetida a um largo trabalho de elaboração intelectual. De entre todas as variações sofridas pelo conceito, há que aludir, especialmente, às de Santi Romano. Nesta direcção, v. MARTIM DE ALBUQUERQUE, *História das Instituições*, Lisboa, 1979, p. 26.

([81]) Santi Romano explanou a sua teoria da instituição em várias obras. A fundamental é, sem dúvida. *L'Ordinamento Giuridico*, Florença, 1918 (1.ª ed.), 1946 (2.ª ed.), 1951 (reimpressão da 2.ª ed.), *per tot.*. Para além dela, referimos, com carácter meramente ilustrativo, *Derecho (Funcion del)*, in *Fragmentos...*, pp. 161 e ss..

([82]) Hauriou e Santi Romano constituem os expoentes máximos da chamada teoria da instituição, desenvolvida em sede filosófico - jurídica, e da qual

O propósito do autor italiano é, tal como o de Hauriou, o de construir uma autêntica teoria do direito com base na noção de instituição. Porém, enquanto o jurista francês permanece num meio termo entre sociologia e direito, Santi Romano adopta uma postura dogmática mais rigorosa. Ele procura construir uma doutrina tipicamente jurídica, expurgada quer do carácter sociológico e empírico quer dos aspectos metafísico-filosóficos, simultaneamente atribuídos à tese de Hauriou.

Não obstante as significativas divergências de opinião que os dividiam, os dois autores coincidem num ponto. Ambos tomam como característica fundamental da noção de instituição a sua projecção no tempo [83]. Hauriou considerava-a como «*uma ideia de*

---

se retiram diversas consequências no plano da estruturação do sistema jurídico. Porém, e para além deles, outros nomes existem ligados a esta corrente do pensamento jurídico. É justo destacar Sinibaldo di Fieschi, Savigny Otto Von Gierke - todos na qualidade de precursores das teorias institucionalistas do direito - Renard, Delos e Gurvitch. Para uma apreciação da teoria da instituição, podem ver-se, entre outros, e para além das obras de Hauriou e de Santi Romano já citadas: FERNANDO PINTO LOUREIRO, *Individualismo...*, pp. 90 e ss.; VÍCTOR COIMBRA TORRES, *A individualização das Decisões Judiciais em Direito Privado*, separata do *Jornal do Foro*, Lisboa, 1947; ADRIANO MOREIRA, *Direito Corporativo*, Lisboa, 1950-1951, pp. 9 e ss.; FROSINI, V.° *Istituzione...*, in *Novissimo...*, IX, pp. 266 e ss.; OLIVEIRA ASCENSÃO, *Direito Corporativo*, Lisboa, 1964, pp. 11 e ss.; RECASÉNS SICHES, *Experiencia Jurídica, Naturaleza de la Cosa y Lógica del "Razonable"*, México, 1971, p. 219; SOARES MARTINEZ, *Manual de Direito Corporativo*, 3.ª ed., Lisboa, 1971, pp. 3 e ss.; FRANCO MODUGNO, V.° *Istituzione, cit.*, in *Enciclopedia...*, XXIII, pp. 70 e ss.; CABANILLAS GALLAS, *Consideraciones...*, p. 122; MARTIM DE ALBUQUERQUE, *História...*, pp. 19 e ss.

[83] Para maiores desenvolvimentos acerca do conceito de instituição, podem ver-se: HAURIOU, *Précis...*, pp. 22 e ss.; ID., *La Théorie de L'Institution...*, in *La Cité...*, *passim*; FERNANDO PINTO LOUREIRO, *Individualismo e Anti-Individualismo...*, p. 91; ANTÓNIO JOSÉ BRANDÃO, *O Direito. Ensaio de Ontologia Jurídica*, Lisboa, 1942, pp. 166 e ss.; ADRIANO MOREIRA, *Direito...*, pp. 12 e ss.; SANTI ROMANO, *L'Ordinamento...*, *passim*; VITTORIO FROSINI, V.° *Istituzione, cit.*, in *Novissimo...*, IX, pp. 266 e ss.; OLIVEIRA ASCENSÃO, *Direito...*, pp. 12 e ss.; JAEGER, *L' Interesse...*, pp. 72 e ss. e 121 e ss.; L. CABRAL MONCADA, V.° *Instituição*, in *Enciclopédia...*, X, col. 1557 e ss.; SOARES MARTINEZ, *Manual...*, pp. 5 e ss.; FRANCO

obra ou empreendimento que vive e perdura no meio social» [84] como um *«elemento da sociedade cuja duração não depende da vontade subjectiva de indivíduos determinados»* [85], ou, ainda, como *«uma organização social dotada de estabilidade»* e que, por conseguinte, *«conserva a sua forma específica, apesar da contínua renovação da matéria nela contida, quando é instituída».* Santi Romano define-a como um *«ente ou corpo social»* [86] dotado de uma *«(...) unidade fixa e permanente, que por isso não perde a sua identidade (...) em virtude da mudança dos seus elementos singulares, dos seus meios, dos seus interesses, dos seus destinatários, das suas normas e assim por diante»* [87]. Trata-se, em suma, de uma *«manifestação de natureza social e não puramente individual do homem».*

Ou seja, e para empregar uma expressão bastante divulgada, a instituição aparece como *«la catégorie da la durée»* [88]. Na sua base, encontram-se interesses pertencentes a pessoas que fazem parte de uma comunidade em contínuo movimento. Tais interesses são, porém, conceptualmente unificados e atribuídos a um ente (a instituição); razão pela qual se pode falar de um único interesse correspondente a esse mesmo ente, e superior aos interesses dos seus actuais membros [89].

MODUGNO, V.º *Istituzione, cit.,* in *Enciclopedia...,* XXII, pp. 77 e ss.; CLAUDE DU PASQUIER, *Introduction à la Théorie Générale et à la Philosophie...,* pp. 256 e ss.; CABANILLAS GALLAS, *Consideraciones Sobre los Principios...,* pp. 125 e ss.; MARTIM DE ALBUQUERQUE, *História...,* pp. 19 e ss.; LUIS SANCHEZ AGESTA, *Principios de Teoria Política,* 7.ª ed., Madrid, 1983, pp. 61 e ss.; BAPTISTA MACHADO, *Introdução...,* pp. 7 e ss.; ADRIANO MOREIRA, V.º *Instituição, cit.,* in *Enciclopédia Polis,* III, col. 578 e ss.; OLIVEIRA ASCENSÃO, *O Direito...,* pp. 21 e ss..

[84] *La Théorie de L'Institution...,* in *La Cité...,* p. 10.

[85] Isto porque a ideia de que fala Hauriou é uma ideia objectivada transformada em obra social por um fundador que recruta no meio social e, assim, sujeita ao seu serviço vontades subjectivas indefinidamente renovadas.

[86] SANTI ROMANO, *L'Ordinamento...,* p. 33.

[87] *Idem,* p. 39.

[88] HAURIOU, *La Théorie de L'Institution...,* in *La Cité...,* p. 2.

[89] JAEGER, *L' Interesse...,* p. 130.

Presentes os traços fundamentais da noção de instituição, facilmente se compreenderá a separação e a diversidade existente entre os princípios reguladores desta figura e os princípios norteadores ou orientadores do conceito de contrato [90]. Estes encontram-se dominados pelo princípio da livre disponibilidade de interesses pelos próprios contraentes.

O mesmo não se passa com as instituições. Nelas, a liberdade de regulamentação dos interesses de que são portadoras encontra-se fortemente limitada [91]. E bem se vê porquê! Basta recordarmos quanto antes dissemos, não apenas acerca do conceito de instituição, mas também a propósito da distinção entre interesses de grupo e interesses de série. Enquanto o contrato serve, sobretudo, os chamados interesses de grupo, na instituição estão, dada a sua implantação no meio social e a sua projecção no tempo, presentes interesses de série [92]. A sua tutela não pode, pois, ser abandonada, sem cautelas, àqueles que, num determinado momento, são titulares de tais interesses. Isso equivaleria a colocar em risco a posição de todos quantos - apesar de integrados na categoria em causa - fossem desconhecidos, ou mesmo inexistentes, ao tempo da apreciação ou regulamentação do interesse de série, dada a circunstância de se

---

[90] Não falta quem pretenda distinguir contratos e instituições através da seguinte consideração: todas as vezes em que exista uma organização destinada à realização de um escopo comum a vários sujeitos teremos uma instituição. A ideia de colaboração seria estranha à noção de contrato; por isso, a sua ocorrência afastaria imediatamente a qualificação como contratual de qualquer figura que envolva colaboração entre diferentes pessoas. Esta tese é, sem dúvida alguma, errada. Em todos os contratos existe, forçosamente, um princípio de colaboração. É ele que permite superar o contraste de interesses entre as partes. Sem a observância de tal princípio, nenhum contrato poderia ser celebrado ou executado. A este respeito, v., com carácter meramente ilustrativo, por exemplo, JAEGER, *L' Interesse...*, p. 126; BETTI, *Teoria Geral...*, II, pp. 198 e ss.; ALMEIDA COSTA, *Direito...*, pp. 147 e ss.; MENEZES CORDEIRO, *Direito...*, I, pp. 407 e ss. (autor que sublinha como a etimologia da expressão contrato (*cum + traho*) aponta precisamente para a ideia de reunião de duas pessoas); INOCÊNCIO GALVÃO TELLES, *Direito...*, pp. 54 e ss.; ANTUNES VARELA, *Das Obrigações...*, I, pp. 217 e ss..

[91] V., por todos, JAEGER, *L' Interesse...*, p. 130.

[92] JAEGER, *L' Interesse...*, pp. 131 e 132.

324   *Pedro de Albuquerque*

encontrarem, naturalmente, impossibilitados de participar nessa mesma apreciação ou regulamentação.

Nestes termos, determinar se o interesse social é um interesse institucional ou se, ao contrário, se configura como um interesse comum dos sócios, passa por saber se tal interesse, no nosso ordenamento jurídico, é considerado como um interesse colectivo de grupo ou como um interesse de série [93]. É à análise desta questão que dedicaremos as páginas seguintes.

X. Parece, desde já, de excluir que o interesse social deva qualificar-se como interesse público, ou se quisermos, como uma manifestação do interesse da colectividade nacional [94]. São vários os indícios fornecidos pela nossa lei nesse sentido. Na verdade, o sistema legislativo português em matéria de sociedades comerciais encontra-se impregnado pela ideia de autogoverno [95] da sociedade pelos sócios e pelos administradores ou gerentes por eles nomeados [96]. Autogoverno naturalmente orientado para um fim egoístico: a repartição dos lucros resultantes do exercício em comum de uma

---

[93] Assim, e face ao direito italiano, v. JAEGER, *L' Interesse...*, p. 131.

[94] Esta mesma opinião é defendida perante o direito italiano por autores como RAFFAELE NOBILI, *Contributo allo Studio del Diritto D' Opzione...*, pp. 194 e ss.; ou JAEGER, *L' Interesse...*, pp. 132 e ss.. Em sentido contrário, pronunciam-se, entre outros, RAFFAELLI, *Rassegna di Giurisprudenza Onoraria in Matéria di Società*, in *Rivista del Diritto Commerciale*, Milão, 1944, I, pp. 85 e ss.; PETTITI, *Sul Procedimento di Denuncia al Tribunale ai Sensi dell'art. 2409.º*, in *Rivista del Diritto Commerciale*, Milão, II, pp. 278 e ss.; CASELA, *Rilieve Marginali sulla Pratica dell'art. 2409.º*, in *Rivista della Società*, Milão, 1960, pp. 58 e ss..

[95] Autogoverno limitado por alguns casos excepcionais de controlo judicial de mérito.

[96] RAFFAELE NOBILI, *Contributo allo Studio del Diritto D' Opzione...*, p. 194.

Limitação ou Supressão do Direito de Preferência dos Sócios — 325

determinada actividade económica, prevista no acto constitutivo ([97]) (artigo 980.º do Código Civil ([98]) ([99])).

([97]) Parte da doutrina funda-se na natureza contratual do acto constitutivo da sociedade, aliás expressamente afirmada pelo nosso legislador para afastar as teorias que defendem uma concepção institucional do interesse social. Assim e na doutrina italiana, podem ver-se, por exemplo, MENGONI, *Appunti per Una Revisione delle Teoria sul Conflitto di Interesse...*, in *Rivista...*, p. 442; MINERVINI, *Sulla Tutela dell'«Interesse Sociale»...*, in *Rivista...*, p. 318; e RAFFAELE NOBILI, *Contributo allo Studio del Diritto D'Opzione...*, p. 194, nota (20). Cfr. também a Sentença da *Corte de Cassazione de 14 de Outubro de 1958*, in *Foro Italiano*, 1958, I, p. 1617. Entre nós, v. GUERRA DA MOTA, *A Tutela da Minoria e o Direito Unitário de Participação...*, pp. 50 e 51. Não parece, porém, que semelhante visão do problema seja acertada. A natureza contratual do acto constitutivo da sociedade, proclamada pelo artigo 980.º do Código Civil, permite afastar a teoria sustentada a este respeito por Gierke. Ela não permite, todavia, e sem mais, demonstrar a natureza contratual do interesse social. É que pode falar-se de contrato em dois sentidos: como negócio ou facto jurídico, e como relação. Da mesma forma, a sociedade pode estudar-se sob dois prismas diversos: na sua fase genética, como negócio, e, durante a sua existência, como relação (neste sentido, v., entre outros, JAEGER, *L' Interesse...*, p. 132; e FERRARA JR. e FRANCESCO CORSI, *Gli Imprenditori...*, p. 203). A qualificação do acto constitutivo da sociedade como contrato não leva necessariamente a considerar as relações estabelecidas durante a vida do ente societário como relações contratuais. A prova está no facto de diversos autores, favoráveis à qualificação da sociedade como uma realidade com fonte contratual, afirmarem, depois, o carácter institucional das relações estabelecidas no seu seio (é, por exemplo, esse o caso de GAILLARD, *La Société Anonyme de Demain*, Paris, sem data, p. 37). A respeito desta questão, e em direcção idêntica à adoptada por nós, v. JAEGER, *L' Interesse...*, pp. 131 e 132.

([98]) No sentido da aplicação do artigo 980.º do Código Civil às sociedades comerciais, v., por todos, OLIVEIRA ASCENSÃO, *Direito...*, I, p. 421; MANUEL PITA, *Direito...*, p. 18, nota (1).

([99]) Acerca da problemática relativa à inclusão da ideia de lucro entre os elementos do conceito de sociedade, v. *Supra*, p. 41, nota (61) e autores aí referidos. Destaque, no entanto, para VASCO DA GAMA LOBO XAVIER, *Anulação de Deliberação Social...*, p. 242, nota (116), para quem o interesse social mais não é do que o interesse de todo e qualquer sócio na consecução do máximo lucro, através da actividade da empresa colectiva (posição idêntica é adoptada na doutrina italiana por MIGNOLI, *L' Interesse...*, in *Rivista...*, p. 743, que, perante o artigo 2247.º do Código Civil italiano, considera que o interesse social é a tendência ao escopo de lucro); e para MANUEL PITA, *Direito...*, p. 18, autor que sublinha como a ideia de lucro está, nos seus diversos significados, presente em toda a vida da sociedade comercial.

Pedro de Albuquerque

Nestes termos, se o interesse social se pudesse reconduzir a uma manifestação do interesse da colectividade, cair-se-ia numa solução aberrante. Na medida em que a sociedade é governada pelos seus próprios sócios (e pelos administradores ou gerentes por eles nomeados), a realização do interesse público acabaria por ficar quase exclusivamente nas suas mãos. Isso seria, porém, e no mínimo, estranho. Confiar-se-ia a tutela do interesse público, supostamente prosseguido pelo ente colectivo, a quem dele pretende extrair um lucro. Só com muita ingenuidade se poderia acreditar na excelência de um tal sistema e admitir a possibilidade do seu funcionamento [100].

De resto, se o sócio realiza uma entrada para o exercício em comum de certa actividade económica, a fim de repartir os lucros daí resultantes (artigo 980.º do Código Civil), não se vê porque consentir à maioria que a tal propósito sobreponha a realização de um fim ou interesse diverso do aludido no artigo 980.º do Código Civil ou a satisfação de um interesse diverso do resultante do mesmo artigo 980.º [101] [102].

XII. A convicção por nós expressa, segundo a qual o interesse social não pode reconduzir-se ao interesse da colectividade, é, ainda, reforçada por diversos outros aspectos.

Atente-se, por exemplo, no disposto no n.º 1 do artigo 59.º do Código das Sociedades Comerciais. Nesse preceito, o legislador impede os sócios que tenham dado a sua aprovação a uma deliberação social anulável de impugnarem tal deliberação. Semelhante

---

[100] Na mesma direcção, cfr., entre outros, RAFFAELE NOBILI, *Contributo allo Studio del Diritto D'Opzione...*, p. 191, nota (18), que qualifica de utópico um sistema no qual a defesa do interesse colectivo é deixada nas mãos dos sócios; e JAEGER, *L' Interesse...*, p. 26.

[101] Mesmo quando o novo fim ou interesse tenha natureza pública.

[102] Nesta mesma direcção, podem ver-se, na doutrina italiana, MIGNOLI, *L'Interesse...*, in *Rivista...*, pp. 713 e ss.; e RAFFAELE NOBILI, *Contributo allo Studio del Diritto D' Opzione...*, pp 198 e 199.

Limitação ou Supressão do Direito de Preferência dos Sócios 327

solução só muito dificilmente se mostra compatível com a ideia de um interesse superior, de natureza institucional ([103]). Se o interesse social correspondesse, na realidade, ao interesse da colectividade, não faria sentido impedir a impugnação das deliberações sociais anuláveis, por parte de quem as tivesse votado. Lógica seria, sim, a solução contrária: permitir a impugnação mesmo por quem houvesse votado em sentido favorável à deliberação anulável.

Repare-se, aliás, como a nossa lei nem sequer reconhece ao Ministério Público a possibilidade de arguir a anulabilidade das deliberações sociais ([104]) reforçando-se, assim, a ideia de uma clara distinção entre interesse público e interesse social.

Ideia que não é quebrada pelo facto de a lei conceder ao órgão de fiscalização das sociedades anónimas a possibilidade de arguir a nulidade ou anulabilidade das deliberações da assembleia geral ([105]) ([106]). Note-se

---

([103]) MENGONI, *Appunti per Una Revisione delle Teoria sul Conflitto di Interesse...*, in *Rivista...*, ano I, p. 441.

([104]) A legitimidade do Ministério Público para arguir a anulabilidade das deliberações sociais das sociedades comerciais foi reconhecida quanto a deliberações de sociedades consideradas de "interesse nacional" nos termos do Decreto-Lei n.º 32 01, de 12.5.1942 (cfr. VASCO DA GAMA LOBO XAVIER, *Anulação de Deliberação Social...*, pp. 98, nota (3), e 139, nota (32); MOITINHO DE ALMEIDA, *Anulação e Suspensão de Deliberações Sociais*, Coimbra, 1983, pp. 48 e 49; BRITO CORREIA, *Direito...*, III, p. 276). A existência, porém, de sociedades que, ao contrário da maioria das outras, são consideradas como de "interesse nacional" - e nas quais se reconhece legitimidade ao Ministério Público para fiscalizar as deliberações sociais - reforça ainda mais a ideia de que o interesse social não é um interesse público, um interesse de natureza institucional. Outro entendimento tornaria incompreensível a distinção entre sociedades de "interesse nacional" e sociedades que não são de "interesse nacional".

([105]) No sentido de que o reconhecimento de legitimidade aos administradores, ou a órgãos de fiscalização, para impugnarem as deliberações inválidas da assembleia geral coloca alguns problemas aos defensores de concepções contratualistas do interesse social, v. ROBERTO ROSAPPEPE, *L'Esclusione del Diritto di Opzione...*, p. 39.

([106]) Nas sociedades sem órgão de fiscalização, a doutrina tem admitido, apesar de a lei não o prever, a possibilidade de os gerentes arguirem a anulabilidade das deliberações sociais. Para tanto, invoca a aplicação analógica do artigo 57.º n.º 4, harmónica com o artigo 60.º n.º 3 do Código das Sociedades Comerciais. Neste

328   *Pedro de Albuquerque*

como os membros desse órgão são eleitos e destituídos pela assembleia geral ([107]). Ora, se parece utópico deixar a defesa do interesse colectivo, supostamente encarnado na sociedade, àqueles que dela pretendem extrair um lucro, não será menos utópico entregar semelhante defesa a quem é, pelos primeiros, eleito e destituído ([108]) ([109]).

Existem, é certo, na disciplina das sociedades comerciais (em particular nas sociedades anónimas), algumas normas nas quais se encontra a previsão de uma interferência entre a actividade dos órgãos sociais e o interesse público ([110]) ([111]). Tais normas têm sido

---

sentido, podem ver-se CARLOS OLAVO, *Impugnação das Deliberações Sociais*, in *Colectânea de Jurisprudência*, 1988, t. III, p.27, nota (55); e BRITO CORREIA, *Direito...*, III, p. 272, nota (42). Quem negue aos gerentes a possibilidade de impugnar as deliberações anuláveis terá de aceitar a inimpugnabilidade das decisões unânimes, nas sociedades sem órgão de fiscalização – e encontrará um argumento mais a favor de uma concepção contratual do interesse social. Se o interesse social correspondesse ao interesse da colectividade, não faria sentido a existência de deliberações viciadas insusceptíveis de serem impugnadas.

([107]) V. os artigos 415.º a 419.º do Código das Sociedades Comerciais.

([108]) V., por todos, RAFFAELE NOBILI, *Contributo allo Studio del Diritto D'Opzione...*, p. 194, nota (18), que de forma bem elucidativa escreve: «*Utopistico sembra ritenere che la tutela degli interesse collettivi sia affidata a coloro che dalla società vogliono trarre un utile, e a coloro che dai primi vengono eletti. Che i soci agiscono nella società ai fini del conseguimento del loro interesse non è più contestato (si ricorde in proposito le discussione sul diritto di voto); e che gli amministratori debbano operare nell'interesse dei soci risulta, fra l'altro, dalle norme secondo cui essi possono essere revocati in qualunque momento dall'assemblea (salvo l'eventuale diritto al ressarcimento dei danni, a tutela dei interesse individuale dell' amministratore), e da quelle sulla loro responsabilità verso la società, che deve essere deliberata dai soci.*» Estas considerações do autor italiano podem adaptar-se sem grande dificuldade ao direito português, e nomeadamente ao caso do órgão de fiscalização.

([109]) Note-se, de resto, como os membros do órgão de fiscalização podem inclusivamente ser sócios. V. artigo 414.º do Código das Sociedades Comerciais.

([110]) Pense-se, por exemplo, nas disposições dos artigos 172.º, 173.º, 417.º a 449.º, 509.º e ss., todos do Código das Sociedades Comerciais.

([111]) É este um facto reconhecido pela generalidade da doutrina. V., entre outros, SENA, *Problemi del Cosiddetto Azionario di Stato...*, in *Rivista...*, ano III, pp. 43 e ss., *passim*, RAFFAELE NOBILI, *Contributo allo Studio del Diritto D'Opzione...*, pp. 195 e ss.; JAEGER, *L' Interesse...*, p. 132; BRITO CORREIA, *Direito...*, II, p. 57.

Limitação ou Supressão do Direito de Preferência dos Sócios

consideradas, por muitos autores, como indicativas de uma construção publicística das sociedades comerciais, em especial das sociedades anónimas.

Não parece, contudo, que tenham razão. O interesse público funciona sempre como limite à liberdade de determinação dos sujeitos ([112]). A própria autonomia da vontade não se configura como um poder absoluto, soberano, desconhecedor de limites ([113]). Ela encontra, ao contrário, e como refere a propósito Cariota Ferrara, os respectivos limites na sua essência e razão de ser ([114]) ([115]).

Em síntese: consiste a autonomia num princípio por sua própria natureza circunscrito. Não há autonomia sem limites e a existência de autonomia da vontade faz pressupor a existência de restrições ([116]).

([112]) A respeito do interesse social, v., entre outros, JAEGER, *L' Interesse...*, p. 131.

([113]) V., por todos, PEDRO DE ALBUQUERQUE, *Autonomia da Vontade*, p. 17.

([114]) L. CARIOTA FERRARA, *El Negocio...*, p. 44. Cfr. também PEDRO DE ALBUQUERQUE, *Autonomia da Vontade...*, p. 17.

([115]) A ideia de limitação da autonomia da vontade ressalta da própria noção de negócio jurídico apresentada por alguns autores. V., por exemplo, quanto escreve CABRAL MONCADA, *Elementos de História do Direito...*, II, p. 259, para quem «*O negócio pode (...) ser definido como a manifestação da vontade a que a lei, nas condições e nos limites por ela fixados, atribui a eficácia de produzir os efeitos jurídicos queridos pela pessoa*». No mesmo sentido, pode ainda ver-se ESPÍN CÁNOVAS, *Los Limites de la Autonomia de la Voluntad Privada*, Lisboa, 1957, p. 6; FEDERICO DE CASTRO E BRAVO, *El Negocio...*, p. 16; SANTORO-PASSARELLI, *Teoria...*, p. 99; JACQUES LECLERC, *A Família*, trad. de Américo Gama, São Paulo, p. 39, autor que afirma: «*Em todo o contrato, por mais livre que seja, o direito de as partes fixarem os efeitos do seu acordo é sempre limitado pelas exigências de ordem pública*»; MOTA PINTO, *Teoria...*, p. 98; PEDRO DE ALBUQUERQUE, *Autonomia da Vontade...*, pp. 17 e 18.

([116]) O facto é, comummente, apontado pela doutrina. Cfr., por todos, CLAUDE DU PASQUIER, *Introduction...*, p. 97; ESPÍN CÁNOVAS, *Los Limites...*, pp. 6 e 7; RUY DE ALBUQUERQUE, «*Recensão a Espín Canóvas, Los Limites de la Autonomia de la Voluntad Privada*», in *Ciência e Técnica Fiscal*, 1962, n.º 41, p. 983; MENEZES CORDEIRO, *Da Boa Fé...*, I, pp. 653 e ss.; ANTÓNIO PINTO MONTEIRO, *Cláusulas Limitativas e de Exclusão da Responsabilidade Civil*, sep. do vol. XXVIII do *Suplemento ao Boletim da Faculdade de Direito de Coimbra*, Coimbra, 1985, pp. 41 e ss.; e PEDRO DE ALBUQUERQUE, *Autonomia...*, p. 18.

Desta forma, qualquer sujeito pode, através de uma actuação individualizada, ou no âmbito de uma colectividade organizada, desenvolver um comportamento que, por ultrapassar os limites impostos por lei, provoca a reacção do ordenamento jurídico, com a consequente aplicação de sanções de diversa natureza, nomeadamente penais ([117]).

A formulação, no domínio do direito das sociedades comerciais, de normas imperativas e a imposição, à actuação dos órgãos sociais, de limites ditados pela necessidade de acautelar o interesse público, não parecem, por isso, revestir qualquer significado especial. Trata-se de um fenómeno que se estende a todas as zonas do direito.

Afigura-se, assim, profundamente errado querer ver nas normas de direito societário, destinadas a defender o interesse público, um indício da natureza institucional das sociedades comerciais. Tais normas - e com elas o interesse público - aparecem, apenas, como um limite externo à actuação da sociedade ([118]), não como uma forma de modificar a sua natureza essencialmente contratualista. É que tratando-se de instituições, o interesse da colectividade opera, não só como limite, mas também como critério directivo da actividade dos respectivos membros e órgãos ([119]). A lei obriga-as, não a regular os seus próprios interesses sem prejudicar o interesse geral - como sucede no domínio das sociedades comerciais - mas a agir em função de tal interesse e para sua realização ([120]).

XIII. São ainda considerações do teor das acabadas de tecer que permitem explicar a relação existente entre o interesse social e o interesse dos credores ou dos trabalhadores da sociedade.

([117]) V., por todos, JAEGER, *L' Interesse...*, p. 134.

([118]) Nesta mesma direcção, podem ver-se, nomeadamente, BIGIAVI, *Interesse Sociale ed Interesse Publico*, in *Rivista di Diritto Civile*, 1956, pp. 711 e ss.; MIGNOLI, *L'Interesse...*, in *Rivista...*, p. 716; RAFFAELE NOBILI, *Contributo allo Studio del Diritto D'Opzione...*, pp. 186 e ss.; JAEGER, *L' Interesse...*, pp. 134 e 135; BRITO CORREIA, *Direito...*, II, p. 57.

([119]) Assim, JAEGER, *L' Interesse...*, p. 135.

([120]) *Idem.*

Limitação ou Supressão do Direito de Preferência dos Sócios   331

É variado o leque de garantias concedidas por lei aos credores sociais. Apesar disso, não é possível afirmar que estes tenham na sociedade um instrumento para a realização dos seus interesses ou fins ([121]). Na verdade, as normas destinadas a proteger os interesses dos credores sociais representam claramente um limite à actividade social ([122]). Elas não alargam, de modo algum, o conceito de interesse social. Basta notar como credores e sócios se encontram numa posição de conflito de interesses, não numa relação de solidariedade ([123]).

No tocante aos trabalhadores da empresa societária, a situação pode, à primeira vista, parecer mais complicada. O próprio legislador estabelece, no artigo 64.º do Código das Sociedades Comerciais, o dever de «*(...) os gerentes, administradores ou directores de uma sociedade actuarem com a diligência de um gestor criterioso e ordenado, no interesse da sociedade, tendo em conta os interesses dos sócios e dos trabalhadores*». Perante tal preceito não faltará, decerto, quem sustente ser ele uma corporização de uma visão institucionalista das sociedades comerciais ([124]). Pela nossa parte rejeitamos semelhante entendimento.

Em todos os institutos jurídicos, e particularmente naqueles de maior complexidade, existem normas destinadas a proteger interesses

---

([121]) BRITO CORREIA, *Direito...*, II, pp. 54 e 55.

([122]) Nesta mesma direcção, v., nomeadamente, JAEGER, *L' Interesse...*, pp. 143 e ss.; e BRITO CORREIA, *Direito...*, II, pp. 54 e 55.

([123]) V., entre outros, JAEGER, *L' Interesse...*, p. 141; e FERRARA JR. e FRANCESCO CORSI, *Gli Imprenditore...*, p. 347.

([124]) A importância do artigo 64.º do Código das Sociedades Comerciais para a resolução, à luz do nosso direito, da contenda que se estabeleceu, um pouco por toda a parte, entre os defensores de uma concepção contratualista das sociedades e os adeptos de uma visão institucionalista das mesmas, foi sentida pela nossa doutrina. Veja-se, por exemplo, quanto escreve a respeito deste preceito o Professor OLIVEIRA ASCENSÃO, *Direito...*, I, pp. 446 e 447: «*Para além de muitos outros aspectos que poderiam ser focados, interessa-nos referir apenas que aqui se introduz uma noção de interesse da sociedade como algo de diferenciado do interesse dos sócios. (...). Este ponto tem sido vivamente debatido. Uma visão individualística da empresa centrada no lucro leva a rebatê-lo. Uma visão institucional, centrada na empresa, leva a acentuá-lo. (...). Pensamos que o artigo 64.º abre um caminho promissor, sendo agora necessário enquadrar tecnicamente a referência na ordem jurídica portuguesa*».

heterogéneos e a resolver conflitos entre interesses contrapostos ([125]). O artigo 64.° do Código das Sociedades Comerciais é, justamente, uma delas.

O nosso legislador não ordena aos gerentes, administradores ou directores que prossigam o interesse dos trabalhadores ([126]). A lei diz, apenas, que eles devem actuar no interesse da sociedade, tendo em conta os interesses dos sócios e dos trabalhadores. Quer dizer: interesse social, por um lado, e interesse dos sócios e dos trabalhadores, por outro, aparecem como realidades claramente diferenciadas. O interesse social é o interesse contratual dos sócios. A referência ao interesse pessoal (ou extra-social) dos sócios e dos trabalhadores não vem modificar este conceito. Ela justifica-se, apenas, pela circunstância de os gerentes, administradores e directores se encontrarem numa especial posição para causarem reflexamente danos, em caso de má administração, quer aos sócios quer aos trabalhadores ([127]). A razão da parte final do artigo 64.° do Código das Sociedades Comerciais é, assim, a de permitir, de forma clara, a responsabilização dos administradores e gerentes perante os sócios e os trabalhadores, nos termos do artigo 483.° do Código Civil ([128]).

Nestes termos, não parece restarem dúvidas quanto ao facto de a alusão feita ao interesse pessoal dos trabalhadores (e dos sócios) constituir, tão só, um limite ou condicionamento à actividade dos órgãos sociais, não uma forma de alargar o conceito de interesse social e de lhe dar contornos institucionais.

([125]) JAEGER, *L' Interesse...*, p. 145.

([126]) Nem obriga administradores e gerentes a prosseguir o interesse extra--social dos sócios.

([127]) É também esta a opinião de LUÍS MENEZES LEITÃO, *Pressupostos...*, p. 39, nota (37).

([128]) LUÍS MENEZES LEITÃO, *Pressupostos...*, p. 39, nota (37). Ainda a propósito do sentido a atribuir ao artigo 64.° do Código das Sociedades Comerciais, v. BRITO CORREIA, *Direito...*, I, p. 55, autor que parece recusar-se a ver neste preceito um afloramento de uma concepção institucional do interesse social, sem ser, no entanto, absolutamente claro a este respeito.

XIV. Chegados a este ponto, podemos concluir em definitivo: segundo o nosso direito das sociedades comerciais, é de excluir que os interesses de sujeitos diversos dos sócios encontrem lugar na definição do interesse social ([129]).

Resta, porém, saber se tais interesses não encontrarão eco, não já no direito das sociedades propriamente dito, mas, antes, na disciplina jurídica da empresa – ela própria considerada por muitos como uma instituição ([130]) – acabando, desta forma, por influenciar o conceito de interesse social.

([129]) Neste sentido, v., por todos, JAEGER, *L' Interesse...*, p. 145.

([130]) Na doutrina italiana, é essa qualificação adoptada por um enorme número de autores. Referimos tão só, e a título meramente ilustrativo, MOSSA, *La Nuova Scienza del Diritto Commerciale*, in *Rivista del Diritto Commerciale e del Diritto Generale delle Obbligazioni*, 1942, I, p.69; ASQUINI, *Sulle Nuove Posizioni del Diritto Commerciale*, in *Rivista del Diritto Commerciale e del Diritto Generale delle Obbligazioni*, 1942, I, pp.65 e ss.; TRABUCCHI, *Istituzione di Diritto Civile*, 26.ª ed., Pádua, 1983, pp. 315 e ss.. Não obstante, a *communis opinio* manifesta-se contra qualquer visão institucional da empresa. Neste sentido, podem ver-se, por todos, ASCARELLI, *Lezione di Diritto Commerciale. Introduzione*, Milão, 1954, pp. 239 e ss.; JAEGER, *L' Interesse...*, pp. 118 e ss.; e FERRARA JR. e FRANCESCO CORSI, *Gli Imprenditore...*, p. 27, nota (21), para quem, no estado actual do direito positivo, a consideração da empresa como uma instituição é apenas uma aspiração. Na literatura jurídica espanhola, parece assumir uma postura favorável a um entendimento da empresa como instituição, por exemplo, RAMÓN FRAGUAS, *El Concepto Jurídico de Empresa*, in *Estudios de Derecho Civil en Honor del Professor Castan Tobeñas*, Pamplona, 1969, vol. VI, pp. 230 e ss., em especial pp. 260 e ss.. Entre nós, pronunciam-se a favor de uma concepção institucional da empresa, por exemplo, JOÃO MANUEL CORTEZ PINTO, *A Corporação*, Coimbra, 1956, II, pp. 139 e ss.; OLIVEIRA ASCENSÃO, *Evolução do Conceito de Empresa. Aspectos Jurídicos*, in *Empresa*, Lisboa, n.ºs 5 e 6, Junho de 1964 (*Apud* OLIVEIRA ASCENSÃO, *Lições...,* I); ID., *Lições,* I, pp. 137 e ss. (sublinhe-se, porém, quanto escreve este autor nas suas lições de *Direito Corporativo* datadas – tal como a obra sobre a *Evolução do Conceito de Empresa,* na qual o ilustre Mestre sustenta uma visão institucionalista da empresa – de 1964: «*Não se avançou muito, no nosso sistema jurídico no sentido de fazer corresponder a empresa ao modelo da comunidade de trabalho.*». Cfr. *Direito...,* p. 254. Mas se era assim durante a época de vigência do sistema corporativo, em que a constituição de uma verdadeira comunidade de trabalho no seio da empresa representava um dos grandes objectivos a atingir, até por imperativo constitucional, não parece que, terminado tal sistema, se tenha progredido neste domínio). Do Professor OLIVEIRA ASCENSÃO v., ainda, *A Empresa e a Propriedade*

Julgamos que sempre existirá alguém disposto a considerar um património como o possuído pela Casa Rotschild «*sobre todos os aspectos e circunstâncias uma calamidade pública*» [131]. Não faltará certamente, também, quem, em nome da defesa da empresa, continue a ver nos pequenos accionistas (ou sócios), movidos por um forte desejo de lucro, uma das maiores ameaças para as sociedades comerciais [132]. Sabemos, por último, da existência de uma literatura que profetiza o aparecimento, depois da mitologia, de uma liturgia

---

(II), in Brotéria, ano 92, Lisboa, 1971, pp. 3 e ss., onde se diz: «A empresa é na sua essência uma instituição (...). Deve-se, pois, reconhecer e fomentar entre todos os participantes na empresa uma vida institucional, mediante a qual se assegure a realização do homem através do trabalho (...). Mas o panorama actual contraria abertamente esta exigência básica. A empresa resulta das contribuições de capitalistas, empresários, técnicos superiores e trabalhadores. Parece que a empresa poderia ser o ponto de comunhão destes vários interesses. (...). Infelizmente a realidade é muito diversa»; ORLANDO DE CARVALHO, *O Critério...*, p. 301, nota (117). Contra a ideia da empresa - instituição manifesta-se CARLOS FERREIRA DE ALMEIDA, *Direito Económico*, Lisboa, 1979, I parte, pp. 323 e ss., em especial, pp. 344 e ss.; e JOSÉ MANUEL COUTINHO DE ABREU, *A Empresa e o Empregador em Direito de Trabalho*, in *Estudos Em Homenagem ao Prof. Doutor J.J. Teixeira Ribeiro, III, Iuridica, in Boletim da Faculdade de Direito de Coimbra*, 1983, pp. 282 e ss., que, depois de proceder a um estudo acerca da evolução das construções institucionalistas, desde o século passado até aos nossos dias, considera - sem negar a face subjectiva da empresa - não poder aceitar-se,«*(...) por visivelmente idealista, a noção de empresa (...) como «comunidade» de trabalho ou de empresa, como instituição comunitária, sustentada por laços solidários, associativos e quejandos*». V., ainda, quanto escreve a este respeito MENEZES CORDEIRO, *Manual do Direito do Trabalho*, Coimbra, 1991, p. 499: «*(...) as comissões de trabalhadores traduziriam, por excelência, a intervenção dos trabalhadores nas empresas e dariam uma base institucional para a sua participação na tomada de decisões empresariais. (...). Sabe-se, no entanto que, em Portugal, as comissões de trabalhadores tiveram a sua origem em preocupações de ordem política, mais do que numa paulatina evolução empresarial do pensamento dos trabalhadores*». Este autor acrescenta, ainda, um pouco mais adiante, na p. 507: «*A cogestão tem em Portugal, contra si o óbice do radicalismo sindical latino e um certo incentivar ideológico da luta de classes, ainda há pouco dotado de consagração constitucional*».

[131] Ou não fora ele "certamente" utilizado de forma bem mais acertada no desenvolvimento das grandes empresas e da sua capacidade produtiva.

[132] Neste sentido, pode ver-se, por exemplo, RATHENAU, *La Realtà...*, in *Rivista...*, p. 932, para quem a acção não é um investimento para o pequeno aforrador, constantemente movido pelo escopo de lucro.

Limitação ou Supressão do Direito de Preferência dos Sócios   335

das sociedades anómimas ([133]) - verdadeiros pilares do estado ([134]), únicos capazes de nos levar a superar os limites da cidade terrena ([135]).

Porém, e por mais forte que seja a vontade de todos quantos pretendem ver na empresa uma realidade portadora de um superior interesse próprio ([136]) - interesse que pretende, por um lado, representar a superação da aspiração individualista de qualquer investidor ou capitalista na obtenção de lucros, e, por outro, identificar-se com o objectivo de multiplicação da eficiência produtiva - semelhante construção não encontra apoio na nossa lei ([137]) ([138]).

XV. Ver na empresa uma instituição significa, para quem defende semelhante construção, uma de duas coisas: ou a defesa da natureza associativa das relações laborais, ou a compreensão da

---

([133]) A este respeito, cfr. MIGNOLI, *L'Interesse...*, in *Rivista...*, pp. 762 e 763.

([134]) RATHENAU, *La Realtà...*, in *Rivista...*, p. 944.

([135]) MIGNOLI, *L'Interesse...*, in *Rivista...*, pp. 762 e 763.

([136]) Um dos componentes desse interesse é o próprio interesse dos sócios. Esse componente não se revela, porém, o mais importante. Merecedores de uma tutela bem maior são, porventura, os interesses dos trabalhadores e dependentes da empresa e, certamente, os interesses dos consumidores, assim como o interesse colectivo ao desenvolvimento nacional - ou, noutros termos, à maximização da produtividade da empresa. O suporte desta maximização deverá naturalmente residir no autofinanciamento, com a consequente marginalização do objectivo de distribuição de lucros.

([137]) Diferentemente se passarão, porém, as coisas, quando em causa estejam empresas públicas. Na nossa análise, não tomaremos, no entanto, em consideração a problemática por elas suscitada. A propósito das sociedades anónimas concessionárias ou privilegiadas, v. BRITO CORREIA, *Direito...*, II, p. 57, nota (102).

([138]) O próprio Hauriou manifestou-se, várias vezes, contra o excessivo entusiasmo dos seus seguidores ao qualificarem a empresa como instituição. Como evidencia este autor em *L' Imprévision et les Contrats Dominés par les Institutions Sociales*, in *Aux Sources, cit.*, pp. 142 e 143, na sua perspectiva, a solidariedade de interesses entre trabalhadores e empresários é meramente latente sem, no entanto, se manifestar. Apenas num futuro remoto - futuro que, como lembra EVARISTO DE MORAIS FILHO, *Sucessão nas Obrigações e Teoria da Empresa*, Rio de Janeiro, 1960, p. 159, nota (397), reportando-se a uma célebre afirmação de Anatole France, é o lugar próprio para os sonhos da humanidade - admitia Hauriou a possibilidade de tal solidariedade se vir a manifestar.

actividade do empresário e dos trabalhadores como uma tarefa funcionalizada ao interesse público e ao desenvolvimento da produção ([139]).

Para a primeira destas duas concepções seria possível descobrir um vínculo entre empresários e seus colaboradores, de tal forma agregados num núcleo social que se deveria aproximar a «empresa» da «família». Ambas seriam vistas como conjuntos de pessoas ou grupos unificados em torno de um interesse superior ao interesse individual dos seus membros.

O pressuposto em que esta tese assenta leva-nos, porém, a rejeitá-la de forma inequívoca. Na verdade, e em nosso entender, não existe em torno da empresa uma comunhão de fins, entre empresários e trabalhadores ([140]): apesar de em redor da unidade empresarial gravitarem simultaneamente interesses dos empresários e dos respectivos obreiros tais interesses não são convergentes. A sua afirmação faz-se mesmo, e com frequência, de forma conflituosa ([141]).

([139]) ASCARELLI, *Lezione...*, pp. 240 e 241 .

([140]) Nesta mesma direcção, pronunciam-se, na doutrina italiana, entre outros, autores como ASCARELLI, *Lezione...*, pp. 239 e ss.; e JAEGER, *L' Interesse...*, pp. 151 e ss.. Entre os autores franceses, destaque para RIVERO e SAVATIER, *Droit du Travail*, 6.ª ed., Paris, 1975, pp. 156 e ss.. Entre nós, v., por todos, JORGE COUTINHO DE ABREU, *A Empresa..., Estudos...*, in *Boletim...*, pp. 291 e ss.. Em sentido contrário, pode ver- se, na nossa literatura jurídica, por exemplo, OLIVEIRA ASCENSÃO, *Direito...*, I, p. 137, autor para quem a empresa corresponde a uma ideia de obra lançada no meio social e que unifica contributos materiais e humanos, entre os quais passa a haver uma ordem.

([141]) Neste sentido, podem ver-se ASCARELLI, *Lezione...*, p. 240; MIGNOLI, *L'Interesse...*, in *Rivista...*, p. 755; JAEGER, *L' Interesse...*, p. 152, autor que admite, porém, a existência de uma limitada comunhão de interesses entre empresário e trabalhadores na medida em que ambos têm a beneficiar com o sucesso da empresa e a temer com o seu insucesso. V., ainda, quanto escreve a este respeito JORGE COUTINHO DE ABREU, *A Empresa..., Estudos...*, in *Boletim*, pp. 291 e ss., para quem: *«Não poderá negar-se, é verdade, uma certa solidariedade dita de «facto» entre empregador e trabalhador. E uma certa convergência em relação ao fim «imediato» da empresa (a produção de bens). Mas aquela solidariedade, aquela relativa interdependência de interesses, revelar-se-á sempre mais na desgraça do que na prosperidade, assim como esta convergência não destruirá a essencial divergência que lhes é imanente».*

Limitação ou Supressão do Direito de Preferência dos Sócios   337

Basta ver como o empresário sente de modo directo todas as oscilações, positivas ou negativas, ocorridas nos negócios da empresa. O mesmo não se passa com o trabalhador. Este recebe pelo seu esforço uma retribuição fixa. As variações, porventura, verificadas no bom andamento da actividade empresarial são-lhe, por conseguinte (imediatamente) indiferentes ([142]).

Só assim não seria se os trabalhadores estivessem, também eles, directamente dependentes dos destinos da empresa. Para tanto, tornar-se-ia necessário garantir-lhes uma participação nos lucros e, mais importante ainda, ligá-los directamente aos riscos da actividade empresarial ([143]). Porém, no nosso direito isso não se verifica ([144]).

A respeito da segunda das duas concepções acima referidas - concepção que nos transporta para o domínio das construções próprias da teoria da *«Unternehmen an sich»*- deve sublinhar-se o facto de o interesse público estar presente em todos os institutos de direito patrimonial privado ([145]). Neste sentido, a actividade do empresário

---

([142]) JAEGER, *L' Interesse...*, p. 152.

([143]) No mesmo sentido, podem ver-se, nomeadamente, AULETTA, *Dell'Azienda*, in *Commentario del Codice Civile*, a cargo de Scialoja e Branca, pp. 4 e 5, que escreve: «*L' evvoluzione logica del concetto di istituzione, il quale importa l' esistenza di un scopo comune all'imprenditore e ai suoi collaboratori, è nel senso che l'impreditore sia obbligato verso i suoi collaboratori al raggiungiamento dello scopo comune, o, anche, più oltre, che detto scopo comune sia raggiunto mediante una comunione di volontà fra imprenditore e collaboratore. Ciò comporta una participazione dei lavoratori non solo agli utile ma anche al rischio dell'impresa»*; e JAEGER, *L' Interesse...*, p. 153.

([144]) BRITO CORREIA, *Direito do Trabalho*, III, *Participação nas Decisões*, Lisboa, 1984, pp. 7 e ss. e 231 e ss.; ID., *Direito* , I, p 55 Garante-se, é certo, às comissões de trabalhadores o direito ao controlo de gestão (artigo 55.º al. c) da Constituição da República Portuguesa). O conteúdo de tal direito não é, porém, de molde a permitir afirmar que exista uma verdadeira participação dos trabalhadores na formação e definição dos objectivos empresariais. Acerca do conteúdo do controlo de gestão, v., por todos, MENEZES CORDEIRO, *Manual...*, pp. 505 e ss..

([145]) Este facto é comummente reconhecido pela doutrina. Podemos destacar, a título meramente exemplificativo: ASCARELLI, *Lezione...*, p. 241; JAEGER, *L' Interesse...*, p. 161; e Luís MENEZES LEITÃO, *Pressupostos...*, p. 37. V., ainda, quanto escrevemos *Supra* pp. 328 e ss..

338   *Pedro de Albuquerque*

e dos trabalhadores apresentará, sem dúvida, um interesse económico geral, norteador da respectiva disciplina [146]. O problema reside, porém, em saber-se se o empresário deve inspirar-se, na sua tarefa, nalgum interesse diverso do seu. Noutras palavras, importa averiguar se a lei, para além de limitar a liberdade do empresário, lhe impõe, ainda, o dever de, no exercício da empresa, e conjuntamente com os seus trabalhadores, prosseguir, não o seu próprio interesse, mas o interesse económico geral.

A resposta a esta questão não pode deixar de ser negativa: no nosso ordenamento não existe nenhuma norma no sentido de impor aos empresários ou aos sócios o dever de prosseguirem um interesse a eles estranho [147]. Ao contrário, é a própria Constituição a garantir a liberdade da iniciativa privada [148] e a elevá-la a princípio geral do nosso direito.

É, além disso, um verdadeiro absurdo atribuir a um ente sem personalidade jurídica [149], e que acaba, em muitos casos, por assumir contornos místicos [150], a titularidade de interesses próprios [151]. Em que termos poderá ele visar um fim diverso do prosseguido pelo conjunto dos sócios [152]? Sustentar, como fazem os sequazes da teoria da *«Unternehmen an sich»*, a necessidade de se defender a empresa contra os sócios, quando são eles quem a explora, representa

---

[146] Assim, podem ver-se, nomeadamente, ASCARELLI, *Lezione...*, p. 210; e SENA, *Il Voto...*, pp. 135 e ss..

[147] O mesmo se verifica no entender da doutrina perante o direito italiano. Cfr., por todos, SENA, *Il Voto...*, p 138.

[148] Cfr. artigo 61.º n.º 1 da Constituição da República Portuguesa.

[149] Cfr.,no entanto, quanto escreve FERREIRA DE ALMEIDA, *Direito...*, I, pp. 323 e ss., para quem a empresa aguarda a hora da sua personalização, acerca da personalidade jurídica das empresas.

[150] A expressão parece ser de HAUSSMAM, *Gesellschaftsinteressen und Interessepolitik in der Aktiengesellschaft*, in *Bank-Archiv*, 1930, pp. 57 e ss. (*Apud* JAEGER, *L' Interesse...*, p. 25), tendo sido adoptada por muitos outros autores. V., por exemplo, JAEGER, *L' Interesse...*, p. 25; GUERRA DA MOTA, *A Tutela da Minoria e o Direito Unitário de Participação...*, p. 38; BRITO CORREIA, *Direito...*, I, p. 13; LUÍS MENEZES LEITÃO, *Pressupostos...*, p. 49.

[151] Cfr. os autores citados na nota anterior.

[152] É esta uma interrogação que se coloca também a LUÍS MENEZES LEITÃO, *Pressupostos...*, p. 40.

Limitação ou Supressão do Direito de Preferência dos Sócios   339

uma autêntica contradição lógica ([153]), apenas explicável em função de dados culturais e ideológicos desprovidos de carácter jurídico ([154]).

Repare-se, de resto, como, apesar de todo o intuito de conservação da empresa, eventualmente apresentado por certas normas, as minorias continuam a ser tuteladas no confronto com as maiorias ([155]).Repare-se como lucros necessários ao investimento e aumento da produção são repartidos entre os sócios ([156]). Repare-se, ainda, como a lei reconhece, a sujeitos diversos, o direito de receberem informações sobre os negócios sociais, não obstante tais informações poderem vir a prejudicar a empresa e a favorecer a concorrência ([157]) ([158]) ([159]).

([153]) Assim, JAEGER, *L' Interesse...*, pp. 25 e 26, que escreve: «*Lo slogan degli autori della teoria dell'* Unternehmen an sich, *secondo cui l'impresa deve essere difesa contro (...) gli azionisti, costituirebbe (...), prima ancora che un principio non accolto del diritto positivo, un assurdo logico*». V., ainda, sempre no mesmo sentido, LUÍS MENEZES LEITÃO, *Pressupostos...*, p. 40.

([154]) LUÍS MENEZES LEITÃO, *Pressupostos...*, p. 10, autor que demonstra ainda como o instituto da exclusão dos sócios nas sociedades comerciais só se pode entender face a uma concepção contratualista do interesse social.

([155]) JAEGER, *L' Interesse...*, p. 19; e LUÍS MENEZES LEITÃO, *Pressupostos...*, p. 36, nota (31).

([156]) Cfr. os autores citados na nota anterior.

([157]) V. a bibliografia referida nas notas anteriores.

([158]) Cfr., por exemplo, o disposto no artigo 290.° do Código das Sociedades Comerciais, preceito no qual se afirma categoricamente que as informações pedidas em assembleia geral de uma sociedade anónima não podem ser recusadas, salvo se a sua prestação ocasionar grave prejuízo à sociedade. Cfr., ainda, o disposto no artigo 215.° relativo às sociedades por quotas, de acordo com o qual a informação só pode ser recusada pelos gerentes «*quando for de recear que o sócio a utilize para fins estranhos à sociedade e com prejuízo desta*» (sic). Quer dizer: no caso das sociedades por quotas, não basta sequer a possibilidade de as informações poderem causar prejuízo à sociedade para serem legitimamente recusadas.É, ainda, necessária a verificação de um outro requisito: o receio de que o sócio utilize as informações para fins estranhos à sociedade. V., ainda, o artigo 291.° n.° 4 al. b) que condiciona a possibilidade de uma sociedade anónima se negar a dar as informações pedidas, no exercício do direito colectivo à informação, à potencialidade de tais informações lhe causarem um prejuízo relevante. Repare-se, por último, nas hipóteses previstas no n.° 2 do artigo 291.°, em que a recusa de fornecer as informações pedidas não é lícita, nem sequer quando a sua divulgação possa prejudicar a sociedade.

([159]) Este estado de coisas era, aliás, reconhecido e combatido por RATHENAU *La Realtà...*, in *Rivista...*, p. 944, em defesa daquela que viria a ser designada de teoria da «*empresa em si*».

340   *Pedro de Albuquerque*

XVI. Tudo ponderado, não ficam margens para hesitações: o interesse social não pode ser senão o interesse comum dos sócios. Quer a disciplina das sociedades comerciais, quer a disciplina jurídica da empresa, aparecem como formas de regulamentação de interesses de grupo e não de série.

Aliás, a prova, definitiva, da natureza contratual do conceito de interesse social é-nos fornecida pelo próprio regime da supressão ou exclusão do direito de preferência dos sócios em aumentos de capital ([160]).

Repare-se no teor do artigo 462.° n.° 2 do Código das Sociedades Comerciais. Ele não nos diz que, se o interesse da sociedade o justificar, o direito de preferência deve ser excluído: limita-se a afirmar a possibilidade da sua supressão. Desta forma, não se verifica qualquer funcionalização do voto à realização do interesse da sociedade. Ao contrário, o Código das Sociedades Comerciais deixou à assembleia geral a possibilidade de valorar livremente a oportunidade de suprimir, ou não, o direito de preferência. Únicos árbitros, os sócios podem, por conseguinte, decidir a manutenção do direito de preferência, mesmo na presença de razões substanciais e objectivas que aconselhem a supressão de tal direito ([161]).

([160]) No direito italiano, perante normas com um conteúdo perceptivo idêntico ao das nossas, a opinião segundo a qual o próprio instituto do direito de preferência dos sócios fornece elementos suficientes para se poder sustentar a natureza contratual tem sido defendida por conceituados estudiosos da matéria. Veja-se, por exemplo, quanto escreve, a este respeito, ROBERTO ROSAPPEPE, *L'Esclusione del Diritto di Opzione...*, p. 53. Em sentido contrário, manifesta-se, porém, RAFFAELE NOBILI, *Contributo allo Studio del Diritto D'Opzione...*, p. 193, para quem o artigo 2441.° do Código Civil italiano não tem relevo para a construção de uma teoria do interesse social, apesar de lhe fazer referência.

([161]) O artigo 460.° n.° 2 (preceito que se aplica às sociedades por quotas por remissão do artigo 266.° n.° 4.°) é a este respeito inequívoco. Transcrevemos, para assegurar uma maior clareza, o seu teor: «*A assembleia geral que deliberar o aumento de capital pode, para esse aumento, limitar ou suprimir o direito de preferência dos accionistas desde que o interesse social o justifique*». Se o interesse social tornasse necessária a supressão do direito de preferência, não se compreenderia a utilização da nomenclatura «pode». Isso

Limitação ou Supressão do Direito de Preferência dos Sócios

Perante isto, não podem ficar dúvidas quanto à natureza do interesse social: este não pode ser senão um interesse de natureza contratual ([162]) – o interesse comum dos sócios na realização do contrato de sociedade ([163]). Na verdade, se o nosso legislador tivesse pretendido consagrar uma concepção institucional das sociedades comerciais teria imposto a limitação ou supressão do direito de preferência dos sócios sempre que o interesse social o justificasse ([164]).

---

mesmo tem sido sublinhado pela doutrina italiana que, confrontada com uma norma de conteúdo perceptivo idêntico ao do artigo 460.º n.º 2 do Código das Sociedades Comerciais, não manifesta qualquer hesitação ao sustentar a liberdade da assembleia geral para manter o direito de preferência dos sócios, na presença de um interesse social favorável à supressão de tal direito. São disso bem elucidativas as seguintes palavras de BRACCO, *La Esclusione del Diritto di Opzione nella Società in Accomandita per Azione*, in *Rivista del Diritto Commerciale e del Diritto Generale delle Obbligazioni*, 1962, II, p. 176: *«se l'interesse di cui si discorre dovesse avere un carattere da rendere necessaria la esclusione del diritto di opzione, non si capisce allora perché l'esclusione "possa" essere deliberata»*. Esta ideia é acolhida sem sobressaltos pela restante doutrina. A título meramente exemplificativo, podem referir-se ASCARELLI, *L'Interesse Sociale dell'art. 2441 cod. civ. ...*, in *Rivista...*, p. 101; RAFFAELE NOBILI, *Contributo allo Studio del Diritto D'Opzione...*, pp. 217 e 218; JAEGER, *L' Interesse...*, pp. 226 e 228; GALGANO, *La Società per Azioni. Le Altre Società...*, p. 178; ID., *La Società...*, p. 342; ROBERTO ROSAPPEPE, *L'Esclusione del Diritto di Opzione...*, p. 53.

([162]) Neste mesmo sentido, e perante o artigo 2241.º do Codigo Civil italiano, v. ASCARELLI, *L'Interesse Sociale dell'art. 2441 cod. civ. ...*, in *Rivista...*, p. 101; e ROBERTO ROSAPPEPE, *L'Esclusione del Diritto di Opzione...*, que escreve: *«Volendo determinare se l' interesse (...)* [social, subentenda-se] *possa porsi a sostengo dalla concezione contratualista, ocorrerebe sottolineare, riprendendo una autorevole affermazione (...), che una visione istituzionalista della società per azione sarebbe trapelata dall'art. 2441 qualora esse avesse inderogabilmente imposto l'esclusione del diritto di opzione in presenza del interesse sociale. Ladove il riconoscimento all'assemblea della possibilità di valutare l'oportunità di escludere o meno il diritto di opzioni, consentendole di non deliberare l'esclusione anche in presenza di oggettive esigenze, sembrerebe militare in favori di una lettura in chiavi contratualista dell'art. 2441 (5)»*.

([163]) É esta noção de interesse social adoptada por autores como BRITO CORREIA, *Direito...*, I, pp. 49 e ss.; LUÍS MENEZES LEITÃO, *Pressupostos...*, p. 41. Na doutrina italiana, embora sem aderir totalmente a ela, parece revelar alguma simpatia por esta concepção do interesse social GIORGIO FORNASIERO, *Organizzazione...*, p. 31.

([164]) Assim também, e perante o direito italiano, ASCARELLI, *L'Interesse Sociale dell'art. 2441 cod. civ. ...*, in *Rivista...*, p. 101; e ROBERTO ROSAPPEPE, *L' Esclusione del Diritto di Opzione...*, p. 53.

342   *Pedro de Albuquerque*

É que, para os·institucionalistas os sócios encontram-se, sem excepções, obrigados a prosseguir o interesse social ([165]).

2. A relação entre o interesse social e a supressão ou limitação do direito de preferência

I. O problema da relação que deve existir entre o interesse social e a supressão ou limitação do direito de preferência afigura-se extremamente complicado. Em Itália, por exemplo, a doutrina tem dedicado ao tema enorme atenção ([166]).

Apesar disso, as clivagens permanecem abertas e extremamente vivas. As plataformas de consenso mostram-se quase impossíveis de alcançar: de um lado, apenas se considera a supressão do direito de preferência admissível quando ela seja um meio necessário para a realização do interesse social ([167]). Do outro, admite -se uma relação

---

([165]) Neste sentido, v., por exemplo, JAEGER, *L' Interesse...*, p. 183.

([166]) O mesmo sucede, aliás, com a jurisprudência que se tem vindo a ocupar, de há longa data e até aos nossos dias, desta questão. Cfr., entre outras, a *Sentença do Tribunal de Florença de 29 de Abril de 1953*, in *Rivista...*, II, pp. 396 e ss.; *Sentença do Tribunal de Milão de 12 de Julho de 1954*, in *Rivista del Diritto Commerciale e del Diritto Generale delle Obbligazioni*, 1955, II, pp. 281 e ss.; *Sentença do Tribunal de Milão de 16 de Fevereiro de 1961*, in *Il Foro Italiano*, 1961, I, coluna 537; *Sentença do Tribunal de Apelação de Milão de 13 de Dezembro de 1968*, in *Rivista del Diritto Commerciale e del Diritto Generale delle Obbligazioni*, 1968, II, pp. 278 e ss.; *Sentença da Cassação de 30 de Outubro de 1970*, in *Rivista del Diritto Commerciale e del Diritto Generale delle Obbligazioni*, 1970, II, p. 398; *Sentença do Tribunal de Turim de 13 de Junho de 1978*, in *Il Foro Italiano*, I, colunas 255 e ss..

([167]) É, por exemplo, essa a opinião de FRÈ, *Sul ' esclusione...*, in *Rivista...*, II, pp. 396 e ss.; ID., *Società...*, in *Commentario...*, comentário aos artigos 2438--44, p. 795, nota (16); ASCARELLI, *L'Interesse Sociale dell'art. 2441 cod. civ. ...*, in *Rivista...*, ano I, p. 93 (para quem a supressão do direito de preferência se deve considerar como verdadeiramente excepcional); MURANO, *Natura giuridica e Caratteri del Diritto D'Opzione...*, in *Studi...*, p. 272; MIGNOLI, *Le Assemblee...*, p. 238; JAEGER, *L' Interesse...*, pp. 220 e ss., em especial p. 227; FERRI, *Le Società...*, p. 652; FRANCESCO GALGANO, *La Società...*, p. 344 (autor de acordo com o qual a exclusão do direito de preferência se deve apresentar como um meio indispensável para a

Limitação ou Supressão do Direito de Preferência dos Sócios 343

de instrumentalidade menos categórica, de simples utilidade ou conveniência ([168]). Sustenta-se a ideia segundo a qual a referência ao interesse social seria uma mera reafirmação de um limite negativo de validade das deliberações sociais ([169]) – imposto pelas normas destinadas a regular e a prevenir os conflitos entre o interesse da sociedade e os interesses extra-sociais dos sócios – e logo se contrapõe uma outra construção que vê no interesse social uma condição ou requisito positivo cuja verificação seria imprescindível à supressão ou limitação do direito de preferência ([170]). Propugna-se a necessidade de um controlo judicial de mérito sobre as deliberações destinadas a excluir o direito de subscrição preferencial – com vista a permitir uma valoração acerca da efectiva subsistência de um concreto e objectivo interesse da sociedade na referida supressão ou exclusão ([171]) –

---

realização de um fim); FERRARA JR. e FRANCESCO CORSI, *Gli Imprenditore...*, p. 564, nota (3); ROBERTO ROSAPPEPE, *L'Esclusione del Diritto di Opzione...*, pp. 54 e ss..

([168]) Cfr., entre outros, SCIALOJA, *Fondatori e Promotori...*, in *Il Foro...*, coluna 755; e MINERVINI, *Sulla Tutela dell'«Interesse Sociale»...*, in *Rivista...*, p. 314.

([169]) MIGNOLI, *Reintegrazione del Capitale Azionario per perdita Totale e Diritti Individual degli Azionisti*, in *Rivista del Diritto Commerciale e del Diritto Generale delle Obbligazioni*, II, 1955, pp. 230 e 231; MENGONI, *Interesse Sociale ed Esclusione del Diritto di Opzione*, in *Rivista del Diritto Commerciale e del Diritto Generale delle Obbligazioni*, II, 1955, pp. 281 e ss.; RENATO MICCIO, *Il Diritto...*, pp. 93 e ss.; BUONOCORE, *Le Situazioni Soggetive...*, pp. 238 e 289; FRANCESCO GALGANO, *La Società...*, p. 343. Para uma apreciação crítica destas posições, cfr. JAEGER, *L'Interesse...*, pp. 227 e ss..

([170]) É esta a posição defendida pela *communis opinio*. Cfr. SCIALOJA, *Fondatori...*, in *Il Foro...*, coluna 458; BRUNETTI, *Trattato...*,II, p.520, nota (27-ter); ASCARELLI, *L'Interesse Sociale dell' art. 2441 cod. civ. ...*, in *Rivista...*, ano I, *passim*; RAFFAELE NOBILI, *Contributo allo Studio del Diritto D'Opzione...*, pp. 213 e ss.; MIGNOLI, *Le Assemblee...*, p. 238 (autor que parece ter mudado de opinião relativamente àquilo que sustentava no seu escrito *Reintegrazione...*, in *Rivista...*, II, p. 230); FERRI, *Le Società...*, p 652; ROBERTO ROSAPPEPE, *L'Esclusione del Diritto di Opzione...*, pp. 69 e ss..

([171]) Assim, SCIALOJA, *Fondatori...*, in *Il Foro...*, coluna 758; BRUNETTI, *Trattato...*,II, p. 520, nota (27-ter); MURANO, *Natura giuridica e Caratteri del Diritto D'Opzione...*, in *Studi...*, p. 272; ASCARELLI, *Diritto di Opzione...*, in *Studi...*, p. 259, nota (5); ID., *L'Interesse Sociale dell'art. 2441 cod. civ. ...*, in *Rivista...*, ano I, *passim*; RAFFAELE NOBILI, *Contributo allo Studio del Diritto D'Opzione...*, pp. 212 e ss.; FERRARA JR. e FRANCESCO CORSI, *Gli Imprenditore...*, p. 564, nota (3); ROBERTO ROSAPPEPE, *L'Esclusione del Diritto di Opzione...*, pp. 69 e ss.. Na jupara, de súbito, se levantar um sem número de vozes em sentido favorável à limitação da fiscalização, a efectuar pelos tribunais, aos casos de manifesto e imediato contraste entre a deliberação e o interesse social ([172]).

II. As questões acabadas de enunciar não são privativas do direito italiano. Ao contrário, elas colocam-se com igual acuidade perante a nossa lei.

E a primeira dificuldade ([173]) consiste, desde já, em apurar qual a relação de instrumentalidade que, na opinião do legislador, deverá existir entre a supressão ou limitação do direito de preferência e o interesse social.

Entre nós, terá sido Soares da Silva ([174]) quem dedicou maior atenção ao tema ([175]). Este autor não hesita em admitir o sacrifício, total ou parcial, do direito de preferência, quando isso se mostre conveniente para a realização do interesse social.

A razão de ser de semelhante entendimento estaria na própria nomenclatura utilizada pelo artigo 460.º n.º 2 do Código das Sociedades Comerciais. Nesse preceito, a lei confere à assembleia

---

risprudência, podem ver-se, no mesmo sentido, por exemplo, a *Sentença do Tribunal de Florença de 29 de Abril de 1953*, in *Rivista...*, II, pp . 396 e ss. (mas limitando os poderes de controlo do juiz); e *a sentença do Tribunal de Milão de 12 de Junho de l954*, in *Rivista...*, II., pp. 281 e ss..

([172]) MIGNOLI, *Reintegrazione...*, in *Rivista*, II, p. 230; MENGONI, *Interesse Sociale...*, in *Rivista...*, II, pp. 281 e ss.; RENATO MICCIO, *Il Diritto...*, pp. 93 e ss.; BUONOCORE, *Le Situazioni Soggetive...*, pp. 288 e 289; FERRI, *Le Società...*, p. 652; FRANCESCO GALGANO, *La Società...*, p. 345.

([173]) Dificuldade com a qual se encontra, aliás, directamente relacionada não apenas a questão de saber se o interesse social a que se refere o artigo 460.º n.º 3 do Código das Sociedades Comerciais representa, ou não, um requisito positivo imposto às deliberações de supressão do direito de preferência, mas, também, o problema da amplitude do controlo judicial sobre tais deliberações.

([174]) JOÃO SOARES DA SILVA, *Parecer, op. cit.*, pp. 29 e ss., em especial pp. 31 e 32.

([175]) Cfr., no entanto, RAÚL VENTURA, *Alterações do Contrato...*, pp . 220 e ss.; e MARIA AUGUSTA FRANÇA, *A Estrutura...*, p. 155.

Limitação ou Supressão do Direito de Preferência dos Sócios   345

geral a possibilidade de suprimir ou limitar o direito de preferência desde que o interesse social o «justifique» (sic). Ora, o termo «justificar» não parece pressupor uma relação de absoluta necessidade entre a supressão do direito de subscrição preferencial e a realização do interesse social. Ao contrário, ele aponta para uma conexão de simples utilidade ou conveniência. Nestes termos, e ainda segundo Soares da Silva, teriam total cabimento, face ao nosso direito, as palavras proferidas pela *Corte de Cassazione* no caso Cortezelli c. Pirelli, um dos mais célebres da história da jurisprudência italiana em matéria de direito das sociedades comerciais ([176]). Nesse aresto o tribunal considerou «*que a exigência de interesse social deve ser interpretada no sentido de que o interesse da sociedade deve ser sério e consistente, de forma a justificar que, na escolha do modo de realizar o aumento de capital, seja reconhecido como preferível, porque razoavelmente mais conveniente, o sacrifício total ou parcial do direito de opção dos sócios*».

III. Ninguém contestará, por certo, a afirmação segundo a qual a validade da deliberação de supressão ou limitação do direito de preferência depende da verificação de um interesse social sério em tal supressão ou limitação ([177]). A dificuldade não está em se saber se

---

([176]) Esta causa, iniciada perante o Tribunal de Milão, durou perto de uma década. Na primeira decisão, proferida em 16 de Fevereiro de 1961, o tribunal aderiu ao entendimento mais rigoroso segundo o qual o artigo 2441.° do Código Civil italiano permite uma valoração de mérito, pelos tribunais, com vista a determinar se a exclusão do direito de preferência se mostra mais adequada do que os outros instrumentos utilizáveis pela sociedade para realizar o interesse social. A sociedade Pirelli apelou, contra esta sentença, e a partir de então iniciou-se um longo processo que seria apreciado por vários tribunais e que terminaria com a sentença n.° 2263 de 30 de Outubro de 1970 do Tribunal de Cassação italiano. Para uma apreciação das várias sentenças proferidas pelos tribunais italianos neste caso, v · *Sentença do Tribunal de Milão de 16 de Fevereiro de 1961*, in *Il Foro Italiano*, 1961, coluna 537; *Sentença do Tribunal de Apelação de Milão de 13 de Novembro de 1963*, in *Il Foro Italiano*, 1964, I, coluna 165; *Sentença do Tribunal de Milão de 30 de Janeiro de 1967*, in *Il Foro Italiano*, 1967, I, coluna 518; *Sentença do Tribunal de Apelação de Milão de 31 de Maio de 1968*, in *Il Foro Italiano*, 1968, I, coluna 1965; *Sentença do Tribunal de Cassação de 30 de Outubro de 1970*, in *Il Foro Italiano*, I, colunas 2652 e ss..

([177]) Entre nós, a necessidade de verificação de um interesse social sério na supressão do direito de preferência é expressamente afirmada pelo Professor RAÚL VENTURA, *Alterações do Contrato...*, p. 221.

é, ou não, necessária uma relação entre o interesse social e o sacrifício do direito de preferência ([178]). Está, sim, na determinação da intensidade que deve revestir tal relação ou conexão.

A este respeito, ocorre sublinhar a seguinte circunstância: admitir uma simples relação de conveniência entre o sacrifício do direito de preferência e o interesse social equivale a aceitar a possibilidade de a sociedade suprimir, ou limitar, o direito de subscrição dos sócios quando – apesar de existirem outros meios para alcançar o fim pretendido ([179]) – isso se mostre, para ela, útil ([180]). Significa, no fundo, reconhecer à assembleia geral da sociedade a liberdade de escolher entre a supressão ou a manutenção do direito de preferência dos sócios ([181]).

Ora, é justamente a atribuição de uma tal liberdade de escolha a não convencer ([182]). Ela é, mesmo, frontalmente contrariada por toda a filosofia subjacente à figura do direito de preferência dos sócios. A lei, ao proceder à sua consagração, pressupôs logo a individualização de um determinado interesse: o interesse dos sócios em receberem a «oferta» para subscrição das novas acções ou quotas ([183]). Este interesse não se encontra na livre disponibilidade da assembleia geral ([184]). Ele impõe-se mesmo contra a vontade da maioria, e constitui, nesse sentido, uma forma de defesa da participação social dos sócios minoritários.

([178]) O artigo 460.º do Código das Sociedades Comerciais não deixa quaisquer dúvidas a este respeito.

([179]) O problema da relação que deve existir entre a supressão do interesse social e o sacrifício do direito de preferência só se coloca quando existam outros meios capazes de alcançar as mesmas finalidades com menor prejuízo para os sócios. Cfr. ROBERTO ROSAPPEPE, *L'Esclusione del Diritto di Opzione...*, p. 57.

([180]) Nesse sentido, cfr., por exemplo, a *Sentença do Tribunal de Florença de 29 de Abril de 1953*, in *Rivista...*, II, p. 400.

([181]) Nesta mesma direcção, pode ver-se, na doutrina italiana, por exemplo, ROBERTO ROSAPPEPE, *L'Esclusione del Diritto di Opzione...*, p. 58.

([182]) *Idem.*

([183]) V. *Supra passim.*

([184]) V., entre outros, BECKER, *Bezugsrechtausschluß gemäß § 186 Alsatz 4 satz 2 des Aktiengesetz in der Fassung der 2 EG-Richtlinie*, in *Der Betriebs...*, pp. 394 e 395.

Limitação ou Supressão do Direito de Preferência dos Sócios

Admitir a possibilidade de, na presença de vários meios para a realização de um fim, a assembleia optar pela supressão do direito de preferência dos sócios, com vista à realização desse mesmo fim, significaria admitir uma equivalência entre as diversas posições objecto da escolha [185]. Tal equivalência não existe, porém. A lei obriga a sociedade a colocar as novas participações sociais à disposição dos sócios e só na presença de um interesse social favorável ao sacrifício do direito de preferência pode ele ser limitado ou suprimido.

Este interesse não é, obviamente, um puro e simples interesse na recapitalização da sociedade. Trata-se, antes, de um interesse em oferecer as quotas ou acções de nova emissão a sujeitos diversos dos sócios existentes ao tempo da deliberação de aumento de capital [186], com o propósito de alcançar um determinado resultado que excede a simples entrada em dinheiro [187]. Ou seja: a razão de ser do sacrifício do direito de preferência dos sócios deverá consistir na necessidade de o aumento de capital ser subscrito por terceiros capazes de garantirem à sociedade um conjunto de vantagens, em determinado momento, identificáveis com o interesse social [188].

Numa palavra, e conforme sublinha Ferri, a supressão do direito de subscrição tem de ser um elemento de uma operação mais complexa que abrange o aumento de capital mas não se esgota nele [189]. Ela deve ser um meio para a realização de um interesse social concreto e objectivo [190] e limitar-se, por isso, aos casos em que o aumento

---

[185] Isso mesmo é sublinhado por FERRARA JR., *La Sentenza 30 Ottobre 1970, n.º 2263 della Cassazione in Tema di Verbale Assembleare e di Esclusione del Diritto di Opzione*, in *Il Foro Italiano*, 1972, I, coluna 219; e ROBERTO ROSAPPEPE, *L'Esclusione del Diritto di Opzione...*, p. 58.

[186] Realçam-no, entre outros, JAEGER, *L'Interesse...*, p. 222; e ROBERTO ROSAPPEPE, *L'Esclusione del Diritto di Opzione...*, pp. 59 e ss..

[187] Cfr., entre nós, RAÚL VENTURA, *Alterações do Contrato...*, p. 220.

[188] ROBERTO ROSAPPEPE, *L'Esclusione del Diritto di Opzione...*, *passim*, em especial p. 59.

[189] FERRI, *Le Società...*, pp. 651 e 652.

[190] A doutrina é, praticamente, unânime neste ponto. Assim e na literatura jurídica italiana, podem ver-se MURANO, *Natura Giuridica e Caratteri del Diritto*

348   *Pedro de Albuquerque*

de capital apenas aparece como um dos elementos de uma operação mais vasta orientada para fins específicos [191].

Mas, se assim é, então a relação entre o interesse social e a supressão ou limitação do direito de preferência não pode deixar de ser entendida em termos de absoluta necessidade [192], quanto mais não seja por ser praticamente impossível encontrar mecanismos alternativos válidos [193].

Aliás, se a supressão do direito de subscrição preferencial não tivesse de consistir, simultaneamente, no meio mais idóneo para a realização do interesse social e no menos gravoso para os sócios [194],

---

D'Opzione..., in *Studi...*, p. 287; RAFFAELE NOBILI, *Contributo allo Studio del Diritto D'Opzione...*, p. 188 (autor segundo o qual «(...) deve esistere un interesse sociale specifico e concreto che impone l'esclusione, interesse che è diverso da quello all'aumento di capitale», para acrescentar depois em nota «La distinzione deve essere tenuta presente in tutta la disciplina: infatti il controlo giudiziario riguarda l'interesse all'esclusione, non quello all'aumento di capitale»); MIGNOLI, Le Assemblee..., p. 238; JAEGER, L'Interesse..., p. 220 (para quem: «Si può dire chè, relativamente alla questione accennata, gli autori siano unanime nell'affermare che l'interesse sociale, cui riferice la disposizione in parola, non é il cosiddetto «interesse astrato», ossia (...) il generico interesse collettivo degli azionisti alla realizzazione dello scopo sociale; ma un interesse «concreto», cioè, in sostanza un interesse specifico che deve stare alla base della deliberazione approvata»; FERRI, Le Società..., p. 652; FRÈ, Società..., in Commentario..., comentário aos artigos 2438-44, p. 795; FERRARA JR. e FRANCESCO CORSI, Gli Imprenditore..., p. 564; ROBERTO ROSAPPEPE, L'Esclusione del Diritto di Opzione..., pp. 55 e 56. Entre nós cfr. MARIA AUGUSTA FRANÇA, A Estrutura..., p. 154; e RAÚL VENTURA, Alterações do Contrato..., p. 221.* Quer isto dizer que não basta, para limitar ou suprimir o direito de preferência, um interesse genérico. Mostra-se antes imprescindível que o específico interesse que se quer realizar com a operação de aumento de capital implique necessariamente o sacrifício do direito de preferência.

([191]) V. , nomeadamente, JAEGER, *L'Interesse...*, pp. 222 e 223; FERRI, *Le Società...*, p. 652; JOÃO SOARES DA SILVA, *Parecer, op. cit.*, pp. 29 e ss.; MARIA AUGUSTA FRANÇA, *A Estrutura...*, p. 151; RAÚL VENTURA, *Alterações do Contrato...*, p. 220.

([192]) Trata-se, como facilmente se compreenderá, de um imperativo lógico, pois, como refere a propósito FERRI, *Le Società...*, p. 650, não se pode querer o fim e não se querer o meio.

([193]) V., por todos, ROBERTO ROSAPPEPE, *L'Esclusione del Diritto di Opzione...*, p. 60.

([194]) Esta orientação mais rigorosa acerca da motivação que deve estar por detrás da supressão do direito de preferência - necessidade ou simples conve-

Limitação ou Supressão do Direito de Preferência dos Sócios

ela acabaria por se transformar num instrumento de espoliação das minorias e de esvaziamento dos seus direitos [195]. Na verdade, se para se proceder ao sacrifício do direito de preferência dos sócios bastasse a simples conveniência da sociedade, o instituto converter-se-ia numa arma da luta pelo poder [196]. Os sócios minoritários seriam privados de qualquer representatividade e influência na sociedade. Ou seja, o direito de preferência representaria um precioso meio para a realização de fins que se destina a combater.

E não se alegue ser esta interpretação contrária à discricionaridade atribuída pelo legislador à sociedade, quando utiliza no artigo 460.° n.° 2 a expressão «pode», limitar ou suprimir o direito de preferência. Semelhante nomenclatura não visa reconhecer, à assembleia geral, a possibilidade de sacrificar o direito de preferência dos sócios, quando isso se afigure simplesmente conveniente. Ela destina-se, antes, a permitir a manutenção do direito de subscrição preferencial dos sócios, mesmo na presença de um interesse social favorável à sua supressão ou limitação [197].

---

niência - é aquela que parece prevalecer na Alemanha. Para um enquadramento das posições sustentadas pelos diversos autores, v., nomeadamente, LUTTER, *Kölner Kommentar...*, II, II, comentário ao § 186, p. 346; FÜCHSEL, *Probleme des Bezuhgsrechtsausschlusses...*, in *Der Betriebs...*, pp. 1538 e 1539; WIEDEMANN, *Gesellschaftsrecht...*, I, pp. 417 e ss.; BECKER, *Bezugsrechtsausschluß...*, in *Der Betriebs...*, p. 394 e 395; REINHARDT e SCHULTZ, *Gesellschaftsrecht, op. cit.*, p. 236; RAISER, *Recht...*, p. 276; BARBARA GRUNEWALD, *Der Ausschluß...*, p. 296; GESSLER, EFERMEHL, ECKARDT e KROPFF, *Aktiengesetz...*, § 186, pp. 114 e ss.; SCHOCKENHOFF, *Gesellschaftsinteresse...*, pp. 4, 5, 8 e ss.. Na jurisprudência, destaque-se a *Sentença de 13 de Março de 1978* proferida pelo *DIIG*, in *BGIIZ*, pp. 40 c 33.,c 71 (cfr. também *Der Betriebs Berater*, 1978, pp. 776 e ss.) no conhecido caso *Kali+Salz*. Entre nós, a posição mais exigente quanto à relação que se deve estabelecer entre o sacrifício do direito de preferência e o interesse social é sustentada por MARIA AUGUSTA FRANÇA, *A Estrutura...*, pp. 154 e 155.

[195] Assim, e entre muitos outros, cfr., nomeadamente, FERRARA JR. e FRANCESCO CORSI, *Gli Imprenditore...*, p. 564, nota (3); MARIA AUGUSTA FRANÇA, *A Estrutura...*, pp. 154 e 155.

[196] MARIA AUGUSTA FRANÇA, *A Estrutura...*, p. 155.

[197] ROBERTO ROSAPPEPE, *L'Esclusione del Diritto di Opzione...*, pp. 65 e ss..

2.1. Continuação: O interesse social enquanto requisito positivo da supressão ou limitação do direito de preferência. Controlo judicial da sua verificação

I. A conclusão, por nós sustentada, quanto à relação que deve existir entre o interesse social e o sacrifício do direito de preferência, conduz, ao menos em princípio, à aceitação de um controlo judicial de mérito sobre as deliberações nas quais se decida a supressão ou limitação do direito de subscrição dos sócios [198]. Não falta, por isso, quem julgue ver no mencionado controlo uma forma de pôr em causa o princípio da autonomia da sociedade na valoração e definição do interesse social, e se recuse, por conseguinte, a aceitá-la [199].

É que o interesse social deve determinar-se em relação aos fins a alcançar pelo ente societário na respectiva acção [200]. Admitir a possibilidade de um controlo judicial de mérito sobre as deliberações sociais parece, assim, envolver a aceitação da possibilidade de os tribunais se substituírem à sociedade na determinação dos objectivos a alcançar por ela – pois só dessa forma lhes seria dado determinar qual o interesse social.

Porém, a escolha do rumo a seguir durante a vida do ente colectivo, assim como dos meios mais adequados para atingir tal rumo, cabem tipicamente, e por sua natureza, na esfera de julgamento da sociedade [201]. Qualquer intromissão neste domínio mostrar-se-ia, por conseguinte, totalmente despropositada [202].

---

[198] Na verdade, se se chega à conclusão segundo a qual o legislador apenas permite o sacrifício do direito de preferência quando a sua supressão seja o único meio – ou o menos gravoso para os sócios - ao dispor da sociedade para a realização do interesse social, então os tribunais devem poder valorar o referido interesse e apreciar, por conseguinte, o mérito da deliberação de supressão ou limitação do direito de preferência. De outra forma, não teriam capacidade para fiscalizar o respeito de um dos requistos impostos, por lei, para a supressão ou limitação do direito de subscrição preferencial dos sócios. Cfr. ROBERTO ROSAPPEPE, *L'Esclusione del Diritto di Opzione...*, p. 75.

[199] É, nomeadamente, essa a opinião de MENGONI, *Interesse Sociale...*, in *Rivista...*, II, p. 282.

[200] Neste sentido, pode ver-se, por exemplo, o *Tribunal de Florença em Sentença de 29 de Abril de 1953*, in *Rivista...*, II, pp. 400 e 401.

[201] *Idem*, p. 400.

Limitação ou Supressão do Direito de Preferência dos Sócios

II. A exacta compreensão deste problema obriga-nos a deter, um pouco mais, a nossa atenção no artigo 460.° n.° 2 do Código das Sociedades Comerciais, e a procurar determinar qual o preciso alcance da referência feita, pelo nosso legislador, ao interesse social.

Em Itália, uma autorizada corrente de opinião ([203]), tem considerado que o artigo 2441,5.° do Código Civil italiano não seria senão um afloramento ou manifestação da norma contida no artigo 2373.° do mesmo diploma, destinada a regular os conflitos entre o interesse da sociedade e os interesses extra-sociais dos sócios nas deliberações da assembleia geral.

Nestes termos, a referência ao interesse social teria um conteúdo puramente negativo: ela permitiria, apenas, atacar a deliberação de supressão ou limitação do direito de preferência quando se tratasse de uma manobra da maioria inspirada em interesses extra-sociais ([204]). Quer dizer: o interesse social, referido no artigo 2241.°, não seria um pressuposto positivo de validade da deliberação de supressão ou limitação do direito de preferência, destinado a condicionar o poder

---

([202]) A preocupação de evitar que os tribunais se substituam aos órgãos da sociedade na valoração do interesse social - e na apreciação, à luz desse interesse, da conveniência ou necessidade da supressão ou limitação do direito de preferência - tem estado no centro das atenções da doutrina e jurisprudência, tanto em Itália, como na Alemanha. Os resultados alcançados são os mais díspares. Para um enquadramento da questão, podem ver-se, na literatura jurídica italiana, e para citar apenas alguns autores, de entre a copiosa bibliografia sobre o tema: MENGONI, *Interesse Sociale...*, in *Rivista...*, II, pp. 281 e ss.; ASCARELLI, *L'Interesse Sociale dell'art. 2441 cod. civ....*, in *Rivista...*, ano I, pp. 93 e ss.; RAFFAELE NOBILI, *Contributo allo Studio del Diritto D'Opzione...*, pp. 212 e ss.; FRANCESCO GALGANO, *La Società...*, pp. 343 e ss. Para uma apreciação do problema tal como é colocado na Alemanha, v. LUTTER, *Materielle...*, in *ZGR*, p. 414; SCHOCKENHOFF, *Gesellschaftsinteresse...*, pp. 8 e ss..

([203]) Integram-se nela autores como MIGNOLI, *Reintegrazione del Capitale Azionario...*, in *Rivista...*, II, pp. 230 e 231; MENGONI, *Interesse Sociale ed Esclusione...*, in *Rivista*, II, 1955, pp. 281 e ss.; RENATO MICCIO, *Il Diritto...*,pp. 93 e ss.; BUONOCORE, *Le Situazioni Soggetive...*, pp. 288 e 289; FRANCESCO GALGANO, *La Società...*, p. 343.

([204]) Por exemplo, o interesse de alguns sócios em diminuírem a participação social dos outros.

352 Pedro de Albuquerque

da assembleia geral para dispor do direito de subscrição dos sócios. Tratar-se-ia, antes, de uma condicionante meramente coibitiva imposta ao acto de exercício de tal poder. A maioria não se deveria mover por interesses particulares dos seus membros, estranhos e opostos ao interesse comum dos sócios. Porém, enquanto não ultrapassasse estes limites, permaneceria soberana para valorar o interesse social.

Aceite este raciocínio, a conclusão quanto aos limites do controlo judicial sobre a deliberação de supressão ou limitação do direito de preferência dos sócios só poderia ser uma: a negação da possibilidade de realização, pelos tribunais, de uma apreciação de mérito sobre os motivos que levaram ao sacrifício do direito de subscrição. O juiz deveria, conforme refere a propósito Galgano [205], limitar-se: a) a verificar a inerência do interesse social invocado, para justificar o sacrifício do direito de subscrição dos sócios, ao esquema causal do contrato de sociedade [206]; b) a fiscalizar a existência, ou inexistência, de uma relação de meio e fim entre a compressão do direito de preferência e o interesse social invocado pela sociedade para sacrificar o referido direito.

Desta forma, estaria salvaguardada a automomia da sociedade na condução dos seus negócios.

III. A tese, em análise, foi fortemente combatida pela *communis opinio* italiana que, largamente favorável a um controlo judicial de mérito sobre as deliberações da assembleia geral [207], veio pôr em evidência as diferenças entre o artigo 2441.º e o artigo 2373.º do Código Civil italiano [208]. Actualmente, ela encontra-se largamente desacreditada.

---

[205] FRANCESCO GALGANO, *La Società...*, p. 345.

[206] Ou, nas palavras de MENGONI, *Interesse Sociale...*, in *Rivista...*, II, p. 290, o juiz deve acertar qual o interesse social que se encontra na base da decisão de comprimir o direito de preferência e examinar se o interesse, assim individualizado, é realmente da sociedade e não o interesse particular de um sócio ou grupo de sócios. Feito isto, o tribunal não pode ir mais longe.

[207] Cfr. *Supra*, p. 343, nota (171).

[208] V., entre outros, ASCARELLI, *L'Interesse Sociale dell'art. 2441 cod. civ. ...*, in *Rivista...*, ano I, pp.93 e ss.; RAFFAELE NOBILI, *Contributo allo Studio del Diritto*

Tal circunstância não impediu, porém, Soares da Silva ([209]) de sugerir a necessidade, ou conveniência, de se adoptarem, entre nós, os resultados alcançados pela jurisprudência e doutrina italiana que negam a possibilidade de uma apreciação judicial de mérito sobre a deliberação de supressão ou limitação do direito de preferência dos sócios. Não podemos, contudo, subscrever semelhante entendimento. Face ao teor do artigo 460.° n.° 2 do Código das Sociedades Comerciais, o interesse social aparece, claramente, como um requisito positivo da deliberação de supressão ou limitação do direito de preferência ([210]) - não como um simples limite negativo, destinado a impedir as deliberações contrárias ao interesse da sociedade.

Na verdade, ao exigir a justificação pelo interesse social do sacrifício do direito de preferência dos sócios, o Código das Sociedades Comerciais vai muito para além dos meios adequados ao tratamento das hipóteses em que a deliberação tomada não corresponde ao interesse da sociedade ([211]). Basta, para o comprovar, proceder ao confronto entre um desses meios e as normas relativas à supressão ou limitação do direito de preferência.

Tomemos em consideração o artigo 58.° n.° 1 alínea b) do Código das Sociedades Comerciais. Mesmo à vista desarmada, a diferença de estrutura entre este preceito e o artigo 460.° n.° 2 do mesmo Código é bem nítida. A primeira das duas normas apenas é aplicável quando o sócio tenha exercido o seu direito de voto com o propósito de prejudicar a sociedade ou outros sócios, e não supere

---

D'Opzione..., pp. 213 e ss ; ROBERTO ROSAPPEPE, L'Esclusione del Diritto di Opzione..., pp. 69 e ss..

([209]) JOÃO SOARES DA SILVA, Parecer, op. cit. , pp. 34 e ss..

([210]) RAÚL VENTURA, Alterações do Contrato..., pp. 220 e 221. Aliás, esta mesma circunstância é admitida por JOÃO SOARES DA SILVA, Parecer, op. cit. , pp. 33 e 34. Opinião idêntica à defendida no texto era já sustentada entre nós, e ainda antes da entrada em vigor do Código das Sociedades Comerciais, por AMÂNDIO DE AZEVEDO, O Direito De Preferência dos Accionistas na Subscrição de Novas Acções..., in Revista..., XV, p. 109.

([211]) RAÚL VENTURA, Alterações do Contrato..., pp. 220 e 221.

a chamada prova de resistência ([212]). Ou seja, ela apenas assume relevo nas hipóteses em que o voto, motivado por um interesse extra-social, cause um prejuízo à sociedade ou aos outros sócios (*«a menos que se prove que as deliberações teriam sido tomadas mesmo sem os votos abusivos»*). Não existe, por conseguinte, um interesse determinado e concreto, pressuposto pela norma, e com o qual a deliberação se deva conformar. Nestes termos, e para efeitos de aplicação do artigo 58.º n.º 1 alínea b) do Código das Sociedades Comerciais, o interesse da sociedade assume um papel puramente negativo. Ele impõe-se apenas quando em conflito com o interesse individual dos sócios ([213]). Ao contrário, no artigo 460.º n.º 2 não se estabelece que a deliberação de supressão ou limitação do direito de preferência é ilegítima quando o interesse prosseguido pela maioria esteja em conflito com o interesse da sociedade ou dos outros sócios e lhes possa causar um prejuízo. Exige-se, sim, a existência de um interesse social – e desta vez concreto e determinado ([214]) – com o qual se deve conformar a deliberação destinada a comprimir o direito de preferência. Não basta, por conseguinte, para assegurar a validade da deliberação social, a circunstância de o sacrifício do direito de preferência não ter sido aprovado por uma maioria formada pelos votos de sócios animados do propósito de causar prejuízos à sociedade ou aos outros sócios: é necessária a presença de um interesse social que «justifique» a supressão ou limitação do direito de preferência.

([212]) Acerca do sentido e alcance do artigo 58 n.º 1 alínea b), cfr. bibliografia citada *Supra* pp. 268 e ss..

([213]) Estas considerações aplicam-se igualmente aos outros meios com os quais o artigo 58.º n.º 1 al. b) se conjuga com vista a dar tratamento e prevenir as hipóteses em que a deliberação da assembleia geral não corresponde ao interesse social. Pense-se, por exemplo, no artigo 251.º do Código das Sociedades Comerciais. Neste preceito, a noção de interesse social apenas assume relevo quando, relativamemte à matéria da deliberação, o sócio se encontre numa situação de conflito de interesses com a sociedade.

([214]) A necessidade de o interesse na supressão do direito de preferência ser um interesse concreto e determinado, não o genérico interesse social, é reconhecidamente apregoado pela doutrina italiana. Cfr. *Supra*, p. 347, nota (190). Entre nós, a mesma opinião é defendida por RAÚL VENTURA, *Alterações do Contrato...*, p. 221.

Limitação ou Supressão do Direito de Preferência dos Sócios   355

Nestes termos, não podem ficar dúvidas quanto ao significado da referência, feita no artigo 460.° n.° 2, ao interesse: trata-se de um requisito positivo da deliberação de supressão ou limitação do direito de subscrição dos sócios, a apreciar concretamente perante cada caso ([215]).

IV. As conclusões alcançadas têm amplas repercussões na dilucidação da questão que nos ocupa: saber qual a amplitude do controlo judicial sobre a deliberação de supressão ou limitação do direito de preferência dos sócios. Demonstrada a existência de um requisito positivo ([216]) da deliberação de supressão do direito de preferência, não pode negar-se, ao tribunal, o poder de fiscalizar a verificação de tal requisito ([217]) ([218]). Ou seja, a capacidade para apreciar a efectiva subsistência do interesse em vista do qual o direito de preferência é suprimido ou limitado. Sustentar a necessidade de um controlo diverso, de natureza mais limitada, não só careceria de qualquer sentido ([219]) como colocaria, ainda, os sócios minoritários numa situação de quase total desprotecção ([220]).

O obstáculo levantado por quantos recordam a necessidade de se respeitar o princípio segundo o qual o controlo judicial sobre as sociedades se deve limitar à legitimidade dos actos por ela praticados ultrapassa-se facilmente. A valoração do interesse social na supressão ou limitação do direito de preferência não implica a intromissão dos

---

([215]) *Idem.*

([216]) Pressuposto, ou requisito, positivo determinado pela necessidade de acautelar o interesse individual dos sócios. Neste sentido, v., por todos, e na doutrina italiana, RAFFAELE NOBILI, *Contributo allo Studio del Diritto D'Opzione...*, p. 216. Cfr., porém, e ainda, *Supra* e *Infra, passim.*

([217]) RAFFAELE NOBILI, *Contributo allo Studio del Diritto D'Opzione...*, p. 216.

([218]) Sobretudo para quem, como nós, sustente que a relação entre o sacrifício do direito de preferência e o interesse social deve colocar-se em termos de «necessidade» (cfr. *Supra*). No mesmo sentido, v. ROBERTO ROSAPPEPE, *L'Esclusione del Diritto di Opzione...*, p. 73.

([219]) ROBERTO ROSAPPEPE, *L'Esclusione del Diritto di Opzione...*, p. 73.

([220]) FERRARA JR. e FRANCESCO CORSI, *Gli Imprenditore...*, p. 564, nota (3).

tribunais na vida da sociedade. Representa, apenas, um controlo da legitimidade do sacrifício do direito de preferência, através da verificação dos requisitos impostos por lei para que tal oblação possa ocorrer [221] [222].

Aliás, a prova da ausência de um interesse social encontra-se extremamente facilitada [223]: quando a iniciativa da proposta de supressão ou limitação do direito de preferência parte do órgão de administração ou direcção [224], deve ser apresentado à assembleia um relatório donde conste a justificação da proposta e demais condições de toda a operação (artigo 460.º n.º 5 do Código das Sociedades Comerciais). Esta justificação destina-se, obviamente, a demonstrar o interesse social que condiciona a deliberação de compressão do direito de preferência [225] e constitui, também ela, um requisito de legitimidade da referida deliberação. Quando solicitados a apreciar a legalidade do sacrifício do direito de subscrição dos sócios, os tribunais devem, por isso, verificar a sua subsistência e cumprimento.

---

[221] Neste mesmo sentido, podem ver-se, por exemplo, CARNELUTTI, *Ecesso di Potere nella Deliberazione dell' Assemblea delle Anonime*, in *Rivista del Diritto Commerciale e del Diritto delle Obbligazioni*, 1926, II, p. 176 (autor que sublinha como nalguns casos se requer um exame de mérito para descobrir um vício que não é de mérito); SCIALOJA, *Imputazione...*, col. 758, para quem a supressão do direito de preferência é um dos casos em que é forçoso admitir uma circunscrita valoração do mérito no controlo da legitimidade da deliberação da assembleia; FRÈ, *Sull'Esclusione...*, in *Rivista...*, II, p. 402 ; RAFFAELE NOBILI, *Contributo allo Studio del Diritto D'Opzione...*, p. 216; ROBERTO ROSAPPEPE, *L'Esclusione del Diritto di Opzione...*, p. 75.

[222] Presente este aspecto, verifica-se como aquilo a que se convencionou chamar «controlo judicial de mérito» da deliberação de supressão ou limitação do direito de preferência não é, afinal, mais do que uma simples apreciação da legitimidade do acto praticado.

[223] Cfr. MARIA AUGUSTA FRANÇA, *A Estrutura...*, p. 153.

[224] O que, conforme refere o Professor RAÚL VENTURA, *Alterações do Contrato...*, p. 224, na prática quase sempre sucederá.

[225] RAÚL VENTURA, *Alterações do Contrato...*, p. 224.

Mas se é assim, então, a própria deliberação não pode deixar de consentir individualização e apreciação do interesse por ela considerado, para a supressão ou limitação do direito de preferência [226]. Deve, pois, concluir-se em definitivo: a nossa lei permite um verdadeiro controlo de mérito sobre a deliberação destinada a sacrificar o direito de subscrição preferencial [227].

V. Contra esta visão do problema, poder-se-ia argumentar que a exigência de relatório justificativo da supressão ou limitação é circunscrita. Ela não abrange as hipóteses nas quais o sacrifício do direito de preferência resulta de proposta dos sócios (artigo 460.º n.º 5 do Código das Sociedades Comerciais). A exigência de um relatório escrito, destinado a indicar os motivos da supressão do direito de subscrição preferencial, apareceria, assim, como pouco significativa. Não seria, por isso, possível alicerçar em tal exigência conclusões quanto à amplitude do controlo judicial sobre a deliberação social de comprimir o referido direito. A própria fundamentação do controlo de mérito na necessidade de proteger as minorias pode parecer débil: nos aumentos de capital por entradas em espécie, o legislador priva, automaticamente, os sócios do direito de preferência, independentemente da demonstração de qualquer interesse social na realização de tal operação (artigo 458.º n.º 1 do Código das Sociedades Comerciais). Desta forma, a lei inviabiliza de modo claro um controlo de mérito sobre a supressão do direito de subscrição dos sócios quando o aumento de capital seja realizado através de entradas em espécie. Mas, se é assim num caso, porque não admitir o mesmo nos restantes?

Um raciocínio deste tipo carece, porém, e em nosso entender, de fundamento [228].

---

[226] ROBERTO ROSAPPEPE, *L'Esclusione del Diritto di Opzione...*, pp. 74 e 75.

[227] Assim, também, MARIA AUGUSTA FRANÇA, *A Estrutura...*, p. 155.

[228] Na mesma direcção, v. MARIA AUGUSTA FRANÇA, *A Estrutura...*, p. 157.

358   *Pedro de Albuquerque*

Antes de se afirmar a limitação do relatório justificativo da supressão ou limitação do direito de preferência, é preciso verificar se o artigo 460.º n.º 5 do Código das Sociedades Comerciais não deve ser aplicado analogicamente aos casos em que não tenha sido o órgão de administração a propor tal supressão ([229]) ([230]). Para tanto, importa determinar se não existe uma lacuna legal na regulamentação de tais situações ([231]).

A origem da proposta de supressão ou limitação do direito de subscrição dos sócios não modifica em nada a respectiva situação ([232]). As exigências de protecção e facilitação da prova processual são as mesmas, quer a proposta parta do órgão de administração, quer resulte da iniciativa de um sócio. Além disso, os sócios necessitam de estar informados para poderem conceber uma opinião sobre os assuntos que são objecto de deliberação. Ora, o conteúdo do relatório parece ser essencial para esse efeito ([233]) ([234]). Se o proponente não

---

([229]) *Idem*, p. 156. Aplicação analógica que não deverá ser feita de forma a obrigar o órgão de administração a fazer o relatório para o qual poderá não ter dados suficientes. Ela deve antes ser de molde a generalizar a todo o proponente a obrigatoriedade de apresentação do referido relatório (Cfr. Maria Augusta França, *A Estrutura...*, pp. 156 e 157).

([230]) Em sentido aparentemente contrário à existência de uma lacuna, v. Raúl Ventura, *Alterações do Contrato...*, pp. 222 e ss., que parece estabelecer uma distinção, quanto à obrigatoriedade do relatório, consoante a iniciativa de supressão ou limitação do direito de preferência parta da sociedade ou de um sócio.

([231]) Maria Augusta França, *A Estrutura...*, p. 157.

([232]) *Idem*.

([233]) *Idem*.

([234]) Em Itália, só recentemente foi imposta, por lei, a obrigatoriedade de um relatório com vista a demonstrar quais as razões da supressão do direito de preferência. Apesar disso, doutrina e jurisprudência não deixaram nunca de discutir a necessidade de tal relatório ou, pelo menos, a necessidade de motivação da deliberação na qual se procede ao sacrifício do direito de preferência. Embora não faltassem vozes contrárias à necessidade de a supressão do direito de subscrição ser motivada pelos administradores (cfr., por exemplo, Mengoni, *Interesse Sociale...*, in *Rivista...*, II, p. 282; Raffaele Nobili, *Contributo allo Studio del Diritto D'Opzione...*, pp. 221 e ss.), a *communis opinio* parecia inclinada a aceitar a posição inversa. V. Ascarelli, *L'Interesse Sociale dell'art. 2441 cod. civ. ...*, in *Rivista...*, ano I, p. 94; e, mais recentemente, numa visão

Limitação ou Supressão do Direito de Preferência dos Sócios 359

fornecer tais informações e não esclarecer os objectivos da operação a realizar, os órgãos da sociedade também não o poderiam fazer por desconhecerem esses objectivos [235] [236]. Os sócios ficariam, desse modo, impedidos de votar conscientemente. Perder-se-ia o efeito útil do direito de proporem a supressão do direito de preferência [237]. Perante estes argumentos, parece de considerar realmente a existência de uma lacuna, susceptível de ser colmatada através da aplicação analógica do artigo 460.º n.º 5 [238]. Entender o contrário equivaleria a esvaziar a protecção das minorias assegurada pelo preceito: a simples alteração da origem da proposta modificaria, consideravelmente, a tutela concedida [239].

São, ainda, considerações do tipo das acabadas de tecer a demonstrar como, no caso do aumento de capital por entradas em espécie, o interesse social não se encontra *in re ipsa*. É, ao contrário, necessário comprová-lo [240]. Senão vejamos.

A natureza das entradas não altera em nada a posição dos sócios perante as eventuais consequências que um aumento de capital pode provocar na sua esfera jurídica [241]. A inexistência do direito de preferência, no caso dos aumentos de capital a serem realizados em espécie, justifica-se pela necessidade de a sociedade dispor dos bens que compõem a entrada [242]. Mas se assim é, o sacrifício do direito

---

retrospectiva, ROBERTO ROSAPPEPE, *L'Esclusione del Diritto di Opzione...*, p. 74. Na jurisprudência, cfr. a *Sentença do Tribunal de Florença de 29 de Abril de 1953*, in *Rivista...*, II, pp. 396 e ss..

[235] No mesmo sentido, MARIA AUGUSTA FRANÇA, *A Estrutura...*, p. 157.

[236] Em contrapartida, o direito à informação garante aos sócios proponentes o acesso aos elementos de que possam carecer para elaborar o relatório. Nesta direcção, v. MARIA AUGUSTA FRANÇA, *A Estrutura...*, p. 157

[237] *Idem.*

[238] *Idem*, pp. 157 e 158.

[239] *Idem*, p. 157.

[240] Neste mesmo sentido, podem ver-se, na doutrina estrangeira, JESUS RUBIO, *Curso de Derecho de Sociedades...*, p. 318; e ROBERTO ROSAPPEPE, *L'Esclusione del Diritto di Opzione...*, pp. 91 e ss.; entre nós, cfr. MARIA AUGUSTA FRANÇA, *A Estrutura...*, p. 156.

[241] MARIA AUGUSTA FRANÇA, *A Estrutura...*, p. 156.

[242] SÁNCHEZ ANDRÉS, *El Derecho de Suscripción Preferente...*, p. 310.

de preferência tem de ficar dependente da efectiva verificação de tal interessse [243] [244]. Só nesse caso pode a maioria deliberar um aumento de capital com entradas em espécie [245]. Esta solução é, aliás, e conforme refere Maria Augusta França, a única a evitar a transformação da assembleia geral «(...) em *"mercado da maioria"*, e *o afastamento dos direitos mais elementares dos sócios por possibilidades jurídicas formais (...)*» [246].

---

[243] Cfr. ALVAREZ ALVAREZ, *Ejercicio del Derecho de Suscripción...*, in *Anuario...*, pp. 277 e ss.; ROBERTO ROSAPPEPE, *L'Esclusione del Diritto di Opzione...*, pp. 91 e ss.; MARIA AUGUSTA FRANÇA, *A Estrutura...*, p. 156.

[244] Significa isto que para a sociedade não deve ser indiferente receber o bem ou o dinheiro. Cfr. MARIA AUGUSTA FRANÇA, *A Estrutura...*, p. 156.

[245] Na mesma direcção, v., entre outros, BECKER, *Bezugsrechtsausschluß...* in *Der Betriebs...*, p. 395; ROBERTO ROSAPPEPE, *L'Esclusione del Diritto di Opzione...*, pp. 91 e ss.; MARIA AUGUSTA FRANÇA, *A Estrutura...*, p. 156.

[246] MARIA AUGUSTA FRANÇA, *A Estrutura...*, p. 156. Cfr., igualmente, LUTTER, *Kölner Kommentar...*, II, II, comentário ao § 186, p. 348.

III - Supressão e Limitação do direito de preferência

1. A vinculação do direito de preferência na subscrição de novas acções ou quotas

I. Entre as possíveis formas de se proceder à restrição do direito de preferência dos sócios, uma das menos estudadas é a resultante da limitação da sua transmissibilidade [247]. Essa limitação pode resultar de duas circunstâncias diversas: ou da existência de entraves à livre circulabilidade das quotas ou acções ou de uma confinação directa da própria capacidade de circulação do direito de subscrição. Os problemas suscitados por cada uma destas duas situações são diversos e merecem, por conseguinte, uma análise separada.

No tocante ao primeiro ponto, importa começar por sublinhar a circunstância de o Código das Sociedades Comerciais prever e disciplinar a circunscrição da livre transmissão de quotas ou acções. Objecto da vinculação é a própria participação social em si [248]. Desta devem distinguir-se os direitos dela decorrentes mas que, em certo sentido, se autonomizaram [249]. Entre tais direitos conta-se, natu-

---

[247] Neste mesmo sentido, pode ver-se SÁNCHEZ ANDRÉS, *El Derecho de Suscripción Preferente...*, p. 377.

[248] Na mesma direcção, embora reportando-se apenas ao direito accionário, EVARISTO MENDES, *A Transmissibilidade...*, II, p. 284.

[249] *Idem*, pp. 284 e 285.

ralmente, o direito de preferência dos sócios (quando atinge a chamada fase de concretização). Ele não é directamente abrangido pelas normas destinadas a regular a vinculação da participação social. Coloca-se, no entanto, a questão de saber em que medida poderá semelhante vinculação afectar a livre transmissibilidade do direito de preferência. O problema põe a descoberto uma relativa contradição entre os interesses protegidos pelo direito de subscrição preferencial e aqueles outros tutelados pelas cláusulas ou disposições limitativas da transmissibilidade das quotas ou acções - contradição nem sempre fácil de resolver ([250]).

II. Se admitirmos que as restrições à circulação da participação social se aplicam também ao direito de preferência, encontrar-nos-emos perante uma limitação reflexa desse direito ([251]): quando o sócio não queira, ou não possa, exercer directamente o seu direito de subscrição, a realização do respectivo valor económico ficará seriamente comprometida. Nestes termos, a função patrimonial do direito de participação preferencial em aumentos de capital é atingida. Levanta-se, por isso, a questão de saber se não estaremos perante uma mutilação ilegítima de tal direito ([252]).

Se nos recusarmos, porém, a aplicar, ao direito de preferência, as restrições à transmissibilidade da participação social, fica fortemente diminuída a eficácia limitativa de tais restrições, pois, conforme referem a propósito Garrigues e Uria, tanto vale ceder acções ou quotas como o direito de subscrever essas mesmas acções ou quotas([253]).

([250]) SÁNCHEZ ANDRÉS, *El Derecho de Suscripción Preferente...*, p. 380.

([251]) SÁNCHEZ ANDRÉS, *El Derecho de Suscripción Preferente...*, p. 380. Cfr., ainda a este propósito, as considerações tecidas por LUTTER, *Kölner Kommentar...*, II, II, comentário ao § 186, pp. 335 e ss.; e EVARISTO MENDES, *A Transmissibilidade...*, II, pp. 286 e ss..

([252]) SÁNCHEZ ANDRÉS, *El Derecho de Suscripción Preferente...*, p. 380.

([253]) JOAQUIN GARRIGUES e RODRIGO URIA, *Comentario a la Ley de Sociedades...*, I, p. 462, que escrevem: «(...) *en defenitiva tanto monta ceder acciones como*

Limitação ou Supressão do Direito de Preferência dos Sócios 363

Em virtude desta última circunstância, a *communis opinio* tem entendido que o conflito entre o interesse do sócio, na manutenção da livre transmissibilidade do seu direito, e o interesse da sociedade, na restrição da circulabilidade do direito de preferência, se deve resolver em favor deste último [254]. Dalmartello chegou mesmo a sustentar, face à instrumentalidade e acessoriedade caracterizadora do direito de subscrição, a impossibilidade de ele atribuir faculdades superiores à participação da qual deriva ou que permite subscrever [255].

III. Entre nós, o Código das Sociedades Comerciais ocupou--se do assunto no artigo 267.°, relativo às sociedades por quotas. A solução a extrair desse preceito parece ser a de que a transmissão do direito de preferência se encontra sujeita às limitações estabelecidas para as próprias quotas. No tocante, porém, às sociedades anónimas, a nossa lei é totalmente omissa. Importa, por isso, tentar encontrar uma resposta para o problema [256].

---

derechos de suscripción de estas». O argumento é textualmente retomado por diversos autores. V., por exemplo, SÁNCHEZ ANDRÉS, *El Derecho de Suscripción Preferente...*, p. 380; e ALEJANDRO LARRIBA, *Acciones...*, p. 447.

[254] Assim, podem ver-se, entre outros, BERNICKEN, *Das Bezugsrecht...*, p. 67; LACHENAL, *Le Droit...*, p. 64; RAFFAELE NOBILI, *Contributo allo Studio del Diritto D'Opzione...*, pp. 113 e ss.; GODIN-WILHELMI, *Aktiengesetz, op. cit.*, § 186, p. 1053; ALVAREZ ALVAREZ, *Ejercicio del Derecho de Suscripción...*, in *Anuario...*, p. 339; ALEJANDRO BÉRGAMO, *Sociedades...*, II, p. 607; LUTTER, *Kölner Kommentar...*, II, II, comentário ao § 186, p. 337; SÁNCHEZ ANDRÉS, *El Derecho de Suscripción Preferente...*, p. 380; ALEJANDRO LARRIBA, *Acciones...*, p. 447; EVARISTO MENDES, *A Transmissibilidade...*, II, pp. 288 e 338.

[255] DALMARTELLO, *Limitazione Statutarie alla Circolazione delle Azione e Regime di Circolazione dei Diritti di Opzione*, in *Temi*, 1949, p. 96.

[256] Sublinhe-se, de resto, o facto de o artigo 267.° do Código das Sociedades Comerciais não resolver todos os problemas que se colocam acerca do modo como se deve articular o regime do direito de preferência com as limitações impostas à transmissibilidade das quotas. Este artigo parece pressupor uma situação na qual antigas quotas e novas quotas estão sujeitas às mesmas regras de transmissão. Nada se diz quanto às soluções a adoptar na hipótese de tal regime ser diverso. A resposta a esta questão será, em grande medida, idêntica à que daremos a propósito das sociedades por acções.

De acordo com Evaristo Mendes, o regime estabelecido para as sociedades por quotas revelaria ser conforme ao espírito do sistema a subordinação do direito de preferência às restrições estabelecidas para as próprias acções [257]. Semelhante posição parece, em princípio, de acolher. Revela-se, no entanto, necessária alguma prudência neste domínio: as situações com as quais o intérprete pode deparar são variadas. Importa, por conseguinte, proceder à sua distinção e verificar se a especificidade de cada uma delas não conduz a resultados diversos [258].

A primeira das hipóteses susceptível de se verificar dá-se quando as acções anteriores ao aumento de capital sejam vinculadas e o devam ser também as novas. Nesse caso, a transmissão do direito de preferência é vinculada [259]. De outra forma, o sistema seria lacunoso e permitiria a entrada de indesejáveis em caso de aumento de capital a subscrever preferencialmente pelos sócios [260].

Na eventualidade de as antigas acções serem vinculadas mas as novas acções livremente transmissíveis, parece de considerar a

---

[257] EVARISTO MENDES, *A Transmissibilidade...*, II, p. 338.

[258] A variedade de problemas originados pela vinculação de acções ou do direito de preferência não é descurada por Evaristo Mendes. O autor havia procedido ao seu estudo quando analisou as soluções defendidas, para a resolução deste problema, pela doutrina alemã. Ao tratar da questão face ao direito português, Evaristo Mendes pôde, assim - e depois de afirmar que *«o regime estabelecido para as sociedades por quotas (art. 267) confirma (...) que corresponde ao espírito do sistema (...)»* a submissão do direito de preferência *«(...) às mesmas limitações a que estiverem sujeitas as próprias acções (...)»* - limitar-se a remeter para o título dedicado à apreciação das soluções do direito alemão nesta matéria. Cfr. *A Transmissibilidade...*, II, pp. 288 e 338 e ss.

[259] É esta a opinião generalizada da doutrina. A título meramente exemplificativo, podem referir-se, entre outros, RAFFAELE NOBILI, *Contributo allo Studio del Diritto D'Opzione...*, p. 114; LUTTER, *Kölner Kommentar...*, II, II, comentário ao § 186, p. 337; EVARISTO MENDES, *A Transmissibilidade...*, p. 288.

[260] V. LUTTER, *Kölner Kommentar...*, II, II, comentário ao § 186, p. 337; e EVARISTO MENDES, *A Transmissibilidade...*, II, p. 288.

Limitação ou Supressão do Direito de Preferência dos Sócios   365

circulação do direito de preferência igualmente livre ([261]) ([262]): de pouco serve limitar o número de pessoas capazes de concorrer à subscrição se as acções, uma vez subscritas, podem mudar de titular sem quaisquer restrições. Seria difícil vislumbrar, nesta situação, um interesse da sociedade susceptível de se impor ao interesse do sócio e de determinar a compressão do seu direito ([263]).

Mais complicada é a questão de saber se, na hipótese de as antigas acções ([264]) serem livremente transmissíveis e as novas se mostrarem vinculadas, a transmissão do direito de preferência deve, ou não, considerar-se abrangida pela vinculação. Confrontada com semelhante problema, a *communis opinio* alemã parece manifestar-se de forma favorável ao primeiro termo da alternativa ([265]).

Para Lutter, por exemplo, o conflito de valores entre a natureza e função do direito de preferência, por um lado, e a admissibilidade de vinculação, por outro, é de resolver em benefício da sociedade - e, portanto, no sentido da sujeição do direito de preferência às mesmas limitações a que se encontram sujeitas as novas acções. Deve-se isso, no entender do autor, à circunstância de os sócios não terem, em caso de aumento de capital, direito a acções de categoria idêntica às por eles possuídas ([266]). Ao contrário, a lei permite a

---

([261]) Nesta direcção, podem ver-se, nomeadamente, LUTTER, *Kölner Kommentar...*, II, II, comentário ao § 186, p. 337; SÁNCHEZ ANDRÉS, *El Derecho de Suscripción Preferente...*, p. 381; e EVARISTO MENDES, *A Transmissibilidade...*, II, p. 288. Contra, manifesta-se DALMARTELLO, *Limitazione...* in *Temi, cit.*, pp. 96 e ss., autor que chega a duvidar da legalidade de semelhante operação. Face ao nosso direito, a possibilidade de as antigas acções serem vinculadas e as novas livremente transmissíveis não levanta, perante o disposto no n.º 3 do artigo 328.º do Código das Sociedades Comerciais, quaisquer dificuldades.

([262]) O princípio vale igualmente para as sociedades por quotas.

([263]) SÁNCHEZ ANDRÉS, *El Derecho de Suscripción Preferente...*, p. 381.

([264]) Ou quotas.

([265]) V., por exemplo, LUTTER, *Kölner Kommentar...*, II, II, comentário ao § 186, p. 337. Cfr. igualmente EVARISTO MENDES, *A Transmissibilidade...*, II, p. 287 e bibliografia aí citada. Na literatura jurídica italiana, v., no mesmo sentido, DALMARTELLO, *Limitazione...*, in *Temi, cit.*, p. 96.

([266]) A este respeito, cfr. *Supra* pp. 273 e ss..

emissão de acções de categoria inferior aos títulos até então possuídos pelos sócios ([267]) e, naturalmente, só relativamente a elas têm os membros da sociedade um direito de subscrição.

A aceitação de semelhante solução não é, porém, desprovida de dificuldades. Se a circulação das acções donde emerge o direito de preferência é livre, parece que também o deve ser o próprio direito de preferência ([268]). Admitir o contrário parece, pelo menos à primeira vista, admitir um absurdo ([269]): seria aceitar a possibilidade de existir uma acção livremente transmissível cujos direitos seriam, no entanto, vinculados.

2. A subscrição indirecta

I. O artigo 461.º do Código das Sociedades Comerciais concede à assembleia geral ou ao órgão de administração que aprovou um concreto aumento de capital a possibilidade de deliberarem que as novas acções sejam subscritas por uma instituição financeira ([270]), a qual assumirá a obrigação de as oferecer aos accionistas ou a terceiros, nas condições estabelecidas com a sociedade. A esta figura dá a nossa lei o nome de subscrição indirecta. A sua importância é enorme. Nalguns países, como, por exemplo, a Alemanha, as sociedades de maior dimensão recorrem quase invariavelmente a esta forma de proceder ao aumento de capital. Apesar disso, os seus contornos e a sua exacta caracterização têm permanecido obscuros um pouco por toda a parte. Discute-se, nomeadamente, se a subscrição indirecta constitui, ou não, um caso de exclusão do direito de preferência e se a sua realização se encontra subordinada à verificação dos requisitos impostos por lei para a supressão ou limitação da preferência dos sócios.

([267]) LUTTER, *Kölner Kommentar...*, II, II, comentário ao JJ 186, p. 337.

([268]) SÁNCHEZ ANDRÉS, *El Derecho de Suscripción Preferente...*, p. 381.

([269]) É essa a opinião de SÁNCHEZ ANDRÉS, *El Derecho de Suscripción Preferente...*, p. 381.

([270]) Acerca do alcance desta expressão, v. RAÚL VENTURA, *Alterações do Contrato...*, pp. 228 e ss..

A generalidade da doutrina tenta ultrapassar o problema considerando a subscrição indirecta como um caso de exclusão formal do direito de preferência dos accionistas. Desta forma, alcançam-se dois objectivos [271]. Por um lado, afastam-se as proibições à supressão ou limitação do direito de preferência, alegando-se o carácter formal da exclusão operada pela subscrição indirecta. Por outro, mantêm-se as características substanciais da preferência, apesar de ela ser exercida indirectamente [272].

A Segunda Directiva do Conselho da Comunidade Económica Europeia declara expressamente, no artigo 29.º n.º 7, não haver exclusão do direito de preferência quando as acções sejam subscritas por instituições financeiras com o fim de serem oferecidas aos sócios. O artigo 461.º do nosso Código das Sociedades Comerciais apresenta-se menos explícito. O seu alcance parece, no entanto, ser idêntico [273]. A própria circunstância de a lei tratar a supressão ou limitação do direito de preferência e a subscrição indirecta de forma separada e em artigos diversos parece confirmá-lo: a subscrição indirecta encontra-se fora do conceito legal de supressão do direito de preferência [274].

II. Mais complicado do que resolver se a subscrição indirecta representa, ou não, um caso de exclusão do direito de preferência é a exacta qualificação da natureza jurídica do acordo estabelecido entre a sociedade e a entidade financeira. A generalidade da doutrina, sem se deter demasiado no problema, considera tratar-se de um contrato a favor de terceiro [275]. A sociedade assumiria a posição de

---

[271] STEIGER, *Le Droit...*, p. 328, por exemplo, chama a atenção para o facto de a subscrição indirecta não pôr em causa os interesses dos sócios.

[272] RAÚL VENTURA, *Alterações do Contrato...*, p. 235.

[273] *Idem*.

[274] *Idem*.

[275] LUTTER, *Kölner Kommentar...*, II, II, comentário ao § 186, p. 356; RAÚL VENTURA, *Alterações do Contrato...*, p. 237; ROBERTO ROSAPPEPE, *L'Esclusione del Diritto di Opzione...*, p. 103. Contra, pode ver-se, entre outros, RAFFAELE NOBILI, *Contributo allo Studio del Diritto D'Opzione...*, pp. 239 e ss..

promissária, não sendo lícito duvidar-se ter ela, na promessa, um interesse digno de protecção legal. Por sua vez, a entidade financeira actuaria como promitente, obrigada perante terceiro estranho ao negócio (os accionistas).

Apesar da sua grande difusão, julgamos que esta tese não é capaz de explicar de forma cabal e completa a figura da subscrição indirecta.

No tocante às relações entre os accionistas e a instituição financeira, parece, face ao regime da nossa lei, forçoso aceitar-se a existência de um direito, por parte dos primeiros, de exigirem, à segunda, a transferência das acções por ela subscritas. A subscrição indirecta apresenta, no entanto, um aspecto que a figura do contrato a favor de terceiro, por si só, não permite compreender. A instituição financeira não se limita a assumir a obrigação de realizar as operações necessárias à subscrição por parte dos sócios ou mesmo a tratar da emissão, por conta da sociedade, e, complementarmente, a subscrever as acções que não forem subscritas pelos sócios no exercício do seu direito de preferência. Quando isso suceda, não haverá nenhuma subscrição indirecta: os sócios adquirem as suas acções *directamente* à sociedade cujo capital foi aumentado.

De subscrição indirecta só se poderá falar quando a instituição subscreva as acções de nova emissão e assuma a obrigação de as oferecer aos accionistas. Um dos elementos essenciais da subscrição indirecta é, assim, a efectiva aquisição, por parte da instituição financeira, das novas acções [276], num fenómeno que o contrato a favor de terceiro não permite explicar.

III. Como qualificar então a figura da subscrição indirecta?

Procurando ultrapassar as deficiências da teoria que se limita a ver na subscrição indirecta um contrato a favor de terceiro, tentou-se a sua recondução ao mandato para alienar [277]. O progresso não foi, porém, grande. Ultrapassadas as teses segundo as quais o mandato

---

[276] Por isso, caso as acções emitidas não venham a ser totalmente subscritas pelos accionistas, a entidade financeira conservará a qualidade de accionista.

[277] Cfr. RENATO MICCIO, *Il Diritto...*, pp. 57 e ss.; e SÁNCHEZ ANDRÉS, *El Derecho de Suscripción Preferente...*, pp. 374 e ss..

Limitação ou Supressão do Direito de Preferência dos Sócios

para alienar implicaria uma dupla transferência da coisa a vender - primeiro, do mandante para o mandatário, depois, do mandatário para terceiro - pode mesmo considerar-se não se ter dado qualquer passo em frente ([278]). Tal como a construção que procura explicar a subscrição indirecta através do recurso à noção de contrato a favor de terceiro, também a teoria do mandato para alienar não consegue abranger um aspecto essencial: o facto de a entidade financeira subscrever efectivamente as novas acções não se limitando a tratar da respectiva emissão.

IV. Perante semelhante quadro, não deve surpreender a circunstância de um importante sector da doutrina ter voltado os seus olhos para a figura do negócio fiduciário ([279]). Característica fundamental deste negócio, cujas origens remontam ao direito romano, reside na particular relação de confiança que une as partes nele intervenientes ([280]). Numa fórmula abrangente, poder-se-á considerá-lo como o negócio em que uma das partes (o fiduciante), para um fim restrito, confere um amplo poder jurídico à outra (o

---

([278]) A este respeito e no sentido de que o mandato para alienar não envolve uma dupla transferência, podem ver-se MICCIO, *Cessione dei Beni nel Concordato*, Milão, 1953, pp. 39 e ss. (obra na qual o autor procede à crítica da posição de Carraro); PESSOA JORGE, *O Mandato sem Representação*, Lisboa, 1961, *passim* e, em especial, pp. 320 e ss.; e JANUÁRIO GOMES, *Em Tema de Revogação do Mandato Civil*, Coimbra, 1989, pp. 84 e ss. e 113 e ss..

([279]) É, por exemplo, esse o caso de RENATO MICCIO, *Il Diritto...*, pp. 55 e ss..

([280]) Para uma determinação mais detida dos exactos contornos do negócio fiduciário, v., de entre a interminável bibliografia existente sobre o tema, GRASSETTI, *Del Negocio Fiduciario e della sua Ammisibilitá nel Nostro Ordinamento Giuridico*, in *Rivista del Diritto Commerciale e del Diritto Generale delle Obbligazione*, 1936, vol. XXXIV, 1.ª parte, pp. 24 e ss.; GARIOTA FERRARA, *El Negocio...*, pp. 197 e ss.; OTTO DE SOUZA LIMA, *Negócio Fiduciário*, São Paulo, 1962, *per tot.*; URSCINO ALVAREZ SUAREZ, *El Negocio Juridico en el Derecho Romano*, Madrid, 1954, p. 58; ASCARELLI, *O Negócio Jurídico Indirecto*, separata do Jornal do Fôro, Lisboa, 1965, pp. 13 e ss.; MANUEL DE ANDRADE, *Teoria...*, II, pp. 178 e 179; INOCÊNCIO GALVÃO TELLES, *Manual...*, pp. 173 e ss.; PESSOA JORGE, *O mandato...*, pp. 286 e ss., pp. 325 e ss.; CASTRO MENDES, *Teoria...*, II, pp. 164 e ss.; GUSTAVO VISENTINI, *Aspetti Giuridici del Rapporto Fiduciario*, in *Banca, Borsa e Titoli di Credito*, 1985, pp. 84 e ss..

fiduciário) que assume a obrigação de usar a posição jurídica que lhe foi realmente conferida dentro dos limites desse fim. Vulgarmente, porém, distinguem-se duas modalidades ou subfiguras de negócio fiduciário: a *fiducia cum amicum* e a *fiducia cum creditore*. A nós interessa-nos apenas a primeira. Ela tem sido utilizada para explicar aquelas situações em que uma pessoa encarrega outra de realizar uma determinada tarefa – no interesse de uma terceira – transferindo imediatamente para a segunda os direitos sobre os quais recai o encargo, afim de que eles possam ser por ela transmitidos. Trata-se, pois, de um negócio com eficácia real: o fiduciário adquire a propriedade de uma coisa ou a titularidade de um direito. Apesar disso, os poderes nos quais é investido são "paralisados" pela obrigação por ele assumida. Este modelo corresponde justamente à subscrição indirecta: a sociedade transmite as novas acções para uma entidade financeira que adquire a respectiva titularidade com o fim de as oferecer aos sócios. Nestes termos, julgamos corresponder a subscrição indirecta a um verdadeiro negócio fiduciário [281] [282].

3. A supressão e renúncia ao direito de preferência na subscrição de futuros aumentos de capital

I. Questão amplamente discutida pela doutrina é a de saber se os sócios podem renunciar ao direito de preferência para todos, ou vários, aumentos de capital ainda por deliberar. Julgamos que a resposta a este problema deve ser negativa. E por vários motivos.

---

[281] Assim e num sentido empírico, volta, em grande medida, a cair-se na figura do mandato. Dogmaticamente, e aceite que o mandato para alienar não produz a dupla transferência da titularidade de um direito ou coisa, trata-se de figuras distintas.

[282] Entre nós, e no domínio do direito civil, tem-se verificado alguma resistência à aceitação do negócio fiduciário. Assim e antes da entrada em vigor do actual Código Civil, pronunciavam-se frontalmente contra MANUEL DE ANDRADE, *Teoria...*, II, pp. 178 e 179; PESSOA JORGE, *O mandato...*, pp. 325 e ss.; enquanto INOCÊNCIO GALVÃO TELLES, *Manual...*, p. 179, admitia a *fiducia cum creditore*. Perante os textos vigentes, defendem a aceitação do negócio fiduciário CASTRO MENDES, *Teoria...*, II, pp. 164 e ss.; OLIVEIRA ASCENSÃO, *Teoria...*, III, p. 255.

Limitação ou Supressão do Direito de Preferência dos Sócios 371

II. A fisionomia própria das sociedades anónimas levou o legislador a dedicar particular atenção à situação de todos aqueles que, num determinado momento, possam vir a ingressar na sociedade [283] e, por isso, a atribuir carácter imperativo a significativo número de normas reguladoras do direito das sociedades anónimas [284].

De facto, atendendo à circunstância de as participações sociais serem vulgarmente tituladas e incorporadas em acções, muitas vezes em número avultado e de fácil transmissão, torna-se quase ilimitado o círculo de pessoas susceptíveis de, ao longo da vida da sociedade anónima, se tornarem seus accionistas. Surge, assim, como uma necessidade, a tutela da confiança do público, a quem se abrem as portas das sociedades anónimas [285]. Essa tutela é possível através da garantia de manutenção de um determinado ordenamento social.

Ora, conforme refere o Professor Vasco da Gama Lobo Xavier [286], assegurar a todo o accionista a vigência ou subsistência de um dado esquema legal significa, precisamente, que, nem sequer por vontade unânime, os sócios podem estabelecer, de forma duradoura, uma disciplina divergente da contida nesse esquema [287].

III. E não se sustente ser essa tutela desnecessária, porquanto quem pretende entrar para a sociedade sempre teria a possibilidade de obter as informações necessárias à salvaguarda da sua posição, nomeadamente através da consulta das publicações obrigatórias. Semelhante exigência de conhecimento dos estatutos e deliberações

---

[283] Vasco da Gama Lobo Xavier, *Anulação de Deliberação Social...*, p. 161.

[284] *Idem.*

[285] *Idem*, p. 162.

[286] *Idem.*

[287] Logo e por maioria de razão, também não pode proceder-se à alteração do esquema legal com base no simples consentimento do accionista prejudicado. A este respeito, são bastante elucidativas as palavras proferidas pelo Professor Vasco da Gama Lobo Xavier, *Anulação de Deliberação Social...*, p. 247, que sublinha o facto de, ao dizer-se que nem a vontade unânime dos associados pode derrogar um preceito, valer o mesmo que dizer que aos beneficiários da tutela legal está vedado que desta abdiquem. Na mesma direcção, cfr. Karl Larenz, *Algemeiner Teil des Deutschen Bürgerlichen...*, pp. 27 e ss., que, a propósito das normas imperativas, fala em normas irrenunciáveis.

representaria, dada a grande rapidez de aquisição dos títulos, sérios perigos. É que, a garantia de preservação do ordenamento social pode ter várias funções. Uma delas é, sem dúvida, a de estimular a rapidez e facilidade de circulação das acções, na medida da desoneração do adquirente de mais ou menos longas indagações e averiguações [288]. Quer dizer: a imperatividade do direito das sociedades anónimas defende, não apenas os interesses dos accionistas, mas, igualmente, as finalidades do sistema de transmissão e circulação de títulos e participações sociais [289].

IV. Explicada desta forma a existência de regras de protecção e tutela dos accionistas insusceptíveis de serem afastadas, mesmo com o consentimento do tutelado ou por deliberação unânime dos sócios, importa encontrar o critério de individualização dessas normas. Noutros termos, importa verificar quais são os preceitos que contêm uma disciplina inarredável inclusivamente por aqueles que, em determinada altura, possuem a qualidade de sócios.

Muitas vezes é a própria letra da lei a esclarecer-nos a este propósito, ao admitir ou excluir, de forma directa ou indirecta, a possibilidade de derrogação de dada norma.

Quando do texto nada se depreende, isso não conduz obrigatoriamente à aplicação do princípio da autonomia privada [290], e à possibilidade de os sócios estabelecerem uma regulamentação livre dos seus interesses. Na eventualidade de o afastamento de um determinado preceito atingir as garantias do sistema de circulação e transmissão das acções, ele deve ser considerado imperativo.

Ora, se um accionista renunciasse ao seu direito de preferência para uma pluralidade de aumentos de capital, ele não poderia, quando da transmissão da sua posição na sociedade, transferir mais

---

[288] Vasco da Gama Lobo Xavier, *Anulação de Deliberação Social...*, p. 163.
[289] *Idem.*
[290] *Idem.*

Limitação ou Supressão do Direito de Preferência dos Sócios   373

do que uma situação diminuída ([291]). Ou seja: o adquirente não poderia, ele próprio, adquirir senão uma posição despojada do direito de subscrever novas acções.

Nestes termos, a renúncia, por forma contínua e prolongada, ao direito de subscrição afecta quem pretenda entrar para uma sociedade através de uma rápida aquisição de acções e contende, por isso, com regras e princípios cogentes de direito das sociedades anónimas ([292]). Tanto parece bastar para considerar, salvo precisas indicações em contrário ([293]), nulo e de nenhum efeito o acto através do qual o accionista renuncia ao direito legal de preferência.

V. Não são, porém, estas as únicas razões que conduzem a afastar a possibilidade de renúncia do direito de preferência dos sócios, para uma pluralidade de aumentos de capital por deliberar - razões aliás muito dificilmente transponíveis para o domínio das sociedades por quotas. A irrenunciabilidade do direito legal de preferência louva-se ainda em vários outros motivos.

Entre esses motivos, conta-se a circunstância de o direito de preferência se integrar num conjunto de direitos que correspondem a exigências fundamentais, não apenas da vida das sociedades por quotas, mas também das sociedades anónimas ([294]).

A determinação do elenco desses direitos mostra-se tarefa difícil e complicada. A doutrina contenta-se, por isso, e na maior

---

([291]) ANTÓNIO MENEZES CORDEIRO, *Parecer 1, op. cit.*, p. 83.

([292]) *Idem.*

([293]) Na hipótese, não só não existem quaisquer razões que desaconselhem a atribuição de carácter cogente ao direito do accionista de subscrever os aumentos de capital que vierem a ser deliberados como, e conforme teremos oportunidade de constatar adiante, existem motivos e factores de vária ordem que conduzem à irrenunciabilidade do direito de preferência.

([294]) Neste sentido, pode ver-se, por exemplo, JULIUS VON GIERKE, *Handelsrecht...*, p. 362, que expressamente considera o direito de preferência como um direito ligado à qualidade de sócio de forma essencial, e a ela necessariamente unido, em virtude do direito natural.

374   *Pedro de Albuquerque*

parte dos casos, em apresentar listas exemplificativas dos direitos inderrogáveis e irrenunciáveis dos sócios. De entre esses direitos, destacam-se normalmente:

- – o direito aos lucros finais;
- – o direito de informação e fiscalização;
- – o direito de impugnar deliberações sociais [295].

VI. Basicamente, e conforme refere o Professor Vasco da Gama Lobo Xavier [296], tais direitos correspondem a casos nos quais o legislador não renunciou a fazer prevalecer uma certa ideia de justiça no comércio jurídico-privado, mesmo contra a vontade dos interessados. Na verdade, o legislador não se contentou em proibir os negócios contrários aos bons costumes ou à ordem pública (artigo 280.º do Código Civil), nem se limitou a proscrever certos casos de injustiça mais marcante [297] – como fez, por exemplo, de forma expressa, quando cominou a nulidade do pacto leonino (artigo 994.º do Código Civil) [298]. Ele quis garantir a funcionalidade das sociedades comerciais através da imposição de um esquema mínimo que

---

[295] Muitos outros exemplos poderiam, obviamente, ser dados. Não vemos, porém, utilidade na sua infinita multiplicação. De destacar, é, todavia, a circunstância de, no elenco dos direitos por sua própria natureza subtraídos à discricionaridade dos sócios, se encontrar, no entender da *communis opinio*, o direito legal de preferência, ou seja, o direito que, por força da lei, todo e qualquer accionista possui desde o início da sociedade, independentemente de qualquer aumento de capital. Cfr., por exemplo, ASCARELLI, *Principios...*, in *Problemas...*, pp. 337 e 338; ID., *Vícios...*, in *Problemas...*, pp. 376 e ss.; ROBERTO ROSAPPEPE, *L'Esclusione del Diritto di Opzione...*, p. 66 (v., porém, nota 1, p. 6); JOÃO SOARES DA SILVA, *Parecer, op. cit.*, p. 11. No sentido de que as posições jurídicas atribuídas a um sujeito, atendendo à sua qualidade de membro de uma colectividade organizada, se encontram subtraídas à autonomia privada, pode ver-se ALDO BOZZI, V.º *Rinunzia (Diritto Pubblico e Privato)*, in *Novissimo Digesto Italiano*, Turim, 1960, vol. XV, p. 1145. De acordo com este autor, tais posições são tuteladas de *per se* pelo ordenamento jurídico: elas constituem o pressuposto de ulteriores situações e assumem autonomia conceptual enquanto objecto de uma tutela directa.

[296] VASCO DA GAMA LOBO XAVIER, *Anulação de Deliberação Social...*, p. 248.

[297] *Idem.*

[298] *Idem.*

Limitação ou Supressão do Direito de Preferência dos Sócios 375

fosse apto a equilibrar a prossecução do interese comum com a salvaguarda do interesse individual dos sócios ([299]) ([300]).

Dentro desse esquema mínimo, está, sem dúvida, o direito legal de preferência, atribuído a todo e qualquer accionista desde o início da sociedade. Sustentar o contrário e aceitar a possibilidade de o direito legal de subscrição ficar na disponibilidade das partes seria, por exemplo, admitir uma sociedade em que apenas um dos sócios tivesse esse direito. Seria, no fundo, conceber uma sociedade com sócios fatalmente votados à marginalização e ao desinteresse pelos assuntos sociais. Numa palavra, seria tornar possível a existência de sociedades com sócios condenados a verem reduzidas as suas posições a uma expressão ínfima, tanto no plano político como patri-monial, até se tornarem verdadeiros "fantoches" ([301]) – enquanto, ao mesmo tempo, e através de um processo de causa-efeito, o único titular do direito de participação preferencial em aumentos de capital obteria um injustificado enriquecimento, acompanhado de um indevido acréscimo de influência na sociedade que nada permite explicar (nem mesmo o interesse social). Semelhante possibilidade contraria as mais elementares exigências da vida das sociedades comerciais: foi justamente para a combater que o nosso legislador consagrou um direito de subscrição preferencial a favor dos sócios. A renúncia a tal direito, ainda antes de deliberado um concreto aumento de capital, não é, por isso, de aceitar. É a própria

---

([299]) *Idem.*

([300]) É numa exigência de funcionalidade, ligada a considerações de justiça material, que, em boa parte, parece traduzir-se a valoração subjacente a fórmulas como a de «essência» ou «estrutura fundamental da sociedade». O recurso ao argumento da «essência» tem, no entanto, sido objecto de algumas críticas. Assim, podem ver-se, por exemplo, MOTA PINTO, *Cessão da Posição Contratual*, Coimbra, 1970, pp. 21 e ss., que considera tratar-se de um "cripto-argumento"; e VASCO DA GAMA LOBO XAVIER, *Anulação de Deliberação Social...*, p. 251, nota (122), segundo o qual o argumento de essência carece, por si só, de qualquer valor justificativo, pois apresenta-se destituído de fundamento normativo ou teleológico, embora mascare, por vezes, uma valoração.

([301]) Na realidade, a admissibilidade de supressão do direito de preferência conduziria à existência de verdadeiras sociedades de um só sócio.

função do direito de preferência que o impede, funcionando como um travão tanto a favor como contra o sócio. De outra forma, a protecção por ele concedida seria meramente quimérica.

VII. Estas conclusões, a que chegámos, em tese geral, acerca da irrenunciabilidade do direito legal de preferência, são confirmadas pelo regime estabelecido, por lei, para o direito de subscrição de cada aumento de capital. O artigo 460.º do Código das Sociedades Comerciais, é a este respeito, categórico. Trata-se de uma norma expressamente imperativa que apenas permite a compressão do direito de preferência através da sua supressão por deliberação tomada na própria assembleia geral (excepção feita ao caso do aumento de capital deliberado pelo órgão de administração) em que se decide o aumento de capital ([302]) e quando o interesse social o justifique. Não é, assim, possível dispor de tal direito através de determinação estatutária. Isto, mesmo na eventualidade de haver unanimidade de todos os sócios ou de os sócios prejudicados pela supressão ou limitação do direito de preferência consentirem em tal supressão ou limitação ([303]). E se não se admite a possibilidade de um sócio dar o seu consentimento à supressão estatutária do direito de preferência, que lhe é atribuído por lei, também se não deve admitir a possibilidade de o titular desse direito renunciar ou dispor dele por acto estranho aos estatutos ([304]).

([302]) No sentido de que a supressão e a renúncia ao direito de preferência são expressões equivalentes, v. MICHEL VASSEUR, *De la Priorité...*, in *Mélanges...*, I, p. 366.

([303]) A 2.ª Directiva do Conselho da Comunidade Económica Europeia é bem clara a este respeito e não se levantam quaisquer dúvidas quanto à impossibilidade de se afastar nos estatutos a preferência dos sócios. V., por todos, RAÚL VENTURA, *Alterações do Contrato...*, p. 213.

([304]) Sustentar o contrário e admitir a possibilidade de um sócio renunciar ao direito de participar com preferência em futuros aumentos de capital equivaleria a deixar entrar pela janela aquilo que se não quis deixar entrar pela porta. Vale a pena reproduzir as seguintes palavras do Professor VASCO DA GAMA LOBO XAVIER, *Anulação de Deliberação Social...*, p. 247: «(...) *Dizer que os preceitos (...) são imperativos, que nem a vontade unânime dos associados os pode derrogar vale o mesmo que dizer que aos beneficiários da tutela legal está vedado que desta abdiquem»*.

Limitação ou Supressão do Direito de Preferência dos Sócios 377

Trata-se, pois, de um direito indisponível enquanto se não operar a sua concretização ([305]).

VIII. Feitas estas considerações, estamos agora em condições de responder a uma questão já anteriormente aflorada, mas cuja solução deixámos em aberto: saber se os sócios podem, não já

([305]) Neste sentido e para além dos autores citados *Supra*, nota (342) p.242, v. BRITO CORREIA, *Os Direitos Inderrogáveis...*, p. 194. Em sentido contrário, parece pronunciar-se PAULO OLAVO CUNHA, *Breve Nota...*, in *Perspectivas...*, p. 225, para quem o direito de preferência não seria um direito irrenunciável mas simplesmente inderrogável. Julgamos que esta posição não procede. Como direitos simplesmente inderrogáveis considera Paulo Olavo Cunha aqueles que necessitam do consentimento do seu titular para serem susceptíveis de alteração ou supressão por deliberação maioritária dos sócios. Se o autor tem em vista o chamado direito de preferência abstracto, a sua afirmação não colhe – e independentemente de se saber se os direitos directamente ligados à qualidade de sócio são, conforme pretende um largo sector da doutrina, irrenunciáveis (Cfr., entre muitos outros, ALDO BOZZI, V.° *Rinunzia...*, in *Novissimo...*, XV, p. 1145; e VASCO DA GAMA LOBO XAVIER, *Anulação de Deliberação Social...*, p. 227, nota 97 (a)) – pois a lei apenas permite a supressão do direito de preferência nas condições por ela própria estabelecidas no artigo 460.° do Código das Sociedades Comerciais. Aos sócios não é, nomeadamente, permitido renunciar ao direito de preferência através da sua supressão (no sentido de que nesta matéria supressão e renúncia devem considerar-se como expressões equivalentes, v. MICHEL VASSEUR, *De la Priorité...*, in *Mélanges...*, I, p. 366), por deliberação tomada em assembleia geral anterior à da deliberação de aumento de capital relativamente ao qual deveria ser exercido o direito de preferência ou por cláusula estatutária aprovada por todos os sócios. Isto significa que tal direito – à excepção dos casos previstos no artigo 460.° do Código das Sociedades Comerciais – está fora do alcance da vontade dos sócios. O preceito tem carácter imperativo. Tanto vale dizer que ele se impõe contra os próprios sócios, os quais não podem prescindir da tutela por ele conferida. Sustentar o contrário seria admitir o relevo da autonomia privada numa zona a ela interdita, deixando singrar justamente a solução que se pretendeu evitar. Se diversamente Paulo Olavo Cunha pretendeu referir-se ao direito de preferência relativo a um concreto aumento de capital, o autor terá razão ao considerar esse direito como renunciável. Porém, já não terá razão ao sustentar a necessidade do consentimento do respectivo titular, pois, desde que o interesse da sociedade o justifique, é suficiente uma deliberação tomada pela maioria exigida para o aumento de capital social (artigo 460.° do Código das Sociedades Comerciais). Cfr. ANTÓNIO MENEZES CORDEIRO, *Parecer 1, op. cit.*, pp. 93 e ss..

renunciar ao direito de preferência em futuros aumentos de capital, mas transmiti-lo onerosamente. Sem necessidade de se abordar o problema geral da livre transmissibilidade dos direitos contidos na participação social, ou *Mitgliedschaftsrecht*, julgamos dever contestar-se de forma negativa à interrogação levantada: os sócios não podem alienar o seu direito de preferência em futuros aumentos de capital. É que, semelhante acto de disposição não deixa de envolver uma renúncia à tutela concedida pelo direito de preferência. Isto, mesmo para quem entenda – numa posição a nosso ver criticável – que a transmissão onerosa de tal direito não é senão uma forma de antecipação da garantia patrimonial por ele acordada. Mesmo se esta afirmação fosse verdadeira, não deixaria de existir uma renúncia à tutela de natureza política concedida pela preferência dos sócios. Ora, foi para combater situações deste tipo que o nosso legislador consagrou um direito de preferência a favor dos sócios. São, pois, as próprias finalidades do direito de preferência a impedir a possibilidade de ele ser transmitido quando não respeite a um concreto aumento de capital. Este entendimento encontra, de resto, um inequívoco apoio na letra da lei: o artigo 267.º n.º 1 do Código das Sociedades Comerciais, no qual se prevê a possibilidade de transmissão do direito de preferência, fala em alienação do direito de participar *num* (sic) aumento de capital, não em vários ([306]).

([306]) Cfr. igualmente a epígrafe do preceito: *Alienação do direito de participar no aumento de capital.*

IV - A inobservância e violação do direito de preferência

I. A violação do direito de preferência dos sócios levanta sérias dúvidas quanto às consequências por ela provocadas [307] [308].

Uma correcta compreensão do problema obriga-nos a distinguir três situações diversas [309]. A primeira verifica-se quando a sociedade tenha querido afastar o direito de preferência para todos os futuros aumentos de capital. A segunda ocorre na hipótese de a assembleia geral deliberar a supressão do direito de preferência relativo a um concreto aumento de capital, com desprezo pelos requisitos exigidos por lei para esse efeito. A terceira dá-se na eventualidade de a sociedade desrespeitar o direito de subscrição dos sócios, apesar deste não ter sido sacrificado pela assembleia geral.

---

[307] MENEZES CORDEIRO, *Parecer 1, op. cit.,* p. 77.

[308] Qualificámos atrás o direito de preferência como um direito potestativo. Pode, por isso, causar surpresa a circunstância de falarmos agora em inobservância ou violação do referido direito. Não há, porém, motivo para semelhante surpresa. E por vários motivos. Desde logo, porque o direito de preferência pode atravessar, ao longo do tempo, sucessivas fases. Apenas numa dessas fases assume ele o carácter de um direito potestativo. Para além disso, o facto de um direito potestativo não ser susceptível de violação directa não significa que não se possa atingir a situação que constitui o pressuposto lógico-jurídico do direito potestativo; o pressuposto de direito e de facto, ao qual se encontra subordinada a existência útil ou exercício do direito potestativo, ou, noutros termos, o interesse prático a este subjacente. Neste sentido e também para uma hipótese de direito das sociedades, v. BUSSOLETTI, *La Posizione...,* in *Rivista...,* pp. 29 e 30. Recorde-se ainda a distinção entre direitos potestativos puros e direitos potestativos mistos. A este respeito, cfr. CASTRO MENDES, *Teoria...,* I, pp. 364 e ss..

[309] ASCARELLI, *Vícios das Deliberações Assembleares - Direitos Individuais dos Accionistas - Prescrição,* in *Problemas...,* p. 377, nota (24).

No primeiro caso, a sociedade põe em causa o chamado direito de preferência «abstracto». Trata-se de um direito integrado no próprio conteúdo da participação social e indisponível, mesmo por vontade unânime de todos os sócios ([310]). Nestes termos, a deliberação na qual se pretenda afastar o direito legal de preferência será nula (artigo 56.º n.º 1 alínea d)) ([311]).

II. É, porém, meramente anulável a deliberação que, sem respeitar os requisitos definidos no artigo 460.º do Código das

---

([310]) Quanto ao segundo, aspecto v. *Supra*; no tocante ao primeiro, cfr. *Supra* e *Infra*.

([311]) Tem sido muito discutida, na literatura jurídica qual o valor de uma deliberação que afasta um direito inderrogável dos sócios. Assim, enquanto alguns autores sustentam verificar-se um caso de nulidade, outros consideram tratar-se, antes, de ineficácia. Cfr., para um enquadramento da problemática suscitada a este respeito, entre outros, ASCARELLI, *Scadenza del Termino; Scioglimento della Società per Azione; Proroga; Revogabilità della Liquidazione; Nulità e Annulabilità di Deliberazioni Assembleare*, in *Studi...*, p. 357; ID., *Vícios...*, in *Problemas...*, pp. 372 e 373; GALVÃO TELLES, *Deliberações Sociais...*, in *O Direito...*, p. 440; FERRER CORREIA, *Lições de Direito...*, II, pp. 366 e ss.; VASCO DA GAMA LOBO XAVIER, *Anulação de Deliberação Social...*, pp. 128 e ss. (com ampla indicação bibliográfica); MOITINHO DE ALMEIDA, *Anulação...*, p. 100; BRITO CORREIA, *Direito...*, III, pp. 336 e ss.. Na jurisprudência, podem ver-se o *Acórdão do Supremo Tribunal de Justiça de 19 de Abril de 1968*, in *Boletim do Ministério da Justiça*, n.º 176, p. 199; e o *Acórdão do Supremo Tribunal de Justiça de 1972*, in *Boletim do Ministério da Justiça*, n.º 216, p. 173=*Revista de Legislação e Jurisprudência*, ano 106, p. 110, com anotação do Professor VAZ SERRA. De entre os autores que especificamente se preocuparam em determinar o valor de uma deliberação na qual se pretendesse afastar o direito de preferência «abstracto», a esmagadora maioria pronuncia-se a favor da nulidade. Referiremos, tão só, e a título exemplificativo, ASCARELLI, *Sui Poteri...*, in *Studi...*, p. 106, nota (8); ID., *Vícios...*, in *Problemas...*, pp. 376 e 377; VASCO DA GAMA LOBO XAVIER, *Anulação de Deliberação Social...*, p. 227, nota (99a). Entre nós, as divergências anteriormente existentes terão, aliás, desaparecido com a entrada em vigor do Código das Sociedades Comerciais. Face ao disposto no artigo 56.º n.º 1 alinea d) parece não haver margem para dúvidas: as deliberações, cujo conteúdo seja ofensivo de um preceito legal que não possa ser derrogado, nem sequer por vontade unânime dos sócios são nulas. Cfr., porém, MENEZES CORDEIRO, *Da Preferência...*, in *Banca...*, p. 147, que, de forma isolada, considera meramente anulável a deliberação na qual se desrespeite a preferência «abstracta».

Limitação ou Supressão do Direito de Preferência dos Sócios   381

Sociedades Comerciais, sacrifique o direito de preferência em relação a um concreto aumento de capital ([312]).

A norma, na qual se definem os requisitos necessários à supressão ou limitação do direito de preferência relativo a um concreto aumento de capital, é, sem dúvida alguma, imperativa. As condições às quais se subordina a compressão do direito de preferência (subentende-se concreto) destinam-se, porém, a defender, apenas, interesses de quem for sócio ao tempo da deliberação de aumento de capital - interesses de que o sócio poderá dispor. Nestes termos, não parece haver lugar para nulidade. É que, não basta a simples desconformidade com preceitos inderrogáveis para gerar a nulidade da deliberação ([313]): deve atender-se à forma como tais preceitos são violados ([314]). Muitas vezes, a via através da qual se

---

([312]) Neste sentido, pronunciam-se - e concretamente a propósito do direito de preferência - entre muitos outros, ASCARELLI, *Sui Poteri...*, in *Studi...*, p. 106, nota (8); ID., *Vícios...*, in *Problemas...*, pp. 376 e 377; VASCO DA GAMA LOBO XAVIER, *Anulação de Deliberação Social...*, p. 227, nota (99a). Em sentido contrário, manifesta-se RAÚL VENTURA, *Alterações do Contrato...*, p. 206, para quem as deliberações violadoras das normas que formam o regime legal do direito de preferência são nulas e não anuláveis. Em geral, e acerca da diferenciação entre deliberações anuláveis e deliberações nulas, cfr. FERRER CORREIA, *Lições de Direito...*, II, p. 365; VASCO DA GAMA LOBO XAVIER, *Anulação de Deliberação Social...*, *passim* (com amplíssimas referências doutrinais e jurisprudenciais); ID., *Invalidade e Ineficácia...*, in *Boletim...*, LXI, pp. 10 e ss.; ID., *O regime das Deliberações Sociais...*, in *Temas...*, pp. 6 e ss.; MANUEL CARNEIRO DA FRADA, *Deliberações Sociais...*, in *Novas Perspectivas...*, pp. 317 e ss.; BRITO CORREIA, *Direito...*, III, *passim*.

([313]) V., entre outros, VASCO DA GAMA LOBO XAVIER, *Anulação de Deliberação Social...*, *passim* ; ID., *Invalidade e Ineficácia...*, in *Boletim...*, LXI, pp. 10 e ss.; ID., *O regime das Deliberações Sociais...*, in *Temas...*, pp. 6 e ss.; MANUEL CARNEIRO DA FRADA, *Deliberações Sociais...* in *Novas Perspectivas...*, pp. 319 e ss.; MENEZES CORDEIRO, *Parecer 2*, Lisboa, 1989, pp. 92 e ss., autor que chama a atenção para o facto de no direito das sociedades a regra ser a da anulabilidade.

([314]) São a este propósito extremamente elucidativas as seguintes palavras do Professor VASCO DA GAMA LOBO XAVIER - a cujo pensamento se deve, aliás, a maior parte das soluções consagradas no código sobre esta matéria - reportadas ao critério da imperatividade das normas como forma de determinar o seu valor e proferidas ainda a propósito do Projecto de Código das Sociedades Comerciais: «(...) *esta posição não é esclarecedora, pois não fornece critérios para aferir a imperatividade ou não imperatividade*

382   *Pedro de Albuquerque*

infringe uma norma imperativa é meramente indirecta ou oblíqua ([315]) ([316]). Quando isso suceda, os interesses dos sócios atingidos são, tão só, e via de regra, os interesses de quantos compõem, à data da deliberação social, o quadro de membros da sociedade ([317]). Nestas situações, o regime aplicável não deverá ser o da nulidade, mas sim o da anulabilidade. Aos prejudicados deixa-se um adequado meio de defesa dos seus interesses, capaz de servir, simultaneamente, as especiais

das normas, nem é exacta, pois, como veremos, há casos de deliberações violadoras de normas indiscutivelmente imperativas a que não quadra a solução da nulidade (...). Ambos estes aspectos se podem iluminar tendo presente a ideia fundamental que justifica a insuficiência do regime da anulabilidade para todas as deliberações ilegais; e que é a ideia de que só se compreende o regime da anulabilidade (o regime em que a reacção é deixada perante os sócios que o forem ao tempo) se a ilegalidade põe em causa apenas interesses desses sócios - e interesses disponíveis desses sócios (...). Perguntar-se-á então, quando é que, a esta luz, as normas legais devem considerar-se imperativas; e quando é que a violação de tais normas imperativas envolve nulidade. Responde justamente o projecto, na alínea d) do n.º 1 do seu artigo 76.º: «deverão considerar-se nulas as deliberações cujo conteúdo (...), seja contrário a preceitos legais que não possam ser derrogados nem sequer por vontade unânime dos sócios». (...) creio que o critério não é difícil de entender e aplicar. Vejamos na verdade. (...) Quanto a saber quando é que uma norma pertence ao sector das normas imperativas tais como foram definidas - das normas que se impõem à unanimidade dos sócios, de forma que «nem sequer por vontade unânime dos mesmos» é possível estabelecer uma disciplina divergentes –, tratar-se-á obviamente de uma questão de interpretação a pôr perante cada norma. Mas de uma questão que quase sempre será fácil de resolver, sobretudo se, como frequentemente acontece, o texto das normas contém indicações de que o legislador quis (ou não quis) vedar absolutamente a derrogação da disciplina nelas estatuída (a sua derrogação mesmo por vontade unânime dos associados que pretendam estabelecer uma disciplina divergente, mormente nos estatutos ou pactos sociais). (...). Tomemos, por exemplo, os preceitos inovadores do Projecto que vedam à assembleia geral das sociedades por quotas e anónimas afectar a reservas mais do que metade dos lucros anuais apurados no balanço. Estes preceitos não são imperativos, no sentido que deixei dito: querem garantir a protecção apenas dos interesses (claramente disponíveis) de quem for sócio ao tempo da aprovação do balanço de que se trata (...)». V. Invalidade e Ineficácia..., in *Boletim...,* LXI, pp. 10 e ss..

    ([315]) MANUEL CARNEIRO DA FRADA, *Deliberações Sociais...,* in *Novas Perspectivas...,* p. 319.

    ([316]) No sentido de que a violação da norma na qual a assembleia impeça a conclusão da *fattispecie* formativa do direito de preferência, sem observância dos requisitos para o efeito estabelecidos por lei, representa uma violação indirecta de tais normas, pode ver-se, por todos, ROBERTO ROSAPPEPE, *L'Esclusione del Diritto di Opzione...,* pp. 78 e 79.

    ([317]) MANUEL CARNEIRO DA FRADA, *Deliberações Sociais...,* in *Novas Perspectivas...,* p. 319.

Limitação ou Supressão do Direito de Preferência dos Sócios   383

exigências de certeza e estabilidade impostas pela vida das sociedades comerciais ([318]).

III. Mais complicada afigura-se a determinação das consequências jurídicas de uma atitude da sociedade que despreze o direito de preferência, apesar de tal direito não ter sido suprimido pela assembleia geral. A hipótese que suscita mais dúvidas é, sem dúvida, a da atribuição a terceiros das acções ou quotas reservadas aos sócios ([319]). Nessa eventualidade, o principal problema, com o qual o intérprete se depara, é o de saber se o preferente pode lançar mão da acção de preferência prevista e regulada no artigo 1410.º do Código Civil ([320]).

O Código das Sociedades Comerciais é perfeitamente omisso a este respeito. Neste termos, importa ter presente o disposto no seu artigo 2.º. De acordo com este preceito, os casos que não se encontrem previstos no Código das Sociedades Comerciais serão regulados segundo a norma deste aplicável aos casos análogos e, na sua falta, segundo as normas do Código Civil sobre o contrato de sociedade ([321]). Porém, e no tocante à preferência dos sócios:

– não há nenhuma norma do Código das Sociedades Comerciais susceptível de ser aplicável analogicamente ([322]);

– não há princípios gerais, ainda no referido diploma, que possam valer ([323]);

– não há normas do Código Civil sobre o contrato de sociedade capazes de fornecer qualquer ajuda.

([318]) MANUEL CARNEIRO DA FRADA, *Deliberações Sociais...*, in *Novas Perspectivas...*, pp. 321 e 322. V. ainda MENEZES CORDEIRO, *Parecer 2, op. cit.*, p. 92.

([319]) Deve, aliás, sublinhar-se a circunstância de várias hipóteses semelhantes à descrita terem já ocorrido na prática, encontrando-se na base da escassa jurisprudência nacional relativa ao direito de preferência dos sócios, e posterior à entrada em vigor do Código das Sociedades Comerciais. Cfr., por exemplo, a *Sentença do Tribunal Civil do Porto 1.º Juízo 2.ª Secção de 27 de Janeiro de 1989,* proferida no processo 128/88.

([320]) MENEZES CORDEIRO, *Parecer 1, op. cit.*, p. 78.

([321]) Acerca das fontes de direito das sociedades comerciais e modo como se deve proceder à sua articulação, cfr. MENEZES CORDEIRO, *Parecer, op. cit.*, pp. 12 e ss.; ID., *Parecer 2, op. cit.*, pp. 27 e ss..

([322]) MENEZES CORDEIRO, *Da Preferência...*, in *Banca...*, p. 148.

([323]) *Idem.*

IV. O Código Civil procede, no entanto, a propósito da preferência, e com relevo para as consequências resultantes da sua violação, a uma distinção da maior importância ([324]) entre preferências obrigacionais e preferências reais ([325]). As primeiras envolvem um conjunto de deveres de natureza obrigacional. As segundas dão origem a um direito real de aquisição que, para se efectivar, permite o recurso à acção de preferência, prevista no artigo 1410.º do Código Civil ([326]).

Numa classificação diversa distingue-se entre preferências legais e convencionais, consoante resultem da vontade das partes ou emerjam directamente da lei. As preferências convencionais tanto podem ser obrigacionais como reais ([327]). Tudo está em saber, por um lado, qual a vontade das partes e, por outro, se foram, ou não, cumpridas as disposições legais às quais a lei sujeita a eficácia real dos pactos de preferência. As preferências legais são, no entender da doutrina ([328]), sempre reais, a todas cabendo, por conseguinte, a acção de preferência ([329]).

V. Apesar de legal, a preferência dos sócios não respeita a coisas corpóreas ([330]). Ela não pode, pois, dar origem a direitos reais ([331]). Além

---

([324]) *Idem.*

([325]) A distinção é de todos conhecida. Para uma referência às características e aos efeitos de cada uma destas duas figuras, limitamo-nos a indicar, entre muitos outros, ANTUNES VARELA, *Das Obrigações...*, I, pp. 345 e ss..

([326]) MENEZES CORDEIRO, *Da Preferência...*, in *Banca...*, p. 148.

([327]) MENEZES CORDEIRO, *Direito...*, I, pp. 486 e 487.

([328]) Cfr. *Supra*, p. 141, nota (62).

([329]) V., por todos, MENEZES CORDEIRO, *Da Preferência...*, in *Banca...*, pág. 148.

([330]) *Idem.*

([331]) Embora a mais velha doutrina, tanto nacional como estrangeira, aceitasse a existência de direitos reais que não tivessem por referência coisas corpóreas, entre os quais se encontraria, nomeadamente, o usufruto de participações sociais, os autores mais modernos têm posto em evidência a circunstância de os direitos reais se reportarem forçosamente a coisas corpóreas. A este respeito, podem ver-se, a título meramente ilustrativo, MENEZES CORDEIRO, *Direitos...*, I, pp. 267 e ss.; OLIVEIRA ASCENSÃO, *Direito Civil...*, pp. 53 e ss. e 522 e ss.. Expressamente contra a qualificação do direito de participação preferencial em aumentos de capital como um direito real, pronunciam-se, por exemplo, ALFRED JAUFFRET, *Du Droit de Souscrire par Préférence...*, pp. 81 e ss.; OLIVEIRA ASCENSÃO, *Direito Civil...*,

Limitação ou Supressão do Direito de Preferência dos Sócios 385

disso, o direito de preferir em aumentos de capital opera independentemente de qualquer interessado. Nestes termos, não se trata de uma preferência pura e simples, mas, antes, de um verdadeiro direito de subscrição ([332]).

Tudo isto parece afastar a possibilidade de recurso à acção de preferência. Não é, porém, assim. Não obstante a impossibilidade de o direito de preferência dos sócios se reconduzir ao direito de preferência em sentido estrito, não deixa de haver um patente paralelismo entre as duas figuras, a começar pela própria designação ([333]). Além disso, as regras próprias de certos direitos reais podem, com as necessárias adaptações, aplicar-se fora do seu âmbito, conquanto existam razões capazes de o justificar, designadamente sempre que estejam em jogo os mesmos valores ([334]). A este propósito, convém recordar o facto de a restauração natural constituir um princípio contido no sistema da nossa lei ([335]). Como refere a propósito o

p. 547; FERRER CORREIA, *Consulta, op. cit.*, p. 16; MENEZES CORDEIRO, *Da Preferência...*, in *Banca...*, pág. 149, embora não se fundem todos nas mesmas razões. Na jurisprudência, pode ver-se, ainda na mesma direcção, a *Sentença do Tribunal Cível do Porto 1.º Juízo 2.ª Secção de 27 de Janeiro de 1989*, processo 128/88. Convém, no entanto, referir a circunstância de a distinção entre direitos reais e direitos de crédito se encontrar actualmente em crise. Não falta mesmo quem a ponha em causa, pelo menos nos moldes em que vem sendo concebida. Para maiores desenvolvimentos sobre alguns aspectos desta questão, cfr., entre outros, BUONOCORE, *Le Situazioni Soggetive..., passim*, e, por exemplo, p. 217; GIORGIANI, V.º *Diritti Reali (Diritto Civile)*, in *Novissimo Digesto Italiano*, Turim, 1960, vol. V, pp. 748 e ss.; ID., *Tutela del Creditore e Tutela Reale*, in *Rivista del Diritto Commerciale e del Diritto Generale delle Obbligazione*, ano LXXIII, 1975, pp. 853 e ss.; GIROLAMO MONTELE, *Riflessioni sulla Tutela Esecutiva dei Diritti di Credito*, in *Rivista del Diritto Commerciale e del Diritto Generale delle Obbligazione*, ano LXXV, 1977, pp. 65 e ss..

([332]) Cfr. *Supra.* pp. 227 e ss..

([333]) Esta identidade de designações tem por detrás, e em grande medida, uma identidade de conteúdo entre as duas figuras. Basta ver como ambas representam dois géneros de uma mesma espécie.

([334]) MENEZES CORDEIRO, *Da Preferência...*, in *Banca...*, p. 149.

([335]) Neste sentido, podem ver-se, entre outros, ALMEIDA COSTA, *Direito...*, p. 190 e nota (3), que entre as manifestações de tal princípio aponta os artigos 566.º n.º 1 e 830.º do Código Civil e o artigo 32.º n.º 1 alínea b) do Decreto-Lei 422/ /83 de 3 de Dezembro relativo à defesa da concorrência no mercado; e MENEZES CORDEIRO, *Da Preferência...*, in *Banca...*, p. 149.

Professor Menezes Cordeiro, «(...) *o Direito, quando prescreve certa solução pretende de facto vê-la aplicada. Por isso, a sua primeira reacção é providenciar, in natura, a consubstanciação daquilo que a prevericação frustrou».* Parece, assim, e pelo menos à primeira vista, que não estando criado um regime especial de sanções para as violações do direito legal ([336]) de preferência dos sócios, se deve aplicar o regime geral das preferênciais legais ([337]). Impõe-se, porém, um limite.

A lógica do direito das sociedades pressupõe uma particular confiança no ente colectivo, de forma a garantir a imprescindível segurança que deve acompanhar o tráfico jurídico no domínio societário ([338]). O legislador tem, assim, particular cuidado em assegurar a protecção de terceiros de boa fé contra violações da lei, cometidas pela sociedade ([339]): atente-se no disposto nos artigos 179.º e 996.º n.º 2 do Código Civil e no artigo 61.º n.º 2 do Código das Sociedades Comerciais. A nós interessa-nos, sobretudo, o disposto no último destes três preceitos. De acordo com o estatuído nessa norma, a declaração de nulidade ou a anulação da deliberação não prejudica os direitos adquiridos por terceiros de boa fé, com base em actos praticados em execução da deliberação; o conhecimento da nulidade ou anulabilidade exclui a boa fé. Nestes termos, se a

---

([336]) O termo legal aparece aqui com um significado diverso daquele que normalmente lhe atribuímos. Via de regra, utilizamos a expressão direito de preferência «legal» para nos referirmos ao chamado, pela generalidade da doutrina, direito abstracto de preferência. Agora o termo legal aparece para referir a circunstância de o direito de subscrição preferencial ser imposto por lei.

([337]) RAÚL VENTURA, *Alterações do Contrato...*, p. 207 (apesar de este autor se reportar a situações diversas das por nós analisadas: ao admitir a possibilidade de recurso à acção de preferência, o professor RAÚL VENTURA tem em vista os casos nos quais houve um acto da assembleia geral, violador do direito de preferência, que foi considerado inválido. Embora nos pareça igualmente de admitir o recurso à acção de preferência nessas hipóteses, a situação referida no texto é diversa: pensamos na eventualidade de as novas quotas ou acções serem subscritas por terceiros apesar de a assembleia geral não ter suprimido ou limitado o direito de preferência); e MENEZES CORDEIRO, *Parecer 2, op. cit.*, pp. 81 e ss..

([338]) FERRER CORREIA, *Parecer, op. cit.*, p. 16.; MENEZES CORDEIRO, *Da Preferência...*, in *Banca...*, p. 149.

([339]) MENEZES CORDEIRO, *Da Preferência...*, in *Banca...*, p. 149.

Limitação ou Supressão do Direito de Preferência dos Sócios   387

posição dos terceiros de boa fé resulta de uma prévia deliberação social, a acção de preferência não produzirá efeitos contra eles ([340]).

Mas o mesmo acontecerá quando, na ausência de uma deliberação da assembleia geral na qual se proceda à exclusão do direito de preferência, as novas quotas ou acções acabem na titularidade de terceiros de boa fé ([341]). É que, o direito de preferência dos sócios não tem eficácia real.

VI. Se a sociedade, uma vez deliberado o aumento de capital, se abstiver de realizar os actos necessários ao exercício do direito de preferência, têm os preferentes a possibilidade de, nos termos gerais, recorrer ao tribunal para o efeito ([342]), e aí exercerem o seu direito.

Além disso, e como qualquer pessoa que alegue um dano fundado em dolo ou negligência, podem os sócios pedir uma indemnização por prejuízos sofridos.

([340]) MENEZES CORDEIRO, *Da Preferência...*, in *Banca...*, p. 149.

([341]) *Idem.*

([342]) RENATO MICCIO, *Il Diritto...*, p. 42; OTT, *Das Bezugsrecht...*, p. 170;

V

ESTRUTURA E NATUREZA DO DIREITO DE PREFERÊNCIA DOS SÓCIOS

I - A estrutura do direito de subscrição preferencial

1. *Generalidades*

I. Um exame da regulamentação legal das sociedades bem como dos contratos celebrados ao abrigo de tal regulamentação permite detectar uma série de «fases» ou «momentos» na vida dos direitos ou situações nas quais os sócios se acham investidos, em virtude da sua qualidade de membros de uma sociedade ([1]).

Na análise, por nós anteriormente efectuada, vimos quais eram os «momentos» pelos quais passava o direito de preferência dos sócios, e qual a sua configuração. Assim, foi possível verificar como, através de uma deliberação de aumento de capital, o direito de subscrição preferencial, carecido de actualidade, ganha uma nova dimensão. A ligação existente entre ele e a participação social parece quebrar-se. O direito cobra autonomia, tornando-se equiparável aos direitos extra-sociais. O sócio passa a ter na sua esfera jurídica um direito susceptível de ser imediatamente exercido contra a sociedade ou alienado. Além disso, a declaração de vontade do sócio no sentido de querer subscrever as novas acções ou quotas confere-lhe, desde logo, um direito a elas ([2]). Não se torna, nomeadamente, necessária qualquer outra manifestação de vontade.

([1]) V. *Supra*, pp. 117 e ss..

([2]) Poderá, no entanto, tornar-se necessária a realização de um rateio como forma de determinar o exacto número de quotas ou acções a que o sócio terá direito. Sobre este assunto, v. *Infra*, pp. 261 e ss..

II. Resta agora saber qual o laço ou ligação existente entre as «várias» fases do direito de preferência por nós assinaladas. Para tanto, importa determinar a estrutura do direito de subscrição preferencial. É isso que procuraremos fazer de seguida.

2. Teorias que reconduzem os direitos ligados à qualidade de sócios a direitos «deformados»

I. Para um primeiro grupo de correntes, as várias situações dos sócios, emergidas directamente da lei, e inactivas, explicar-se-iam sublinhando, de diversas formas ou ângulos, a sua falta de actualidade enquanto direitos subjectivos perfeitos e acabados. Elas teriam, por conseguinte, de reconduzir-se a conceitos técnicos capazes de traduzir essa sua falta de actualidade ou imperfeição ([3]).

Daí à sua identificação com direitos eventuais, direitos emergentes de negócios incompletos – através da importação de uma técnica muito divulgada na caracterização de negócios sobre coisas futuras - ou direitos condicionados, foi apenas um passo ([4]).

II. Em particular, a última das referidas posições ou teses tem merecido o sufrágio de vários dos autores que, especificamente, procuram determinar qual a estrutura do direito de preferência dos sócios ([5]). Na sua base, encontra-se a consideração do aumento de

---

([3]) RAÚL VENTURA, *Reflexões...*, in *Colectânea...*, ano IX, tomo II, p. 7; ANTÓNIO MENEZES CORDEIRO, *Parecer 1, op. cit.*, pp. 61 e 62.

([4]) Cfr. os autores citados na nota anterior.

([5]) Cfr., por exemplo, ALFRED JAUFFRET, *Du Droit de Souscrire par Préférence...*, p. 77; ANTÓNIO BOUTHELIER, *El Derecho de Suscripción Preferente...*, in *R.D.M.*, pp. 339 e 340; OTT, *Das Bezugsrecht...*, pp. 187 e ss., autor segundo o qual o direito de preferência estaria sujeito a uma condição mista: esta teria, por um lado, natureza potestativa (*potestativ Elemente der Bedingung*) na medida em que se revela necessário um aumento de capital no qual não se tenha verificado a exclusão do direito de subscrição, e, por outro, natureza causal (*Kasuelle Element der Bedingung*) enquanto o seu exercício pressuporia a subscrição e a realização da obrigação de entrada. Acerca do sentido e alcance das condições potestativas causais e mistas,

Estrutura e Natureza do Direito de Preferência dos Sócios   393

capital como um acontecimento futuro e incerto, características às quais parece efectivamente responder. A partir desta constatação, a qualificação do direito de preferência como um direito condicional tornar-se-ia imperativa. Enquanto não fosse deliberado o aumento de capital, o sócio poderia, obviamente, recorrer a medidas de conservação do seu direito. Não lhe era, porém, dado exercê-lo directamente. Com a deliberação, a situação mudar-se-ia radicalmente: de condicional, o direito passaria a puro, susceptível por isso de ser exercido mediante simples declaração de vontade do seu titular [6].

As conclusões, anteriormente referidas, não podem, à primeira vista, ser mais simples e coerentes. Existe um direito cuja possibilidade de exercício se encontra subordinada à verificação de um facto futuro e incerto. Por conseguinte, tal direito deve considerar-se condicionado. Verificada a condição da qual depende o seu exercício, o direito ganha actualidade e transforma-se naturalmente num direito puro. Os autores que adoptam este raciocínio esquecem-se, porém, de um aspecto da maior importância.

A deliberação de aumento de capital é indiscutivelmente um facto futuro e incerto. Contudo, tal circunstância não permite, por si só, qualificá-la como condição. Característica fundamental desta figura é, no dizer da doutrina, a sua exterioridade, quer em relação aos elementos constitutivos do negócio, quer em relação aos seus efeitos típicos [7]. Exterioridade que resulta da natureza de elemento acidental, estranho à estrutura típica do negócio, reconhecida à condição [8]. Na sociedade,

---

v., na nossa doutrina, entre outros, CASTRO MENDES, *Teoria...*, II, pp. 223 e ss.; MOTA PINTO, *Teoria...*, pp. 559 e ss..

[6] É, nomeadamente, esta a postura adoptada por ALFRED JAUFFRET, *Du Droit de Souscrire par Préférence* ..., p. 77; e ANTONIO BOUTHELIER, *El Derecho de Suscripción Preferente...*, in *R.D.M*, p. 340.

[7] ANA PERALTA, *A Posição Jurídica do Comprador na Compra e Venda com Reserva de Propriedade*, Coimbra, 1990, p. 144.

[8] A natureza de elemento acidental da condição não sofre contestação na doutrina. V., por exemplo, quanto escrevem, a este respeito, DOMENICO BARBERO, *Contributo alla Teoria della Condizione*, Milão, 1937, p. 76, nota (19); ID., *Condizione*

394   *Pedro de Albuquerque*

porém, a dependência do direito de preferência relativamente ao aumento de capital faz parte da própria natureza da situação do sócio([9]).
É a própria lei quem a impõe. Nestes termos, poderá falar-se em condição imprópria ou em *conditio iuris*, mas não em condição *stricto sensu*.

Para além da parcial coincidência de terminologia, a diferença entre as duas figuras é patente. Via de regra, no negócio *sub conditione* vale o princípio da retroactividade da condição (artigo 267.º do Código Civil). Assim, uma vez verificado o evento condicional, os efeitos do negócio retrotraem-se à data da sua conclusão. Diversamente, a denominada *conditio iuris* possui apenas eficácia *ex nunc*. Bem vistas as coisas, ela não é senão um meio técnico de indicar o pressuposto de facto do surgimento ou desenvolvimento de uma determinada situação jurídica ([10]).

III. As considerações acabadas de tecer, para além de afastarem a qualificação do direito de preferência dos sócios, imediatamente decorrente da lei, como um direito condicionado, apresentam ainda uma outra vantagem. Elas fornecem-nos igualmente o critério que permite repudiar as várias construções para as quais o direito de preferência legal corresponderia a um direito «deformado». Todas são susceptíveis de críticas endereçadas aos conceitos em que se pretendem

---

(Diritto Civile), in *Novissimo Digesto Italiano*, Turim, 1959, III, p. 1097; VASCO TABORDA FERREIRA, *Um Caso de Conditio Juris*, Lisboa, 1952, pp. 117 e ss.; MANUEL DE ANDRADE, *Teoria...*, II, pp. 356 e ss., autor que trata a condição num Subtítulo designado *Elementos Acidentais dos Negócios Jurídicos*; CASTRO MENDES, *Teoria...*, II, pp. 215 e ss.; OLIVEIRA ASCENSÃO, *Teoria...*, II, pp. 391 e ss.; RAÚL VENTURA, *Reflexões...*, in *Colectânea...*, ano IX, t. II, p. 7; MOTA PINTO, *Teoria...*, pp. 555 e ss.; ANA PERALTA, *A Posição Jurídica do Comprador...*, p. 145.
([9]) Também assim SÁNCHEZ ANDRÉS, *El Derecho de Suscripción Preferente...*, p. 161; e RAÚL VENTURA, *Reflexões...*, in *Colectânea...*, ano IX, t. II, p. 7, autor que se coloca, porém, numa perspectiva mais geral, sustentando a inviabilidade da tese dos direitos condicionados seja qual for a situação jurídica do sócio, imediatamente decorrente da lei, a que se reporte.
([10]) DOMENICO BARBERO, *Teoria...*, pp. 76 e ss.; SÁNCHEZ ANDRÉS, *El Derecho de Suscripción Preferente...*, p. 163.

Estrutura e Natureza do Direito de Preferência dos Sócios

enquadrar as situações jurídicas dos sócios ([11]). Um único reparo, porém, é capaz de atingir qualquer uma delas. Trata-se da circunstância de as qualificações técnicas referidas – direitos eventuais, negócios incompletos, etc. – exprimirem «perturbações» de direitos normalmente perfeitos provocadas por factores estranhos à natureza desses direitos ([12]). Conforme refere o Professor Raúl Ventura ([13]), um vulgar direito de exigir o preço de uma venda torna-se exigível apenas no caso de certo facto se verificar, porque esse contrato de compra e venda foi excepcionalmente sujeito a uma condição suspensiva; uma venda de coisa futura é um contrato incompleto porque extraordinariamente tem por objecto um bem ainda não existente in *rerum natura*. No contrato de sociedade, porém, a eventualidade do exercício dos direitos dele resultantes é da própria natureza do negócio. Ou seja, o facto de os direitos ligados à qualidade de sócio apenas poderem ter aplicação à medida do funcionamento da sociedade corresponde a uma circunstância natural ([14]).

3. Direito abstracto e direito concreto de preferência

I. Ainda com a preocupação de explicar a ligação existente entre as situações nas quais os sócios vão sendo investidos à medida que a vida da sociedade se desenvolve, determinado sector da doutrina tem sido levado a configurar tais situações como outros tantos direitos distintos entre si, embora com algum tipo de ligação genética ([15]). Nomeadamente, no caso do direito de subscrição preferencial, debaixo da designação genérica de direito de preferência contemplar-se-iam dois direitos distintos: um direito abstracto, adquirido pelos sócios em consequência da sua qualidade de membros da sociedade e referente a todos os futuros e eventuais aumentos de capital; e um direito concreto,

---

([11]) Raúl Ventura, *Reflexões...*, in *Colectânea...*, ano IX, t. II, p. 7.

([12]) *Idem.*

([13]) *Idem.*

([14]) *Idem.*

([15]) *Idem.*

396 Pedro de Albuquerque

por força do qual os sócios ficariam habilitados a participar nos aumentos de capital efectivamente deliberados.

Os antecedentes desta distinção entre direitos abstractos e direitos concretos encontram-se na órbita do direito civil. Foi aí que a ela se começou a fazer apelo, há já algum tempo, a propósito dos denominados direitos em formação [16]. No domínio do direito das sociedades comerciais, os conceitos de direito abstracto e de direito concreto foram recebidos, sobretudo, para explicar a situação dos sócios relativamente aos lucros e aos dividendos deliberados [17]. Introduzida a distinção a doutrina, particularmente a de origem germânica, não demorou na sua aplicação a figuras diversas [17a].

---

[16] Para uma referência à utilização da figura no domínio do direito civil, v., por exemplo, SANTI ROMANO, *Poderes...*, in *Fragmentos...*, p. 321.

[17] A fazer fé em PETTITI, *Contributo...*, pp. 157 e ss., terá sido VOLDERN-DORFF o primeiro autor a falar num direito abstracto ao dividendo. A noção foi posteriormente aperfeiçoada por NEUKAMP e sucessivamente adoptada por uma multiplicidade de autores que lhe conferem frequentemente significados contraditórios. Acerca desta distinção, v., ainda, RIVOLTA, *La Participazione...*, p. 207; RAÚL VENTURA, *Reflexões...*, in *Colectânea...*, ano IX, t. II, p.2.

[17a] A distinção entre um direito abstracto e um direito concreto de preferência é particularmente querida da doutrina alemã (situação que RIVOLTA, *La Participazione...*, pp. 227 e 228, considera poder explicar-se pela inclinação dos autores germânicos por construções conceptualistas) que fala, a este respeito num *«abstraktes»*, *«virtuelles»* ou *«allgemeines Bezugsrecht»* em contraposição a um *«konkretes»* ou *«aktuelles Bezugsrecht»* (*«Bezugsanspruch»*). V., entre outros, BERNICKEN, *Das Bezugsrecht...*, *passim*, em especial pp. 10, 16, e 21; JULIUS VON GIERKE, *Handelsrecht...*, p. 362; D. GUNTZ, *Das Subjekt...*, in *Die Aktiengesellschaft, cit.*, p. 177; GADOW e HEINICHEN, *Großkommentar...*, II, comentário ao § 153, p. 43; WIEDEMANN, *Großkommentar...*, III, comentário ao § 186, p. 74. Consagrada na doutrina alemã, os comercialistas italianos e espanhóis não tardaram em aderir a ela. V., por exemplo, quanto aos primeiros, RAFFAELE NOBILI, *Contributo allo Studio del Diritto D'Opzione...*, *passim*, em especial p. 46; SENA, V.º *Cedola*, in *Enciclopedia del Diritto*, 1960, VI, p. 705; no tocante aos segundos, cfr. ALVAREZ ALVAREZ, *Ejercicio del Derecho de Suscripción...*, in *Anuario...*, *passim*; e ALEJANDRO BÉRGAMO, *Sociedades...*, II, p. 543. Também entre nós a maioria da doutrina tem manifestado a sua simpatia por esta distinção entre direitos abstractos e direitos concretos. Cfr., por exemplo, VASCO DA GAMA LOBO XAVIER, *Anulação de Deliberação Social...*, pp. 171 e ss., nota (76a), e 226; FERRER CORREIA, *Consulta, op. cit.*, p. 10; BRITO CORREIA, *Direito...*, III, p. 337, nota (37).

Concebeu-se, por exemplo, um direito abstracto de preferência e um direito abstracto à quota de liquidação, num e noutro caso, em contraposição com o direito concreto de preferência e o direito concreto à quota de liquidação.

No que especificamente respeita à preferência dos sócios, o direito abstracto configura-se como um direito genérico à subscrição de novas acções ou quotas em todos os aumentos de capital a deliberar pela sociedade. O direito concreto corresponde, em contrapartida, ao direito de participar num específico aumento de capital já deliberado pela sociedade.

II. Apesar do número de adesões que suscitou, esta distinção provocou, sobretudo na doutrina de origem latina, poderosíssimas críticas para as quais parece não ter resposta ([18]). Entre outros aspectos, censura-se-lhe o facto de corresponder a uma diferenciação puramente conceptual, falha de rigor e nitidez, sem qualquer conteúdo ou utilidade, não apenas prática mas também dogmática ([19]).

A mais aparente das suas dificuldades está na explicação da passagem do direito concreto para o direito abstracto, ou seja, na determinação da ligação genética existente entre estas duas situações jurídicas ([20]). Tanto a preferência abstracta como a preferência concreta seriam vistas como direitos perfeitamente autónomos e acabados. Elas constituiriam, por isso, meras realidades estáticas desprovidas de qualquer dinamismo ou vida, cada uma com a sua fonte própria. Num caso a lei, noutro o aumento de capital.

([18]) Cfr., entre outros, RENATO MICCIO, *Il Diritto...*, pp. 74 e ss.; PETTITI, *Contributo...*, pp. 155 e ss.; BUONOCORE, *Le Situazioni Soggetive...*, pp. 132 e ss.; RIVOLTA, *La Partidpazione...*, pp. 205 e ss.; GUERRA DA MOTA, *A Tutela da Minoria e o Direito Unitário de Participação...*, pp. 122 e ss.; SÁNCHEZ ANDRÉS, *El Derecho de Suscripción Preferente...*, pp. 162 e ss.; RAÚL VENTURA, *Reflexões...*, in *Colectânea...*, ano IX, t. 2, pp. 7 e 8.

([19]) Cfr. os autores citados na nota anterior.

([20]) RAÚL VENTURA, *Reflexões...*, in *Colectânea...*, ano IX, t. 2, p. 7.

Mas, a ser assim, parece no mínimo estranho que, para chegar ao resultado útil de fazer o sócio adquirir o direito de subscrição preferencial, seja necessário criar dois direitos inteiramente distintos, sem que um passe pelo outro [21].

III. O principal vício desta tese reside na circunstância de ela ser uma consequência da posição, profundamente errónea [22], segundo a qual os direitos subjectivos seriam meras projecções abstractas das normas jurídicas, por conseguinte, tão imóveis como essas próprias normas.

Sem querer entrar na complicada discussão doutrinal acerca da categoria dos direitos subjectivos sempre se recordará o facto de o direito objectivo se conceber, vulgarmente, como um todo orgânico de preceitos dispostos segundo um modelo abstracto [23] e o direito subjectivo como simples reflexo de tais preceitos. Transposta esta concepção para o domínio das sociedades comerciais, a doutrina viu-se impossibilitada de entender e explicar a ligação existente entre as várias fases pelas quais passam as situações jurídicas nas quais os sócios se vêem investidos. A única solução encontrada foi a de se conceber a existência de sucessivos direitos, perfeitos e autónomos, referentes a situações diversas, cada um deles com diferentes fontes. Porém, desta forma, ao procurar estabelecer-se um laço entre as várias posições jurídicas dos sócios, o resultado alcançado é justamente o inverso: a quebra das ligações eventualmente existentes entre elas!

3. O direito de preferência como um direito único de formação instantânea, cuja fonte seria o aumento de capital

I. Em contraposição com a teoria segundo a qual se deveria distinguir entre um direito abstracto e um direito concreto de preferência, formou-se uma outra corrente de opinião que vê na

---

[21] RAÚL VENTURA, *Reflexões...*, in *Colectânea...*, ano IX, t. 2, p. 8.
[22] Cf. *Infra* pp. 406 e ss..
[23] GOMES DA SILVA, *O Dever de Prestar...*, I, p. 85.

Estrutura e Natureza do Direito de Preferência dos Sócios

preferência um direito de formação instantânea ([24]), cuja fonte estaria na deliberação de aumento de capital ([25]). Antes disso, não existiria nenhuma situação jurídica do sócio, nenhum interesse protegido por lei ([26]). Haveria sim, e apenas, uma norma imperativa, que a um determinado pressuposto de facto associaria a produção de um efeito

---

([24]) Assim e expressamente, pode ver-se SÁNCHEZ ANDRÉS, *El Derecho de Suscripción Preferente...*, p. 126.

([25]) Creditando esta construção, podem ver-se, embora por vezes com algumas divergências de opinião quanto aos pressupostos de que partem, nomeadamente, BERTINI, *Contributo...*, p. 82; ASCARELLI, *L'Interesse Sociale dell'art. 2441 cod. civ. ..., in Rivista...*, ano I, pp. 104 e 112; ID., *Princípios e Problemas das Sociedades Anónimas, in Problemas...*, pp. 340 e ss. (Ascarelli, seguido depois por muitos outros autores, explica a posição do sócio através da sua recondução à ideia de um pressuposto ou *status* de sócio. A partir desse *status* – verificados certos requisitos – surgiriam depois certos direitos e deveres que progressivamente se vão autonomizando da sua matriz. Nesta formulação, não poderá falar-se de direitos dos sócios senão a propósito de concretas pretensões destes frente à sociedade. Essas pretensões têm por pressuposto a qualidade de sócio mas apenas surgem quando ocorra determinada *facti species*. A propósito da construção do Mestre italiano, pode ver-se (entre nós) VASCO DA GAMA LOBO XAVIER, *Anulação de Deliberação Social...*, pp. 175 e 176, nota (76a). Na doutrina estrangeira, cfr. BUONOCORE, *Le Situazioni Soggetive...*, pp. 123 e ss.; ROBERTO ROSAPPEPE, *L'Esclusione del Diritto di Opzione...*, p. 78).

([26]) Até lá haveria, quando muito, um simples interesse reflexamente protegido ou um interesse legítimo como querem, por exemplo, Bertini ou Buonocore. V. BERTINI, *Contributo...*, pp. 73 e ss.; BUONOCORE, *Le Situazioni Soggetive...*, pp. 146 e ss.. Estes autores baseiam-se, em grande parte, no ensinamento de CANDIAN, *Nullità e Annulabilità di Delibere di Assemblea delle Società per Azione*, Milão, 1942, pp. 142 e ss., jurista que, pela primeira vez, tentou transpor para o domínio das sociedades comerciais a figura dos interesses ocasionalmente protegidos. Porém, a própria aceitação dos pressupostos de que parte conduz ao afastamento da qualificação de preferência dos sócios como um interesse ocasionalmente protegido. Reconhece-o, aliás, expressamente, o próprio Candian. Segundo ele, existe um direito subjectivo quando a protecção de um interesse de um sujeito tenha dado origem a uma norma e constitua o seu fim. Note-se, de resto, que o conceito de interesse legítimo se encontra actualmente em crise, sendo posto em causa pela mais moderna doutrina administrativista. Cfr. ALEXANDRE DE ALBUQUERQUE, *As Consequências da Anulação Contenciosa do Indeferimento Tácito*, sem data, mas de 1989, pp. 165 e ss..

jurídico ([27]). Enquanto tal pressuposto não se verificasse, não se poderia invocar a consequência jurídica. Em contrapartida, uma vez constatada a sua ocorrência, o efeito jurídico a ele ligado operaria *ope legis*, de forma automática e imediata ([28]).

II. Contra este entendimento insurge-se Rivolta ([29]). De acordo com este autor, se o interesse do sócio não fosse originariamente tutelado, deveria ser válida uma deliberação de aumento de capital, tomada por maioria, na qual se sacrificasse o direito de preferência dos sócios para todos os futuros aumentos de capital, o que – quer perante o direito italiano, quer perante o nosso ordenamento jurídico – é de excluir. Mas se semelhante deliberação não se pode admitir, então, e ainda no entender de Rivolta, tem forçosamente de se aceitar a existência de um interesse dos sócios directamente protegido por lei, ainda antes do aumento de capital, pois não parece possível encontrar nenhum outro capaz de justificar a solução consagrada na lei.

Em vão se procurará reconduzir – como faz, por exemplo, Buonocore ([30]) – a impossibilidade de a assembleia geral suprimir o direito de preferência para todos os futuros aumentos de capital à exclusiva existência de uma norma imperativa ([31]). É que, não basta constatar a presença de um preceito no qual se afasta o poder da assembleia geral para sacrificar o direito de preferência dos sócios em futuros aumentos de capital. É necessário estabelecer o porquê da imperatividade de tal preceito ([32]). Ou seja: importa saber qual a *ratio* da norma em questão. De outra forma, nada autoriza a afirmar a ausência de uma tutela directa do interesse pessoal dos sócios ainda antes de deliberado o aumento de capital.

([27]) BUONOCORE, *Le Situazioni Soggetive...*, p. 125.

([28]) SÁNCHEZ ANDRÉS, *El Derecho de Suscripción Preferente...*, p. 172.

([29]) RIVOLTA, *La Partecipazione...*, pp. 228 e ss.. Em sentido idêntico mas com diversa argumentação, pode ver-se também RENATO MICCIO, *Il Diritto...*, pp. 72 e ss..

([30]) BUONOCORE, *Le Situazioni Soggetive...*, p. 125.

([31]) RIVOLTA, *La Partecipazione...*, p. 229.

([32]) RIVOLTA, *La Partecipazione...*, p. 230.

III. Para além destas observações, de cuja validade parece não poder duvidar-se – atendendo ao facto de todo o instituto da preferência dos sócios ser, fundamentalmente, desenhado em função dos interesses desses mesmos sócios – a tese em apreço depara, ainda, com outras dificuldades. Embora pretenda representar a superação da teoria segundo a qual se deveria distinguir entre uma preferência abstracta e uma preferência concreta, a construção em análise padece, em grande medida, dos mesmos vícios. Qualquer uma delas representa – em maior ou menor grau, de forma mais ou menos explícita – o fruto da concepção dos direitos subjectivos como realidades estáticas, nascidas de um só jacto e carecidas de dinamismo, entendimento que, conforme teremos oportunidade de demonstrar, julgamos de rejeitar.

4. Posição adoptada. A participação social como direito subjectivo e o direito de preferência como manifestação da energia jurídica nela contida

I. Muito se tem dito acerca da estrutura do direito de participação preferencial em aumentos de capital. A generalidade, senão mesmo a quase totalidade dos autores, tem-se ocupado desta questão considerando a preferência dos sócios de *per si*, independentemente das realidades às quais surge associada. No fundo, o procedimento é este: a preferência é isolada de todas as realidades com as quais se encontra em contacto e, uma vez concluída tal operação [33], procura-se fixar a respectiva estrutura evolutiva.

Semellhante procedimento não pode, porém, ser aceite. Trata-se, perdoe-se-nos a expressão, de verdadeira geometria no espaço. Só um enorme espírito de abstracção – que a análise das situações jurídicas, enquanto entidades cuja existência se desenrola na vida real, não comporta – nos poderia levar a admitir tal raciocínio. A

---

[33] Operação realizada, na maior parte dos casos, senão mesmo em todos eles, sem que os autores dela se apercebam.

402 Pedro de Albuquerque

compreensão do direito de preferência, como, aliás, a de qualquer outra realidade, só é possível quando considerada no contexto em que surge. Julgamos, por isso, imprescindível tecer algumas considerações a propósito da noção de participação social, expressão da posição do sócio na sociedade da qual faz parte ou, noutros termos, conjunto de direitos e vinculações que compõem tal posição, e entre os quais se encontra, pelo menos numa primeira fase, o direito de preferência.

II. A determinação da estrutura e natureza da participação social constitui uma verdadeira *vexata quaestio* do direito das sociedades comerciais. Das orientações que a procuravam reconduzir à tradicional distinção entre direitos reais e direitos de crédito, passou-se para outro tipo de construções: assim, enquanto uns procuravam ver na participação social um verdadeiro *status*, outros tomavam-na como uma posição contratual, outros, ainda, como um direito *sui generis* de natureza corporativa – um *tertium genus* entre direitos reais e direitos de crédito ([34]).

([34]) O facto de não fazermos referência a outras formas de conceber a participação social não significa que as ignoremos. Outras há sem dúvida. Basta recordar a orientação segundo a qual a posição do sócio seria uma expectativa jurídica. As teses aludidas no texto são, porém, as mais importantes. Na impossibilidade de procedermos a um estudo detalhado sobre esta matéria - que aliás não se justificaria num trabalho com este âmbito - optámos por mencionar apenas algumas das correntes de opinião que, num momento ou noutro, maior significado assumiram. Para uma referência às várias teses que têm sido defendidas a propósito da natureza da participação social, podem ver-se, de entre a interminável bibliografia existente sobre o tema , e em diversos sentidos, ASCARELLI, *Appunti...*, I, pp. 219 e ss.; ID., *Princípios...*, in *Problemas...*, pp. 340 e ss.; JULIUS VON GIERKE, *Handelsrecht...*, pp. 263, 333 e ss.; WÜRDINGER, *Aktienrecht, cit.*, pp. 38 e ss.; CAVALEIRO DE FERREIRA, *Parecer, cit.*, in *Peças...*, pp. 85 e ss.; BUONOCORE, *Le Situazioni Soggetive...*, *passim*; MANUEL DE ANDRADE, *Teoria...*, I, p. 184, nota (1); JESUS RUBIO, *Curso de Derecho de Sociedades...*, pp. 283 e ss.; FERNANDO OLAVO, *Aumento...*, in *O Direito...*, ano 95, pp.113 e ss.; DE FERRA, *La Circolazione...*, pp. 3 e ss.; RIVOLTA, *La Participazione...*, *per tot.*; ID., *La Società...*, pp. 148 e ss.; MESSINEO, *La Participazione Sociale*, in *Impresa e Società. Scritti in Memoria di Alessandro Graziani*, III, Nápoles, 1968, pp. 1113 e ss.; FERRER CORREIA, *Lições de Direito...*, II, p. 59; GUERRA DA MOTA, *A Tutela da Minoria e o Direito Unitário de Participação...*,

Estrutura e Natureza do Direito de Preferência dos Sócios

Não interessa ao nosso tema entrar na análise pormenorizada de cada uma destas teses. Sempre sublinharemos, contudo, a circunstância de algumas delas se encontrarem em vias de absoluta superação, senão mesmo já totalmente superadas. Assim sucede, por exemplo, com as teorias de acordo com as quais a posição do sócio se deveria integrar na classificação que divide os direitos subjectivos em direitos reais e direitos de crédito. Assim sucede, também, com a teoria do *status*.

No tocante à qualificação da participação social como uma verdadeira posição contratual, julgamos nada adiantar quanto à natureza e estrutura do direito do sócio, como também não serviria, para qualificar o direito do comprador sobre a coisa comprada, considerar a posição por ele ocupada no contrato de compra e venda como uma posição contratual.

Bem mais importante do que proceder ao enquadramento dogmático da participação social como um direito de crédito, como um direito real ou como um direito de natureza corporativa, é a referência à circunstância de se tratar de um verdadeiro direito subjectivo ([35]).

---

passim; Vasco da Gama Lobo Xavier, *Anulação de Deliberação Social...*, pp. 175 e ss., nota (76a), com ampla indicação bibliográfica; ID., V.° *Acção (II - Direito Comercial)*, in *Pólis*, vol. I, Lisboa/São Paulo, 1983, cols. 65 e 66; Jean-Pierre Gastaud, *Personalité Morale et Droit Subjectif*, prefácio de Jean-Pierre Sortais, Paris, 1977, pp. 55 e ss.; Karl Larenz, *Algemeiner Teil des Deutschen Bürgerlichen...*, pp. 139 e ss.; Wiedemann, *Gesellschaftsrecht...*, I, pp. 95 e 282 e ss.; Raúl Ventura, *Reflexões...*, in *Colectânea...*, ano IX, t. 2, pp. 7 e ss.; Oliveira Ascensão, *Teoria...*, IV, pp. 157 e 158; Brito Correia, *Direito...*, II, pp. 289 e ss.; Evaristo Mendes, *A Transmissibilidade...*, I, pp. 10 e ss..

([35]) A favor da qualificação da participação social como um direito subjectivo, podem ver-se, nomeadamente, Würdinger, *Aktienrecht, cit.*, p. 39; Buonocore, *Le Situazioni Soggetive...*, pp. 171 e ss.; Guerra da Mota, *A Tutela...*, pp. 66 e ss.; Amândio de Azevedo, *O Direito de Preferência dos Accionistas na Subscrição de Novas Ações...*, in *Revista...*, XV, p. 136; Wiedemann, *Gesellschaftsrecht...*, I, pp. 95 e ss., 182 e ss.; Oliveira Ascensão, *Teoria...*, IV, pp. 156 e 157 ; e, segundo nos parece, Evaristo Mendes, *A Transmissibilidade...*, I, pp. 103 e ss..

Preocupada em demonstrá-lo, uma autorizada corrente de opinião tem chamado a atenção para a circunstância de sobre a participação social poderem incidir uma série de fenómenos que apenas teriam a virtualidade de se reportarem a direitos subjectivos perfeitos: seria, por exemplo, o caso do penhor e da execução forçada ([36]). Verdadeiramente essencial é, porém, sublinhar o facto de a posição do sócio, enquanto membro da sociedade, ser objecto de uma tutela directa por parte da lei e envolver, numa fórmula abreviada ([37]), «*a afectação jurídica de um bem à realização de um ou mais fins de pessoas individualmente consideradas*» ([38]).

([36]) BUONOCORE, *Le Situazioni Soggetive...*, p. 216, para quem seria um absurdo que se penhorasse ou executasse um *status*, uma posição contratual ou um pressuposto, como denominação susceptível de abranger um complexo de direitos e de deveres; KARL LARENZ, *Algemeiner Teil des Deutschen Bürgerlichen...*, pp. 188 e 189; e RAÚL VENTURA, *Reflexões...*, in *Colectânea...*, ano IX, t. 2, p. 7.

([37]) Dizemos numa fórmula abreviada porquanto ela corresponde à primeira definição de direito subjectivo que o Professor Gomes da Silva apresentou. Posteriormente, o ilustre Mestre repensou-a dando-lhe um maior desenvolvimento. A este respeito, cfr. a nota seguinte.

([38]) Cfr. GOMES DA SILVA, *O Dever de Prestar...*, I, p. 85. Adoptamos a definição de direito subjectivo proposta pelo Professor Gomes da Silva não apenas por ela ter exercido uma influência marcante nos estudos posteriormente realizados, na Faculdade de Direito de Lisboa, sobre aquele conceito (Cfr. DIAS MARQUES, *Teoria Geral do Direito Civil*, I, Lisboa, 1954; CASTRO MENDES, *Teoria...*, I, pp. 317 e ss.; OLIVEIRA ASCENSÃO, *Teoria...*, IV, pp. 91 e ss.; MENEZES CORDEIRO, *Da Boa Fé...*, II, pp. 662 e ss.; ID., *Teoria...*, I, pp. 223 e ss.; e, ainda, sobre este tema, MIGUEL TEIXEIRA DE SOUSA, *O Concurso de Títulos de Aquisição da Prestação. Estudo Sobre a Dogmática da Pretensão e do Concurso de Pretensões*, Lisboa, 1988, *passim*), mas, também, por nos parecer a mais perfeita . A construção que faz o Professor Gomes da Silva do direito subjectivo tem sido, é certo, objecto de algumas críticas por parte de autores que, tomando o seu ensinamento como ponto de partida, procuram ultrapassar algumas das deficiências que ela encerraria. Impossibilitados de retomar a discussão acerca deste conceito, julgamos, no entanto, que na generalidade tais críticas não procederão. Entre os mais severos reparos, passe a expressão, à posição defendida pelo Professor Gomes da Silva, contam-se as observações feitas pelo Professor Menezes Cordeiro. Este último considera a definição de direito subjectivo proposta pelo Professor Gomes da Silva como tecnicamente avançada. Apesar disso, não deixa de lhe fazer algumas críticas que justificariam a adopção de uma fórmula diversa. Transcrevemos as palavras

Estrutura e Natureza do Direito de Preferência dos Sócios   405

III. A cabal demonstração da afirmação acabada de fazer pressuporia a análise de uma parte substancial do regime das sociedades comerciais que não estamos, pelos condicionalismos deste trabalho, em condições de fazer. Julgamos ser, no entanto, possível alicerçá-la, de forma sólida, no 86.° n.° 2 do Código das Sociedades Comerciais: este preceito protege de maneira efectiva

---

proferidas, a este respeito, pelo Professor Menezes Cordeiro: «- a afectação jurídica de um bem: *por certo que, na presença de um direito subjectivo, há a afectação jurídica de um bem: mas esta não equivale necessariamente, ao direito, i.e: há afectações jurídicas de bens que apenas implicam deveres, ou poderes-deveres, e não direitos por o seu destinatário não ser livre aquando do seu aproveitamento; (...)* – à realização de um ou mais fins de pessoas individualmente consideradas: *esta fórmula não evita totalmente a crítica anterior; por outro lado e pretendendo embora introduzir, no direito subjectivo, um factor personalista, ela conduz a latitudes diversas: se apenas as pessoas determinam os fins, não há que referi-los, antes cabendo acentuar a liberdade de o fazer; se tais fins derivam da lei, há um restringir do direito subjectivo, no seu próprio interior, sem necessidade e em termos que, no limite, podem pôr em crise a sua essência».* Pensamos, e com a devida vénia, que estas observações são injustas. No tocante ao aspecto focado em primeiro lugar, a solução do problema reside precisamente em percorrer o caminho metodológico inverso ao trilhado pelo Professor Menezes Cordeiro: quando se depare a afectação jurídica de um bem à realização dos fins de pessoas individualmente consideradas, deve admitir-se a existência de um direito subjectivo, ainda quando tal afectação possa implicar também um dever. Quanto à segunda observação, parece-nos, com todo o respeito, não tomar na consideração o significado com que o termo «fim» aparece na definição do Professor Gomes da Silva e que torna bem explícita a existência de um espaço de autonomia irredutível, proporcionado pelo direito subjectivo – e que não é incompatível com a simultânea existência de um dever de aproveitar essa esfera de autonomia. Para o ilustre Mestre, o fim garantido pelo direito subjectivo não é qualquer um, mas antes uma manifestação ou desdobramento do fim último do homem enquanto ser humano. Isso mesmo foi, por ele, tornado claro na sua obra *Esboço de uma Concepção Personalista do Direito*, separata da *Revista da Faculdade de Direito da Universidade de Lisboa*, vol. XVII, Lisboa, 1965, *passim*, e em especial pp. 115 e ss., onde procede a uma explicitação ou desenvolvimento da definição de direito subjectivo anteriormente apresentada e, pelo menos na aparência, surpreendentemente ignorada por toda a doutrina que toma o seu ensinamento como alicerce para posteriores desenvolvimentos. Nessa sua obra, o Professor Gomes da Silva define o direito subjectivo como *um aspecto ou manifestação da exigência ontológica da actuação da personalidade que a lei explicita e garante mediante a afectação jurídica de um bem a uma finalidade capaz de integrar esse aspecto da mesma exigência.* Cfr. GOMES DA SILVA, *Esboço...*, p. 156.

e directa a permanência do sócio na sociedade até à extinção desta última. Noutros termos: ele permite descobrir uma intenção legal de garantir a afectação de um bem à realização dos fins de um sujeito individualmente considerado, ou, numa fórmula, em grande medida, fungível, o aproveitamento ou actuação de um bem que corresponde a uma específica esfera de liberdade de determinada pessoa.

A principal dificuldade levantada à qualificação da participação social como um direito subjectivo estaria na afirmação segundo a qual de um direito não poderiam nascer outros direitos de conteúdo diferenciado [39]. Julgamos, porém, tratar-se de um argumento inaceitável, que na sua base encerra uma visão perfeitamente desfocada do conceito de direito subjectivo.

IV. Foi, sobretudo, através da pena de Savigny que a doutrina civilista se enriqueceu com a ideia de relação jurídica – apresentada como uma entidade orgânica [40]e, por conseguinte, viva e dinâmica [41] [42]. Aproveitando-se desta figura, o legalismo e logicismo

---

[39] A este respeito, v., na nossa literatura jurídica, EVARISTO MENDES, *A Transmissibilidade...*, pp. 21 e 22, que, apesar de fazer referência a esta dificuldade com a qual depara a configuração da participação social como um direito subjectivo, não entra na sua análise. Cfr., igualmente, mas em crítica a uma diferente forma de conceber a posição dos sócios, RAÚL VENTURA, *Reflexões...*, in *Colectânea...*, ano IX, t. 2, pp. 7 e 8.

[40] Para uma crítica à concepção de relação jurídica defendida por Savigny, podem ver-se, por exemplo, WINDSCHEID, *Diritto...*, p. 110, nota 1, para quem ela conduziria a sublinhar como essencial aquilo que é meramente acidental; e entre nós, e mais recentemente, OLIVEIRA ASCENSÃO que, apesar de considerar a relação jurídica como uma relação social, considera que ela faz parte da estática do direito e não pode abranger a evolução temporal. *Teoria...*, IV, pp. 15 e ss. e em especial p. 71, nota (1).

[41] GOMES DA SILVA, *Parecer*, inédito, Lisboa, 1983, p. 28. Cfr. também PEDRO DE ALBUQUERQUE, *A Aplicação...*, p. 807.

[42] Para um estudo do pensamento do grande Mestre alemão a este respeito, cfr. o seu *Droit Romain*, traduzido por Ch. Guenoux, 1855, Paris, I, pp. 7 e ss. e 321 e ss., para quem a relação jurídica se manifesta quer através das suas partes constitutivas, que se influenciam e limitam reciprocamente, quer através dos seus sucessivos desenvolvimentos, sua origem e seus retrocessos.

Estrutura e Natureza do Direito de Preferência dos Sócios

positivistas generalizaram-na como se fosse a matéria-prima de todo o direito ([43]) numa aparente exaltação do conceito. Na realidade, porém, acabaram por reduzir a relação jurídica a simples reflexo ou reverso de normas gerais e abstractas. Ou seja, a uma realidade tão estática e permanentemente integral como os títulos consagrados pela lei, contrariando assim, e conforme refere o Professor Gomes da Silva, a pureza da concepção primitiva ([44]).

A relação jurídica não foi, porém, a única "vítima" desta forma de compreender a realidade jurídica. Todas as outras situações jurídicas passaram a ser consideradas como entidades meramente normativas. Assim sucedeu, nomeadamente, com o direito subjectivo: concebido o direito objectivo como um todo orgânico de normas disposto segundo um arquétipo abstracto ([45]), passou-se a tomar o direito subjectivo e o dever como simples reflexo ou espelho dessas normas, como se a vida subjectiva se organizasse conforme o

---

([43]) GOMES DA SILVA, *Parecer, op. cit.*, p. 28.

([44]) GOMES DA SILVA, *Parecer, op. cit.*, p. 28. V. ainda ORLANDO DE CARVALHO, *Teoria Geral da Relação Jurídica. Seu Sentido e Limites*, separata da *Revista de Direito e Estudos Sociais*, ano XVI, Lisboa, 1970, *passim*, e em especial pp. 25 e ss..

([45]) Numa reacção contra esta forma de entender o direito, podem ver-se-para além dos escritos do Professor Gomes da Silva anteriormente citados - em diversos sentidos, e sem qualquer preocupação de sermos exaustivos ou sequer referir as obras fundamentais sobre a matéria, JHERING, *A Evolução...*, *passim*; ENGISCH, *Introdução...*, *passim*; ORLANDO DE CARVALHO, *A Teoria Geral...*, pp. 18 e ss.; RECASÉNS SICHES, *Experiência Jurídica...*, *passim*; BIGOTTE CHORÃO, *Teoria Geral do Direito Civil*, II, Lisboa, 1972-73, pp. 9 e ss.; ID., *Temas Fundamentais de Direito, passim*; PERELMAN, *La Logica...*, *passim*; WIEACKER, *História do Direito Privado Moderno*, tradução de Manuel Hespanha, Porto, 1980, *passim*, e em especial pp. 628 e ss.; MENEZES CORDEIRO, *Da Boa Fé...*, I e II, *passim*; ID., *Introdução a Claus-Whilelm Canaris. Pensamento Sistemático e Conceito de Sistema na Ciência do Direito*, Lisboa, 1989, pp. XVI e ss.; OLIVEIRA ASCENSÃO, *Teoria...*, IV, pp. 3 e ss.; ID., *O Direito...*, *passim*; CLAUS-WHILELM CANARIS, *Pensamento Sistemático e Conceito de Sistema na Ciência do Direito*, introdução e tradução de Menezes Cordeiro, Lisboa, 1989, *per tot.*; ALMEIDA E COSTA, *Direito...*, pp. 51 e 52. Para uma análise das várias formas ou tipos de pensamento jurídico, v. CARL SCHMIDT, *Le Categorie del Politico*, tradução de Pierangelo Schiera, Bolonha, 1972, p. 247; e H. COING, *Trois Formes Historiques D' Interprétation du Droit*, in *Revue Historique de Droit Français et Étranger*, 1970, 4.ª série, t. XLVIII, pp. 34 e ss..

408   *Pedro de Albuquerque*

modelo traçado nos códigos [46] [47]. Nesta visão, o direito objectivo seria, como afirma sugestivamente o Professor Gomes da Silva, «(...) *um conjunto de escaninhos em que a realidade da vida se haveria de introduzir à força»*.

Semelhante forma de conceber a realidade não é, porém, exacta. A valia da noção de situação jurídica está, justamente, e nas palavras do Professor Oliveira Ascensão [48], no seu carácter individual por oposição à generalidade da regra. Ela consiste numa situação de pessoas, portanto, de natureza forçosamente diversa da regra que é geral [49].

Ao jurista interessa apreender o direito não como esquema ou modelo normativo, mas, antes, na sua realização histórica [50]. Ou seja: na sua aplicação a situações jurídicas individuais concretas e históricas. Porém, e porque *non datur scientia de individuo*, torna-se impossível estudar uma a uma tais situações jurídicas [51]. Temos, pois, de as considerar de forma abstracta, e nos seus aspectos típicos, de modo a abrangê-las a todas. Isto não nos pode, todavia, levar a

---

[46] GOMES DA SILVA, *O Dever de Prestar...*, I, p. 85.

[47] Uma das mais acabadas expressões desta forma de conceber o direito subjectivo é a Kelsen (cfr. KELSEN, *Teoria Pura do Direito*, tradução de Baptista Machado, Coimbra, 1976, pp. 184 e ss.) que apenas via nele uma determinada feição do direito objectivo. Mais remotamente, idêntica posição era defendida por Thon, para quem o direito subjectivo aparecia como uma simples emanação da vontade expressa na lei. A este respeito, v. ORLANDO DE CARVALHO, *A Teoria...*, p. 4, nota (2); BIGOTTE CHORÃO, *Teoria...*, II, pp. 18 e ss.; MENEZES CORDEIRO, *Da Boa Fé...*, II, pp. 666 e 667, que chama a atenção para a circunstância de esta forma de conceber o direito subjectivo, como uma norma ou produto de uma norma, representar uma clara regressão.

[48] V. *Teoria...*, IV, p. 5.

[49] *Idem.*

[50] *Idem.*

[51] Razão pela qual o Professor Gomes da Silva considera que os direitos subjectivos devem ser estudados em abstracto mas sem perder de vista a circunstância de se tratarem de realidades concretas. Cfr. GOMES DA SILVA, *O Dever de Prestar...*, I, p. 88; ID., *Parecer, cit.*, p. 35.

esquecer que a situação jurídica é, em si mesma, concreta e histórica: ela é uma posição historicamente dada de um sujeito; posição diversa das ocupadas pelos restantes sujeitos de direito mesmo quando resultem da aplicação de uma mesma regra jurídica. Como bem recorda o Professor Oliveira Ascensão, embora provenham da mesma fonte «(...) *um crédito vence juros e outro não, um está vencido e outro não, um é compensável e outro não. O objecto, o tempo tudo os distingue*». Mas, é, ainda, possível ir mais longe e sublinhar o facto de uma mesma situação jurídica poder passar por vicissitudes diversas e apresentar uma diferente configuração consoante o momento tomado, sem nunca perder a sua identidade.

V. É à luz destas considerações que se deve considerar a noção de relação jurídica. Ela consiste numa verdadeira associação de pessoas ([52]). Por isso, e como todas as associações, é viva e dinâmica, compreendendo vínculos variados ([53]), dotados de relativa auto-

---

([52]) Neste sentido, v. GOMES DA SILVA, *Parecer, cit.*, p. 28; e OLIVEIRA ASCENSÃO, *Teoria...*, IV, pp. 56 e ss., autor que procede à crítica das teorias que procuram caracterizar a relação jurídica como decorrendo: a) entre uma pessoa e a ordem jurídica; b) entre coisas ou coisas e pessoas; c) entre entidades jurídicas diversas de sujeitos. Na doutrina alemã, defendendo a noção de relação jurídica como um nexo ou vínculo jurídico entre pessoas, pode ver-se, por exemplo, KARL LARENZ, *Algemeiner Teil des Deutschen Bürgerlichen...*, pp. 161 e ss..

([53]) A doutrina, embora partindo de pressupostos nem sempre coincidentes, tem insistido sobre a complexidade da relação jurídica contratual e do vínculo jurídico obrigacional. Como forma de ilustrar a ideia de que a obrigação abriga, no seu interior, não um simples dever de prestar, correlativo e simétrico a uma pretensão creditícia, mas antes vários elementos jurídicos que constituem uma realidade composta, fala-se em organismo (recuperando uma fórmula linguística utilizada já por Savigny), unidade, relação quadro, estrutura, processo, sistema, sistema dinâmico, etc., numa evidente dificuldade terminológica de exprimir o conteúdo de tais relações ou vínculos jurídicos. Para uma análise desta questão, podem ver-se, nomeadamente, GOMES DA SILVA, *Conceito e Estrutura da Obrigação*, Lisboa, 1943, *passim*, e, por exemplo, pp. 148 e ss.; MOTA PINTO, *Cessão...*, pp. 373 e ss.; KARL LARENZ, *Algemeiner Teil des Deutschen Bürgerlichen...*, pp. 161 e ss.; WIEACKER, *História...*, p. 597; MENEZES CORDEIRO, *Da Boa Fé...*, I, p. 587, que escreve: «*O art. 762.º / 2 do Código Civil, manda que o credor e devedor no âmbito das situações jurídicas respectivas, procedam de boa fé. Esta simplicidade encobre uma fórmula*

410 Pedro de Albuquerque

nomia e, eventualmente, subordinados a vicissitudes várias, capazes, portanto, de passar por distintas fases, caracterizadas, cada uma delas, por elementos diversos, sem, no entanto, deixar de ser sempre a mesma [54].

Idêntico fenómeno ocorre com o direito subjectivo. A norma jurídica, ao estabelecer direitos subjectivos, tem a intenção de proteger um fim individual e, para isso, cria vários efeitos jurídicos [55]. Porém, como a realização do fim é condicionada por distintas circunstâncias da vida real, tais efeitos hão-de, necessariamente, variar de um caso concreto para o outro, e a sua determinação haverá sempre de fazer-se em razão do fim que se visa alcançar.

Assim, e para retomar um exemplo proposto pelo Professor Gomes da Silva [56], o acto de entregar a outrem certa quantia em dinheiro tanto pode ser um acto lícito de depósito ou doacção, como pode ser um acto devido de pagamento, como, até, um acto criminoso de suborno, etc.. Tudo depende do fim visado e das circunstâncias do caso.

Da mesma forma, actos há do proprietário que são lícitos quando realizados sobre coisa própria mas ilícitos quando dirigidos a coisa alheia, e até os actos praticados com um fim genericamente lícito podem ser proibidos quando constituam abuso de direito.

Numa outra perspectiva, e numa hipótese diversa, igualmente sugerida pelo Professor Gomes da Silva, se me encontro isolado tenho o poder de viver, mas não tenho qualquer pretensão contra

---

complexa de actuação derivada de dois pólos diferentes, no início: da complexidade intra-obrigacional e da violação positiva do contrato»; ID., *Violação Positiva do Contrato*, in *Estudos de Direito Civil*, Coimbra, 1987, I, pp. 122 e ss.; ALMEIDA COSTA, *Direito...*, pp. 45 e ss.; ANTUNES VARELA, *Das Obrigações...*, I, pp. 64 e ss. e 123 e ss., autor que chama a atenção para o facto de as próprias obrigações unas ou simples serem realidades complexas.

[54] GOMES DA SILVA, *Parecer, op. cit.*, p. 28.

[55] GOMES DA SILVA, *O Dever de Prestar...*, I, p. 86.

[56] *Esboço...*, p. 146.

outrem. Se entrar, porém, em contacto com outra pessoa, colocada em condições de me poder prejudicar a vida, nasce para ela o dever de não me matar. Se ela de facto me ataca, no lugar de um simples poder de usufruir a vida, passo a ter um poder especial contra ela: o poder de me defender, ferindo-a ou matando-a se necessário for [57].

Estes exemplos demonstram como a ordem de que um bem se deve utilizar para atingir um fim individual, base do direito subjectivo, é um princípio activo adaptável às circunstâncias reais do caso singular [58]. Ou seja: o direito subjectivo aparece como uma concreta relação dum bem com um fim duma pessoa, relação que é activa e implica poderes e deveres mais ou menos amplos, consoante as necessidades de cada momento. Por isso, o seu conteúdo é não apenas complexo [59] – ele compreende sempre uma multiplicidade de meios jurídicos de que resulta a afectação de um bem aos fins de um sujeito – mas, mais ainda: é *instável e dinâmico*, razão pela qual os efeitos através dos quais se manifesta não são sempre os mesmos [60]. Por vezes, verifica-se uma modifica-

---

[57] GOMES DA SILVA, *O Dever de Prestar...*, I, p. 86.

[58] GOMES DA SILVA, *O Dever de Prestar...*, I, p. 86.

[59] A doutrina tem, sobretudo, posto o acento tónico na complexidade intra-obrigacional. Não faltam, porém, autores que expressamente sublinham a complexidade do direito subjectivo. Assim, e para além dos inúmeros e valiosos escritos do Professor Gomes da Silva nos quais o Mestre estuda e aborda a problemática do direito subjectivo, podem ver-se OLIVEIRA ASCENSÃO, *Teoria...*, IV, pp. 118 e ss., para quem o direito subjectivo é «(...) *uma situação jurídica complexa. Encontramos nele, parece que sempre a complexidade de meios jurídicos - poderes e vinculações - de que resulta a afectação da vantagem ao sujeito. (...) A complexidade toma mesmo a fisionomia do composto, e não do colectivo. A unidade sobrepassa a diversidade, de modo que o conjunto determina cada parte»*; ID., *As Relações...*, pp. 288 e 289 e MENEZES CORDEIRO, *Teoria...*, I, p. 233; V. também, embora de forma menos clara e partindo de pressupostos que nos parecem inaceitáveis, KARL LARENZ, *Algemeiner Teil des Deutschen Bürgerlichen...*, pp. 166 e ss..

[60] GOMES DA SILVA, *O Dever de Prestar...*, I, p. 87; ID., *Parecer, cit.*, pp. 27 e ss.; OLIVEIRA ASCENSÃO, *As Relações...*, pp. 288 e ss.. No mesmo sentido mas a propósito da noção de obrigação, v. MENEZES CORDEIRO, *Violação...*, in *Estudos...*, I, p. 122, para quem esta situação jurídica surge como «(...) *uma realidade essen cialmente dinâmica e mutável, susceptível de apresentar, ao longo do tempo um conteúdo diversificado»*.

ção dos poderes e deveres que dele derivam , sem prejuízo da sua identidade [61].

Manifestação típica de quanto afirmamos encontra-se, nomeadamente, no direito de propriedade. Se o considerarmos em abstracto, verificamos tratar-se de uma situação complexa que integra um conjunto de faculdades, poderes, deveres ou encargos. Em concreto, porém, as possibilidades do beneficiário serão muito diversas consoante o direito recaia sobre um terreno ou um bem móvel de consumo [62]. A própria situação jurídica de um determinado proprietário varia ao longo do tempo, assumindo manifestações ou configurações diversas, sem nunca perder, no entanto, a sua identidade: num momento encontra-se onerada por um usufruto, noutro não; num momento confere o poder de exigir que o proprietário do prédio confinante permita a apanha de frutos de árvores ou arbustos a este contíguos (artigo 1367.º), noutro não, etc..

VI. Afigura-se, assim, profundamente errada a ideia de que o direito subjectivo nasce de um só golpe, com todo o seu conteúdo perfeitamente definido, como se o seu titular tivesse desde sempre todos os poderes e deveres que, por força da lei, vêm a integrar a respectiva posição. Ao contrário, as criações legais só se transformam e vivem em acto *«quando o influxo dinamogénico da lei anima situações reais e concretas»* [63].

Nestes termos, não se encontra nenhuma dificuldade em admitir que um direito subjectivo possa integrar no seu conteúdo

---

[61] GOMES DA SILVA, *O Dever de Prestar...*, I, p. 87.
[62] MENEZES CORDEIRO, *Teoria...*, I, p. 433.
[63] GOMES DA SILVA, *Parecer, cit.*, p. 29.

Estrutura e Natureza do Direito de Preferência dos Sócios   413

ou dar origem a outras situações jurídicas, nomeadamente, de direitos subjectivos [64] [65].

VII. Feitas estas considerações, estamos, agora, em melhores condições de entender o mecanismo que liga as sucessivas fases através das quais pode passar a vida do direito de subscrição preferencial.

Ao entrarem para a sociedade, a lei confere aos sócios um determinado direito subjectivo, cujo conteúdo é – tal como o pode ser o de qualquer outro direito subjectivo – instável e dinâmico. A esse direito dá-se o nome de participação social. Ele é inerente à qualidade de sócio e permite aos respectivos titulares participarem, em determinada medida, no aproveitamento do valor do património ou da empresa social e, por conseguinte, da sua actividade. Por desfibramento, é possível descobrir nele uma série de faculdades, poderes, expectativas, etc.. Entre as várias situações jurídicas assim apuradas, encontra-se a realidade à qual a lei dá o nome de direito de preferência. Na verdade, porém, e num primeiro momento, trata-se de uma simples expectativa jurídica [66], integrada numa

[64] No sentido de que um direito subjectivo pode ser fonte de poderes e vinculações, veja-se, entre nós, OLIVEIRA ASCENSÃO, *Teoria...*, IV, p. 119. Para exprimir esta realidade, fala-se, por vezes, na doutrina alemã, em direitos «tronco» ou em direitos «mãe» e direitos «filhos». V., no domínio das sociedades comerciais, D. GUNTZ, *Das Subjekt...*, in *Die Aktiengesellschaft, cit.*, p. 178; WIEDEMANN, *Gesellschaftsrecht...*, I, p. 382. Mais importante para o nosso tema é, porém, o sublinhar de que o direito subjectivo pode encerrar no seu seio uma multiplicidade de poderes, vinculações, etc..

[65] Tem, pois, razão JEAN-PIERRE GASTUAD, *Personalité...*, pp. 66 e ss., quando, com muitos outros, considera a participação social como um direito único de conteúdo complexo, que o torna num direito elástico e dinâmico. O seu erro, como o da generalidade dos autores que têm chegado a conclusões análogas, está em querer considerar este fenómeno como uma excepção apenas verificável no domínio do direito das sociedades.

[66] O conceito de expectativa, apesar de não estar isento de algumas dúvidas, encontra-se, pode dizer-se, consolidado na doutrina. Para maiores desenvolvimentos, v., na literatura jurídica portuguesa, INOCÊNCIO GALVÃO TELLES, *Expectativa Jurídica*, in *O Direito*, ano 90, pp. 1 e ss.; OLIVEIRA ASCENSÃO, *As Relações...*, pp. 246 e ss.; ID., *Teoria...*, IV, pp. 109 e ss.; CASTRO MENDES, *Teoria...*, I, pp. 375 e ss.; MENEZES CORDEIRO, *Teoria...*, I, pp. 261 e ss.; ANA MARIA PERALTA, *A Posição...*, pp. 154 e ss..

unidade ou conjunto mais amplo – a participação social – que a molda e determina. Com a deliberação de aumento de capital, a preferência dos sócios recebe um novo influxo de vida e, de mera expectativa, transforma-se num direito potestativo à subscrição de novas quotas ou acções – direito esse dotado de (alguma) autonomia. Não se trata, contudo, de uma situação jurídica inteiramente nova. A energia jurídica animadora do direito potestativo dos sócios é, ainda e em grande medida, uma manifestação da própria energia contida na participação social. Uma vez exercido, ou terminado o prazo para o efeito fixado, cessa o influxo de força do qual dependia a existência do direito potestativo de preferência. Por isso, a partir desse momento, e uma vez mais, o sócio apenas terá a expectativa jurídica, contida na participação social, de vir a participar nos aumentos de capital futuramente deliberados.

II - O problema da natureza do direito de preferência dos sócios (continuação)

I. Chegados a este momento, a nossa análise poderia terminar. A descoberta dos traços jurídicos fundamentais da preferência dos sócios foi sendo realizada a par com a análise do respectivo regime jurídico. À medida que esses traços se puseram em evidência, procedemos, simultaneamente, à caracterização do direito de participação preferencial em aumentos de capital. O quadro ficou, segundo julgamos, concluído com o estudo acerca da estrutura evolutiva do direito de preferência. Este último esforço acabou por nos fornecer os dados que nos faltavam para apurar qual a exacta natureza do direito de preferência dos sócios. Trata-se de um verdadeiro direito de opção na subscrição de novas acções ou quotas, contido, como simples expectativa jurídica, na própria participação social e que com a deliberação de aumento de capital, se transforma num autêntico direito potestativo.

II. Por não ter entendido esta realidade, a generalidade da doutrina só se preocupa em analisar a ligação existente entre o direito de preferência dos sócios e a participação social, à qual surge associado, depois de ter procedido, por abstracção, ao estudo da estrutura evolutiva do direito de preferência (67).

---

(67) Para maiores desenvolvimentos acerca da natureza do direito de preferência, ou, talvez melhor, da natureza das relações que se estabelecem entre o direito de preferência e a participação social, podem ver-se, quase sempre com a preocupação de determinar a quem deve caber o direito de preferência em caso

416 Pedro de Albuquerque

Assim e para uma primeira orientação, cuja origem parece encontrar-se na doutrina francesa do primeiro quartel deste século, o direito de preferência seria um fruto da participação social (DEGUGIS).

Esta corrente de opinião tem sido severamente criticada pela *communis opinio* – embora, por vezes, com recurso a argumentos que nem sempre atingem o cerne da questão – e encontra-se hoje, segundo julgamos, totalmente desacreditada [68]. A sua principal preocupação parece ser a de explicar a relação existente entre a preferência dos sócios e a participação social uma vez deliberado o aumento de capital. A natureza da situação anterior à deliberação de modificação do capital social é deixada na completa penumbra [69]. Mas, mesmo quando se considere apenas o direito de preferência depois de deliberado o aumento de capital, a tese não procede. Basta atentar na noção de fruto. Esta corresponde, não apenas no entender da doutrina, mas também segundo formulação expressa da nossa lei (artigo 212.º n.º 1 do Código Civil), a tudo aquilo que a coisa produz periodicamente sem prejuízo da sua substância. Se procurarmos enquadrar o direito dos sócios de subscreverem um aumento de

---

de usufruto de participações sociais, de entre a inúmera bibliografia que consultámos: ALFRED JAUFFRET, *Du Droit de Souscrire par Préférence...*, pp. 149 e ss.; BERNICKEN, *Das Bezugsrecht...*, pp. 14 e ss.; LANDEROIN, *Augmentations...*, pp. 44 e 45; ELOY SANCHEZ TORRES, *Usufructo de Acciones...*, pp. 77 e ss.; ANTONIO BOUTHELIER, *El Derecho de Suscripción Preferente...*, in *R. D. M.*, pp. 338 e ss.; D. GUNTZ, *Das Subjekt...*, in *Die Aktiengesellschaft, cit.*, pp. 177 e ss.; ALVAREZ ALVAREZ, *Ejercicio del Derecho de Suscripción...*, in *Anuario...*, pp. 271 e ss.; RENATO MICCIO, *Il Diritto...*, pp. 105 e ss.; ALEJANDRO BÉRGAMO, *Sociedades...*, II, pp. 551 e ss.; LUTTER, *Kölner Kommentar...*, II, II, comentário ao § 186, pp. 337 e ss.; PUGLIESE, *Usufrutto...*, pp. 775 e ss.; SÁNCHEZ ANDRÉS, *El Derecho de Suscripción Preferente...*, pp. 127 e ss.; JACINTO GIL RODRIGUES, *El Usufructo...*, pp. 371 e ss.; REINHARDT e SCHULTZ, *Gesellschaftsrecht, op. cit.*, p. 236.

[68] De entre a multidão de autores que se pronunciam contra a qualificação do direito de preferência como um fruto, podem ver-se todos quantos citámos na nota anterior.

[69] É, por isso, verdadeira a afirmação de ALEJANDRO BÉRGAMO, *Sociedades...*, II, p. 553, segundo o qual «*Sólo a trancas e barrancas puede sostenerse que el ius optandi sea un fruto de la acción*».

Estrutura e Natureza do Direito de Preferência dos Sócios   417

capital efectivamente deliberado nesta noção, verificamos que para o efeito falta nomeadamente a característica de periodicidade. Por isso e sem necessidade de ulteriores desenvolvimentos, podemos afastar a qualificação do direito de preferência como um fruto da socialidade.

III. Atentas as insuficiências da tese segundo a qual o direito de preferência seria um fruto da acção, ou da participação social, surgiu uma outra orientação que procurou qualificá-lo como um produto (SAUTAI). Também ela sofreu pesados reparos, por parte da doutrina, ao ponto de se dever considerar actualmente superada [70]. Tal como a anterior tentativa de explicação da natureza do direito de preferência, a posição que vê no direito de subscrição preferencial um produto deixa na sombra a situação anterior à deliberação do aumento de capital. Além disso, a noção de produto não parece, sequer, adaptar-se à situação na qual os sócios são investidos depois de tomada a deliberação de modificação do capital social: por produto entende-se – numa formulação que se foi desenvolvendo a partir do conceito de fruto – aquilo que se depreende da coisa sem periodicidade e com diminuição da sua substância [71]. Neste sentido, a noção de produto corresponde na realidade a uma fracção ou desmembramento de uma coisa. Devem, assim, considerar-se produtos as pedras extraídas de uma pedreira: elas representam um desmembramento ou fracção de uma coisa com prejuízo da sua substância [72].

Partindo desta noção de produto, alguns autores chamaram a atenção para a circunstância de só merecerem tal qualificação as realidades que, uma vez segregadas, ganham autonomia e fisionomia

---

[70] Contra esta tese, pronunciam-se designadamente, e para mencionar apenas alguns autores, D. GUNTZ, *Das Subjekt...*, in *Die Aktiengesellschaft, cit.*, p. 178; JACINTO GIL RODRIGUES, *El Usufructo...*, pp. 374 e ss..

[71] Acerca da noção de produto, pode ver-se, na nossa literatura jurídica, CASTRO MENDES, *Teoria...*, I, p. 417.

[72] ALFRED JAUFFRET, *Du Droit de Souscrire par Préférence...*, pp. 156 e 157.

próprias, diferentes do todo no qual se achavam integradas, e capazes, por isso, de terem uma vida completamente autónoma ([73]). Uma autorizada corrente de opinião, reportando-se às sociedades anónimas, tem considerado que o direito de preferência não obedeceria a este requisito: a sua autonomia seria perfeitamente efémera - antes da deliberação de aumento de capital o direito de preferência surge ligado a uma acção para voltar a unir-se a outra, através do seu exercício ([74]). O argumento não é o mais feliz quando se toma em consideração uma sociedade anónima. Ele torna-se, no entanto, bastante expressivo na hipótese de em causa estar uma sociedade por quotas. É que, então, o conteúdo económico ou a utilidade representada pelo direito de preferência pode "sair" de uma quota para voltar a "entrar" exactamente na mesma quota. Mais importante é, porém, a circunstância de a concretização ou o exercício do direito de preferência não implicar o esgotamento da substância da participação social, mesmo em caso de alienação do referido direito. Dum ponto de vista económico, o aumento de capital pode até provocar um aumento do valor da participação social ([75]). Ele não deve, por isso, enquadrar-se na noção de produto.

IV. Numa orientação completamente diversa, o direito de preferência tem sido considerado como uma realidade sujeita ao mecanismo da acessão (CHEVALIER, ROBERT). Esta construção não escapa a algumas das observações que fizemos às teorias antes referidas: apenas procura explicar a natureza do direito de preferência uma vez deliberado o aumento de capital e ignora totalmente a situação existente antes de tal deliberação. E com uma agravante. Ela inverte o processo de desenvolvimento do direito de preferência. Pressuposto da acessão é a união, a partir do exterior, de uma coisa pertencente a um determinado proprietário ou titular, a outra coisa pertencente a outro proprietário ou titular, de forma a que ambas não

---

([73]) ALFRED JAUFFRET, *Du Droit de Souscrire par Préférence...*, p. 157.

([74]) Neste sentido, v., por exemplo, SÁNCHEZ ANDRÉS, *El Derecho de Suscripción Preferente...*, p. 139.

([75]) V. *Supra.*

Estrutura e Natureza do Direito de Preferência dos Sócios

sejam separáveis ou apenas o possam ser com prejuízo para qualquer das partes. No caso em apreço, falta a situação material na qual deve repousar a acessão – a união de duas coisas pertencentes a um dono ou a titulares diversos. Além disso, o processo evolutivo do direito de preferência tem menos a ver com a *acessio* do que com a *dicessio* [76]. A análise que fizemos acerca do regime e estrutura evolutiva do direito de preferência indicia-o de forma clara.

V. Apresentando algumas semelhanças com a tese anteriormente referida, tem sido defendida uma posição segundo a qual o direito de preferência representaria uma utilidade aleatória (Miccio) [77]. O ponto de partida desta teoria encontra-se, segundo afirmação expressa dos seus defensores, na ideia de que a natureza do direito de preferência se deve determimar tomando, apenas, em consideração os aspectos externos desse direito, não as manifestações que possa assumir nas relações entre os sócios e a sociedade. A natureza do direito de preferência seria, assim, apurada com base nas características apresentadas pelas relações estabelecidas *erga omnes* (sic) entre o sócio, seu titular, e terceiros estranhos à sociedade. Noutros termos, para determinar a natureza das relações que se estabelecem entre a participação social e o direito de preferência, a primeira coisa que se deveria fazer era abstrair dessas mesmas relações e considerar aspectos completamente distintos [78]. O simples enunciado desta teoria

---

[76] Neste sentido, ver, por todos, Sánchez Andrés, *El Derecho de Suscripción Preferente...*, p. 145.

[77] Renato Miccio, *Il Diritto...*, pp. 105 e ss..

[78] Transcrevemos, a este respeito, as palavras de Miccio, autor a quem, sobretudo, se deve a divulgação da tese que procura qualificar o direito de preferência como uma utilidade aleatória: «*Sotto questo profilo*» (o das relações internas entre sociedade e sócios) «*non avrebbe senso parlare del diritto di opzione come di una utilità aleatoria prodotta dal titolo, ma se questa é la giusta conclusione in relazione ai rapporti interni dei soci tra loro e dei soci con la società, ocorre anche esaminare gli aspetti esterni del diritto di opzione e le sue caratteristiche, allorché lo si prenda in considerazione nei rapporti* erga omnes*, come un bene del quale il sócio é creditore nei confronti della società, ma del quale è però titolare nel confronti di tutti*». E continua um pouco mais adiante: «*non può escludere (...) che questo constitua il profilo preminente dal quale il diritto stesso*

420   *Pedro de Albuquerque*

é suficiente para demonstrar o vício de raciocínio que encerra e justificar o seu abandono. Ela ultrapassa os limites da credulidade. Não vale sequer a pena procurar explicitá-la de forma mais clara ([78a]).

VI. Numa tentativa de superação de todas as anteriores construções, o direito de preferência tem sido considerado como um valor de capital, entendido ora como um capital distinto do representado pela participação social (DACHER), ora como uma fracção do património social sobre o qual recai ainda, de algum modo, o direito do sócio ou socialidade (JAUFFRET) ([79]). Fala-se, neste caso, em capital como recurso produtivo.

A primeira destas duas orientações só aparentemente é inovadora. Na realidade, subjacente a ela está ainda a ideia de que tudo quanto aparece para além da aportação originária dos sócios não é senão um produto dessa mesma participação social.

O mesmo não se passa com a tese referida em segundo lugar. Esta parte da correcta distinção entre capital social e património social para chegar a uma igualmente acertada conclusão: a de que o direito de sócio ou socialidade confere um direito sobre todo o património social. Com base nestes pressupostos e na ideia de que, com o aumento de capital, o valor da participação social sofre uma diminuição ([80]), considera-se o direito de preferência como expressão dessa mesma diminuição. Ele seria um valor substantivo integrado no conteúdo económico da participação social, chamado a desempenhar um papel reintegrador quando, por força do aumento de capital, os direitos contidos em tal participação se fraccionam.

---

viene guardato dai terzi estranei al rapporto di società, ai quali nulla interessa la difesa delle proporzione della quota di participazione sociale». Cfr. *Il Diritto...,* pp. 105 e ss..

([78a]) Contra a qualificação do direito de preferência como uma utilidade, e para maiores aprofundamentos, podem, no entanto, ver-se: BERNICKEN, *Das Bezugsrecht...*, pp. 16 e ss.; BRUNETTI, *Trattato...*, II, p. 148, nota (166 – Ter); MESSINEO, *Variazioni...*, in *Studi...*, p. 230.

([79]) ALFRED JAUFFRET, *Du Droit de Souscrire par Préférence...*, pp. 161 e ss..

([80]) V. *Supra.*

Bastante próxima da realidade, esta teoria parte, no entanto, da necessária verificação de um pressuposto que nem sempre se verificará: a desvalorização das antigas acções ou quotas em virtude do aumento de capital social.

Além disso, a concepção do direito de preferência como um elemento simplesmente reintegrador – pensada à luz de dados fornecidos por ordenamentos jurídicos estrangeiros, que apenas consentem o exercício do direito de preferência na proporção do número de acções ou quotas já detidas pelos sócios, mas sem correspondência na nossa lei – ajusta-se mal ao desenho que dele faz o nosso legislador [81]. A construção em análise não parece, por isso, de aceitar.

Os argumentos acabados de aduzir servem igualmente para afastar a orientação que, numa formulação não muito diversa da anterior, considera o direito de preferência como um direito compensador (LANDEROIN) [82]. Mais do que determinar a natureza do direito de preferência, esta posição parece descrever um seu aspecto parcelar. Por outro lado, a premissa de que parte não é verdadeira: o direito de preferência não é um direito meramente compensador. Tivemos já oportunidade de o demonstrar amplamente e não voltaremos, por isso, a insistir neste ponto.

VII. Feitas estas considerações, estamos agora em condições de concluir. Por apenas considerarem um ou outro aspecto do direito de preferência, nenhuma das teses anteriormente analisadas desvela a sua verdadeira natureza, intuída, há já cerca de um século, por NYSSENS: trata-se de uma parte essencial e constitutiva da própria participação social, de uma manifestação do próprio direito

---

[81] V. *supra*.

[82] LANDEROIN, *Les Augmentations...*, p. 45.

422   *Pedro de Albuquerque*

de sócio (⁸³) (⁸⁴). Nestes termos, não tem qualquer cabimento perguntar se o direito de preferência dos sócios é um fruto da participação social, um produto, etc. – tal como não faria sentido colocar a questão de saber se o direito de participar numa ou em várias assembleias gerais é um fruto ou produto do direito à qualidade de sócio (⁸⁵).

VIII. Esta forma de compreender o direito de preferência e a participação social é, aliás, a única que permite entender e explicar o regime consagrado pelo nosso legislador para o exercício do direito de subscrição preferencial em caso de usufruto de participações sociais (⁸⁶).

Quando se procede à análise do conjunto das soluções consagradas nos artigos 269.° e 462.° do Código das Sociedades Comerciais, uma circunstância salta logo à vista: entre as prerrogativas do usufrutuário e os poderes do titular de raiz não existe, no caso do direito de preferência, uma separação rígida. Ao contrário, parece verificar-se uma estreita

---

(⁸³) No mesmo sentido, podem ver-se, nomeadamente, BERNICKEN, *Das Bezugsrecht...*, p. 17; D. GUNTZ, *Das Subjekt...*, in *Die Aktiengesellschaft, cit.*, pp. 178 e ss., autor que chama a atenção para a circunstância de o vulgarmente designado direito de preferência concreto já se achar contido na participação social; ANTONIO BOUTHELIER, *El Derecho de Suscripción Preferente...*, in *R. D. M.*, pp. 357 e ss.; ALVAREZ ALVAREZ, *Ejercicio del Derecho de Suscripción...*, in *Anuario...*, pp. 271 e ss..

(⁸⁴) Parecem assim acertadas as seguintes palavras de ELOY SÁNCHEZ TORRES, *Usufructo de Acciones...*, p. 90, que configura o direito de preferência, relativo a um concreto aumento de capital, como um «(...) *privilegio assignado a las acciones existentes, independizado de ellas mismas sin demérito de su propia sustancia, que resulta análoga e al mismo tiempo diferente*».

(⁸⁵) ALFRED JAUFFRET, *Du Droit de Souscrire par Préférence...*, p. 157.

(⁸⁶) As várias doutrinas acerca da natureza do direito de preferência têm justamente surgido – naqueles países em que o legislador não toma, ou não tomava, partido sobre o assunto – com o propósito de resolver a questão de saber a quem deveria caber o direito de preferência em caso de usufruto de participações sociais: se ao usufrutuário, se ao titular da participação social. Entre nós, o problema encontra-se resolvido através de expressa disposição legal (cfr. artigos 269.° e 462.° do Código das Sociedades Comerciais), assumindo as normas sobre a matéria um especial significado na determinação da natureza do direito de preferência.

Estrutura e Natureza do Direito de Preferência dos Sócios | 423

imbricação entre eles, de forma que usufrutuário e titular de raiz são, de algum modo, chamados a colaborar ([87]).

Se nos interrogarmos sobre as causas deste fenómeno, verificamos ter em elas a ver com a própria natureza da participação social e das suas relações com os direitos que a compõem. A socialidade constitui uma situação jurídica complexa. Entre os elementos integrados no seu conteúdo existe uma complementaridade real, e o vínculo entre eles continua a incidir sobre o respectivo regime jurídico mesmo quando atinjam a chamada concretização e sejam – para efeitos de determinação do valor da deliberação social que os pretenda atingir – equiparados aos direitos extra-sociais dos sócios ([88]).

([87]) No mesmo sentido e para o direito francês, v. JEAN-PIERRE GASTAUD, *Personalité...*, p. 174.

([88]) JEAN-PIERRE GASTAUD, *Personalité...*, p. 174.

BIBLIOGRAFIA

ABREU (Jorge Manuel Coutinho de),
— *A Empresa e o Empregador em Direito do Trabalho*, in *Estudos em Homenagem ao Prof. Doutor J. J. Teixeira Ribeiro*, III, *Iuridica*, Coimbra, 1983.

ALARCÃO (Rui de),
— *Direito das Obrigações*, Coimbra, 1977-78.
— *Sociedades Unipessoais*, 1961.

ALBALADEJO (Manuel),
— *Curso de Derecho Civil Español*, 4.ª ed., Barcelona, 1987.

ALBORCH (Bataller),
— *El Derecho de Voto del Accionista (Supuestos Especiales)*, Madrid, 1977.

ALBUQUERQUE (Alexandre de),
— *As Consequências da Anulação Contenciosa do Indeferimento Tácito*, Lisboa, sem data,mas de 1989.

ALBUQUERQUE (Martim de),
— *História das Instituições*, Lisboa, 1975.

ALBUQUERQUE (Martim de) e ALBUQUERQUE (Ruy de),
— *História do Direito Português*, Lisboa, 1990, I.

ALBUQUERQUE (Pedro de),
— *A Aplicação do Prazo Prescricional do n.º 1 do Artigo 498.º do Código Civil à Responsabilidade Contratual*, separata da *Revista da Ordem dos Advogados*, ano 49, III, Lisboa, 1989.
— *Autonomia da Vontade e Negócio Jurídico no Direito da Família (ensaio)*, separata de *Ciência e Técnica Fiscal*, Lisboa, 1986.

426   *Pedro de Albuquerque*

— *Falência por Cessação de Pagamentos,* separata de *Estudos de Direito Comercial,* Coimbra, 1989, vol. I.

ALBUQUERQUE (Ruy de),

— *As Represálias. Estudo de História do Direito Português,* Lisboa, 1972, I.

— *Da Compensabilidade dos Créditos e Débitos Civis e Comerciais dos Bancos Nacionalizados,* separata dos *Estudos em Honra do Prof. Paulo Cunha,* Lisboa,1989.

— *Recensão a Espín Canóvas. Los Limites de la Autonomia de la Voluntad Privada,* in *Ciência e Técnica Fiscal,* 1962, n.° 41.

v. ALBUQUERQUE (Martim de).

ALMEIDA (António Maria Pereira de),

— *A Limitação da Responsabilidade do Comerciante,* in *Novas Perspectivas do Direito Comercial,* Coimbra, 1988.

ALMEIDA (Carlos Ferreira),

— *Direito Económico,* Lisboa, 1979, I.

ALMEIDA (José de) e LACERDA (Corrêa de),

— *Diccionario Encyclopedico da Lingua Portugueza,* 4.ª ed., Lisboa, 1874, vol. I.

ALMEIDA (Moitinho de),

— *Anulação e Suspensão de Deliberações Sociais,* Coimbra, 1983.

ALVAREZ (Alvarez),

— *Ejercicio del Derecho de Suscripción Preferente,* in *Anuario del Derecho Civil,* 1964.

ALVAREZ SUÁREZ (Urscino),

— *El Negocio Jurídico en Derecho Romano,* Madrid, 1954.

ANDRADE (Manuel de),

— *Pactos de Preferência,* in *Scientia Iuridica,* 1925.

— *Prefácio a Francesco Ferrara. Interpretação e Aplicação das Leis,* tradução de Manuel de Andrade, Coimbra 1934.

— *Teoria Geral da Relação Jurídica,* Coimbra, 1960, vol. I e II.

ANDRADE (Manuel de) e CORREIA (Ferrer),

— *Lições Sobre as Sociedades Comerciais,* 1954.

— *Suspensão de Deliberações Sociais e Direitos Individuais dos accionistas (Jurisprudência crítica),* Coimbra, 1948.

ANGELICO (Carlo),

— *Paritá di Tratamento degli Azionisti,* in *Rivista del Diritto Commerciale e del Diritto Generale delle Obbligazioni,* 1987, I.

Bibliografia

ANSELMO (Manuel),

— *A Affectio Societatis nas Sociedades Comerciais Irregulares*, in *Revista de Direito e Estudos Sociais*, ano 7.

ANTONUCCI (Antonella),

— *Diritti Inerente alle Azioni Proprie*, in *La Seconda Directiva C. E. E. in Materia Societária*, a cargo de L. Butaro e A. Patroni Griffi, Milão, 1984.

ASCARELLI,

— *Appunti di Diritto Commerciale*, 2.ª ed., Roma, vol. I, II parte, e vol. II, 1932 e 1933.
— *Considerazioni in Tema di Società e Personalità Giuridica*, in *Saggi di Diritto Commerciale*, Milão, 1955.
— *Direito de Preferência e Direito de Acrescer*, in *Problemas das Sociedades Anónimas e Direito Comparado*, 2.ª ed., São Paulo, 1969.
— *Diritto d' Opzione Nell' Aumento di Capitale e Emissione delle Nuove Azioni con Aggio*, in *Saggi di Diritto Commerciale*, Milão, 1955.
— *Diritto di Opzione e Usufrutto di Azioni*, in *Studi in Tema di Società*, Milão, 1952.
— *Due Questioni sul Diritto di Opzione*, in *Studi in Tema di Società*, Milão, 1952.
— *Indivisibilità dell'Azione e Aumento di Capitale*, in *Problemi Giuridici*, Milão, 1959.
— *Inesistenza e Nullità*, in *Rivista di Diritto e Procedura Civile*, 1956, I.
— *Interesse Sociale e Interesse Comune nel Voto*, in *Studi in Tema di Società*, Milão, 1952.
— *Interpretazione del Diritto e Studio del Diritto Comparato*, in *Rivista del Diritto Commerciale e del Diritto Generale delle Obbligazioni*, 1954, I.
— *Lezioni di Diritto Commerciale (Introduzione)*, Milão, 1954.
— *L' Interesse Sociale dell' Art. 2441 Cod. Civile. La Teoria dei Diritti Individuali e il Sistema dei Vizi delle Deliberazione Assembleari*, in *Rivista Delle Società*, Milão, Ano I, 1956.
— *Negócio Jurídico Indirecto*, in *Jornal do Fôro*, Lisboa, 1965.
— *Norma Giuridica e Realtà Sociale*, in *Problemi Giuridice*, Milão, 1956.
— *O Contrato Plurilateral*, in *Problemas das Sociedades Anónimas e Direito Comparado*, 2.ª ed., São Paulo, 1964.
— *Ordinamento Giuridico e Processo Economico*, in *Problemi Giuridici*, Milão, 1956.
— *Personalità Giuridica e Problemi delle Società*, in *Rivista delle Società*, Milão, 1957.
— *Prefazione*, in *Studi di Diritto Comparato e in Tema di Interpretazione*, Milão, 1952.

428 Pedro de Albuquerque

— *Premissas ao Estudo do Direito Comparado*, in *Problemas das Sociedades Anónimas e Direito Comparado*, 2ª ed., São Paulo, 1969.

— *Princípios e Problemas das Sociedades Anónimas*, in *Problemas das Sociedades Anónimas e Direito Comparado*, São Paulo, 1969.

— *Problemi in Tema di Titoli Obbligazionari*, in *Saggi di Diritto Commerciale*, Milão, 1955.

— *Riflessioni in Tema di Titolo Azionari e Società tra Società*, in *Saggi di Diritto Commerciale*, Milão, 1955.

— *Scandenza del Termino; Scioglimento della Società per Azioni; Proroga; Revogabilità della Liquidazione; Nulità e Annulabilità di Deliberazioni Assembleare*, in *Studi in Tema di Società*, Milão, 1952.

— *Sui Poteri della Maggioranza nelle Società per Azioni ed Alcuni loro Limiti*, in *Studi in Tema di Società*, Milão, 1952.

— *Sul Concetto di Titolo di Credito e Sulla Disciplina del Titolo V. Libro IV del Nostro Codice - espresioni della normativa e tipologia della realtà*, in *Saggi di Diritto Commerciale*, Milão, 1955.

— *Vícios das Deliberações Assembleares - Direitos Individuais dos Accionistas - Prescrição*, in *Problemas das Sociedades Anónimas e Direito Comparado*, São Paulo, 1969.

— *O Direito de Preferência e a Emissão das Acções Acima do Par (parecer)*, in *Problemas das Sociedades Anónimas e Direito Comparado*, 2ª ed., São Paulo, 1969.

ASCENSÃO (Oliveira),

— *A Integração das Lacunas da Lei e o Novo Código Civil*, separata de O Direito, Lisboa, 1968.

— *As Relações Jurídicas Reais*, Lisboa, 1962.

— *Direito Corporativo*, Lisboa, 1964.

— *Direito Civil. Reais*, 4.ª ed., Coimbra, 1983

— *Empresa e Propriedade (III)*, in *Brotéria*, ano 92, Lisboa, 1972.

— *Lições de Direito Comercial*, Lisboa, 1986/87, I.

— *O Direito. Introdução e Teoria Geral*, 6.ª ed., Coimbra, 1991.

— *Teoria Geral do Direito Civil*, Lisboa, 1983/85, Vol. II, III, IV.

ASQUINI,

— *Confliti d' Interessi fra Sócio e Società nelle Deliberazioni di Assemblea nelle Società per Azioni*, in *Scritti Giuridici*, Milão, I, 1936.

— *I Bateli del Reno*, in *Rivista delle Società*, 1959.

— *Sulle Nuove Posizioni del Diritto Commerciale*, in *Rivista del Diritto Commerciale e del Diritto Generale delle Obbligazioni*, 1942, I.

AUERBACH,

— *Das Aktienwesen*, Frankfurt, 1873, reimpressão de Ferdinad Keip, 1969.

Bibliografia

AULETTA, (Giuseppe)
— *Fallimento dell' ex Sócio con Responsabilità Ilimitata*, in *Rivista Trimestrale di Diritto e Procedura Civile*, 1954.

AULETTA (Giuseppe) e SALANITRO (Nicolo),
— *Diritto Commerciale*, 3.ª ed., Milão, 1984.

AZEVEDO (Amândio de),
— *O Direito de Preferência dos Accionistas na Subscrição de Novas Acções Emitidas pela Sociedade*, in *Revista de Direito e Estudos Sociais*, 1969, XV.

BALARZINI (P.),
— *L' Attuazione in Francia della Seconda Direttiva C. E. E.*, in *Rivista Delle Società*, 1982.

BANILI (Giovane),
— *La Prelazione Volontaria*, Milão, 1984.

BARATA (Carlos),
— *Da Obrigação de Preferência*, Coimbra, 1990.

BARBERO (Domenico),
— *Contributo alla Teoria della Condizione*, Milão, 1937.
— *Condizione (Diritto Civile)*, in *Novissimo Digesto Italiano*, Turim, 1959, III.

BECKER,
— *Bezugsrechtausschluß gemäß §186 Absatz 4 Satz 2 des Aktiengesetzes in der Fassung der 2.EG - Richtlinie*, in *Der Betriebs Berater*, 1981.

BEHREND,
— *Zusicherungen des Rechts zum Bezuge neuen auszugebender Aktien*, Leipzig, 1930.

BERGAMO (Alejandro),
— *Sociedades Anónimas*, II, *Las Acciones*, tomo II, Madrid, 1970.

BERGER,
— *V.° Optio, Optio Servi e Optio Tutoris*, in *Encyclopedic Dictionary of Roman Law*, Filadélfia, 1953.

BERGIER,
— *L'Abus de Majorité dans les Sociétés Anonymes*, Vevey, 1933.

BERLE (Adolf) e MEANS (Gardiner),
— *The Modern Corporation and Private Property*, 19.ª ed., Nova York, 1962.

430 *Pedro de Albuquerque*

BERNICKEN,

— *Das Bezugsrecht des Aktionärs in rechtlicher und banktechnischer Hinsicht*, Berlim, 1928.

BERR,

— *L' Exercice du Pouvoir dans les Sociétés Commerciales*, Paris, 1961.

BERTINI (Alessandro),

— *Contributo allo Studio delle Situazioni Giuridiche degli Azionisti*, Milão, 1951.

BESSA (António),

— V.° *Interesse*, in *Enciclopédia Polis*, 1985, vol. III.

BETTI,

— *Interesse (Teoria Generale)*, in *Novissimo Digesto Italiano*, Turim, 1962, VIII.
— *Teoria Geral do Negócio Jurídico*, tradução de Fernando Miranda, Coimbra, 1969, I, II e III.

BIANCHI,

— *Gli Aumenti di Capitale nelle Imprese*, Milão, 1958.

BIGIAVI,

— *Interesse Sociale ed Interesse Publico*, in *Rivista di Diritto Civile*, 1956.

BIRDS (J.) e BOYLE (A. J.),

— *Company Law*, Bristol, 1983.

BLOCK (Maurice),

— V.° *Intérêts Moraux et Materiels*, in *Dictionnaire de la Politique*, Paris, 1874.

BONDI,

— *Die Rechte der Aktionäre*, Berlim, 1930.

BONETTI (Paolo),

— V.° *Opzione (Diritto Romano)*, in *Novissimo Digesto Italiano*, Turim, 1965, XI.

BONILI (Giovanni),

— *La Prelazione Volontaria*, Milão, 1984.

BORGES (João Eunápio),

— *Curso de Direito Comercial Terrestre*, 3.ª ed., Rio de Janeiro, São Paulo, 1967.

BORGIOLI (Alessandro),

— *I Diretori Generali di Società per Azioni*, Milão, 1975.

Bibliografia

BOSVIEUX (H.) e HOUPIN (C.),

— *Traité Générale Théorique et Pratique des Sociétés Civiles et Commerciales*, 7.ª ed., Suplemento, Paris, 1937.

BOUTHELLIER (Antonio),

— *El Derecho de Suscripción Preferente*, in R. D. M., 1950.

BOYLE (A. J.),

v. BIRDS (J.).

NBOZZI (Aldo),

— V.° *Rinunzia (Diritto Pubblico e Privato)*, in *Novissimo Digesto Italiano*, Turim, 1960, vol. XV.

BRACCO,

— *La Esclusione del Diritto di Opzione nella Società in Accomandita per Azioni*, in *Rivista del Diritto Commerciale e del Diritto Generale delle Oblligazioni*, 1962, II.

BRANDÃO (António José),

— *O Direito. Ensaio de Ontologia Jurídica*, Lisboa, 1942.

BROSETA (Manuel),

— *Manual de Derecho Mercantil*, reimpressão da 2.ª ed., Madrid, 1972.

BRUNETTI,

— *Trattato del Diritto delle Società*, Milão, 1948, II e III.

BRUTAU (Puig),

— *Fundamentos de Derecho Civil*, 3.ª ed., Barcelona, 1983, t. III, vol. III.

BUONOCORE,

— *Le Situazioni Soggetive dell' Azionista*, Nápoles, 1960.

BURDESE (Alberto),

— *Manuale di Diritto Privato Romano*, Turim, 1964.

BURST (J.),

— *Augmentation de Capital par Apportations Directes*, in *Juris Classeur (Droit des Sociétés)*, Paris, 1979.

BUSSOLETTI,

— *La Posizione del Possessore di Obbligazioni Convertibili nell' Ordinamento Italiano*, in *Rivista del Diritto Commerciale e del Diritto Generale delle Obbligazioni*, ano LXXVII, 1980.

CABANILLAS (Gallas),

— *Consideraciones Sobre los Principios Generales del Derecho*, Madrid, 1977.

432 Pedro de Albuquerque

CAEIRO (António),

— *A Exclusão Estatutária do Direito de Voto nas Sociedades por Quotas*, in *Temas de Direito das Sociedades*, Coimbra, 1984.
— *Aumento de Capital e Acções Próprias*, in *Temas de Direito das Sociedades*, Coimbra, 1984.

CAEIRO (António) e CORREIA (Ferrer),

— *Aumento de Capital. Preferência dos Accionistas e Sobrepreço das Acções*, in *Estudos de Direito Comercial*, Coimbra, 1969, I.

CAIN e CHALESWORTH,

— *Company Law*, 10.ª ed., por T. E. Cain, Londres, 1972.

CALASSO (Francesco),

— *Il Negocio Giuridico*, Milão, 1959.

CANARIS (Claus-Wilhelm),

— *Pensamento Sistemático e Conceito de Sistema na Ciência do Direito*, introdução e tradução de Menezes Cordeiro, Lisboa, 1989.

CANDIAN,

— *Nullità e Annulabilità di Delibere di Assemblea delle Società per Azioni*, Milão, 1942.

CÁNOVAS (Espín),

— *Los Limites de la Autonomia de la Voluntad Privada*, Lisboa, 1957.

CARDOSO (Pires),

— *Problemas de Anonimato*, I, *Sociedades Anónimas*, Lisboa, 1942, II, *Fiscalização das Sociedades Anónimas*, Lisboa, 1943.

CARLOS (Palma),

— *Ensaio sobre o Litisconsórcio*, Lisboa, 1956.

CARNAXIDE (Visconde de),

— *Sociedades Anonymas*, Coimbra, 1913.

CARNELUTTI,

— *Discorso Intorno all Diritto*, Pádua, 1961, III.
— *Ecesso di Potere nella Deliberazione dell' Assemblea delle Società Anonime*, in *Rivista del Diritto Commerciale e del Diritto Commerciale delle Obbligazioni*, 1926, II.
— *Introduzione allo Studio del Diritto*, Roma, 1943.
— *Metodologia do Direito*, trad. port. de Luís Pinto Coelho, Lisboa, 1940.
— *Teoria Geral do Direito*, tradução de A. Rodrigues Queiró e Artur Anselmo de Castro, Coimbra, 1942.

Bibliografia 433

CARVALHO (Eduardo de),
— *Teoria e Prática das Sociedades por Acções*, São Paulo, 1960, II.

CARVALHO (Orlando de),
— *Critério e Estrutura do Estabelecimento Comercial*, Coimbra, 1967.
— *Teoria Geral da Relação Jurídica. Seu Sentido e Limites*, separata da *Revista de Direito e Estudos Sociais*, ano XVI, Lisboa, 1970.

CARVALHO (Rivera Martins de),
— *Deliberações Sociais Abusivas*, Lisboa, 1952.

CARVALHO (Rui Gomes),
— *Amortização de Acções e Quotas*, Lisboa, 1931.

CASCIO (Orlando),
— *La Strutura della Prelazione e del Riscatto nel' Enfiteusi*, in *Rivista Trimestrale del Diritto e Procedura Civile*, 1952.

CASELLA (Mario),
— *Sul Termine della Dichiarazione di Opzione a' Sensi dell' Art. 2441 Cod. Civ.*, in *Rivista del Diritto Commerciale e del Diritto Generale delle Obbligazioni*, ano 50, 1952.
— *Rilievi Marginali sulla Pratica dell'art. 2409.°*, in *Rivista delle Società*, Milão, 1960.

CASTRO (Aníbal de),
— *A Caducidade*, com prefácio do Prof. Inocêncio Galvão Telles, 3.ª ed., Lisboa, 1984.

CASTRO (Anselmo de),
— *Direitos do Usufrutuário de Cota, em Especial para Requerer a Dissolução da Sociedade*, in *Revista de Direito e Estudos Sociais*, 1947, ano III.

CASTRO (Pereira de),
— *V.° Interesse (Dir.)*, in *Enciclopépia Luso-Brasileira de Cultura*, Lisboa, 1970, vol. X.

CASTRO Y BRAVO (Federico de),
— *El Negocio Jurídico*, Madrid, 1967.

CESARO,
— *Il Contrato e L'Opzione*, Nápoles, 1969.
— *Opzione nel Contrato*, in *Enciclopedia del Diritto*, 1980, vol. XXX.

CHALESWORTH,
v. CAIN.

CHAMPAUD (Claude),

— *Le Pouvoir de Concentration dans les Sociétés Anonymes*, Paris, 1947.

CHIOMENTI (Filipo),

— *La Revoca delle Deliberazioni Assembleari*, reimpressão, Milão, 1975.
— *Può la Società Esercitare per le Azioni Proprie in Portafoglio il Diritto di Opzione su Aumento di Capitale?*, in *Rivista delle Società*, 1980.

CHORÃO (Bigotte),

— *Teoria Geral do Direito Civil*, Lisboa, 1972-73, II.
— *Temas Fundamentais de Direito*, Coimbra, 1986.

CHULIA (Vicent),

— *Compendio Critico de Derecho Mercantil*, 2.ª ed., Barcelona, 1986.

COCO (Giovanni) e CORRENTI (Silvio),

— *V.º Opzione nelle Società per Azioni*, in *Enciclopedia del Diritto*, 1980, XXX.

COELHO (Gabriel Pinto),

— *Lições de Direito Comercial*, Lisboa, 1952, II.
— *Estudo sobre as Acções das Sociedades Anónimas*, in *Revista de Legislação e Jurisprudência*, Coimbra, ano de 89, 1956.
— *Usufruto de Acções*, in *Revista de Legislação e Jurisprudência*, Coimbra, ano 90, 1957-1958, ano 91, 1958.
— *A Representação do Sócio Menor no Exercício dos Direitos Sociais*, in *Revista de Legislação e Jurisprudência*, Coimbra, ano 95, 1962.

COING (H.),

— *Trois Formes Historiques D' Interprétation du Droit*, in *Revue Historique de Droit Français et Etranger*, 1970, 4.ª série, t. XLVIII.

CONSTÂNCIO (Francisco),

— *V.º Coarctar*, in *Novo Diccionario Critico e Etymologico da Lingua Portuguesa*, 7.ª ed., Paris, 1859.

CORDEIRO (Menezes),

— *Da Boa Fé no Direito Civil*, Coimbra, 1984, I e II.
— *Da Preferência dos Accionistas na Subscrição de Novas Acções: Exclusão e Violação*, in *Banca, Bolsa e Crédito*, Coimbra, 1990, I.
— *Das Publicações Obrigatórias nos Boletins Oficiais de Cotações das Bolsas de Valores: Aspectos do Regime do Aumento de Capital das Sociedades Anónimas por Subscrição de Novas Acções*, separata da revista *O Direito*, 1988, ano 120.
— *Direito das Obrigações*, reimpressão, I e II, 1987, e III, 1990.
— *Manual do Direito do Trabalho*, Coimbra, 1991.

Bibliografia 435

— *Prefácio a Claus-Wilhelm Canaris.* - *Pensamento Sistemático e Conceito de Sistema na Ciência do Direito*, Lisboa, 1989.
— *Parecer*, Lisboa, 1988.
— *Parecer 1*, inédito, com a colaboração de Pedro de Albuquerque, Lisboa, 1988.
— *Parecer 2*, inédito, 1989.
— *Parecer 3*, inédito, com a colaboração de Pedro de Albuquerque, Lisboa, 1990.
— *Teoria Geral do Direito Civil*, 2.ª ed., Lisboa, 1989.
— *Violação Positiva do Contrato*, in *Estudos de Direito Civil*, Coimbra, 1987.

CORDEIRO (Pedro),
— *A Desconsideração da Personalidade Jurídica das Sociedades Comerciais*, Lisboa, 1990.

CORREIA (Brito),
— *Direito Comercial, II, Sociedades Comerciais*, Lisboa, 1989, III, *Deliberações dos Sócios*, Lisboa, 1990.
— *Direito do Trabalho*, Lisboa, 1984.
— *Os Direitos Inderrogáveis dos Accionistas*, inédito, Lisboa, 1964/65.

CORREIA (Brito) e VENTURA (Raúl),
— *Responsabilidade Civil dos Administradores de Sociedades Anónimas e dos Gerentes de Sociedades por Quotas*, in *Boletim do Ministério da Justiça*, n.º 192, 1970.

CORREIA (Ferrer),
— *A Representação dos Menores Sujeitos ao Pátrio Poder na Assembleia Geral das Sociedades Comerciais*, in *Direito Civil e Comercial. Direito Criminal*, Coimbra, 1969.
— *Anteprojecto de Lei das Sociedades Comerciais*, com a colaboração de António Caeiro, separata do *Boletim do Ministério da Justiça*, n.ºˢ 185 e 191.
— *Erro e Interpretação na Teoria do Negócio Jurídico*, 3.ª tiragem, Coimbra, 1985.
— *La Société d'un Seul Associé*, in *Boletim da Faculdade de Direito de Coimbra*, Coimbra, 1965, vol. XLI.
— *Lições de Direito Comercial*, Coimbra, 1968.
— *O Problema das Sociedades Unipessoais*, com a colaboração de António Caeiro, in *Estudos de Direito Comercial*, Coimbra, 1969.
— *Parecer*, inédito, 1988.
— *Sociedades Comerciais*, segundo apontamentos de aula de Vasco da Gama Lobo Xavier, Coimbra, 1953-54.

— *Sociedades Fictícias e Unipessoais*, Coimbra, 1948.

— *Sociedades Unipessoais de Responsabilidade Limitada*, in *Revista de Direito e Estudos Sociais*, ano I, 1945.

v. ANDRADE (Manuel de).

v. CAEIRO (António).

CORREIA (Miguel Pupo),

— *Modificação do Capital Social*, in *Comentários à Lei das Sociedades por Acções (Lei 6404/76)*, São Paulo, 1986, II.

CORRENTI (Silvio), v. COCO (Giovanni).

CORSI (Francesco) e FERRARA Jr.,

— *Gli Imprenditori e le Società*, 7.ª ed., 1987, Milão.

CORSO (Pompeo),

— *Preliminare ad uno Studio sulla Sanzione*, Milão, 1969.

COSTA (Almeida),

— *Direito das Obrigações*, 5.ª ed., Coimbra, 1991.

COTTINO (Gastone),

— *Diritto Commerciale*, Padova, 1976, I.

— *Società (Diritto Vigente): Società per Azioni*, in *Novissimo Digesto Italiano*, Turim, 1970, XVII.

COTTINO (Gastone) e GRECO,

— *Vendita*, in *Comentario del Codice Civile*, dirigido por Scialoja e Branca, 2.ª ed., Bolonha, Roma, 1981.

CUNHA (Paulo Olavo),

— *Breve Nota sobre os Direitos dos Sócios (das Sociedades de Responsabilidade Limitada no Âmbito do Código das Sociedades Comerciais)*, in *Novas Perspectivas do Direito Comercial*, Coimbra, 1988.

— *Os Direitos Especiais dos Accionistas nas Sociedades Anónimas. As Acções Privilegiadas*, inédito, Lisboa, 1989.

— *Venda de Bens Alheios*, separata da *Revista da Ordem dos Advogados*, ano 47, Lisboa, Setembro, 1987.

CUPIS (Adriano de),

— *El Daño*, tradução da 2.ª ed. italiana por Angel Martínez, Barcelona, 1979.

Bibliografia

DALMARTELLO,
— *Conflitto d'Interesse nell'Acquisto delle Proprie Azioni ex. art. 2. 357 Cod.*, in *Rivista delle Società*, 1959.
— *Limitazioni Statutarie alla Circolazione delle Azioni e Regime di Circolazione dei Diritti d'Opzione*, in *Temi*, 1949.

DANTAS (Santiago),
— *Parecer*, in *Revista Forense*, vol. 122.

DELVECCHIO (Franco),
— *Recensão a Minervini, Obbligazioni Convertibili in Azioni ed Opzione*, in *Rivista di Diritto e Procedura Civile*, Milão, 1948, II.

DEL VECCHIO (Giorgio),
— *Direito Processual Civil*, Lisboa, I.
— *Lições de Filosofia do Direito*, tradução de José Brandão, revista por L. Cabral Moncada e actualizada por Anselmo de Castro, Coimbra, 1979.

DENIS (Henri),
— *Histoire de la Pensée Économique*, 4.ª ed., Paris, 1974.

DEUTSCH (Ervin),
— *Haftungsrecht*, Colónia, Berlim, Bona, Munique, 1976.

DÍEZ-PICAZO (Luís),
— *Experiencias Juridicas y Teoria del Derecho*, Barcelona, 1983.
— *El Negocio Jurídico del Derecho de Familia*, Madrid, 1962.

DRINKER,
— *The Preemptive Right of Shareholders to Subscribe to New Shares*, in *Harvard Law Review*, 1929, 30 vol.

ECKARDT, GESSLER, HEFER MEHL e KROPFF,
— *Aktiengesetz, Kommentar*, Munique, 1988, 12.

ENGISCH (Karl),
— *Introdução ao Pensamento Jurídico*, tradução e prefácio de Baptista Machado, Lisboa, 1965.

ESPINAR LA FUENTE (Francisco),
— *El Negocio Jurídico (su naturaleza, estrutura y classe)*, separata da *Revista General de Legislación y Jurisprudência*, Madrid, 1963.

ESTRIN (M.) e MAGNUS (S. W.),
— *Companies, Law and Practice*, Londres, 1968.

438 Pedro de Albuquerque

FANFANNI (Amintore),

— *Storia Economica, parte I, Antichità - Medioevo - Età Moderna*, Turim, 1968.

FARIA (Eduardo de),

— V.° *Coarctar*, in *Novo Diccionario da Lingua Portugueza*, 2.ª ed., Lisboa, 1851, vol. II.

FENKAR,

— *Wesesen und Ausübung der Gestaltunsrecht in Schweizerische Privatrecht*, Berna, 1925.

FERRA (Giampaolo de),

— *La Circolazione delle Partecipazioni Azionarie*, Milão, 1964.

— *L'Interesse dell'Impresa: variazioni sul tema*, in *Scritti in Memoria di Alessandro Graziani, Impresa e Societá*, Nápoles, 1968, I.

FERRANTE (Matteo),

— *Il Negocio Giuridico. Concetto*, Milão, 1950.

FERRARA,

— *Interpretação e Aplicação das Leis*, tradução de Manuel Andrade, Coimbra, 1934.
— *Teoria de las Personas Jurídicas*, tradução da 2.ª ed., de Eduardo Ovejero, Madrid, 1929.

FERRARA (Cariota),

— *El Negocio Jurídico*, tradução de Manuel Albaladejo, Madrid, 1956.

FERRARA Jr.,

v. CORSI (Francesco).

FERREIRA (Cavaleiro),

— *Parecer*, in *Peças do Processo Abel Figueiredo (Pai demente e filho menor vítimas de uma espoliação de milhares de contos)*, Famalicão, 1957.

FERREIRA (Vasco Taborda),

— *Um Caso de «Conditio Juris»*, Lisboa, 1952.

FERREIRA (Waldemar),

— *O Estatuto das Sociedades Anónimas Brasileiras*, in *La Società per Azioni alla Metà del secolo XX*, (*Studi in Memoria di Angelo Saffra*), Pádua, 1961,I.

FERRI,

— *La Seconda Direttiva in Materia di Società per Azioni*, in *Rivista del Diritto Commerciale e del Diritto Generale delle Obbligazioni*, 1978, II.

Bibliografia 439

— *Le Società*, Turim, 1971.
— *Manual de Diritto Commerciale*, reimpressão da 5.ª ed., Turim, 1983.
— *Potere e Responsabilità nell' Evoluzione della Società per Azioni*, in *Rivista delle Società*, 1956.
— V.º *Società (Diritto Vigente): Società (in Generale)*, in *Novissimo Digesto Italiano*, Turim, 1970, vol. XVII.

FIGUEIREDO (Cândido de),
— V.º *Coarctar*, in *Novo Diccionario da Lingua Portugueza*, Lisboa, 1889, I.
— V.º *Coarctar*, in *Pequeno Dicionário Ilustrado da Língua Portuguesa*, 11.ª ed., Lisboa, 1975.
— V.º *Suprimir*, in *Pequeno Dicionário Ilustrado da Língua Portuguesa*, 11.ª ed., Lisboa, 1975.

FILHO (Evaristo de Moraes),
— *Sucessão nas Obrigações e a Teoria da Empresa*, Rio de Janeiro, 1960, II.

FIORENTINO (Adriano),
— *Le Variazioni del Capitale nelle Società per Azioni*, Nápoles, 1948.

FIORENTINO (Adriano), MINERVINI (Gustavo), PISAPIA (Giandomenico), SIMONE (Mario), TAMAJO (Domenico),
— *Il Nouvo Codice Civile. Comentario*, vol. V, *Del Lavoro*, Nápoles, 1956.

FISCHER (Rodolfo),
— *Las Sociedades Anónimas, Su Regimen Jurídico*, tradução de W. Rocces, Madrid, 1914.
— *Aktiengesetz. Großkommentar*, Berlim, 1965, II.

FLECHTHEIM,
— *Vorzusgsaktien und Kapitalershöhungen*, in *Bank-Archiv*, 1926/27.

FOLGADO,
— *Evolucion Historica del Concepto del Derecho Subjetivo*, San Lorenzo del Escorial, 1960.

FORCHIELE,
— *Patto di Opzione e Condizione Potestativa*, in *Rivista Trimestrale di Diritto e Procedura Civile*, ano II, 1948.

FORNASIERO,
— *Organizzazione e Intuitus nelle Società*, Pádua, 1984.

FORSTMOSER (Peter) e MEIER-HAYOZ (Arthur),
— *Grundiss des Schweizerischen Gesellschaftsrechts*, 3.ª ed., Berna, 1979.

440 Pedro de Albuquerque

FRADA (Manuel Carneiro da),

— *Deliberações Sociais Inválidas no Novo Código das Sociedades*, in *Novas Perspectivas do Direito Comercial*, Coimbra, 1988.

FRAGUAS (Ramón),

— *El Concepto Jurídico de Empresa*, in *Estudos de Derecho Civil en Honor del Profesor Castan Tobeñas*, Pamplona, 1969.

FRANÇA (Maria Augusta),

— *A Estrutura das Sociedades Anónimas em Relação de Grupo*, Lisboa, 1990.

FRANCO (Sousa),

— *Política Financeira e Formação do Capital. Estudo Metodológico*, Lisboa, 1972.
— V.º *Law (John)*, in *Verbo – Enciclopédia Luso-Brasileira de Cultura*, Lisboa, 1971, vol. XI.

FRÉ,

— *Opzione*, in *Nuovo Digesto Italiano*, Turim, 1939, vol. IX.
— *Società per Azioni*, in, *Commentario del Codice Civile*, a cargo de Scialoja e Branca, 5.ª ed., Bolonha, Roma, 1983.
— *Sull Esclusione del Diritto di Opzione*, in *Rivista del Diritto Commerciale e del Diritto Generale delle Obbligazioni*, ano 1953, II.

FROSSINI (Vittorio),

— V.º *Istituzione*, in *Novissimo Digesto Italiano*, IX, Turim, 1963.

FÜCHSEL,

— *Probleme des Bezugsrechtsausschlusses im deutschen Aktienrecht*, in *Der Betriebs Berater*, 1972.

FURGIELLE (Giovanni),

— *Contributo allo Studio della Strutura delle Prelazioni Legali*, Milão, 1984.

FURLANI (Silvio),

— V.º *Opzione (Diritto Publico)*, in *Novissimo Digesto Italiano*, XI, 1965.

FURTADO (Pinto),

— *Curso de Direito das Sociedades*, 2.ª ed., 1986.

GADOW,

v. HEINICHEN.

GAILLARD,

— *La Société Anonyme de Demain*, Paris.

Bibliografia

GALGANO (Francesco),
- *Diritto Privato*, 2.ª ed., Pádua, 1983.
- *La Società per Azioni*, Padova, 1984.
- *La Società per Azioni. Le Altre Società di Capitali. Le Cooperative*, 3.ª ed., Bolonha, 1978.
- *Negocio Giuridico (Premesse problematiche e dottrine generale)*, in *Enciclopedia del Diritto*, Milão, 1976, vol. XXVII.

GARCANO (G.),
- *La Riforma della Company*, in *Rivista delle Società*, 1979.

GARRIGUES (Joaquin) e URIA (Rodrigo),
- *Comentario a la Ley de las Sociedades Anonimas*, 13.ª ed. revista por Aurelio Menendez e por Manuel Olivensa, Madrid, 1981.

GASPARRI (Pietro),
- *Gli Interessi Umani e il Diritto*, Bolonha, 1951.

GASPERONI,
- *Azioni di Società*, in *Novissimo Digesto Italiano*, Turim, 1958, I.

GASTAUD (Jean-Pierre),
- *Personalité Morale et Droit Subjectif*, prefácio de Jean-Pierre Sortais, Paris, 1977.

GERRY (D.),
- *Le Régime des Augmentations du Capital en Numèraire Après la Loi n.º 83-1 du 3 Janvier 1983*, in *Revue des Sociétés*, 1983.

GESSLER,
v. ECKARDT.

GIERKE (Julius von),
- *Handelsrecht und Schiffahrtsrecht*, 7.ª ed., Berlim, 1955.

GIERKE (Otto),
- *Die Genossenschaftheorie und die Deutsche Rechtsprechung*, Berlim, 1887.

GIL RODRIGUES (Jacinto),
- *El Usufructo de Acciones (aspectos civiles)*, Madrid, 1981.

GIORGIANI,
- *Tutela del Creditore e Tutela Reale*, in *Rivista del Diritto Commerciale e del Diritto Generale delle Obbligazioni*, ano LXXIII, 1975.
- *Diritti Reali (Diritto Civile)*, in *Novissimo Digesto Italiano*, Turim, 1960, vol. V.

GLIOZZI (Ettore),
— *Gli atti Estranei all Oggetto Sociale nella Società per Azioni*, Milão, 1970.

GODIN e WILHELMI,
— *Aktiengesetz*, 3.ª ed., Berlim, 1967.

GOLDSCHMIDT (R.),
— *Alcuni Riflessioni sulla Teoria degli Organi nelle Persone Giuridiche Private*, in *Rivista Trimestrale di Diritto e Procedura Civile*, 1954, I.
— *Problemas Jurídicos de la Sociedad Anonima*, Buenos Aires, 1946.
— *Recenti Tendenze nel Diritto della Società Anonima*, Florença, 1935.

GOMES (Januário),
— *Em Tema de Revogação do Mandato Civil*, Coimbra, 1989.

GONÇALVES (Cunha),
— *Comentário ao Código Comercial Português*, Lisboa, 1914, I.
— *Dos Contratos em Especial*, Coimbra, 1937.

GOURLAY (Pierre-Gilles),
— *Le Conseil d' Administration de la Société Anonyme*, Paris, 1971.

GRASS, MÖHRING, REUS e TANK,
— *Handbuch der Aktiengesellschaft*, Colónia, 1957, vol. I.

GRASSETTI (C.),
— *Diritto di Voto in Pendenza di Aumento di Capitale*, in *Rivista del Diritto Commerciale e del Diritto Generale delle Obbligazioni*, ano LI, 1953.
— *Del Negocio Fiduciario e della Sua Ammissibilità nel Nostro Ordinamento Giuridico*, in *Rivista del Diritto Commerciale e del Diritto Generale delle Obbligazioni*, ano XXXIV, 1936.

GRAZIANI (Alessandro),
— *Diritto delle Società*, 3.ª edição, 1957, Nápoles.

GRAZIANI (G.),
— *Sopraprezzo delle Azioni e Diritto di Opzione*, in *Rivista delle Società*, 1961.

GRAZIANI (G.) e MINERVINI (Gustavo),
— *Manuale di Diritto Commerciale*, Nápoles, 1979.

GRECO,
— *Sul Patto di Prelazione per la Cessione di una Quota di Accomandante*, in *Rivista del Diritto Commerciale e del Diritto Generale delle Obbligazioni*, ano XLVI, 1948, II.
v. COTTINO (Gastone).

Bibliografia

GREGORIO (De),

— *Impugnative di Deliberazioni Assembleare di Società per Azione Contrarie all, Interesse Sociale*, in *Rivista del Diritto Commerciale e del Diritto Generale delle Obbligazioni*, ano LIII, 1955, II.

GROPPALI (Alessandro),

— *Introdução ao Estudo do Direito*, tradução de Manuel de Alarcão, 3.ª ed., Coimbra, 1978.

GRUNWALD (Barbara),

— *Der Ausschluß aus Gesellschaft und Verien*, Colónia, Berlim, Bona, Munique, 1987.

GUEDES (Armando Marques),

— *Interpretação, Aplicação e Integração das Normas Jurídicas*, Lisboa, 1963.

GUIMARÃES (Ruy Carneiro),

— *Sociedade por Ações*, Rio de Janeiro, 1960, II.

GULLOTA (Sergio),

— *Proposta Irrevocabile e Opzione Gratuita*, in *Rivista del Diritto Commerciale e del Diritto Generale delle Obbligazioni*, ano LXXXVI, 1988.

GUNTZ (D.),

— *Das Subjekt des Bezugsrechts auf Aktien und des Anspruchs auf Gratisaktien*, in *Die Aktiengesellschaft*, 1958.

HAMIAUT (Marcel),

— *La Réforme des Sociétés Commerciales (loi n.º 66/537 du 24 de 1966)*, II, *Les Sociétés par Actions*, Paris, 1966.

HASSLER (T.),

— *L' Intérêt Commun*, in *Revue Trimestrielle de Droit Commercial*, I, 1984.

HAURIOU (Maurice),

— *Aux Sources du Droit. Le Pouvoir, l' Ordre et la Liberté*, Paris, 1935.
— *La Théorie de L' Institution et de la Fondation (Essai de Vitalisme Sociale)*, in *La Cité Moderne et les Transformations du Droit*, Paris, 1925.
— *Précis Élémentaire de Droit Constitutionnel*, Paris, 1925.
— *Précis de Droit Administratif et de Droit Public*, Paris, 1919.

HECK (Philip),

— *El Problema de la Creación del Derecho*, tradução de Manuel Entenza, Barcelona, 1961.
— *Interpretação da Lei e Jurisprudência dos Interesses*, tradução de José Osório, Coimbra, 1947.

HEFERMEHL
v. ECKARDT.

HEINICHEN e GADOW,
— *Aktiengesetz Großkommentar*, 2.ª ed., Berlim, 1965, II.

HEINSHEIMER (Karl),
— *Derecho Mercantil*, traduzido por Augustin Vicente Gella, segundo a 3.ª ed. alemã por Karl Geiler, Barcelona, Madrid, Buenos Aires, 1933.

HÉMARD (J.), TERRÉ (F.) e MABILAT (P.),
— *Sociétés Commerciales*, Paris, 1974.

HENRICH,
— *Vovertrag, Optionsvertrag und Vorrechtsvertrag*, Tubinga, 1965.

HOUPIN (C.).
v. BOUSVIEUX (H.).

HUECK (G.),
— *Kapitalerhöhung und Aktienbezugsrecht*, in *Festschrift für H. C. Nipperdey*, Munique, Berlim, 1965.

IGLESIAS (Juan),
— *Derecho Romano*, 6.ª ed., Barcelona, 1972.

IPPOLITO (Benjamim) e JUGLART (Michel),
— *Cours de Droit Commercial*, vol. II, *Les Sociétés Commerciales*, 4.ª ed., Paris, 1971.

JAEGER,
— *L' Interesse Sociale*, Milão, 1964.

JAUFFRET,
— *Du Droit de Souscrire par Préférence à des Actions Nouvelles*, Paris, 1926.
— *La Renonciation des Anciens Actionnaires à Leur Droit de Souscription*, in *La Società per Azioni alla Metà del Secolo XX (Studi in Memoria di Angelo Saffra)*, Pádua, 1961, I.
— *Manuel de Droit Commercial*, 18.ª ed. por Jacques Mestre, Paris, 1986.

JAUFFRET-SPINOSI (Camille),
— *Les Actions à Dividend Prioritaire sans Droit de Vote*, in *Revue des Sociétés*, 1979.

JENNINGS (Richard),
— *Insider Trading in Corporate Control in the U. S. A.*, in *La Società per Azioni alla Metà del Secolo XX (Studi in Memoria di Angelo Saffra)*, Pádua, 1961, II.

Bibliografia 445

JHERING,

— *A Evolução do Direito*, vertido da tradução francesa de U. de la Meleunaire por Abel de Azevedo, Lisboa.

— *O Espírito do Direito Romano*, tradução de Rafael Benaion, Rio de Janeiro, 1943, III.

JORGE (Pessoa),

— *Direito das Obrigações*, Lisboa, 1975/76.

— *Ensaio Sobre os Pressupostos da Responsabilidade Civil*, Separata de Ciência e Técnica Fiscal, Lisboa, 1968.

— *O Mandato sem Representação*, Lisboa, 1961.

JUGLART (Michel),

v. IPPOLITO (Benjamin).

KELSEN,

— *Teoria Pura do Direito*, tradução de Baptista Machado, 4.ª ed., Coimbra, 1976.

KINDLEBERG (Charles P.),

— *Histoire Financière de l' Europe Occidentale*, tradução do inglês por Raymond Bord, Paris, 1986.

KROPFF,

v. ECKARDT.

KUBLER (Friederich),

— *Gesellschaftsrecht*, 7.ª ed., Heidelberg, 1985.

LABAREDA (João),

— *Das Acções das Sociedades Anónimas*, Lisboa, 1988.

LABLANCA (G.),

— *Il Diritto di Opzione nella Disciplina Comunitaria*, in *La Seconda Direttiva C. E. E. in Materia Societaria*, a cargo de L. Butaro e A. Patroni Griffi, Milão, 1984.

LACERDA (Corrêa de),

v. ALMEIDA (José de).

LACHENAL,

— *Le Droit Préférentiel de Souscription de Actions du Point de Vue Économique, Comptable et Fiscal*, Lausana, 1946.

LAMEGO (José),

— *Hermenêutica e Jurisprudência*, Lisboa, 1990.

LANDEROIN (Jacques),

— *Augmentation de Capital dans les Sociétés Anonymes*, Paris, 1947.

LARENZ (Karl),

— *Algemeiner Teil des deutschen Bürgerlichen Recht*, 4.ª ed., Munique, 1977.
— *Metodologia da Ciência do Direito*, 2.ª ed., tradução de José Lamego e revisão de Ana Freitas, Lisboa, 1983.

LARRIBA (Alejandro),

— *Acciones y Derechos de Suscripción*, Madrid, 1982.

LECLERC (Jacques),

— *A Família*, tradução de Américo Gama, São Paulo.

LEDUC,

— *Les Avants-Contrats*, Paris, 1909.

LEITÃO (Luís Menezes),

— *Pressupostos da Exclusão de Sócio nas Sociedades Comerciais*, Lisboa, 1988.

LIMA (Carlos),

— *Aspecto do Direito de Preferência*, in *Revista dos Tribunais*, ano 71.

LIMA (Otto),

— *Negócio Fiduciário*, São Paulo, 1962.

LIMA (Pires de),

— *Anotação ao Acordão do Supremo Tribunal de Justiça de 6 de Janeiro de 1961*, in *Revista de Legislação e Jurisprudência*, 1962, Ano 94.
— *Parecer*, in *Peças do Processo Abel Figueiredo (Pai demente e filho menor vítimas de uma espoliação de milhares de contos)*, Famalicão, 1957.

LIZZA (Fiorenzo),

— *L' Aquisto di Azioni Proprie nell' Economia dell Impresa*, Milão, 1983.

LOUREIRO (Fernando Pinto),

— *Individualismo e Anti-Individualismo no Direito Privado*, Coimbra, 1940.
— *Manual dos Direitos de Preferência*, Coimbra, 1944, I.

LOURENÇO (Santos),

— *Das Sociedades por Quotas (Comentário à lei de Abril de 1911)*, Lisboa, I.

LUCARNI (Didia),

— *Art. 2441 do Cod. Civil 3.° Comma: Diritto di Prelazione o Diritto di Opzione*, in *Rivista del Diritto Commerciale e del Diritto Generale delle Obbligazioni*, 1977, ano LXXV.

Bibliografia 447

LUTTER (Marcus),

— *Europäiches Gesellschaftsrecht*, 2.ª ed., 1984.
— *Kölner Kommentar zum Aktiengesetz*, Colónia, Berlim, Bona, Munique, 1971, II.
— *Materielle und förmliche Efordernisse eines Bezugsrechtsausschlusses*, in ZGR, 1979.

MABILAT (P.),
  v. HÉMARD (J.).

MACHADO (Baptista),

— *Introdução ao Direito e ao Discurso Legitimador*, Coimbra, 1983.

MACHADO (Pedro),

— V.° *Coarctar*, in *Dicionário Etimológico da Língua Portuguesa*, 4.ª ed., Lisboa, 1987, Vol. II.

MAGALHÃES (Barbosa de),

— *Gazeta da Relação de Lisboa*, ano 49.°, n.° 10.
— *Usufruto de Acções de Partes e de Quotas Sociais*, in *Revista da Ordem dos Advogados*, 1952, ano 12.°.

MAGNUS (S. W.),
  v. ESTRIN (M. C.).

MAIBERG,

— *Gesellschaftsrecht*, 5.ª ed., Munique, Viena, 1986.

MAIORCA (Carlo),

— *Delle Società*, Turim, 1945.

MANGO (Enrico),

— *Opzione (Diritto di) (Nelle Società)*, in *Novissimo Digesto Italiano, Appendice*, Turim, 1980, vol. V.

MARASÀ,

— *La Seconda Direttiva C. E. E. in Materia di Società per Azioni*, in *Rivista di Diritto Civile*, 1978, II.

MARIA (Paul),

— *Des Modifications du Capital Social*, Paris, 1913.

MARQUES (Dias),

— *Introdução ao Estudo do Direito*, Lisboa, 1986.
— *Prescrição Extintiva*, Coimbra, 1953.

MARTINEZ (Soares),
— *Manual de Direito Corporativo*, 3.ª ed., Lisboa, 1971.

MARTY (Gabriel) e RAYMOND (Pierre),
— *Les Obligations*, Paris, 1969.

MATOS (Albino),
— *Constituição de Sociedades*, Coimbra, 1988.

MEANS (Gardiner),
v. BERLE (Adolf).

MEIER-HAYOZ,
— V. FORSTMOSER

MEILICKE,
— *Das Bezugsrecht des Aktionärs bei Kapitalerhöhungen*, in *Betriebs-Berater*, 1961.

MENDES (Castro),
— *Introdução ao Estudo do Direito*, Lisboa, 1984.
— *Direito Processual Civil*, Lisboa, 1980.
— *Teoria Geral do Direito Civil*, Lisboa, 1979, ed. rev., 1985, I e II.

MENDES (Evaristo Ferreira),
— *A Transmissibilidade das Acções*, Lisboa, 1989, I e II.

MENGONI,
— *Appunti per una Revisione della Teoria sul Conflito di Interessi nella Deliberazioni di Assemblea della Società per Azioni*, in *Rivista delle Società*, 1956.
— *Interesse Sociale ed Esclusione del Diritto di Opzione*, in *Rivista del Diritto Commerciale e del Diritto Generale delle Obbligazioni*, 1955, II.

MESSINEO (Francesco),
— *Collazione e Riunione Fittizia di Azioni di Soccietà*, in *Rivista Trimestrale di Diritto e Procedura Civile*, 1948, II.
— *La Participazione Sociale (a proposito di un libro recente)*, in *Impresa e Società, Scritti in Memoria di Alessandro Graziani*, Nápoles, 1968, vol. III.
— *Sul Sovraprezzo nell' Emissione di Azioni di Società Secondo il Diritto Italiano*, in *Rivista delle Società*, 1961.
— *Dottrina Generale del Contratto*, 3.ª ed., Milão, 1948.
— *Spettanza dei Dividendi sulla Propria Azione Acquisitata dalla Società*, in *Rivista delle Società*, 1966.
— *La Struttura della Società e il C. D. Contratto Plurilaterale*, in *Studi di Diritto delle Società*, Milão, 1949.

Bibliografia 449

— *Società e «Scopo di Lucro»*, in *Studi di Diritto delle Società*, Milão, 1949.
— *Variazioni del Capitale e Collazione di Azioni Donate*, in *Studi di Diritto delle Società*, Milão, 1949.

MESTMÄCKER,

— *Verwaltung – Konzerngewalt und Recht der Aktionäre*, Kalrsruhe, 1958.

MICCIO (Renato),

— *Cessione dei Beni nel Concordato*, Milão, 1953.
— *Il Diritto di Opzione nell' Aumento di Capitale delle Società per Azioni*, Nápoles, 1957.

MIGNOLI (Ariberto),

— *L' Interesse Sociale*, in *Rivista delle Società*, Milão, 1958.
— *Le Assemblee Speciali*, Milão, 1960.
— *Reintegrazione del Capitale Azionario per Perdita Totale e Diritti Individuali degli Azionisti*, in *Rivista del Diritto Commerciale e del Diritto Generale delle Obbligazioni*, 1955.

MINERVINI (Gustavo),

— *Obbligazioni Convertibili in Azioni ed Opzione*, in *Rivista del Diritto Commerciale e del Diritto Generale delle Obbligazioni*, ano 44, 1946.
— *Sulla Tutela Dell' «Interesse Sociale» nelle Disciplina delle Deliberazioni Assembleari e di Consiglio*, in *Rivista di Diritto Civile*, 1956.

v. FIORENTINO (Adriano).

v. GRAZIANI (G.).

MITHEIS (Rodolfo Sohm),

— *Instituciones de Derecho Privado Romano*, Tradução esp. de W. Roces Madrid, 1946.

MODICA (Ricardo),

— *Profile della Disciplina del Diritto di Opzione dei Portatori di Obbligazioni Convertibile*, in *Rivista delle Società*, 1979.

MODUGNO (Franco),

— V.° *Istituzione*, in *Enciclopedia del Diritto*, Milão, XXII, 1973.

MOLIÉRAC (Henri), MOLIÉRAC (Jean) e MOLIÉRAC (Maurice),

— *Manuel des Sociétés Anonymes*, Tomo III, *Les Sociétés de Capitaux*, Paris, 1971.

MONCADA (Cabral),

— *Elementos de História do Direito Romano*, Coimbra, 1923.
— *Lições de Direito Civil*, 3.ª ed. revista e actualizada, 1959.

450   Pedro de Albuquerque

MONTEIRO (Pinto),

— *Cláusulas Limitativas e de Exclusão da Responsabilidade Civil*, separata do vol. XXVIII do *Suplemento ao Boletim da Faculdade de Direito de Coimbra*, Coimbra, 1985.

MONTELE (Girolamo),

— *Riflessioni sulla Tutela Esecutiva dei Diritti di Credito*, in *Rivista del Diritto Commerciale e del Diritto Generale delle Obbligazioni*, ano LXXV.

MONTESSORI,

— *Il Diritto D' Opzione nella Emissione di Nuove Azioni*, in *Rivista del Diritto Commerciale e del Diritto Generale delle Obbligazioni*, ano XIX, 1921.

MORAVETZ,

— *The Pre-Emptive Right of Shareholders*, in *Havard Law Review*, 42, 1929-30.

MOREIRA (Adriano),

— *Direito Corporativo*, Lisboa, 1950/51.
— *V.° Instituição*, in *Enciclopédia Pólis*, Lisboa, São Paulo, 1985, III.

MOREIRA (Guilherme),

— *Instituições do Direito Civil Português*, 2.ª ed., 1925, Coimbra, I, II.

MORENO (Quesada),

— *La Oferta de Contrato*, Barcelona, 1963.

MÖRING,

v. GRASS.

MORSE (Geoffrey),

— *Companies Consolidation Legislation 1987*, com a colaboração de A. Aurora, L. Crabb, R. Dury, I. Fletcher, D. Milman, R. Morrise e Ryan, Londres, 1987.

MOSSA,

— *La Nuova Scienza del Diritto Commerciale*, in *Rivista del Diritto Commerciale e del Diritto Generale delle Obbligazioni*, 1942, I.
— *Trattato del Nuovo Diritto Commerciale*, IV, *Società per Azioni*, Pádua, 1957.

MOTA (Guerra da),

— *A Tutela da Minoria e o Direito Unitário de Participação dos Sócios*, Porto, 1971.

MÜLLER-ERZABACH (Rudolf),

— *Deutsches Handelsrecht*, 2.ª - 3.ª ed., Tubinga, 1928.
— *Das private Recht der Mitgliedschaft als Prüfstein eines Kausalen Rechtsdenkens*, Weimar, 1948.

Bibliografia 451

MURANO,

— *Natura Giuridica del Diritto D' Opzione Degli Azionisti*, in *Giurisprudenza Completa della Corte Suprema di Cassazione*, 1952, vol. XXXI, 2.° quadrimestre, tomo I, = *Studi in Onore di Alfredo di Gregorio*, Città di Castello, 1955, II.

NAAJAR,

— *Le Droit D' Option. Contribution à L'Étude du Droit Potestatif et de L'Acte Unilateral*, Paris, 1967.

NAWIASKI,

— *Teoria General del Derecho*, tradução de José Zafra, Madrid, 1962.

NEFF (Frank),

— *Economics Doctrines*, 2.ª ed. reimp., Nova York, Toronto, Londres, 1950.

NETO (Pinheiro),

— *A Preferência do Accionista no Aumento de Capital das Sociedades por Acções*, in *Revista Forense*, vol. 168.

NEVES (Castanheira),

— V.° *Interpretação Jurídica*, in *Enciclopédia Pólis*, Lisboa, São Paulo, 1985, III.

NOBILI (Rafaele),

— *Contributo allo Studio del Diritto D'Opzione nelle Società per Azioni*, Milão, 1959.
— *La Disciplina delle Azioni di Risparmio*, in *Rivista delle Società*, 1984.
— *Vendita di Diritti di Opzione e Mancata Attuazione dell'Aumento di Capitale*, in *Rivista delle Società*, 1957.

NOBILI (Rafaele) e VITALI,

— *La Riforma delle Società per Azioni*, Milão, 1975.

NOITE,

— *Die Werwässerung von Aktienkapitalerhöhung, Ertrag und Dividend in langfristiger Sicht*, Frankfurt, 1968.

NUNES (Avelãs),

— *Direito de Exclusão dos Sócios nas Sociedades Comerciais*, Coimbra, 1968.

OLAVO (Carlos),

— *Impugnação das Deliberações Sociais*, in *Colectânea de Jurisprudência*, 1988, t. III.

OLAVO (Fernando),

— *Aumento de Capital Social (um feixe de questões)*, in O *Direito*, ano 95.

OTT,

— *Das Bezugsrecht der Aktionäre*, Berna, 1962.

PAILLUSEAU,

— *La Société Anonyme. Technique d'Organisation de l'Entreprise*, Paris, 1967.

PALMER,

— *Company Law*, 14.ª ed. por Topham e Topham, Londres, 1930.
— *Company Law*, 20.ª ed. por Schmitthoff e Curry, Londres, 1959.
— *Company Law*, 23.ª ed. por Schmitthoff com a colaboração de Paul Davies, John Farrar, Maurice Quay, Geoffrey Morse, David Bennet, Peter Bird e S. Eley, Londres, 1982, I.
— *Company Law*, 24.ª ed. por Schmitthoff com a colaboração de Paul Davies, Ian Fletcher, Geoffrey Morse, John Pawel, David Bennet, Peter Bird, S. Eley, Londres, 1987, I.

PANIZO ORALLO (Santiago),

— *Persona Jurídica y Ficción en la Obra di Sinebaldo di Fieschi*, Pamplona, 1975.

PARESCE (Enrico),

— V.º *Intrepretazione (Filosofia del Diritto e Teoria Generale)*, in *Enciclopedia del Diritto*, 1972, XXII.

PARISOT (Leon),

— *Traité Formulaire Théorique et Pratique des Sociétés Anonymes*, Paris, 1934.

PASQUIER (Claude du),

— *Introduction à la Théorie Générale et à la Philosophie du Droit*, 4.ª ed., Neuchatel, 1967.

PASSARELLI (Santoro),

— *Teoria Geral do Direito Civil*, tradução de Manuel de Alarcão, Coimbra, 1967.

PENNINGTON,

— *Company Law*, 5.ª ed., Londres, 1985.

PERALTA (Ana),

— *Sociedades Unipessoais*, in *Novas Perspectivas de Direito Comercial*, Coimbra, 1988.
— *A Posição Jurídica do Comprador na Compra e Venda com Reserva de Propriedade*, Coimbra, 1990.

Bibliografia 453

PERELMAN (Ch.),

— *La Lógica Jurídica y la Nueva Retórica*, tradução de Díez-Picazo, Madrid, 1978.

PERES (Vieira),

— *As Acções Preferenciais sem Voto*, in *Revista de Direito e Estudos Sociais*, ano XXX, Coimbra, 1988.

PETOT-FONTAINE (Michelle),

— *La Société Anonyme*, Paris, 1979.

PETTITI,

— *Contributo allo Studio del Diritto dell'Azionista al Dividendo*, Milão, 1957.
— *Sul Procedimento di Denuncia al Tribunale ai Sensi dell'art. 2409.º*, in *Rivista del Diritto Commerciale e del Diritto Generale delle Obbligazioni*, Milão, 1952, II.

PICCARDI (Leopoldo),

— *Per una Revisione dei Criteri di Applicazione della Distinzione tra Diritto Soggettivo e Interesse Legittimo*, in *Studi in Onore di Gioacchino Scaduto*, Pádua, 1970, V.

PIMENTA (Alberto),

— *Suspensão e Anulação de Deliberações Sociais*, Coimbra, 1985.

PINTO (Cortez),

— *A Corporação*, Coimbra, 1955, vol. I.

PINTO (Mota),

— *Cessão da Posição Contratual*, Coimbra, 1970.
— *Teoria Geral do Direito Civil*, 3.ª ed. actualizada, Coimbra, 1985.

PISAPIA (Giandomenico),

v. FIORENTINO (Adriano).

PITA (Manuel),

— *Direito ao Lucro*, Coimbra, 1989.

PLAISANT (Robert),

— *Les Sociétés Anonymes en Droit Espagnol*, in *Revue Trimestrielle de Droit Commerciale*, tomo VII, 1954

PONTES (Lopes),

— *Parecer*, in *Revista Forense*, vol. 170.

PORTALE,

— *Opzione e Sopraprezzo nella Novella Azionaria*, in *Giurisprudenza Commerciale*, 1975, I.

PUGLIESE,

— *Usufrutto Uso e Abitazione*, 2.ª ed., Turim, 1972.

PULEO,

— *I Diritti Potestativi (Individuazione della Fattispecie)*, Milão, 1959.

RAFFAELLI,

— *Rassegna di Giurisprudenza Onoraria in Materia di Società*, in *Rivista del Diritto Commerciale e del Diritto Generale delle Obbligazioni*, ano XLII, 1944, I.

RAISER,

— *Recht der Kapitalgesellschaften: Aktiengesellschaft, Gesellschaft und co*, Munique, 1983.

RATHENAU (Walter),

— *La Realtà della Società per Azioni. Riflessioni Suggerite dall'Esperienza degli Affari*, in *Rivista delle Società*, 1960.

RAYMOND (Pierre),

— v. MARTY (Gabriel).

REGINA (Maria),

— *Deliberações Sociais Abusivas*, in *Revista de Direito e Economia*, ano 1984--85.

REINHARDT (Rudolf) e SCHULTZ (Dietrich),

— *Gesellschaftsrecht*, 2.ª ed., Tubinga, 1981.

REUS,

v. GRASS.

RIVOLTA,

— *La Participazione Sociale*, Milão, 1965.
— *La Società a Responsabilità Limitata*, Milão, 1982.
— *Profile delle Nuova Disciplina dell Diritto di Opzione*, in *Rivista di Diritto Civile*, 1975, I.

ROBERSON (Gale) e SMITH (Young),

— *Business Law*, 3.ª ed., Minnesota, 1971.

ROBLOT (René),

— *Traité Elementaire de Droit Commerciale*, Paris, 12.ª ed., 1987, II.

ROCCO,

— *Diritto Commerciale*, Milão, 1936.

ROMAN GARCIA (Antonio),

— *El Precontrato*, Madrid, 1982.

Bibliografia

ROMANO (Santi),
— *Decadencias*, in *Fragmentos de un Diccionario Jurídico*, tradução de Santiago Santis e Marino Averra, Buenos Aires, 1964.
— *Derecho (Función del)*, in *Fragmentos de un Diccionario Jurídico*, tradução de Santiago Santis e Marino Averra, Buenos Aires, 1964.
— *L'Ordinamento Giuridico*, Florença, 1918 (1.ª ed.), 1946 (2.ª ed.), 1951 (reimpressão da 2.ª ed.).
— *Poderes, Potestades*, in *Fragmentos de un Diccionario Jurídico*, tradução de Santiago Santis e Marino Averra, Buenos Aires, 1964.
— *Realidad Jurídica*, in *Fragmentos de un Diccionario Jurídico*, Tradução de Santiago Santis e Marino Averra, Buenos Aires, 1964.

ROSAPPEPE (Roberto),
— *L'Esclusione del Diritto di Opzione degli Azionisti*, Milão, 1988.

ROTONDI,
— *É Compatibile col Diritto d'Opzione la Emissione di Azioni con Sovraprezzo?*, in *Scritti Giuridici*, III, *Studi di Diritto Commerciale e di Diritto Generale delle Obbligazioni*, Pádua, 1961.
— *Interpretazione della Legge*, in *Novissimo Digesto Italiano*, Turim, 1962, VIII.
— *Riserva del Diritto a Favore dei Promotori e Adeguamenti degli Statuti Sociali al Nuovo Codice*, in *Scritti Giuridici*, III, *Studi di Diritto Commercial e di Diritto Generale delle Obbligazioni*, Pádua, 1961.
— *Usufrutto di Azioni ed Aumento di Capitale con Emissione di nuove Azioni in Opzioni*, in *Scritti Giuridici*, III, *Studi di Diritto Commerciale e di Diritto Generale delle Obbligazioni*, Pádua, 1961.

RUBINO,
— *La Compra Vendita*, Milão, 1962.

RUBIO,
— *Curso de Derecho de Sociedades Anonimas*, Madrid, 1964.

RUIZ (Vicenzo Arangio),
— *Istituzioni di Diritto Romano*, 9.ª ed., Nápoles, 1947.

SAINT-ALARY-HOUIN (Corinne),
— *Le Droit de Preemption*, prefácio de Pierre Raynaud, Paris, 1979.

SALANDRA,
— *Manuale di Diritto Commerciale*, vol. I, *L' Impresa Commerciale. Le Società Commerciale*, 3.ª ed., Bolonha, 1949.

SALANITRO (Nicolo),
v. AULETTA (Giuseppe).

SANCHEZ (Agesta),

— *Principios de Teoria Politica*, 7.ª ed., Madrid, 1983.

SANCHEZ (Andrés),

— *El Derecho de Suscripción Preferente del Accionista*, Madrid, 1973.

SANCHEZ (Torres),

— *Usufructo de Acciones de Sociedades Mercantiles*, Madrid, 1946.

SANDULI,

— *Il Procedimento Amministrativo*, Milão, 1940.

SANTINI (Gerardo),

— *Il Premio di Emissione Sulle Azioni di Società*, in *Rivista di Diritto Civile*, Pádua, 1958, ano IV.

SARAIVA (José),

— *O Problema do Contrato*, in *Jornal do Fôro*, Lisboa, 1950.

SAVIGNY,

— *Droit Romain*, traduzido por Ch. Guenoux, Paris, 1855, I.

SCHAPIRA,

— *L' Intérêt Social et le Fonctionnement de la Société Anonyme*, in *Revue Trimestrielle de Droit Commerciale*, 1971.

SCHLESSINGER,

— *Dichiarazione (teoria generale)*, in *Enciclopedia del Diritto*, Milão, 1964, XII.

SCHMIDT (Joanna),

— *Négotiation et Conclusion des Contrats*, Paris, 1982.

SCHMITT (Carl),

— *Le Categorie del Politico*, tradução de Pierangelo Schiera, Bolonha, 1972.

SCHMITTHOFF (M. C.),

— *The Rule of the Majority and the Protection of the Minority in English Companies Law*, in *La Società per Azioni alla Metà del Secolo XX (Studi in Memoria di Angelo Saffra)*, Pádua, 1961, II.
— *The Second EEC Directive on Company Law*, in *Common Market Law Review*, 1978.

SCHOCKENHOFF (Martin),

— *Gesellschaftsinteresse und Gleichbehandlung beim Bezugsrechtsausschluß*, Colónia, Berlim, Munique, Bona, 1987.

Bibliografia

SCHULTTZ (Dietrich),
   v. REINHARDT (Rudolf).

SCIALOJA,

— *Fondatori e Promotori di Società per Azioni.Imputazione di Riservi a Capitale e Emissione Gratuite*, in *Foro Italiano*, 1944-46, I.

SCOGNAMIGLIO,

— *Fatto Giuridico e Fattispecie Complessa*, in *Rivista Trimestrale di Diritto e Procedura Civile*, 1954.
— *Contributo alla Teoria del Negozio Giuridico*, Nápoles, 1956.
— *Dei Contratti in Generale*, Bolonha, Roma, 1970.

SENA,

— *Il Voto nella Assemblea delle Società per Azioni*, Milão, 1961.
— *Problemi del Cosiddetto Azionario de Stato: L' Interesse Publico come Interesse Extrasociale*, in *Rivista delle Società*, 1958.
— V.° *Cedola*, in *Enciclopedia del Diritto*, 1960, VI.

SENDIM (Paulo),

— *Sociedades Comerciais*, pol., sem data.

SERRA (Vaz),

— *Anotação ao Acordão do Supremo Tribunal de Justiça de 16 de Junho de 1964*, in *Revista de Legislação e Jurisprudência*, ano 98.
— *Obrigação de Preferência*, in *Boletim do Ministério da Justiça*, 1958, n.° 76.
— *Contrato-Promessa*, in *Boletim do Ministério da Justiça*, 1958, n.° 76.

SICHES (Recaséns),

— *Direcciones Contemporaneas del Pensamiento Juridico*, Barcelona, 1929.
— *Experiencia Jurídica Naturaleza de la Cosa y Lógica del "Razonable"*, México, 1971.

SILVA (Gomes da),

— *Conceito e Estrutura da Obrigação*, Lisboa, 1943.
— *Esboço de uma Concepção Personalista do Direito*, separata da *Revista da Faculdade de Direito da Universidade de Lisboa*, vol. XVII, Lisboa, 1965.
— *O Dever de Prestar, o Dever de Indemnizar*, Lisboa, 1944, I.
— *Parecer*, inédito, Lisboa, 1983.

SILVA (João Soares da),

— *Parecer*, inédito, 1988.

458 Pedro de Albuquerque

SIMÕES (A. A. Galhardo),

— *Subsídios para um Conceito Jurídico de Contribuinte*, separata da revista de *Ciência e Técnica Fiscal*, n.ᵒˢ 49, 58 e 67, Lisboa, 1963-1964.

SIMONE (Mario),

v. FIORENTINO (Adriano).

SIMONETTO,

— *L' Apporto nel Contrato di Società*, in *Rivista di Diritto Civile*, Pádua, 1958, ano IV.

SMITH (Young),

v. ROBERSON (Gale).

SOARES (Rogério),

— *Interesse Público, Legalidade e Mérito*, Coimbra, 1955.

SOPRANO,

— *L' Assemblea Generale degli Azionisti*, Milão, 1914.

SOUSA (Miguel Teixeira de),

— *O Concurso de Títulos de Aquisição. Estudo Sobre a Dogmática da Pretensão e do Concurso de Pretensões*, Lisboa, 1988.

SPADA,

— *Dalla Nozione al tipo della Società per Azioni*, in *Rivista di Diritto Civile*, 1985, II.
— *Le Azioni di Risparmio*, in *Rivista di Diritto Civile*, 1974, II.

STAUFFER (Emanuel),

— *L' Actionnaire sans Titre. Ses Droits*, Genéve, 1977.

STEIGER,

— *Droit des Sociétés Anonymes*, adaptação francesa por Cosondey e Subilia, Lausana, 1973.

STERNBERG (Theodore),

— *Introducción a la Ciencia del Derecho*, Barcelona, 1940.

STEVENS,

— *Handbook on the Law of Corporations*, 2.ª ed., St. Paul Minnesota, 1949.

STOLFI (Giuseppe),

— *Teoria del Negocio Jurídico*, tradução de Jaime Santos Briz, Madrid, 1959.

Bibliografia 459

STONE (Ferdinand),

— *Some Comments on the American Business Corporation in Mid-Twentieth Century*, in *La Società per Azioni alla Metà del Secolo XX (Studi in Memoria di Angelo Saffra)*, Pádua, 1961, II.

TAMAJO (Domenico),

v. FIORENTINO (Adriano).

TAMBOISE (Albert),

— *La Stabilité du Controle dans les Sociétés par Actions ou la Défense des Sociétés par Actions Contre les Immixtions Étrangères ou Indésirables*, Paris, 1929.

TAMBURRINO,

— V.º *Patto di Opzione*, in *Novissimo Digesto Italiano*, Turim, 1965, XII.

TANK,

v. GRASS.

TAVARES (Assis),

— *As Sociedades Anónimas. Conceitos fundamentais. Regime fiscal e parafiscal*, 3.ª ed., Lisboa, 1982.

TEIJEIRO (Jose),

— *Manual Elementar de Instituciones de Derecho Romano*, Madrid, 1946.

TEIXEIRA (Egberto Lacerda),

— *Aumentos de Capital e o Direito dos Portadores de Acções Preferenciais*, in *Revista Forense*, Vol. 152.

TELLES (Inocencio Galvão),

— *Contratos Civis*, Separata da *Revista da Faculdade de Direito de Lisboa*, vols. IX e X, 1953-1954.
— *Deliberações Sociais Abusivas*, in *O Direito*, ano 104, 1972.
Direito das Obrigações, 6.ª ed., Coimbra, 1989.
— *Expectativa Jurídica*, in *O Direito*, ano 90, 1958.
— *Introdução ao Estudo do Direito*, Lisboa, I, 1988.
— *Manual dos Contratos em Geral*, 3.ª ed., *Dos Contratos em geral*, Lisboa, 1965.
— *Teoria Geral do Fenómeno Jurídico Sucessório*, Lisboa, 1944.

TERRÉ (F. V.),

v. HÉMARD (J.).

TERZAGO (Gino),

— *Diritto di Prelazione e Riscatto*, Milão, 1980.

THOLL (Errico),

— *Trattato di Diritto Commerciale*, tradução de Alberto Marghiere, Nápoles, 1881, vol. I.

THUR (Von),

— *Tratado de las Obligaciones*, tradução de W. Roces, Madrid, 1934, II.

TORRES (Victor Coimbra),

— *A Individualização das Decisões Judiciais em Direito Privado*, separata do *Jornal do Fôro*, Lisboa, 1947.

TRABUCCHI,

— *Istituzioni di Diritto Civile*, 26.ª ed., Pádua, 1983.

TUNC (André),

— *Le Droit Américain des Sociétés Anonymes*, Paris, 1985.
— *Le Droit Anglais des Sociétés Anonymes*, 2.ª ed., Paris, 1978.

URIA (Rodrigo),

— *Derecho Mercantil*, 10.ª ed., Madrid, 1976, e 16.ª ed., Madrid, 1989.

v. GARRIGUES (Joaquin).

VALERI (Giuseppe),

— *Manuale di Diritto Commerciale*, reimpressão, Florença, 1948.

VALVERDE (Trajano de Miranda),

— *Sociedades por Acções (comentários ao decreto-lei n.º 2.627 de 20 de Setembro de 1940)*, 8.ª ed., Rio de Janeiro, 1959.

VANDAMME (Jeanne),

— *De la Prime Imposée aux Souscripteurs D' Actions*, Paris, 1928.

VARELA (Antunes),

— *Das Obrigações em Geral*, 6.ª ed., Coimbra, 1989, I.

VASSEUR (Michel),

— *De la Priorité Reconnue aux Actionnaires Ayant Renoncé à leur Droit Préférentiel de Souscription en cas d' Emission d' Obligations Convertibles*, in *Mélanges en L' Honneur de Daniel Bastian*, I, *Droit des Sociétés*, Paris, sem data (mas de 1974).

VAULX (Bermond de),

— *Les Droits Latents des Actionnaires sur les Réserves dans les Sociétés Anonymes,* Paris, 1965.

VENTURA (Raúl),

— *Adaptação do Direito Português à Segunda Directiva do Conselho da Comunidade Económica Europeia sobre Direito das Sociedades Anónimas,* separata do *Boletim do Ministério da Justiça,* Lisboa, 1980.

— *Alterações do Contrato de Sociedade,* 2.ª ed., Coimbra, 1988.

— *Amortização de Quotas,* separata de *Ciência e Técnica Fiscal,* Lisboa, sem data.

— *Auto-Participação da Sociedade. As Acções Próprias,* in *Revista da Ordem dos Advogados,* ano 38, 1978.

— *Aquisição de Quotas Próprias,* separata de *Ciência e Técnica Fiscal,* Lisboa, sem data.

— *Direito Romano, Dos Contratos em Geral e do Contrato de Compra e Venda em Especial,* Lisboa, 1954.

— *O Contrato de Compra e Venda no Código Civil. Efeitos Essenciais: A Transmissão da Propriedade da Coisa ou da Titularidade do Direito; a Obrigação de Entregar a Coisa,* in *Revista da Ordem dos Advogados,* ano 43.

— *Reflexões Sobre Direitos de Sócios,* in *Colectânea de Jurisprudência,* 1984, ano IX, tomo 2.

— *Sociedades por Quotas de Responsabilidade Limitada,* separata da *Revista da Faculdade de Direito da Universidade de Lisboa,* vol. XX, Lisboa, 1966.

v. CORREIA (Brito).

VIANDIER (Alain),

— *La Notion D' Associé,* com prefácio de François Terré, Paris, 1978.

VIGHI

— *I Diritti Individuali degli Azionisti,* Parma, 1902.

VILLA (Gianluca la),

— *L' Oggetto Sociale,* Milão, 1974.

VISCHER (Jacques de),

— *Le Pacte de Préférence, ses Applications en Droit Civil et Commercial,* Bruxelas, Paris, 1938.

VISENTINI (Bruno),

— *Azioni di Società,* in *Enciclopedia del Diritto,* Milão, 1959, IV.

VISENTINI, (Gustavo)

— *Aspetti Giuridice del Rapporto Fiduciario*, in *Banca, Borsa e Titoli di Credito*, Milão, 1985.

VITALI,

v. NOBILI (Rafaele).

VIVANTE,

— *Trattato di Diritto Commerciale*, 4.ª ed., Milão, 1912.

VOLTERRA (Edoardo),

— *Istituzioni di Diritto Privato Romano*, Roma, 1961.

VUILLERMET (G.)

— *Droit des Sociétés Commerciales (Nouvelle Législation)*, Paris, 1969.

WAHL,

— *De la Cession du Droit de Souscrire par Préférence aux Actions Émises en Augmentations du Capital*, in *Journal des Sociétés*, 1912.

WEIL (Alex),

— *Droit Civil, Les Obligations*, Paris, 1971.

WIEACKER (Franz),

— *História do Direito Privado Moderno*, tradução de A. M. Hespanha, Lisboa, 1967.

WIEDEMANN (Herbert),

— *Gesellschaftsrecht*, I, *Grundlagen*, Munique, 1980.
— *Großkommentar zum Aktiengesetz*, 3.ª ed., Berlim, 1971, II.

WIELAND,

— *Handelsrecht*, Munique, Leipzig, 1931, II.

WILHELMI,

v. GODIN.

WINDSCHEID,

— *Diritto delle Pandette*, tradução de C. Fadda e E. Bensa, reimpressão, Roma, 1930, Vol. I.

WÜRDINGHER (Hans),

— *Aktienrecht. Eine Systematiche Darstellung*, Hamburgo, 1959.

Bibliografia

XAVIER (Vasco da Gama Lobo),
— *Anulação de Deliberação Social e Deliberações Conexas*, Coimbra, 1976.
— V.º *Acção (II– Direito Comercial)*, in Enciclopédia *Pólis*, v. I, Lisboa, São Paulo.
— O *Regime das Deliberações Sociais no Projecto de Código das Sociedades*, in *Temas de Direito Comercial*, Coimbra, 1986.
— *Invalidade e Ineficácia das Deliberações Sociais no Direito Português, Constituído e Constituendo; Confronto com o Direito Espanhol*, in *Boletim da Faculdade de Direito*, Coimbra, vol. LXI, 1985.

ZAFFARONI (Renzo),
— *Sul Sovraprezzo Nell' Emissione di Azioni*, in *Rivista delle Società*, 1964, ano IX.

ZÖLLNER,
— *Die Schranken mitgliedschaftlicher Stimmrechtsmacht bei die privatrechtlichen Personenverbäden*, Munique, Berlim, 1963.

Errata

Além de outros lapsos menores na composição, surge por vezes, *Azione* por *Azioni*, *Imprenditore* por *Imprenditori*, *Variazione* por *Variazioni*, *Deliberazione* por *Deliberazioni*.

ÍNDICE

Capítulo I — Introdução

I. Introdução 15

II. Razão de ser e finalidades do direito de preferência 20

III. Evolução histórica e direito comparado 66

  1. A origem histórica do direito de preferência dos sócios em aumentos de capital. 66

  2. A disciplina jurídica do direito de subscrição preferencial no direito comparado. 75

    2.1. O sistema de *Common law* 75

      2.1.1 O direito americano 75

      2.1.2. O direito inglês 79

    2.2. Os sistemas romano-germânicos 84

      2.2.1. O direito alemão 84

      2.2.2. O direito francês 91

      2.2.3. O direito italiano 94

      2.2.4. O direito brasileiro 99

      2.2.5. O direito espanhol 105

  3. A segunda directiva do Conselho da Comunidade Económica Europeia sobre direito das sociedades. 109

  4. Síntese da análise histórica e de direito comparado. 111

Capítulo II — A *fattispecie* constitutiva do direito de preferência. Sua formação e desenvolvimento

I. Nascimento e formação do Direito de preferência 117

  1. Introdução 117

Pedro de Albuquerque

2. A deliberação de aumento de capital 119

3. A natureza jurídica da comunicação para o exercício do direito de preferência 132

4. A revogação do aumento de capital e a sua repercussão sobre a «oferta» de preferência 147

II. A titularidade originária do direito de preferência 163

1. A aquisição da qualidade de sócio 163

2. A titularidade do direito de preferência e as categorias de acções (as acções preferenciais sem voto e as acções amortizadas). 186

3. O direito de preferência da sociedade sobre as suas acções ou quotas próprias 203

4. As relações de participação entre sociedades e o direito de preferência 222

5. O direito de preferência e o usufruto de participações sociais 224

III. Exercício do direito de preferência 227

1. Declaração de vontade do sócio. Sua natureza 227

2. A transmissão do direito de preferência 240

   2.1. Análise das diferentes situações que condicionam a transferência do direito de preferência 240

   2.2. Determinação do valor teórico do direito de preferência 245

3. O prazo de subscrição (natureza e consequência da não fixação de um prazo de subscrição) 251

Capítulo III — Medida e extensão do direito de preferência

I. A medida do direito de preferência dos sócios 261

1. Princípio geral 261

   1.1. A relação entre o montante ou número de quotas ou acções antigas e as correspondentes ao novo aumento de capital 263

II. O aumento de capital por emissão de acções ou quotas privilegiadas. 273

Índice

Capítulo IV — Limitação ou supressão do direito de preferência dos sócios

I. **Os requisitos ou condições para a supressão ou limitação do direito de preferência.** 299

II. **O interesse social na supressão ou limitação do direito de preferência.** 303

    1. A noção de interesse social 303

    2. A relação entre o interesse social e a supressão ou limitação do direito de preferência. 342

        2.1. Continuação. O interesse social enquanto requisito positivo da supressão ou limitação do direito de preferência. Controlo judicial da sua verificação 350

III. **Supressão e limitações do direito de preferência** 361

    1. A vinculação do direito de preferência na subscrição de novas acções ou quotas 361

    2. A subscrição indirecta 366

    3. Supressão e renúncia ao direito de preferência na subscrição de futuros aumentos de capital. 370

IV. **A inobservância e violação do direito de preferência** 379

Capítulo V — Estrutura e natureza do direito de preferência dos sócios

I. A estrutura do direito de subscrição preferencial 391

    1. Generalidades 391

    2. Teorias que reconduzem os direitos ligados à qualidade de sócios a direitos «deformados» 392

    3. Direito abstracto e direito concreto de preferência 395

    4. O direito de preferência como um direito único de formação instantânea, cuja fonte seria o aumento de capital 398

    5. Posição adoptada. A participação social como direito subjectivo e o direito de preferência como manifestação da energia jurídica nela contida 401

II. **O problema natureza do direito de preferência dos sócios (continuação).** 415